钱塘年鉴

QIANTANG YEARBOOK

2023

杭州市钱塘区地方志编纂研究室　编

方志出版社
Publishing House of Local Records

杭州市钱塘区地方志编纂委员会

顾　　问　金承涛

主　　任　沈燕俊

副 主 任　杨晓峰　陶　峰　俞　斌　卢小强

成　　员　范悦诚　陈　琦　泮炳锋　袁　月　金　达　施正森　李安坤

戎婷蓉　任建国　吴令军　陶立刚　俞燕萍　余莲娟　吴国刚

贾敏政　曹冲锋　李路宁　吴　波　潘亮亮　徐志忠　汤　波

汪新君　高利忠　庄加棒　陈　兴　高玲玲　刘少平　朱志俊

李中富　董　杰　龚　青　田晓祥　韩建明　余庆锋　叶永辉

忻　苏　盛春灵　金　辉　陈州峰　杨丽敏　沈建平　贺学兵

王国平　胡文波　谭雪华　滕泽军　郑　郁　徐文骁　方启军

王　罡　余兴君　柴　明　卢建军　谢国锋　朱　政　吴文斌

冯宝林　陈　坚　陈　静　叶　赟　郭国先　邱建庆　汪华锋

杜晔彪　陈月松　郑洲峰　许　晓

办公室主任　陶立刚

办公室副主任　杨慧玉

杭州市钱塘区年鉴编辑部

主　　编　陶立刚

副 主 编　杨慧玉

执行主编　杨慧玉

责任编辑（以姓氏笔画为序）

陈　玲　周　丹　高骏森　曹文慧

编　　务　陈　玲

编辑说明

一、《钱塘年鉴》是中共杭州市钱塘区委员会、杭州市钱塘区人民政府主办的地方综合年鉴，逐年记载钱塘区经济建设、政治建设、文化建设、社会建设、生态文明建设基本情况，为各级党政机关、研究机构、社会各界人士以及中外投资者了解、研究钱塘区提供地情资料。

二、《钱塘年鉴（2023）》（以下简称本卷年鉴）是2021年4月9日杭州市钱塘区成立后编纂的第2卷地方综合年鉴。本卷年鉴坚持以马克思列宁主义、毛泽东思想、邓小平理论、“三个代表”重要思想、科学发展观、习近平新时代中国特色社会主义思想为指导，坚持辩证唯物主义和历史唯物主义的立场、观点和方法，全面记载钱塘区大力推进全域创新、全域智治、全域美丽、全域共富，在高质量发展中勇当“两个先行”时代先锋中的大事、要事、新事和特事，以及在发展中遇到的新情况、新矛盾、新问题、新挑战。

三、本卷年鉴收录时限为2022年1月1日至12月31日，部分内容、数据涉及时限适当突破，以保持资料的完整性。

四、本卷年鉴按分类法编辑，主体内容分类目、分目、条目3个层次。卷首设特载、年度聚焦、大事记，卷尾设人物、统计资料、附录、索引。正文百科部分设类目41个、分目248个，条目1238条。全书框架结构在2022卷基础上，对部分类目名称、排列顺序、所辖分目做了适当调整。“中国共产党杭州市钱塘区委员会”类目增设“机关党建”“关心下一代工作”分目，“中国共产党杭州市钱塘区纪律检查委员会·杭州市钱塘区监察委员会”类目增设“党风廉政宣传教育”分目，增加“外事·侨务·港澳台事务”类目，“农业·农村”类目中的“养殖业”分目改为“畜牧业”“水产业”，“建筑业·房地产业”类目增设“住房保障和管理”分目，“科学技术”类目改为“科技创新”，“城市建设与管理”类目增设“城市配套工程建设”分目，“交通运输”类目增设“交通数字化改革”分目，“生态环境保护”类目改为“生态环境”，“卫生健康”类目增设“老龄健康服务”分目，“社会民生”类目增设“老龄事业”分目。

五、本卷年鉴中的数字用法、标点符号用法分别采用国家标准《出版物上数字用法》（GB/T 15835—2011）、《标点符号用法》（GB/T 15834—2011），计量单位采用国家技术监督局1993年12月发布的《量和单位》系列国家标准。全区综合性数据由区统计局提供，业务数据由各业务主管部门提供。文中数据比较除特别说明外，均为2022年与2021年相比，“上年”指“2021年”，其他年份之间数据的比较写明年份。因统计时间和统计口径的原因，部分数据与往年不具可比性，以统计部门公布的为准。本卷年鉴所用稿件，均由各有关部门和单位提供，并经各供稿单位主要负责人审核资料内容及保密问题，文后署作者姓名，条目连续为同一作者的在最后一个条目后署名一次。

六、本卷年鉴中，区直各单位和进区直属管理服务机构在第一次出现时使用全称，下文出现时使用规范化简称，遇机构调整导致前后名称不一致的，根据文中的具体时间使用当时的名称。供稿单位署名使用调整后的新名称。

七、“特载”及“附录”中的“区委全会报告”“政府工作报告”“国民经济和社会发展统计公报”内容照原文登载，不做编辑规范方面的处理。

八、为方便读者查阅，本卷年鉴数字化版已在“钱塘年鉴”微信小程序中发布，读者扫描封底小程序码即可阅读和检索。

金沙湖（摄于 2022 年）

（边忠强 摄）

钱塘江晚景（摄于 2022 年）

（江湖飞 摄）

东沙湖（摄于2022年）

（区融媒体中心 提供）

2022 年 1 月 14 日，中共杭州市钱塘区委一届六次全体（扩大）会议召开　　（方　波摄）

2022 年 8 月 24 日，中共杭州市钱塘区委一届七次全体（扩大）会议召开　　（方　波摄）

2022 年 2 月 14—17 日，杭州市钱塘区第一届人民代表大会第二次会议召开　（方　波　摄）

2022 年 10 月 12 日，杭州市钱塘区一届区府第三次全体（扩大）会议召开　（方　波　摄）

2022年2月14—16日，中国人民政治协商会议第一届杭州市钱塘区委员会第二次会议召开（马晗聪 摄）

2022年2月18日，中国共产党杭州市钱塘区第一届纪律检查委员会第二次全体会议召开 （方 波 摄）

2022 年 7 月 30 日，宜格集团全球创新研发及产业中心项目奠基典礼在钱塘区举行

（区融媒体中心 提供）

2022 年 6 月 14 日，浙江省“十链百场万企”系列对接活动之节能与新能源汽车产业链专场签约仪式在钱塘区举行

（区融媒体中心 提供）

2022年7月16日，浙江东富龙生物技术有限公司生命科学产业化基地项目开工仪式在钱塘区举行

2022年11月13日，中科院医学所二期项目开工仪式在钱塘区举行

2022 年 6 月 6 日，广汽乘用车（杭州）有限公司合创·启杭Z03 车型杭州下线活动在钱塘区举行

（此版照片由区融媒体中心提供）

格力电器（杭州）有限公司智能工厂（摄于 2022 年）　（区融媒体中心 提供）

浙江西子航空工业有限公司零碳工厂（摄于 2022 年）　（区融媒体中心 提供）

浙江吉利汽车有限公司杭州分公司生产车间（摄于2022年）　　（区融媒体中心 提供）

2022年8月19日，史陶比尔机器人国内首条生产线落成（摄于2022年）　　（童志忠 摄）

钱塘智能柔性制造创新研发定制中心（摄于 2022 年）

艾博生物医药（杭州）有限公司研发中心（摄于 2022 年）

浙江久融智能技术有限公司高端数字智能屏生产线（摄于 2022 年）

顾家家居股份有限公司全屋定制生产研发基地（摄于 2022 年）

（此版照片由区融媒体中心提供）

杭州市高科技企业孵化园区（摄于 2022 年）

钱塘向上创业园（摄于 2022 年）

中国计量大学国家大学科技园（摄于 2022 年）

（此版照片由区融媒体中心提供）

钱塘首届发展大会
暨"聚焦高质量 打造高能级"推进会
杭州·钱塘
2022年4月

1	2
3	4

校地共融 聚梦钱塘
浙江工业大学钱塘校友产业园开园仪式

1. 2022 年 4 月 2 日，钱塘首届发展大会暨“聚焦高质量 打造高能级”推进会召开
2. 2022 年 6 月 28 日，第二届中国（钱塘）集成电路高峰论坛在钱塘区举行
3. 2022 年 7 月 14 日，浙江工业大学钱塘校友产业园开园仪式举行
4. 2022 年 7 月 22 日，第一届国际MAH合作与创新高峰论坛举行

（此版照片由区融媒体中心提供）

亚运轮滑中心（摄于2022年）

亚运击剑比赛馆（摄于2022年）

亚运会手球馆（摄于2022年）

（此版照片由区融媒体中心提供）

龙湖杭州吾角天街（摄于 2022 年）

龙湖杭州江东天街（摄于 2022 年）

杭州首座“停车+综合体”的“未来停车楼”——杭州钱投海达停车楼（摄于2022年）

（此版照片由区融媒体中心提供）

2022 年 12 月 13 日，钱塘居民在下沙消防主题公园锻炼身体
（方　波 摄）

新湾新城绿道（摄于 2022 年）
（方　波 摄）

新湾街道盛陵湾公园
（摄于 2022 年）
（区融媒体中心 提供）

下沙高教园区（摄于 2022 年）（区融媒体中心 提供）

2022 年 3 月 18 日，钱塘区智慧谷等地标性场所上演璀璨灯光秀（沈佳琪 摄）

2022 年 5 月 21 日，钱塘区元宇宙新天地开园活动在杭州大创小镇举行

2022 年 6 月 30 日至 7 月 1 日，中国（浙江）自由贸易试验区生命健康产业推介会暨第六届国际生物医药（杭州）创新峰会在钱塘区举行

2022 年 7 月 22 日，浙江省药化审评中心人才联合培养基地揭牌仪式在第一届国际 MAH 合作与创新高峰论坛会议开幕式上举行

（此版照片由区融媒体中心提供）

2022 年 3 月 4 日，钱塘“无声女孩”吴笑林（前排中）在北京冬季残疾人奥运会开幕式上表演《冬残奥圆舞曲》（杨甬杭 摄）

2022 年 3 月 3 日，“钱塘·潮声”宣讲团团长张保灿（后排左一）在新湾街道开展以“我愿永远做一颗螺丝钉”为主题的宣讲活动（漏米娜 摄）

2022 年 6 月 10 日，杭州市第一届老年才艺大赛决赛落幕，下沙街道“悦秋”社戏以一曲《穆桂英挂帅》出战，获评总决算十佳优秀节目（谭 敬 摄）

2022 年 11 月 19 日，第十八届长三角民族乐团展演活动在文海实验学校举行。杭州钱塘少年民族管弦乐团倾心演绎了具有浙江特色的民族乐曲　　（童志忠 摄）

2022 年 3 月 27 日，义蓬街道南沙村举行“筝舞南沙”风筝文化节　　（张晚晴 摄）

目　录

特　载

年度聚焦

大事记

区情概览

中国共产党杭州市钱塘区委员会

杭州市钱塘区人民代表大会

杭州市钱塘区人民政府

民主党派

群众团体

外事·侨务·港澳台事务

法　治

军　事

制造业

产业平台

服务业

农业·农村

改革·开放·合作

科技创新

城市建设与管理

交通运输

公用事业

生态环境

财政·金融·税务

经济综合管理

国资公司

教 育

卫生健康

文化·体育

人力资源

社会民生

下沙高教园区

街道

人　物

统计资料

附　录

索　引

特　载

深入学习贯彻党的二十大精神　打造现代化国际化一流新区　奋力书写中国式现代化的钱塘答卷

——2023年1月9日在中共杭州市钱塘区委一届八次全体（扩大）会议上的报告

中共杭州市钱塘区委书记　金承涛

这次全会的主要任务是：高举习近平新时代中国特色社会主义思想伟大旗帜，深入学习贯彻党的二十大和中央经济工作会议精神，认真落实省委十五届二次全会、市委十三届三次全会部署，全面总结过去一年工作，审议通过《中共杭州市钱塘区委关于深入学习贯彻党的二十大精神，打造现代化国际化一流新区，奋力书写中国式现代化钱塘答卷的决定》，推动全区上下忠实践行“八八战略”，坚定捍卫“两个确立”、坚决做到“两个维护”，围绕产业新城发展要求，大力推进全域创新、全域智治、全域美丽、全域共富，在高质量发展中勇当“两个先行”时代先锋，努力为推进中国式现代化贡献更多钱塘力量。

下面，我代表区委常委会向全会作报告。

一、过去一年的工作

2022年，区委常委会坚持以习近平新时代中国特色社会主义思想为指导，坚决贯彻中央和省市委各项决策部署，认真落实“疫情要防住、经济要稳住、发展要安全”要求，高效统筹疫情防控和经济社会发展，各项工作取得新成效，新区立法、“三区三线”等事关长远的大事要事取得新进展。预计全年实现地区生产总值1250亿元；规上工业总产值突破3500亿元；固定资产投资增长15%，连续两个季度获全省投资“赛马”激励；创新指数居全省第五，R&D经费投入强度4.54%，连续三年居全市第二；取得经开区全国第九、高新区全省第三的历史最好成绩，综保区连续三年保持全国双A类；“亩均论英雄”改革和“一带一路”重要枢纽建设受到省政府督查激励，荣获全省制造业高质量发展示范园区和“腾笼换鸟、凤凰涅槃”攻坚行动优秀单位。

1.认真学习宣传贯彻党的二十大精神和习近平总书记重要指示批示精神。先后召开全区领导干部大会、区委常委会会议、区委理论学习中心组专题学习会，推动区委常委和区级领导干部先学一步、学深一层。深入贯彻中央和省市委要求，以“六学六进六争先”实践活动为总牵引，推动党的二十大精神进机关、进农村、进社区、进校园、进企业。领导干部带头深入基层一线进行专题宣讲，充分发挥“钱塘·潮”“1+9+N”宣讲矩阵作用，累计开展主题宣讲1100余场。承办全省党的二十大精神“千场微党课进礼堂”启动活动，推出《遇见钱塘·十年精彩》《晒出钱塘答卷》等专题专栏，持续掀起学习宣传贯彻热潮。坚持第一议题制度，及时传达学习贯彻习近平总书记重要指示批示精神，抓好省、市党代会精神学习贯彻，召开区委一届七次全会，作出《关于推进“四个全域”，勇当“两个先行”时代先锋的决定》。

2.全力打好经济稳进提质攻坚战。以稳经济为第一要务，深入开展“千名干部助千企”活动，出台产业新政50条、助企纾困22条、稳进提质补强24条等政策，累计减负降本54.6亿元，惠及企业72.4万家次，在册市场主体突破11万户，增幅居全市第二。做强主导产业生态圈，杭州医药港入选全省特色小镇最佳实践案例，“芯智造”链长制工作蝉联全省优秀示范单位榜首，生物医药入选全省首批“新星”产业群培育名单。签约亿元以上项目105个、总投资455亿元，其中10亿元以上项目20个，9个“152”项目全部开工，规上工业总产值、制造业投资、“152”项目数、工业用地出让量保持全市第一。盘活低效用地6145亩，规上工业亩均税收提升19.2%，建成创新产业园87个，开工工业综合体157万平方米。编制现代服务业发展规划和数字经济三年行动计划，启动服务业提质增效攻坚行动，元宇宙新天地正式开园，入选市级“未来工厂”培育企业77家。打造“万亩粮仓”“千亩粮仓”9个，粮食产量增长24%，荣获全国农业农村信息化发展先进区。

3.切实强化科技创新引擎作用。发布钱塘科学城战略规划和“科创+”行动计划，中国科学院医学所二期提前实现开工，钱塘科创中心、浙大智能创新药物研究院等科研平台加快发力。校企共建产业学院28个，促成产学研合作项目80个，技术交易额近35亿元。新增省级以上专精特新企业17家，新申报国高企229家，省级“尖兵”“领雁”项目立项数位列全市前三。发行全国首单生物医药产业园区公募REITs，落户全省唯一科创企业上市知识产权加速器，新增发明专利授权量增长39%。全力推进产才融合示范高地建设，入选国家级海外高层次人才22人，位列全市第一、全省第四，新引进35岁以下大学生3.25万名。

4.精准做好常态化疫情防控工作。坚决贯彻“外防输入、内防反弹”总策略和“动态清零”总方针，持续迭代平战一体“大专班”指挥体系，开发“一键动员”场景，启用健康驿站2处5004间，投用和达检测方舱，以最快速度、最小范围、最小代价打赢每一场疫情防控遭遇战。1—10月，共发生本土疫情17起，均未发生社会面二次传播。建成上汽保供基地，上线“钱塘货运快通”平台，保障产业链供应链稳定，实现多目标平衡最优。牢牢把握防控政策转段要求，动态调整防控措施，加强医疗保障体系建设，坚决守护人民群众生命健康。

5.不断加强民主法治和平安建设。有力支持和保证人大依法履职，积极推进全过程人民民主基层单元建设，深化拓展代表联络站功能，有序扩大人民政治参与渠道。充分发挥政协专门协商机构作用，创新打造协商议事红色联盟，围绕“区政合一”、文化产业等开展协商。深化大统战工作格局，区校统战融合发展经验做法获中央统战部肯定并推广，“石榴籽家园·钱塘融”纳入市级试点。工青妇、老干部、老龄和关心下一代以及党史研究等工作创新发展，党管武装工作不断深入。“案款一件事”在全省推广，侵犯公民个人信息案入选最高检典型案例。深化“大综合一体化”改革，稳妥推进街道法治化改革试点。开展除险保安百日攻坚，平安护航党的二十大。信访积案实现动态清零，城郊结合部专项整治获阶段性成果，全区刑事治安警情、安全事故起数、死亡人数、电诈案件发案数和案损数持续下降。

6.扎实推进共同富裕。高质量办好民生实事项目，技术工人服务样板、高校毕业生“三型共富”、田城汇“共富工坊”等入选省级试点（案例）。创建市级老年友好型社区3个、婴幼儿成长驿站10家，入选全省首批“一老一小”服务场景8个。启动“钱塘幸福里”现代社区建设，融合型大社区大单元、共富农房租、强社惠民等创新做法获省市肯定。未来社区创建实现全域覆盖，3个村建成省级未来乡村，获批全省城乡社区治理和服务创新实验区试点。全省首推人才共有产权房，完成回迁安置1942户、二次供水改造12个。与淳安、江山、龙游共建“产业飞地”，钱塘、理塘“塘塘合作”牦牛产业园获全球减贫优秀案例。

7.全面深化改革开放。全市首推首席数据官、数据专员制度，组建国企大数据公司，数改工作保持全省“五星”等级，首次摘得省级改革突破奖，19个场景列入全省“一本账S2”，“钱塘技工”获评全省最佳应用，“钱塘校融”入选全省数字政府优秀案例和数字经济最佳应用，“小脑+手脚”指挥调度平台获全省数字法治好应用。商事主体登记确认制等3项改革纳入杭州国家营商环境创新试点，“拿地即开工”等经验做法在全省推广，精心打造“最佳营商看钱塘”品牌。大力发展数字贸易，一般纳税人资格试点等4个项目入选浙江自贸区最佳制度创新案例（成果）。主动融入长三角，积极参与杭甬“双城记”，与海宁等地加强战略合作。

8.加快提升城市发展水平。高标推进“一带两城”建设，开工萧围西线安澜工程，形成东部湾新城城市设计初稿，江海之城城市规划展厅精彩亮相。5大亚运场馆全部竣工，98个亚运环境整治项目圆满完成。新时代美丽乡村建设夺得全省优胜，金沙湖城市风貌区获评省级样板。钱塘快速路、江东大道一二期全线通车，运河二通道钱塘段实现通水，钱塘高铁站有序推进，18条城市主次干道及支小路建成通行，新增海绵城市区域6.28平方公里。全面实施“钱塘优学”行动，投用中小学、幼儿园12所。建成社区卫生服务站2个，健康产业发展行动纳入首批省级示范样板。全域推进“污水零直排区”“无废城市”建设，推动PM2.5和臭氧“双控双减”，长江经济带下沙闸问题整改通过省级验收和国家核查。

9.*着力增强文化影响力凝聚力。*持续讲好钱塘故事，5次亮相央视《新闻联播》，打造全市首个区级双语专栏《看钱塘》。与浙江财经大学联合成立宋韵文化研究中心，深化围垦精神时代阐释，两部作品入选全省“五个一工程”，不断凝聚“我们都是钱塘人”思想共识。加快建设金沙湖大剧院和区文体中心，新增钱塘书房5个，入选之江文化产业带重点项目2个。全域推进全国文明典范城市创建，发布“浙江有礼·礼善钱塘”区域文明新实践品牌，打造新时代文明实践阵地和文化礼堂家园278处，入围中国好人1人。

10.*纵深推进全面从严治党。*坚持以党的创新理论培根铸魂，严管意识形态领域风险，管党治党责任进一步压紧压实。狠抓“七张问题清单”，深化构建党建统领、整体智治工作体系，5个案例进入省市示范榜，37个省委巡视反馈问题全部销号。全面实施“红色根脉强基工程”和“争星晋位·全域建强”行动，推动基层党组织整体跃迁。坚持以“大赛马”识人用人，深入开展“风鹏计划”和“三争三好”主题活动，实施年轻干部专业干部“双百工程”，着力锻造高素质干部队伍。深入推进清廉钱塘建设，构建“室组地企”监督联盟，高质量完成三轮巡察，严肃查处一批违纪违法案件，政治生态持续净化向好。

这些成绩的取得来之不易，是以习近平同志为核心的党中央和省市委坚强领导的结果，是全区各级党组织团结带领钱塘人民众志成城、共同奋斗的结果，也是社会各界关心支持、热心帮助的结果。借此机会，我代表区委常委会，向大家表示衷心的感谢和崇高的敬意！

同时，我们清醒看到工作中还存在不少短板弱项，特别是产业链韧性和竞争力还不够强，“钱塘智造”省市首位度还需巩固；产学研融合还不够充分，创新驱动发展的态势尚未有效形成；城市能级和功能品质有待提升，公共服务供给水平与群众期待还有差距；全面从严治党还有薄弱环节，干部作风仍需强化，重点领域廉政风险依旧突出。我们必须高度重视这些问题，切实加以解决。

二、全面学习把握落实党的二十大精神，以强烈的政治自觉加快探索具有钱塘辨识度的现代化路径

党的二十大吹响了以中国式现代化全面推进中华民族伟大复兴的前进号角。省委十五届二次全会提出以“两个先行”打造“重要窗口”，奋力谱写中国式现代化浙江篇章；市委十三届三次全会提出加快打造世界一流的社会主义现代化国际大都市，努力成为中国式现代化的城市范例。作为国家级开放窗口和省市高能级战略平台，我们要全面学习、深刻领悟党的二十大精神和省市委决策部署，把握核心要义、推动学以致用。重点做到“三个深刻把握”：

*一是深刻把握“两个确立”的决定性意义，坚决筑牢钱塘推进中国式现代化的思想根基。*党的二十大报告全景式呈现了过去五年和新时代十年党和国家事业的伟大变革，用事实雄辩地证明“两个确立”是历史和人民的必然选择。钱塘是在习近平新时代中国特色社会主义思想指引下发展壮大的，习近平总书记在浙江工作期间曾先后5次专题到钱塘调研指导，作出了一系列重要指示要求，成为了我们过去战胜一切艰难险阻的最大底气，也必将成为奋进新征程、建功新时代的最大保证。我们要不断挖掘“八八战略”这一宝贵思想财富，把对“两个确立”决定性意义的深刻领悟转化为坚决做到“两个维护”的高度自觉和实际行动，坚定不移沿着习近平总书记指引的方向奋勇前进。

*二是深刻把握打造现代化国际化一流新区的战略目标，精准定位钱塘推进中国式现代化的方向指引。*党的二十大明确提出了中国式现代化的中国特色、本质要求、重大原则、战略布局和战略举措，开辟了一条现代化新道路。钱塘是国家级开发区和首个省级新区，肩负“四大战略定位”和“再造一个杭州工业”的历史使命。区第一次党代会提出了打造现代化国际化一流新区的宏伟目标，这与党的二十大报告作出的战略部署、与省党代会确定的“两个先行”奋斗目标、与市党代会确定的“奋进新时代、建设新天堂”工作要求，在精神要义上是契合的、内在逻辑上是相通的、实践要求上是一致的。我们要牢牢把握“国之大者”，锚定现代化国际化一流新区的目标，高水平融入和服务新发展格局，努力以钱塘一域之光为全局添彩。

*三是深刻把握以高质量党建引领高质量发展的根本原则，全面压实钱塘推进中国式现代化的支撑保障。*党的二十大报告明确指出自我革命是我们党跳出治乱兴衰历史周期率的第二个答案，对深入推进新时

代党的建设新的伟大工程作出战略部署。高质量发展决定未来，高质量党建关乎全局。我们要全面贯彻新时代党的建设总要求，坚决把党的领导落实到各领域各方面各环节，时刻警惕“两个长期存在”，深刻践行“三个务必”，不断健全全面从严治党体系，在敢于斗争、善于斗争中激发团结奋斗的磅礴力量，让行动更加坚决、步调更加一致、意志更加顽强，不断开创钱塘高质量发展和现代化建设的新局面。

我们要全面学习把握落实党的二十大精神，做好当前和今后一个时期的工作，必须坚持以习近平新时代中国特色社会主义思想为根本指引，忠实践行“八八战略”，全面贯彻落实党的二十大精神和中央、省市委各项决策部署，围绕产业新城发展要求，锚定打造现代化国际化一流新区的目标，坚持以建设全球先进制造业基地主平台为主线，大力推进全域创新、全域智治、全域美丽、全域共富，持续推动经济质效、发展动能、城市能级、民生事业、开放生态、治理能力的迭代升级，为中国式现代化贡献更多钱塘智慧和钱塘经验。

*——持续推动经济质效迭代升级，加快形成项目带动、平台支撑的产业发展现代化新优势。*党的二十大报告指出，坚持把发展经济的着力点放在实体经济上。制造强则实体强，实体兴则经济兴。“深入推进先进制造业基地建设”是习近平总书记在浙江工作时对钱塘的殷切期望，是钱塘不同于其他区县和功能区的特殊使命。钱塘已经建设了“6+3”的特色平台矩阵，探索了“链式+集群”的新发展模式，形成了500亿级乃至千亿级的五大主导产业。新征程上，我们要积极打造产业链生态圈，强化“链长+链主”，推进“一平台一产业一基金一机构”模式，加速政策集成、精准招商、协同创新，推动土地、资本、人才等生产要素向主导产业和重点平台集聚，力争在重大产业细分领域取得重大突破，加快形成更多千亿级产业集群。

*——持续推动发展动能迭代升级，加快形成百花齐放、百舸争流的创新创业现代化新优势。*党的二十大报告指出，坚持创新在我国现代化建设全局中的核心地位。钱塘拥有丰富的高教资源、人才资源和创新资源，打造了钱塘科学城创新引擎，为我们实现加速超车、变道超车、换车超车奠定了坚实基础。新征程上，我们要全面落实创新强区、人才强区首位战略，发挥中国科学院医学所等平台优势，构建环大学城创新圈，促进“科技—产业—金融”良性循环，营造真心爱才、悉心育才、倾心引才、精心用才的良好局面，实现创新链、产业链、资金链、人才链深度融合。

*——持续推动城市能级迭代升级，加快形成功能完备、产城互促的城市发展现代化新优势。*党的二十大报告指出，坚持人民城市人民建、人民城市为人民，提高城市规划、建设、治理水平。钱塘成长于围垦之地，脱胎于工业园区，由产业带来人流、物流、信息流，推动城市形态的初步形成。这种自动自发的过程符合经济规律、自然规律和社会规律，但也渐渐暴露出城市建设滞后于产业发展、产城融合度不高的问题。新征程上，我们要加快探索以产兴城、以城促产的发展路径，聚焦产业需求，发挥后发优势，高水平规划建设“一带两城”，优化城市布局，完善城市配套，提前避免“城市病”，努力描绘职住平衡、产城融合的钱塘新画卷。

*——持续推动民生事业迭代升级，加快形成均衡可及、共建共享的民生服务现代化新优势。*党的二十大报告提出，中国式现代化是全体人民共同富裕的现代化，要增进民生福祉，提高人民生活品质。钱塘是全省最年轻的行政区，民生领域发展不平衡。我们推进的民生服务现代化，是全领域、全周期、全覆盖的现代化，需要提供更加优质均衡、更加精准便捷、更加全面可及的公共服务。新征程上，我们要以产业工人、大学生、青年等群体为重点，着力破解群众急难愁盼问题，加快共同富裕基本单元建设，健全优化公共服务供给和多层次社会保障体系，让中国式现代化的成果惠及每个钱塘人。

*——持续推动开放生态迭代升级，加快形成自由包容、活力迸发的对外开放现代化新优势。*党的二十大报告指出，推进高水平对外开放，增强国内国际两个市场两种资源联动效应。钱塘拥有经开区、高新区、综保区、自贸区和跨境电商综试区等国家级金字招牌，是省市重点打造的标志性战略性改革开放大平台。新征程上，我们要完整、准确、全面贯彻新发展理念，主动融入新发展格局，积极参与“一带一路”重要枢纽建设，深度融入长三角一体化发展战略，更好服务国内大循环和国内国际双循环，以高水平对外开放赢得未来发展主动。

*——持续推动治理能力迭代升级，加快形成智能专业、精细高效的社会治理现代化新优势。*党的二十大报告指出，完善社会治理体系，健全共建共治共享的社会治理制度，提升社会治理效能。“区政合一”是钱塘最鲜明的体制特色，移民之区、产业之城是钱塘最根本的现实基础，全区流动人口近60万、“飞地”超170平方公里，分布着全省最大高教园区和众多融合型大社区大单元。新征程上，我们要牢固树立“强区优政”发展意识，坚持党建统领，突出改革

攻坚，深化数字赋能，迭代提升“141”体系，积极探索基层社会智治新路，为产业新城夯实安全稳定底座，为特大城市社会治理现代化提供示范样板。

三、加快建设现代化国际化一流新区，在全面推进现代化建设新征程上开好局、起好步

2023年是全面贯彻落实党的二十大精神开局之年，也是“八八战略”实施20周年，又是杭州亚运会举办之年。新的一年，我们要坚持指导思想不动摇，咬定目标任务不松劲，在产业经济上聚焦创新发展、转型升级，在体制机制上聚焦改革攻坚、开放提升，加快打造现代化国际化一流新区，奋力书写中国式现代化的钱塘答卷。综合考虑，2023年主要预期目标为：地区生产总值力争增长6%；规上工业增加值力争增长6.5%；服务业增加值力争增长7%；固定资产投资力争增长10%；实际利用外资10亿美元以上；R&D经费投入强度4.55%；省级新区保持全省第一，经开区保持全国前十，高新区进入全国前80。

1.实施实体经济提质增效攻坚行动，着力在构建现代化产业体系上实现新突破。全力拼实体经济，加快经济质的有效提升和量的合理增长，推动城东智造大走廊加速崛起。一是做优做强主导产业生态圈。深入实施“链长制”，聚焦主导产业细分领域制高点，提升产业链供应链韧性和安全水平，增强“万亩千亿”新产业平台集聚度和竞争力，争创省级特色产业集群核心区和协同区，全力夺取浙江制造“天工鼎”。加快积海、士兰微12英寸生产线、美迪凯半导体器件等重大项目建设，推进中欣晶圆、零跑等重大项目投入试生产，打造国家级创新型产业集群。锚定创新药、高端医疗器械、诊断试剂及合成生物等细分赛道，建好MAH产业园，把医药港打造成为全国知名产业新地标。坚持经济工作月调度机制，抓好工业经济运行“十一本账”，探索“基金+基地+招商”产业培育发展模式，签约亿元以上项目100个、千万以上税收项目超30个。千方百计提振市场主体信心，梯次培育凤凰、头雁、雨燕、雏鹰、俊鸟企业，大力培育专精特新和世界一流企业。学习新竹和苏州工业园区先进经验，提升园区专业运营能力。二是积极培育现代服务业和现代农业。围绕“一地三区”，做大检验检测、现代物流等生产性服务业，加快东部湾新城、江海之城总部经济集聚区建设，有效构建“5–4–X”服务业矩阵，力争服务业增加值占GDP比重提升1个百分点。把恢复和扩大消费摆在扩大内需优先位置，积极改善消费条件，创新数字消费等新场景，加快梦马汽车港、白洋桥青潮园等地标商圈建设，持续打响美丽经济、青春消费品牌。深入实施农业“双强”行动，整合省市优质资源，打造浙江都市农业展示窗口。以筹建区级供销集团为抓手，完善现代农业服务体系。三是推动未来产业发展和经济转型升级。大力实施数字经济“一号发展工程”，积极布局柔性电子等新兴数字产业集群，推动数字经济与制造业两业融合，打造长三角制造业元宇宙中心，力争元宇宙核心产业营收超百亿。以“产业大脑+未来工厂”为抓手，推动五大先进制造业集群数字化改造全覆盖。深化新一轮“腾笼换鸟、凤凰涅槃”行动，升级“亩均论英雄”改革，支持企业技术改造，整治提升低效工业用地5000亩以上，开建工业综合体5个，新增产业空间200万平方米以上。

2.实施科技创新引领发展攻坚行动，着力在激发现代化内生动力上实现新提升。坚持科技是第一生产力、人才是第一资源、创新是第一动力，推动教育链、创新链、人才链高效贯通，形成良性循环。一是争创科技成果转移转化首选地先行区。以钱塘科学城为基础，打造环大学城创新圈，实现技术交易额百亿量级。积极创建概念验证中心，加快建设中国科学院医学所二期，推动升级中央直属所，启动钱塘科创中心二期建设，加速落地杭州生物医药科技成果转化基地和中试熟化园区。深入推进创新企业“星河计划”，争创国家高新区企业创新积分制试点示范，探索“创新金融贷”。优化产业基金体系，提升基金品牌影响力。推进科创企业上市知识产权加速器提档升级，开展全国市场监管数字化改革示范区试点工作。二是建设产才融合示范高地。深入实施高层次人才项目培育“新叶计划”，在国家和省级海外引才、“鲲鹏行动”等重大人才计划上进一步突破，新引进高层次人才项目60个。深入实施大学生留钱塘、博士后倍增、卓越工程师培养计划，新引进35岁以下大学生4万名。完善人才服务创新生态，做好人才共有产权房试点配售工作。落实青年优先发展理念，全力建设青年发展型标杆城区。三是打响“钱塘优学”品牌。深入实施名校名园培育计划，开竣工学校16所以上，推动集团化办学、高校附属办学扩面提质，争创全国学前教育普及普惠区和义务教育优质均衡发展区。持续拓展现代产业学院、产业工程师学院、订单班等模式，推动职普融通、产教融合、科教融汇。加强师德师风建设，引导规范民办教育发展，巩固深化义务教育“双减”“双控”成果，高标准建设学习型社会。

3.实施对外开放格局拓展攻坚行动，着力在增强现代化开放合作上再创新优势。积极抢抓开放发展新机遇，打造国际国内双循环重要支点。一是推动更深层次对外开放。充分发挥自贸区、综保区与跨境电商综试区叠加优势，稳步扩大规则、规制、管理、标准

等制度型开放，建成全省首个特殊生物制品一体化通关平台，全国首创跨境进口超期退货中心，实现5项市级以上制度创新。培育数字贸易、跨境金融、跨境电商、国际创新协同等开放新形态，打造“数字贸易示范区”特色集聚区。二是推动更广领域竞争合作。以开发区建区30周年为契机，加快吸引优质外资集聚，推动标志性外资项目落地建设，提升贸易投资合作质量和水平。推进eWTP全球布局，完善海外仓服务网络，支持企业主动出击拓市场、抢订单，大力推动外贸稳规模、优结构。建设境外钱塘科创孵化中心和国际产业园，推进中新国际数字合作园、“一带一路”中非合作产业园建设。三是推动更高质量区域合作。深化四港联动，运河二通道通航，下沙港建成投用，钱塘高铁站正式开工，临空经济示范区联动区加快建设。深度融入长三角一体化，积极参与杭甬“双城记”、杭嘉一体化，深化钱海合作，打造环杭州湾地区重要增长极。加强与对口协作地区交流合作。

4.实施美丽钱塘品质升级攻坚行动，着力在提升现代化城市能级上取得新成效。坚持以产兴城、以城促产，推动产城深度融合，实现城市内涵式发展。一是拉开城市框架。融入全市“一主六辅三城”空间格局，加快建设“一带两城”，积极探索城市建设运营新模式，重点推进萧围西线安澜工程、东部湾三大启动区块、青西三路TOD项目建设，加速形成产业新城核心区独特风貌。二是完善城市基础设施和配套体系。加快推进头蓬快速路、江东三路过江通道等重点项目，畅通城市主干路网，打通断头路，建设支小路。系统推行智能城市管理解决方案，逐步优化水电、燃气、通信等市政公用配套，加大5G、充电设施、智能道路等新型基础设施建设力度。三是擦亮生态底色。持续打好蓝天、碧水、净土保卫战，深化临江等重点区域环境整治，全力争创“大禹鼎”和省级生态文明建设示范区。深入实施湿地保护三年行动计划，加快标志性场景建设和码头提升，打造钱塘大湾区湿地。四是推进碳达峰碳中和。深入开展绿色低碳工业园区创建，抓好重点领域绿色低碳转型，加快建设零碳科技城。推动三峡新能源分散式风电建设，优化布局集中式、分布式光伏电站，全面动员高耗能企业用户建设储能项目，强化现代能源供给保障。

5.实施公共服务优质均衡攻坚行动，着力在创造现代化美好生活上呈现新气象。坚持在发展中保障和改善民生，促进物的全面丰富和人的全面发展。一是以扩中提低为抓手建设橄榄型社会。实施企业稳岗扩岗专项支持计划，加强灵活就业和新就业形态劳动者权益保障，多渠道增加中低收入群众要素收入和城乡居民财产性收入。创新职业技能等级“新八级”制度，做优技术工人服务样板省级试点。把促进青年特别是高校毕业生就业摆在更加突出的位置，深化高校毕业生“三型共富”省级最佳实践。二是以基本单元为载体统筹城乡发展。大力推进现代社区建设，建成市级未来社区5个、未来乡村1个、城乡风貌样板区2个，稳妥推进景园小区搬迁整治工作。推进强村富民改革，支持和鼓励组建共富联盟、强村公司，建设共富加油站、共富楼宇，探索农村留用地开发新模式，确保所有行政村年经营性收入达100万元以上。集成攻坚强社惠民，探索资产复合利用，引导社区有效经营，拓展社区集体经济发展新路径。三是以“一老一小”为重点优化公共服务供给。实施基本养老服务提升行动，推广数智颐养场景，建设家庭养老床位300张。推进托幼一体化联盟，新增托位200个，实现市级示范型婴幼儿照护服务机构街道全覆盖。实施健康钱塘行动，推动优质医疗资源扩容和均衡布局，加强重大疫情防控救治体系和应急能力建设，新增嵌入式社区卫生服务站6个。推动差异化购房政策广泛覆盖，完善以公租房、保障性租赁住房、共有产权房为主体的多元住房保障体系，稳妥推进在外过渡5年以上农户回迁安置，切实改善重点群体住房条件。

6.实施民主法治协同发展攻坚行动，着力在夯实现代化法治根基上取得新进展。坚持党的领导、人民当家作主、依法治国有机统一，积极发展社会主义民主政治。一是扩大有序政治参与。贯彻落实市委人大工作会议及其相关文件精神，支持和保证人大及其常委会聚焦中心工作、聚情民生关切、聚力依法履职、聚合代表力量，深化人大代表联络站、基层立法联系点、街道居民议事会等载体建设，完善民主民意表达平台，打造全过程人民民主实践高地。充分发挥人民政协专门协商机构作用，深入推进民生议事堂、委员工作室、协商驿站、社情民意联系点建设，促进协商议事红色联盟提质增效，全面发展协商民主，推动多方议事、多元共治，提高深度协商互动、意见充分表达、广泛凝聚共识水平。二是完善大统战工作格局。实施统一战线“扩面、提质、培优”行动，推进“钱塘融”和“同心潮”品牌建设，打造新时代多党合作钱塘样板。切实落实“两个毫不动摇”，鼓励支持民营经济和民营企业发展壮大，加强党外知识分子和新的社会阶层人士工作。铸牢中华民族共同体意识，推进宗教中国化和治理现代化。加强港澳台侨交流合作，深化区校统战融合发展共同体建设，更好发挥工青妇等群团组织作用，画好最大同心圆。三是推进法治钱塘建设。推动“一法”“一政策”出台实施。深入推进法治建设合规性年检，建立依法治街体制机制。强化府院府检联动，进一步规范执法行为，推动行政争议实质化解。深化“大综合一体化”改革，提升执法质效和公信力。做强高校普法联盟，持续提高公民法治素养。

7.实施城市精神自信自强攻坚行动，着力在培育现代化文化文明上实现新跨越。坚持物质文明和精神文明相协调，为现代化建设提供强大的价值引导力、文化凝聚力、精神推动力。一是以文化人凝聚共识。运行区校思政联盟，推进大中小学思想政治教育一体化建设。弘扬践行社会主义核心价值观，开展“强国复兴有我”群众性主题宣传教育，实施公民道德建设工程，积极开展志愿服务，全面擦亮“浙江有礼·礼善钱塘”文明实践品牌，助力创建全国文明典范城市。二是以文惠民沁润人心。持续放大潮涌文化、围垦文化、移民文化、创业文化综合效应，高质量办好首届钱塘文化节，加强文艺精品创作，推进南沙大堤文化带开发，加快“三馆一中心”建设，投用金沙湖大剧院，完善区街社三级公共文化服务阵地，构建15分钟品质文化生活圈。三是以文兴业激发红利。瞄准领军企业和“国字号”，力争引进亿元级高端文创项目，推动之江文化产业带入选项目数实现新高。开展首届“文创新势力”评选，重点培育一批动漫游戏、数字内容、影视传媒、创意设计等新业态企业。打造全市首个开放式潮流文化消费街区，打响“潮钱塘向未来”文化产业品牌。

8.实施制度体系全面重塑攻坚行动，着力在提升现代化治理水平上展现新担当。发挥改革“关键一招”作用，启动实施钱塘改革“领潮计划”，加快各领域改革延伸覆盖。一是以系统思维构建营商环境体系。深刻认识营商环境建设的极端重要性，大力实施营商环境“一号改革工程”，开展“大走访大调研大服务大解题”活动，推进国家营商环境创新试点等重大改革，深化突出问题专项治理，优化项目全生命周期管理服务，完善企业诉求限时办结反馈机制，深化信用钱塘体系建设，努力打造营商环境最优区。统筹推进体制创新、开放提升、要素配置、便民服务、文化供给、干部人事制度等领域集成改革，推动实施一批群众和市场主体有感的“微改革”，形成一批标志性改革成果。二是深化数字变革。精准识别企业、群众、基层需求，做实一体化数据平台基座，持续迭代“钱塘技工”、生物医药产业大脑、“钱塘校融”等省级试点，推动省市应用贯通落地，提升应用知晓率、活跃度、体验感，打造一批改革属性明显、实战实效性强、具有钱塘印记的重大应用，以数字变革助力管理提效、服务提质。三是构建共建共治共享基层治理新格局。围绕平安护航亚运和“枫桥经验”60周年纪念活动，常态化开展除险保安，完善风险隐患排查整改闭环大平安机制，打响“平安E查”品牌。以社会治理中心建设为重点，深化“小脑+手脚”基层工作体系，一体化推进基层治理力量整合。做强网格最小作战单元，培育群防群治民间组织，狠抓融合型大社区大单元、产业平台功能型社区等试点工作，有效提升治理效能。整合法治大脑“一屏两端”数据资源，提升数据实战应用效果。推进警源、诉源、访源治理，深化重复信访和信访积案化解，常态化推进扫黑除恶，依法严厉打击各类突出违法犯罪。

服务保障亚运盛会是重大的政治责任，也是重要的历史机遇。我们要坚持“简约、安全、精彩”的办赛理念，坚持城市侧和赛事侧一体推进，努力为高质量呈现中国特色、浙江风采、杭州韵味、精彩纷呈的亚运盛会贡献钱塘力量。常态化开展全域环境整治，打造亚运特色城市体验点，实现城市面貌大提升。深化亚运场馆综合利用和惠民开放，新建嵌入式体育场地，开展主题文艺赛事活动，营造全民健身、共享亚运的浓厚氛围。持续放大亚运综合效应，吸引更多国际投资、国际会展、国际人才汇聚钱塘，高水平实现“办好一个会、成就一座城”。

四、深化自我革命，推动全面从严治党向纵深发展

复兴伟业，关键在党。我们要保持全面从严治党永远在路上的清醒自觉，深入推进新时代党的建设新的伟大工程，为建设现代化国际化一流新区提供坚强保证。

1.旗帜鲜明加强政治建设。深入学习贯彻习近平新时代中国特色社会主义思想，全覆盖抓好党的二十大精神学习研训，结合“八八战略”实施20周年系列活动高质量开展主题教育，以实际行动捍卫“两个确立”、做到“两个维护”。持续完善习近平总书记重要指示批示精神和党的二十大战略部署闭环管理机制，迭代升级党建统领问题管控机制，坚决做到“总书记有号令、党中央有部署、省市见行动、钱塘真落实”。完善党的自我革命制度规范体系，深化党章党规学习，全面落实党内法规制度。压实意识形态工作责任制，加强网络阵地建设管理，牢牢掌握意识形态工作领导权。

2.持之以恒强化党建统领。加快完善“红领钱潮1+5”体系，统筹村社、机关、国企、学校等各领域党建，开展“红领钱潮·夺旗竞跑”行动，全力争创全省“红色根脉”强基示范区。深化“红芯助力”行动，培育选树一批“党建强、发展强”示范企业，打造全省新时代产业党建高地。巩固“先锋小哥”全省推广成果，全面加强新经济组织、新社会组织和新就业群体党建工作。强化抓党建促乡村振兴，深入开展“大培训大比武大帮带”活动，完善“一肩挑”后村社干部管理监督体系。强化党员队伍管理，加大从青年、产业工人、农民、知识分子等重点群体中发展党员力度，探索流动党员管理机制。加强党群服务矩阵体系建设，提升基层党群阵地运维质效。

3.坚持不懈锻造干部队伍。坚持选贤任能“四个坚持、八个不”具体要求，鲜明“让有为者有位”工作导向，健全“选育管用爱”全链条机制，重塑干部队伍整体结构功能。常态化抓实政治素质考核、专项考核和平时考核，落实比学赶超大赛马机制和重点工作现场会制度，开展比武晒绩，强化工作氛围。完善政治学习第一议题、产业发展第一命题、基层实践第一课堂、领衔破难第一任务“四个一”制度，推动形成“全员大学习”良好风尚。优化年轻干部成长路径，推动年轻干部递进式培养。深化落实“三个区分开来”，推动容错纠错、澄清保护、松绑减负机制落地见效，启动干部关爱“心灵”工程，护航干部健康成长。

4.驰而不息推进正风肃纪。扎实推进政治监督具体化、常态化，切实加强“一把手”和领导班子监督，全面构建亲清政商关系，持续深化公权力大数据监督，不断提升监督质效。持之以恒加固中央八项规定堤坝，深挖细查隐形变异“四风”问题，严肃查纠在服务企业、群众中的不担当不作为和推诿扯皮等问题，健全作风建设长效机制。保持严的主基调，深入整治重点领域和关键环节的腐败问题，坚决惩治群众身边的“蝇贪”，做好以案促改、以案促治工作，一体推进“三不腐”。抓好巡察监督的规范化建设，加强巡察整改和成果运用，更好发挥政治巡察利剑作用。大力推进清廉钱塘建设，不断提高清廉建设覆盖度、纵深度、浸润度，打造一批清廉建设示范标杆，让清廉成为钱塘最亮丽的底色。

同志们，路虽远，行则将至；事虽难，做则必成。让我们更加紧密地团结在以习近平同志为核心的党中央周围，深入学习贯彻党的二十大精神，忠实践行“八八战略”，众志成城，踔厉奋发，全面推进高质量发展，加快打造现代化国际化一流新区，奋力书写中国式现代化的钱塘答卷！

名词解释

1.“三区三线”：“三区”指城镇空间、农业空间、生态空间三种类型的国土空间。“三线”分别对应在城镇空间、农业空间、生态空间划定的城镇开发边界、永久基本农田、生态保护红线三条控制线。

2.“钱塘·潮”1+9+N宣讲矩阵：“1”指“钱塘潮”品牌；“9”指“钱塘·潮声”基层宣讲团、“钱塘·潮啸”高校专家宣讲团、“产业浪花”、“机关浪花”、“乡村浪花”、“社区浪花”、“少年浪花”、“白衣浪花”、“青年浪花”等九大品牌宣讲团；“N”指N支特色宣讲团。

3.“钱塘货运快通”平台：为提升货车防疫检查通过效率而开发的信息管理数字化应用场景，可实现信息“跑”在车前面，各管控环节“人”等“车”。

4.“小脑+手脚”指挥调度平台：街道处理非警务报警事件的主要平台，具有统筹协调、指挥调度、视频巡查、信息研判、事件流转、监督考核等功能。

5.高校毕业生“三型共富”：推动科研型高校毕业生“科技共富”、创业型高校毕业生“创业共富”和技能型高校毕业生“就业共富”。

6.“共富工坊”：依托跨区域、跨领域、跨行业党建联建机制，综合集成各方政策、资源、力量，推动村社、企业等党组织结对共建，引导企业把适合的生产加工环节布局到农村，或结合发展乡村旅游、康养医疗、农村电商等新产业新业态，利用农村党群服务阵地、闲置房屋土地等创办工坊，吸纳农村剩余劳动力、低收入农户就地就近就业，提升农渔特色产业标准化生产、品牌化经营、专业化组织程度，推动农民增收、企业增效、集体增富。

7.融合型大社区大单元：户数3000以上或常住人口在1万人以上，人户分离占比较高、租住人口常年保持在50%以上，社区情况比较复杂，治理难度较大的社区单元；1万户以上的原则上也列入。

8.共富农房租：即农房出租一件事监管，在农村出租房旅馆式管理的基础上，出台农房出租规范，重塑农房出租模式和基层治理流程，提升出租效率，推动职住平衡，实现农民增收、职工降本的目标。

9.人才共有产权房：政府与人才购房家庭按份共有产权的保障性住房，享有与购买商品住房同等的公共服务权益。

10.“五个一工程”：原指“一部好的戏剧作品，一部好的电视剧作品，一部好的电影作品，一部好的图书，一部好的理论文章”。随着时代发展，“一首好歌”和“一部好的广播剧”也加入到评选行列，理论文章则不再参评，但“五个一工程”的名称不变，是全省精神文明建设成果的最高殊荣。

11.“七张问题清单”：聚焦巡视、督查、审计、国家安全、网络舆情、群众信访和应急管理（包括安全生产、交通运输、自然灾害）等七大领域，突出提升主动发现问题能力和建立问题快速反应、及时处置、有效管控的机制，对重大问题风险进行动态梳理、归集确认、清单管理的系统治理新平台。

12.“三争三好”：争做担当作为好干部、争当团结奋进好班子、争创领跑竞跑好业绩。

13.浙江制造“天工鼎”：根据《浙江省制造业高质量发展综合评价办法》，将全省排名前20的县市区确定为年度综合评价优秀单位，授予浙江制造“天工鼎”，加大财政专项资金、要素资源等支持力度。

14.CXO：医药外包。

15.MAH：药品上市许可人制度。

16.工业经济运行“十一本账”：总部回归、2023年竣工投产入库、2023年以前投产企业产能爬坡、2023年技改新增产能、2023年以前技改产能释放、专业变更转入工业、小升规等7本增量账，企业外迁、关停或大幅减产、专业变更转出工业等3本减量账，产值招引1本钱塘特色账。

17.“一地三区”：“一地”指两业融合示范地；“三区”指全域创新引领区、美丽经济标杆区、枢纽经济活力区。

18.“5-4-X”服务业矩阵：“5”指科技服务、研发服务、物流服务、跨贸服务、消费服务等五大特色服务；“4”指数字经济、总部经济、楼宇经济、临空经济四大服务经济形态；“X”指时尚、旅游、文化、金融等配套服务。

19.概念验证中心：围绕主导产业和产业功能平台，依托高等院校、科研院所、新型研发机构和企业，设立定向产业概念验证中心，为科技成果转化提供原理或技术可行性研究、原型制造、性能测试、市场竞争分析、二次开发、中试熟化等验证服务。

20.“创新金融贷”：专项服务于钱塘区科技型企业的大数据金融产品，根据企业初创期、成长期、加速期三大不同发展阶段，全面有效地量化评价企业科创能力，将企业创新积分转化为贷款金额，实现一键查询贷款额度，一键完成贷款手续，一键获取贷款资金，助力企业破解融资难题。

21.特殊生物制品一体化通关平台：目前省内唯一由政府出资建设、具有公共属性的特殊生物制品通关平台，可实现一般生物制品外包装消毒、临时存储、现场查验、采样等功能。

22.eWTP：互联网贸易平台。

23.职业技能等级“新八级”制度：由首席技师、特级技师、高级技师、技师、高级工、中级工、初级工、学徒工构成的职业技能等级（岗位）序列。

24.共富加油站：按照区级统筹、多村联合、收益共享的原则，组织低收入村以村级留用地模式，共同开发建设加油站项目，解决区内低收入村造血功能缺乏问题，全部达到经营性收入100万发展目标。

25.“一法”“一政策”：《钱塘新区条例》和市级新一轮扶持钱塘新区政策意见。

26.“三馆一中心”：图书馆、文化馆、博物馆、非遗指导中心。

27.钱塘改革“领潮计划”：围绕改革工作走在全省第一方阵以及打造数字变革先行区、制度创新引领区、集成改革示范区的总目标，重点推进优化营商环境、深化“区政合一”体制创新、科技成果转移转化、构建现代化产业体系、提升开放能级、共同富裕、便民服务体系、文化文明培育、基层治理现代化、全面从严治党体系等十大改革攻坚行动。

28.产业平台功能型社区：作为功能型社区的一种形态，基于钱塘产业平台管理实际，按照“企业服务延伸到哪里，社区服务就跟进到哪里”的思路开展工作，以服务企业为核心，协助平台和街道开展企业党建、企业服务、企业治理等工作。

29.“红领钱潮1+5”体系：围绕全省“红色根脉强基工程”，在头雁、村社、两新、机关、行业等五大领域开展“红领钱潮·头雁领航”“红领钱潮·夺旗竞跑”“红领钱潮·红芯助力”“红领钱潮·双建争先”“红领钱潮·提能聚力”五大行动。

30.“红芯助力”行动：以两新组织引领型、示范型、先进型“三型”创建和“两新”组织党员创业、研发、生产、销售、管理“五大先锋”选树为载体，通过3年时间，每年分别打造10家引领型红芯企业、20家示范型红芯企业、30家先进型红芯企业，评定100名“五大先锋”党员。

31.选贤任能“四个坚持、八个不”：坚持事业为上选贤任能，不忽视、不埋没各地方各领域各部门各单位各年龄段的优秀干部；坚持公平公正选贤任能，不亏待、不冷落孺子牛、拓荒牛、老黄牛“三牛”干部；坚持激浊扬清选贤任能，不迎合、不容忍投机取巧、无事生非、拉帮结派、找关系、托门子的干部；坚持组织原则选贤任能，不迁就、不放纵自以为是、跟组织讨价还价的干部。

32.“三个区分开来”：把干部在推进改革中因缺乏经验、先行先试出现的失误和错误，同明知故犯的违纪违法行为区分开来；把上级尚无明确限制的探索性试验中的失误和错误，同上级明令禁止后依然我行我素的违纪违法行为区分开来；把为推动发展的无意过失，同为谋取私利的违纪违法行为区分开来。

政府工作报告

——2023年2月2日在杭州市钱塘区第一届人民代表大会第三次会议上

杭州市钱塘区人民政府区长　沈燕俊

一、2022年工作回顾

2022年，面对世纪疫情和百年变局交织、转型机遇与风险挑战叠加的复杂形势，在市委市政府和区委的坚强领导下，全区上下坚持以习近平新时代中国特色社会主义思想为指导，紧紧围绕迎接、宣传、贯彻党的二十大精神工作主线，全面践行“疫情要防住、经济要稳住、发展要安全”的重要要求，深入推进“四个全域”，全力实施经济稳进提质九大攻坚行动，构建共同富裕“一图一方案六清单”，攻坚克难、承压奋进，较好完成了区一届人大二次会议确定的目标任务。全年实现地区生产总值1226亿元；规上工业总产值突破3500亿元；完成一般公共预算收入116.6亿元，剔除留抵退税影响后（同口径）增长9.9%；取得经开区全国第九、高新区全省第三的历史最好成绩，综保区连续三年保持全国“双A”类；荣获全国农业农村信息化发展先进区，首次摘得全省改革突破奖，首次创成省级平安区、食品安全示范区，入选省级城乡社区治理和服务创新实验区，“亩均论英雄”改革和“一带一路”重要枢纽建设获省政府督查激励。

一年来主要工作及成效体现在以下六个方面：

（一）齐心协力战疫情、促发展，经济运行平稳有序。牢牢守护群众健康。认真执行各项优化防控措施，高效落实“七大机制”，攻坚启用健康驿站，及时把握防控转段要求，动态调整防控重心，“以快制快”打赢了多轮疫情防控阻击战，力求以最小代价实现最大防控效果，最大限度减少疫情对经济社会发展的影响。全面打赢投资赛马。落地“152”项目9个，入选省重大产业项目6个，完成固定资产投资542.2亿元。出让工业用地3016亩，供应标准厂房1109亩，体量均居全市第一。制造业投资增长34.6%，连续两个季度获全省投资“赛马激励”。“拿地即开工”审批模式全省推广。倾力实施助企纾困。强化逆周期经济运行调度，出台“领飞计划”50条、稳岗促产新十条等系列政策，兑现各类惠企政策34亿元，为企业减负降本54.6亿元，减免房租1.79亿元。逆势新增“四上”企业275家、拟上市过会企业6家。积极促进消费回补。实施“钱产车”带牌销售，发放政府消费券3500万元，开展区产汽车“嗨购节”等促消费活动，拉动消费近16亿元，消费信心逐步恢复。

（二）一以贯之固根基、优结构，现代产业体系集聚成势。打造先进制造业集群。生物医药、“芯智造”上榜省“链长制”优秀示范试点，临床试验药品数量增长73%，晶圆制造产值占全省比重超三分之一。医药港入围健康中国创新实践典型案例，大创小镇命名省级特色小镇。智能汽车及智能装备制造产业跃升千亿规模，吉利、广汽产值新上百亿，乘用车产量占全市95%以上。航空航天产业产值增长83.8%。中策、顾家、金鱼电器上榜中国制造业500强，新增浙江制造品牌9家。夯实现代服务业基础。编制现代服务业规划，构建“5-4-X”发展矩阵。创建省级冷链骨干基地1家、冷链物流园2家，成立制造业销售总部4家。引进美丽项目10个，美丽经济营收突破千亿。金沙吾角商圈入选市级夜经济集聚培育区，金沙湖休闲商业特色街获评市级商业特色街。钱塘科学城核心区获评省现代服务业创新发展示范区。转型升级更进一步。启动存量工业用地企业提质增效三年行动，盘活用地8000亩，13家企业获评“省制造业重点行业亩均效益领跑者”。坚持供地、供楼并行，开工工业综合体7个、157万平方米。实施数字经济三年行动计划，钱塘元宇宙新天地开园，数字经济核心产业增加值增长7.4%。完成数字化改造攻关项目64个，工业技改投资增长30.2%，新认定市级以上“未来工厂”15家。

（三）坚定不移强创新、增动能，发展活力充分迸发。钱塘科学城建设深入推进。发布战略规划，启动“科创+”计划，有效破解7个高校的产权办证历史难题，签订新一轮区校全面战略合作协议。新认定市级以上科技企业孵化器、众创空间10家，中国科学院医学所二期开工建设。新认定国家高新技术企业223家，获评国家级专精特新“小巨人”企业11家。发明专利授权量增长33.1%，“科创企业上市知识产权加速一件事”获全国试点。引育顶尖及领军人才52名，落地高层次人才创业项目83个，国家级海外引才计划建议入选22人。承办全国双创周浙江分会场启动仪式、“创客中国”全国总决赛。投资环境不断改善。全市率先推广商事主体登记确认制，企业开办平均用时不到30分钟，在册市场主体增幅全市第二。提供政策性担保8.79亿元，浙江生物医药板挂牌企业113家，和达产业基金位列全国同类基金第七。深化电力供应战略合作，实行重点单位能源预算化管理。

建立公平竞争审查制度，设立区政府质量奖。探索产业平台嵌入式政务服务。招商引资量质并举。实体化运作招商服务中心，签约亿元以上项目108个、10亿元以上项目20个，独角兽、专精特新企业13家。招引外商投资项目9个，实际利用外资10.6亿美元。引进总部经济项目6个，新增税收千万元以上企业24家。开放发展再上台阶。自贸区获评省级制度创新案例4项，全省首推特殊生物制品一体化通关平台，设立杭州片区首个自贸“共享法庭”，货贸、服贸、跨境电商出口分别增长5.8%、8%和25.48%。深入推进对口帮扶、山海协作、区域合作，帮扶项目试点、“产业飞地”共建取得新成果。

（四）精准发力抓统筹、优环境，城市品质不断提升。区块开发加快实施。“三区三线”划定城镇开发边界163.3平方公里，新增发展空间6.6万亩。实施全域土地综合整治三年行动，启动河庄部级试点项目，多途径筹措建设用地指标3003亩，完成征地3937亩，经营性用地储备1000亩。拉开“一带两城”建设大幕，开工萧围西线提标改造工程，完成东部湾新城阶段性城市设计和800余亩土地收储，完成江海之城开发建设实施方案，开放城市展厅，完成高铁新城首期征迁和概念规划编制。基础配套加快补强。江东大道提升改造一、二期工程和钱塘快速路钱塘区段全线通车，运河二通道八堡船闸主体工程完工，竣工主次干道16条、开工10条，新增停车泊位8231个。开竣工110千伏以上电力项目9个，3条地下综合管廊如期投用，完成海绵城市区域化面积6.4平方公里，完成4个行政村生活污水设施提升。新增绿地232万平方米，金沙湖景观公园完成建设，钱塘大湾区湿地入选省级重要湿地名录。城市管理水平提升。构建“1+6+5”大综合一体化行政执法体系，65%以上执法力量下沉街道。实施管养一体化改革，奠定多维一体管养模式基础。盘活53块闲置空地资源，优化利用1053亩、整治复绿1469亩。实施亚运环境品质提升工程98个整治项目，金沙湖、东部湾分别创建为省、市级风貌区，临江街道、河庄街道成功创建美丽城镇省级样板。生态治理取得成效。中央环保督察信访件全部销号，长江经济带生态环境问题整改通过省级验收。市控以上水质断面100%达标，新增省级“美丽河湖”1条。关停重污染企业6家，完成57家企业挥发性有机物治理。开工易腐垃圾处置、再生资源分拣中心项目。

（五）全心全意办实事、求实效，民生福祉持续增进。公共服务统筹提升。启动“钱塘优学”三年行动计划，新增市级以上名优特色学校25家，转制优质民办中小学3家，跨江任教人数近300名。单设区卫健局（区疾控局），建成金沙湖社卫中心，开工义蓬社卫中心迁建工程，健康产业发展行动纳入省首批示范样板。“钱塘大围垦”入选省首批100个文化标识项目，成功创建蜀南村省级乡村博物馆。开放四大亚运场馆，新增嵌入式体育场地7万余平方米。社会保障精准施策。技术工人公共服务样板、“三大体系”推动高校毕业生创业就业分别入选省级共富试点和最佳实践。推出差异化购房试点，新建公租房5580套、人才房1606套，全省首推沁香公寓人才共有产权房一期项目，新引进35岁以下大学生3.25万人，城镇新增就业3.46万人。开展“安宁疗护”市级试点，完善65岁以上老人基础健康管理。新增婴幼儿成长驿站10个、照护托位543个。启用5A级婚登中心。启动助残省级试点2个。建成区退役军人服务中心（站）118个，形成三级服务保障体系。基层治理全面加强。启动“钱塘幸福里”现代社区建设，创建未来社区7个，全省率先开发“社工一件事”平台。打造“平安全域智治”应用，统建全市首个“小脑+手脚”指挥调度平台，优化调整基层网格，城郊结合部专项整治取得阶段性进展，刑事治安警情下降19.5%，电诈发案、案损均下降约三分之一，顺利完成重大活动维稳安保工作。临江化工园区整治达到一般风险等级，完成全域街道应急消防管理站建设，设立特种设备检验服务中心，解危城乡自建房61处，各类亡人事故总数持续5年下降。建立资金共管账户，严密防范房地产风险。乡村振兴得到深化。制定强村富民“双十条”，创建3A级景区村庄3个，新增经营性收入100万元以上村24个，低收入农户增收超10%，“钱塘围垦”未来乡村共富引领带入选市级共富名单。建设绿色蔬菜基地2个，开放农产品品牌馆、麦腾农园，获评省特色产业农业“机器换人”高质量发展先行区。完成“非粮化”工作任务，开工钱塘粮库，关停东江养殖场，实施稻渔综合种养1500亩，新增“千亩粮仓”8个。

同时，已如期完成十方面民生实事。围绕上好学，开竣工中小学、幼儿园项目19个，新增学位5100个，完成公办中小学1730间教室护眼灯改造。围绕破解住房难，完成老旧小区改造2个、“二次供水”项目12个、既有住宅电梯加装42台，创建“美好家园”示范小区9个。开工安置房项目2个，回迁安置2009户，去库存房源18万平方米。筹建共有产权房1000套，筹集保障性租赁住房1.7万套。围绕缓解出行难，打通银海街等断头路3条，已建成道路完成环境提升整治12条。完善公交线路6条，新增定制公交专线6条。围绕生活更便捷，新建口袋公园2个、绿道7.5公里，新增城市书房5家。配置AED设备300台，启用急救培训基地。投用20个区域型微型消防救援站。围绕老有所养、弱有所扶建成公建民营智慧养老院1家，新增认知障碍照护专区床位35张。建成残疾人康复之家5个，新增康养联合体2个、康复站4个。围绕吃得放心，设立农贸市场检测室15个，改造阳光厨房2421家，建设“平安厨房”餐饮单位100家。

（六）持之以恒转作风、强能力，政府自身建设全面加强。政治建设更加有力。深入开展党的二十大精神学习宣贯，践行“六学六进六争先”，当好“红色根脉”的传承者、守护者。坚决服从区委全面领导，狠抓“七张问题清单”整改落实，高标准完成各级巡视、巡察和国务院大督查、国家统计督查反馈问题整改。依法行政更加深入。自觉接受人大及其常委会的法律监督、工作监督和政协的民主监督，认真办理和反馈代表建议110件、委员提案95件。出台《法治钱塘建设规划》，建立府院检联席会议制度，开展“八五”普法。健全基层统计网格，组建专业化行政复议员队伍。工作执行更加高效。数字化改革成效明显，获省级“五星”评价。新增省级以上改革试点41项，10个应用场景全省推广，全市率先实现政务服务2.0“一网通办”区、街、村社三级贯通。开展国企改革和“平台+”机制建设，完成街道财政体制调整，实行预算一体化管理，获批首个专项债项目，发行全国首单生物医药产业园基础设施公募不动产投资信托基金。开展预决算审计、政府投资项目复核，有效盘活、节约财政资金。廉洁从政更加坚定。深化政府采购监管，完善PPP管理机制和招投标领域管理办法。推动全面从严治党，落实以案促改、以案促治，健全纠治“四风”长效机制，坚决守住政府工作人员清廉底线。

同时，始终努力做好人民武装、民族宗教、外事、侨务、港澳台事务、机关事务、档案管理等工作，始终关心支持工青妇、工商联、社科联、文联、科协、老龄委、老干部、红十字、慈善、关心下一代、文保、地方志等事业发展。

各位代表，回顾一年来奋斗历程，取得的成绩来之不易。这是以习近平同志为核心的党中央坚强领导的结果，是省委省政府、市委市政府和区委科学决策、正确领导的结果，是全区人民同心同德、共同努力的结果。在此，我代表区人民政府，向在各行各业辛勤劳动的全区人民，特别是三年来一直奋战在疫情防控一线的社区工作者、医务工作者、基层干部群众，致以崇高的敬意！向给予政府工作大力支持的人大代表、政协委员、各民主党派、工商联、无党派人士、各人民团体、离退休老同志，向区内高校、进区管理服务机构、驻区部队、公安干警、消防救援队伍，以及所有关心支持钱塘发展的社会各界人士，表示最衷心的感谢！

同时，我们也清醒看到，工作中还有不少问题和挑战，主要表现在：新区体制机制优势不够凸显，辐射带动作用需要增强；高质量发展基础还不牢固，创新策源能力不足，产业链、创新链融合不深，市场主体发展仍面临诸多困难，服务业发展和新兴产业发展有待提速；城市基础配套建设相对滞后，城市发展遗留难题有待破解；一江两岸区域发展不平衡不充分问题依然存在，优质均衡公共服务供给仍需增强；要素供需矛盾较为突出，重点领域和关键环节的改革亟需深化；受经济环境多重影响，财政、金融、国企、房地产等领域风险防范任务依然艰巨，还要紧盯不放；政府系统“最后一公里”还存在堵点，干部队伍作风能力还需进一步提升，等等。对此，我们一定要高度重视，下大力气加以解决。

二、2023年目标任务和重点工作

各位代表，党的二十大开启了以中国式现代化全面推进中华民族伟大复兴的新征程，钱塘也步入了全面求强、大踏步向现代化迈进的新阶段。当前，我区正处在抢抓战略机遇的关键期、顶风爬坡过坎的紧要期、提升发展能级的窗口期，要充分发挥国家战略叠加、产业基础雄厚、开放创新平台富集等优势，强化前瞻性思考、全局性谋划、系统性推进，按照省委省政府赋予的“四大”战略定位和市委市政府提出“产业新城要创新发展、特色发展、错位发展”的工作要求，用奋斗开创未来，用实干书写辉煌，勇当开路先锋，努力开创新局面。做好2023年工作，要坚持以习近平新时代中国特色社会主义思想为指导，忠实践行“八八战略”，深入贯彻落实党的二十大精神和中央、省市各项决策部署，围绕产业新城发展要求，锚定打造现代化国际化一流新区的目标，大力推进全域创新、全域智治、全域美丽、全域共富，持续推动经济质效、发展动能、城市能级、民生事业、开放生态、治理能力的迭代升级，为中国式现代化贡献更多钱塘智慧和钱塘经验。

综合考虑各方面因素，建议2023年全区经济社会发展主要预期目标为：地区生产总值增长5.5%，服务业增加值增长6%，固定资产投资增长7%，全社会研发投入强度达到4.55%，一般公共预算收入与经济增长基本同步，完成国家和省市下达的能源和环境等约束性指标计划目标。

重点做好八方面工作：

（一）突出新区功能，扛起使命担当，在彰显特色特质上实现全新突破。发挥功能区主战场、主阵地、主力军作用，放大战略叠加优势，高水平推动国家、省市战略取得重大成果。

提高平台发展竞争力。围绕建设全球先进制造业基地主平台，构建“一平台一产业一基金一机构”，加快提升新区综合实力，省级新区排名保持全省第一，经开区排名保持全国前十，高新区排名进入全国前80，综保区保持全国“双A”、杭州关区第一，奋力夺取浙江制造“天工鼎”。融入杭州综合性国家科学中心建设，联动城西科创大走廊，建设城东智造大走廊核心区。联动综保区、自贸区，推动义蓬片区融入杭州临空经济示范区，打造“数字贸易示范区”特色集聚区。加大资源要素倾斜，适度超前建设基础设施，打造配套产业社区，推进园区数字化，提升功能区综合能级。

开创新区体制新优势。推动《杭州钱塘新区条例》落地，市区联动促进“以政强区、以区优政”，凸显新区功能首位度、辨识度。遵循“小政府、大服务”，以三个“一号工程”为牵引，纵深推进为企服务、项目服务、人才服务、便民服务等系统性改革。强化市场机制、绩效管理，健全完善国企运行、要素供给、编制人事等体系性方案。围绕“小切口、大撬动”，稳步扩大跨贸规则、规制、管理、标准等制度型开放，着力培育数字贸易、跨境金融、跨境电商、国际创新协同等开放新形态。

擦亮新区品牌金名片。以杭州经开区获批30周年为契机，全面吹响开发区二次创业号角。持续发挥经开区、高新区基础优势，推动产业链、创新链高水平融合发展，形成“医药港、智能车、芯智造”三大产业集群地标，打造“钱塘智造”品牌。充分立足自贸区、综试区、综保区特色优势，围绕自贸、跨贸、服贸“三贸联动”，以数字内容、数字技术、数字消费和跨境电商为重点，构建数字贸易全产业链，举办数字自贸主题论坛，深化与国际市场接轨、与区域产业联通，打造“钱塘数贸”品牌。准确把握未来产业发展环境优势，落地国家级公共服务平台，承办全国首届元宇宙科技大会，树立长三角制造业元宇宙中心地位，打造“钱塘元宇宙”品牌。

（二）突出实体经济，力促转型升级，在培育发展现代产业体系上实现全新突破。坚持把发展经济的着力点放在实体经济上，加快推进新型工业化，建设制造强区、质量强区、数字强区。

增强先进制造业核心竞争力。制定产业链强链延链补链计划，构建重点产业发展生态圈。提升医药港小镇综合配套，投用医药港加速器五期，生物医药产业产值增长15%。建设MAH产业园，引进持证公司40家。做强做大“芯智造”半导体产业，推进美迪凯光电、士兰微等项目。加快建设生物医药、航天航空两个“万亩千亿”产业新平台。支持、促进汽车制造绿色化、智能化，推进吉利高端新能源车等项目，行业产值达到750亿元。实施“新材料苗圃计划”，组建新材料制造创新中心、性能测试评价中心，建设中试孵化基地。出让工业用地2000亩，新建、续建12个工业综合体和标准厂房项目，制造业投资增长10%以上。攻坚“腾笼换鸟、凤凰涅槃”，累计完成320宗、1.5万亩低效工业用地提质增效，规上工业亩均税收达到40万元以上。

构建优质高效服务业新体系。实施七大重点工程，加快打造“一地三区”。支持制造业企业新设研发、销售总部，积极培育科技研发、软件信息、供应链物流、检验检测、金融保险等生产性服务业。大力发展总部经济、楼宇经济，加快建设总部楼宇9幢，新打造税收亿元楼宇1幢，力争新引进10亿元以上现代服务业重大项目。做强做大美丽经济，引进亿元以上美丽项目4个，打造“城市彩盒”等5个区级直播电商基地，投用华东汽车城、梦马汽车港、万驿广场，加快建设永旺梦乐城、沿江龙湖综合体、环金沙湖商业特色街二期等项目。持续推出“钱塘欢乐购”系列活动，建立钱塘产品白名单制度，提升传统消费，培育新型消费。

做强做优做大数字经济。实施数字经济创新提质“一号发展工程”，推进九大专项行动，加快构建“三区三中心”格局，核心产业增加值增长10%。加快打造元宇宙经济增长极，核心产业营收达到100亿元。支持平台经济规范健康创新发展，引进优质数字企业50家，培育超20亿元数字企业3家。推进制造业、服务业“两业”融合发展，电子信息制造、软件与信息技术服务业营收分别达到650亿元、75亿元。深化“产业大脑+未来工厂”模式，建设工业互联网平台，推动中小企业数字化改造，培育“链主工厂”1家、“智能工厂”5家、“数字化车间”15个。

实体经济是钱塘发展强区之本，企业主体是实体经济根基所在。我们将把惠企服务摆上更加突出位置，推动有效市场、有为政府更好结合，想方设法解决各类困难和问题，为广大企业保好驾、护好航，让广大企业与钱塘同奋进、共成长。

（三）突出创新驱动，强化人才引领，在打造产才融合示范高地上实现全新突破。大力实施产教科才一体强基工程，释放创新资源集聚裂变效应，积蓄支撑钱塘高质量发展的强大新动能，加快建设教育强区、科技强区、人才强区。

坚持教育优先发展。推进“钱塘优学”树形象，开竣工学校12所，新增学位3000个，投用区青少年综合实践基地，一体化运行14个名校教育集团，新增省名优学校10所，力争省测核心指标进入全省前20%，争创全国学前教育普及普惠区、义务教育优质均衡发展区。更好发挥辖区高等教育资源优势，与高校合作开设现代产业学院、产业工程师学院、订单班，大力推动职普融通、产教融合、科教融汇。

打造丰富创新载体。加快建设钱塘科学城“五地一窗口”，打造环大学城创新生态圈。建立高校产学研联盟钱塘中心，成立科技成果转移转化人才培养基地，引进校友经济项目180个。支持中科院医学所升级直属所、钱塘科创中心申报国家级实验室转化基地，争创合成生物学国家工程研究中心，做强中欧产业创新中心。标准化运营产业园区，完成“三年百园”建设收官，新增市级以上科技孵化器、众创空间10家。

培育活跃创新主体。实施“星河”“星芒”计划，新认定国家高新技术企业180家、“专精特新”企业20家，新增市级概念验证中心1个，高新技术产业投资增长10%。实施“尖兵”“领雁”项目10个，促成产学研合作项目170个，推动实现企业技术改造“两清零一提升”，有效发明专利突破1.75万件。实施博士后倍增、卓越工程师培养计划，引育市级以上领军人才50名、高层次人才项目60个。

营造良好创新生态。打造钱塘创新大厦，建立品牌综合评价体系，深化创新积分试点，新增国家和省知识产权示范企业10家、浙江制造品牌企业8家。完善科创企业上市“全链条”综合服务体系，探索科技成果转化利益分享机制，实现技术交易额45亿元，打造科技成果转移转化首选地先行区。探索“创新金融贷”，新增股权融资100亿元。深化“人才一件事”改革，建设嵌入式产才融合服务中心，组织双创大赛、“人才之夜”等活动，形成识才、聚才、爱才、用才更大合力。

（四）突出开放合作，扩大有效投资，在服务构建新发展格局上实现全新突破。充分利用国内国际两个市场、两种资源，打造国内大循环战略支点、国内国际双循环主要枢纽。

增强区域一体化发展能级。打响综合交通大会战，新建、续建综合交通项目16个，开工建设钱塘高铁站，建成投用下沙港。推动重点区域联通，开工104国道河庄至衙前段、头蓬路—江东大道互通、临江出海码头陆域配套工程一期等项目，加快杭绍甬高速、头蓬快速路、红十五线提升改造等项目建设。积极链接长三角产业要素资源，主动参与杭甬“双城记”、杭嘉一体化，投用上海钱塘中心，打造环杭州湾地区重要增长极。加大与结对、帮扶、协作地区共建合作，推进飞地经济模式成型、互利共赢。

构建最优营商环境。实施营商环境优化提升“一号改革工程”，全面开展“三个十”活动。坚持增量、存量企业并重，政策措施能早则早、能延则延、能出尽出，落实惠企政策“一站式”服务，强化全要素、全周期保障，精准助力民营经济发展。深化信用体系建设，推进企业年报多报合一。优化“综合查一次”工作机制，依法保障企业合法权益。完善多层次金融服务体系，加大贷款贴息、风险补偿、融资担保、上市融资等系统性财政金融支持，产业基金认缴出资突破100亿元，推动企业上市2家。深化“产业大脑”建设，构筑没有围墙的云上产业生态圈。开展“大走访大调研大服务大解题”活动，送干货、见真情。

加大招商引资力度。强化招商引资“一把手”工程，健全部门、平台、国企、街道协调联动“大招商”格局，深入实施“153”招商行动计划，新签约亿元以上项目100个，新设市场主体2万家。推进省“千项万亿”工程，攻坚产业生态圈细分赛道，打好增量拓展、存量挖潜、产才联动、基金撬动、平台借力、中介助力组合拳，签约10亿元以上项目20个，新增市级以上重点产业项目26个。实际利用外资10亿美元。加快实施重点产业项目69个，完成投资74亿元，推动落地项目早开工、早竣工、早贡献。

提升开放型经济质效。实施地瓜经济提能升级“一号开放工程”，探索多式联运体系，设立海外知识产权纠纷应对指导中心，助力企业抢订单、争市场，货物贸易进出口巩固回升。打造特色服务出口基地，加快建设国际数字贸易港、天瑞金科技园，精准支持制造业数字化“品牌出海”。打造一站式物流服务平台，推出跨境电商进口超期退货中心，推进跨境电商OTC药械进口试点，加快发展跨境直播，跨境电商出口增长10%。高水平布局、运营境外Q-Bay中心和国际产业园，推进中新、中非合作产业园建设。

（五）突出全域统筹，提升功能品质，在走好城市化建设道路上实现全新突破。深入实施以人为核心的新型城镇化战略，以产兴城、以城促产、产城深度融合，加快建设现代化产业新城。

高水平开展城市规划。实施规划攻坚年行动，加快国土空间分区规划编制和重点单元控规修编，推进河庄北、义蓬北等乡村单元详规编制，开展职住平衡、慢行系统等7个专项规划和课题研究，区科技馆、文化馆、青少年活动中心等重大公建项目实现规划落地。开展跨街道全域整治试点，完善飞地指标调剂合作，加快消化历年批而未供土地，争取项目用地保障2500亩。

高标准完善城市基础设施。开竣工主次干道、支小路15条，提升改造公路4条，打通断头路3条。新开通求知专线8条，优化服务薄弱片区公交线路4条，科学设定公交运行时间。新增停车泊位5000个，治理交通堵点3个。开竣工电力项目6个。新建雨、污水管网10公里，开工海绵城市项目15个，建成易腐垃圾处置、再生资源分拣中心。实施水务和燃气一体化改革，改善城市配套服务。

高质效推进城市更新。加快“一带两城”建设，实施海塘安澜工程、江滨亚运主题公园和沿江湿地公园改造提升；完成东部湾新城三大启动区块土地收储，开工建设青聚中心、科创中心、高创中心；实施江海之城青西三路TOD片区开发，完成东沙湖公园“三道”项目和东沙湖一期湖岸景观工程。差异化推进房地产开发，探索新型房地产开发模式。全力攻坚历史遗留问题，完成景园小区整体搬迁。

高品质提升城市环境。深化“美丽杭州迎亚运”行动，全面落实城市养护体制改革，完成亚运场馆周边重点区块环境提升，创建省级风貌样板区1个。建设公园城市，滚动整治、盘活闲置空地，新建、改建公园6个、绿道4公里，新增绿地60万平方米。实行城市运行风险日常检测，常态化实施河道轮疏，完成雨水管网清淤疏浚810公里，提高城市韧性。

（六）突出繁荣文化，抢抓亚运机遇，在增强发展软实力上实现全新突破。坚持以社会主义核心价值观为引领，推进文化自信自强，深化全国文明典范城市创建，展现文化强区的时代特征和独特影响力。

全面放大亚运效应。贯彻“简约、安全、精彩”理念，精益求精做好亚运会和亚残运会赛事筹备、服务、保障工作，打造标志性成果。强化城市“金角银边”利用，新增嵌入式体育场地2.3万平方米，组织百场以上亚运主题活动和群众性体育赛事，打造轮滑赛事品牌，营造亚运浓厚氛围。做好“后亚运”场馆惠民开放、文化记忆留存、精神价值挖掘，留下亚运深刻印记。

全面加强文化建设。擦亮“浙江有礼·礼善钱塘”文明实践品牌，高质量举办钱塘文化节。投用金沙湖大剧院、区文体中心（图书馆），开放城市书房、文化驿站各5家，打造“15分钟品质文化生活圈”67个。推进文旅融合，加快南沙大堤文化带开发，推出精品旅游线5条，让“钱塘人游钱塘”成为时尚。打响“潮钱塘向未来”文创品牌，重点培育动漫游戏、影视传媒、创意设计等新业态，规上文化企业总数突破80家。

全面凸显青春元素。实施中长期青年发展规划，加快建设青年发展型标杆城区，新增35岁以下大学生3.75万人。塑造工匠精神，建设技能人员产业园和人才街区，新培育技能人才1万名。推陈出新白洋桥青潮园、白蓝地文创街区，推出开放式潮流文化街区，精心策划潮人集聚地和网红打卡地，打造年轻人向往的“青春之城”。全面运行“亚运青年V站”，彰显钱塘青春时尚魅力。

（七）突出绿色发展，建设美丽新区，在促进人与自然和谐共生上实现全新突破。牢固树立和践行绿水青山就是金山银山理念，尽全力保护好钱塘发展的生态底色。

加快绿色低碳发展。全域推广可再生能源集中供能，全面推动储能项目建设，重点推进“两城”范围集中冷暖供应示范项目，稳妥推进“煤改气”“气改电”。布局集中式、分布式光伏电站，新增光伏并网装机4万千瓦。完成10万平方米公共建筑、下沙全域1.5万盏路灯节能改造。打造清新工业园区，大创小镇创建国家绿色低碳产业园，临江高科园加快建设零碳科技城。

改善区域生态质量。持续打好蓝天、碧水、净土、清废保卫战，争创省级生态文明建设示范区。编制水环境质量提升规划，推动“区域划分、流域共治”，推进落后印染企业淘汰提升，市控以上水质断面Ⅲ类及以上比例达到100%，争创“大禹鼎”。大力削减挥发性有机物排放，确保空气质量优良率达80%以上。落实开展第三次全国土壤普查，严格耕地土壤分类管理，保障受污染耕地、重点建设用地安全利用。实施排污许可一证式管理、“规划环评+项目环评”试点，推动危废经营单位污染责任险全覆盖。

推进生态保护和修复。编制江海湿地核心区保护方案，打造二十工段湿地服务中心、“第一缕阳光”打卡点，展现“湿地水城”别样风采。创建“美丽河湖”1个，新建、改建农污水处理设施52个。贯通“耕地智保”和“天巡地查”系统，强化“一张网”耕地保护监管。

（八）突出民生关切，创造美好生活，在打造共同富裕示范区样板上实现全新突破。坚持在发展中保障和改善民生，秉持为民之心，加快建设共同富裕、普惠共享的幸福新区。

加快节奏发展健康事业。实施“健康钱塘”三年行动计划，争创全国健康促进区。推动省公共卫生临床中心落地建设，支持社卫中心特色发展，改扩建社区卫生服务站点6个，推动建设区检验检测中心，启动妇女儿童活动中心项目。加快“大社区养老”和托幼一体化，新增成长驿站6座、托位560个、家庭养老床位300张，优化便民助餐服务。深化卫健英才计划，试点高级职称全城统筹。科学开展疫情防控，增强全民个人防护意识，加强重点人群、重点场所保障，全力以赴保健康、防重症，严守群众生命健康安全底线。

脚踏实地改善民生保障。滚动建设人才房、公租房、共有产权房，供应各类保障性住房4000套以上。完成老旧小区改造6个、“二次供水”项目5个。新开工安置房100万平方米，竣工13.7万平方米，续建122万平方米，完成新湾新龙片安置小区一期回迁安置。深入开展无欠薪行动，加强灵活就业和新就业形态劳动者权益保障，城镇新增就业3万人。建立征地养老保险指标核拨使用管理制度，落实闭环管理。探索“互联网+”居家康复服务，打造残疾人技能培训基地1个，推动全模式无障碍设施建设。建立三级慈善服务网络，培育社区发展基金会1家。健全完善“阳光安置”，打造双拥文化公园，争创省首批双拥模范城区。

多措并举推进农业农村现代化。深化农业标准地改革，推进农地集中流转，完善农业配套设施建设，打造高标准农田示范区2000亩，建设种子种业基地、种业创新中心。探索数字化牧场、工厂化水产养殖。建立现代农业经营服务体系，建成省级农事服务中心2个，筹建区供销集团，成立“农创客”发展联合会。深化强村富民集成改革，探索强村公司模式，支持农业特色小镇建设，建设共富加油站5家，加快推进留用地指标落地、统筹开发，村级经营性收入全部达100万元以上。推动美丽城镇省级样板全覆盖，开通“钱塘真有趣”农旅线，打造未来乡村1个，争创省A级景区村庄3个。营造江东片区“五纵五横”主干道大田景观，新建、改建农村公路8公里。完善宅基地用地建房审批管理。

系统高效健全社会治理。夯实平安钱塘基础，开展平安护航亚运和“枫桥经验”60周年纪念活动，构建平安联动体系、“四治融合”模式，提升数字智治能力，打造人人有责、人人尽责、人人享有的社会治理共同体。加大类P2P企业监管，强化群体性风险隐患源头治理。深化打防电信网络诈骗，确保电诈发案、案损持续下降。启用区社会治理中心，推进信访积案动态清零。深化“融合型大社区大单元”建设，升级“共富农房”社会治理功能，完成治安领域重点整治村社摘牌，打造省级未来社区6个，争创省现代社区建设示范区。推进强社惠民攻坚，探索资产复合利用模式，调整优化社区规模。实施“主体责任深化年、本质安全提升年、能力素养跃进年”行动，开展重点隐患领域专项治理，确保不发生较大及以上生产安全事故。

各位代表，民之所望、政之所向。为切实解决人民群众急难愁盼问题，经公开征集和反复论证，区政府梳理了12件候选民生实事项目，经全体人大代表投票表决，确定10件民生实事项目分别为：

1.学生健康项目。全区44所中小学57000名学生实现午休“舒心躺睡”，开展儿童青少年正脊行动，全覆盖筛查义务教育段学生57000名。

2.教育均衡项目。新开工中小学、幼儿园6所，建成并投用6所以上，新增学位3000个，投用标准化特殊教育学校1所，新增区级青少年宫教学点1个（新湾中心），提升改造中小学、幼儿园6所。

3.小区改造项目。开工老旧小区改造6个，完工老旧小区改造7个，启动100台既有住宅电梯加装的前期工作，完成加装45台；启动实施居民住宅小区二次供水设施改造10个，完成5个。

4.住房保障项目。开工回迁安置小区2个，完工回迁安置小区1个，建设筹集保障性租赁住房8300套（间），筹建共有产权房项目1个，开工公租房项目2个，开工人才专项租赁房项目1个。

5.托幼照护项目。推进托幼一体化优学，鼓励有条件的幼儿园开设面向2—3岁婴幼儿的托班，提供公办托位不少于300个；新增婴幼儿成长驿站6家，其中示范型不少于4家。

6.养老服务项目。建设300张家庭养老床位，为全区80周岁以上独居、空巢、孤寡及失能老人家庭配备智能门磁、红外监测等安居守护套件，对居家老年人进行安居守护，实现主动发现，主动关怀、智能守护；为1万名70周岁以上老年人免费接种流感疫苗。

7.环境提升项目。加快沿江环境综合整治提升，建成并投用亚运江滨主题公园；新建和改造口袋公园5个；加快嵌入式体育设施建设，完成新增嵌入式体育场地面积22600平方米（点位不少于15处）。

8.蓝领成才项目。开展蓝领成才职工技能培训

2000人；开展职业技能培训12900人次以上，新增技能人才6400人，其中新增高技能人才3200人。

9.道路畅通项目。实施“断头路”打通工程，新开工秀水街（江涛路以东）道路工程、宝龙南侧道路南延伸（青龙路—塘新线）等5条道路，完工3条。

10.城市更新项目。完成道路暗区增亮7条，公厕改造4座，全域垃圾房美丽攻坚，全面排查城市排水系统管网，清疏1500公里。

对区人大代表票选确定的上述民生实事项目，区政府将建立完善机制，高效组织实施，确保实事办好、好事办实。

三、全面提升政府治理现代化水平

新使命呼唤新担当，新征程呼唤新作为。新的一年，我们将坚决扛起全面从严治党主体责任，把党的全面领导贯穿政府工作全局，履职尽责、担当作为，着力打造唯实惟先的现代政府。

坚决筑牢忠诚本色。深入学习贯彻党的二十大精神，牢记“三个务必”，坚定捍卫“两个确立”，坚决做到“两个维护”，不断提高政治判断力、政治领悟力、政治执行力，坚定不移在思想上政治上行动上同以习近平同志为核心的党中央保持高度一致，以更大格局、更高境界、更宽视野，创造性地落实上级决策部署，扎实推动党的二十大精神在钱塘落地生根、开花结果。

深入推进依法行政。更好发挥法治固根本、稳预期、利长远的保障作用，把政府工作全面纳入法治轨道。持续完善科学决策机制，健全吸纳民意、汇集民智工作体系，推进新时代政务公开，依法、自觉、主动接受各方面监督。深化“大综合一体化”行政执法改革。做强企业、高校普法联盟，深入推进法治街道规范化建设。完成第五次全国经济普查，更好摸清发展家底。

切实增强作风能力。深化数字政府建设，进一步提升履职效率和数字化服务水平。推进作风能力建设常态化、长效化，促进干部队伍更专业、更专注。实行长期抓规划、中期抓计划、短期抓项目，督查问效、赛马晾晒，严肃查纠“三不”问题。深入基层、联系群众，在解决复杂问题上动真碰硬，确保见人、见事、见成效。坚持守正创新，在更多领域探新路、出亮点、创一流。落实精文减会、提能增效，以“立说立行、马上就办”的作风效能，确保责任落实、工作落细、结果落地，提升政府工作执行力。

从严守住廉洁底线。落实党风廉政建设主体责任，全面贯彻中央八项规定精神及其实施细则，持续深化纠治“四风”。坚持集中财力办大事，压减非紧急、非必要支出，将更多资金用于保就业、保民生、保市场主体。完善全方位、全过程、全覆盖绩效管理体系，做到花钱必问效、无效即追责。加强重点领域和关键环节廉政风险防控，推进审计、统计监督全覆盖，让清正廉洁成为干部的思想自觉，让干净干事在政府系统蔚然成风。

各位代表，奋斗新时代，实干新征程。让我们更加紧密地团结在以习近平同志为核心的党中央周围，以党的二十大精神为指引，在市委市政府和区委的坚强领导下，接续发扬勇立潮头、奔竞不息的潮涌精神，艰苦奋斗、开拓进取的围垦精神，和而不同、大气包容的移民精神，百折不挠、敢为人先的创业精神，踔厉奋发、勇毅前行，加快打造现代化国际化一流新区，奋力书写中国式现代化的钱塘答卷！

名词解释

1.“一图一方案六清单”：“一图”指钱塘区系统架构图1.0版；“一方案”指《2022年钱塘区争创高质量发展建设共同富裕示范区时代样板工作实施方案》；“六清单”指工作目标清单、指标体系清单、项目清单、重点工作清单、重大改革清单和试点储备清单。

2.“七大机制”：精密智控指挥决策、预防早期发现、“三责”联动快响激活、“三区”最小单元管控、“五快”循环落实、分阶段清零、“三情”联动等七大机制。

3.“152”项目：指省市县长项目。“1”指省政府主要领导，分管发展改革、工业和信息化、商务的省领导每人每年牵头谋划招引1个总投资100亿左右的重大产业项目；“5”指各设区市党委、政府主要领导和分管经济工作的有关领导，省有关部门、单位主要负责人每人每年谋划招引1个总投资50亿元左右的重大产业项目；“2”指各县（市、区）党委、政府主要领导和分管经济工作的有关领导每人每年谋划招引1个总投资20亿元左右的重大产业项目。

4.“领飞计划”50条：指《关于实施钱塘“领飞计划”打造新时代高能级产业发展战略平台若干政策意见》，包括企业梯队建设、现代产业体系建设、现代服务业发展等七个方面50条政策意见。

5.“链长制”：强化产业链责任的一种制度创新，着眼于贯通上下游产业链条的关键环节，通过介入产业链上下游企业的沟通协同环节，在要素保障、市场需求、政策帮扶等领域精准发力，形成稳定、发展、提升的长效机制。

6.“5-4-X”发展矩阵：《杭州市钱塘区现代服务业发展规划》提出要构建“5-4-X”现代服务业发展矩阵。“5”指科研服务、数字服务、供应链服务、数贸服务、消费服务等五大特色服务，“4”指美丽经济、总部经济、楼宇经济、枢纽经济四大服务经济形态，“X”指检验检测、旅游服务、金融服务、文化服务、社区服务等配套服务业。

7.“未来工厂”：广泛应用数字孪生、人工智能、大数据等新一代信息技术革新生产方式，以数据驱动生产流程再造，以数字化设计、智能化生产、数字化管理、绿色化制造、安全化管控为基础，以网络化协同、个性化定制、服务化延伸等新模式为特征，以企业价值链和核心竞争力提升为目标，引领新智造发展的现代化工厂。

8.“科创+”计划：指钱塘科学城“科创+”行动计划，包括科技创新攀登工程、硬核产业加速工程、区校合作升级工程、成果转化畅通工程、城市能级跃升工程等五大工程。

9.“科创企业上市知识产权加速一件事”：针对科创板上市对企业知识产权原创性、领先性、硬核性及专利保护的极高要求，通过建设、打造专业的科创企业上市知识产权数字化服务平台、建立健全运行管理体系、优化公共服务供给体系，为科创企业上市提供系统化、专业化、针对性的优质服务，打造从“IP”到“IPO”全流程服务高地。

10.“共享法庭”：聚焦区块内企业生产、经营过程中出现的矛盾纠纷，依托相关数字化网络平台，通过强化区块内调解指导、网上立案、在线诉讼、基层治理、调解培训等诉讼服务功能，为区块内企业提供现代化、国际化优质司法服务，共同打造法治化营商环境。

11.“三区三线”：“三区”指城镇空间、农业空间、生态空间三种类型的国土空间；“三线”分别对应在城镇空间、农业空间、生态空间划定的城镇开发边界、永久基本农田、生态保护红线三条控制线。

12.“1+6+5”大综合一体化行政执法体系：“1”指综合行政执法，“6”指市场监管、生态环保、交通运输、自然资源、应急管理、卫生健康6个保留领域执法，“5”指司法、财政、审计、统计、医保5个“管执一体”领域执法。

13.“钱塘优学”三年行动计划：指《“钱塘优学”全方位综合提质三年行动计划（2022—2024年）》，围绕“好学生全面成长、好教师全心育人、好学校全域遍布、好服务全程优享、好环境全息保障”新目标，系统实施校舍建设提标、教育管理提效、名校打造提速、师资队伍提能等六大改革行动和20项重点工程，力争在“十四五”期间让“钱塘优学”成为钱塘共富、钱塘崛起最闪亮的金名片。

14.“安宁疗护”：为疾病终末期或老年患者在临终前提供身体、心理、精神等方面的照料和人文关怀等服务，控制痛苦和不适症状，提高生命质量，帮助患者舒适、安详、有尊严地离世。

15.“社工一件事”：以“社工管理示范区”建设为目标，打造社工多维度画像，对异常关键指标进行预警和挖掘分析，能够直观地监测基层治理运行情况，为社区工作者和部门提供“一站式”管理等服务。

16.“小脑+手脚”指挥调度平台：街道处理非警务报警事件的主要平台，具有统筹协调、指挥调度、视频巡查、信息研判、事件流转、监督考核等功能。

17.强村富民“双十条”：指《关于全面推进大美钱塘实现强村富民“双十条”实施意见（2022—2025年）》。包括发展壮大农村集体经济十项工作举措和全面优化农业保障体系十项工作举措。

18.“七张问题清单”：聚焦巡视、督查、审计、国家安全、网络舆情、群众信访和应急管理（包括安全生产、交通运输、自然灾害）等七大领域，突出提升主动发现问题能力和建立问题快速反应、及时处置、有效管控的机制，对重大问题风险进行动态梳理、归集确认、清单管理的系统治理新平台。

19.“以政强区、以区优政”：以成立钱塘行政区支持做强钱塘新区，以发展钱塘新区带动做优钱塘行政区。

20.三个“一号工程”：省委提出实施的数字经济创新提质“一号发展工程”、营商环境优化提升“一号改革工程”和地瓜经济提能升级“一号开放工程”。

21.MAH：药品上市许可人制度。

22.“一地三区”：《杭州市钱塘区现代服务业发展规划》提出钱塘区的“一地三区”定位：“一地”指两业融合示范地，“三区”指全域创新引领区、美丽经济标杆区、枢纽经济活力区。

23.“三区三中心”：《杭州市钱塘区数字经济三年行动计划》提出，要高水平建设数字经济与高端制造融合创新发展引领区、“元宇宙”未来产业先导区、数字经济全场景试验（展示）区，未来工厂数字孪生场景展示中心、“元宇宙”企业孵化育成中心、数字经济生态创新中心。

24.“五地一窗口”：《钱塘科学城战略发展规划》提出，钱塘科学城要成为全市乃至全省应用创新策源地、高新产业主阵地、区校合作样板地、成果转化首选地、美好生活向往地，成为全市争创综合性国家科学中心的重要承载地、省市展现创新制胜首位战略的重要窗口。

25.“三年百园”：3年盘活工业用地面积1万亩以上，盘活新建产业空间500万平方米以上，拥有各类产业园区100个。

26.“两清零一提升”：1亿元以上制造业企业无研发活动清零、5亿元以上制造业企业无研发机构清零，全面提升企业自主创新能力。

27.“创新金融贷”：专项服务于钱塘区科技型企业的大数据金融产品，根据企业初创期、成长期、加速期三大不同发展阶段，全面有效地量化评价企业科创能力，将企业创新积分转化为贷款金额，实现一键查询贷款额度、一键完成贷款手续、一键获取贷款资金，助力企业破解融资难题。

28.“三个十”：《钱塘区关于深入实施营商环境“一号改革工程”的意见》中提出，主要目标是“十大投资环境”建设取得明显进展，“十大专项行动”取得实质性突破，“十大改革项目”全面落地推行。

29.“综合查一次”：针对适合联合执法的同一行业、同一区域、同一对象，推行跨部门、场景式联合执法机制，提高对违法行为的精准监管力度，实现“进一次门、查多项事、一次到位”。

30.“产业大脑”：聚焦数字产业化和产业数字化，重点围绕“互联网+”“大数据+”“人工智能+”，持续深化制造业全产业链供应链体系的数字化场景创新和应用推广。

31.“153”招商行动计划：“1”指围绕1个目标，2023年签约亿元以上项目100个，落地亿元以上项目62个，落地五大产业生态圈项目50个，实际利用外资力争11亿美元；“5”指实施全球招商年、产业生态圈、现代服务业、双招双引、队伍塑造5个攻坚行动；“3”指强化组织保障、服务保障、要素保障3个保障。

32.“千项万亿”工程：2022年浙江省委经济工作会议提出，围绕先进制造业基地、科技创新强基、交通强省、清洁能源保供、水网提升安澜、城镇有机更新、农业农村优先、文化旅游融合、民生设施等九大领域，每年滚动谋划推进1000个以上省重大项目，每年完成投资1万亿元以上。

33.“三道”：慢步道、跑步道、骑行道。

34.“亚运青年V站”：由团杭州市委牵头统筹，在亚运场馆周边及全市重要交通枢纽、景区景点、文博场馆、医疗机构、广场街区等重点区域设立的青年志愿服务阵地。

35.共富加油站：按照区级统筹、多村联合、收益共享的原则，组织低收入村以村级留用地模式，共同开发建设加油站项目，解决区内低收入村造血功能缺乏问题，全部达到经营性收入100万元发展目标。

36.“五纵五横”：“五纵”指青西三路、义蓬东二路、前进大道、新世纪大道北伸、新湾大道北伸，“五横”指临鸿东路、江东一路、江东三路、江东五路、河景路。

37.“四治融合”：共建共治、法治保障、重点整治、数治支撑。

38.“融合型大社区大单元”：户数3000以上或常住人口在1万人以上，人户分离占比较高、租住人口常年保持在50%以上，社区情况比较复杂，治理难度较大的社区单元；1万户以上的原则上也列入。

39.“共富农房”：指农房出租一件事监管，在农村出租房旅馆式管理的基础上，出台农房出租规范，重塑农房出租模式和基层治理流程，提升出租效率，推动职住平衡，实现农民增收、职工降本的目标。

年度聚焦

学习宣传贯彻党的二十大精神

【专题学习实践】2022年，钱塘区学习宣传贯彻党的二十大精神，开展“六学六进六争先”学习实践活动，推动全区党员干部群众把握党的二十大精神核心要义。制定《2022年钱塘区委理论学习中心组学习安排》《钱塘区党委（党组）理论学习中心组巡听旁听工作计划（2022—2023）》，围绕习近平总书记重要讲话、党的十九届六中全会精神、共同富裕等主题，组织区委理论学习中心组专题学习。推进《干在实处，勇立潮头——习近平浙江足迹》、《习近平谈治国理政》第四卷两部书的学习工作。

【微型党课宣讲】2022年4月14日，钱塘区举办微型党课大赛暨“共同富裕·青年说”宣讲大赛。大赛聚焦“喜迎二十大，奋进新征程，打造高能级战略平台”主题，讲述钱塘新时代拼搏故事、创新故事、共富故事，全区44名优秀青年宣讲员参与比赛。大赛部分优秀选手入选区“钱塘·潮声”宣讲团，推动传播钱塘“共富理念”，讲好钱塘“共富故事”。选送优秀选手参加市微型党课大赛，获一等奖2个、二等奖2个，1篇宣讲稿入选省委宣传部《共同富裕的浙江故事宣讲稿合集》。承办“千场微党课进礼堂”党的二十大精神微型党课巡讲启动仪式暨《见微知著：微型党课一本通》首发仪式，组织微型党课大宣讲，推动党的二十大精神走进基层、走进群众。（周　峰）

争创高质量发展建设共同富裕示范区时代样板

【5个案例入选省市共同富裕试点（最佳实践）】2022年，钱塘区推进共同富裕工作，5个案例入选省市共同富裕试点（最佳实践）。其中“打造技术工人‘安居乐业实干兴业’服务样板”入选浙江省高质量发展建设共同富裕示范区试点，“杭州市钱塘区构建‘三大体系’推动高校毕业生创业就业”入选浙江省高质量发展建设共同富裕示范区最佳实践；“石榴籽家园·钱塘融”入选杭州市争当浙江省高质量发展建设共同富裕示范区城市范例试点，“钱塘区‘康养一体’打造高质量助残先行区”“‘田城汇’解好‘三题’变盐碱地为金沙地”入选杭州市争当浙江省高质量发展建设共同富裕示范区城市范例最佳实践。

【缩小共富“三大差距”】2022年，钱塘区聚焦缩小“三大差距”（地区差距、城乡差距、收入差距），推进共同富裕。加快“产业飞地”建设，深化“异地代保”模式，在全市山海协作工作暨乡村振兴示范点建设推进会上作为先进代表发言。建立健全“钱塘幸福里1610”工作体系，率先发布《钱塘区融合型大社区大单元建设工作指引》。聚焦城乡融合，加快3个未来乡村、9个未来社区创建，完成3个风貌区建设方案编制；深化“农房租”“共富加油站”“共富产业楼”等打造；江东村“智慧漫居共富模式”入选浙江省强村富民乡村集成改革典型案例。

【公共服务优化】2022年，钱塘区健全公共服务体系，提升公共服务水平。关注“一老一小”公益事业，完成新增认知障碍照护专区床位35张，新增持证养老护理员35名；街道未成年人保护站、村社儿童之家实现全覆盖；迭代升级“智养钱塘”数字化平台，全区7个老年食堂上线助餐应用。至年末，建有街道级居家养老服务中心9个，村社居家养老服务照料中心91个；白杨街道邻里社区连续12年开办“小候鸟”暑期夏令营，新建公办产业社区嵌入式幸福里幼儿园，总面积2300多平方米。（黄　菲）

【“钱塘技工”数字应用上线】 2022年，钱塘区聚焦“三改融合”（全面深化改革、数字化改革、共同富裕示范区重大改革），开发“钱塘技工”数字应用，上线应用16个，注册人数超过4万人，覆盖企业2400多个。依托“成长成才、关心关爱、融在钱塘、企业参与、政策落地”5个场景，构建“技能提升”“就业创业”“成长任务”“工匠风采”模块，打造技工全周期、一站式成长服务平台。集成技工高频办事事项，智能匹配教育、住房、医疗等方面“政策包”，实时预警帮扶困难技工，提升技工获得感和满意度。构建“15分钟便捷生活圈”，精准推送社团活动，鼓励技工参与公益服务。构建“技工能力综合评价”“技能等级自主认定”“紧缺工种一键发布”等模块，推动企业完善技工评价、培养、招引、激励机制，增强技工与企业黏合度。精准推送政策，形成政策获取、政策申报、政策兑付闭环，为劳动力素质提升、市场主体发展注入活力。该应用纳入全省“一地创新、全省共享”“一本账”S0清单、浙里民生“关键小事”智能速办应用事项清单和全省人力资源和社会保障系统数字化改革2022年第二批最佳应用，入围全省数字化改革最佳应用，入选全省数字社会最佳案例集。（蒋燕利）

数字化改革推进

【数字赋能技术工人群体集成改革】 2022年，钱塘区聚焦技术工人群体需求，打造“钱塘技工”特色数字化场景，创新技术工人积分引导成长机制、企业员工共同发展机制，重塑技术工人引育机制，打造技工全周期、一站式成长服务平台，提升企业、技工获得感。“数字赋能技术工人群体集成改革”获评2022年度省改革突破奖铜奖，“钱塘技工”特色场景入选“全省最佳应用”，改革成果被评为省人社系统最佳案例，并入选省数字社会最佳案例集，被省委改革办主办的《领跑者》刊发。至年末，注册企业2695个，注册技术工人4.5万名。全区技能型人才比上年增长65%，其中高技能人才占比45%，位居全市第一位。

【“生物医药产业大脑”数字化改革】 2022年，钱塘区围绕政府治理与企业发展的共性需求，聚焦生物医药产业全生命周期发展特点，打造“生物医药产业大脑”，促进风险及时预警、政府精准施策、产业高质量发展。该应用获评“浙江省生物医药产业大脑”特色应用、全省细分行业产业大脑优秀案例。至年末，注册企业2322个，月活跃度94.6%，促成供应链协同交易25单，实现交易额4552万元；生成招商线索3943条，推动1亿元以上生物医药项目招引落地17个，推送服务需求250次，完成上门送服务210个次，推送准确率84%。

【全域商事主体登记确认制改革】 2022年，钱塘区推进全域商事主体登记确认制改革，印发《杭州市钱塘区商事主体登记确认制改革实施方案》，核发首张营业执照。制定《商事主体登记确认制规程指引》《商事主体登记确认制事中事后监管工作指引》等配套文件，初步确立“办事自主+符合确认+信用监管”的商事主体登记确认制登记体系。“钱塘区全域企业住所申报承诺改革”做法被省委改革办主办的《竞跑者》刊发。启用商事登记综合服务专区，探索实现企业开办纸质材料“零提交”、全程网办“零见面”、创业办事“零成本”、快递送达“零跑腿”、办事咨询“零窗口”、指导帮办“零操心”的“六零”模式，实现企业开办平均用时28分钟，用时缩减68%。（庞伟巧）

“一带两城”建设

【江海之城规划出台】 2022年5月，江海之城城市设计规划出台。规划范围东至头蓬快速路，南至钱塘快速路，西至河庄大道，北至江东一路，规划面积24.5平方千米。规划提出“湾区活力门户、钱塘魅力客厅”的发展目标，塑造“门、廊、厅、园”共构的TOD中心组合序列规划结构；布局文化中心、青少年宫、科技馆、体育馆、博物馆等一批重大公建，构建城区、社区、邻里三级公共服务体系；优化综合交通系统，建立“轨交+慢行”交通网络；打造滨河绿道、TOD串珠活力绿道、南沙大堤三级绿道慢行系统；塑造地上地下的活力立体空间。（张　吉　徐瑞敏）

【江海之城城市展厅启用】2022年10月25日，江海之城城市展厅启用。展厅位于钱塘区江东大道智慧谷C1楼顶楼，建筑面积763平方米，布展面积820平方米，多维度全面展示钱塘区城市新面貌。至年末，接待政务和客商76批次、796人次。（王　萱）

【东部湾新城建设】2022年6月2日，杭州东部湾新城开发建设领导小组成立；撤销杭州钱塘新区城市有机更新指挥部，成立杭州东部湾新城开发建设指挥部；同时成立杭州东部湾新城开发建设有限公司，实行领导小组、指挥部和配套国企“1+1+1”运行模式，推进杭州东部湾新城开发建设工作。东部湾新城开发建设范围西至1号大街，北至4号大街，东沿3号大街、11号大街，沿20号大街往东直至钱塘江，南部以江堤为边界线，围合面积10平方千米，共涉及开发区单元、开发区西单元、开发区湿地单元、开发区南单元4个规划单元。东部湾新城以产业重塑、城市再造、活力再现为目标，以加快创新型产业集聚、打造品质型城市典范、促进多元化人才导入、践行低碳化绿色生态、共享科技型智慧服务、厚植钱塘味人文积淀为重点建设内容，打造有竞争力、影响力的杭州东部门户和钱塘科创中心。

【东部湾新城城市设计编制及控规修编】2022年4月，东部湾新城城市设计初稿完成。11月，中间稿完成。方案突出“产、城、人、生、科、文”六位一体城市空间，规划建设一个以产兴城、以城促产、产城融合的都市科创新城。控规修编于10月启动。在城市设计总体框架下，启动东部湾新城“江园连城”综合规划及慢行系统专项规划、东部湾新城地下空间开发专项规划、道路提升改造详细规划以及街道设计导则3个课题研究前期工作。（杜伟中　葛小峰）

经济稳进提质攻坚行动

【组织架构设立】2022年，钱塘区根据习近平总书记“疫情要防住、经济要稳住、发展要安全”的重要指示精神，落实省市部署，推进经济稳进提质。成立区经济稳进提质攻坚行动领导小组，领导小组下设疫情防控、助企纾困、稳企强企、扩投资优结构、要素保障、畅通循环、两稳一促、稳就业惠民生8个攻坚专班，编制总体实施方案，做好每周监测、每月公布和调度分析工作，破解发展难题，积极引导预期，保障经济稳进提质攻坚行动有序推进。

【经济稳进提质攻坚行动推进】2022年，钱塘区实施“赛马”激励机制，结合省市6张报表20项指标，梳理细化攻坚指标36个，分解落实到部门、平台、街道；以全区稳进提质攻坚行动为抓手，每月量化任务、量化进度、量化排名，开展经济指标省市排名公布，促进全年目标实现。优化企业服务，落实国家6个方面33条、省8个方面38条和市8个方面52条稳经济一揽子政策，出台钱塘“领飞”政策50条、助企纾困政策22条、政策补强24条，提振市场信心。加强宣传工作，汇总8个专班工作进展，结合省市最新动态，编发钱塘区推进经济稳进提质攻坚行动简报，发挥新闻媒体作用，在“钱塘发布”平台开辟《稳进提质》专栏，营造浓厚氛围，推动工作争先进位。（童春惠）

【《钱塘区经济稳进提质攻坚行动政策补强24条实施方案》出台】2022年9月30日，《钱塘区经济稳进提质攻坚行动政策补强24条实施方案》出台。补强24条政策主要包括保障产业链供应链稳定、加大企业奖补宣传力度、促进消费持续恢复、支持外贸企业发展、推动房地产平稳健康发展、持续优化营商环境6个方面的24条举措。该政策延续纾困助企政策，激发市场活力，提升市场主体获得感。（王迎军）

重要荣誉

2022年6月2日，钱塘区推进“一带一路”重要枢纽建设工作、深化“亩均论英雄”改革工作获2021年度省政府督查激励。

2022年7月14日，钱塘科学城核心区现代服务业创新发展区入选浙江省现代服务业创新发展区（信息技术服务方向）。

2022年8月17日，杭州经济技术开发区管委会获2021年度全省“稳外资和开发区建设成绩突出集体”称号。

2022年12月9日，杭州医药港小镇获浙江省命名特色小镇考核优秀。

2022年12月10日，杭州医药港小镇入选浙江省特色小镇高质量发展最佳实践（第一批）名单。（年鉴编辑部）

责任编辑　曹文慧

大事记

1月

4日 杭州市钱塘区人民政府新任命国家工作人员宪法宣誓仪式举行，代区长沈燕俊监誓仪式并讲话。

5日 钱塘区举行第一季度扩大有效投资的17个重大项目集中开工仪式，落地在大江东区块的第一个产业园区杭州和达高科技发展集团有限公司项目“和达芯谷”一期工程同步开工。区委书记金承涛、代区长沈燕俊、区人大常委会党组书记阮重晖、区政协主席金志强出席开工仪式。

6日 市委书记刘捷到钱塘区走访企业，调研“助企开门红”工作。

△ 浙江省首批“新星”产业群培育名单公布，钱塘医药及器械产业群入选。

7日 国家开发银行浙江省分行党委书记、行长杨志明到钱塘区调研。区委书记金承涛参加。

△ 区政府党组（扩大）会议和区政府常务会议举行。会议审议通过《杭州市钱塘区人民政府及其部门任命的国家工作人员宪法宣誓实施方案》《杭州市钱塘区人民政府重大行政决策程序规则》《关于健全完善府院联席会议机制的意见》《钱塘区产业发展导向目录与产业平台布局指引》等文件。

10日 杭州市钱塘区法学会成立暨第一次会员代表大会举行。区委书记金承涛出席开幕式并讲话。

11日 杭州经济技术开发区被省商务厅评为省“2021年综合发展水平年度先进开发区（国家级经济技术开发区）”和“利用外资先进开发区”。

△“杭州东部湾体育公园—亚运轮滑馆、训练馆配套服务用房”项目获2021年度“中国钢结构金奖”推荐奖（浙江省钢结构金刚奖），为浙江省钢结构工程最高奖项。

13日 钱塘区高层次人才座谈会在杭州大创小镇国际创博中心举行，区委书记金承涛参加会议。

△ 钱塘区人才之夜活动（晚会）在杭州大创小镇国际创博中心举行。活动以“新大陆、新人类、新未来”为主题，区委书记金承涛出席并致辞。

△ 永旺梦乐城杭州钱塘新区项目开工奠基仪式在义蓬街道举行，项目占地面积8.93公顷，建筑面积21万平方米，投资19亿元。建设工期为2021—2024年，投资方杭州钱塘新区梦乐城投资有限公司。

14日 区委一届六次全体（扩大）会议召开。区委书记金承涛代表区委常委会做题为《服务亚运会，奋进新征程，全面展现高能级战略平台的政治担当》的工作报告。

△ 钱江海关驻下沙办事处签发《区域全面经济伙伴关系协定》（RCEP）生效后首份自德沃尔无纺布（杭州）有限公司出口至日本的价值29861美元的无纺布RCEP原产地证书。

18日 杭州经济技术开发区被列为2021年度浙江省开发区产业链“链长制”示范试点单位和2021年度浙江省开发区产业链“链长制”优秀示范单位。

20日 市总工会与区政府共同主办的“千名职工‘美丽杭州一日游’”首发团欢迎仪式在下沙

金沙湖畔中心广场举行。

27日 商务部公布2021年国家级经济技术开发区综合发展水平考核评价结果。杭州经济技术开发区排名第九位，实际使用外资综合评价单项排名第七位。

29日 2021年杭州地铁接驳公交配套一期实施方案中涉及的3102M路、3103M路杭州地铁1号线接驳公交线路开通。

△ 区法院《推进“案款一件事”改革完善案款退费止付闭环管理机制》入选全省法院司法改革“微创新”示范案例。

2月

9日 省教育厅办公室、省经信厅办公室公布2021年度省级重点支持现代产业学院建设名单，钱塘区5所高校7个产业学院入选。

10日 区政府与中国邮政集团有限公司杭州市分公司举行杭州邮件处理中心项目落地建设合作框架协议签订仪式，代区长沈燕俊出席。

14日 中国人民政治协商会议第一届杭州市钱塘区委员会第二次会议开幕。市政协副主席冯仁强、区委书记金承涛、代区长沈燕俊、区人大常委会主任周志辉、区人大常委会党组书记阮重晖、区委副书记杨晓峰等出席。区政协主席金志强代表政协第一届杭州市钱塘区委员会常务委员会向大会做工作报告。会议于16日闭幕。

△ 钱塘区中国（浙江）机器人及智能装备创新中心研发的机器人创新产品在中央广播电视总台新闻频道《新闻直播间》栏目播出。

15日 杭州市钱塘区第一届人民代表大会第二次会议开幕。区委书记金承涛、代区长沈燕俊、区人大常委会主任周志辉、区人大常委会党组书记阮重晖、区委副书记杨晓峰等出席，市人大常委会副主任郑荣胜受邀出席。沈燕俊在会上做政府工作报告，大会听取和审查钱塘区人民政府2021年工作报告、钱塘区人大常委会2021年工作报告、钱塘区人民法院2021年工作报告和钱塘区人民检察院2021年工作报告，审查钱塘区2021年国民经济和社会发展计划执行情况与2022年国民经济和社会发展计划草案的报告、钱塘区2021年预算执行情况和2022年预算草案的报告。会议于17日闭幕。

17日 杭州市钱塘区第一届人民代表大会第二次会议举行第三次全体会议。会议依法选举阮重晖为钱塘区第一届人民代表大会常务委员会主任，选举沈燕俊为钱塘区人民政府区长，选举朱春根为钱塘区监察委员会主任。会议依法选举产生钱塘区第一届人民代表大会常务委员会委员4名。依法选举产生钱塘区出席杭州市第十四届人民代表大会代表24名。票决产生钱塘区2022年度民生实事项目。会议表决通过有关决议并举行新任命人员宪法宣誓仪式。

18日 中国共产党杭州市钱塘区第一届纪律检查委员会第二次全体会议召开，区委书记金承涛出席并讲话。会议审议通过朱春根代表区纪委常委会所做的题为《建设清廉钱塘、护航高质量发展，为打造高能级战略平台提供坚强保障》的工作报告。

21日 2021年度全省建筑领域碳达峰碳中和工作考核结果发布，钱塘区在全省建筑工业化、建筑节能与绿色建筑两项工作中均获评优秀县（市、区）。

22日 省长王浩到钱塘区调研杭州娃哈哈大健康产业基地。

24日 杭州市钱塘区文化产业协会成立暨第一次会员大会举行。会议全票通过《杭州市钱塘区文化产业协会章程》，选举产生第一届理事会会长、副会长、常务理事和秘书长、副秘书长。

3月

1日 宁波海事法院杭州法庭揭牌仪式及新闻发布会在钱塘区举行。

3日 钱塘区召开杭州市自贸区“共享法庭”推进会，会上自贸钱塘区块“共享法庭”揭牌。

11日 钱塘区举行“共富向未来——2022杭州市钱塘区庆祝第16个国际社工日”暨“五社联动”主题宣导活动，活动现场为社会工作省级领军人才张敏华的工作室授牌，宣布社会工作研究生流动工作站成立，发布社会工作品牌项目。区长沈燕俊出席。

△ 省制造业星级园区和高质量发展示范园区名单公布，杭州钱塘新区（杭州经济技术开发区、萧山临江高新技术产业开发区、杭州综合保税区）被认定为五星级园区（制造业高质量发展示范园区）。

18日 钱塘区8节课程入选教育部“基础教育精品课”名单。

23日 市委书记刘捷到钱塘区中国科学院基础医学与肿瘤研究所调研并召开座谈会。

△ 钱塘区获评浙江省2021年度“小微企业三年成长计划”工作优秀县（市、区）。

28日 2021年度浙江省新一轮制造业“腾笼换鸟、凤凰涅槃”攻坚行动考核评价结果公布，钱塘区入选该攻坚行动考核评价激励区（县）第一档。

29日 区公安分局前进派出

所举行揭牌启用仪式。

4月

2日 钱塘区首届发展大会暨“聚焦高质量、打造高能级”推进会召开。区委书记金承涛出席并讲话，区长沈燕俊参加。大会向2021年度突出贡献企业和个人授牌，发布《高能级战略平台行动计划》和《高能级产业新政50条》。

8日 钱塘区食品安全风险综合治理中心挂牌。

11日 钱塘区欧美同学会（留学人员联谊会）成立大会召开。市政协原副主席、市欧美同学会会长叶鉴铭，市委统战部部务会议成员、二级巡视员胡德斌，区委书记金承涛，区政协主席金志强出席。大会选举产生第一届理事会和第一届会长、副会长，并举行揭牌仪式和名誉会长聘任仪式。

12日 区委审计委员会召开第二次会议，区委书记金承涛主持会议并讲话。会议学习贯彻中共中央总书记习近平关于审计工作的重要指示批示精神，传达学习省委审计委员会第七次会议、市委审计委员会第六次会议及全省内部审计工作电视电话会议精神，审议并通过《2021年度审计工作总结、2022年工作计划》《关于2021年度审计反映主要问题及整改情况的报告》《审计发现共性问题制度建设建议》，研究部署2022年度全区审计工作。

13日 省委书记袁家军到钱塘区货车司机防疫服务站、杭州传化公路港物流发展有限公司调研保畅通保供应和产业链供应链稳定等工作。

14日 市委书记刘捷到钱塘区调研防疫垃圾处置工作。

15日 江东大道提升改造一期（江东大桥—青六路段）工程主体完工。

17日 中共杭州市钱塘区委办公室印发《关于加强对“一把手”和领导班子监督“五张责任清单”的通知》。

19日 钱塘区通过全国学前教育普及普惠县（市、区）省级督导评估。

20日 区法院获最高人民法院批准，对辖区知识产权案件享有一审管辖权。

25日 杭州钱塘新区产业发展集团有限公司获“穆迪Baa3/稳定”“标普BBB-/稳定”国际信用主体评级，成为全国首家穆迪标普双投资级区县级平台、全国唯一标普投资级区县级平台、全国首家穆迪投资级非省属国企产业园区运营平台。

27日 钱塘区2022年知识产权宣传周启动暨钱塘知识产权公共服务中心启动仪式举行，区人民法院“共享法庭”（知识产权公共服务中心）、杭州生物医药知识产权运营中心、杭州钱塘知识产权金融服务中心揭牌。

28日 钱塘区浙非服务中心举行第四届双品网购节暨非洲好物网购节（浙江专场）线上启动仪式，活动由省商务厅主办，市商务局、区政府承办。活动主题为“非洲好物，行销浙里”，通过AR数字化展厅、抖音直播、淘宝直播等全渠道融合新方式，开展“直播间+线下展厅+源产地”三地联合互动。

5月

10日 钱塘区小廉清风廉运专线启动仪式在临江兵团知青文化园举行。510K小廉清风专线（钱塘）线路编码3199H路，起点站和终点站分别为江东客运站和临江兵团知青文化园。

△ 区法院与浙江警官职业学院举行产教融合实践基地共建协议签约仪式。

11日 中国（浙江）自贸试验区杭州片区钱塘区块建设推进大会暨领导小组会议召开，区委书记金承涛参加会议并讲话。会议现场举行中国农业银行自贸试验区支行、中国银行自贸试验区支行揭牌仪式。

20日 钱塘区举行对口支援、山海协作助力共同富裕暨“潮益荟”共富党建联盟揭牌仪式。

21日 杭州钱塘元宇宙新天地开园。常务副市长柯吉欣出席活动并讲话，区委书记金承涛致辞，区长沈燕俊参加。活动现场向中国科学院院士崔铁军、中国工程院院士邬江兴、中国工程院院士陈文兴、中国移动通信联合会执行会长倪健中、中国移动通信研究院首席科学家刘光毅等颁发元宇宙产业顾问聘书。

22日 江东大道提升改造二期（滨江二路西段—河庄大道）工程主体完工。

23日 下沙街道上沙社区妇女儿童驿站入选“2022年度首批浙江省三星妇女儿童驿站”。

24日 科技部公布2021年度国家级科技企业孵化器名单，杭州大创小镇的正泰中自科技园入选。

25日 省发展改革委、省能源局联合印发《浙江省“十四五”新型储能发展规划》和省“十四五”时期第一批新型储能示范项目名单，钱塘区杭州和达能源有限公司参与建设运营的“杭州医药港零碳电厂熔盐储能项目”入选。

26日 共青团杭州市钱塘区第一次代表大会召开，区委书记金承涛出席开幕式并讲话，团市委领导到会指导。区长沈燕俊等领导参加。

△ 钱塘科学城钱塘校融2.0（产学研一体化合作平台）发布会举行。

△ 2022年浙江传媒学院“美好中国，宋韵钱塘”暨喜迎二十大“艺稻”青年艺术创想周开幕，活动由浙江传媒学院主办，浙江广播电视集团卫星电视频道、区委宣传部协办。活动于5月30日结束。

△ 美食活动“舌尖上的杭州”厨神争霸赛第十季——钱塘滋味·金牌虾美味争霸赛举行。活动由市商务局、区政府、杭州国际城市学研究中心、中国棋院杭州分院、杭州文广集团主办，杭州电视台生活频道全案策划执行。

27日 省高质量发展建设共同富裕示范区最佳实践（第一批）名单公布，钱塘区《构建“三大体系”推动高校毕业生创业就业》入选“收入分配制度改革先行示范”名单。

△ 龙湖杭州吾角天街开业。

30日 “双选双促”青春招聘见面会在杭州卓尚产业园举行。

31日 区一届人大常委会第八次会议召开。会议审议通过《杭州市钱塘区人民代表大会常务委员会专题询问办法》《杭州市钱塘区人民代表大会常务委员会法官检察官履职评议办法》；听取和审议区政府关于2021年度国有资产管理情况的综合报告和关于行政事业性国有资产管理情况的专项报告；听取和审议区政府关于《中华人民共和国就业促进法》贯彻实施情况的报告、区人大常委会执法检查组关于检查《中华人民共和国就业促进法》执行情况的报告，并开展专题询问；审议表决区政府关于提请胡国伟等职务任免的议案，决定任命胡国伟为钱塘区人民政府副区长，决定免去施科琦的钱塘区人民政府副区长职务。

6月

2日 “聚焦高质量·助力共富路·打造高能级”钱塘区区校统战融合发展大会召开。区长沈燕俊出席会议并致辞。区政协主席金志强参加。

△ 撤销杭州钱塘新区城市有机更新指挥部，成立杭州东部湾新城开发建设领导小组、杭州东部湾新城开发建设指挥部。

△ 中共杭州市钱塘区委办公室印发《关于建立钱塘区落实党风廉政建设责任制领导小组的通知》。

△ 省2021年落实有关重大政策措施真抓实干成效明显的地方名单公布，钱塘区获评推进“一带一路”重要枢纽建设工作成效明显的县（市、区）和深化“亩均论英雄”改革工作有力、成效明显的县（市、区）。

3日 钱塘轮滑中心花样轮滑场地通过技术验收，俱备亚运会各项赛事举办条件。

9日 钱塘产城融合核心区管理办公室更名为杭州钱塘江海之城建设管理办公室。

△ 2022年浙江省“全民反诈”之“反诈青年行”活动启动仪式在钱塘区举办。活动由省委宣传部（省文明办）、省教育厅、省公安厅、团省委、浙江日报报业集团联合指导，浙江省打击治理电信网络新型违法犯罪工作联席会议办公室主办，市公安局、区委政法委、区文明办、区公安分局、团区委承办。

10日 全省2022年“浙里田园”休闲农业和乡村旅游精品线路名单公布，钱塘区“田城汇”休闲之旅田园村韵精品线上榜。

△《钱塘区2022年土地征收成片开发方案》获市政府批复，共划定片区14个，涉及土地面积359.39公顷。

11日 市长刘忻到钱塘区恒大陶瓷建材交易市场开展现场督查。

△“喜迎党的二十大、非遗文化传薪火”——钱塘区文化和自然遗产日宣传展示活动在义蓬街道头蓬老街举行，活动由区社会发展局主办，义蓬街道承办。现场为6位手艺人颁发钱塘区第一批非物质文化遗产项目代表性传承人证书。

13日 中共杭州市钱塘区委办公室印发《2022年度全面从严治党责任清单》。

14日 以“数智赋能、集群顶梁、工业奋进”为主题的浙江省“十链百场万企”系列对接活动首个专场——节能与新能源汽车产业链大型现场对接活动在钱塘区举行。省经信厅厅长姚高员、区委书记金承涛、区长沈燕俊参加活动。

15日 中欧生命健康产业跨境合作平台——瑞士专场对接会在钱塘区举行，活动由商务部投资促进事务局、省商务厅、区政府和瑞士生物科技协会主办。

16日 钱塘区首个禁毒科技体验馆启用。

20日 全省强村富民乡村集成改革典型案例名单公布，河庄街道江东村“江东村智慧漫居共富模式”入选“数字化改革+强村富民”经典案例。

△ 钱塘区首个行业工会联合会——钱塘区货运物流行业工会联合会成立。

21日 杭州师范大学工学院在下沙校区揭牌。

△ 省高质量发展建设共同富裕示范区第二批试点名单公布。钱塘区《打造技术工人安居乐业，

实干兴业公共服务钱塘样板》入选“机制创新类”省级试点。

22日 2022年建行杯·杭州市防范非法金融活动校园短视频大赛颁奖仪式在钱塘区举行，区内14所高校60多个作品参赛，活动评选出获奖作品20个。

25日 钱塘区摄影家协会揭牌仪式暨成立十周年年会在杭州医药港小镇举行。

26日 江东大道提升改造工程（江东大桥—青六路段）建成通车。通车范围包括江东大桥—青六路段快速路（含江东大桥东接线高架、秀松路上下匝道桥、蜀山隧道、河庄大道及靖江路进出蜀山隧道匝道）共6千米，秀松路至青六路段地面道路共5.2千米。

27日 钱塘区第一次妇女代表大会召开。大会选举朱志俊为钱塘区妇女联合会第一届执行委员会主席，徐伟英、董幼红、沈云芸、王芳为副主席。区委书记金承涛出席开幕式并讲话。市妇联主席阮英到会指导。

28日 区法院、区公安分局共同打造的“共享法庭”在区公安分局执法管理中心揭牌。

△ 2021年度国家备案众创空间名单公布，钱塘区如是空间、UP+DEMO众创空间、优斯众创空间入选。

△ 省数字工厂标杆企业认定类和培育类名单公布，钱塘区企业杭州和利时自动化有限公司被认定为2022年数字工厂标杆企业。

△ 2022年浙江省半导体行业协会会员大会暨第二届中国（钱塘）集成电路高峰论坛在钱塘区举行。

△ 钱塘区作家协会成立暨第一次会员代表大会召开。

29日 2022年第一批自贸区省级最佳制度创新案例评选结果发布，钱塘区“综保区一般纳税人资格试点精准化服务模式”和“生物医药产业园公募REITs试点”入选。

30日 2022年中国（浙江）自由贸易试验区生命健康产业推介会暨第六届国际生物医药（杭州）创新峰会开幕式在钱塘区举行。区委书记金承涛致辞，区长沈燕俊主持会议。

△ 第四届亚残运会草地掷球测试赛举行。

7月

1日 钱塘区音乐家协会成立暨第一次会员代表大会召开。

△ 钱塘区印发《关于推进大美钱塘建设实现强村富民的实施意见（2022—2025年）》。

△ 杭州市特种设备检测研究院钱塘服务中心启用。

4日 钱塘区舞蹈家协会成立暨第一次会员代表大会召开。

5日 浙江经贸职业技术学院与杭州美迪凯光电科技股份有限公司战略合作签约仪式举行，会上为美迪凯精密智造学院揭牌。

7日 首批市级城乡风貌样板区名单公布，钱塘“金沙湖”城市新区风貌样板区上榜城市风貌样板区（城市新区类）。

10—12日 第17届“振兴杯”全国青年职业技能大赛（学生组）主体赛决赛在钱塘区举行。

12日 钱塘区印发《“钱塘优学”全方位综合提质三年行动计划（2022—2024）》。

△ 中国（浙江）自由贸易试验区工作领导小组办公室公布2022年第一批中国（浙江）自由贸易试验区最佳制度创新案例。钱塘区生物医药产业园公募REITs试点、杭州综合保税区一般纳税人资格试点精准化服务模式入选。

13日 《杭州市钱塘区城镇社区建设专项规划》通过专家评审。规划期限为2020—2035年，规划范围总用地面积338平方千米，其中陆域面积242.3平方千米、钱塘江水域面积95.7平方千米。

14日 浙江工业大学钱塘校友产业园举行开园仪式。浙江工业大学党委书记蔡袁强、区委书记金承涛出席仪式并致辞。

△ 2022年度省建设工程钱江杯（优质工程）名单公布，“杭州东部湾体育公园—亚运轮滑馆、训练馆配套服务用房工程项目”入选。

△ 钱塘科学城核心区现代服务业创新发展区创建为省现代服务业创新发展区，成为杭州10个创新发展区之一。

15日 杭州市钱塘区人民政府印发《关于纾困助企的政策意见》。

△ 2022年高端装备与智能制造国际论坛在杭州电子科技大学举办。

16日 浙江东富龙生物技术有限公司生命科学产业化基地项目开工。常务副市长柯吉欣宣布开工。区委书记金承涛、东富龙集团董事长郑效东致辞。区长沈燕俊参加。

△ 市长刘忻到钱塘区调研生物医药产业工作。

19日 农业农村部计划财务司司长陶怀颖、省农业农村厅副厅长沈素芹到钱塘区调研数字农业工作。

△ 和达高科·创新服务中心、银海科创中心（和达药谷四期）、生命科技中心被认定为省第九批小微企业园。

20日 钱塘区委人才工作会议暨打造全省产才融合示范高地推进会召开。区委书记金承涛出席会议并讲话，区长沈燕俊主持会议。

△ 杭州河景路（靖江路—梅林大道）通车，该路段全长9.3千米。通车后，河景路（滨江二路—梅林大道）实现全线贯通。河景路位于江东大道以南1千米，西起规划滨江二路，东至现状梅林大道，全长13.27千米。

21日 国家药监局副局长陈时飞到钱塘区调研。

22日 钱塘区工商联（总商会）国际合作商会成立大会暨第一届理事会议召开。区委书记金承涛出席开幕式并致辞，区长沈燕俊参加。

22—23日 第一届国际MAH合作与创新高峰论坛在钱塘区举行。区委书记金承涛致辞，区长沈燕俊参加。

25日 杭州和达物业管理有限公司获评2022年度省物业服务企业AAA信用等级。

27日 市生态环境局钱塘分局完成省级“生态环境问题发现督察在线”应用贯通乡（镇、街道）试点项目，发布上线“一镇一图”。

30日 宜格集团全球创新研发及产业中心项目开工奠基仪式举行。项目总投资10亿元，建成后承担宜格集团旗下的消费者研究中心、化妆品科创中心、美容仪器研发中心、工业设计与CMF研发中心、东方美学与空间创新中心5个创新研发中心的功能，成为全链路美妆研发生态园区。

△ 钱塘快速路（23号大街至义蓬中路段）通车，钱塘过江隧道开通试运行。

△ 第八届浙江省国际“互联网+”大学生创新创业大赛闭幕式暨颁奖典礼在浙江理工大学举行。

8月

2日 德琪医药科技有限公司德琪生物研发及产业化基地开工奠基仪式在杭州医药港小镇举行。

3日 区政府、区政协举行首次联席会议。区长沈燕俊参加会议并讲话。

4日 松下中国家电销售增量计划项目签约仪式举行，区长沈燕俊，松下电器集团全球副总裁本间哲朗参加。

△ 杭州经济技术开发区巡回审判法庭揭牌。

5日 杭州松下家电（综合保税区）有限公司智能新工厂启幕活动在钱塘区举行，区长沈燕俊参加。

△ 河庄街道社区卫生服务中心主任高英被中央文明办评为“中国好人”。

△ 省人大常委会副主任梁黎明，省人大常委会党组副书记陈金彪，市人大常委会主任李火林等全省各级人大常委会主任学习会参会人员到白杨街道邻里社区人大代表联络站考察。区委书记金承涛、区人大常委会主任阮重晖参加。

12日 杭州和达供应链产业园入选第二批省冷链物流骨干基地。

15日 杭州市钱塘区卫生健康局（区疾病预防控制局）挂牌成立。

△ 浙江杭煜制药有限公司杭煜小分子创新药物研发总部及制剂生产销售基地项目开工奠基仪式在临江高科园举行。

19日 史陶比尔机器人中国首条生产线落成仪式举行。

20日 钱塘快速路（宝华路至23号大街段）开通试运行，全长20.7千米的钱塘快速路（钱塘区段）全线贯通。

23日 第15届杭州高价值知识产权智能产品创新创意大赛决赛在钱塘区举行。

24日 市委书记刘捷到钱塘区企业杭州士兰集昕微电子有限公司、广汽乘用车（杭州）有限公司、浙江恒逸集团有限公司等走访服务，区委书记金承涛参加。

△ 区委一届七次全体（扩大）会议召开。会议听取和讨论金承涛受区委常委会委托做的工作报告，审议并通过《中共杭州市钱塘区委关于推进“四个全域”，勇当“两个先行”时代先锋的决定》。

26日 2022年浙江省第一批未来工厂名单公布，临江高科园杭州顾家定制家居有限公司顾家定制智能家居未来工厂入选。

27日 第五届“绽放杯”5G应用征集大赛浙江区域赛决赛在钱塘区举行，活动由省经信厅、省通信管理局主办，省5G产业联盟、区政府承办。省政府副秘书长蒋珍贵出席并致辞，区委书记金承涛参加。

9月

1日 杭州第四中学江东学校、白杨街道景澜幼儿园、钱塘新区崇德实验学校投入使用。

6日 市长刘忻到钱塘区走访服务企业，并召开企业座谈会。

△ 中央信访工作联席会议专项督查第七组到钱塘区邻里社区、河庄街道围中村调研。

△ 2022年省第一批智能工厂（数字化车间）名单公布，长安福特汽车有限公司杭州分公司长安福特杭州整车智能工厂入选。

8日 钱塘区天境生物科技（杭州）有限公司、杭州多禧生物科技有限公司、杭州明德生物医药技术有限公司3个外资企业的研发中心通过“浙江省第一批符合进口税政策外资研发中心”资格认定，可享受相关进口税收政策。

9日 钱塘区“学生健康安全一张网”入选省教育厅教育数字化改革创新试点项目。

13日 杭州钱塘科学城领导小组第一次会议召开，区委书记、钱塘科学城领导小组组长金承涛参加会议并讲话，区长沈燕俊参加。

△ 钱塘区入选2022年省级现代农业园区创建名单。

△ 钱塘区中国杭州跨境电子商务产业园下沙园区入选浙江首批省级跨境电子商务产业园名单。

14日 市长刘忻到钱塘区开展防汛防台检查指导，督导台风“梅花”的防御工作。

15日 2022年全国双创活动周浙江分会场启动仪式在钱塘区国际创博中心举行。省长王浩、副省长高兴夫、市长刘忻、常务副市长柯吉欣出席。区委书记金承涛致辞，区长沈燕俊参加。

16日 中共杭州市钱塘区委“杭州这十年·钱塘”主题新闻发布会举行。区委书记金承涛做主题发布并答记者问，区长沈燕俊参加。

17日 2022年浙江省青少年轮滑锦标赛在钱塘区轮滑中心开幕，区委书记金承涛出席开幕式。

19日 3105M路地铁接驳公交线路开通，实现杭州医药港小镇一期、三期、四期与地铁1号线金沙湖地铁站接驳。

20日 省亚运综合办督察组到钱塘区督查环境品质提升工作。

△ 杭州协合医疗用品有限公司、永杰新材料股份有限公司、杭州联川生物技术有限公司3个博士后科研工作站获批国家级博士后科研工作站。

21日 2022年全国科普日暨钱塘区第二届科普宣传周活动启动仪式在浙江理工大学举行，省科协副主席陆锦、区委书记金承涛出席仪式。

△ 义蓬街道南沙村举办“欢庆丰收年，喜迎二十大”农民丰收节活动。

△ 区法院“案款一件事”改革场景应用（案款3.0版）在全省上线推广。

22日 省长王浩到钱塘区中国科学院医学所调研。

23日 2022年浙江省（杭州市）“青年大学习”宣讲交流主题活动暨钱塘区青年学习品牌启动仪式在长安福特汽车有限公司杭州分公司举行。会上发布“钱塘乐学”青年学习品牌及“青春巴士”研学路线。

26日 钱塘区“育工匠助共富”专项行动发布暨劳模工匠学院成立仪式在杭州职业技术学院举行。

28日 “钱塘校融”产学研一体化数字平台被省科技厅列入“供需荟”场景试点。

29日 省长王浩就《钱塘区聚焦三个“一”持续做优双创生态，为高质量发展注入新活力》做出批示。

△ 全省“无废亚运”推进活动在杭州奥体中心举行，全省首批16个无废亚运细胞示范点名单公布，杭州电子科技大学体育馆被评为无废亚运场馆示范点，吉利汽车杭州分公司、杭州娃哈哈启力营养食品公司被评为无废亚运工厂示范点。

30日 钱塘区“三区三线”划定成果获自然资源部批复启用。

10月

13日 全国首个《人民政协报》、人民政协网“民情联系点”落户钱塘区。

14日 区卫生健康局与省中医院钱塘院区举行挂职专家聘任签约仪式。

15日 钱塘区金卡智能集团股份有限公司“金卡智能智慧燃气5G系统项目”获工信部第五届“绽放杯”5G应用征集大赛一等奖。

17日 “钱塘校融产学研一体化数字平台”被列入省数字政府系统优秀应用案例集（第二批）。

18日 萧山区委书记王敏率萧山区党政代表团到钱塘区考察产业发展、科技创新、自贸区和综合保税区建设等工作。

20日 杭州市争当浙江省高质量发展建设共同富裕示范区城市范例最佳实践（第一批）名单公布。钱塘区“‘田城汇’解好三道题 变盐碱地为沙地”入选城乡区域协调发展先行示范名单，“‘康养一体’打造高质量助残先行区”入选公共服务优质共享先行示范名单。

21日 钱塘区科学技术协会第一次代表大会召开，区委书记金承涛出席开幕式并讲话，市科协主席孙雍容到会指导，区长沈燕俊参加。

25日 杭州市钱塘区残疾人联合会第二次代表大会召开，区委书记金承涛出席并讲话。

26日 市委书记刘捷到钱塘区调研江海之城整体规划，参观江海之城城市展厅。

27日 国家知识产权局发布《关于确定2022年新一批及通过复核的国家知识产权示范企业和优势企业的通知》，杭州和利时自动化有限公司、杭州奥泰生物技术股份有限公司、泰瑞机器股份有限公司、德帕姆（杭州）泵业科技有限公司4个企业入选“国家知识产权优势企业”。

△ 义蓬街道春光村、火星村，河庄街道东沙湖社区、文伟

村，临江街道萧东村被确定为省级低（零）碳村（社区）试点创建单位。

28日 第五届“未来商业秀”揭晓发布“2022年新国货榜样榜单”，钱塘区彩妆品牌“花西子”上榜，被评为“年度国民新国货品牌”。

29日 市长刘忻到钱塘区调研企业及督查重大项目建设推进情况。

31日 区法院和区教育局联合打造的区法院“共享法庭”（教育服务站）入选市首批示范“共享法庭”。

11月

3日 杭州市新命名一批市级高品质步行街、市级商业特色街，钱塘区金沙湖休闲商业特色街入选“市级商业特色街”。

△ 区社科联与浙江财经大学人文与传播学院联合举办的全区首个“宋韵文化研究中心”挂牌。

7日 省“千场微党课进礼堂”党的二十大精神微型党课巡讲启动仪式暨《微型党课一本通》首发活动在钱塘区举行。省委宣传部副部长盛世豪，省直机关工委副书记俞忠勤，市委宣传部副部长、市新闻出版局（版权局）局长应雪林出席启动仪式，区委书记金承涛致辞。

9日 合创汽车第三款产品、纯电智能潮跑合创A06首台量产车在钱塘区下线。

△ 杭州九洲大药房连锁有限公司下沙二店被评为省级“五星级民生药事服务站”，为全区首个省级“五星级民生药事服务站”。

10日 首届钱塘产业人才节启动暨杭州全球青年人才中心钱塘分中心揭牌仪式举行。

△ 浙江永杰铝业有限公司钠离子动力电池结构件用铝合金板带获评2022年国家级单项冠军产品。

11日 2022全球减贫伙伴研讨会发布第三届全球减贫案例征集活动获奖案例名单，钱塘区“‘高原牦牛从头到尾’全产业开发链创建牦牛现代农业产业园区”入选最佳案例，成为全市首个获奖案例。

12日 第六届浙江药学大会在钱塘区举行，会议由省药学会、钱塘新区管委会主办。钱塘新区管委会主任、区长沈燕俊出席大会开幕式并致辞。

13日 中国科学院基础医学与肿瘤研究所二期项目举行开工仪式。

14日 浙港同心·航向未来“凤凰行动”香港金融专项服务启动仪式暨浙港科创产业伙伴战略峰会在钱塘区举办。省委统战部副部长吴炳芳、香港特别行政区政府驻浙江联络处主任刘铭德、市委统战部副部长盛春霞、区委书记金承涛出席仪式。

16日 第七届“创客中国”中小企业创新创业大赛全国总决赛开幕式在钱塘区举行，活动由工业和信息化部、财政部主办，工业和信息化部信息中心、省经信厅、省财政厅、市政府承办，省中小企业服务中心、市经信局、市财政局、区政府协办。

△“新大航海时代”全球跨境电商品牌出海大会暨跨境电商综试区钱塘推介会举行。区长沈燕俊出席会议并致辞。

17日 钱塘区赛德半导体有限公司SEED团队的“可折叠超薄柔性玻璃（UTG）生产加工项目”获第七届“创客中国”中小企业创新创业大赛全国总决赛创客组一等奖。

18日 钱塘区举行“钱塘校融·校企双进”产学研对接会启动仪式暨杭州大创小镇专场系列活动，该活动由省科技厅、省教育厅指导，钱塘科学城、区经信科技局、区工商联和区六大产业平台承办，区内14所高校科研部门负责人、二级学院博士专家以及区内部分企业的有关负责人参加活动。

21日 钱塘区义蓬街道文学艺术界联合会成立暨第一次代表大会举行，为全区首个基层文联组织。

△ 钱塘新区国产宽体客机项目A02区单块5.13万平方米钢结构网架提升完成。

22日 清廉钱塘建设推进会召开，区委书记金承涛主持会议并讲话。会上宣布2022年度清廉示范样板名单。

△ 下沙街道“万亩方”永久基本农田集中连片整治项目竣工。

23日 钱塘区中策橡胶集团股份有限公司GB/T 1702—2017《力车轮胎》项目获“2022年浙江省标准创新贡献奖‘优秀贡献奖’”，浙江方圆检测集团有限公司、浙江省医疗器械检验研究院获“2022年浙江省标准创新贡献奖‘组织奖’”。

24日 钱塘区高校退役军人服务站在浙江育英职业技术学院挂牌成立。

25日 杭州钱投海达停车楼获2022WAN Awards“世界建筑新闻奖”交通项目银奖。该停车楼位于下沙片区金沙湖中央商务区，总建筑面积2.89万平方米，共8层，其中地上6层、地下2层，有车位480个。

26日 代市长姚高员到钱塘区调研钱塘健康驿站。

29日 区一届人大常委会第十一次会议召开。会议传达学习中国共产党第二十次全国代表大会会议精神；批准区政府2022年预算调整方案；审议通过《钱塘区人大常委会审议意见办理办法》《钱塘区人大常委会执法检查规定》。会议首次邀请公民旁听区人大常委会会议。

30日 杭州市钱塘区人民法院下沙人民法庭获省委编办批复设立。

12月

1日 钱塘新区人才共有产权房新闻通气会召开，人才共有产权房开放申请。

2日 首届全球数字贸易博览会首场论坛活动——数字自贸区主题论坛在钱塘区举行。省自贸办副主任、省商务厅副厅长胡真舫，市商务局局长王永芳，区委书记金承涛参加。

△ 钱塘区低碳产业促进会第一次会员大会召开，选举第一届理事会、监事，推选产生第一届领导班子和秘书长、副秘书长。浙江西子航空工业集团有限公司当选会长单位。

△ 杭州和达希尔顿逸林酒店获2022年中国最佳商务会议酒店奖，杭州金沙湖和达希尔顿嘉悦里酒店获2022年中国最佳城市度假酒店奖。

6日 市长姚高员到钱塘区督查全国文明城市创建工作。

7日 江山市委书记朱素芳一行到钱塘区考察交流"山海协作"工作，两地召开联席会议。区委书记金承涛出席会议并讲话，区长沈燕俊参加。

9日 杭州市民营经济"两个健康"城市之窗·钱塘民营经济人士之家启用，区委书记金承涛出席仪式并致辞。

△ 注册号为"B-919A"的C919大型客机交付首个用户——中国东方航空集团有限公司。飞机搭载的C919空气冲压涡轮发电机舱门由钱塘区企业浙江西子势必锐航空工业有限公司制造。

△ 杭州医药港小镇（杭州医药港小镇发展服务中心）入选2022年度浙江省商业秘密保护基地名单，为全区首个省级商业秘密保护示范区。

12日 钱塘校融产学研一体化数字平台获评2022年度省数字经济系统最佳应用。"生物医药产业大脑"入选2022年度省数字经济系统产业大脑优秀案例。

13日 首届全球数字贸易博览会之江数字贸易论坛——"数智中非"创新创业青年领袖钱塘论坛举办。

20日 钱塘区印发《钱塘区妇女发展"十四五"规划》《钱塘区儿童发展"十四五"规划》。

21日 2022年度钱塘区数字化改革重点攻坚项目"平安全域智治"获国家信息中心主办的第二届中国新型智慧城市建设峰会智胜奖（一等奖）。

23日 首批由艾博生物医药（杭州）有限公司从日本进口的鼠源性单克隆抗体（抗甲型流感病毒）通过浙江省特殊生物制品一体化通关平台进口测试，实现生物制品可直接从杭州口岸通关。

27日 全国首单生物医药产业园公募REITs、浙江省首单产业园REITs——华夏杭州和达高科产业园REIT（基金代码：180103）在深圳证券交易所上市。华夏和达高科REIT为钱塘区企业杭州和达高科技发展集团有限公司和中信证券股份有限公司、华夏基金管理有限公司联合推出的项目。

28日 第二届人民健康大会暨2022年健康中国行动创新实践案例总结大会在北京召开。钱塘新区"聚焦'链式+集群'发展新模式，打造健康产业高地"案例被评为"2022健康中国创新实践典型案例"。

△ 钱塘区印发《钱塘区家庭教育工作"十四五"规划》。

30日 钱塘区创建成为"2022年浙江省食品安全示范区"。

△ 浙江省药品监督管理局医药创新和审评柔性服务站（医药港小镇）获批设立。

31日 区残疾人联合会参与编制的《残疾人康养一体化服务规范》（DB3301/T 0381—2022）作为杭州市地方标准发布实施。

责任编辑　陈　玲

区情概览

自然环境

【地理位置与面积】钱塘区地处长江三角洲南部，杭州市区东部，东、北以钱塘江为界，南与绍兴市柯桥区接壤，西南与萧山区交界，西至临平区东湖路，西北与临平区、海宁市交界，西与上城区毗连，总面积531.7平方千米。其中，陆域面积436平方千米，钱塘江水域面积95.7平方千米。

（单建树）

【气候特征】钱塘区地处亚热带季风气候带，随着冬夏季风转换，天气系统、控制气团和天气状况均会发生明显的季节性变化，形成春多雨、夏湿热、秋气爽、冬干冷的气候特征。春季回暖早，冷暖转换快，气温日差较大。初夏常为梅雨季节，高湿闷热；盛夏晴热少雨，台风影响频繁。秋季多秋高气爽。冬季多晴冷天气。2022年，年平均气温为18.5℃，夏季最高气温41.8℃，冬季最低气温-4.8℃。年雨日150天，年均降水量1207.7毫米，降水量最高区域1447.5毫米、最低区域833.8毫米，降水量最高时段为4月至10月，降水量最低时段为12月至次年1月。全年有2个降雨集中期，第一个降雨集中期始于4月，6月结束，称梅汛期，平均降水量341.6毫米；第二个降雨集中期始于7月，10月结束，受台风影响，平均降水量326.2毫米。（金　叶）

【永久基本农田】2022年，钱塘区现状永久基本农田1.94万公顷，占总面积的36.5%。东部永久基本农田主要分布在临江围垦区域，规模较大；西部永久基本农田主要分布在乔司农场区域，相对集中。

（丁殿君）

【湿地资源】钱塘区界三面临水，水系丰沛，现状湿地资源面积1.8万公顷，由近海滩涂水域、内陆河流湖泊、蓄水区及水产养殖场等组成。湿地地势平坦、视线开阔，内部水系纵横，生态环境整体较优，是候鸟迁徙重要中转站和留鸟的重要栖息地，也是杭州建设世界级生态景观休闲廊道“三江两岸”的重要组成部分。

（任　劼）

【水系河道】钱塘区河道密布，地块开发之前主要承担杭州东部的排涝、灌溉、运输和海塘抢险等功能。下沙区块南北向主要有幸福河、11号渠、临江护塘河等，东西向主要有五一河、新建河、2号渠、6号渠、12号渠，呈网格状分布，多为人工开挖，主要用于排涝、防洪。江东区块南北向主要有四工段直河、六工段直河、八工段直河、九工段直河、十工段直河等，东西向主要有抢险河、围垦沿塘河、四工段横河、三工段横河等，呈网格状分布、多为人工开挖，系随围垦区不断拓展而形成。主干河道水面宽40~50米，一般河道宽20~30米。（孙　璐　李红卫）

【山体堤坝】钱塘区地势平坦，下沙区块为钱塘江常年冲刷沉积及围垦而成的平原，没有山体。江东区块为围垦区，有一座较小的丘陵——蜀山，位于河庄街道，海拔44.8米，山脊呈宽、窄长条状，占地面积约4万平方米。南沙大堤是萧山围垦文化的起源。现存南沙大堤西起南阳，后向东北再向东南延伸，过临江后终至

2022 年钱塘区街道、村（社区）情况一览表

表 1　　　　单位：平方千米

街道名称	区域面积	所辖村（社区）
下沙街道	49.8	头格社区、七格社区、智格社区、中沙社区、上沙社区、下沙社区、高沙社区、元成社区、东方社区、新元社区、松合社区、湾南社区、新沙社区、杭铁社区、铭和社区、柠檬社区、滟澜社区、早城社区、星野社区、银沙社区、金沙湖社区（共 21 个）
白杨街道	54.9	景园社区、大北社区、月雅苑社区、高教社区、邻里社区、闻潮社区、云水社区、海天社区、多蓝水岸社区、朗琴社区、伊萨卡社区、东湾社区、观澜社区、江滨花园社区、江潮社区、美达社区、晨光社区、东郡社区、云滨社区、云涛社区、银海社区、东保社区、凌云社区、汇澜社区、云邸社区（共 25 个）
河庄街道	69.2	城隍庙社区、知行社区、东沙湖社区、学府社区、田城社区、建设村、同一村、同二村、蜀南村、向公村、民主村、建一村、新和村、群建村、群欢村、向前村、向红村、闸北村、三联村、文伟村、新围村、围中村、江东村、新创村、新江村（共 25 个）
义蓬街道	56.48	义盛社区、头蓬社区、江盛社区、义和社区、义隆社区、向涛社区、全民村、小泗埠村、金星村、义蓬村、仓北村、春光村、春园村、春雷村、南沙村、蜜蜂村、义盛村、新庙前村、后新庙村、新益村、灯塔村、后埠头村、长红村、白浪村、金泉村、杏花村、蓬园村、火星村（共 28 个）
新湾街道	22.05	新北桥社区、新宏社区、共和村、共裕村、共建村、共兴村、新南村、三新村、建华村、冯娄村、宏波村、宏新村、创建村、创新村（共 14 个）
临江街道	44.1	临江佳苑社区、高新社区、东庄村、萧东村（共 4 个）
前进街道	40.54	前新社区、前悦社区、临江村、前峰村、三丰村（共 5 个）

（陆　晨）

红十五线以南萧绍分界线附近。南沙大堤钱塘区段全长 28.37 千米。河庄街道建有南沙大堤遗址公园。（饶　勇）

行政区划

【建制沿革】1990 年 7 月，经浙江省政府批准，在新区所在的下沙地块建立杭州钱江外商台商投资区。1993 年 4 月，国务院批准在杭州钱江外商台商投资区江北区块设立杭州经济技术开发区。2000 年 4 月，国务院批准在杭州经济技术开发区内设立浙江杭州出口加工区。2001 年在新区所在的江东地块筹建江东工业园区，2002 年筹建前进工业园区，2003 年筹建临江工业园区。2006 年，江东工业园区经省政府批复成立。2009 年，大江东区域“撤镇设街”，采取“城街合一，以城带街”的运行模式，江东新城、临江新城挂牌。2012 年 10 月，杭州大江东产业集聚区管委会挂牌。2014 年 8 月，大江东产业集聚区体制调整，大江东产业集聚区党工委、管委会履行经济、社会、文化、生态文明建设和党的建设各项管理职能，大江东区域开发建设管理实行“一个平台、一个主体”。2015 年 1 月，大江东产业集聚区实体化运作。2015 年 2 月，该区域内获批国家级萧山临江高新技术产业开发区。2019 年 4 月 2 日，原杭州大江东产业集聚区和原杭州经济技术开发区“两区合一”，成立杭州钱塘新区。2021 年 4 月 9 日，杭州市部分行政区划优化调整，钱塘区成立，实行功能区和行政区“区政合一”体制。（年鉴编辑部）

【街道村（社区）设置】2022 年，钱塘区有街道 7 个、社区 63 个、行政村 59 个。其中，下沙街道有社区 21 个；白杨街道有社区 25 个；河庄街道有社区 5 个、行政村 20 个；义蓬街道有社区 6 个、行政村 22 个；新湾街道有社区 2 个、行政村 12 个；临江街道有社区 2 个、行政村 2 个；前进街道有社区 2 个、行政村 3 个。（贾宇静）

【行政区划代码】2022 年，《杭州市民政局关于确定部门区镇（街道）行政区划代码及村（社区）代码的通知》确定钱塘区及所辖 7 个街道的行政区划代码。钱塘区行政区划代码为 330114，下辖的下沙街道为 330114001、白杨街道 330114002、河庄街道为 330114003、义蓬街道为 330114004、新湾街道 330114005、临江街道为 330114006、前进街道为 330114007。“33”表示浙江省，“01”表示杭州市，“14”表示钱塘区，“001~007”分别表示 7 个街道。（徐璐轲）

【区划地名管理】2022 年 4 月 12 日，区政府向市政府上报《杭州市钱塘区人民政府关于钱塘区行政区划完成变更情况的报告》。钱塘区创新“区政合一”模式。区

社会发展局联合区行政审批局命名辖区道路22件，核准楼盘等地名6件，编制楼盘门牌6个、1.55万户，开出地址证明61件，发放门牌证160本。（徐　哲）

人口变迁

【户籍人口】2022年，钱塘区户籍人口总户数93570户，比上年增加2289户，增长2.5%，平均每户3.7人；户籍总人口342507人，比上年增加7515人，人口年增长率2.2%。其中：城镇人口272502人，占全区总人口的79.56%；乡村人口70005人，占全区总人口的20.44%。在总人口中，男性169507人，占总人口的49.49%，比上年增加3548人，增长2.14%；女性173000人，占总人口的50.51%，增加3967人，增长2.35%。性别比为97.98（女=100），下降0.2个百分点。

【流动人口】2022年，钱塘区流动人口在册631366人，比上年减少34897人，下降5.23%，其中下沙街道204826人、白杨街道193485人、河庄街道59742人、义蓬街道55329人、新湾街道35065人、临江街道49993人、前进街道32926人。居住时间1年以下297412人，占流动人口在册数的47.11%；居住时间1~5年242384人，占流动人口在册数的38.39%；居住时间5年以上91570人，占流动人口在册数的14.50%。16~59岁566953人，占流动人口在册数的89.80%。流动人口中男性387781人，占流动人口在册数的61.42%；女性243585人，占流动人口在册数的38.58%，性别比为159（女=100）。初中及以下学历380484人，占流动人口在册数的60.26%；大专及以上学历123276人，占流动人口在册数的19.53%。全区有少数民族50个，少数民族流动人口45340人，占流动人口在册数的7.18%。

【人口迁移】2022年，钱塘区迁移人口24960人，比上年减少9008人。其中，市内迁入4371人，减少1257人；省内迁入4574人，减少3134人；省外迁入6185人，减少4054人；市内迁出5768人，减少1020人；省内迁出1600人，增加284人；省外迁出2462人，增加173人。（方晓波）

经济建设

【经济运行平稳】2022年，钱塘区地区生产总值1226.03亿元，比上年增长0.1%；规模以上工业总产值3502.38亿元，下降0.8%；服务业增加值390.02亿元，增长3.1%。三次产业比重为1.0∶67.2∶31.8。一般公共预算收入116.63亿元，下降0.6%。固定资产投资542.21亿元，增长17.5%，其中制造业投资159.63亿元，增长34.6%。社会消费品零售总额337.95亿元，下降3.3%；货物贸易出口额618.07亿元，增长5.8%。实际利用外资9.38亿美元。R&D（科学研究与试验发展）经费投入强度4.54%。（童春惠）

【经济质效提升】2022年，钱塘区实现规模以上工业总产值3502.38亿元，销售产值3484.24亿元，规模以上工业企业产销率99.5%；规模以上工业企业增加值722.94亿元；战略性新兴产业增加值284.81亿元，高技术制造业增加值195.5亿，分别增长9%、9.2%；高新技术产业增加值538.55亿元，装备制造业增加值316.82亿元；数字经济核心产业增加值114.72亿元，增长4.8%；工业投资165.22亿元，工业用地出让201.07万平方米。至年末，在库规模以上工业企业682个，其中年产值100亿元以上企业5个、年产值50亿~100亿元企业6个、年产值10亿~50亿元

2022年钱塘区各街道户籍人口情况统计表

表2

街道名称	户数（户）	总人口（人）	总人口按性别分		平均每户人口（人）
			男（人）	女（人）	
下沙街道	14309	51937	25581	26356	3.63
白杨街道	33347	121506	61629	59877	3.64
河庄街道	14158	56533	27454	29079	3.99
义蓬街道	19113	69122	33681	35441	3.62
新湾街道	7758	26912	13101	13811	3.47
临江街道	2569	7553	3730	3823	2.94
前进街道	2316	8944	4331	4613	3.86

企业68个、年产值1亿~10亿元企业278个。（周阿丽）

【数字经济发展】2022年12月29日，《浙江省2022年数字经济发展综合评价报告》发布，钱塘区数字经济发展综合评价居全省第四名，在五项考核指标中，基础设施建设、新业态新模式和政府社会数字化三项指标位居全省第一名，数字产业化排名全省第五名，产业数字化排名全省第九名。全年数字经济核心产业营业收入709亿元，实现增加值135亿元，比上年增长7.4%。推进数字经济系统建设，“生物医药产业大脑”“钱塘校融”“一键找园”3个应用分别被评为全省数字经济系统产业大脑优秀案例、最佳应用和理论优秀成果。其中，“生物医药产业大脑”应用上榜全省数字化改革工作动态，并于12月24日作为数字经济系统优秀产业大脑上榜第六届世界浙商大会；“一键找园”应用上榜全省数字化改革工作动态，并获省领导批示。（郝柏森）

【传统产业转型升级】2022年，钱塘区根据省、市新一轮制造业“腾笼换鸟、凤凰涅槃”攻坚行动工作要求，实施全域存量工业用地提质增效三年行动，推进高耗低效整治、淘汰落后产能、产业结构调整工作。整治高耗低效企业151个，完成率251%，涉及土地面积338.31万平方米，剔除改造提升类后，腾出土地面积163.84万平方米、腾出能耗8.6万吨标煤，完成率287%。全年实现低效工业用地盘活147.27万平方米，完成率142%；完成杭州叶校实业有限公司、杭州泉丰塑粒有限公司、杭州萧山信道塑料制品有限公司等企业关停，开展产业结构调整关停企业补助工作，兑付17个企业的补助资金2284.43万元。（信永生）

政治建设

【思想政治建设】2022年，钱塘区引导党员干部政治判断力、政治领悟力、政治执行力，坚决拥护“两个确立”和坚决做到“两个维护”。落实“第一议题”制度，制定印发《关于开展学习贯彻党的二十大精神“六大争先示范”行动，勇当“两个先行”的通知》《关于在钱塘区基层党组织中深入开展学习贯彻党的二十大精神的通知》，贯彻市委《学习贯彻习近平总书记对杭州工作重要指示批示精神的工作闭环管理机制》有关精神，组织2.6万名党员学习。健全考察体系，建立干部政治素质档案，全年走进基层考察干部400多人次，召开专题分析研判领导班子情况会议4次。加大“以案促治、以案促改”力度，制定《加强对“一把手”和领导班子监督的若干意见细则》，做好省委巡视和省委组织部选人用人专项检查“回头看”反馈问题整改工作。至年末，问题解决1个、销号1个、巩固1个。

【党风廉政建设】2022年，钱塘区围绕“讲政治、重公道、业务精、作风好”4个要求，实施“全科式”组织工作人员和干部能力素质提升培养计划。开展“领学、讲学”“学习好团队、学习好伙伴”“见学提能、实训提素”“业务竞赛、实绩竞跑”“微调研、微服务”行动，通过夜间学习、周一理论研学、“线上+线下”结合学等方式，举办活动50多场次，其中组织部部长领导学习12场次，提交调研报告35篇，实现7个街道、120个村（社区）全覆盖。该做法被市级以上主流媒体报道200多篇次。（宋良荣）

【政治监督】2022年，钱塘区围绕共同富裕示范区建设、杭州第19届亚运会筹办、“除险保安”等13项工作，开展“清单式”监督，制定印发《钱塘区纪委区监委2022年政治监督重点项目任务清单》。制定《钱塘区2022年以来省市区纪委部署监督项目工作任务表》，梳理专项监督任务42项，明确责任部门、实施主体、实施时间、任务要求等。全年开展督导检查82次，推动整改问题35个，编印《监督通报》76期、《监督工作专报》4期。（黄治飞）

文化建设

【文化基因深度解码】2022年，钱塘区研判理清围垦文化研究思路，依托钱塘区围垦历史研究会，协同街道收集整理围垦照片、老物件等600多件。开展明清古海塘、创业一号闸等围垦遗址保护和整治提升工作。围绕潮涌文化、围垦文化、移民文化和创业文化元素，创作舞台剧《围垦战歌》。短视频《钱塘围垦》获评“浙江省文化基因解码工程短视频大赛”优秀奖。（孙　硕　李建峰）

【“全民阅读·书香钱塘”活动】2022年，钱塘区开展“全民阅读·书香钱塘”系列活动，进行文化阵地培育、典型选树和品牌打造。全年开展全民阅读系列活动100多场，受众1万余人次。组织开展“书香企业”“书香社区”“书香家庭”等典型选树活动。评选出区“十佳书香家庭”10户、“十佳书香村社”10个、“礼善钱塘”主题优秀征文42篇。开展“各行各业话共富，寻找精神富裕密码”活动，发布系列专题片8部。新建

"杭州书房"1个，对部分农家书屋实施提档升级。4月8日，新华网报道《杭州钱塘义蓬街道打造两家城市书房》；4月23日，浙江新闻客户端刊发《公共图书免费借阅，钱塘区线上"一键借阅"服务重启》。

（寿泽涛　周　洁）

【文化遗产推广成果】2022年，钱塘区完成非物质文化遗产（简称非遗）区级项目评审32个。评定钱塘区第一批非遗项目代表性传承人19人，创建区级非遗大、小工坊9个，对第一批区级非遗代表性项目保护单位进行授牌。孔凤春香粉制作技艺入选市级非遗项目。宣传非遗项目，开展非遗进校园和学生研学活动。钱塘区2个项目（杭绸织造技艺、面塑）、3件作品（《巾帼》《关公》《于谦》）入围"锦绣华章"长三角民间艺术文创大展。孔凤春香粉制作技艺、下沙大麦烧传统酿制技艺等入选非遗购物节上线产品。

（杨寒丑　严　靓）

【省民生实事工程和省A级景区村庄创建】2022年，钱塘区丰富基层公共文化空间资源样式，打造"15分钟品质文化生活圈"30个，新建文化驿站1个（下沙街道东方社区文化驿站）和城市书房1个（白杨街道义隆社区城市书房），创建省级乡村博物馆1个（河庄街道蜀南展陈馆）。大创小镇入选杭州市"数字经济十景"，并获评国家AAA级旅游景区。培育创建省AAA级景区村庄3个（河庄街道江东村、新围村、围中村）、省AA级景区村庄8个（义蓬街道春雷村、春园村、春光村、火星村，河庄街道蜀南村、新江村、新创村、文伟村）、省A级景区村庄2个（临江街道萧东村、东庄村）。（周　洁　房露婷）

【"三江两岸"旅游文化】2022年，钱塘区结合"三江两岸"工业旅游、沿线景点、美食文化等元素，通过媒体宣传推荐钱塘区文化旅游资源，打造涵盖工业、农业和人文资源，并展现共富场景的两天一夜旅游线路1条。组织参与杭州"三江两岸"水上黄金旅游线路设计大赛，获评"优秀组织奖"。组织参加杭州户外休闲旅游节，"钱塘江滨绿道"获评"杭州休闲徒步推荐路线"。

（房露婷）

社会建设

【就业工作】2022年，钱塘区城镇新增就业3.46万人，失业人员再就业6214人。开展各类招聘会146场，参与企业3396个次，提供岗位8万余个。开展就业援助精准服务计划，帮扶就业困难人员和失业人员1.24万人，帮扶失业人员实现就业6375人，兑付各类援企稳岗资金3.58亿元，惠及企业5.43万个次。（朱晓兰）

【人才工作】2022年，钱塘区人力资源和社会保障局（简称区人力社保局）落实"争星晋位·全域建强"人才工作行动要求，全区新增市级高层次人才943人，新增区级高层次人才1.01万人；新引进35周岁以下大学生3.25万人。在全省首创设立生物医药领域国际职业资格比照认定创新试点，成立全市首个区级食品医药行业中级职称评审委员会。实施博士后倍增计划（通过科研经费资助和奖励等系列政策，吸引更多博士后人才），全年新建博士后工作站8个，新入选国家级博士后工作站3个。至年末，有国家级博士后工作站9个，数量列全市第三名。（金　怡）

【社会保障】2022年，钱塘区职工养老保险参保41.22万人，参保净增3.8万人，扩面完成率129.9%，参保扩面质效列全市首位。落实被征地人员参保工作，完成土地征用新指标备案829人。实施优化业务"不见面"办理，打造"15分钟政务服务圈"，经办窗口全面推广"4+3+2+1"（4个预审窗口快速收件及分流；3个中导人员处理即办件及承诺件；2个自助人员引导办理网办业务；1个大堂经理负责协调前台秩序及疑难业务解答）新模式。开展打击"欺诈骗保"专项整治，查处违规定点医药机构108个。通过现场设点答疑、实地走访、政策进校园等形式集中开展医保政策"五进"（进乡村、进社区、进企业、进医院、进基层）宣传活动10场，发放宣传折页1.2万份，辐射14所高校、8500人次。服务企业退休纳入辖区社会化管理人员5.31万人，全年拨付各类经费1亿余元，多跨协同推行企业退休人员"数智体检"，依托杭州退休干部职工大学钱塘区联合办学教学点推进文化养老。（汪怡辰）

【和谐劳动关系构建】2022年，区人力社保局实施劳动关系"和谐同行"三年行动计划，对760个企业进行免费诊断评估，培训劳动关系协调员1500多人次。全区规模以上企业基本实现网签电子劳动合同。立案查处劳动监察投诉举报案件1595起，比上年增长85%。移送公安机关拒不支付劳动报酬罪案件2起，行政处罚案件10起；受理劳动人事争议仲裁案件3409起，增长42%，为3700多名劳动者挽回工资报酬、经济补偿等各类经济损失1亿余元。智慧仲裁"无讼指数"排名全市第二，仲裁结案率94%。（李水君）

生态文明建设

【生态环境建设】2022年，钱塘区4个市控及以上道河道考核断面水质符合Ⅲ类水质。区级河道断面20个。其中，全年平均水质符合Ⅲ类水质断面10个，占比50%；符合Ⅳ类水质断面7个，占比35%；符合Ⅴ类水质断面3个，占比15%。全年空气质量优良率为78%，大气主要污染物PM2.5（直径小于或等于2.5微米的尘埃或飘尘在环境空气中的浓度）平均浓度28.8微克/立方米。对1.22平方千米土地（包括12个退役地块、24个用途变更类地块）进行场地调查评审，污染土地安全利用率100%。全年完成7台天然气锅炉低氮改造，关停重污染企业6个，转移处置危险废物15.5万吨。全域推进“无废城市”创建，启动建设钱塘区易腐垃圾处置及再生资源分拣中心项目，杭州电子科技大学体育馆、吉利汽车杭州分公司、娃哈哈启力食品公司3个单位获评全省首批（16个）“无废亚运”细胞示范点。（唐 一）

【“美丽钱塘”建设】2022年，市生态环境局钱塘分局制定年度区级美丽钱塘生态目标任务书和配套考核办法，完成《钱塘区生态文明建设示范区研究报告》《钱塘区生态文明建设示范区规划编制》《新时代美丽钱塘建设规划实施方案》编制。印发《钱塘区空气质量提升攻坚实施方案》，实施四大专项排查（涉VOCs企业专项排查行动、移动源污染专项排查行动、扬尘管控专项排查行动、餐饮油烟专项排查行动）和八大领域专项整治（VOCs和NOx协同专项整治攻坚、移动源污染专项整治攻坚、重点区域环境专项整治攻坚、燃煤锅炉专项整治攻坚、扬尘管控专项整治攻坚、其他废气专项整治攻坚、数智治气专项攻坚、执法应急管控能力专项提升攻坚），PM2.5浓度首次低于全市平均值。钱塘可再生能源区域集中供能项目获评杭州市“十大低碳应用场景”。河庄街道江东村入选全省第一批未来乡村建设试点村，“江东村智慧漫居共富模式”入选全省强村富民乡村集成改革典型案例。建立突出生态环境问题发现和整改闭环机制，开展问题大排查大整治大曝光13期，曝光整改问题153个。杭州医药港小镇入选省级标杆工业园区“污水零直排区”培育名单。下沙闸雨污混排整改案例被列入“七张问题清单”省级示范分榜并入选国家长江经济带警示片浙江省正面典型案例。杭州电子科技大学体育馆获评“无废亚运”场馆示范点，吉利汽车杭州分公司、娃哈哈启力食品公司获评全省首批“无废亚运”工厂示范点。总投入约2500万元，新建400多套环境终端感知设备，建成化工园区有毒有害预警、电力工况监控、高空瞭望、天地协同立体监测等一批数字化改革项目，在全省率先实现“督察在线”贯通乡（镇、街道），及时发现处置问题2708个，形成现代化生态环境治理新格局。

【生态环境管理体制改革】2022年，市生态环境局钱塘分局起草制定《钱塘区有关单位生态环境保护工作职责》，全面落实党政同责、一岗双责主体责任，区委常委会会议、区政府常务会议全年讨论研究生态环境保护相关议题18个。区政府及各街道办事处均向本级政府或人大报告区域环境状态和环境保护目标完成情况，区级各环保相关部门均落实向区委、区政府报告环境保护履职情况。开展前进街道领导干部自然资源责任审计。进行钱塘江流域水生态保护专项审计调查，成立钱塘江流域水生态保护专项审计整改领导小组，印发《钱塘区钱塘江流域水生态保护专项审计调查问题整改工作方案》，完成相关整改任务。落实生态环境损害赔偿制度，全年核查线索90个，完成生态损害赔偿案例8个。

【生态修复和生物多样性保护】2022年，钱塘区开展生态红线勘界定标，在重点地段、拐点等控制点设立标准界桩，开展日常巡查，全年未发生违反保护要求事项。开展“5·22”国际生物多样性日、“6·5”世界环境日、“6·30”浙江生态日等宣传报道27次，被国家级媒体录用5篇次、省级媒体录用8篇次。进行沿江湿地鸟类生物多样性调查评估，形成调查数据。开展全域、全网格、全物种生物多样性调查，进行钱塘区生物多样性（云体验地）建设。杭州市钱塘区大湾区省级重要湿地纳入省级重要湿地名录。完成岸坡生态化改造和河湖生态缓冲带修复4.8千米。（刘珂珂）

责任编辑 陈 玲 周 丹
高骏森 曹文慧

中国共产党杭州市钱塘区委员会

综　述

【经济社会发展统筹推进】2022年，中国共产党杭州市钱塘区委员会常务委员会（简称区委常委会）围绕产业新城发展要求，推进“四个全域”（全域创新、全域智治、全域美丽、全域共富），打造现代化国际化一流新区。全年召开领导干部大会、区委常委会会议、区委理论学习中心组专题学习会等会议。贯彻中国共产党第二十次全国代表大会精神，利用“钱塘·潮声”宣讲团，组织领导干部到基层开展宣讲活动100多场次。9月16日，“杭州这十年·钱塘”主题新闻发布会举行，区委宣传部、区档案馆联合推出《遇见钱塘·十年精彩》栏目，面向社会征集钱塘十年老照片和钱塘发展故事。11月7日，省委宣传部、省直机关工委、省教育厅主办的“千场微党课进礼堂”中国共产党第二十次全国代表大会精神微型党课巡讲活动在钱塘区义蓬街道春光村启动。全年实现地区生产总值1226.03亿元，规模以上工业总产值3502.38亿元，固定资产投资增长17.5%。创新指数列全省第五位，R&D（科学研究与试验发展）经费投入强度4.5%。

【产业经济提质增效】2022年，钱塘区推进共同富裕示范区建设，出台《高能级战略平台行动计划》《高能级产业新政50条》《关于纾

2022年9月16日，中共杭州市钱塘区委“杭州这十年·钱塘”主题新闻发布会召开　（区档案馆 提供）

困助企政策意见22条》《钱塘区经济稳进提质攻坚行动政策补强24条实施方案》等政策，兑现各类惠企政策资金34亿元，减负降本企业资金54.6亿元，减免房租1.79亿元。开展“千名干部助千企”活动，签约1亿元以上项目108个，其中10亿元以上项目20个。落地开工“152”项目9个、1亿元以上项目54个、高层次人才创业项目83个。引进“独角兽”、“准独角兽”、专精特新“小巨人”企业13个，招引税收1000万元以上企业24个。全年在册市场主体11.8万个。钱塘芯谷“芯智造”产业链连续2年获全省“链长制”优秀示范单位，生物医药与医疗器械、节能与新能源汽车及零部件入选首批“浙江制造”省级特色产业集群核心区。钱塘区元宇宙新天地开园，成立钱塘区“元宇宙”协同创新实验室和钱塘区“元宇宙”产学研联盟2个创新平台。制订低效用地提质增效“一地一方案”，提升整治低效用地118宗，盘活用地533.33公顷。开工工业综合体项目7个，规模以上工业亩均税收增长22.6%。推进粮食生产功能区“非粮化”整治工作，打造“万亩粮仓”1个、“千亩粮仓”8个。

2022年5月21日，钱塘区元宇宙新天地开园活动现场举行落地项目合作签约

（区档案馆 提供）

【科技产业创新发展】2022年，钱塘区推动政产学研融合发展，利用14所高等院校资源，开展“博士专家入企”“百家名企高校行”活动，为辖区企业解决生产技术难题。推动产学研数字化改革，搭建“钱塘校融·产学研一体化”数字服务平台。9月15日，杭州钱塘科学城战略规划和“科创+”行动计划发布。推动钱塘生物医药产业生态圈发展，华夏杭州和达高科产业园REITs（房地产信托投资基金）项目在深圳证券交易所上市，该项目是全国首单生物医药产业园区公募REITs和全省首单产业园区基础设施公募REITs。优化营商环境，浙江省科创企业上市知识产权加速器入驻钱塘区。至年末，“产教融合”培育出重大应用技术创新成果243项、重要科研成果转移转化6项、国家级实训基地11个、联合创新中心26个、产业学院28所，获省科学技术奖校企合作科研项目8个，促成产学研合作项目80个，技术合同交易金额35亿余元。新增国家高新技术企业227个、省级以上专精特新“小巨人”企业11个。发明专利授权量3780件。认定市级以上知识产权示范企业65个，企业知识产权质押融资金额超过14亿元；商标注册2.32万件，其中入选市第一批重点商标保护名录5件。培育各级政府质量奖企业37个、浙江制造“品字标”企业45个。

【民主法治与平安建设】2022年，钱塘区围绕区政合一、文化产业等主题，加大民主法治与平安建设。区人大推进人民民主基层代表联络站建设，保障人大代表依法履职。区政协打造“协商议事红色联盟”，推进政协协商向基层协商延伸。区委统战部联合14所高等院校打造的地校党外知识分子统战工作联合体经验做法获中共中央统战部肯定，并在全国推广。5月13日，钱塘法院“案款一件事”改革场景应用在全省推广，“徐某等6人侵犯公民个人信息案——行业‘内鬼’利用非法获取的公民个人信息激活手机‘白卡’用于电信网络诈骗犯罪”入选最高人民检察院典型案例。推动街道法治化综合改革，区司法局通过聘请第三方律师事务所进驻审查，围绕党政主要负责人履行推进法治建设第一责任人职责情况、法治政府建设年度计划和公布情况、重大行政决策审查等8个方面进行“法治年检”，结合存在问题制定《法治街道建设事项目录指引》。开展“除险保安”行动，信访积案动态清零。全区刑事治安警情、安全事故、死亡人数、电话电信网络诈骗案件发案数和案损额连续下降。

【共同富裕示范区时代样板建设】2022年，钱塘区围绕“高层次创新”“高水平创业”“高质量就业”，构建培养、服务、实践“三大体系”，推动高等院校毕业生“三型共富”（推动科研型高等院校毕业生“科技共富”、创业型高等院校毕业生“创业共富”、技能型高等院校毕业生“就业共富”）。“打造技术工人安居乐业实干兴业公共服务钱塘样板”案例入选浙江省高质量发展建设共同富裕示范区“机制创新类”试点，“构建‘三大体系’推动高校毕业生创业就业”案例入选浙江省高质量发展建设共同富裕示范区“收入分配制度改革先行示范”最佳实践（第一批）名单。推进现代社区建设，入选省级首批共同富裕现代化基本单元“一老一小”服务场景7个，市级老年“友好型”社区3个、婴幼儿成长驿站10个，融合型大社区大单元治理服务创新——创新大社区大单元“融治理”体系入选第四批省级城乡社区治理和服务创新实验区“社区治理机制创新”实验任务。

【数字化改革工作】2022年，钱塘区运用数字化经济转型方式，推行“首席数据官”“数据专员”制度，组建区委、街道、平台等部门“首席数据官”工作队伍，构建权责清晰的公共数据资源开发利用服务体系、制度规则和安全管理机制，推动公共数据资源开发利用规范化、制度化。加强项目统筹管理，推进重点改革、重点应用场景建设。至年末，梳理数字化改革场景71个，列入全省重大改革（重大运用）“一本账S2”场景19个，“钱塘技工”应用入选省数字化改革“最佳应用”，钱塘校融产学研一体化数字平台入选省科技厅“供需荟”场景先行先试和省数字政府系统优秀应用案例集（第二批）。“一键找园”“货运智控”数字化改革项目分别在省委改革办《竞跑者》《数字化改革工作动态》《浙江信息》等刊物上刊登。

【文化钱塘建设】2022年，钱塘区围绕传承潮涌文化、围垦文化、移民文化、创业文化，推动城市建设。11月3日，联合浙江财经大学成立的宋韵文化研究中心揭牌，通过每年举办一次宋韵文化国际学术研讨会和国际钱塘文化节，促进产学研一体化以及政府、高等院校与社会之间交流合作。推进全国文明典范城市建设，打造“浙江有礼·礼善钱塘”区域文明新实践阵地。至年末，建成辖区新时代文明实践阵地、文化礼堂和文化家园278个。推动钱塘文化国际传播，整合区委组织部（区委人才办）、区外事办、区侨联办、钱塘新区产业集团等单位资源，建立国际传播海外“朋友圈”，打造全市首个县（市、区）“双语”（汉语、英语）外宣视频专栏《看钱塘》。全年被中央广播电视总台《新闻联播》报道5次。

（高骏森）

【党委信息工作】2022年，中共杭州市钱塘区委办公室（简称区委办公室）印发《钱塘区2022年度党委信息工作考核办法》，围绕党委信息人员业务素质提升和信息稿件规范撰写与报送质量，组织培训1次、选题交流会10场。全年报送到上级单位信息稿件451篇。其中，中央办公厅《中办通讯》录用2篇、省委办公厅《浙江信息》等刊物录用57篇、市委办公厅《杭州信息》等刊物录用155篇。全年上刊《浙江信息》《杭州信息》稿件总篇数比上年增长155%，获省委常委、市委书记等领导批示15篇。全年编印《钱塘信息·工作动态》52期、《钱塘信息·工作交流》27期、《钱塘信息·专报》25期，其中《钱塘信息·专报》数量增长4倍，获区领导批示54篇。

（吴雅莉）

区委重要会议

【区委全体会议】2022年，区委一届全体（扩大）会议召开2次。

1月14日，区委一届六次全体（扩大）会议召开。区委书记金承涛代表区委常委会做题为《服务亚运会，奋进新征程，全面展现高能级战略平台的政治担当》的工作报告。

8月24日，区委一届七次全体（扩大）会议召开。会议听取和讨论金承涛受区委常委会委托做的工作报告，审议并通过《中共杭州市钱塘区委关于推进“四个全域”，勇当“两个先行”时代先锋的决定》。

【区委常委会会议】2022年，区委常委会召开会议31次。区委常委会以习近平新时代中国特色社会主义思想为指导，贯彻中共中央总书记习近平对浙江和杭州工作的一系列重要指示批示精神，中国共产党第十九届六中全会、中国共产党第二十次全国代表大会精神，按照党委“总揽全局、协调各方”原则，议大事、把方向、掌全局、用干部，发挥党组织在同级组织中的领导核心作用，就事关钱塘经济社会发展重大问题进行研究和讨论。

【区委重要专题会议】2022年，区委召开的重要专题会议有：区委全面深化改革暨数字化改革推进大会、钱塘首届发展大会暨“聚焦高质量，打造高能级”推进会、全区农业农村共富创建工作专题会议、钱塘区欧美同学会（留学人员联谊会）成立大会、江海之城开发建设领导小组第一次会议、中国（浙江）自由贸易试验区杭州片区钱塘区块建设推进大会暨领导小组会议、全区“大综合一体化”行政执法改革工作推进会、《杭州钱塘新区条例》立法工作专题推进会、钱塘区争创高质量发展建设共同富裕示范区时代样板领导小组会议、“钱塘优学”教育兴区推进会暨第38个教师节庆祝大会、全区深化全国文明城市创建暨争创全国文明典范城市动员会等会议。（程蓝星）

组织工作

【概况】2022年，中共杭州市钱塘区委组织部（简称区委组织部）开展“千名干部助千企”活动，选派区、街两级干部1835人走访企业1.1万个次，减免困难企业资金54.6亿元，兑付政策资金34亿元，问题解决率99%。依托“选兵点将·助企破难”平台，开展项目服务保障行动，选派处级干部40人到基层挂职，有关做法在全市做经验交流，其中“看钱塘如何实现‘三连涨’”做法入选全省首批“攻坚克难”案例。推进重大项目临时党支部运行机制，助力9个“152”项目全部开工。制定《深化组织振兴引领乡村振兴助跑共富示范行动的实施方案》，建成共富工坊55个、“星级”工坊33个，其中河庄街道江东村“智慧漫居共富模式”入选“数字化改革+强村富民”全省典型案例。11月10日，首届钱塘产业人才节启动暨杭州全球青年人才中心钱塘分中心揭牌。全年新增经营性收入100万元以上村（社区）24个，“钱塘技工”等应用入选全省数字化改革“最佳应用”，“构建‘三大体系’推动高校毕业生创业就业”案例入选浙江省高质量发展建设共同富裕示范区“收入分配制度改革先行示范”最佳实践（第一批）名单。（宋良荣）

【干部队伍建设】2022年，区委组织部提升干部推进现代化建设能力，启动实施“风鹏计划”，开设“风鹏大讲坛”。“青年建功学院”、企业家“领菁学堂”等主体班次开展讲座12场次，培养年轻干部1.3万人次。发挥组织部门“干部之家”作用，全年组织部部长下基层谈心谈话320多人次。推进公务员队伍建设，走访单位26个，形成问题清单26份。印发《钱塘区干部考核评价办法》，考察基层干部520多人次，提拔到领导岗位公务员25人，被评为“担当作为、狠抓落实先进公务员”11人。开展“三争三好”（“三争”：争做担当作为好干部、争当团结奋进好班子、争创领跑竞跑好业绩；“三好”：成效好、评价好、影响力好）主题实践活动，选拔区管干部27人，晋升为四级调研员科级干部15人。全年被授予省“人民满意的公务员”称号1人、“担当作为好干部”称号1人，被授予市“担当作为好干部”称号4人、“十佳公务员”称号1人。（白安娜）

2022年11月10日，首届钱塘产业人才节启动（童志忠 摄）

【“两新”党建提质增效】2022年，区委组织部印发《钱塘区委新经济与新社会组织工作委员会成员名单、职责和工作制度的通知》，增加“两新”工委专职副书记1人。11月3日，区“两新”（新经济组织和新社会组织）党建工作推进会暨“红领钱潮·红芯助力”双强（党建强、发展强）培育交流会在杭州大创小镇创博中心举行，围绕“双强”工作格局，推进“红色根脉强基工程”和建设新时代党建高地“钱塘样板”，评选出区级“两新”组织“党建强、发展强”重点培育示范企业30个。推进新业态、新就业群体党建工作，“先锋小哥”“一键找园”等场景在全省推广，其中“先锋小哥”获评全省“数字组工好场景”项目。

【“红色领潮”行动】2022年，区委组织部围绕“头雁领航、夺旗竞跑、红芯助力、双建争先、提能聚力”五大领域，开展“红领钱潮”三年行动。“头雁领航”行

2022年6月28日，打造"钱塘幸福里"争创全省现代社区建设示范区动员会暨三级书记交流会召开
（区委组织部 提供）

动以政治坚定、能力过硬、履职敬业、党员（群众）信赖、作风优良为标准，每年培育出20个村（社区）、40个"两新"工委、20个机关、20个行业"最强领头雁"干部。"夺旗竞跑"行动以"七张问题清单"为目标，围绕村级集体经济发展、城乡风貌整治提升等领域，推广先进村（社区），巩固提高一般村（社区），整顿转化后进村（社区），"点突面进"推动形成一村（社区）一品格局。"红芯助力"行动以"两新"组织党建引领型、示范型、先进型创建和"两新"组织党员创业、研发、生产、销售、管理"五大先锋"为载体，每年打造引领型"红芯"企业10个、示范型"红芯"企业20个、先进型"红芯"企业30个，评选"五大先锋"党员100人。"双建争先"行动以政治建设为统领，通过政治领航、强基固本、服务中心、践行宗旨、正风肃纪、暖心聚力行动，推动机关党建全面过硬，部门工作整体创优。"提能聚力"行动发挥行业系统主管单位职能优势，推进行业系统党建工作融入城市基层党建工作。全年开展"红领钱潮·夺旗竞跑"打擂比武活动4场，设置"发展、平安、美丽、服务、文明、清廉"6面旗帜，7个街道120个村（社区）参加，49个村（社区）夺得标杆之旗。

【"钱塘幸福里"现代社区建设】2022年，钱塘区围绕现代社区共同富裕现代化基本单元建设，打造"钱塘幸福里"，构建居民幸福共同体。6月28日，打造"钱塘幸福里"争创全省现代社区建设示范区动员会暨三级书记交流会召开，发布《打造"钱塘幸福里"争创全省现代社区建设示范区行动方案》，围绕现代社区高质量发展、高标准服务、高品质生活、高效能治理、高水平安全特征，基于"共富可及、服务可达、品质可享、善治可为、和谐可感"目标要求，提出"1610"工作体系。围绕产业工人租房难、社区居民融入难等问题，联合党建联建单位中国计量大学编制出租屋管理规范制度，印发《钱塘区融合型大社区大单元建设工作指引》。推进"强社惠民"集成改革试点工作，印发《钱塘区"强社惠民"集成改革试点工作方案》。至年末，采集房源8160间，上线5494间，解决1000多名产业工人"住宿不平衡"难题，解决7个街道村（社区）闲置用房消防隐患125处。

▶▶资料："1610"工作体系

"1"：打造钱塘区幸福共同体——钱塘幸福里。

"6"：承接市里"上统下分强街优社""社区公共服务优化提升""强村富民改革推进""社区应急体系建设""五社联动提质增效""社区除险保安护航"6个攻坚行动。

"10"：实施具有钱塘辨识度的"一键动员"数智应用、"融合型工业大社区"、红色楼道、MSW（社会工作硕士）人才培养共同体、"社工一件事"数智平台、"共同富裕农房租"、共富加油站、"护安堡垒"应急突击队、电梯加装集成改造、"全域智治"改革10个创新项目。

【"红领钱潮·奉献亚运"大考大赛方案制定】2022年，区委组织部根据全市"红色领杭·奉献亚运"大考大赛和"五大行动"（服务中心比担当、项目攻坚比质效、环境整治比靓度、党群服务比温度、安保维稳比力度）方案，制定印发《"红领钱潮·奉献亚运"大考大赛方案》，要求全区各个单位按照区亚运保障任务和考赛清单月度自评，并进行所属党组织和党员干部考赛情况评价。区委组织部每两个月综合研判评赛情况，在"钱塘发布""钱塘先锋"微信公众号等平台公布结果。

（林凯颖）

【党员活动开展与队伍建设】2022年，区委组织部发挥党群服务中心主阵地作用，联合各级党群服务中心开展党员活动。全年推出党员活动套餐100多个，举办“开放式”组织生活1万余场次，社团活动覆盖3.2万人次，线下人流量148万余人次。排查整顿农村发展党员违规违纪问题，认定“四类”问题党员56人。开展流动党员“安家”集中攻坚行动，通过摸底、教育、科学化管理和“亲情式”帮扶等举措，纳管党员1600多人。开展新时代优秀党员评选，选出先锋模范党员200人。12月，党员教育电视片《传承》获全市“华数杯”观摩交流活动三等奖。（章丽红）

【产业人才融合发展】2022年，区委组织部（区委人才办）推动构建产业和人才融合发展，牵头制定《打造全省产才融合示范高地行动计划》《全球引才合伙人管理办法》《卓越工程师培养工作方案》《高层次人才项目培育“新叶”计划》《杭帮彩钱塘落实规范》等文件，全年落地高层次人才创业项目83个。入选新时代浙江工匠培育工程第三层次“浙江工匠”培养项目4人，入选新时代浙江工匠培育工程第四层次“浙江青年工匠”培养项目18人；引进35周岁以下大学生3.25万人。7月20日，钱塘区首批“青年人才驿站”在汉庭酒店杭州下沙大学城店和学正街店启动。

【生物医药人才引育】2022年，区委组织部（区委人才办）联合区人力社保局围绕生物医药领域企业发展需求，组织开展多校云聘、博士后工作站进校专聘、“伯乐驻钱塘，纳才医药港”等招聘活动。全年集聚企业1500多个，营业收入规模占全市生物医药产业的50%。推进国际职业资格与杭州职称评审衔接，制订生物医药领域分行业比照认定目录，全市首个生物医药领域国际职业资格认可试点入驻钱塘区。助推钱塘生物医药专业技术人才队伍建设，探索“卓越工程师”行业化思维评价体系，首创区属食品医药行业中级职称评审委员会，汇集中级职称评审委员会专家39人，生物医药企业建站量达博士后工作站总量的56%。提升人才职业质量和留区稳定率，组织举办人才主题沙龙、博士后四季联谊会、化学检验工和药物职业技能竞赛遴选“钱塘工匠”等活动。（贾瑜璐）

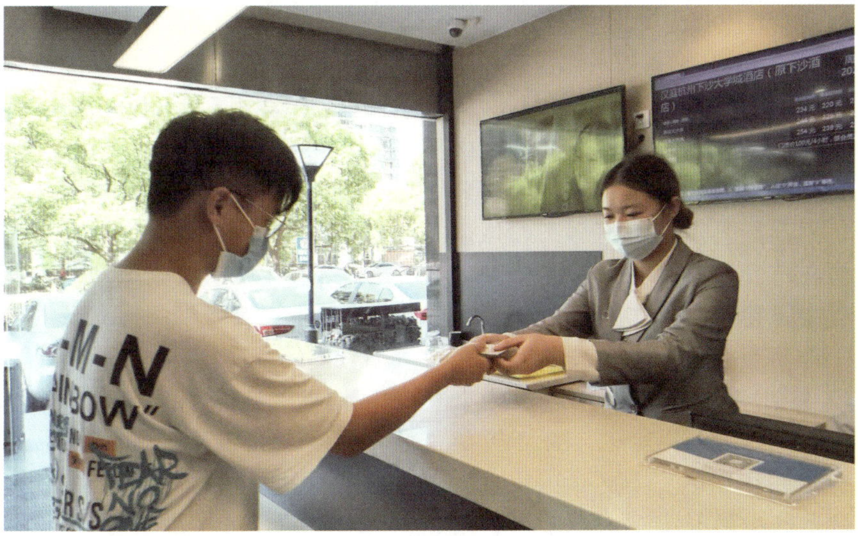

2022年8月9日，江西财经职业学院一名毕业生到钱塘区求职，在“青年人才驿站”汉庭酒店杭州下沙大学城店办理入住手续（王基诺 摄）

宣传工作

【概况】2022年，中共杭州市钱塘区委宣传部（简称区委宣传部）组织区委理论学习中心组专题学习23次、研究讨论11次。开展党组织专题学习1860多场次，参与党员2.8万人次。组织召开区委专题研究意识形态工作会议2次。围绕“讲好钱塘人共富故事”和“迎接杭州第19届亚运会”召开，推出《钱塘共富体验官vlog（视频博客）》《亚运攻坚共富示范》2个专栏。举办“杭州这十年·钱塘”主题新闻发布会、“主播带你参观亚运钱塘轮滑馆”等活动10多场次。推动文化创意产业发展，印发《钱塘区文化产业发展政策实施细则》。推进全国文明典范城市建设，印发《钱塘区打造全国文明城市典范行动纲要（2022—2026年）》等文件。至年末，辖区7个街道有文化礼堂52个，文化家园51个。其中，五星级农村文化礼堂5个，四星级农村文化礼堂4个，星级文化家园12个；“钱塘书屋”入选首届浙江省“最美公共文化空间”。

【文化产业发展】2022年，区委宣传部围绕“文化钱塘”发展目标，加大文化创意产业平台建设力度。5月21日，钱塘区元宇宙新天地开园，钱塘区“元宇宙”协同创新实验室和钱塘区“元宇宙”产学研联盟2个创新平台成立。推动“五美”（美服、美食、美颜、美居、美生活）产业经济发展，国家“双创”（大众创业、万众创新）活动周特色项目——“未来

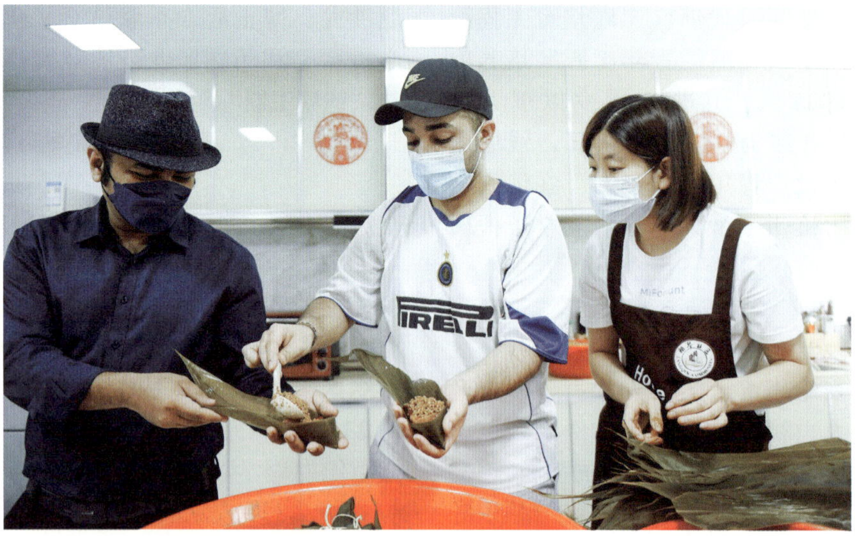

2022 年 5 月 26 日，白杨街道朗琴社区组织居民包粽子活动，外国友人参与其中体验中国民俗，感受中国文化 （杨甬杭 摄）

之星”美丽新势力评选活动总决赛暨颁奖典礼在钱塘区白蓝地文创街区举行。实施文化产业项目联审机制，签约文化产业项目 3 个，入选省“之江文化产业带”重点项目 2 个。全年全区有规模以上文化企业 81 个，比上年增加 30 个，实现营业收入 103.2 亿元，增长 9.1%。

【全国文明城市建设】2022 年，区委宣传部推动社会治理能力和城市治理水平、市民文明素质和城市文明程度“双提升”，组建区级文明城市迎检指挥部，通过自查、互查、交叉检查等方式，发现问题 3.27 万个，整改率 99.5%。打造“浙江有礼·礼善钱塘”区域文明新实践阵地，其中，白杨街道围绕“一老一小”群体，建立特色服务体系，推行“幸福双宝”文明实践项目；河庄街道葡萄树公益服务中心围绕“巾帼志愿者”开展理论政策宣讲、文明实践、文化文艺服务等志愿服务活动 100 多场次；义蓬街道头蓬社区“沙地妈妈”志愿服务队伍通过创新活动模式，织密党建引领基层社会网络；新湾街道通过搭建党建引领基层治理协商下沉平台“湾嫂议事厅”，推进“湾嫂治村（社区）”新模式；临江街道围绕知青精神传承，打造临江特色的区域文明新实践“临江兵团知青文化园”；前进街道通过入户走访调查，根据群众需求，变“填鸭式”推送为“点单式”服务，弘扬“奉献、友爱、互助、进步”的文明服务精神。至年末，评选区级文明单位 25 个、“五星级”文化礼堂 2 个，建成青少年学生第二课堂活动基地 10 个。开展“我们的节日”“我们的春晚”等文化家园活动 800 多场次，惠及群众 2.4 万人次。

【网络安全综合治理】2022 年，区委宣传部建立网络舆情风险研判机制，提升网络意识形态领域风险防范化解能力，印发《钱塘区党委（党组）落实网络意识形态工作责任制清单》《钱塘区重大事项网络舆情风险评估实施办法（试行）》等文件。围绕护航中国共产党第二十次全国代表大会、杭州第 19 届亚运会召开，进行网络安全维护，印发《钱塘区服务保障中国共产党第二十次全国代表大会网络安全工作方案》《钱塘区平安护航杭州亚运会网络安全专项行动方案》等文件。推动高等院校网络文明建设，联合省、市委网信办、团市委、属地高等院校等单位开展大学生“青春有信仰”“潮企钱塘”等网络文明主题活动，围绕红色信仰、城市发展、创新活力、乡村振兴、魅力文化等主题，发布研学线路 10 条。

【“浙江有礼·礼善钱塘”活动】2022 年，区委宣传部推动群众性精神文明建设，打造“浙江有礼·礼善钱塘”文明新实践钱塘样板，印发《关于推进“浙江有礼·最美杭州·礼善钱塘”文明新实践实施方案》，发放文明有礼公益广告宣传册 7000 多份。全年在“志愿浙江杭州文明帮帮码”平台注册钱塘志愿者 12.3 万人，成立志愿服务组织 942 个，开展志愿活动 800 多场次，内容涵盖理论政策宣讲、文化文艺服务、文明劝导等 30 多个领域。至年末，表彰优秀志愿服务队伍 10 支、优秀志愿服务项目 10 个、优秀志愿者 100 人。

【钱塘文化国际传播】2022 年，区委宣传部围绕如何通过新闻策划提升钱塘区国际社会传播影响力，整合辖区 14 所高等院校留学生、海外高层次人才、国际商会、外国专家、出口型企业、外籍居民等资源，开通“出海小分队”钱塘融媒体官方账号和建立钱塘区“海外媒体”队伍，打造全市首个县（市、区）“双语”（汉语、英语）外宣视频专栏《看钱塘》，联合杭州电子科技大学国际教育学院拍摄《老外看钱塘》《美丽钱塘迎亚运》《了不起的亚运人》等 vlog（视频博客）短视频，在省、

市级媒体平台及全球200多个国家和地区播出。（周　峰）

统战工作

【概况】2022年，中共杭州市钱塘区委统一战线工作部（简称区委统战部）贯彻《中国共产党统一战线工作条例》《中国共产党浙江省委员会统一战线工作实施细则（试行）》，制定《中共杭州市钱塘区委关于加强新时代统一战线工作的实施意见》《钱塘区三级书记抓宗教责任清单》等文件。推进“两支队伍”（统战干部队伍、党外干部队伍）思想政治建设，组织归国华侨联合会和留学人员联谊会（简称侨留联）会员、党外知识分子、新的社会阶层人士举办“学习贯彻二十大·同心奋进新征程”“新潮涌统战文化大讲堂”“钱塘知未来学院”读书部落格Blog等系列统一战线活动和专题学习培训活动。发挥民主党派参政议政职能，围绕“服务杭州第19届亚运会”“奋进新征程，全面展现高能级战略平台政治担当”等主题，分别开展9个区直部门专项民主监督。推进“钱塘统战之家”“区校统战融合之家”“钱塘民营经济人士之家”建设，建成思想教育基地3个、研究基地3个、侨胞之家9个、“同心荟”阵地11个、“石榴红”驿站16个、海外联络站2个。

【统一战线思想政治教育共建基地成立】2022年，区委统战部促进区校统战工作融合发展，推动区校统战理论共同研究。11月24日，“学习贯彻二十大·同心奋进新征程”钱塘区统一战线主题活动在中国计量大学举行，联合中国计量大学马克思主义中国化研究与传播中心成立钱塘区统一战线思想政治教育基地。联合杭州电子科技大学法学院、浙江工商大学马克思主义学院、中国计量大学人文与外语学院分别成立钱塘区铸牢中华民族共同体意识研究基地、钱塘区宗教事务治理现代化理论与实践研究基地、钱塘区宗教中国化实践与理论研究基地。

【钱塘区欧美同学会成立】2022年4月11日，钱塘区欧美同学会（留学人员联谊会）成立并揭牌，选举产生第一届理事会会长1人，副会长10人，聘任中国科学院院士、中国科学院肿瘤与基础医学研究所所长谭蔚泓担任名誉会长。发展的首批会员76人分布在生物医药、智能制造等领域及区内14所高等院校。其中，研究生学历占91%，博士研究生占52%。有高层次人才9人。

【“走进钱塘·共话‘四个自信’”交流活动】2022年，区委统战部贯彻中央和省委统战工作会议精神，引导归国留学人员认识国情、省情、区情、社情，坚定“四个自信”。9月28日，联合钱塘区欧美同学会（留学人员联谊会）承办的“走进钱塘·共话‘四个自信’”暨生物医药委员会第一次交流活动在杭州医药港小镇举行，参会海归代表围绕新药安全性评价平台建设、创新药物奖励政策、人才评价体系、医疗器械研发资助、生物医疗领域投融资举措、创新人才引育、产业配套及技术合作等方面进行交流讨论，并参观省欧美同学会理事单位杭州普洛药物研究院有限公司、杭州医药港小镇四期展厅、中国科学院基础医学与肿瘤研究所。

【“钱塘民企频道”开通】2022年，区委统战部依托辖区14所高等院校、企业等社会资源，打造实体经济和改革开放营商环境平台。联合区工商联（总商会）、浙江工商大学成立浙江钱塘民营经济“两个健康”（非公有制经济健康发展和非公有制经济人士健康成长）推进委员会，建立民企党委统战部10个，助力民营经济发展。2月18日，通过区工商联（总商会）数字平台和微信公众号推出“钱塘民企频道”，开设民企直播、每日播报、红色故事、民企课堂、健康生活5个栏目，每周固定

2022年4月11日，钱塘区欧美同学会（留学人员联谊会）揭牌仪式在杭州国际创博中心举行　（区委统战部 提供）

时间邀请企业家到直播间分享创业故事、传递品牌价值、展示企业形象等内容。至年末，参与“钱塘民企频道”直播的企业有57个，开展民企直播48期，每日播报74期，民企课堂16期，促成合作项目37个，解决技术难题88个。

【钱塘民营经济人士之家启用】2022年，区委统战部推动“两个健康”品质提升，助力民营经济健康发展。12月9日，杭州市民营经济“两个健康”城市之窗·钱塘民营经济人士之家在杭州医药港建成并投入使用，搭建商务洽谈、路演分享、政企交流等平台，同“钱塘民企频道”形成互补，通过开启24小时“线上+线下”民企工作模式，打通辖区各个领域民营企业家赋能民企需求。至年末，举办活动46场次，参与民营企业家600多人次，接待区外参观调研团队18批次，参观300多人次。

【宗教中国化场所“钱塘实践”建设】2022年，区委统战部（区民宗局）围绕“铸牢中华民族共同体意识城市之窗”“宗教中国化和宗教事务治理现代化城市之窗”建设，制定《关于深入推进宗教中国化和宗教事务治理现代化钱塘实践的实施方案》《钱塘区三级书记抓宗教责任清单》《钱塘区党政领导与宗教界联系走访制度》等文件。落实宗教工作党委主体责任，制定《钱塘区宗教领域“除险保安”大排查大整治工作实施方案》《钱塘区党政领导与宗教界联系走访制度》《关于进一步明确“三人驻堂小组”工作职责的通知》等文件。完善“民宗干部+乡镇干部+平安巡查员+场所负责人”宗教领域平安建设责任体系，联合区消防部门、街道工作人员到辖区宗教现场排查消防管理、消防器材配备、疏散通道畅通、用火用电用气等隐患部位。建立风险隐患和整改落实清单，培训街道民宗干部、平安巡查员、宗教活动场所工作人员规范使用“浙江掌上宗教”平台。至年末，检查宗教场所18个，发现隐患12处，整改率100%。（程治博）

机构编制

【概况】2022年，钱塘区有党政机构28个（含杭州市规划和自然资源局钱塘分局），有市级部门派出机构1个（杭州市生态环境局钱塘分局），钱塘新区管委会内设行政机构1个，区人大常委会机关5个，区政协机关7个，区法院1个，区检察院1个，区群团机构8个，事业单位215个，街道办事处7个。

【行政机构调整】2022年6月23日，中共杭州市委机构编制委员会印发《关于杭州市钱塘区卫生健康局等机构设置调整的批复》，杭州市钱塘区卫生健康局由在杭州市钱塘区社会发展局挂牌，调整为独立设置的钱塘区政府工作部门。8月1日，印发《关于杭州高新开发区（滨江）和钱塘区疾控行政机构设置事项的批复》，同意杭州市钱塘区卫生健康局加挂杭州市钱塘区疾病预防控制局牌子。12月9日，中共杭州市钱塘区委办公室印发《杭州市钱塘区卫生健康局职能配置、内设机构和人员编制规定》。

8月30日，浙江省邮政管理局印发《关于成立临平邮政管理局等县级机构的批复》，同意成立钱塘邮政管理局，由杭州市邮政局管理。

8月30日，中共杭州市钱塘区委机构编制委员会印发《关于调整杭州市钱塘区人力资源和社会保障局机构编制事项的通知》，根据《关于杭州市钱塘区卫生健康局等机构设置调整的批复》，中共杭州市钱塘区委机构编制委员会办公室由在中共杭州市钱塘区委组织部挂牌，调整为与杭州市钱塘区人力资源和社会保障局合署办公。

【事业机构调整】2022年3月21日，中共杭州市钱塘区委机构编

2022年12月9日，杭州市民营经济“两个健康”城市之窗·钱塘民营经济人士之家揭牌仪式在杭州医药港举行（朱　晟　摄）

制委员会《关于印发〈杭州市钱塘区党员教育中心机构编制规定〉的通知》，设立杭州市钱塘区党员教育中心，承担党员教育管理有关工作。

8月12日，印发《关于同意设立杭州养正小学等3所事业单位的批复》，同意设立杭州养正学校（公办）、杭州养正小学、杭州启成学校。

8月30日，印发《关于杭州市钱塘区社会治理中心机构设置等有关事项》的通知，同意杭州市钱塘区社会矛盾纠纷调处化解中心更名为杭州市钱塘区社会治理中心，加挂杭州市钱塘区综合信息指挥中心牌子。

9月3日，印发《关于同意教育系统部分学校调整的批复》，同意撤销杭州市钱塘区临江中学。

9月3日，印发《关于同意设立杭州市钱塘区崇德实验学校等12所事业单位的批复》，同意设立杭州市钱塘区崇德实验学校、杭州市文海第二实验学校、杭州市钱塘区学正实验学校、杭州市钱塘区景澜幼儿园、杭州市钱塘区启明幼儿园、杭州市钱塘区幸福里幼儿园、杭州市钱塘区听潮幼儿园、杭州市钱塘区江海幼儿园、杭州市钱塘区智城幼儿园、杭州市钱塘区崇德幼儿园、杭州市钱塘区向尚幼儿园、杭州市钱塘区潮悦幼儿园。

9月3日，印发《关于同意杭州市文海实验学校分设的批复》，同意将杭州市文海实验学校分设为杭州市文海中学、杭州市文海小学。

10月26日，印发《关于杭州市钱塘区国防动员服务保障中心设置及相关机构编制事项的通知》，同意设立杭州市钱塘区国防动员服务保障中心。

12月5日，印发《关于杭州市钱塘区城市有机更新发展服务中心机构设置等有关事项的通知》，杭州市钱塘区城市有机更新发展服务中心不再加挂杭州市钱塘区五大市场发展服务中心牌子，机构规格从副处级调整为正处级。

杭州养正学校外景（摄于2022年）　　（徐燕军 摄）

12月5日，印发《关于杭州市钱塘区档案馆（中共杭州市钱塘区委党史研究室、杭州市钱塘区地方志编纂研究室）机构设置等有关事项的通知》，杭州市钱塘区档案馆（中共杭州市钱塘区委党史研究室、杭州市钱塘区地方志编纂研究室）为钱塘区委直属事业单位，机构规格为正处级。

【“大综合一体化”行政执法改革推进】2022年，中共杭州市钱塘区委机构编制委员会根据《钱塘区推进“大综合一体化”行政执法改革实施方案》，印发《关于“大综合一体化”行政执法改革涉及机构编制事项调整的通知》《关于杭州市钱塘区市场监管综合行政执法队等机构更名的通知》等文件，建立“1+6”（1支综合行政执法队伍+6支专业执法队伍）行政执法“钱塘模式”。规范“大综合一体化”行政执法改革下沉（派驻）人员管理，参与制订《钱塘区“大综合一体化”行政执法改革下沉人员“区属街用共管”管理办法（试行）》，按照65%以上执法人员下沉街道要求，推动执法人员107人分别下沉到7个街道。推进全区权力监管事项认领及覆盖，全年认领监管事项9263项，认领率100%；覆盖行政检查事项3072项，覆盖率100%。

【基层管理体制改革】2022年，中共杭州市钱塘区委机构编制委员会围绕职责、编制、机构、人员，优化组织体系，制定《杭州市钱塘区深化基层管理体制改革实施方案》。根据7个街道地理区位、人口规模、产业特点和经济社会发展水平，划分为特大、较大、一般3种类型，实行分类管理，差异化配置机构编制资源。其中，下沙、白杨为特大型街道；河庄、义蓬、新湾为较大型街道；临江、前进为一般型街道。解决街道用编需求，以“总量控制、动态调节、周转使用、限期收回”为原则，制定《钱塘区街道行政事业编制周转管理办法（试行）》。统筹街道20名行政事业编制纳入街道编制“周转池”，实行单列管理。通过“固定编制+周转编制”管理模式，分别配置核准白杨、临江2个街道各使用1名周转事业编制，专项用于下沉融合型大社区大单元的人员力量。

（周淑颖）

政策研究

【概况】2022年，中共杭州市钱塘区委政策研究室（简称区委政研室）围绕区委中心工作，保障区委全体会议、区两会、钱塘首届发展大会暨“聚焦高质量，打造高能级”推进会、“杭州这十年·钱塘”主题新闻发布会等会议和活动材料起草与撰写。全年报送到省委、市委汇报发言材料、区内会议材料400多篇。持续跟踪督查2021年省委巡视反馈要求整改的37个问题、涉及的159条举措。10月，全部整改并销号。

【重大政策文件起草】2022年，区委政研室推进钱塘新区高质量发展，配合市委政研室起草《杭州市委市政府关于推进杭州钱塘新区高质量发展 打造现代化国际化产业新城的实施意见》，加大赋能赋权力度、推动改革先行先试等提供政策支撑。研究推进全域创新、全域智治、全域美丽、全域共富，担当共同富裕先行和省域现代化先行时代先锋工作，起草《中共杭州市钱塘区委关于推进“四个全域”，勇当“两个先行”时代先锋的决定》等重要文件，制定2022—2026年发展目标任务和举措。

【调查研究】2022年，区委政研室配合市委政研室起草《关于加快推进杭州钱塘新区高质量发展的调研报告》。围绕产业发展、科技创新、城市建设、乡村振兴、人才引育等课题，编撰《调查研究》21期，获市级优秀调研课题1篇，获区领导批示11次。开展产学研融合创新机制、“未来产业”等课题研究，形成专题报告2篇。

（陈　珊）

机关党建

【概况】2022年，中共杭州市钱塘区委直属机关工作委员会（简称区委直属机关工委）下辖直属机关党组织38个。其中，机关党委5个、党总支19个、直属党支部14个，有二级党支部112个，所属党组织150个，有在册党员1736人。其中，发展党员24人、预备党员转正33人。提升全区机关党组织建设质效，印发《“红领钱潮·双建争先”行动方案》，建立创优申报、自查自评、督查检查、年度比武闭环考评模式。组织举办“喜迎二十大·建功新时代”演讲比赛，评出一等奖1人、二等奖3人、三等奖6人、优秀奖6人。推进清廉机关建设，打造清廉机关示范点位2处。联合区纪委区监委开展“廉洁好家风”主题教育暨“我的家书”征集活动，征集到“我的家书”49篇，入选市《廉洁好家风·我的家书汇编》3篇。开展“破百难、助共富”活动，走访慰问结对帮扶困难家庭186户，送慰问金18万余元。全年报送到省委直属机关工委网站调研报告8篇，市委直属机关工委调研报告2篇、“共富破难”实践案例1篇。在浙江党建网、《杭州日报》各发表文章1篇。在省直机关工委网站发表文章8篇，在“钱塘先锋”微信公众号上开设“演讲比赛”“我的家书”“比武打擂”大考大赛等4个专栏，推送文章50多篇。

（郑淑娟）

【“红领钱潮·双建争先”行动】2022年，钱塘区实施“红领钱潮”五大（“红领钱潮·头雁领航”“红领钱潮·夺旗竞跑”“红领钱潮·红芯助力”“红领钱潮·双建争先”“红领钱潮·提能聚力”）行动，推动基层党建全域争先，区委组织部印发《“红领钱潮”五大行动方案》，其中《“红领钱潮·双建争先”行动方案》建立创优申报、自查自评、督查检查、年度比武的闭环考评模式。印发《关于开展项目化管理创建机关党建品牌活动的通知》，制定项目化管理创建机关品牌意见，38个党组织梳理形成“双建”工作清单，形成以“双建争先为目标、党建品牌为抓手、项目推进为路径”的机关党建工作格局。7月，召开第二季度区直机关党建工作例会暨“红领钱潮·双建争先”行动推进会，汇编38个区直机关党组织党建品牌进行展示，区经信科技局、区人力社保局、区住建局、区社发局、市生态环境局钱塘分局、区产城融合中心6个党组织进行党建品牌展示。9月，开展区直机关党建“互看互学互比”活动，召开座谈会3场。全年申报“双建争先”先进单位28个。

【清廉机关建设】2022年，区委直属机关工委围绕清廉机关建设“为民、务实、清廉”要求，按照清廉机关建设工作要点，督促机关38个党组织在组织建设、党风廉政建设、党史学习教育工作中推进清廉机关建设，其中，区行政审批局报送的《念好“清、合、云”三字诀，打造廉润人心清风窗口》入选全市清廉建设优秀实践案例，被授予区级清廉单元建设示范样板称号。全年培育清廉机关示范点位2处。组织开展党内法规和廉政专题学习2000多人次。联合区纪委区监委开展“廉洁好家风”暨“我的家书”征集活动，征集“我的家书”优秀作品49篇，入选市纪委、市监委、市委直属机关工委联合选编的《我的家书》3篇。（汪　灵）

【区重大项目临时党组织建设】 2022年，区委直属机关工委围绕产业发展和项目落地，推动制造业投资提速提质，探索变革型党组织建设。联动机关党组织从全区“152”（领导谋划招引一批100亿元、50亿元、20亿元产业大项目好项目落地开工）重大项目及1亿元以上项目中选出参与部门多、协调范围广、推进难度大、计划时间紧的项目成立区重大项目临时党组织，由项目牵头平台主任担任党组织书记，区纪委、区委组织部干部和区发展改革局、区经信科技局、区住建局、区行政审批局、市规划资源局钱塘分局、区交通运输局等项目推进有关主管单位负责人组成班子成员，引入建设单位、监理单位、市政服务单位党员干部参事议事。建立《项目问题清单》《支委工作责任清单》，通过召开会议，梳理项目待协商解决问题、责任单位以及时限要求进行协调销号。健全领导干部包联、党员挂点服务等机制，定期召开临时党支部会议，通过“问题领办销号”，党支部合力攻坚，保障项目开工入库。提高各级党员干部服务项目建设自觉性与主动性，制订“协调议事、干部考察、督查激励、监督问责、容错免责”工作机制。

【党的二十大精神知识竞赛】 2022年，区委组织部、区委直属机关工委贯彻区委、区政府工作部署，引导党员干部学习贯彻中国共产党第二十次全国代表大会精神，学深悟透习近平新时代中国特色社会主义思想，提高政治判断力、政治领悟力、政治执行力。12月13日，通过“线上+线下”结合模式举行“我学我行我担当中国共产党第二十次全国代表大会精神知识”竞赛，其中线下活动在钱塘区党群服务中心举行，区直属机关38个党组织参加，进入决赛单位6个，评出一等奖1个、二等奖2个、三等奖3个。

（郑淑娟）

老干部工作

【概况】 2022年，区委组织部围绕“五个聚焦”（聚焦党建引领，激发“红色堡垒”新动能；聚焦精准服务，展示“老有所依”新风貌；聚焦资源整合，汇聚“老有所学”新合力；聚焦老有所为，传递“银亮钱塘”新风尚；聚焦变革重塑，优化“数智赋能”新路径），根据老干部分类管理工作机制，推动全区老干部工作。全年走访、慰问市管退休干部62人次。分批组织市管退休干部50多人次到区内和区外开展数字化改革、未来社区建设、杭州亚运轮滑场馆等考察调研。通过“钱塘·潮声”宣讲团开展钱塘围垦史、中国共产党历史等宣讲活动30多场次，惠及群众2000多人次。推进“智涌钱塘·现代星城”建设，保障市委老干部局组织的43名市级老干部到钱塘区开展“走基层、看变化、促发展”调研活动。至年末，钱塘区有离休干部1人，退休干部1001人。其中，机关退休干部498人，教育和卫生系统退休干部503人。单建退休干部党支部7个，实现单建退休干部党支部全覆盖。退休党员干部和其他党员混编党支部31个。

（柏惠瑛　郑昌俊）

【“银尚乐活”品牌建设】 2022年，区委组织部推进“银尚乐活”品牌建设，通过“银耀共富”创建团队，挖掘出理论宣讲、社会治理、乡村振兴等6类“银发”老人34人。其中新湾街道公益素食餐厅“雨花斋”创始人邵柏龙被评为省级“银尚达人”，义蓬街道头蓬社区“沙地妈妈”社会工作室被评为省级“银尚达人”团队，下沙街道松合社区周妙奎家庭被评为省级“银尚之家”，下沙街道

2022年5月24日，杭州市委老干部局组织部分老干部到钱塘区开展“走基层、看变化、促发展”调研活动　　（徐　超　摄）

2022年，河庄街道“金秋驿站”联合河庄街道社会组织服务中心、河庄街道社工站开展“银丝光影　河你共富”采风活动　（缪　妙　提供）

退休教师魏张先被评为市级“银色人才领军人物”。

【“金秋驿站”建设】2022年，区委组织部围绕“乐为乐龄乐活”养老需求，整合“银色家园”等社会资源，建成社区“金秋驿站”17个。其中河庄街道金秋驿站联合河庄街道社会组织服务中心开展“光影记录生活，银铃幸福人生”主题摄影采风活动，助力打造“乐龄乐活”新阵地。该项目在市委老干部局2022年度市级“金秋驿站‘银领’”项目绩效考评中获得优秀等次，并入选省级“乐活驿站”。

【银领先锋“双结对”工作推进】2022年，区委组织部发挥退休干部党支部和老党员“传帮带”作用，助力共同富裕示范区农村建设，推进银领先锋“双结对”（退休干部党支部与农村党支部结对）。至年末，20名街道机关退休党员干部分别结对4个街道农村基层干部，围绕基层党建、产业发展、项目建设等主题内容开展“三个一”（一次主题宣讲、一次主题党日、一次工作交流）活动10多场次。其中新湾街道根据基层党组织需求、特点、位置等情况进行综合研究，在退休干部“人才资源库”中筛选出“银领导师”3人，助力基层干部提升工作能力、提升社会治理能效。该经验做法被《浙江老年报》报道。

（徐　超　施　懿）

关心下一代工作

【概况】2022年，杭州市钱塘区关心下一代工作委员会（简称区关工委）根据市委老干部局统一部署，工作职能由团区委划转至区委组织部。11月，完成职能交接，办公室由团区委改设至区委组织部。区委组织部部长任区关工委主任，常务副部长任专职副主任，退休市管干部何铨寿任常务副主任，老干部科科长任办公室主任，并负责办公室日常事务。

【关心下一代活动】2022年，区关工委贯彻中央和省委、市委关于加强和改进新时代思想政治工作的部署要求，以“青年大学习”“红领巾爱学习”为载体，组织青少年参加“党的青年运动史”“共青团成立100周年大会精神”“新时代的伟大成就”等教育实践活动1600多场次。组织2000多名青少年开展“致青春敬百年、学团史跟党走”云上党团知识竞赛。发挥“五老”（老干部、老战士、老专家、老教师、老模范）宣讲团、红领巾宣讲团、“小红花”儿童宣讲团作用，结合钱塘围垦史讲述中国共产党和国家发展历程及革命传统。全年开展宣传教育活动300多场次，服务青少年6600多人次。

【关心下一代先进集体和先进个人】2022年，区关工委发挥“忠诚敬业、关爱后代、务实创新、无私奉献”精神，帮助青少年解难事、办实事、做好事。11月5日，市关工委印发《关于表彰全市关心下一代工作先进集体和先进个人的决定》，河庄街道关工委、白杨街道邻里社区、义蓬街道头蓬社区、广汽乘用车（杭州）有限公司4个单位被授予“杭州市关心下一代工作先进集体”称号；张保灿、黄士水、梅根土、倪柏水、潘小禾、冯金生、胡彩娥、陈水金、俞美仙、李晓水10人被授予“杭州市关心下一代工作先进个人”称号。　（柏惠瑛　徐　超）

督查工作

【概况】2022年，区委办公室办理省、市委主要领导批示件316件、区委主要领导批示件847件；印发区委专题会议任务单22份，内容包括数字化改革、共同富裕、亲清助企、基层治理、安置房建设等。规范督查检查考核工作，减轻基层单位工作负担，制定印发《钱塘区2022年度督查检查考核计划》。完善“钱总督”场景建设，分类展示批示督查、会议督查、项目督查等任务，按照在办、已办、逾期实时预警，实现区领导、责任部门与承办单位任务相关联。

【“七张问题清单”工作推进】 2022年，区委办公室做好省委“七张问题清单”（重大巡视问题、重大审计问题、重大督查问题、重大生态环保督察问题、重大安全生产问题、重大网络舆情问题、重大信访问题）场景工作，成立由区委主要领导领衔的工作领导小组，设立由清单分管区领导负责的7个专项工作组，定期分类分级研究清单问题。建立区委常委会季度研究部署、专项工作组每周进行整改推进、联络员每日会商交流工作制度，推行重点任务清单交办机制，实行清单问题周亮晒、整改时限“红黄绿”三色预警，实施全区“大赛马”绩效考核。全年分解交办省级问题清单12个、市级问题清单136个，动态发布区级问题清单170个；实现街道层“七张问题清单”应用与基层智治应用贯通。其中，省典型示范整改案例1项、市典型示范整改案例6项。

【党政智治系统数字化改革】 2022年，区委办公室按照全省数字化改革推进会部署要求，打造钱塘区标志性成果。通过召开工作例会、重点项目实时跟进、重点部门“点对点”会商，围绕党政智治、数字政府、数字经济、数字社会、数字法治5个场景，推进有关领域数字化改革工作，承接省级试点建设项目5个。

【省委巡视反馈问题整改】 2022年，区委办公室持续跟踪督查2021年省委巡视反馈要求整改的37个问题、涉及的159条举措，截至2021年年末，整改29个，举措121项。至2022年年末，37个问题、159项举措全部销号。针对十九届中央巡视浙江省及杭州市反馈中涉及至钱塘区需要整改的问题，按照省市落实整改部署要求，监督检查整改单位整改，至年末，全部完成整改并销号。

【督查检查】 2022年，区委办公室围绕区委、区政府重点工作、市委督查任务，采用明察暗访、“四不两直”方式，围绕贯彻落实中共中央总书记习近平对杭州市工作重要指示批示精神情况“回头看”、安置房建设、营商环境、“七张问题清单”等专项督查。重点办理省市领导关于临江街道化工园区企业废气污染问题、新能源汽车产业发展情况、高层住宅二次供水改造等批示问题的反馈。按照市委督查室要求，做好“一表通”、市委督查在线、媒体监督、基层减负、“三服务”小管家等工作。（杜伊玲）

2022年12月1日，钱塘区委常委会召开专题会议研究“七张问题清单”推进工作（朱晟 摄）

综合考评

【概况】 2022年，区委办公室围绕“减轻基层单位工作负担”目标，优化“百千分制”（基础百分制，加分千分制）指标体系，推动单位（街道、部门、平台）落实全年考核目标任务。推动考评工作由传统化向数字化转型，开发数字考评系统，加大考核数据互通和成果互用，以电话邀约方式开展社会评价满意度调查。落实“四问四权”（问情于民、问需于民、问计于民、问绩于民；知情权、参与权、选择权、监督权）工作机制，做好726条社会评价意见整改。参加2022年杭州市“公述民评”面对面电视问政活动。

【“大赛马”竞赛机制建立】 2022年5月，钱塘区推动全区部门、街道、平台工作争先进位，围绕年度重点工作和考核目标制定全区“大赛马”活动方案，设亚运攻坚、共富示范、改革攻坚、有效投资、低效整治、双招双引、创新强工、除险保安、“七张清单”、疫情防控、党建引领11项，按月度和季度实施；按照全程跟踪、及时提醒原则进行跟踪预警提醒，按照“督考赛联动、量质效兼顾”原则，定期、定点张贴榜单进行结果公示。

【综合考评绩效监测预警】2022年9—12月，钱塘区加大年度目标任务过程管理和监测预警，以问题为导向，进行14类、185项“市级重点”目标督查。优化考评过程性情况通报机制，跟踪指标任务完成进度，对落后问题进行提醒整改。至年末，审核考评指标进度情况185条，梳理年度攻坚重点项目43个。

【社会评价工作】2022年，钱塘区优化社会评价意见整改实施办法，加大社会评价在考核中的分值权重，由区领导、区“两代表一委员”、各个单位班子成员、村（社区）代表、企业代表、市民代表以电话邀约方式进行满意度评价。推动市社会评价意见的整改工作，研究制订整改计划，梳理归纳市级意见390条、区级意见336条，内容涉及城市管理、民生保障、环境污染、城市建设等21个方面。印发《关于做好2022年杭州市社会评价意见整改工作的通知》，督促各个部门按照评价意见，重点整改群众关注度高的交通治堵、养老服务、教育均衡、道路养护、环境监管、城市建设、人才引育、城市规划8类意见。至年末，108个留有电话的社会评价意见反馈工作和8条重点整改意见全部完成。

【“公述民评”问政活动】2022年11月17—24日，钱塘区参加杭州市“公述民评”面对面电视现场问政活动，主题围绕民生实事“一老一小”和“二次供水”进行。区委、区政府主要领导通过到现场查看、召开专题会议等方式督促责任单位查找问题、分析原因、制订整改举措，落实整改。至年末，涉及问题全部完成整改。

（刘　沁）

【营商环境集成改革考评列全市第四位】2022年，钱塘区试点推进杭州市国家营商环境集成改革。商事主体登记确认制改革、生物医药创新服务平台、特殊制品一体化通关服务入选杭州市国家营商环境创新试点“特色改革”清单。围绕产业园区企业、服务建设项目、服务员工生活3个目标，在杭州医药港建成“嵌入式”行政服务驿站。“钱塘技工”“破解技术工人‘三难’需求”入选全省优化营商环境“十佳创新”案例，“钱塘技工”应用获省数字化改革“最佳应用”，并在国家级媒体上推广。杭州市13个县（市、区）营商环境集成改革试点工作综合考评，钱塘区列第四位。

【数字化改革综合考评列全市第五位】2022年，钱塘区围绕改革突破驱动“四个全域”建设，在数字化场景、理论成果、试点争取、上级领导批示等考核上推进工作。数据资源工作全省县（市、区）综合考评成绩比上年提升60位，排名第十位。从条线排名分析，党政统领整体智治、数字政府、数字社会等系统分别在6月、8月、10月进入全省前十位。杭州市13个县（市、区）改革工作综合考评，钱塘区排名第五位。

（罗毅卿）

信访工作

【概况】2022年，中共杭州市钱塘区委、杭州市人民政府信访局（简称区信访局）受理群众投诉5.71万件（人）次，比上年增长16.2%。其中，受理群众信函413件、到访1108件次，受理网上信访1.89万件（剔除意见建议类和咨询类2381件），“12345”市长公开电话受理3.67万件。按期受理率、办结率99.9%，回访核实率100%，责任单位满意率96.6%。8月30日，中共杭州市钱塘区委编制委员会印发《关于杭州市钱塘区社会治理中心机构设置等有关事项的通知》，杭州市钱塘区社会矛盾纠纷调处化解中心更名为杭州市钱塘区社会治理中心，加挂杭州市钱塘区综合信息指挥中心牌子。至年末，诉前调解案件

2022年6月1日，钱塘区综合考评工作暨党建工作会议召开

（区融媒体中心　提供）

2022年6月28日，钱塘区信访工作会议在区社会矛盾纠纷调处化解中心召开
（区信访局 提供）

2442件，法律咨询8581人次、法律援助1829起。12月29日，区信访局获评人民网网上群众工作“民心汇聚”单位。

【信访工作机制完善】2022年，区信访局加大基层信访基础建设力度，打通信访工作“最后一公里”。制定印发《钱塘区信访工作联席会议工作规则》。区信访联席会议成员单位按照“党政同责、一岗双责，属地管理、分级负责，谁主管、谁负责”原则，落实区信访联席会议确定的工作任务和议定事项，报送落实情况。规范群众到访接待和初信初访处理等工作，制定印发《钱塘区领导接访工作办法》《钱塘区党政主要领导批阅群众来信办法》《初信初访首办责任制》等文件。完善基层基础建设，协助7个街道建立基层矛盾纠纷排查化解机制。

【积案化解与清单销号】2022年，区信访局开展“积案清零、清单销号和源头治理攻坚年”活动，按照信访“一图一指数”机制，每月召开1次全区信访工作联席会议，通报攻坚指标进展情况、研究部署推动，形成“一级抓一级、层层抓落实”工作格局。至年末，218件国家级和省级积案全部化解。省级问题清单1件、市级问题清单5件、区级问题清单7件全部销号，其中区“五大市场”办公室以“通过产生经济效益可以有效化解东皇市场历史遗留问题”的做法入选市级示范案例。

（袁　芳）

档案工作

【概况】2022年，杭州市钱塘区档案局、杭州市钱塘区档案馆（简称区档案局、区档案馆）制定印发《钱塘区“党管档案”工作“大党建”考核负面清单》，全区档案管理工作首次纳入区“大党建”考核。推进全区档案工作科学化、规范化和信息化建设，印发《关于开展2022年钱塘区档案执法年检工作的通知》《钱塘区归档文件整理指导意见》，联合区商务局制定《钱塘区招商引资系统业务档案规范化建设指导意见》。加大区档案馆和区机关文档中心新馆建设，区综合档案馆进入内部装修阶段，区机关文档中心进入验收阶段。挖掘钱塘“红色档案”资源，建立围垦文化红色资源库，收录宣传片2部、围垦历史文化读本2册、照片300幅。推进行政区划调整“勘界档案”移交和接收工作，制定《钱塘区档案馆接收档案范围细则》，推进原萧山区管辖的河庄、义蓬、新湾、临江、前进5个街道在萧山区档案馆保存的档案移交到钱塘区档案馆。按照全国档案事业统计调查工作要求，编印《钱塘区档案年报》。提升档案安全防护能力，钱塘区数字档案资源管理系统通过网络安全等级保护二级测评。推进档案年检工作，启动63个单位（部门、平台）档案执法年检。扩大档案知识宣传范围，联合义蓬街道、区建投集团和大创小镇管理办公室开展“6·9”国际档案日系列宣传活动，联合区委宣传部推出《遇见钱塘·十年精彩》老照片征集栏目。

【区档案馆机构调整】2022年9月22日，市委编委印发《关于同意设立杭州市钱塘区档案馆（中共杭州市钱塘区委党史研究室、杭州市钱塘区地方志编纂研究室）的批复》。12月5日，区委编委印发《关于杭州市钱塘区档案馆（中共杭州市钱塘区委党史研究室、杭州市钱塘区地方志编纂研究室）机构设置等有关事项的通知》，杭州市钱塘区档案馆由原区委办公室所属公益一类正科级事业单位调整为区委直属公益一类正处级事业单位，实行档案、党史、地方志“三合一”体制，成立杭州市钱塘区档案馆（中共杭州市钱塘区委党史研究室、杭州市钱塘区地方志编纂研究室）[简称区档案馆（区委党史研究室、区地方志编纂研究室）]，归口区委办公室管理。区档案馆（区委党史研究室、区地方志编纂研究室）内设档案管理科、党史科、方志科（综合编研科）3个科室。其中档案管理科承担全区档案管理工作的组织、指导、检查、督促；承担依法接收区级各个单位档案和全区档案指导工作；承担馆藏档案资料整理、鉴定、保管、保护、修复、复制、统计和档案库房日常管理；承担档案资料查阅利用服务；承担征集、征购，接收捐赠档案资料；承担口述历史采集建档、出版档案史料；承担爱国主义教育基地建设，档案宣传教育和文化建设，举办档案陈列展览及展览馆的日常管理；承担区级重要公共数据、电子档案的接收、保存和日常管理，档案数字化成果的接收、保管和异地备份；承担数字档案、智慧档案建设及信息系统建设和维护；承担档案存放中心业务指导等工作。

【产业平台业务档案规范化建设】2022年2月16—17日，区档案局根据《杭州钱塘新区招商引资系统业务档案规范化建设指导意见》，联合区商务局到综合保税区管理办公室、大创小镇管理办公室、医药港管理办公室、临江高科园管理办公室、前进制造园管理办公室、钱塘芯谷管理办公室6个产业平台开展纸质档案整理方式、分类方法、档案号编制、著录要求、非纸质档案整理规范、档案库房设置等业务内容的检查，听取平台汇报业务档案归档、保管现状等情况，提出整改意见25条。3月31日，废止《杭州钱塘新区招商引资系统业务档案规范化建设指导意见》，印发《钱塘区招商引资系统业务档案规范化建设指导意见》。

【2个企业通过“档案室业务建设评价”】2022年，区档案局根据《浙江省档案局关于印发〈浙江省档案室业务建设评价办法〉的通知》要求，印发《杭州市钱塘区贯彻落实“十四五”档案事业发展规划的实施意见》，推动全区机关、群众团体、企事业单位和其他组织档案工作依法管理，提升档案室业务建设和档案工作数字化转型升级。通过听取工作汇报、观看系统演示，对照评价指标实地查看，审阅文件资料、系统测试、档案资源抽查和专家问询等方式，进行组织与保障、基础设施建设、应用系统建设、数字档案资源建设、工作创新等方面检查评审，杭州金沙湖投资发展有限公司、杭州吉利汽车有限公司2个企业通过“档案室业务建设评价”。

2022年6月8日，钱塘区档案馆组织全区各部门（单位、平台）档案工作人员业务培训　　（富敏超　摄）

【档案工作人员业务培训】2022年，区档案局（区档案馆）促进档案数字化改革，联合省档案培训中心举办全区档案管理岗位培训班和档案人员继续教育培训班，内容涵盖档案管理基础知识及档案整理、档案管理、科技档案管理、特种载体档案管理、档案信息化建设与现行档案工作有关法规、规范与标准等，开设文书档案整理、科技档案整理、会计档案装订等实操课程。全区机关、群众团体、国有企业、事业单位52名档案人员参加培训。通过考试，全部获得档案上岗证书及档案继续教育结业证书。（张红丹）

地方志工作

【概况】2022年，区地方志编纂研究室开展《钱塘年鉴（2022）》编纂、出版，以及《杭州年鉴（2022）》《中国开发区年鉴（2022）》涉及钱塘区域内容的供稿工作。12月，《钱塘年鉴（2022）》出版，并推出微信小程序“钱塘年鉴”。2022年钱塘区大事记梳理完成，形成内部刊物《钱塘记事（2022）》。打造精品年鉴，组织政府机关、辖区街道、高等院校、配套服务机构等81个单位、200多名撰稿作者，通过邀请专家讲课、部门之间学习交流等形式提升《钱塘年鉴（2022）》撰稿质量和编辑编纂水平。（曹文慧）

【机构调整】2022年12月5日，区委编委印发《关于杭州市钱塘区档案馆（中共杭州市钱塘区委党史研究室、杭州市钱塘区地方志编纂研究室）机构设置等有关事项的通知》，区档案馆（区委党史研究室、区地方志编纂研究室）内设档案管理科、党史科、方志科（综合编研科）3个科室。其中，党史科承担全区中共地方史、中共革命史、党建历史资料的征集、整理、研究、编写和出版；承担规划、组织、指导区级有关部门和街道做好党史资料的征集、整理、研究、应用等事务性工作；负责党史宣传普及教育和刊物出版工作；开展红色资源挖掘和研究工作；承担党史宣传教育活动、参与中共党史教育基地建设，党史文献展览布展和审核；负责全区党史系统业务培训。方志科（综合编研科）承担实施、编修区级志书；承担地方综合年鉴编纂、出版；承担组织、指导区级、机关各个部门、街道（平台）修志和年鉴编纂；收集、整理旧志，进行编校、翻印和出版；抢救有价值的旧志史料；承担地方志系统业务培训；承担地方志宣传教育和阵地建设；承担钱塘历史、地情知识咨询和普及工作；承担省、市年鉴钱塘部分撰稿工作；承担机构日常运转，承担文秘、信息、宣传、制度建设、会务接待、保密、安全、后勤、财务等工作。（高骏森）

【《〈钱塘年鉴〉编纂规范细则（试行）》印发】 2022年3月，区地方志编纂研究室制定印发《〈钱塘年鉴〉编纂规范细则（试行）》（简称《细则》）。《细则》在总结《杭州钱塘新区年鉴》和《杭州经济技术开发区年鉴》编纂经验及结合其他行政区域年鉴编纂成果基础上，设总则、框架体例、记述内容和方法、行文规范、资料、出版、附则7章、34条，内文1万余字，内容涉及指导思想、框架设计、收录内容、条目编写、资料收集、记述行文、出版印刷等。

《钱塘年鉴（2022）》（陈　玲摄）

【《钱塘年鉴（2022）》出版】 2022年12月，区地方志编纂研究室编纂的《钱塘年鉴（2022）》由方志出版社出版。《钱塘年鉴（2022）》是钱塘区成立后编纂的首卷综合年鉴，全书内容记录的是2021年钱塘区自然、经济、政治、文化、社会和生态建设等方面的基本情况，反映钱塘区成立后实行“区政合一”体制，践行高质量发展之路所取得的成就、亮点、经验，以及在发展中遇到的新情况、新矛盾、新问题。《钱塘年鉴（2022）》继承《杭州钱塘新区年鉴》分类法编排，设类目、分目、条目3个层次。卷首设彩页、编辑说明、特载、年度聚焦、大事记，卷尾设统计资料、附录、索引。全书89.9万字，设类目40个、分目235个、条目1239条。

（曹文慧）

责任编辑　高骏森

杭州市钱塘区人民代表大会

综　述

【区人大组织机构】2022年，杭州市钱塘区人民代表大会常务委员会（简称区人大常委会）有各级人大代表240人。其中全国人大代表1人，省人大代表5人、市人大代表24人、区人大代表210人。区一届人大常委会组成人员有31人。其中主任1人、副主任5人、委员25人。区一届人大设监察和法制司法、财政经济、社会建设3个专门委员会。区一届人大常委会设办公室和监察与法制司法、财政经济、社会建设、城乡建设和环境保护4个工作委员会。辖区7个街道各设人大街道工作委员会。

【区人大代表构成】2022年，区人大代表有210人，平均年龄47.76岁。其中，党政干部44人，占21%；一线工人及农民67人，占31.9%；企业负责人40人，占19%；专业技术人员59人，占28.1%。210名人大代表中，女性代表有73人，占总人数34.8%，少数民族5人，占2.4%。

【区人大常委会依法履职】2022年，区人大常委会贯彻落实党的二十大和中央人大工作会议精神，按照钱塘区第二次党代会部署要求依法履职。全年举行区人大常委会会议8次、主任会议13次，听取和审议专项工作报告25个，实施7部法律法规情况检查，开展专题询问1次，发出审议意见书20件，做出决议决定13项，受理督办信件和电询13件，接受区政府规范性文件备案审查11件，依法任免国家工作人员74人次。

【区人大常委会自身建设】2022年，区人大常委会召开常委会党组专题学习会议21次。召开党组理论学习中心组专题学习会、机关处级以上干部学习交流会、年轻干部座谈会、常委会组成人员专题读书会等会议。推进制度建设，制订常委会组成人员守则、审议意见办理办法、执法检查规定、专题询问办法等制度36项，建立区人大及其常委会组织制度、会议制度、议事程序和工作机制。贯彻省、市、区委关于经济提质攻坚战决策部署，制订区人大代表助力“八大攻坚”行动工作方案，通过“代表在线”“基层单元”场景征集意见和建议2000多条。做好《杭州钱塘新区条例》立法衔接，参与《杭州钱塘新区条例（草案）》起草。承接省、市人大统建项目，推进市人大试点任务，加大“代表在线”“财经综合监督”“法治政府监督”“数字会议”等场景建设和推广。推进清廉钱塘人大建设，梳理人大常委会机关规范管理负面清单100条。

区人大重要会议

【概况】2022年，区人大召开一届二次会议，期间举行全体会议4次、主席团会议6次、财政预算审查委员会会议1次、人大代表议案建议处理协调会议1次。召开区一届人大常委会会议8次。

【区一届人大二次会议】2022年2月14—17日，区一届人大二次会议召开。会议应到代表223人，实到代表211人。预备会议通过

2022 年 5 月 31 日，杭州市钱塘区第一届人大常委会第八次会议召开

（王建枝 提供）

表决方式选举产生 44 人组成的大会主席团，选举大会秘书长，表决会议议程。会议期间举行全体会议 4 次、主席团会议 6 次、财政预算审查委员会会议 1 次和代表议案建议处理协调会议 1 次。

会议听取和审查区政府、区人大常委会、区法院、区检察院工作报告；审查批准《钱塘区国民经济和社会发展第十四个五年规划和二〇三五年远景目标纲要》；审查《钱塘区 2022 年国民经济和社会发展计划草案报告（书面）》；审查《钱塘区 2022 年国民经济和社会发展计划（草案）》和《钱塘区 2022 年预算（草案）》报告，并做出决议决定；表决产生区政府 2022 年度民生实事项目 10 件。

会议选举阮重晖为区人大常委会主任、沈燕俊为区长、朱春根为区监察委员会主任，选举产生区人大常委会委员 4 人和出席市十四届人大一次会议的人大代表 24 人。

会议收到代表建议 105 件。其中，城建城管类 20 件，占 19.1%；社会民生类 25 件，占 23.8%；经济科技类 17 件，占 16.2%；交通出行类 18 件，占 17.1%；农业农村类 13 件，占 12.4%；基层治理类 12 件，占 11.4%。

【区一届人大常委会会议】2022 年，区一届人大常委会会议召开 8 次，即区一届人大常委会第五次会议至第十二次会议。

1 月 19 日，区一届人大常委会第五次会议召开。会议书面审议区政府关于 2021 年民生实事项目实施情况的报告，并开展满意度测评；审议区政府关于 2021 年环境状况和环境保护目标完成情况的报告；审议通过区一届人大常委会代表资格审查委员会关于补选和另行选举的区人大代表资格审查的报告、区一届人大常委会代表资格审查委员会关于区人大代表变动情况的报告；审议通过关于召开区一届人大二次会议的决定；审议通过区一届人大二次会议有关名单草案、日程草案，听取关于区一届人大二次会议筹备情况的报告，审议通过区一届人大二次会议列席人员名单草案，初审区人大常委会工作报告和区一届人大二次会议民生实事项目人大代表票决办法草案；审议并表决有关人事事项；征求对“一府两院”工作报告的意见。

2 月 28 日，区一届人大常委会第六次会议召开。会议审议通过区人大常委会 2022 年工作要点、钱塘区人大常委会 2022 年交办人大街道工委工作清单；听取和审议区人大常委会 7 个街道工委关于 2021 年度工作情况和 2022 年度工作计划的报告，批准 7 个人大街道工委 2022 年度工作计划。

4 月 1 日，区一届人大常委会第七次会议召开。会议听取和审议区政府关于 2021 年度法治政府建设情况的报告及区政府工作部门负责人关于 2021 年度依法履行法治政府建设责任情况的报告、2022 年度政府投资项目计划的报告；审议表决有关代表辞职事项，决定接受周志辉辞去杭州市钱塘区第一届人民代表大会代表职务的请求。

5 月 31 日，区一届人大常委会第八次会议召开。会议审议通过《钱塘区人民代表大会常务委员会专题询问办法》《钱塘区人民代表大会常务委员会法官检察官履职评议办法》；听取和审议区政府关于 2021 年度国有资产管理情况的综合报告和关于行政事业性国有资产管理情况的专项报告；听取和审议区政府关于《中华人民共和国就业促进法》贯彻实施情况的报告和区人大常委会执法检查组执法检查情况报告，并对就业促进工作开展专题询问；审议并表决有关人事事项。

7 月 29 日，区一届人大常委会第九次会议召开。会议听取和审议区政府关于 2022 年上半年预算执行情况的报告；审议区政府关于《中华人民共和国节约能源法》和《浙江省实施〈中华人民共和国节约能源法〉办法》贯彻执行情况的报告，听取和审议区人大常委会执法检查组执法检查情况报告；审议区政府关于2022年上半年国民经济和社会发展计划执行情况的报告。审议通过《钱塘区人民代表大会常务委员会组成人员守则》《钱塘区人民代表大会常务委员会关于政府重大投资项目监督办法》。审议并表决有关人事事项。

9月28日，区一届人大常委会第十次会议召开。会议听取和审议区政府关于2021年决算情况的报告、关于2021年度预算执行和其他财政收支审计情况的报告，批准2021年决算；听取和审议区政府关于区一届人大二次会议代表建议办理情况的报告、审议区法院关于区一届人大二次会议代表建议办理情况的报告；听取和审议区政府关于《浙江省综合行政执法条例》执行情况的报告和区人大常委会执法检查组执法检查情况报告；审议区政府关于《中华人民共和国环境保护法》执行情况的报告，听取和审议区人大常委会执法检查组执法检查情况报告，；听取《杭州钱塘新区条例（草案）》起草情况的报告；审议并表决有关人事任免事项，决定接受朱春根辞去杭州市钱塘区监察委员会主任职务的请求，决定范国权代理杭州市钱塘区监察委员会主任职务。

11月29日，区一届人大常委会第十一次会议召开。会议学习贯彻中国共产党第二十次全国代表大会精神。听取和审议区政府关于2022年预算调整方案的报告，批准2022年预算调整方案；听取和审议区政府关于投资促进工作情况的报告、区政府关于公共文化服务体系建设情况的报告；审议区政府关于《中华人民共和国乡村振兴促进法》《浙江省乡村振兴促进条例》贯彻实施情况的报告，听取和审议区人大常委会执法检查组执法检查情况的报告。听取和审议区法院关于部分法官履职情况的报告、区人大常委会评议工作组关于对区法院部分法官开展履职评议工作情况的报告，并对葛红卫、邱洁健、夏传胜3名法官履职情况开展满意度测评；听取和审议区监委关于开展“扫黑除恶惩腐打伞”工作情况的报告；审议通过《钱塘区人大常委会审议意见办理办法》《钱塘区人大常委会执法检查规定》；审议表决有关人事任命事项。

12月22日，区一届人大常委会第十二次会议召开。会议听取和审议区政府关于2022年民生实事项目实施情况的报告，审议区人大常委会民生实事项目专项监督组关于对2022年区政府民生实事项目开展专项监督情况的报告，并对2022年民生实事项目实施情况开展满意度测评；听取和审议区政府关于2021年度预算执行和其他财政收支审计查出问题整改情况的报告；听取和审议规范性文件备案审查情况的报告；表决通过关于补选杭州市钱塘区第一届人民代表大会代表的决定，审议表决有关人事任命事项。

人大监督

【概况】2022年，区人大常委会履行《中华人民共和国宪法》法律赋予的职责，依法进行财政经济、法治建设、社会建设、城乡建设和环境保护、民生实事等领域重点工作专项监督。

【财政经济领域监督】2022年，区人大常委会围绕经济社会发展目标任务，听取和审计划执行情况的报告，制定《钱塘区人大常委会关于区政府重大投资项目监督办法》，审查批准重大投资项目计划。听取和审议预算执行情况的报告，依法批准2021年决算和2022年预算调整方案。实施预算草案“三审制”，推动审查监督重点向支出预算和政策拓展。听取和审议国有资产管理、政府债务管理情况、审计及审计查出问题整改情况的报告，提出健全制度、堵塞漏洞、防范风险等建议。听取和审议投资促进工作情况的报告，建议政府树立“项目为王”导向、加强项目全生命周期管理

2022年5月23日，钱塘区民生实事学生健康、教育均衡专题汇报会在义蓬街道召开
（王建枝 提供）

及绩效管理。

【法治建设监督】2022年，区人大常委会首次以“面对面听取+审议”报告形式，听取区政府及20个政府部门负责人依法履职情况的报告，提出4个方面（法治建设力度、行政复议诉讼、行政执法规范、法治队伍建设）、14条建议。开展《浙江省综合行政执法条例》执法检查，推动“大综合一体化”改革落实落地。听取和审议区监委关于“扫黑除恶惩腐打伞”工作情况的报告。制订法官检察官履职评议办法，抽取从事民商事审判工作的3名员额法官进行履职情况评审，并在区人大常委会会议上进行满意度测评，听取区检察院关于认罪认罚从宽制度实施情况的报告。听取和审议规范性文件备案审查工作的报告。落实《中华人民共和国宪法》宣誓制度。

【社会建设领域监督】2022年，区人大常委会到辖区中学、小学、幼儿园开展“钱塘优学”调研，组织召开专业领域代表座谈会，监督《“钱塘优学”全方位综合提质三年行动计划》落地实施。开展《中华人民共和国就业促进法》执法检查，听取和审议区政府专项工作报告，并开展专题询问，提出7个方面（系统性实施就业创业扶持政策、改善城市环境和公共配套服务、提升就业品质和能力、强化对人力资源机构的规范管理、加大蓝领工人服务保障力度、维护劳动者合法权益、营造“宜业钱塘”浓厚氛围）审议意见11条。听取和审议公共文化服务体系建设情况的报告。

【城乡建设和环境保护领域监督】2022年，区人大常委会开展《中华人民共和国环境保护法》执法检查，听取和审议2021年度环境状况和环境保护目标完成情况的报告，列出问题清单，并进行跟踪监督。开展《中华人民共和国节约能源法》及《浙江省实施〈中华人民共和国节约能源法〉办法》执法检查，提出编制年度节能计划、推进新能源与可再生能源项目建设等建议。围绕“迎亚运”城市基础设施建设，制定《钱塘区人大常委会助力亚运攻坚专项工作方案》，调研配套道路建设、亚运场馆建设、城市环境品质等工作。开展促进乡村振兴“一法一条例”执法检查，在河庄街道人大代表联络中心站举行“民主促共富”乡村振兴专题议事督政会。视察安置房建设与管理工作。

2022年5月26日，钱塘区人大代表到新围中学调研监督“钱塘优学”项目

（王建枝 提供）

【民生实事项目监督】2022年，区一届人大二次会议票决产生区政府10件民生实事项目，区人大常委会建立“项目事事有监督、代表人人有任务、过程步步有跟进”常态化监督机制，构建“部署会发动、监督周推动、报告会问政、回头看跟踪、数字化赋能、满意度测评”全过程监督闭环。5月，开展“人大代表监督周”活动，120多名区人大代表参与，提出意见和建议280多条，形成1份区政府关于2022年度民生实事项目完成情况的报告和10个专项监督组子报告。

人事任免

【概况】2022年，区人大常委会规范做好人事任免工作，落实法律知识考试、表态发言，颁发任命书、《中华人民共和国宪法》宣誓等制度。全年任免国家机关工作人员74人次。其中任命64人次，免职10人次。

【区一届人大常委会第五次会议人事任免事项】2022年1月29日，区一届人大常委会第五次会议任命：瞿亦农为区人大常委会义蓬街道工作委员会主任；封祥为区人大常委会临江街道工作委员会主任；陈晓峰为区人大常委会义蓬街道工作委员会副主任；李志松为区人大常委会新湾街道工作委员会副主任；丁武杰、童志华、谢建利、柳国美、周道扬、杨文琴、孙志法为区人大常委会下沙街道工作委员会委员；丛燕青、傅颀、姜广勇、周正阳、李鑫刚、高利萍为区人大常委会白杨街道工作委员会委员；方建庆、赵国君、施建华、徐志富、高伟法、高英、葛爽为区人大常委会河庄街道工作委员会委员；邵建明、毛泉红、赵国芳、张福良、王娜丹、俞佳露、丁小祥为区人大常委会义蓬街道工作委员会委员；王天国、孙忠海、陆赛春、李建良、徐莺为区人大常委会新湾街道工作委员会委员；李百春、陶小乐、韩燕、徐卫芳为区人大常委会临江街道工作委员会委员；许维、冯伟仁、丁建欢、胡彩娣为区人大常委会前进街道工作委员会委员。

【区一届人大常委会第八次会议人事任免事项】2022 年 5 月 31 日，区一届人大常委会第八次会议任命：胡国伟为区政府副区长；葛红卫、张清华为区法院审判委员会委员；陈新政为区法院立案庭庭长；陈云祺为区法院行政审判庭（综合审判庭）庭长；施国华为区法院义蓬人民法庭副庭长；吕瑜岚为区法院民事审判二庭副庭长；申宁为区法院民事审判二庭副庭长；刘承娜为区法院民事审判三庭副庭长。免去施科琦的区政府副区长职务，唐伟利、夏传胜、陈新政的区法院义蓬人民法庭副庭长职务，吕瑜岚的区法院民事审判一庭副庭长职务，陈云祺的区法院行政审判庭（综合审判庭）副庭长职务。

【区一届人大常委会第九次会议人事任免事项】2022 年 7 月 29 日，区一届人大常委会第九次会议任命：董杰为区应急管理局局长；潘晓敏为区监察委员会委员；徐丹为区法院副院长、审判委员会委员、审判员。免去陈慧军的区法院审判委员会委员、民事审判二庭庭长、审判员职务。

【区一届人大常委会第十次会议人事任免事项】2022 年 9 月 28 日，区一届人大常委会第十次会议任命：范国权为区监察委员会副主任，朱志俊为区卫生健康局局长；决定接受朱春根辞去区监察委员会主任职务的请求，决定范国权代理区监察委员会主任职务。免去冯姣的区检察院副检察长、检察委员会委员、检察员职务，李璐的区检察院检察员职务。

【区一届人大常委会第十一次会议人事任免事项】2022 年 11 月 29 日，区一届人大常委会第十一次会议任命：郑琴芳、黄丁文、陈倩倩为区检察院检察委员会委员；童佳宇、胡肖为区检察院检察员。

【区一届人大常委会第十二次会议人事任免事项】2022 年 12 月 22 日，区一届人大常委会第十二次会议任命：吴泽洸为区检察院检察员。免去李雪蕾的区检察院检察员职务。

人大代表工作

【概况】2022 年 1 月 21 日，区人大常委会依法补选产生区人大代表 9 人。2 月 17 日，区一届人大二次会议第三次全体会议选举产生杭州市第十四届人民代表大会代表 24 人。9 月，组织 170 多名区人大代表到杭州国际城市学研究中心（杭州研究院）开展履职能力培训。

【区人大代表制度建设】2022 年，区人大常委会制定印发《钱塘区人大常委会组成人员联系人大代表办法》《“局长代表面对面”活动实施办法》等制度 20 多项，加大基本制度与具体制度衔接、工作机制与责任机制配套、实体性规范与保障性规范结合，形成统合制度体系。

【区人大代表联络站建设】2022 年，区人大常委会加大代表联络站工作和阵地建设，建立领导小组和工作专班，制订行动计划和工作手册，构建“1 个区总站、7 个街道中心站、105 个基层站（点）”联络体系。深化“联、商、督、促、智”功能，建立人大代

2022 年 9 月 16 日，钱塘区人大代表履职能力提升培训班结业仪式在杭州国际城市学研究中心（杭州研究院）举行 （王建枝 提供）

表每月20日固定接待选民制度，制订下沉基层单元业务目录、组成人员进站活动办法。健全国家机关进站工作机制，印发基层单元建设任务清单和工作流程，召开专题议事督政会8场，区级领导干部和“一府一委两院”工作人员进站150多人次，创新开展“局长代表面对面”活动，打造邻里社区“民主促共富”人大e站。制订绩效评价指标体系，评选出区级优秀人大代表联络站5个。

【区人大数字化改革场景建设】 2022年，区人大常委会发挥数字化改革作用，承接省人大统建子场景3个、市人大统建子场景5个。推进人大代表联络站和编组进站代表挂牌亮码，重构区人大常委会与人大代表、人大代表与人民群众的联系通道，打造全天候、数字化民主民意表达平台和分析处理系统。在“代表在线”场景发起意见征集活动，以促进经济稳进提质为贯穿全年人大代表进联络站接待选民主题，听取群众意见和建议。

【“优秀人大代表联络站”评选】 2022年，区人大常委会组织开展全区人大代表联络站建设选树活动。下沙街道人大代表联络中心站、河庄街道人大代表联络中心站、义蓬街道人大代表联络中心站、白杨街道邻里社区人大代表联络站、前进街道前悦社区人大代表联络站被评定为区级“优秀人大代表联络站”。

【区人大代表议案建议办理】 2022年，区人大常委会制订人大代表建议“大会接收、分类研究、人大交办、政府分办、人大督办”全流程办理机制，实现代表建议全过程督办。全年收到代表建议110件，其中一届二次会议期间105件，闭会后5件，分别交由“一府一委两院”及其他有关机关、组织研究办理。110件建议均按期办结，解决率为82.7%。

（王建枝）

2022年杭州市钱塘区第一届人民代表大会第二次会议代表建议一览表

表3

序号	建议人	案由	主办单位
1	钱　玲	关于加强区校合作，推动区内大学生留钱塘就业创业的建议	区人力社保局
2	李信等	关于规范沿街商铺经营农贸产品的建议	区市场监管局
3	孙志法	关于加强下沙街道回迁安置房环境综合提升的建议	区住建局
4	陆永建	关于加强撤村建居型社区产业规划，促进经济发展的建议	市规划资源局钱塘分局
5	孙国伟	关于打造“亲民河道”，提升钱塘市民获得感的建议	区综合行政执法局
6	应　霆	关于建立下沙街道星野社区卫生服务站的建议	区社会发展局
7	周道扬	关于加大对卫生医疗事业投入的建议	区社会发展局
8	汤序喜	关于对新建河（乔下线以西）部分进行治理的建议	区综合行政执法局
9	徐楚庭	关于加强区域协同联动构建融合发展新格局的建议	区发展改革局
10	徐楚庭	关于进一步加强钱塘区交通安全专项整治的建议	区公安分局
11	柳国美	关于加快金沙大道建设的建议	区住建局
12	柳国美	关于提升杭州医药港小镇公交车出行的建议	区交通运输局
13	许志伟	关于合理布局健身场所，推进全民健身工程的建议	区社会发展局
14	杨文琴	关于提升下沙片区东南沿江区域环境品质的建议	区综合行政执法局
15	沈华江	关于加强认知障碍特殊群体医疗康复体系建设的建议	区社会发展局
16	高飞等	关于提升杭州医药港小镇交通环境的建议	区公安分局
17	陈敏之	关于疫情防控背景下构建钱塘区校地协同管控机制的建议	区社会发展局
18	王心良	关于开展RCEP预估，协助企业获得政策红利的建议	区商务局
19	方　琴	关于打造钱塘区“美丽经济”一站式街区的建议	美丽云城管理办公室
20	方　琴	关于建立区内高校学生“一贯制”培育留区机制的建议	区人力社保局
21	方　琴	关于进一步完善生育配套政策的建议	区社会发展局
22	蔡　毛	关于打造钱塘区名校满足人才子女教育问题的建议	区教育局
23	应长乐	关于扶持钱塘本土企业的建议	区经信科技局
24	张春生	★关于改善之江东路“聚首南路至1号大街间”早高峰拥堵的建议	区公安分局

续表3

序 号	建议人	案 由	主办单位
25	范 九	关于各社区新建、改建微景观或口袋公园的建议	区住建局
26	施祝平	关于构建家校社健康联盟的建议	区教育局
27	丛燕青	★关于规范钱塘区餐饮业点餐服务的建议	区商务局
28	游 彬	关于校区联合引进高级人才的建议	科学城管理办公室
29	周正阳	关于加强小区疫情防控科技手段的建议	区公安分局
30	应长乐	关于白杨街道景园小区产证办理及危房整改的建议	区公安分局
31	丛燕青	关于提升钱塘区发明专利申报积极性的建议	区市场监管局
32	张伯兴	关于解决白杨街道闻潮社区卫生服务中心交通出行问题的建议	市规划资源局钱塘分局
33	王新平	关于在下沙高教园教学区与生活区之间建设地下通道纳入钱塘区建设规划的建议	科学城管理办公室
34	唐 浩	关于“社工相邻化＋网格长本土化”的建议	区社会发展局
35	李鑫刚	关于开展老年友好型社区建设的建议	区社会发展局
36	漏君锋	关于加强城市型社区工作人员管理的建议	区社会发展局
37	孙志芳	关于提升白杨街道怡乐园周边环境的建议	区综合行政执法局
38	张 璐	关于加快解决钱塘区沿江板块社区停车难问题的建议	区交通运输局
39	刘 敏	关于提升改造钱塘区亚运场馆周边环境的建议	区综合行政执法局
40	高利萍	关于加强关心关爱社区工作者的建议	区社会发展局
41	马仁爱	关于厘清产权归属，破除民营企业融资瓶颈的建议	市规划资源局钱塘分局
42	宋飞飞	关于落实《家庭教育促进法》在钱塘区各个街道社区设立家庭教育指导站（点）的建议	区妇联
43	汤建良	关于解决街道集镇车位周转率不高问题的建议	区综合行政执法局
44	童建中	关于解决农村地区垃圾分类收集车上牌问题的建议	区公安分局
45	童建中	关于钱塘区村级留用地有关政策的建议	市规划资源局钱塘分局
46	杨海燕	关于进一步加大统筹力度规范城市道路开挖管理的建议	区综合行政执法局
47	张坚明	关于加强钱塘区农村房屋违规建设管理的建议	区农业农村局
48	张坚明	关于加强住宅小区物业管理工作的建议	区住建局
49	赵国君	关于搬迁河庄公交车站的建议	区交通运输局
50	高 强	关于加快拆迁村“村社分离”工作的建议	区社会发展局
51	方建庆等	关于强化乡村振兴土地要素保障的建议	市规划资源局钱塘分局
52	陈宏炳等	★关于打造乡村振兴共富带微公交系统延伸的建议	区交通运输局
53	施建华	关于要求钱塘芯谷区域加强雨污水管网修复工作及江东泵站合理应对大暴雨天气的建议	区综合行政执法局
54	方建庆	关于建设特殊教育学校，完善特殊教育体系的建议	区教育局
55	邵建明	★关于要求区政府厚植根部企业发展，增强街道财力的建议	区经信科技局
56	毛泉红等	关于促进义蓬街道经济可持续发展的建议	市规划资源局钱塘分局
57	赵国芳等	关于调整税收体制、调动街道积极性的建议	区财政局
58	张琬皎	关于解决外来就业人员子女入学教育难问题的建议	区教育局
59	俞佳露等	★关于加大生活服务业扶持力度的建议	区商务局
60	陈秋平等	关于统筹推进头蓬老街文化品牌打造的建议	区社会发展局
61	赵国君等	关于打通城市断头路的建议	区交通运输局
62	黄文通等	关于加快塘新线（义蓬段）道路改造进度的建议	产城融合建设发展中心
63	陈月坚等	关于实施老青六线部分路段建设的建议	区交通运输局
64	徐佳鑫等	关于在青六线与江东大道交叉口增设非机动车道的建议	区交通运输局
65	沈光浩等	关于加快义蓬街道安置房四期建设的建议	区住建局

续表3

序　号	建议人	案　由	主办单位
66	倪勤国等	★关于加快义蓬中心小学建设进度，以解决入学难问题的建议	区教育局
67	赵国君等	★关于村级留用地开发建设的建议	市规划资源局钱塘分局
68	张福良等	★关于加大村级集体经济保障力度的建议	区农业农村局
69	沈明霞等	关于增设钱塘区义蓬街道公共自行车租赁点的建议	区综合行政执法局
70	杨海丽等	关于加强钱塘社区教育的建议	区教育局
71	丁小祥等	关于进一步规范发展居家社区养老服务的建议	区社会发展局
72	倪卫星等	关于支持连片打造美丽乡村的建议	区农业农村局
73	桑国建等	关于加大对农业企业扶持力度的建议	区农业农村局
74	施秋琴	关于钱塘区道路灯光合理应用的建议	区综合行政执法局
75	施秋琴	关于对抛荒地范围内废弃管线整治的建议	区农业农村局
76	施秋琴	关于要求调优钱塘区围垦范围填塘土地半成品工程建设的建议	市规划资源局钱塘分局
77	施秋琴	关于要求钱塘区整治农业土地招投标恶意竞标现象的建议	区农业农村局
78	赵国芳	关于加快两岸通道建设的建议	区交通运输局
79	王建兴	关于加快杭州地铁周边设施配套的建议	区住建局
80	魏妙君	关于深化“双减”工作，完善有关配套机制的建议	区教育局
81	徐　莺	关于推进建设中小学（幼儿园）综合实践基地的建议	区教育局
82	王天国	关于推进乡村振兴、发展壮大村级集体经济的建议	市规划资源局钱塘分局
83	王天国	关于打通道路不通瓶颈的建议	区交通运输局
84	柏建林	关于要求将原前进片区的非农业户籍人口划出新湾派出所管理的建议	区公安分局
85	倪晓燕	关于以构建基层医疗机构信息技术云平台，带动公共卫生服务能力建设的建议	区社会发展局
86	许伟国	★关于调整税收分成体制，增加街道土地出让金分成比率的建议	区财政局
87	陆赛春	关于加快建设无障碍公共设施的建议	区综合行政执法局
88	陆赛春	关于有效惩治恶意诉讼的建议	区法院
89	詹柏军	关于支持中小微企业发展的建议	区经信科技局
90	封祥等	关于加快推进新世纪大道北伸段建设和南段大修的建议	区住建局
91	徐卫芳等	关于加快临江街道村级留用地开发建设的建议	区商务局
92	韩燕等	关于加快重新选址、推进临江区块学校建设的建议	区教育局
93	俞奇力等	关于打造钱塘地域农产品特色品牌的建议	区农业农村局
94	王婷婷等	关于支持临江前进片区教师队伍稳定发展的建议	区教育局
95	陶小乐等	关于加快钱塘临江前进片区通信设施建设、增强手机信号强度的建议	区经信科技局
96	李　淼	关于稳定前进和临江 2 个街道教师队伍的建议	区教育局
97	张　伟	关于发展壮大农村集体经济，促进共同富裕的建议	区农业农村局
98	张　伟	关于加大农业产业结构调整政策扶持力度的建议	区农业农村局
99	许　维	关于加快实施钱塘区村（社区）“老年食堂”的建议	区社会发展局
100	李　淼	关于尽快启动江东一路（前进段）拓宽的建议	区住建局
101	冯伟仁	关于要求启动前进街道产业配套小镇的建议	市规划资源局钱塘分局
102	冯伟仁	关于进一步关心援助弱势群体的建议	区社会发展局
103	许　维	关于建立辖区婴幼儿托育机构的建议	区社会发展局
104	田平风	关于加快储能型能源站建设，以打造“零碳钱塘区”的建议	区发展改革局
105	田平风	关于街道办事处搬迁至辖区中心位置的建议	区建投集团

注：带★为 9 件重点督办建议。

（王建枝）

责任编辑　高骏森

杭州市钱塘区人民政府

综　述

【经济发展】2022年，钱塘区地区生产总值1226.03亿元，比上年增长0.1%。其中，第一产业增加值12.71亿元，第二产业增加值823.3亿元，第三产业增加值390.02亿元。三次产业结构比1.0 ∶ 67.2 ∶ 31.8。人均地区生产总值15.42万元，规模以上工业全员劳动生产率每人为40.55万元；规模以上工业亩均税收39.86万元，增长22.6%。数字经济核心产业增加值134.83亿元，增长7.4%，占地区生产总值比重为11%。农林牧业增加值13.09亿元。规模以上工业总产值3502.38亿元；规模以上工业增加值722.94亿元，下降1.9%。建筑业增加值49.56亿元，增长8.2%，建筑安装工程投资259.15亿元，增长9.5%。固定资产投资额542.21亿元，增长17.5%。其中，高新技术产业投资增长57.3%；民间投资增长16.2%；制造业投资增长34.6%。社会消费品零售总额337.95亿元，汽车类和石油类增长60.4%，制品类增长57.5%。货物贸易进出口总额1029.86亿元，其中货物贸易出口总额618.07亿元，增长5.8%。服务贸易出口额13.39亿美元，增长7.8%。合同外资金额14.4亿美元，实际利用外资金额9.38亿美元。财政收入230.45亿元，其中地方一般公共预算收入116.63亿元，地方收入剔除留抵退税影响后（同口径）增长9.9%。一般公共预算支出128亿元，下降18.1%。金融业增加值56.65亿元，增长5.3%。

【现代产业能级提升】2022年，钱塘区打造“515”现代产业体系，针对生物医药、航空航天、半导体、智能汽车与智能装备、新材料产业，加大科技创新力度，推动产业转型升级。出台《关于实施钱塘“领飞计划”打造新时代高能级产业发展战略平台若干政策意见》、稳岗促产“新十条”等有关政策意见，实施“一链一平台、一链一方案、一链一基金”举措。全年兑现惠企政策资金34亿元，减负降本企业资金54.6亿元，减免房屋租金1.79亿元。新增“四上”（规模以上工业、资质等级建筑业、限额以上批零住餐、规模以上服务业）企业275个，认定国家高新技术企业227个、市级以上科技企业孵化器（众创空间）10个，“未来工厂”15个，获评国家级专精特新“小巨人”企业11个。发明专利授权量3780件，增长33.1%。入驻高层次人才创业项目83个。入选国家级海外引才计划22人，提供政策性担保资金8.79亿元。

【产业体系集聚】2022年，钱塘区打造制造产业集群，智能汽车与智能装备制造产业规模超过1000亿元。浙江吉利新能源商用车发展有限公司、广汽乘用车（杭州）有限公司产值超过100亿元，其中广汽乘用车产量占全市的95%以上。航空航天产业产值比上年增长83.8%。钱塘芯谷“芯智造”产业链连续2年获评全省“链长制”优秀示范单位，杭州大创小镇被省政府命名为第六批特色小镇，杭州医药港管理办公室申报的“聚焦‘链式+集群’发展新模式，打造健康产业高地”案例入围健康中国创新实践典型案例。全年入围“中国制造业500强”企业3个，省高新技术企业创新力500强企业21个。新增“浙江制造”品字标认证证书企业10个，创建省级冷链骨干基地1个、冷链物流园2个。引进“美丽经济”（美服、美食、美颜、美居、美生活）项目10个，“美丽经济”营业收入超过1000亿元。钱塘科学城核心区入选省第二批现代服务业创新发展区。龙湖杭州金沙天街、龙湖杭州吾角天街2个商圈入选市级夜经济集聚培育区，金沙湖休闲商业特色街入选市级商业特色街。

▶▶资料：浙江制造品字标

以“区域品牌、先进标准、市场认证、国际认同”为核心，以“标准+认证”为手段，集质量、技术、服务、信誉为一体，经市场与社会公认，构建“区域品牌、先进标准、市场认证、国际认同”的“浙江制造”品牌制度体系，代表浙江制造业先进性的区域品牌形象标识，是浙江制造业的“标杆”和“领导者”的高品质高水平的代名词。

【工业用地提质增效】2022年，钱塘区启动存量工业用地企业提质增效三年行动，盘活地块533.33公顷，入选“省制造业重点行业亩均效益领跑者”企业13个。工业用地出让面积201.07万平方米，比上年增长13.7%，供应标准厂房739.3万平方米。全年开工工业综合体项目7个、面积157万平方米。实施数字经济三年行动计划，钱塘区元宇宙新天地开园，数字经济核心产业增加值增长7.4%。推进制造业企业应用新一代信息技术数字化转型，围绕生产智能化、产品智能化、服务智能化，改造攻关全环节流程项目64个，工业技术改造投资增长30.2%。至年末，钱塘区有年产值10亿元以上企业79个，其中100亿元以上企业5个。有上市企业19个。签约外资项目69个（含投资总额5000万美元以上项目5个）。其中，工业项目8个，服务业项目61个。落地“152”项目9个，入选省重大产业项目6个。

【城市建设推进】2022年，钱塘区围绕“产业高端化、城市国际化产业新城发展”要求，划定“三区三线”（“三区”：城镇、农业、生态三种类型的国土空间；“三线”：对应在城镇空间、农业空间、生态空间划定的城镇开发边界、永久基本农田、生态保护红线三条控制线）城镇边界163.3平方千米，新增建设用地4400万平方米。开展土地整治三年行动，启动河庄街道江东村试点项目，筹措建设用地指标200.2公顷，征收土地262.7公顷，储备经营性用地66.67公顷。推动钱塘“一带两城”建设，萧围西线（一工段至四工段）提标加固工程项目开工，“江海之城”城市设计国际方案完成；杭州东部湾新城启动建设。《杭州萧山机场高铁钱塘客运枢纽建筑概念设计方案》修编和钱塘高铁建设首期征迁评估工作完成。建成城市交通路网里程1158千米，道路总里程620千米；京杭运河浙江段三级航道整治工程杭州段（简称运河二通道）八堡船闸段主体工程竣工，进入有水调试阶段；江东大道提升改造一期、二期工程和钱塘快速路（东湖高架路至23号大街）全线通车。全年新增海绵城市区域绿化面积6.36平方千米，开工110千伏以上输变电工程项目3个、竣工6个，投用地下综合管廊3条。提升城乡人居环境，改造农村生活污水村4个，新增绿化面积232万平方米。根据河庄安置房三期等重点项目及区域情况，分别建成雨污管网25.25千米和25.42千米。

【综合行政执法改革】2022年，钱塘区推进“大综合一体化”行

2022年5月27日，中交二航局承建的京杭运河浙江段三级航道整治工程杭州段八堡船闸段主体工程完工并进入有水调试阶段　　（区融媒体中心 提供）

政执法改革，围绕执法队伍重组、执法体系重塑、执法事项梳理、数字改革牵引、执法方式创新5项任务，构建“1+6”（1支综合执法队伍+6支专业执法队伍）行政执法队伍体系，按照65%下沉基层要求，全年下沉执法人员54人，梳理“行政执法事项总目录”清单4568项，其中承办2003项。全年组织街道、部门开展校外培训机构、商业综合体“综合查一次”197次；开展省“监管一件事”场景37项；制定《钱塘区行政执法案件移送实施办法》等协调联动制度17份。推进综合管养一体化改革，清理闲置地块53处，优化利用土地70.2公顷，复绿面积97.9公顷。提升改造杭州第19届亚运会环境品质工程项目98个。推进污染防治攻坚和美丽城区建设，长江经济带生态环境警示片披露问题整改通过省级验收并销号，市控以上水质断面面积达标率100%。新增省级美丽河湖1条，关停污染企业6个，改造天然气锅炉低氮排放7台，整治挥发性有机物企业57个。优化基层治理队伍建设，开展无障碍设施整治，查处案件3317件，其中一般案件1104件，罚款310万余元，简易案件2213件，罚款25.8万元。处理群众信访投诉件9227件，满意率99.2%。接收社会评价意见21件，全部办结。全年受理区人大代表建议27件，其中主办11件，办理率、满意率100%，协办件16件，办结13件。受理区政协委员提案3件，办理率、满意率100%。

2022年9月1日，钱塘区前进街道前悦书房获评首批“杭州书屋”

（方　波摄）

【民生实事完成情况】 2022年，钱塘区优化教育基础，开工学校项目10所，建成12所，新增学位5100个；提升改造区级义务教育课后服务“特色学校”9所，民办制转公办制幼儿园18所；建成青少年宫教学点1处；提升改建区级“足球特色学校”8所、“绿色学校”11所、“健康促进学校（金牌）”13所；建成青少年学生素质教育实践基地1处。提升教室照明设施，改造48所中小学1730间教室护眼灯2.12万盏。提升居民居住环境，改造老旧小区2个；15个老旧小区前期意见征询和方案编制等工作完成，开工5个；既有住宅加装电梯42台；提升改造二次供水设施高层住宅小区12个；建成“美好家园”示范小区9个。推进城中村改造拆迁安置房和配套设施建设，回迁安置在外过渡农户2033户；开工建设回迁安置房小区2个、公租房小区4个、人才房小区1个。筹建共有产权房1000套，筹集保障性租赁住房1.66万套。解决群众出行难问题，打通“断头路”3条，开工道路10条、竣工12条；整治12条（段）建成道路环境；优化公交线路6条，新增定制公交专线6条（其中“求知线路”5条）；建成停车泊位5638个，其中公共停车泊位1062个。缓解杭州地铁口停车难问题，在7号线、8号线出入口建成停车位36处、非机动车停车位5180个。提升居民生活质量，改造健身绿道7.5千米，建成“口袋公园”2个、钱塘书房5个、百姓健身房3个、多功能运动场1个；提升改造公共卫生间8所。提高辖区居民防灾减灾能力，7个街道20个区域性微型消防站建成。完善养老助老服务体系，建成残疾人“康复之家”3个，新增认知障碍照护专区床位35张，建成敬老院1个，新增持证养老护理员35人，提升改造无感服务智能终端配置居家养老服务中心9个，建成康养联合体2个。推进食品质量安全建设，提升改造农贸市场检测室15个，建成餐饮单位“平安厨房”100个。完善特殊人群服务设施设备，安装配置AED（自动体外除颤仪）364台。全年开展红十字救护员培训会56场，培训红十字救护员5489人；开展红十字专题培训会102场，培训1.78万人。新增应急救护实操体验点2处。（高骏森）

2022年杭州市钱塘区10件民生实事完成情况一览表

表4

序号	项目类别	实事内容	完成情况
一	教育均衡	开工建设学校项目（中学、小学、幼儿园）8所，建成8所。创建区级义务教育阶段课后服务“特色学校”10所以上。推动10所民办幼儿园公办托管。在大学城北中心新建区级青少年宫教学点1处。提升改造10所学校（幼儿园）成为特色学校。新建1处区青少年学生素质教育实践基地	河庄街道配套幼儿园、安置房配套九年一贯制等9所学校开工建设中；河庄安置房三期配套幼儿园（江涛幼儿园）、义蓬中心小学（崇德小学）等12所学校建成，新增学位5100个。幸福河小学、文思小学等10所学校入选区级义务教育阶段课后服务“特色学校”。春蕾、晨光等18所民办幼儿园转制成公办幼儿园。位于大学城北中心的区级青少年宫教学点建成（该教学点以市基础教育研究室附属学校为核心，通过“宫校合作”方式开展兴趣培训）。提升改建区级“足球特色学校”8所、“绿色学校”11所、“健康促进学校（金牌）”13所。在原义蓬第三小学基础上改造成青少年学生素质教育实践基地1处
二	学生健康	提升改造48所公办中小学1650间教室护眼灯光设施	全区48所公办中小学1730间教室21244盏护眼灯设施改造完成，每间教室灯光设置“上课、投影、自习、下课”4种应用场景，光照度达到国家标准。全年全区中小学生双眼近视率比上年下降1.11%
三	住房改善	改造老旧小区2个（合计建筑面积9.53万平方米）；启动8个老旧小区改造前期意见征询和方案编制等工作，年末前开工改造5个；启动100台既有住宅加装电梯前期排查摸底，年末加装40台。提升改造二次供水设施高层住宅小区12个	改造老旧小区2个（北银公寓、裕园公寓）。七格老小区二期、新元老小区等15个老旧小区前期意见征询和方案编制等工作完成，高沙老小区一期、华顺公寓等5个老旧小区开工改造中。100台既有住宅加装电梯前期排查摸底工作完成，至年末，加装42台。湖左岸、铭和苑新荷坊、桂雨坊、柳翠坊、德信早城、金隅观澜时代朗轩、金隅观澜时代瀚庭、玫瑰之湾等12个高层住宅小区二次供水设施改造完成
四	住房保障	安置在外过渡农户回迁1453户。开工建设回迁安置房小区2个、公租房4处（总面积33.3万平方米）、人才房10万平方米；筹建共有产权房1000套。筹集保障性租赁住房1.66万套	安置在外过渡农户回迁2033户。2个回迁安置房小区（河庄街道安置房四期、义蓬街道安置房四期启动区块），下沙街道公租房一期、前进街道公租房一期、河庄街道公租房一期、前进街道片区公共租赁房（一）和人才专项租赁房（10万平方米）项目地块（四）开工建设中。筹建河庄街道共有产权房1000套。筹集保障性租赁住房1.66万套（蓝领公寓、同二村、企业自建职工宿舍等项目）
五	群众出行	新建停车泊位5000个，其中公共停车泊位500个。新增杭州地铁出入口非机动车停放点8处，非机动车停车位800个。优化公交线路4条，新增定制公交专线6条，其中“求知专线”5条	建成停车泊位5638个，其中公共停车泊位1062个。建成杭州地铁出入口非机动车停放点36处，非机动车停车位5180个。3151M（临江公交站—江东公交站）、3155（河庄街道办事处—钱塘行政服务中心）、3167（江雅苑—前进街道办事处）等6条公交线路和钱塘中心至华东医药、临江小学至江海时代、云帆小学至秋潮站等6条定制公交专线（其中“求知专线”5条）开通
六	城市道路	开工并打通“断头路”3条；开工建设道路10条、竣工12条；提升整治建成道路12条（段）环境。整治市政道路3条和人行道路5条以上	新四路（冯娄横路—蓝商路）、农垦路（文海北路—文津北路）、杭州医药港小镇规划支路3条“断头路”打通。河中路（艮山东路—义府大街）、河庄安置房三期纵向支路（河景路—青龙路）、国纵二路等10条道路开工建设中；经二路、乔新路（银海街—新建河）、农垦路（文海北路—文津北路）等12条道路竣工。11号大街（2号大街—之江东路）、24号大街（15号大街—19号大街）等12条（段）建成道路环境整治和文淙路、云涛路、文津路3条市政道路、科技园路、23号大街（2号大街—6号大街）等5条人行道路环境全部整修完成
七	生活配套	提升改造健身绿道3.5千米；新建和提升改造“口袋公园”2个。新建并投用“钱塘书房”3个；新建百姓健身房3个、多功能运动场1个。提升改造公共卫生间8所。建成区域性微型消防站20个	提升改造金沙湖特色街区周边滨水慢行步道7.5千米。建成和改造高沙路与文峰弄路口、下沙路海达南路交叉口东北侧“口袋公园”2个。建成并投用下沙街道东方社区、河庄街道东沙湖社区等“钱塘书房”5个。建成义蓬街道义隆社区、临江街道高新社区、白杨街道云涛联合社区等百姓健身房3个、下沙街道东方社区多功能运动场1个。23号大街、创新路等8所公共卫生间设施提升改造完成。7个街道20个区域性微型消防站全部建成
八	助残关爱	新建残疾人“康复之家”3个。新增认知障碍照护专区床位35张；新建智慧公办养老院1所；培训持证上岗养老护理员35人；提升改造无感服务智能终端配置居家养老服务中心9个；新建康养联合体1个	河庄等3个街道社区卫生服务中心残疾人“康复之家”建成。下沙街道和禾医院新增认知障碍照护专区床位35张。在义蓬街道建成公办养老院1所（命名杭州义蓬颐康医养中心）。新增持证养老护理员35人。下沙街道（头格社区）、白杨街道、河庄街道等9个居家养老服务中心无感服务智能终端配置提升改造完成。建成康养联合体2个（临江街道安舒医养中心、下沙街道和禾医院）

续表4

序号	项目类别	实事内容	完成情况
九	食品安全	提升改造农贸市场检测室16个；开发“平安厨房”数字治理应用，试点建设“平安厨房”100个	幸福南路、大学城北等15个农贸市场检测室（高沙农贸市场因拆迁取消）提升改造完成，实现全区覆盖。建成“平安厨房”100个
十	健康惠民	安装配置AED（自动体外除颤仪）300台，实时地图查询；开展红十字救护员培训会50场以上，培训红十字救护员1500人以上；开展红十字专题培训会60场以上，培训救护员1万人以上；新增应急救护实操体验点2处	投放AED（自动体外除颤仪）364台，实现实时地图查询和线上“120”急救信息交互联通。全年开展红十字救护员培训会56场，培训红十字救护员5489人，红十字专题培训会102场，培训17759人。新增应急救护实操体验点2处（浙江育英职业技术学院、义蓬党群服务中心）

区政府重要会议

【概况】2022年，杭州市钱塘区人民政府（简称区政府）召开全体（扩大）会议2次，党组（扩大）会议13次，区政府常务委员会会议21次；杭州钱塘新区管理委员会主任办公会议4次。

【区政府全体会议】2022年，区政府召开全体会议2次。

4月24日，区政府第二次全体（扩大）会议召开。主题“以习近平新时代中国特色社会主义思想为指导，学习贯彻中国共产党十九届六中全会、中央经济工作会议、省委十四届十次全会、市第十三次党代会和区委一届六次全会精神，部署区一届人大二次会议确定的各项工作任务，拥护‘两个确立’、做到‘两个维护’，以服务保障杭州第19届亚运会为中心、打造全球先进制造业基地为目标，加大推进全域创新、全域智治、全域美丽、全域共富，建设现代化国际化一流新区，展现高能级战略平台的政治担当”。通报第一季度经济运行、疫情防控、安全生产、亚运会筹备及区政府工作报告任务分解计划并颁发任务书。

10月12日，区政府第三次全体（扩大）会议召开。主题“贯彻省第十五次党代会和市委十三届二次全会精神，落实区委一届七次全会工作要求，按照‘疫情要防住、经济要稳住、发展要安全’总体要求，统一思想，凝聚共识，奋战四季度、冲刺全年红，夺取此届政府首个完整年度高分报表，在推进‘两个先行’杭州生动实践中展现新区担当、彰显钱塘作为，迎接中国共产党第二十次全国代表大会召开”。部署下一阶段全区经济稳进提质、招商项目推进、城市开发建设、除险保安等工作。（孙霁文）

【区政府常务会议】2022年，区政府召开常务会议21次。

1月7日，区政府第七次常务会议召开。研究讨论《钱塘区人民政府及其部门任命的国家工作人员宪法宣誓实施方案》、《钱塘区人民政府重大行政决策程序规则》、《关于健全完善府院联席会议机制的意见》、《钱塘区产业发展导向目录与产业平台布局指引》、《关于进一步加强钱塘区危险化学品安全生产监管工作实施方案》、杭千智造产业园项目准入、基石项目、壹网壹创及产业链新增项目、崔铁军院士团队“信息超材料”项目、萧政储出〔2011〕06号地块开工延期、杭政储出〔2009〕69号地块项目推进、耕地占补平衡指标有偿调剂、杭州邮件处理中心项目落地、杭州天海饲料有限公司等3个企业关停、中欧产业创新中心项目、与凯泰资本合作设立凯泰二期基金等事项。

1月26日，区政府第八次常务会议召开。研究讨论《钱塘区人民政府工作报告（审议稿）》及民生实事项目、2021年钱塘区国民经济和社会发展计划执行情况与2022年国民经济和社会发展计划（草案）、2022年度钱塘区人民政府投资项目计划编制、深化存量工业用地提质增效加快产业发展能级提升的实施方案（试行）、《缓解下沙区域停车难有关工作的若干意见》、钱塘区货运机动车和摩托车通行管理措施调整、修订百明信康实验室和研发生产基地项目投资协议、2021年预算执行和2022年预算草案、拟成立新能源合资公司等事项。

3月2日，区政府第九次常务会议召开。研究讨论《钱塘区人民政府工作报告》重点任务分解、2022年钱塘区国民经济和社会发展目标预安排及第一季度以及全年预分解方案、《钱塘区人民政府行政复议员任命办法》、2022年钱塘区重点用能用电单位能源预算化管理、临江新材料产业园（化工园区）管理机构及应急消防管理、加速器六期项目、钱塘区每小时10~35蒸吨燃煤锅炉淘汰改造、与萧山区农业农村局签订生态用水调度联动运行等工作备忘录、2022年度增加新招聘社工人员经费财政预算等事项。

4月11日，区政府第十次常务会议召开。研究讨论钱塘区第一季度经济形势、钱塘区第一季度安全生产形势、制定强村富民“双十条”实施意见、《钱塘区已建高层住宅二次供水设施改造三年行动计划（2022—2024年）》、《钱塘区人民政府质量奖评审管理办法（试行）》、《钱塘区商事主体登记确认制改革实施方案》、杭州中能汽轮动力有限公司节能降碳高效透平机械智造服务一体化业基地项目准入、招商项目有关事宜［和达芯谷二期项目、和达智谷项目准入；依思康动物疫苗项目、美迪凯年产20亿颗（件、套）半导体器件项目、西湖电子智慧屏智能制造项目、高创world（原友科地块）工业综合体项目、微影封装用高景深光刻机项目、杭州传化公路港2022—2024年政策扶持、祐康产业总部项目准入］等事项。

4月24日，区政府第十一次常务会议召开。研究讨论东风裕隆汽车有限公司重整、钱塘科技创新中心建设、2022年度钱塘区重大行政决策事项目录、青西二路东侧地块二项目股权投资、顾家集团有限公司项目、杭州奥泰生物技术股份有限公司新诊断试剂项目等事项。

5月5日，区政府第十二次常务会议召开。研究讨论钱塘区新一轮制造业“腾笼换鸟、凤凰涅槃”攻坚行动实施方案（2021—2023年）、2022年度钱塘区第一批五水共治（零直排）工程建设计划、零跑定向基金市区两级收益让渡分担比例等事项。

6月2日，区政府第十三次常务会议召开。研究讨论钱塘区经济运行情况与下一步经济工作、存量工业用地提质增效项目管理实施细则和履约监管及第一批项目、《钱塘区鼓励省外员工留区过年稳岗促产“暖心八送”行动方案》“送奖励行动”兑现、《钱塘区进一步加强统计调查工作的实施意见》、《钱塘区基层统计网格化管理工作实施意见》、《钱塘区推进“大综合一体化”行政执法改革实施方案》、部门预算调整等事项。

6月7日，区政府第十四次常务会议召开。研究讨论招商项目（太古可口可乐新增汽水线项目、天境生物项目签署补充协议、万兴减速机项目、幄肯科技总部及高端碳素材料制造项目）、《“钱塘优学”全方位综合提质三年行动计划（2022—2024年）》和规范钱塘区民办义务教育发展工作、钱塘区临江新材料产业园安全整治提升事项。

7月5日，区政府第十五次常务会议召开。研究讨论落实《钱塘区人大常委会关于钱塘区2021年法治政府建设情况报告审议意见》及钱塘区人民政府行政规范性文件清理、有关项目准入［通力高端传动装备智造项目、纽龙生物年产120吨琼脂糖凝胶填料产品产业化项目、奥思韦尔新能源汽车核心零部件项目、恒致集团（拟）总部及制造项目］、钱塘区土地整治三年行动计划（2022—2024年）》及耕地占补平衡指标有偿调剂、《钱塘区人民政府关于在市场体系建设中建立公平竞争审查制度的实施意见》、杭州萧山东江养殖有限公司关停整治、基石项目计划出让2宗地块、支持浙江大学申请合成生物技术制药国家工程研究中心、与华芯原创（青岛）投资管理有限公司合作设立华登国际PE（私募股权投资）成长三期基金、义蓬安置房四期（启动区块）项目和4个公租房项目申请采用EPC（设计采购施工）模式招标、2022年度增加第二轮新招聘专职社工人员经费财政预算、产业项目电力投资界面延伸等事项。

7月25日，区政府第十六次常务会议召开。听取区发展改革局做半年度经济形势暨稳进提质攻坚行动情况的工作报告。研究讨论《钱塘区政协“营造一流营商环境”专题协商报告》分解落实方案、钱塘区易腐垃圾处置及再生资源分拣中心项目建设、钱塘区“双限”前部分遗留住宅项目销售价格调整、调整知行社区和新建学府社区与田城社区、区政府与国网杭州供电公司领先建设新型电力系统省级示范区主阵地加快建设现代化国际化一流新区战略合作框架协议及备忘录、钱塘区与安徽宿州经济技术开发区结对合作帮扶框架协议等事项。

8月4日，区政府第十七次常务会议召开。研究讨论《进一步推进钱塘区粮食生产功能区“非粮化”整治优化工作实施方案》、松下中国家电销售增量计划项目、盘活公司现金流开展有关经营业务、参与龙焱能源科技F轮融资等事项。

8月30日，区政府第十八次常务会议召开。听取区应急管理局做近期安全生产形势分析情况的工作报告。研究讨论《杭州钱塘新区条例》、招商项目（浙江九洲药物科技有限公司原料药项目、拜耳作物科学临江项目、深圳佑驾智能座舱项目）准入等项目。

9月23日，区政府第十九次常务会议召开。研究讨论2022年钱塘区工业企业亩产效益综合评价、《钱塘区人民政府关于纾困助企的政策意见》第十八条“加大对突出贡献企业的支持力度”拟兑现情况、《钱塘区空气质量提升攻坚实施方案》、《钱塘区人民政府办公室关于非住宅房屋协议搬迁补偿货币化安置的实施意见》、将杭州中策职业学校钱塘学校和开发区西区公园划转至杭州职业技术学院、优化完善产业基金运行体系、钱塘区产业基金组建方案有关事宜、钱塘区共同富裕加油站建设、杭州国际数贸港项目准入、收购浙江中海印染有限公司、龙焱能源碲化镉薄膜光伏组件项目、和达零碳科技城项目、钱塘区食品药品安全工作及《浙江省食品安全示范区创建自评报告》、区政府与深圳证券交易所战略合作协议、2021年决算（草案）等事项。

10月10日，区政府第二十次常务会议召开。研究讨论支持深圳国际申报公募REITs（房地产信托投资基金）项目、《杭州钱塘新区管理委员会关于实施钱塘“领飞计划”打造新时代高能级产业发展战略平台若干政策的意见》、沁香公寓人才共有产权房等事项。

10月14日，区政府第二十一次常务会议召开。研究讨论吉利钱塘基地新增高端新能源汽车产品项目事项。

10月25日，区政府第二十二次常务会议召开。听取区财政局传达贯彻杭州市《关于进一步严管理稳运行过紧日子的通知》精神并通报钱塘区有关情况。研究讨论第三季度钱塘区经济形势、吉利汽车钱塘项目一期不动产权证权利人调整、士兰微电子12英寸芯片生产线项目等事项。

11月4日，区政府第二十三次常务会议召开。研究讨论钱塘区电力接入工程费用分担、《钱塘区共同富裕农房租推广实施方案》、杭州安旭生物科技股份有限公司和杭州沈氏节能科技股份有限公司“双碳”领域高端装备产业智能化项目准入、收购浙江茂宇医疗器械有限公司70%股权；德琪（杭州）生物有限公司新建生物创新药研发及产业化基地建设项目幕墙设计和杭州耕德电子有限公司及明慧医药（杭州）有限公司2020年度产业扶持政策兑现、《钱塘区人民政府与杭州职业技术学院全面战略合作协议（送审稿）》、与浙江水利水电学院合作开发土地、耕地占补平衡指标有偿调剂、钱塘高铁新城开发建设等事项。

11月17日，区政府第二十四次常务会议召开。研究讨论《钱塘区现代服务业发展规划（送审稿）》、《杭州钱塘新区与龙游县山海协作“产业飞地”补充协议（送审稿）》、钱塘科创中心项目、艾乐肤化妆品有限公司总部项目、杭州杭电校友（钱塘）技产业园项目、互联网大会IP总部项目、艾美依高端复合材料应用技术项目准入、新龙片安置小区二期项目采用EPC模式招标、杭州医药港小镇北元M-102地块内集中配建生活配套设施、《关于进一步深化区属国企改革的实施意见》、2022年预算调整、2022年钱塘区新建数字化改革重大应用与信息化项目预算、授权区产业集团承接区委区政府信息化项目有关服务、区产业集团承办区委改革（数改）专班有关业务、钱塘区与中国电建集团华东勘测设计研究院有限公司战略合作框架协议等事项。

11月21日，区政府第二十五次常务会议召开。研究举办2022年杭州国际女子马拉松竞赛事项。

12月7日，区政府第二十六次常务会议召开。研究讨论《钱塘区数字经济三年行动计划（2023—2025年）（送审稿）》、街道财政体制改革、钱塘区食品安全包保工作、《“钱浦共富”战略合作框架协议（送审稿）》、《钱塘区妇女发展“十四五”规划》和《钱塘区儿童发展“十四五”规划（送审稿）》、《关于加强无价材料、设备询价管理的通知（送审稿）》、吉利钱塘基地二期项目剩余补助和新项目扶持资金兑现及《杭州钱塘新区管理委员会与浙江大华技术股份有限公司战略合作协议》、钱塘芯科园项目、和达药谷七期项目准入、浙江中光新能源科技有限公司国有股权挂牌退出方案、东湖防洪调蓄湖配套工程一期景观绿化工程采用EPC方式实施、抚恤项目预算调整、规范民办义务教育工作、《钱塘区预算管理办法》、《钱塘区财政资金拨款审批管理办法》修订和《钱塘区区级行政事业单位房产出租管理办法》制定等事项。

12月22日，区政府第二十七次常务会议召开。研究讨论2020年钱塘区制造业企业技术改造等四类政策资金兑现、被征地农民参加基本养老保险保费补偿标准、下沙街道剩余留用地开发建设、73618部队下沙营区土地置换、进一步明确开竣工延期处置工作程序、开发区电力隧道工程涉油气管线变更调整、信息超材料项目改变财政扶持形式、与杭州职业技术学院共建“杭州医药港学院-杭职产教融合基地”、与浙江理工大学共建浙江理工大学生物医药产业学院及浙江工业大学钱塘生物产业研究院建设、深圳市萱嘉超分子生物合成技术转化、三花全球研发中心及新能源热管理产业化、杭州快格科技有限公司、浙江华威建材集团有限公司、东部湾新城可再生能源区域集中供能中心站5个项目准入等事项。

（陈泉慧）

政务公开

【概况】2022年，杭州市钱塘区人民政府办公室（简称区政府办公室）根据《中华人民共和国政府信息公开条例》规定，优化调整区级和部门、街道信息公开目录，重点突出与民生有关事项，做好政府信息公开、舆情观测等工作，新上线“共同富裕”“优化营商环境”“助企纾困”“政策进万家、进万企”等专题。全年在区政府门户网站主动公开政府信息1259条。其中，规范性文件12件，政策解读30件，政府文件24件。

2022年钱塘区主动公开政府信息情况统计表

表5

第二十条第（一）项			
信息内容	本年制发件数（件）	本年废止件数（件）	现行有效件数（件）
规　章	0	0	0
行政规范性文件	14	17	17
第二十条第（五）项			
信息内容	本年处理决定数量（件）		
行政许可	75379		
第二十条第（六）项			
信息内容	本年处理决定数量（件）		
行政处罚	249235		
行政强制	9966		
第二十条第（八）项			
信息内容	本年收费金额（万元）		
行政事业性收费	14460.4842		

【政务信息依申请公开】2022年，区政府办公室受理依申请公开件18件，按规定在法定期限内全部予以答复，没有因自身原因引起的行政复议被纠错和行政败诉案件。按照“便民”原则，通过电话沟通等方式，协助申请人规范填写政府信息公开申请和提供有关政府信息。

【政府信息文件制定】2022年，区政府办公室制定印发文件4份。6月10日，根据《中华人民共和国政府信息公开条例》《浙江省人民政府信息公开暂行办法》等有关规定，制定印发《钱塘区人民政府办公室关于进一步规范政府信息公开工作的实施意见（试行稿）》。根据《国务院办公厅政府信息与政务公开办公室关于加强政务新媒体运营与监管机制建设的通知》《浙江省人民政府关于印发浙江省政务新媒体管理办法（试行）的通知》《浙江省人民政府办公厅关于全面推进基层政务新媒体规范化建设工作的实施意见》等文件精神，制定印发《钱塘区人民政府办公室关于进一步做好政务新媒体运维管理工作的通知（试行稿）》。7月，贯彻落实国务院办公厅、省政府办公厅和市政府办公厅2022年政务公开工作要点，制定印发《钱塘区2022年政务公开工作要点》。根据《中华人民共和国政府信息公开条例》《浙江省人民政府信息公开暂行办法》《中华人民共和国保守国家秘密法》等有关规定，制定印发《钱塘区人民政府信息公开审查机制（试行）》。

（徐　慧）

2022 年钱塘区收到和处理政府信息公开申请情况统计表

表 6　　　　　　　　　　　　　　　　　　　　　　　　单位：件

项　目			申请人情况						
			自然人	法人或其他组织					总　计
				商业企业	科研机构	社会公益组织	法律服务机构	其　他	
一、2022 年新收政府信息公开申请数量			636	3	0	0	0	0	639
二、上年结转政府信息公开申请数量			6	0	0	0	0	0	6
三、本年度办理结果	（一）予以公开		300	2	0	0	0	0	302
	（二）部分公开（区分处理的，只计这一情形，不计其他情形）		144	0	0	0	0	0	144
	（三）不予公开	1. 属于国家秘密	1	0	0	0	0	0	1
		2. 其他法律行政法规禁止公开	0	0	0	0	0	0	0
		3. 危及“三安全一稳定”	2	0	0	0	0	0	2
		4. 保护第三方合法权益	4	0	0	0	0	0	4
		5. 属于三类内部事务信息	2	0	0	0	0	0	2
		6. 属于四类过程性信息	1	0	0	0	0	0	1
		7. 属于行政执法案卷	1	0	0	0	0	0	1
		8. 属于行政查询事项	7	0	0	0	0	0	7
	（四）无法提供	1. 本机关不掌握相关政府信息	120	1	0	0	0	0	121
		2. 没有现成信息需要另行制作	8	0	0	0	0	0	8
		3. 补正后申请内容仍不明确	0	0	0	0	0	0	0
	（五）不予处理	1. 信访举报投诉类申请	6	0	0	0	0	0	6
		2. 重复申请	7	0	0	0	0	0	7
		3. 要求提供公开出版物	0	0	0	0	0	0	0
		4. 无正当理由大量反复申请	0	0	0	0	0	0	0
		5. 要求行政机关确认或重新出具已获取信息	1	0	0	0	0	0	1
	（六）其他处理	1. 申请人无正当理由逾期不补正、行政机关不再处理其政府信息公开申请	15	0	0	0	0	0	15
		2. 申请人逾期未按收费通知要求缴纳费用、行政机关不再处理其政府信息公开申请	0	0	0	0	0	0	0
		3. 其　他	0	0	0	0	0	0	0
	（七）总　计		619	3	0	0	0	0	622
四、结转下年度继续办理			23	0	0	0	0	0	23

注：表中数据的勾稽关系为第一项加第二项之和等于第三项加第四项之和。

政务督查

【概况】2022年，区政府办公室办理上级领导批示件287件，区政府主要领导批示件466件，分解印发专题会议任务257项，全部办结。发现重大督查问题清单并纳入省级问题库1个、市级问题库81个。至年末，全部销号。围绕批示件、专题会议办理情况，区政府主要领导重点关注事项，形成“滚动式、常态化”督查落实问效机制。全年编印月度政务《督查通报》12期，政府《专题通报》6期。10件民生实事全部完成。

【政务督查保障】2022年，区政府办公室建立“日巡查、周通报、月督导”制度，纳入政务公开工作情况月度《督查通报》。定期组织业务培训，通过到上级单位学习交流，优化政务公开工作人员队伍，自觉接受群众社会监督、社会评议。至年末，没有发生信息公开责任追究情况。

【“一带一路”重要枢纽建设获省政府督查激励】2022年6月2日，省政府办公厅印发《关于对2021年落实有关重大政策措施真抓实干成效明显地方予以督查激励的通报》。钱塘区在推进“一带一路”重要枢纽建设中通过畅通跨境电商出口新通道、赋能制造业“品牌出海”等，推进eWTP（世界电子商务贸易平台）全球布局，通过浙非服务中心投用、加大“0130”（海关监管方式代码和适用范围之易货贸易）各类试单、探索数字“易货贸易”（不通过货币媒介而直接用出口货物交换进口货物的贸易）创新模式，扩大国际交流合作，推进国家、省“一带一路”重要枢纽建设工作被省政府优先支持在国家和省级“一带一路”发展平台建设、国家级外贸转型升级基地申报，优先支持其开展跨境电子商务、市场采购、外贸综合服务平台等外贸新业态及数字贸易、服务贸易等领域进行试点探索；优先推荐列入国家“一带一路”项目库、国家重大外资专班项目，优先纳入省级“一带一路”项目库、重大外资项目计划。

提升改造后的新围中学教室内安装智能平板灯和静音风扇　（摄于2022年）

（区教育局　提供）

【教室护眼灯改造项目信息督查公开】2022年，区政府办公室通过区政府信息平台及政务新媒体平台对外公示区一届人大二次会议票决出的10件民生实事项目之一的教室护眼灯改造项目实施推进方案。钱塘区围绕灯具项目采购、安装等“穴位”环节，实施监督关口前移，保障工程提速增效和规范推进。协助教育部门建立“大小周”监督机制，其中小周线上会议督导237次，大周走进学校督查141次。建立改造专员“蹲点式”巡查机制，邀请学生家长代表、教师代表成立改造小组，参与灯具采购招投标、产品质量核验、产品安装等环节监督。邀请第三方机构浙江省检验检疫科学技术研究院进行项目竣工后验收并出具验收报告。项目从招投标文件到验收报告，全过程“蹲点式”跟踪督促巡查148次，发现问题8个，全部解决。至年末，全区48所中小学、1730间教室、2.12万盏护眼灯全部改造完成。　（李倩倩）

建议提案办理

【概况】2022年，区政府收到省政协委员提案1件，在规定时间内办结。收到市人大代表建议和市政协委员提案13件。其中，建议6件、提案7件，8月办结，面商率、满意率100%。2月14—17日，区一届人大二次会议召开，收到人大代表建议105件。其中，城建城管类20件，占19.1%；社会民生类25件，占23.8%；经济科技类17件，占16.2%；交通出行类18件，占17.1%；农业农村类13件，占12.4%；基层治理类12件，占11.4%，至6月17日，全部办结，答复率、办结率、满意率100%。办理闭幕后收到的人大代表提交的建议5件。至年末，110件人大代表建议解决90件，解决率81.8%。2月14—16日，区政协一届二次会议召开，收到政协委员提案92件。其中，城建城管、交通旅游类17件，占18.5%；经济科技、农业农村类31件，占33.3%；民主法治、劳动人事类10件，占10.9%；教育卫生、文化体育类34件，占37.3%，至6月17日，全部办结，答复率、办结率、满意率100%。办理闭幕后收到的政协委员提交的提案3件。至年末，95件政协委员提案解决79件，解决率83.2%。

【建议提案交办推进会议】2022年3月22日，区委办公室、区人大办公室、区政府办公室、区政协办公室召开人大代表建议和政协委员提案交办会议，110件人大代表建议和95件政协委员提案涉及主办单位31个，协办单位57个，内容涵盖城建城管、社会民生、交通出行、基层治理、民主法治、劳动人事、农业农村等方面。会议要求承办单位就群众关心的热点、重点、难点等问题与人大代表和政协委员之间协调沟通，提高问题解决率。

【建议提案办理质量】2022年，区政府办公室分解建议和提案任务，明确办理单位、承办任务和办结时限。审核承办单位所有答复件，规范答复格式，退回未按要求的答复件10件。承办单位采取上门走访、召开座谈会、现场视察等方式，同人大代表与政协委员"面对面"协商沟通。办理期间，区政府办公室以进度表形式进行督办，并定期督促检查，在《钱塘政务督查》通报办理结果。8月，印发任务督办单，要求区农业农村局在规定时间内上传《关于要求钱塘区整治农业土地招投标恶意竞标现象的建议》的答复文件至区人大建议系统。9月，开展2021年18件B类建议和11件B类提案"回头看"工作。

（吴淑君）

数据资源管理

【概况】2022年，区委、区政府贯彻省、市数字化改革工作部署，整合区委改革办和区数管中心职能，成立中共杭州市钱塘区委全面深化改革委员会办公室［简称区委改革（数改）专班］，推进数据资源管理工作。区数管中心根据《浙江省一体化智能化公共数据平台综合评价指标（省考）》《杭州市一体化智能化公共数据平台县（市、区）附加评价指标（市考）》，统筹政务大数据工作、数据管理和融合创新、常态化指导监督、人才队伍建设等内容，配合区委改革（数改）专班建立首席数据官（涵盖部门、平台、街道）+数据专员队伍，形成一体化指挥联动新格局，实现全区各个部门（街道、平台）数据互联互通。推进数据赋能、"浙政钉""浙里办"掌上终端维护、网络安全等工作，建设一体化智能化公共数据平台（简称"平台+大

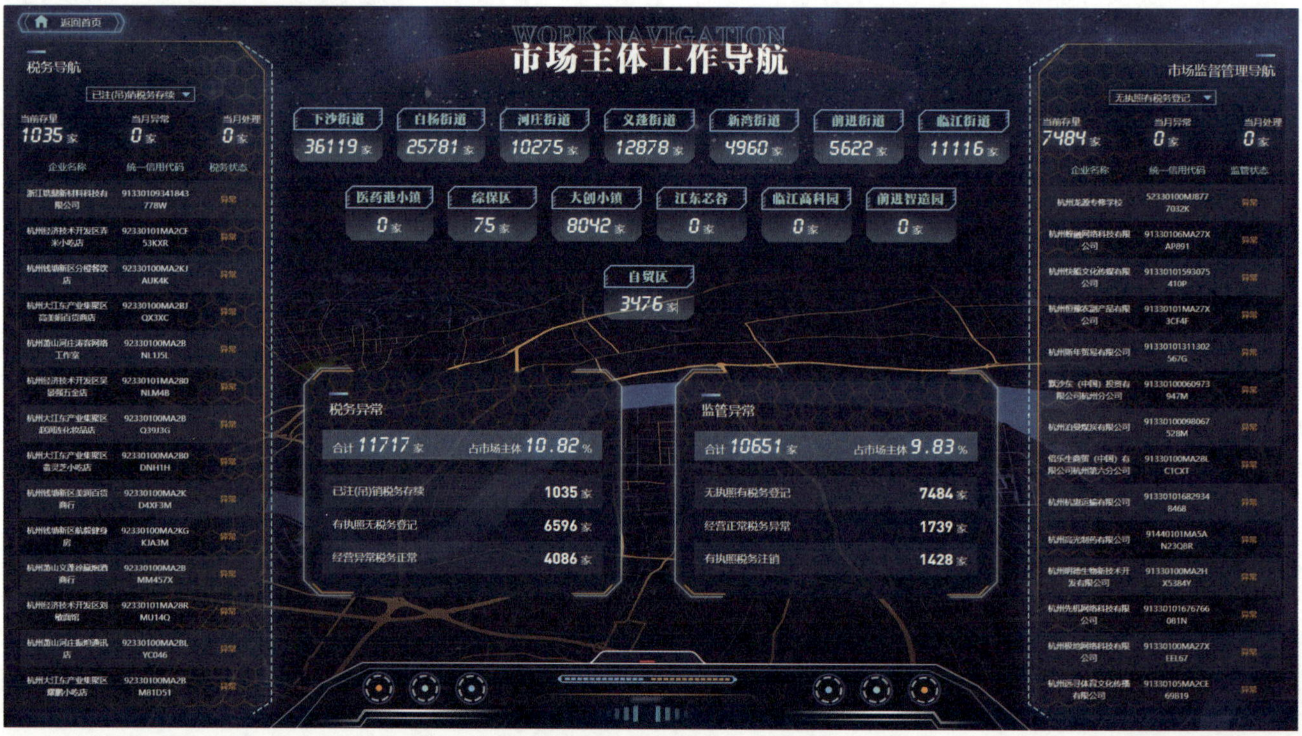

"钱塘企业数治在线"服务企业市场主体工作导航图（摄于2022年）（侯晶雅 摄）

脑”）。至年末，一体化智能化公共数据平台数据储存量比上年增长7.6倍，全省综合考评排名第13位。

【首席数据官+数据专员制度建立】2022年，区数管中心配合区委改革（数改）专班推进区域数字化改革工作，统筹部门数字化改革项目资源，落实公共数据主体责任，提升区域治理科学化、精准化和协同化，建立权责清晰的公共数据资源开发利用制度规则、服务体系和安全管理机制。3月，区委全面深化改革暨数字化改革推进大会召开，建立覆盖区级128个单位（部门、平台、街道）的首席数据官和数据专员制度，每个单位设首席数据官、数据专员各1人。其中，首席数据官承担单位（部门、平台、街道）数据归集、数据资源管理、共享利用、信息化项目建设、网络数据安全、改革项目推进6项职责；数据专员配合首席数据官推进各项工作开展，协同实现数据在公共服务与城市治理层面应用。

【数字资源系统基础管理】2022年，区数管中心推进数字资源整体智治，实行“六个一”（一本账管理、一站式浏览、一揽子申请、一平台调度、一体化生产、一张网管控）基础管理。至年末，纳入省一体化数字资源系统（简称IRS系统）应用132个，数据目录1709条，云资源603项；输出组件7个，共享组件49个。归集的“全量全要素”公共数据总量比上年增长47倍，区级平台数据总存储量上升至9.52亿条，增长7.6倍。建成“房屋公权力”“钱塘技工”“家医助残”“共同富裕农租房”“生物医药产业大脑”“市场主体全生命周期”“全域智治专题库”7个应用。打通数据资源共享“最后一公里”，通过建立应用接口升级系统，实现数据资源审批后自动开通，审批时间由前期2~3个工作日缩减至0.48个工作日。

2022年6月17日，钱塘区数字化改革推进大会召开　（朱　晟　摄）

【信息化项目全流程管理】2022年，区数管中心优化项目立项和综合考评效率跟质量，避免重复、低效应用场景建设，通过省电子政务信息系统开发“全生命周期”管理应用场景，其中被列入省级试点项目12个。制定《信息化项目建设管理办法》《信息化项目建设指南》《信息化项目验收工作指南》《信息化项目改革攻坚“大赛马”》等管理制度，推动政府投资信息化项目管理跨科室、跨部门流程再造、业务协同和数据共享。至年末，评审信息化项目62个，核减申报资金3618.16万元，节省申报财政资金23.7%。开发数据产品16个、公共组件7个，跨区域共享案例11个，梳理数字化改革应用71个。列入省重大改革（重大运用）“一本账S2”应用19个，承担省级重大应用建设、推广试点41项。“钱塘校融”“共同富裕农租房”“防疫电子通行证”“一键找园”4个应用分别获省数字经济“最佳应用”、省农业农村数字化改革“优秀应用”、省“最佳实践”案例和省数字经济系统理论“优秀成果”。

【“浙政钉”“浙里办”钱塘专区应用优化】2022年，区数管中心优化运维“浙政钉”“浙里办”钱塘专区2个终端。“浙政钉”用户激活率100%，日均活跃率95%，上架治理侧应用36个，“智慧食堂”应用访问量居全省第二位。优化“浙里办”钱塘专区终端，上架服务侧应用19个，认领配置政务服务事项1859项，实现“一网通办”率96.8%、即办比例82.3%、“跑零次”率99.3%、办件归集率100%、差评处置率100%。“钱塘技工”应用获全省数字化改革“最佳应用”。

【网络安全维护】2022年，区数管中心加大网络安全与数据安全维护，数据保护备案率由60%上升至97%，密码测评良好率由23%上升至76%。保障问题闭环整改，全年组织安全培训7次，网络安全攻防演练2次，自查调用数据接口115个，形成网络安全报告46份。提升网络安全设备与服务质量，部署网络安全防火墙等网络安全设备，违规外联检测与终端安全EDR（端点检测与响应）等网络安全服务，数据加密、数据水印、数据脱敏、数据分类分级、数据共享回流监管、数据库防火墙6项防护产品。（高伊阳）

应急管理

【概况】2022年，杭州市钱塘区应急管理局（简称区应急管理局）完善自然灾害防治体系，提升自然灾害防治能力。全年组织召开自然灾害风险会商研判2次，启动和解除Ⅳ级、Ⅲ级、Ⅱ级和Ⅰ级应急响应8次。其中，Ⅳ级3次，Ⅲ级2次，Ⅱ级1次，解除2次。全年全区发生生产安全事故7起。其中，道路运输领域3起，工商贸领域2起，工伤事故2起。7月6日，杭州市钱塘区元芳应急救援中心在下沙街道党群服务中心举行区域性微型消防救援站暨救援队授旗。

【村（社区）应急管理体系建设】2022年，区应急管理局围绕辖区村（社区）应急管理能力不足等问题，推行应急管理体系建设，印发《钱塘区村（社区）应急体系建设试点工作方案》，明确村（社区）应急管理组织机制建设、队伍建设、基础设施建设、能力建设要求，选取河庄街道作为区应急体系改革试点街道。按照城市社区、农村社区、融合型大社区大单元和工业社区、城中村、城郊接合部及拆迁户集聚社区，国际社区进行分类，选取七格社区、蜀南村、同一村等14个村（社区）为应急体系建设试点。构建“1+12”［安全生产+建设、道路交通、危险化学品、教育、职业病防治、消防、城市管理（燃气）、农业农村、商贸服务、工业企业、交通运输、社会事务］体系，明确各个专委办工作人员岗位和职责。至年末，全区116个村（社区）应急消防管理组织架构搭建、应急消防管理员任命、应急突击队组建全部完成，并实现应急救援物资配备和避灾安置场所建设。

2022年7月6日，杭州市钱塘区下沙街道区域性微型消防救援站授牌仪式在下沙街道党群服务中心举行　（陈　强　摄）

【基层防汛防台体系建设推进】2022年，区应急管理局提升基层防汛防台处置能力，推进体系标准化建设。建立防汛防台抗旱指挥部令机制、应急指挥机制、会商研判机制、防汛防台抢险救援机制、突发险情灾情报送机制、防汛防台抗旱工作组统筹机制、重大洪涝台旱灾害复盘评估机制、“防汛防台在线”信息共享机制。落实“区领导包街道、街道领导包村（社区）、村（社区）干部包户到人”工作责任制，建立由1个总体预案和47个专项预案组成的区级预案体系。按照省防洪防汛指挥部要求，配置排涝车6辆（1600立方米以上）、大中型水泵56台、橡皮艇14艘、升降应急灯9台、沙袋18万余只，建成避灾安置场所126个。7个街道分别建立50人以上综合应急队伍，村（社区）建立30人以上应急突击队。防汛防台期间，253处居民小区、公共大厦、商业住宅楼、在建工程等地下空间全部安装挡水板和储备沙袋，1487处地下配电设施落实日常检查和巡查，303个在建工地建立应急队伍；金沙湖隧道、蜀山隧道、过江隧道落实养护单位24小时值守，区内96座桥梁落实巡查和应急处置方案；钱塘江一线海塘55.23千米、3座大闸、60座内河节制闸落实养护单位运维管理和应急预案。

【安全生产隐患排查整治】2022年，区应急管理局围绕辖区危险化学品经营、储存工业企业等领域开展安全生产隐患排查整治，出动检查人员4.12万人次，检查企业（场所）4.93万个，发现隐患并督促整改3.42万个，其中重大隐患26处，整改率100%。区安委办挂牌督办重大隐患单位309个，交办隐患整改1135处，整改率100%。全年办理一般程序处罚案243件，罚款628.3万元；事故处罚案3件，罚款263.43万元；

实行“一案双罚”（企业主要负责人不履行法定职责导致企业违反安全法律法规，对企业进行处罚的同时处罚企业负责人）17起，刑事追究1人。

【应急管理数字化改革】2022年，区应急管理局推进辖区危险化学品工业企业安全生产“数字化”转型，搭建“1+3+N”（应急智治一体化平台+危险化学品监管、应急指挥、安全生产3个系统+智慧预警、危险化学品事故应急等N个场景）数字应急架构，开展辖区700多个危险化学品工业企业生产、使用、经营、储存、运输全生命周期智能化监管。区应急智治一体化平台接入并整合视频监控、物联监测设备信息，“智能化二道门”全覆盖化工园区，重点监管企业23个，整合区经信科技部门、区环保部门数据，实现危险化学品全生命周期安全风险“一屏统管”。推广省“工业企业安全在线”系统应用，普查辖区企业1712个，发现隐患1.13万个，闭环整改1.11万个，整改率97.7%。

【应急政务服务优化】2022年，区应急管理局优化行政审批流程，提升政务服务效能，全年受理办结行政许可98件、应急预案备案276件。根据“办事不出区”原则，办理市级安全生产行政许可（备案）行政权力事项68项，通过告知承诺制证明事项通用清单办理17件。制定《钱塘区应急管理局干部联系企业实施方案》，以党支部为单位，下设3个专班，发挥党员“红色引擎”作用，建立“周简报、月汇报”工作机制，全局33名党员干部定期下沉企业宣传惠企政策。借助“钱塘企服新干线”平台实现线上信息流转、协调联动，形成企业困难上报、分流转办、跟踪督办等事项闭环处置。至年末，通过信息平台上报信息10条，办理10条，协助解决企业资金困难和各类问题43个。（吴伟丽）

消防救援

【概况】2022年，杭州市钱塘区消防救援大队（简称区消防救援大队）推进辖区重点领域消防专项治理行动，所属消防救援站接警出动1983起。其中，火灾102起，比上年上升29.1%；抢险救援732起，上升24.5%；社会救助182起，上升19%；抢救财产价值160.74万元，增长2.86倍。全年没有发生人员死亡。区火灾隐患举报投诉分中心受理举报件446件。其中，消防通道隐患类159件，消防设施隐患类115件，其他类150件，行政许可类10件。开展消防联勤集中夜巡工作，制定《钱塘区各个消防救援站开展“全覆盖”集中夜巡活动方案》，全年检查单位251个，其中检查沿街商铺174个、“三合一”（住宿与生产、仓储、经营设置在同一空间内）场所13个、居民住宅47户、人员密集场所21个。推进应急救援站建设，20个区域型微型消防救援站投入使用，8辆消防救援车投入执勤，白杨街道东郡消防站建成。全年保障区两会、“双创”（大众创业、万众创新）活动、钱塘江观潮节、中国共产党第二十次全国代表大会消防安保等重要活动和节假日消防安保工作10多次。处置“5·18”杭州地铁1号线金沙湖站进水、“6·8”杭州巨联幕墙材料有限公司火灾、“7·11”下沙西地铁站向西100米处工人被困污水井下、“7·17”浙江吉利汽车研究院有限公司火灾等事故。至年末，区消防救援大队及下属3个消防救援站被省消防救援总队授予“基层建设先进单位”称号、临江站被授予“先进消防站”称号，下沙站、临江站2个党支部被杭州消防救援支队授予“基层优秀党组织”称号。

【火灾安全隐患整治】2022年，区消防救援大队加大消防隐患整改力度，开展辖区高层建筑、老旧小区、出租房屋、沿街商铺、自建房屋、高等院校、大型综合体

2022年5月18日，杭州地铁1号线金沙湖站进水。图为消防救援工作人员抢险现场（梅玲玲 提供）

等人员密集场所消防隐患突出问题检查，分类评估。全年排摸1527幢高层建筑，形成《钱塘区高层建筑消防安全风险评估报告》，内容涵盖8个大型综合体在内的445个单位全部安装物联设施，并联入到总队平台；挂牌督办、闭环整改下沙街道龙湖滟澜山一期、杭州江南羊毛衫厂、浙江汇丽印染整理有限公司等重大火灾隐患单位。全年检查辖区单位4386个，印发责令改正通知书1827份，处罚356起，临时查封单位52个，责令“三停”（停止施工，停止使用，停产停业）单位53个，罚款380.48万元。

2022年10月13日，杭州市钱塘区消防救援大队浙江传媒学院工作站成立

（梅玲玲 提供）

【消防安全活动推广】2022年，区消防救援大队结合“百日攻坚”“防风险保平安”等消防安保工作，在重点场所张贴消防安全海报2万余份、发放“家庭防火三清三关”“消防安全进学校”等宣传折页1万余份。提高全民消防安全意识，组织基层消防志愿者、街道村（社区）网格员走进企业、农村、社区、学校、家庭开展消防安全宣传教育活动。全年进入107个居民住宅，“面对面”传授消防安全知识。借助社会化大屏幕、楼宇电子走字屏等媒体平台播放消防安全短视频、火灾案例警示教育片，利用“微型消防车小喇叭”、农村广播站宣传消防安全法律法规、防火灭火及逃生自救常识，覆盖群众2万余人次。组织学校等单位进行消防火灾演练100多场次，组织高等院校“蓝同学”志愿服务队开展校园消防安全宣传活动14次。组织居民、学生、企业员工走进杭州优科豪马轮胎有限公司应急体验馆和7个街道应急体验中心，通过模拟机械伤害、火灾事故、爆炸事故等场景，进行现场教学、人机互动和沉浸式体验，规范掌握安全生产操作流程。

【浙江传媒学院工作站揭牌】2022年10月13日，杭州市钱塘区消防救援大队浙江传媒学院工作站（简称浙江传媒学院工作站）暨“小蓝消防课堂”成立，13所高等院校有关负责人、200多名师生参加。浙江传媒学院工作站是全省首个在高等院校成立的集消防宣传教育和实地体验于一体的消防科普教育基地，是钱塘区重点打造学校消防科普教育的“金名片”。该工作站分为模拟灭火、VR（虚拟现实）体验、心肺复苏、消防标识4个板块。区消防救援大队利用“小蓝消防课堂”机制，每月不少于一次走进学校宣讲“一日课堂”消防知识，每年不少于两次与学校联合开展灭火逃生演练、火灾隐患排查、消防知识培训。浙江传媒学院工作站配有“蓝同学”消防安全宣传队，协助浙江传媒学院开展日常消防安全宣传工作。（梅玲玲）

责任编辑 高骏森

中国人民政治协商会议杭州市钱塘区委员会

综　述

【区政协组织机构】2022年，中国人民政治协商会议杭州市钱塘区委员会（简称区政协）第一届领导机构设主席1人、副主席4人、秘书长1人、常务委员36人。设中共等界别17个。政协第一届杭州市钱塘区委员会设办公室、提案委员会、委员工作委员会、经济科技委员会、城建和人口资源环境委员会、社会法制和港澳台侨委员会、文史和教文卫体委员会7个正处级机关；政协第一届杭州市钱塘区委员会办公室设秘书科、综合科、行政服务科和委员联络科4个内设科室；设事业发展服务中心1个直属事业单位。

（刘　讯　沙安琪）

【区政协委员构成】2022年，区政协委员设17个界别，有216人，平均年龄44.2岁。其中，中共11人，无党派人士10人，共青团和青联界10人，工会7人，妇联8人，工商联12人，科技界18人，社科和科协界12人，台侨界6人，医卫界9人，文体和新闻出版界10人，经济界25人，农业界10人，教育界11人，社会福利和社会保障界9人，民族宗教界6人，特邀界42人。216名政协委员在党政机关工作的有66人，占30.6%。有少数民族2人，占0.9%。有女性69人，占31.9%。

（沙安琪）

【政协委员履职平台建设】2022年，区政协围绕钱塘产业特点、人才结构，推进政协委员履职平台建设。10月13日，浙江省政协钱塘区“青年之家”委员会客厅揭牌；推动中央主要新闻媒体与地方政协基层协商平台联系，《人民政协报》、人民政协网钱塘区“民情联系点”揭牌。10月26日，杭州市政协委员钱塘区联络组智造未来·委员工作室揭牌。至年末，新增共同富裕、青年创业（简称青创）、“医·企议”、民企之家4个区级政协委员工作室。全年举办活动70多场，参加区政协委员306人次。

【基层协商议事平台活动】2022年，区政协发挥人民政协专门协商机构作用，推动政协协商向基层延伸，实现辖区7个街道民生议事堂、120个村（社区）“协商驿站”全覆盖。5月，河庄街道政协委员履职小组提交的《把脉问诊“停车难”——河庄街道加强交通治理协商活动案例》入选2021年度全市政协系统“民生议事堂”精品协商案例。9月，联合街道协商议事红色联盟启动“共富年·协商月”活动，7个街道民生议事堂和15个协商驿站围绕“未来乡村建设、集体经济发展、农旅融合开发”等主题，通过红盟带头、全域覆盖、跨江联动、界别进站，协同开展协商和微协商系列活动22场，参加区政协委员401人次，收集意见和建议139条。

（陆少波）

区政协重要会议

【概况】2022年，区政协召开一届二次会议和常委会会议4次、主席会议12次，围绕有关议题进行建言资政，共同协商。

【区政协一届二次会议】2022年2月14—16日，区政协一届二次会

2022年2月14日，中国人民政治协商会议第一届杭州市钱塘区委员会第二次会议提案委员会会议召开 （方　波　摄）

议召开。会议听取和审议区政协主席金志强代表政协第一届杭州市钱塘区委员会常务委员会所做的工作报告；听取和审议区政协副主席包莹莹所做区政协常委会关于提案工作情况的报告。通过发言、小组讨论、提交提案等形式，围绕全区改革发展稳定大局和人民群众普遍关注的热点、难点等问题进行协商议政和建言，收到以提案形式提出的意见和建议96件。会议通过政协第一届杭州市钱塘区委员会第二次会议决议，听取政协第一届杭州市钱塘区委员会提案委员会关于一届二次会议提案收集和初审情况的报告。

【区政协一届常委会会议】2022年，区政协一届常委会召开会议4次。

1月21日，区政协一届三次常委会会议召开。会议协商区政协一届二次会议议程（草案）和日程，协商区政协一届二次常委会工作报告、提案工作情况报告，通报区政协一届一次会议提案办理工作情况，协商通过有关人事事项。

2月15日，区政协一届四次常委会会议召开。会议协商通过区政协一届二次会议选举办法（草案），区政协常务委员会委员候选人建议名单（草案），总监票人、副总监票人、监票人名单（草案），大会决议（草案），提案收集和初审情况报告（草案）。听取6个小组讨论情况汇报、区政协一届二次会议提案审查情况说明。

2月16日，区政协一届五次常委会会议召开。会议研究通过2022年度区政协常委会工作要点，研究通过专委会兼职副主任调整名单，研究2022年度区政协协商计划。

7月7日，区政协一届六次常委会会议召开。会议围绕“营造一流营商环境”进行协商建言。区长沈燕俊通报2022年上半年全区经济社会发展情况并讲话，区发展改革局负责人汇报全区营商环境有关情况，区政协经科委负责人做发言，部分民主党派和区政协界别代表发言。

【区政协一届主席会议】2022年，区政协一届主席会议召开12次。

1月21日，区政协一届五次主席会议召开。会议研究区政协一届三次常委会会议议程，区政协一届二次会议议程（草案）和日程（草案），区政协常委会工作报告（审议稿），区政协一届一次会议提案工作情况报告，区政协2021年度优秀提案评选情况，区政协委员调整事项，区政协一届二次会议选举办法（草案）、总监票人、副总监票人和监票人名单（草案），区政协常务委员会委员候选人增补名单（草案），区政协一届二次会议秘书处秘书长、副秘书长名单（审议稿），区政协主席会议工作情况报告（书面），区政协各专委会年度工作情况报告（书面）及有关人事事项，研究通过一届二次会议分组情况、召集人名单（审议稿）。

2月15日，区政协一届六次主席会议召开。会议研究区政协2022年度协商计划、区政协常委会2022年度工作要点、专门委员会调整兼职副主任名单，研究通过区政协一届五次常委会会议议程。

3月23日，区政协一届七次主席会议召开。会议研究通过街道委员小组分组名单调整事项、区政协“书香政协·钱潮学堂”委员读书活动方案、“美丽杭州迎亚运·钱塘委员做表率”主题实践活动方案、“请你来协商·推进生态海岸带建设”专题协商会工作方案，听取塑造钱塘数智政协集成改革工作计划，研究编撰《蝶变——杭州经济技术开发区建区30周年访谈》的工作方案。

4月12日，区政协一届八次主席会议召开。会议研究通过区政协一届二次全会经费有关事项、2022年度重点提案有关事项、“营造一流营商环境”专题议政性常委会协商工作实施方案。

5月26日，区政协一届九次主席会议召开。会议研究通过区政协一届六次常委会会议方案，2022年区政府、区政协联席会议方案，《围绕钱塘区数字化改革推进情况联动开展专项集体民主监督的方案》，“请你来协商·提升城市精细化管理水平”专题民主协商会工作方案；研究部署6月工作。

6月16日，区政协一届十次主席会议召开。会议研究通过关于第二批委员工作站创建情况的方案、区政协民生议事堂建设推进工作方案、《钱塘区政协推进“请你来协商，协商驿站”平台建设实施办法（试行）》，听取区政协数字化改革专项集体民主监督工作情况的汇报。专题学习中共中央总书记习近平关于当前经济工作的重要论述精神，传达区委常委会部署下一步经济工作的有关精神。

6月29日，区政协一届十一次主席会议召开。会议研究通过2022年度区政协委员暑期间读书班方案，研究部署7月工作。

7月29日，区政协一届十二次主席会议召开。会议研究通过创建委员会客厅、委员工作站等事项，传达学习全省政协主席暑期读书会暨市、县（市、区）政协工作经验交流会精神，研究部署8月工作。

8月31日，区政协一届十三次主席会议召开。会议听取区政协年度工作目标任务进展情况，研究部署综合考评工作。审议通过“加快推动大江东湿地保护和合理利用”“创新产业园建设”请你来协商活动工作方案，研究部署9月工作。

9月30日，区政协一届十四次主席会议召开。会议听取“助力共同富裕示范区建设专题协商议事月”暨“界别进驿站”活动开展情况的汇报，研究部署10月工作及其他事项。传达学习省、市政协关于推进委员工作室建设的有关意见精神。

10月28日，区政协一届十五次主席会议召开。会议研究部署11月工作。传达学习市委书记刘捷到钱塘区调研的讲话精神和区委常委会精神。

11月30日，区政协一届十六次主席会议召开。会议研究通过《政协钱塘区委员会优秀提案评选办法（试行）》《政协钱塘区委员会重点提案遴选和督办办法（试行）》《关于认真做好2022年度“优秀委员”“优秀提案”评选工作的通知》《政协杭州市钱塘区委员会应用型智库工作规则》等有关事项，研究部署12月工作。

（沙安琪）

政治协商

【概况】2022年，区政协围绕全区经济社会发展目标，运用“1+7+N”“请你来协商”平台体系，发挥人民政协专门协商机构作用。以“提升钱塘文化软实力”“建设生态海岸带，打造世界级滨水区域”“提升城市精细化管理水平”“推动大江东湿地保护和合理利用”“推动文化产业高质量发展”“创新产业园建设”等为主题，开展专题协商活动，推进现代化国际化一流新区建设。至年末，参与区政协委员300多人次，收到意见和建议138条。

【“钱塘文化软实力”专题协商】2022年，区政协围绕“提升钱塘文化软实力”工程建设目标，组织政协委员从塑造城市精神、激发城市活力、优化城市环境、提升城市形象4个方面，同街道（平台）、部门、企业、专家等进行协商座谈，并带队到余杭区、拱墅区考察学习。3月11日，2022年度首场“请你来协商·提升钱塘文化软实力”专题协商会召开。经济界、妇联界、无党派人士、文体和新闻出版界、特邀界5个界别的政协委员和专家围绕发展“第二课堂”、宣传文化领域、提升城市品位等方面提出意见和建议，开展协商议政。活动采取线上直播方式，参与50万余人次，征集意见和建议112条。

【“建设生态海岸带”专题协商】2022年，区政协围绕省委、省政府推进“四大建设”之大湾区建设，打造“优质生活最宜居、吸引人才最创新”的生态海岸带目标，助推钱塘经济社会发展。4月29日，“请你来协商·建设生态海岸带，打造世界级滨水区域”专题协商会召开。区政协城建委负责人做专题发言。教育界、经济界、社科和科协界、特邀界、台侨界10名政协委员及专家提出意见和建议。

【“城市精细化管理水平”专题协商】2022年，区政协通过组织界别委员下沉基层走访调研，制作《钱塘区城市精细化管理专题汇报片》。7月21日，“请你来协商·提升城市精细化管理水平”专题协商会召开，参会人员观看专题汇报片，区综合行政执法局负责人汇报钱塘区城市精细化管理工作情况，区政协城建委负责人做主题发言。政协委员针对精细化城市管理、环境品质提升提出意见和建议。区住建局、区综合行政执法局、区公安分局、市生态环境局钱塘分局等部门负责人就政协委员提出的意见和建议予以答复。

【“大江东湿地保护和合理利用”专题协商】2022年，区政协贯彻实施《中华人民共和国湿地保护法》，保障湿地生态功能和永续利用，实现经济、社会、生态三大效益统一开展专题协商。9月29日，“请你来协商·加快推动大江东湿地保护和合理利用”专题协商会召开。区政协提案委做主题发言，经济、无党派人士等界别政协委员、专家围绕协商主题和调研内容进行交流发言，并从强化数字赋能、推动“湿地+公园”模式创新、加大湿地保护保障力度、完善功能性和文化属性的配套设施、挖掘围垦文化打造地域特色品牌、打造湿地观鸟项目等方面提出意见和建议。

【“文化产业高质量发展”专题协商】2022年，区政协发挥政协委员专业优势、资源优势，推动文化产业高质量发展。11月9日，“请你来协商·推动文化产业高质量发展”专题协商会召开。区政协社法委负责人做主题发言，有关界别政协委员代表分别从文化产业生态发展、时尚文化产业新高地打造、钱塘潮文化打造、国际文化产业交流合作、品牌文化赋能、美食文化和数字文化产业发展等方面进行交流讨论，提出意见和建议。

【“产业园建设”专题协商】2022年，区政协围绕辖区小微企业园、孵化器、众创空间等平台发展情况，带队到湖州市吴兴区、绍兴市柯桥区、宁波市鄞州区等地考察调研，围绕区级如何在产业园发挥角色作用，如何推动激励自有产权方提高产业园发展水平，如何推动工业用地改造升级等方面的经验进行交流讨论。12月2日，区政协“请你来协商·创新产业园建设”专题协商会召开。区经信科技局主要负责人汇报钱塘区创新产业园建设情况，区政协经科委负责人做主题发言。部分界别政协委员代表、园区代表、专家围绕协商主题和调研内容进行交流讨论，并从强化政策供给、优化园区布局、推动资源整合、完善配套建设、打造特色品牌、发挥企业能动性等方面提出意见和建议。（沙安琪）

2022年4月22日，区政协“美丽杭州迎亚运”城市环境品质提升行动专题视察座谈会召开（沙安琪 提供）

民主监督

【概况】2022年，区政协发挥协商式监督优势，加大民主监督职能、提升民主监督实效。17个界别代表、7个民主党派围绕产业新城发展，推进全域创新、全域智治、全域美丽、全域共富，打造现代化国际化一流新区进行参政议政。围绕“服务亚运会、奋进新征程，全面展现高能级战略平台的政治担当”主题，分别对9个区直部门进行民主监督。启动区校统战融合发展行动，与辖区内14所高等院校民主党派和统战团体联合推进合作项目13个。

【“城市环境品质提升行动”专题视察】2022年，区政协主席、副主席分别带队视察“美丽杭州迎亚运”城市环境品质提升行动。4月19—22日，区政协主席金志强带队到下沙街道视察重点道路整治工程及景观提升工程、亚运周边街区综合整治项目和金沙学府区块改造工程，就亚运主题环境布置进展情况及场馆周边人行道板、绿化景观、沿街商铺店招店牌改造工程建设情况提出意见和建议。区政协副主席杨帆带队到亚运钱塘轮滑中心场馆周边环境整治工程和白杨街道北银公寓老旧小区提升改造现场视察。区政协副主席包莹莹带队到下沙街道海达南路综合整治提升工程及亚运钱塘轮滑场馆周边平路工程视察。区政协副主席卢小强带队到13号大街、24号大街以及沿江公园环境品质视察。

【“数字化改革”专项集体民主监督】2022年6月15日，区政协围绕数字化改革推进情况开展专项集体民主监督。

区政协主席金志强带队到下沙街道调研“聚沙智”数字赋能

社会治理平台建设运维情况，听取下沙街道关于推进数字化改革工作情况和特色做法的汇报，参加调研的区政协委员围绕业务场景、应用实效、顶层设计、多跨协同等方面提出意见和建议。

区政协副主席陈金泉带领区政协社法委和工会、台侨、医卫、教育、民族宗教界别部分政协委员到区政府办、区委政法委、义蓬街道调研钱塘区数字政府系统、数字法治系统和基层治理数字化改革、街道数字化改革落实等情况，听取有关部门和街道关于数字化改革工作推进情况的汇报。

区政协副主席杨帆带领区政协经科委和工商联、科技、农业界别部分政协委员到区经信科技局、白杨街道调研数字经济系统改革、街道数字化改革落实等情况，并体验“企服新干线”“一键找园”“全域治理平台”等系统和应用场景，听取部门和街道关于数字化改革工作推进情况的汇报。

区政协副主席包莹莹带领区政协提案委，民族宗教、社会福利和社会保障界别部分政协委员到区委宣传部、新湾街道调研数字文化系统改革建设、街道数字化改革落实等情况，并体验“智慧护苗”“文产云”“基层数智治理”等系统和应用场景，听取部门和街道关于数字化改革工作推进情况的汇报。

区政协副主席卢小强带领区政协城建委及社科和科协、经济、社会福利和社会保障界别部分政协委员到区发展改革局、前进街道、临江街道调研钱塘区数字政府系统、数字法治系统和基层治理数字化改革、街道数字化改革落实等情况，并参观“数字驾驶舱”，实时连线体验基层治理事件处置的可视过程，听取有关部门和街道关于数字化改革工作推进情况的汇报。

【“工业亩均质效”协商式监督】 2022年，区政协围绕“提升工业亩均质效，助推高能级战略平台发展”进行协商式监督，听取区经信科技局关于存量工业用地提质增效推进情况的汇报。共青团和青联、工商联、科技、经济等界别政协委员参加，并围绕谋划大江东区域工业用地有机更新、提升传统企业厂房利用率、迭代升级“亩均”大数据平台、重视留商等方面提出意见和建议。

（沙安琪）

委员工作

【概况】 2022年，区政协推进数字政协建设，钱塘数智政协“1154一体化平台”建成并投入使用。围绕“学习交流新载体、联系群众新纽带、协商民主新路径、团结联谊新平台”功能定位，建成省级政协委员会客厅1个、市级政协委员工作室1个，区级政协委员工作室4个。至年末，有区级政协委员工作室10个。打造“书香政协·钱潮学堂”品牌，构建区、街道、村（社区）三级政协学堂。完成《蝶变——杭州经济技术开发区建区30周年访谈》30多万字初稿。

（沙安琪）

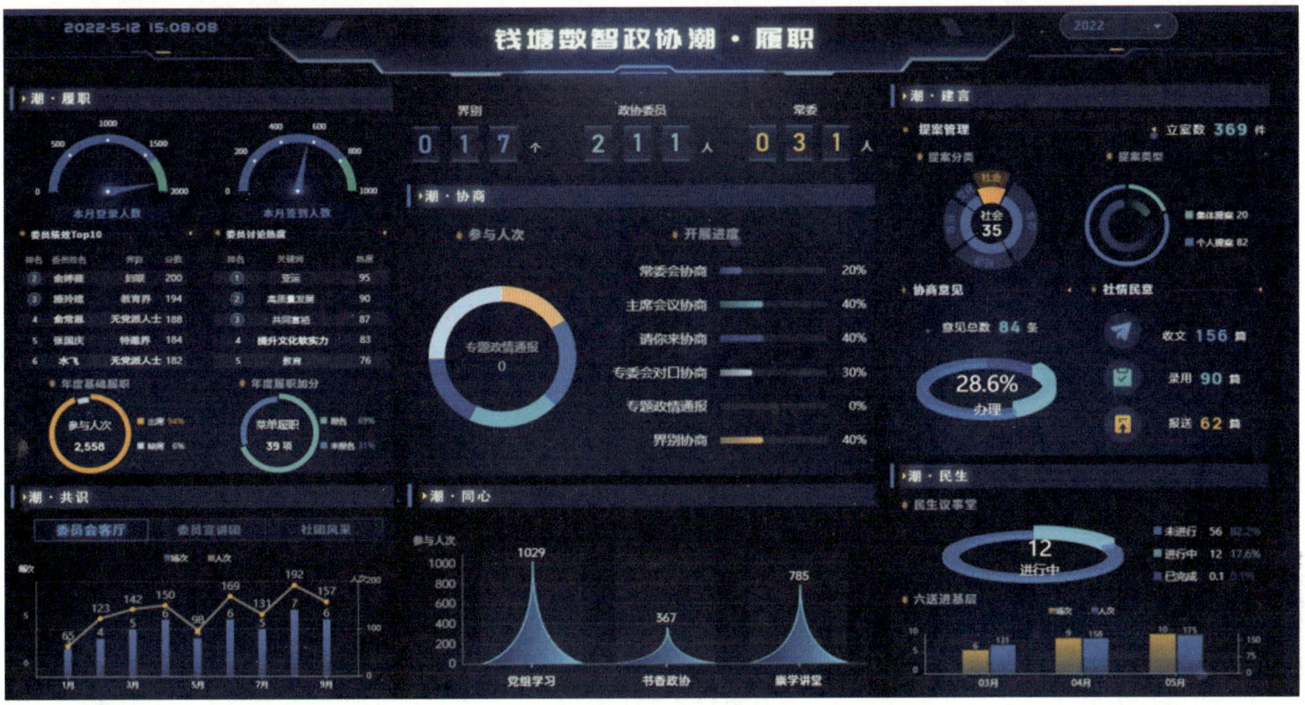

2022年1月，钱塘数智政协“1154一体化平台”上线　　（朱　晟　摄）

【钱塘数字政协一体化平台建成】2022年，区政协推进数字政协建设，打造政协委员履职创新成果。1月，钱塘数字政协“1154一体化平台”建成，包含党建在线、履职在线、提案在线、社情民意在线、钱潮学堂、委员议政、专题活动7个应用模块，实现线上履职全覆盖。其中，“党建在线”集成各项党建工作，包含党建学习、党建活动、智慧党务、党建成果、党建考核、钱塘学习、组织架构、党员风采、协商议事红色联盟等模块，实现全链条线上党建功能；“履职在线”包含履职通知、我的履职、委员画像、年度履职报告等模块，实现在线查看活动信息、查阅履职记录、展示委员专业特长、总结全年履职情况等；“提案在线”实现提案撰写提交、审查立案、移交办理、线上沟通、评价反馈等全流程线上管理；“社情民意在线”实现委员在线提交社情民意信息，后台人员在线审核录用；“钱潮学堂”可查询区情区貌、招商引才政策、各部门工作重点、各级政协文件等材料，并可在线学习视频课程。

（陆少波）

▶▶资料：“1154一体化平台”

第一个“1”指“数智政协”专题门户。第二个“1”指通过“数智政协”统一认证和大数据云平台构建“政协数据仓”，实现数据互通共享。“5”指5个综合覆盖政协核心业务应用场景，分别为政协门户网站、“政协”微信公众号、委员管理系统、移动履职系统、提案管理系统。“4”指4个标准体系，分别为构建政策制度体系、标准规范体系、安全防护体系、组织保障体系。

【“书香政协·钱潮学堂”品牌】2022年，区政协打造“书香政协·钱潮学堂”品牌，建成“钱塘荟”学习主平台、街道“民生议事堂”地方学堂、村（社区）“钱潮学堂”微平台三级政协学堂。依托学习座谈会、网上学习会、委员讲堂，制定《钱塘区政协“书香政协·钱潮学堂”委员读书活动方案》。3月30日，区政协“齐家委员工作站”围绕探索钱塘方言传承之路，举办“留住乡音·文化立根”专题学习座谈会，分享钱塘方言类地方书籍和有关地方方言的调研成果。

【政协委员暑期读书班暨政情通报会举行】2022年9月1—2日，区政协委员暑期读书班暨政情通报会在市委党校举行。政协委员学习《全过程人民民主视阈下人民政协与基层协商治理》《当前宏观经济发展趋势分析》《坚定文化自信》《铸就文化辉煌》《社情民意撰写》，围绕“如何更好履职尽责”做交流发言。区长沈燕俊做全区经济社会发展情况的通报。

【市政协委员钱塘区联络组视察调研】2022年10月26日，市政协委员钱塘区联络组到杭州东部湾总部基地大楼、杭州九阳创意工业园、广汽乘用车（杭州）有限公司调研企业经营发展、技术创新及城市建设、产业发展等情况，听取钱塘区经济社会发展情况的汇报。政协委员代表围绕提升钱塘产业能级、优化营商环境、完善公共服务设施配套、促进文化事业发展等内容进行交流发言。活动为杭州市政协委员钱塘区联络组智造未来·委员工作室揭牌。

【《蝶变——杭州经济技术开发区30周年访谈（初稿）》形成】2022年，区政协助推钱塘经济社会发展，围绕杭州经济技术开发区建区（1993—2023年）30周年，组织开展系列活动。通过查阅、走访、调研、采访等方式收集整理杭州经济技术开发区成立30年来有重要价值的文史文献资料，编撰形成30多万字的《蝶变——杭州经济技术开发区建区30周年访谈（初稿）》。

（沙安琪）

提案工作

【概况】2022年，区政协一届二次会议期间收到政协委员、各民主党派、群众团体、各专门委员会和界别提交的提案96件，平时提案3件，合计99件。经审查，立案95件。其中，集体提案26件，个人和联名提案69件；不立案4件，转有关部门参考。4月，确定重点提案21件。其中，区委、区政府领导领办重点提案16件，区政协领导督办重点提案5件，内容涉及钱塘区公园绿地建设、打造具有钱塘文化韵味的蓝领家园、打通便民生活服务“最后一公里”、优化城市保障房配套设施等。全年评选出优秀提案10件。

【提案办理】2022年，区政协推动提案办理协商，促进意见建议落实，根据《钱塘区政协提案工作办法》，对立案的95件提案按照对口办理原则，协商确定主办单位27个。会同区委办、区政府办进行提案集中交办，全部按时完成办理并答复委员。其中，基本解决（A类）提案79件，占83.2%；正在解决或列入计划解决（B类）提案15件，占15.8%；因客观条件限制暂时不能解决，留作参考或另作处理的（C类）提案1件，占1%。

【提案分类】2022年，区政协收到

一届二次会议期间政协委员提案96件，平时提案3件。经审查，立案95件。其中，经济科技和农业农村类31件，占33.3%，主要涉及优化营商环境、推进数字经济与高端制造融合发展、建立企业用工供需模式、开展新能源体系建设、构建亲清政商关系、建立区政府补助类园区优胜劣汰机制、加强知识产权保护、服务台资企业有机更新、做强做大检验检测产业、加快发展村级集体经济、打造钱塘稻田园、推动农业高质量发展等内容。

城建城管和旅游交通类18件，占18.7%。主要涉及推进公园绿地建设、打造蓝领家园、推进工业用地集约利用、改善道路交通环境、开发利用城市地下空间、加强危险化学品运输管理、优化城市保障房配套设施、建设文化馆（美术馆、博物馆）、提升城市品位和管理水平等内容。

教育、文化、卫生和体育类35件，占36.5%。主要涉及提升地域文化浸润教育、开展0~3岁婴幼儿家长“家庭教育培训服务”、建设青少年素质教育基地、深化落实“双减”政策打造教育品牌、提升钱塘文化软实力、加强杭州亚运会服务保障、引进高层次综合医院、推进医联体建设等内容。

民主法治和劳动人事类11件，占11.5%。主要涉及促进律师行业高质量发展、重视人口老龄化、推进智慧养老、促进就业创业、解决企业招工难、重视关爱残疾人、打造人才高地等内容。

（何乐意）

2022年中国人民政治协商会议杭州市钱塘区委员第一届第二次会议提案一览表

表7

序号	案由	提案者	提案类型	提案类别	界别
1	关于迎接杭州亚运会召开，加快钱塘文化软实力建设、提升钱塘城市品位的建议	顾飞飞	个人提案	城建城管旅游交通	无党派人士
2	关于提升杭州医药港小镇区域配套服务的建议	胡锦阳	个人提案	城建城管旅游交通	社会福利和社会保障界
3	★关于加快推进钱塘区公园绿地建设迎接杭州亚运会召开的建议	区政协城建委	集体提案	城建城管旅游交通	—
4	★关于打造具有钱塘文化韵味蓝领家园的建议	张国庆	联名提案	城建城管旅游交通	特邀界二组
5	关于解决工业园区违停车辆多和停车困难问题的建议	沈浩杰	个人提案	城建城管旅游交通	经济界
6	关于推进钱塘区工业用地集约利用的若干建议	特邀界一组	集体提案	城建城管旅游交通	特邀界一组
7	★关于打通便民生活服务“最后一公里”获得居民幸福感的建议	胡　燕	个人提案	城建城管旅游交通	教育界
8	关于改善钱塘区道路交通环境的建议	冯言勇	个人提案	城建城管旅游交通	社科和科协界
9	关于大力开发和利用城市地下空间的建议	徐志忠	个人提案	城建城管旅游交通	社科和科协界
10	关于高质量发展建设共同富裕示范区的建议	胡泉源	个人提案	城建城管旅游交通	民族宗教界
11	★关于实施听涛路中小学路段上学、放学高峰时段限时单向管制的建议	邓长青	个人提案	城建城管旅游交通	经济界
12	关于加快提升杭州医药港公共交通服务的建议	王佳杭	个人提案	城建城管旅游交通	医卫界
13	关于强化危化品运输管理助力平安钱塘建设的建议	俞婷薇	个人提案	城建城管旅游交通	妇　联
14	关于高标准建设钱塘区文化馆美术馆博物馆的建议	文体和新闻出版界	集体提案	城建城管旅游交通	文体和新闻出版界
15	★关于优化城市保障房配套设施的建议	李春红	个人提案	城建城管旅游交通	经济界
16	关于挖掘城市边角资源，实现空间高效利用的建议	水　飞	个人提案	城建城管旅游交通	无党派人士

续表7

序 号	案 由	提案者	提案类型	提案类别	界 别
17	关于整治街道马路车辆乱停现象，提升城市管理水平的建议	王 芳	个人提案	城建城管 旅游交通	教育界
18	关于开通杭州市第九人民医院地铁接驳线的建议	陈昌贵	个人提案	城建城管 旅游交通	医卫界
19	关于改善职业教育发展环境的建议	余晓燕	联名提案	民主法治 劳动人事	经济界
20	关于促进钱塘区律师行业高质量发展的建议	李 翔	联名提案	民主法治 劳动人事	社科和科协界
21	关于加大钱塘区妇女创业就业扶持力度的建议	夏舒惠	个人提案	民主法治 劳动人事	社会福利和 社会保障界
22	关于通过完善设施拓宽渠道解决企业招工难的建议	董庆奇	个人提案	民主法治 劳动人事	工商联
23	关于促进钱塘区就业创业工作的几点建议	滕玲建	个人提案	民主法治 劳动人事	教育界
24	关于呼吁社会上“重视、关爱残疾人”的建议	杨红咏	个人提案	民主法治 劳动人事	教育界
25	关于打造人才高地，促进智涌钱塘的建议	赵 云	个人提案	民主法治 劳动人事	妇 联
26	★关于完善律师调解工作的建议	吴文峰	个人提案	民主法治 劳动人事	中 共
27	关于进一步促进社会化养老服务业发展提升养老服务水平的建议	民族宗教界	集体提案	教文卫体	民族宗教界
28	关于推进智慧养老建设，提升公共养老服务能力的建议	医卫界	集体提案	教文卫体	医卫界
29	关于重视人口老龄化和提升养老服务质量的建议	无党派人士	集体提案	民主法治 劳动人事	无党派人士
30	关于推进智慧养老建设，提升公共养老服务能力的建议	吴小红	个人提案	民主法治 劳动人事	农业界
31	关于缓解钱塘区工业企业“用工难”问题的建议	共青团和 青联界	集体提案	民主法治 劳动人事	共青团和 青联界
32	关于进一步优化新材料产业生态，加快提升钱塘产业竞争力的建议	盛 斌	联名提案	经济科技 农业农村	特邀界一组
33	★关于深化校企合作，助力钱塘新区建设全省高能级战略平台的建议	工商联	集体提案	经济科技 农业农村	工商联
34	★关于深入推进钱塘区数字经济与高端制造融合发展的建议	民革、经济界	集体提案	经济科技 农业农村	—
35	★关于加快发展村集体经济全面实现强村富民，助力打造共同富裕示范区时代样板的建议	农业界	集体提案	经济科技 农业农村	农业界
36	关于推进钱塘区以“光伏＋储能”开展新能源体系建设的建议	田汉霖	个人提案	经济科技 农业农村	共青团和 青联界
37	★关于钱塘区创新产业园能级提升的建议	民 革	集体提案	经济科技 农业农村	—
38	★关于围绕农业高质量发展的建议	王柏军	个人提案	经济科技 农业农村	农业界
39	★关于全面提升 R&D 经费投入，助推钱塘区高质量发展的建议	科技界	集体提案	经济科技 农业农村	科技界
40	★关于进一步优化营商环境的建议	魏 旻	个人提案	经济科技 农业农村	特邀界二组
41	关于进一步落实营商环境考核管理体制的建议	胡 燕	个人提案	经济科技 农业农村	教育界

续表7

序号	案由	提案者	提案类型	提案类别	界别
42	★关于推动钱塘区生物医药产业高质量发展的建议	练　晔	个人提案	经济科技农业农村	科技界
43	关于以产业高级化和人才高素质助力杭州钱塘新区高质量发展的建议	龚奇珍	个人提案	经济科技农业农村	科技界
44	★关于做好当前阶段钱塘区宗教界有关工作的建议	胡泉源	个人提案	经济科技农业农村	民族宗教界
45	关于建立以区政府人力资源部门掌控人力供需单位协调的企业用工供需模式的建议	邓长青	个人提案	经济科技农业农村	经济界
46	关于完善“构建亲清政商关系，推动两个健康发展”有关政策的建议	应群颖	个人提案	经济科技农业农村	特邀界一组
47	关于强化钱塘区农业面源污染治理的几点建议	余晓燕	联名提案	经济科技农业农村	经济界
48	★关于打造钱塘稻田园的建议	刘　辉	个人提案	经济科技农业农村	社科和科协界
49	关于促进农业产业结构优化，推动绿色农业发展的建议	王志伟	个人提案	经济科技农业农村	农业界
50	关于整治“钓鱼爱好者”的建议	蔡炉麒	个人提案	经济科技农业农村	农业界
51	关于疏浚创新资源，加快建立政府补助类园区优胜劣汰机制的建议	社会福利和社会保障界	集体提案	经济科技农业农村	社会福利和社会保障界
52	关于加快农机主体升级，提升农机更新效率的建议	蔡炉麒	个人提案	经济科技农业农村	农业界
53	关于解决钱塘区内民营企业招工难问题的建议	工商联	集体提案	经济科技农业农村	工商联
54	关于加强知识产权保护及服务助力钱塘科学城发展的建议	社科和科协界	集体提案	经济科技农业农村	社科和科协界
55	关于浙江无人机产业大会项目的建议	刘　辉	个人提案	经济科技农业农村	社科和科协界
56	关于加快辖区移动信号全域覆盖，营造一流营商环境的建议	俞　丹	个人提案	经济科技农业农村	社会福利和社会保障界
57	关于进一步推进钱塘区科技强农、机械强农行动的建议	农业界	集体提案	经济科技农业农村	农业界
58	关于积极服务台资企业有机更新，推动钱塘高质量发展的建议	台侨界	集体提案	经济科技农业农村	台侨界
59	★关于发挥会展产业促进作用，推动钱塘区经济社会发展的有关建议	潘建军	个人提案	经济科技农业农村	工商联
60	关于做强做大检验检测产业，引领经济高质量发展的建议	蒋扬名	个人提案	经济科技农业农村	工商联
61	关于加强校企地三方合作有关的建议	夏海甬	个人提案	经济科技农业农村	工商联
62	关于积极应对高龄孕产妇健康风险助力“三孩政策”落地的建议	陆雅萍	个人提案	教文卫体	妇　联
63	关于提升钱塘文化软实力的建议	张　洋	个人提案	教文卫体	共青团和青联界
64	关于加大公办幼儿园托班供给力度的建议	李亚军	个人提案	教文卫体	社会福利和社会保障界
65	★关于加强杭州第19届亚运会保障措施的建议	李清平	个人提案	教文卫体	特邀界二组
66	关于提高基层医务人员待遇，增强基层医务人员职业获得感的建议	韩一飞	个人提案	教文卫体	医卫界

续表7

序　号	案　由	提案者	提案类型	提案类别	界　别
67	关于迎亚运、共富裕，助力亚运添光彩活动的建议	共青团和青联界	集体提案	教文卫体	共青团和青联界
68	关于推进钱塘区历史文化资源挖掘和载体创设的建议	邵立刚	个人提案	教文卫体	教育界
69	关于完善杭州书房进校园，提升学校服务学生成长品质的建议	教育界	集体提案	教文卫体	教育界
70	关于坚持共同富裕理念，打造产业区儿童友好全国样板的建议	妇　联	集体提案	教文卫体	妇　联
71	关于推进钱塘区居民“一起住、一起享”社区建设的建议	江志明	个人提案	教文卫体	教育界
72	★关于加强钱塘区宣传文化工作的建议	社法委	集体提案	教文卫体	—
73	关于进一步推进钱塘区医养结合服务体系建设的建议	农工党界别	集体提案	教文卫体	—
74	关于优化政务服务，提升便民服务水平的建议	夏海琴	个人提案	教文卫体	医卫界
75	★关于进一步落实“双减”政策，打造高水平、高质量钱塘教育的建议	民盟钱塘区支部	集体提案	教文卫体	—
76	关于通过打造钱塘共富一卡通，提升区域数字化服务，助推钱塘文化软实力高速发展的建议	徐　琦	个人提案	教文卫体	共青团和青联界
77	关于提升钱塘区地域文化浸润教育环境的建议	潘　辉	个人提案	教文卫体	教育界
78	关于合力规划早布局，打造钱塘特色第二课堂场馆的建议	俞婷薇	联名提案	教文卫体	妇　联
79	关于加快建设钱塘青少年研学实践教育基地的建议	王　芳	个人提案	教文卫体	共青团和青联界
80	关于落实“双减”提升中小学心理健康成长的建议	工　会	集体提案	教文卫体	工　会
81	关于加强钱塘区博物馆建设的建议	陈国民	个人提案	教文卫体	特邀界一组
82	关于高效推进钱塘区医联体建设的建议	陈昌贵	联名提案	教文卫体	医卫界
83	关于推进0—3岁婴幼儿家长“家庭教育培训服务”的建议	周玲美	个人提案	教文卫体	教育界
84	关于大开发背景下钱塘江围垦沙地文化留存与保护的建议	沈伟丰	个人提案	教文卫体	教育界
85	关于加强钱塘区新时代中小学劳动教育建设的建议	滕玲建	个人提案	教文卫体	教育界
86	关于引进钱塘区高层次综合医院的建议	赵吉婷	个人提案	教文卫体	农业界
87	关于加快钱塘区“特殊教育学校”建设的建议	家园议站委员工作室	集体提案	教文卫体	—
88	★关于搭建钱塘区校企资源平台，共同推动钱塘区文化产业发展的建议	褚　翔	联名提案	教文卫体	经济界
89	关于充分利用高校留学生多元文化资源，提升钱塘区文化软实力的建议	王聪聪	联名提案	教文卫体	特邀界一组
90	关于加快推进钱塘区青少年素质教育基地建设的建议	江志明	个人提案	教文卫体	教育界
91	关于传承知青文化园红色根脉，组建一支钱塘红色志愿者队伍的建议	张国庆	个人提案	教文卫体	特邀界二组
92	关于区校协同，提升钱塘区文化力的建议	特邀界一组	集体提案	教文卫体	特邀界一组
93	关于修缮党农线等道路，助推改善钱塘区交通环境的建议	钱　涛	个人提案	城建城管旅游交通	科技界
94	关于建设钱塘区妇女儿童活动中心的建议	陈　思	联名提案	教文卫体	妇　联
95	关于建设以紫外芯片为主导的绿色环保紫外消杀体系，构建健康、安全、和谐社会的建议	黄小辉	个人提案	教文卫体	科技界

注：1. 带★为21件重点提案；
注：2. 93~95为3件平时提案。

（何乐意）

责任编辑　高骏森

中国共产党杭州市钱塘区纪律检查委员会·杭州市钱塘区监察委员会

综　述

【区纪委区监委机构】2022年，中国共产党杭州市钱塘区纪律检查委员会（简称区纪委）、杭州市钱塘区监察委员会（简称区监委）实行一套工作机构、两个机关名称，履行中国共产党纪律检查和国家监察职责。区纪委区监委机关设办公室、干部室、宣传教育室、党风政风监督室、信访室、案件监督管理室、第一至第三纪检监察室、案件审理室等内设机构10个。区纪委区监委设派驻机构5个，经区纪委区监委授权，履行中共纪律检查和国家监察职责。派驻机构是区纪委区监委重要组成部分，由区纪委区监委直接领导和统一管理。区纪委区监委下属纪检监察事务服务中心1个事业单位，负责执行纪律监督服务保障工作。

【“四责”协同贯通】2022年，区纪委区监委推动全面从严治党主体责任、纪委监督责任、党委书记第一责任、班子成员一岗双责“四责”协同贯通，监督检查各个单位全面从严治党履责情况。通过区委常委会集中听、区委书记牵头听、区纪委书记与分管联系区领导走访基层个别听等方式，召开全面从严治党主体责任报告会6场，“面对面”听取13个单位主要领导人履行全面从严治党情况汇报，印发反馈意见书和廉情抄告单22份。其中区委书记牵头听采用“提问+评议”方式，邀请“两代表一委员”、企业代表、纪委委员现场提问和评分，结果现场公示。落实党内监督各项制度，制定《钱塘区委关于加强“一把手”和领导班子监督的“五张责任清单”》《钱塘区2022年度全面从严治党责任清单》等文件。

（王　丰）

【清廉钱塘建设】2022年，区纪委区监委按照“全域化建设、项目化推进、品牌化提升”工作要求，完善清廉钱塘单元建设。7月，“清廉杭州·你我同行”巡演剧目——大型滑稽戏《清清白白》在钱塘区公演。全年培育清廉学校、清廉医院、清廉社区等示范单位14个，入选清廉杭州建设优秀创新实践案例4个。创新清廉村居建设评选机制，会同区农业农村局举办“红领钱潮·夺旗竞跑”打擂比武清廉标杆之旗活动。加大辖区清廉民营企业建设，联合区委统战部开发清廉民营企业建设评价服务平台“浙商全球护航”数字化改革项目，该项目入选全省重大改革（重大应用）“一本账S2”。深化清廉钱塘国有企业建设，“亲清甲乙”关系赋能清廉国有企业建设的经验做法被中央纪委刊物《华东之窗》录用。

（陈　展）

【房建工程领域公权力大数据监督应用建设】2022年，区纪委区监委推进民生工程清廉建设，以“1+2+5+N”（1个驾驶舱、2个适用终端、5个功能中心、N个可扩充领域）为框架，设计研发房建工程领域公权力大数据监督应用平台，梳理权力事项20个、行权环节42个、廉政风险点71个，归集数据116类、1320万条，纳管房建工程项目86个，涉及项目资金239亿元、公职人员7800多人。产生红色预警35条，实现

2022年8月23日，钱塘区房建工程领域公权力大数据监督应用场景建设调研会议召开 （涂荣瑶 摄）

“预警—研判—分办—处置—反馈—跟踪”全过程线上闭环管理。依托房建工程领域公权力大数据监督应用平台，建成公职人员违规挂靠资格证书清廉模型28个，围绕房建工程领域行政审批、招投标书、施工管理和资金支付4个环节梳理清廉风险点位，形成“四单一图”（权力事项清单、政策清单、数据清单、风险清单和全生命周期业务流程图）。通过联动省市区街四级系统，协同区发展改革局、区财政局、区住建局、区行政审批局等部门，推动归集项目信息、工程中标确认信息等行业行权数据1030万余条，关联工商、社保、户籍、廉政档案等外部数据290万余条。（涂荣瑶）

区纪委区监委重要会议

【概况】2022年，区纪委区监委召开中国共产党杭州市钱塘区纪律检查委员会全体会议1次，区委反腐败协调小组会议1次，区纪委区监委问题线索移送工作专题会议1次，区纪委常委会会议32次。会议围绕全面从严治党、党风廉政建设和反腐败工作有关问题进行研究和讨论。

【区纪委一届二次全体会议】2022年2月18日，中共杭州市钱塘区第一届纪律检查委员会第二次全体会议召开。会议以习近平新时代中国特色社会主义思想为指导，贯彻落实中国共产党第十九次全国代表大会和十九届历次全会精神，按照中国共产党第十九届中央纪律检查委员会第六次全体会议、省纪委十四届七次全会、市纪委十二届七次全会和区委一届六次全会部署，开展2022年工作。审议通过区纪委区监委书记朱春根代表区纪委常委会做题为《建设清廉钱塘、护航高质量发展，为打造高能级战略平台提供坚强保障》的工作报告。

（王　丰）

【区委反腐败协调小组第一次会议】2022年6月7日，区委反腐败协调小组第一次会议召开。会议学习贯彻中共中央总书记习近平关于党风廉政建设和反腐败斗争的重要论述，完善全区反腐败工作协调机制，推动全区党风廉政建设和反腐败工作向纵深发展，为打造高能级战略平台营造风清气正的政治环境。会议宣读区委反腐败协调小组成员名单，审议通过《钱塘区委反腐败协调小组工作规则》。

【问题线索移送工作专题会议】2022年7月28日，区纪委区监委召开全区执法机关、司法机关向区纪委区监委移送问题线索工作专题会议。会议传达学习中共中央办公厅印发《执法机关和司法机关向纪检监察机关移送问题线索工作办法》文件精神，并征求对《钱塘区执法机关、司法机关向区纪委区监委移送问题线索和传递违纪违法信息工作机制（征求意见稿）》的意见和建议，部署安排全区执法机关、司法机关向区纪委区监委移送问题线索工作。

（谢大双）

【区纪委常委会会议】2022年，区纪委召开常委会会议32次，研究讨论全面从严治党、党风廉政建设和反腐败工作有关问题138项。

（王　丰）

执纪审查与监察调查

【概况】2022年，区纪委区监委处置问题线索439件，立案183件，处分183人，比上年分别上升56.2%、169.1%、185.9%；采取留置措施5人，挽回经济损失695万元。查处区住建局原党组成员、副局长华某严重违纪违法案件，该案为钱塘区监委成立以来办理的首例在职区管干部留置案。查办市监委指定管辖的国有企业领域腐败案件2起。运用“四种形态”批评教育和处理391人次。全年发出纪检监察建议书35份，澄清不实举报件4起、正名6人。

（谢大双　李子云）

【信访举报件分析】2022年，区纪委区监委通过“抓提升促三不”活动，定量分析和定性研判全区信访举报件。开展各派驻机构、街道、国有企业季度信访举报件分析，从受理到办结时效、实名举报件满意度、发现问题整改情况等方面进行比较研究，形成专题报告，并在内部通报。全年受理检控件78件，办结55件，查实率35%，立案率18.2%。全区全年信访总量、检举控告、重复举报分别下降40.9%、44.1%和61.3%。（郁栋燕）

【基层纪检监察组织谈话室建设】2022年，区纪委区监委指导并协助街道纪工委、区属国有企业纪委启动标准谈话室建设工作。至年末，建成街道纪工委、区属国有企业纪委标准谈话室10个，普通谈话室10个，实现全区纪检监察组织谈话场所全覆盖。（谢大双）

【“索引式”审理指导体系】2022年，区纪委区监委针对全区从事审理工作的年轻人员实战案件审理经验不足等问题，规范办案流程，按照“全流程、全要素、全方位”要求，编印委机关本级、街道纪工委、派驻机构3个类别，涵盖审查调查和审理2个阶段的系列模拟案卷。围绕案件审理过程中出现的行政、刑事处罚类案件取证体系和程序，派驻机构案件办理有关程序，审理辅助信息系统操作等内容，分专题编印《审理工作指引》5期。至年末，评查协审案件43件，发现并协助整改问题300多个。（金　涛）

【“四种形态”监督执纪】2022年，区纪委区监委推进“四种形态”执纪运用，督促党员干部自觉防止和纠正违纪行为，实现政治效果、纪法效果和社会效果统一。运用监督执纪“四种形态”处理391人次，比上年上升57.7%。其中，第一种形态206人次，占52.6%；第二种形态154人次，占39.4%；第三种形态10人次，占2.6%；第四种形态21人次，占5.4%。（谢大双）

▶▶资料：四种形态

第一种形态：经常开展批评和自我批评、约谈函询，让“红红脸、出出汗”成为常态；

第二种形态：党纪轻处分、组织调整成为违纪处理的大多数；

第三种形态：党纪重处分、重大职务调整的成为少数；

第四种形态：严重违纪涉嫌违法立案审查的成为极少数。

作风建设

【概况】2022年，区纪委区监委深化作风建设，开展“纠四风，树新风”正风肃纪专项整治行动236批次，检查单位630个，发现并督促整改问题12个，查处违反中央八项规定精神问题9起，处罚15人。查处腐败问题4起、处罚4人；查处“不担当、不作为、不落实”问题30起、处罚53人。推动各级单位规范礼金礼品上交登记有关制度，制定印发《关于进一步规范廉政账户做好礼品礼金收缴制度》，全年收缴礼品礼卡26份。

【酒驾醉驾及其“四风”问题治理】2022年，区纪委区监委按照省市纪委监委统一部署，开展钱塘区党员干部和公职人员酒驾醉驾及其背后“四风”问题治理工作。联合区公安分局、区交通运输局执法部门在重要时间节点、重点时段路段检查8次，查处酒驾醉驾问题112起，处分112人，其中党纪政务处分111人，涉及党政机关3人，事业单位8人，国有企业2人，村（社区）76人；通报曝光16批次、51人次，印发纪检监察建议书5份。查处违规吃喝等“四风”（形式主义、官僚主义、享乐主义、奢靡之风）问题党员干部和公职人员53人。

2022年11月18日，钱塘区纪检监察干部在河庄街道新围村杭州远鸿花卉园艺有限公司调研惠农政策兑现情况，以助推政策刚性落地促进共富共享

（倪艳艳　摄）

【群众身边腐败和作风问题治理】2022年，区纪委区监委推动整改“政策标准不统一”“审核审批不严谨”等6个方面漠视侵害群众利益的问题102个。会同区财政局、区农业农村局、区审计局、区税务局等部门人员组成督查小组，重点抽查2018年以来全区5个街道59个村农机化奖补资金使用管理不规范项目168个，涉及资金2103.37万元。针对审核审批不规范、资金发放不及时等问题，督促区农业农村局建立财政资金绩效跟踪机制及农机服务单位“黑名单”制度，对农机化作业面积测绘、农机设备验收等第三方服务进行考核。建立智慧纪检大数据监督平台，碰撞比对数据9653条，结合线下核查督查，移交问题线索1件。9月16日，区纪委区监委走进“杭州之声FM89”电台《民情热线》栏目直播室，听取群众意见和建议，受理咨询投诉。（陈　展）

2022年6月16日，区委第一巡察组、区审计组联合进驻区产业集团暨巡审联动监督试点工作动员会召开（沈丹妮 提供）

巡察工作

【概况】2022年，杭州市钱塘区委巡察机构（简称区委巡察机构）围绕重点提级监督辖区产业平台、巡察重点村（社区）、国有企业、民生重点部门的机关单位3个、产业平台3个、国有企业3个，村（社区）党组织6个。至年末，发现问题153个，移交问题线索18个。其中杭州医药港、前进智造园、综合保税区3个产业平台共性问题“部分产业平台内部风险防控制度还存在不够健全和执行不严问题”“钱塘区部分镇街‘非粮化’工作不到位问题”纳入“七张问题清单”省委重大巡视问题清单库。

【“亚运会攻坚”专项巡察】2022年3月，区委巡察机构（亚运攻坚专项巡察组）根据市委“杭州第19届亚运会攻坚”专项巡察动员部署会议要求，采取“上下联动”方式进行专项巡察。巡察部门单位34个，其中列入重点巡察对象单位12个。联合浙江工商大学、杭州电子科技大学开展亚运筹办“校地”协同和监督联动对接交流活动，校纪委按照杭州亚组委纪检监察和审计部要求，调派纪检监察审计部门干部组成专门监督组，日常监督巡察亚运筹备工作和文体中心运行团队。

【“巡审联动”工作模式】2022年，区委巡察机构开展巡视巡察监督与审计监督贯通协同试点工作，提升监督效能。联合区审计局开展“巡审联动”工作先行先试，构建联系协调、业务协作、成果共享、人员选派工作机制，编印《关于加强巡察监督与审计监督联动的实施意见（试行）》。6月，联合区审计局开展区产业集团及领导干部任职期间经济责任审计工作，实现“资源共享、信息互通、协作联动、深度融合”。12月，联合区审计局开展区行政审批局“巡审联动”监督，形成系统集成、协同高效的钱塘“大监督”体系。

【巡察工作制度制定】2022年，区委巡察机构推动全区巡察工作规范化建设，打通全面从严治党“最后一公里”。制定出台《关于进一步加强区委巡察机构队伍规范化建设的实施意见》《钱塘区委巡察整改“两节审、三把关”制度（试行）》《钱塘区委巡察整改工作规范化操作办法（试行）》《钱塘区委巡察发现问题线索全流程处置工作机制（试行）》《钱塘区委巡察机构与区统计局协作配合机制的操作办法（试行）》等巡察制度19份。（沈丹妮）

党风廉政宣传教育

【概况】2022年，区纪委区监委围绕正风肃纪反腐、清廉钱塘建设、共富示范、亚运监督等工作，挖掘钱塘区特色和亮点，讲好清廉故事。全年在省级以上官方媒体平台发表稿件394篇次，在“钱塘廉潮”微信公众号上推送信息617篇。加强廉洁文化基础性工程建设，开设钱塘区首条公交“小廉清风专线”。推动廉洁文化融入党员干部干事创业和地方发展，协助指导新湾街道共裕村挖掘并运用围垦文化中的廉洁家风资源，建成具有钱塘辨识度的勤廉文化馆。9月，临江兵团知青文化园（临江围垦文化园）入选杭州市廉洁文化教育基地。

【24节气清廉文化短视频制作】 2022年，区纪委区监委以24节气为主题，挖掘中华传统文化中的清廉元素，结合自然节律变化，策划、拍摄，制作成24节气清廉文化系列短视频。该系列短视频被中央纪委国家监委网站、浙江省纪委省监委网站、“清廉浙江”微信公众号、“学习强国”App等媒体平台录用。

【清廉钱塘微剧本创作征集】 2022年，区纪委区监委围绕中国共产党成立101周年以来取得的重大成就和历史经验、全面从严治党生动实践及清廉钱塘建设等内容，联合浙江传媒学院举办“百年奋斗史，风清气正路”清廉微剧本创作征集活动。活动收到作品116件，评选出获奖作品29件。其中，微电影组一等奖1件、二等奖2件、三等奖5件、优秀奖10件；微剧本组一等奖1件、二等奖2件、三等奖3件、优秀奖5件。

【廉洁文化作品参赛】 2022年4月，中国纪检监察杂志社、浙江省纪委监委等单位围绕“清廉”主题，举办第四届“玉琮杯”清廉微电影微视频大赛，区纪委区监委报送参赛作品6件。其中，联合浙江传媒学院、国网杭州市钱塘区供电公司摄制微电影《千丝万缕》，联合浙江传媒学院摄制微电影《守清》《泉清洗砚》，区纪委区监委摄制清廉钱塘宣传片《下沙大麦烧》，区委宣传部摄制《手术》，临江街道党工委摄制《传承》。7月，浙江省纪委省监委、浙江省文联等单位主办的第二届“钱潮杯”动漫清廉微作品大赛启动，区纪委区监委报送参赛作品71件；中国纪检监察杂志社、浙江省纪委监委等单位主办的“藕花洲杯”第六届中国（浙江）廉洁故事大赛启动，区纪委区监委报送参赛作品20件。

2022年7月18日，“清廉杭州 · 你我同行”巡演剧目——大型滑稽戏《清清白白》在钱塘区公演（方　波　摄）

【警示教育活动】 2022年，区纪委区监委以案为鉴、以案促改、以案促治，开展警示教育月“八个一”（召开一场警示教育大会、组织一次法院庭审旁听、观看一部警示教育片合集、编印一本《忏悔与反思》、开展一次家庭助廉教育活动、举行一次线上廉政知识测试、阅读一本清廉书籍、参观一次警示教育馆）活动，推动党员干部作风转变，服务优化。围绕“身边事”教育“身边人”，摄制钱塘区首个作风建设专题片《作风之问》。以钱塘区留置案为素材，摄制警示教育片《“烂尾”人生》。制作案例合集警示教育片《权欲之殇》，并组织全区党员干部观看。全年举行法院庭审旁听1次。

【廉洁家风主题活动】 2022年，区纪委区监委推动“好家风孕育清朗党风政风社风”，组织开展全区党员干部家庭助廉活动。4月，举办“树廉洁家风 建幸福家庭”“四个一”（共用一本家庭助廉日志、开展一场警示教育活动、共做一道美味廉洁菜肴、共立一则廉洁好家训）主题活动。8月，举办“我的家书”征集，入选市纪委市监委、市委直属机关工委联合选编的《我的家书》3篇。7月，组织区直各单位、街道、国有企业党员干部观看由市纪委市监委、市委宣传部联合指导出品的廉政题材大型滑稽戏《清清白白》2场。（倪艳艳　何苹红）

责任编辑　高骏森

民主党派

民革钱塘区支部

【概况】中国国民党革命委员会杭州市钱塘区支部委员会（简称民革钱塘区支部）是具有政治联盟性质、致力于建设中国特色社会主义和祖国统一事业的政党，是中国共产党领导的多党合作和政治协商制度中的中国特色社会主义参政党。至2022年年末，民革钱塘区支部有党员30人，其中1980年以后出生的党员12人。本科学历以上23人；研究生及以上学历9人。有区管干部2人，正科级干部4人。其中担任市政协委员2人，市政协常委1人，市政协“智造未来”委员工作室领衔委员1人。有区政协委员9人。其中，区政协常委3人，区政协界别、小组召集人3人。

【参政议政职能履行】2022年，民革钱塘区支部围绕全区经济社会发展，履行党员参政议政职能。全年报送社情民意信息稿15篇，被民革市委会录用5篇、省市有关部门录用3篇。2月14—16日，区政协一届二次会议召开，提交集体提案8篇，个人提案4篇。其中，《关于钱塘区创新产业园区能级提升的思考与建议》被列为重点提案，由区政协主要领导督办；《关于深入推进钱塘区数字经济与高端制造融合发展的建议》被区委主要领导肯定；《关于深入推进钱塘区数字经济与高端制造融合发展的建议》《关于钱塘区创新产业园能级提升的思考与建议》获评区政协优秀提案。3月25日，市政协十二届一次会议召开，《关于杭港高端服务业示范区和始版桥未来社区“两区”融合的建议》被评为市政协2021年度优秀提案。

【钱塘·中山微讲坛启动】2022年5月31日，民革钱塘区支部、民革浙江财经大学支部主办的钱塘区2022年度民主党派讲谈社Talks计划发布暨钱塘·中山微讲坛启动仪式在河庄街道新围村举行。钱塘区民主党派讲谈社Talks是民主党派参政议政和建言献策的平台，围绕钱塘区高质量发展和党派年度民主监督方向，邀请党派对口联系、民主监督的有关部门和街道负责人及专家学者等各界人员建言献策。钱塘·中山微讲坛是在讲谈社基础上，由民革钱塘区支部联合民革杭州电子科技大学支部、民革浙江工商大学支部、民革浙江财经大学支部、民革浙江传媒学院支部和民革杭州职业技术学院支部发起的具有民革特色的参政议政品牌。第一讲主题为“携手促共富，钱塘奔未来”。

【浙江工业大学钱塘校友产业园开园】2022年7月14日，民革钱塘区支部党员许昌华牵头成立的“校地共融·聚梦钱塘”——浙江工业大学钱塘校友产业园在杭州大创小镇国际创博中心揭牌。该产业园是区政府、高等院校、企业三方联合共建的第一个校友产业园，依托浙江工业大学生命大健康、智能科技、工业新材料、数字经济等专业学科优势和校友资源，助力校友创新创业和区内企业成长，打造钱塘区构建新型区校合作关系新探索和推进区校融合发展新起点。开园仪式

2022年11月20日，钱塘区乡村论坛暨围垦稻香艺术节“稻香河庄·同心共富”在河庄街道新围村举行　　（俞建龙　摄）

上，区政府、浙江工业大学、杭州工塘智能科技有限公司代表签署共建“浙江工业大学钱塘校友产业园项目”协议，举行浙江工业大学钱塘校友产业园落地项目合作入驻仪式、金融机构合作签约仪式。

【“同心共富试验田”揭牌】2022年，民革钱塘区支部助推钱塘区乡村振兴和共同富裕示范区时代样板建设。5月31日，联合民革市委会、民革浙江财经大学支部、浙江财经大学中国乡村振兴研究院与河庄街道新围村签约的10公顷“同心共富试验田”揭牌。推动农业发展，导入区高校研究院专家智库，进行新围村未来乡村建设顶层设计。通过牵资源、引优种、促高产、助销售，提升农产品全产业链附加值。11月20日，“稻香河庄·同心共富”钱塘区乡村论坛暨围垦稻香艺术节在新围村党建共富园举行，联合民革杭州电子科技大学支部、民革浙江工商大学支部等单位与河庄街道“田城汇”6个村签署《校地合作乡村振兴助农帮扶战略合作协议》。　　（许宏波）

民盟钱塘区支部

【概况】中国民主同盟杭州市钱塘区支部委员会（简称民盟钱塘区支部）成员和联系对象为文化界、教育界、科学界等界别知识分子，是具有政治联盟性质，致力于建设中国特色社会主义和祖国统一事业的政党，是中国共产党领导的多党合作和政治协商制度中的中国特色社会主义参政党。至2022年年末，民盟钱塘区支部有盟员24人，比上年增加4人。有支部成员5人。其中主任委员1人、副主任委员1人、委员3人。担任区人大代表1人，担任区政协委员7人（其中政协常委2人），本科以上学历22人。

【参政议政职能履行】2022年，民盟钱塘区支部报送议案提案8篇，调研报告4篇。集体提案《进一步落实“双减”政策，打造高水平高质量的钱塘教育品牌》入选区政协一届二次会议口头发言材料；《关于政务服务标准化建设中充分保障企业自主权的建议》在区政协常委会会议上做专题汇报；《行政诉讼法修正案（草案）应加强行政相对人的诉权》被全国政协录用并转送有关部委办理；《关于实施交通精细化管理，缓解交通拥堵的调研》《提升村级集体经济创业动力，带动“拆二代”的创新创业》入选民盟市委会优秀调研报告；《加快推进“M2+”发展，全面做大跨境出口业务总量》被市委统战部列为重点调研报告，并入选市政协优秀提案；《关于探索把家庭教育纳入优质公告服务体系建设的建议》《关于为中小学配备专职心理教师或向心理教育机构购买服务，积极鼓励名校创办家长学校，促进青少年身心健康发展》等提案被转交到区有关部门办理。

【民盟钱塘区支部制度建设】2022年，民盟钱塘区支部理清盟员职责分工，规范经费管理，保障支部各项工作规范化、制度化，编印《民盟钱塘区支部支委工作职责》《民盟钱塘区支部经费管理使用办法》。制订重大主题专项学习制度，通过召开民主生活会、观看直播、撰写学习心得等形式，组织盟员专题学习中国共产党第二十次全国代表大会报告、市第十三次党代会、区委一届七次全会会议精神。

【社会服务活动】2022年，民盟钱塘区支部依托组织资源，丰富盟员文化生活，提高参政议政质量。全年开展“挥毫泼墨迎新年”“发挥物业企业优势，完善基层治理体系”协商交流等主题活动。组织盟员下沉基层参加社区志愿服务活动。助力“美好教育”，协助学生家长聘请教育专家，围绕“如何经营和谐美好的亲子关系”“做智慧父母·育‘五好’少年”“营造幸福家庭，培养优秀孩子”等教育类知识举办讲座，并组织举办“教育咨询日”“小候鸟夏令营”“城市温暖日”等活动。

【“均衡教育示范区”圆桌会】2022年，民盟钱塘区支部落实教育优先发展战略，打造“均衡教育示范区”“美好教育先行区”。6月2日，钱塘区民主党派讲谈社Talks（总第5期）暨民盟钱塘区支部“高水平打造均衡教育示范区”圆桌会在钱塘金沙湖畔举行。民盟浙江基础教育委员会副主任邱曙光、民盟高中教育专委会主任何艳虹、民盟杭州师范大学基层委员会主委严从根、新湾中学校长汪晓、文思小学校长吕建生围绕学校优质发展议题进行发言，并交流讨论。（沈力清）

民建钱塘区总支

【概况】中国民主建国会杭州市钱塘区总支部委员会（简称民建钱塘区总支）成员由经济界人士组成，是具有政治联盟性质，致力于建设中国特色社会主义和祖国统一事业的政党，是中国共产党领导的多党合作和政治协商制度中的中国特色社会主义参政党。至2022年年末，民建钱塘区总支有成员5人。其中主任委员1人、副主任委员3人、委员1人。下设的一支部有会员23人，二支部有会员18人。民建钱塘区总支有市政协常委1人，区人大代表2人，区政协委员8人。11月19日，杭州民建会员企业家联谊会钱塘分会成立，发展会员22人。全年在浙江新闻客户端、《杭州日报》、中国网网站、“浙江民建”微信公众号等媒体和平台发表、推送信息40多篇。

2022年11月19日，杭州民建会员企业家联谊会钱塘分会成立大会召开
（徐珊珊 摄）

【参政议政职能履行】2022年，民建钱塘区总支履行民主党派参政议政职责，提交社情民意和各类信息材料60多篇。其中，被民建中央录用8篇，被省政协、省委统战部和民建省委会录用15篇。《全过程推进农业面源“零直排”，加强农业面源污染治理的建议》《近期生猪养殖企业存在“三忧三盼”需要关注解决的建议》获民建省委会优秀参政议政成果二等奖。区两会期间，提交大会发言、议案、提案和建议7篇，其中《栉风沐雨初心不改，携手奋进筑梦钱塘》入选区政协一届二次会议大会发言材料。是年，民建钱塘区总支被市委会授予“参政议政先进集体”称号、一支部和二支部被授予“先进支部”称号。会员余晓燕被民建省委会授予参政议政“年度人物”称号。

【杭州民建会员企业家联谊会钱塘分会成立】2022年，民建钱塘区总支发挥经济界党派优势，协助钱塘区民营企业搭建招商平台，解决企业发展困难。11月19日，杭州民建会员企业家联谊会钱塘分会成立暨爱心帮扶共同富裕启动仪式在钱塘金沙湖畔举行。杭州福莱蒽特精细化工有限公司董事长李百春被推选为分会会长。现场，杭州民建会员企业家联谊会钱塘分会联合民建钱塘区总支与区教育局举行“太阳花助学·爱心传力”帮扶签约仪式。以“共富石榴红，结对浪山村”助力民族乡村共同富裕实践活动为主题，认购临安区太阳镇浪山村15公顷水稻田产出的大米4500多千克，并为会员颁发认购证书。

【浙西南红色文化学习教育活动】2022年7月16日，民建钱塘区总支联合民建上城区七支部到丽水市参观刘英纪念馆暨浙西南革命根据地纪念馆，学习浙西南革命历史，感悟以“忠诚使命、求是挺进、植根人民”为内涵的浙西南革命精神。专题学习中共浙江省第十五次代表大会精神，传达民建市十四届三次全会会议精神和《民建杭州市委会关于开展“初心传递，使命接力”活动的通知》等文件。发挥民建会员经济界优势，围绕助力浙江共同富裕举行议政日活动，助推钱塘区经济社会发展。

【“太阳花”项目助农共富活动】2022年，民建钱塘区总支助力乡村产业发展，助推共同富裕建设。6月10日，民建钱塘区总支副主委盛斌带领总支会员到桐庐县江南镇调研省“寺山牌”家禽专业合作社，并就“太阳花”助农项目进行交流和讨论。6月11日，“太阳花”助农项目启动仪式在建德市莲花镇举行，民建钱塘区总支为浙江大学动物病学专家余旭平颁发技术指导聘任书，与代养土鸡的农民代表签订合作协议，捐赠合作农户鸡苗20羽、饲料50千克。余旭平围绕养殖环境、家禽疾病预防、饲料存放等问题进行“点对点”讲解。　（余晓燕）

民进钱塘区总支

【概况】中国民主促进会杭州市钱塘区总支部委员会（简称“民进钱塘区总支”）成员由从事教育、文化、出版、传媒以及有关科学技术领域工作的高中级知识分子组成，是具有政治联盟性质，致力于建设中国特色社会主义和祖国统一事业的政党，是中国共产党领导的多党合作和政治协商制度中的中国特色社会主义参政党。至2022年年末，民进钱塘区总支下设3个支部，有会员41人，新发展会员4人。其中，有区管干部1人，市人大代表1人，区人大代表2人；市政协委员3人，区政协委员8人（其中常委1人）。1月12日，民进市十四届委员会二次全体（扩大）会议召开，民进钱塘区总支被评为“2021年度参政议政工作先进集体”。5月13日，钱塘区民进总支一届二次会员大会暨区校结对共建活动举行，与民进浙江金融职业学院支部签订结对共建协议书。

2022年5月13日，民进钱塘总支与民进浙江金融职业学院支部签订结对共建协议书　（钟　滢　摄）

【参政议政职能履行】2022年，民进钱塘区总支发挥党派优势，助推钱塘区经济社会发展。走进辖区街道、平台、企业、社区调研，提交《完善城市综合管廊以地方政府专项债方式融资机制，推动城市重要基础设施建设》《关于将私募基金管理机构严重违反受托义务损害投资者合法权益的行为纳入刑法规制的建议》等社情民意报告12篇。其中，被民进中央录用3篇、民进省委会录用3篇、市委统战部录用1篇、民进市委会录用5篇。区两会期间，提交《关于优化政务服务，提升便民服务水平的建议》等大会发言材料3篇，提交《关于加快辖区移动信号全域覆盖，营造一流营商环境的建议》等提案8篇。全年参加区委、区政府、区政协征求意见会、协商座谈会、调研视察活动20多场次，撰写《关于提升小微产业园的若干建议》《关于全面推行“健康大脑+智慧医疗”应用的建议》等调研报告3篇。开展“全面展现高能级战略平台的政治担当”专项民主监督，到区住建局、白杨街道邻里社区、河庄街道东沙湖社区监督调研，撰写《关于提升未来社区品质，助力共富单元建设的建议》调研报告1篇。

【“三化四力”工作推进会暨信息培训活动】2022年，民进钱塘区总支推动解决制约社会和谐发展和实现共同富裕的突出矛盾问题，做好社情民意反映，履行民主党派参政议政职能。7月15日，联合民进萧山区委员会举办“三化四力”（参政议政专业化、社会服务多元化、履职活动品牌化，提升学习力、创新力、执行力、凝聚力）工作推进会暨信息培训主题活动，参会会员围绕社情民意信息撰写进行交流和讨论。

【钱塘民营经济高质量发展论坛】2022年，民进钱塘区总支助力钱塘民营企业经济发展，助推钱塘经济社会共同富裕建设。6月26日，钱塘区民主党派讲谈社Talks（总第七期）暨民进企联会第三届“开明·创新论坛”在智慧谷举行。区委统战部、区招商局、江海之城建设管理办公室、河庄街道江东村等有关单位90多人参加，围绕钱塘区民营企业产业发展特点、营商环境、吸引投资政策以及江海之城和“河庄·田城汇”2个项目为主题进

行交流和讨论。（夏舒慧）

农工党钱塘区基层委

【概况】中国农工民主党杭州市钱塘区基层委员会（简称农工党钱塘区基层委）党员由医药卫生、人口资源和生态环境以及有关的科学技术、教育领域高中级知识分子组成，是具有政治联盟性质，致力于建设中国特色社会主义和祖国统一事业的政党，是中国共产党领导的多党合作和政治协商制度中的中国特色社会主义参政党。至2022年年末，农工党钱塘区基层委有主任委员1人，副主任委员3人，委员3人。下设的3个支部分别有委员4人，其中支部主任委员1人、副主任委员1人。有党员58人，本科及以上学历55人、硕士及以上学历13人；中级和高级职称28人。有市管干部1人、副处级干部1人、科级干部11人、人大代表3人、政协委员14人。是年，农工党钱塘区基层委被省委会授予“社会服务工作先进基层组织”称号、授予“参政议政先进个人”称号2人、授予“反映社情民意信息先进个人”称号1人。

【参政议政职能履行】2022年，农工党钱塘区基层委参加区委、区政府及区政协、区委统战部组织的各类民主协商会和情况通报会10多次。区两会上，党派代表、委员提交个人（含联名）议案和提案8篇。其中，被列入重点提案1篇，入选区政协一届二次会议大会发言材料2篇。全年上报农工党市委会调研报告6篇，全部转化为成果。其中，《推进绿色节能规范化建设，建设低碳社区》入选市政协“请你来协商·探索‘低碳城市’路径，助推‘碳达峰、碳中和’战略实施”专题协商会议发言材料；《关于数字赋能小微企业园区发展，助力杭州打造产业兴盛新天堂的建议》入选市政协十二届一次会议发言材料，并列入市政协十二届一次会议集体提案和农工党省委会提交到省政协十二届五次会议集体提案。全年上报社情民意信息71篇，录用41篇。其中，农工党中央录用6篇、省政协录用1篇、农工党省委会录用14篇。全年捐赠社会物资15批次，折合金额22万余元。

【“环境与健康宣传周”活动】2022年，农工党钱塘区基层委根据农工党中央和农工党省委会部署要求，助推“健康中国”和“美丽中国”建设，推动绿色发展。6月2日，联合农工党省委会、市委会和区委统战部举办的“环境与健康宣传周”启动仪式在钱塘区新加坡科技园举行，就推动环境与健康知识进社区、进农村、进学校，增强全民环境保护和健康意识，践行环保和健康的活动理念进行交流和讨论。

【“同心助共富·情暖夕阳红”爱心活动】2022年，农工党钱塘区基层委发挥党派优势，传承尊老、敬老、爱老传统，服务辖区居民。9月27日，联合区新联会到白杨街道美达社区开展“同心助共富·情暖夕阳红”爱心慰问活动。组织法律、医疗、教育领域的专家党员现场设置服务台，为老年人提供咨询服务。医疗服务台党员医生针对高血压、糖尿病、颈椎病等老年病患者开展日常生活习惯、饮食锻炼等方面的健康宣讲。教育咨询服务台党员专家围绕中考政策、家庭教育、隔代教育等问题进行解答。法律咨询服务台党员律师开展法律知识科普宣传，提高老年居民法律意识、防骗意识和维权意识。

【思想建设工作】2022年，农工党钱塘区基层委落实培养教育期党员“四个一”要求，加大党员教育培训工作，发展党员6人，发展培养教育期对象8人。提升党员综合素质，全年组织党员思想政治教育学习、座谈会、辅导报告会等会议活动12次，参加党员260多人次，被提拔副处级干部1人。（李志恩）

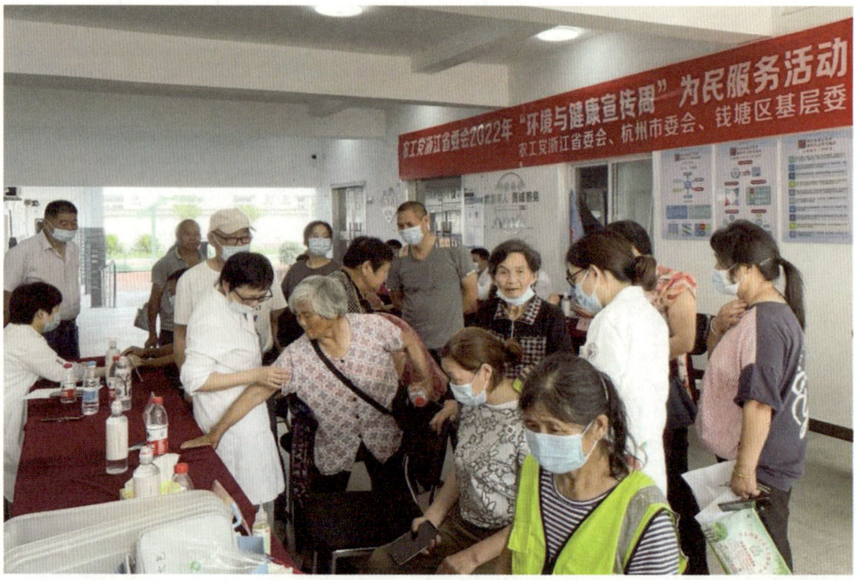

2022年6月2日，农工党钱塘区基层委联合省委会举办“环境与健康宣传周”为民服务活动

（区融媒体中心 提供）

致公党钱塘区支部

【概况】中国致公党杭州市钱塘区支部委员会（简称致公党钱塘区支部）党员由归国华侨、侨眷中的中上层人士和其他有海外关系的代表性人员组成，是具有政治联盟性质，致力于建设中国特色社会主义和祖国统一事业的政党，是中国共产党领导的多党合作和政治协商制度中的中国特色社会主义参政党。至2022年年末，致公党钱塘区支部有主任委员1人、副主任委员1人、委员1人、党员17人。平均年龄38.2岁，90%以上有海外关系或为留学归国人才。其中有市管干部1人、正科级干部2人、市政协科技界别委员1人、区人大代表1人、区政协常委会组成人员3人、区政协委员2人。

【参政议政职能履行】2022年，致公党钱塘区支部履行参政议政、民主监督、政治协商职能，开展基层走访和协商交流。全年报送社情民意报告10多篇，上报致公党省委会课题1项、市委会课题4项。区两会期间，提交提案3篇。《关于加强钱塘区生物医药产业特色优势，加速推动创新跨越式发展的建议》入选区领导重点领办提案。《关于加快提升投资建设项目推进质效的建议》在区政协首场专题议政性常委会上做交流发言。10月14日，杭州、宁波两市政协“合力唱好杭甬‘双城记’”首次协商交流会举行，党员代表围绕如何推动杭甬两地首台（套）产品、首版次软件、首批次新材料产品的推广应用进行交流和讨论。

【“钱塘未来乡村共育合作项目”签约】2022年，致公党钱塘区支部加大区校统战信息联络，助推

2022年4月14日，致公党钱塘区支部党员捐赠30万元为中国计量大学设立“火炬志愿服务基金” （练　晔　提供）

钱塘区经济高质量发展。6月2日，“聚焦高质量·助力共富路·打造高能级”钱塘区校统战融合发展行动党派结对共建签约仪式举行。辖区14所高等院校代表分别与钱塘区7个民主党派及统战团体负责人签订共建项目，其中致公党钱塘区支部与致公党中国计量大学支部签订“钱塘未来乡村共育合作项目”协议。

【“同心同行·共富有我”议政日活动】2022年，致公党钱塘区支部依托区校共建文化品牌，助力钱塘经济社会发展。9月30日，联合致公党中国计量大学走进义蓬街道头蓬社区开展“聚‘致’话老街，共富迎盛会”专题调研暨“同心同行·共富有我”议政日活动。主题围绕头蓬老街建设和改造，结合大江东特色历史文化，从地域文化挖掘、符号设计、品牌打造、运营总体思路等方面进行议政交流，提出打造“盐文化博物馆”的设想，形成《关于推进头蓬老街开发的建议》，提交到区委统战部。

【对外交流与社会服务活动】2022年，致公党钱塘区支部组织党员参与对外交流活动和社会服务工作，全年开展志愿服务活动9场，参加志愿者300多人次。4月14日，致公党钱塘区支部党员蔡锦营捐赠的中国计量大学“火炬志愿服务基金”举行揭牌仪式。4月24日，联合明志法律服务团开展迎接杭州第19届亚运会法律服务进工地活动，慰问江东大道建设项目一线工人。4月28日至5月12日，配合省商务厅举办“第四届双品网购节暨非洲好物网购节”浙江专场活动。11月10日，在首届钱塘产业人才节启动暨杭州全球青年人才中心钱塘分中心揭牌仪式上，致公党钱塘区支部党员组建的钱塘区“潮创”学子工作站法国和非洲2个分站被授牌。

【“助力双泉村，共富石榴红”结对活动】2022年，致公党钱塘区支部落实市委统战部“共富石榴红”数智应用和“杭州致公一家亲”支部结对工作。7月26—27日，联合致公党上城区基层委一支部到建德市大慈岩镇畲族双泉村开展“助力双泉村，共富石榴红”专题结对活动。7月26日，参观走访寿昌镇横钢纪念馆，

学习建德人民革命斗争史，接受爱国主义教育。走访老街坊茶馆民生议事厅，学习当地协商议政、民主监督、服务群众等工作模式和成果，交流中共浙江省十五次党代会报告中关于发展全过程人民民主学习心得。7月27日，到畲族双泉村调研当地人居环境、产业状况、发展机遇，参观双泉畲族文化馆、双泉畲族民宿基地、“十里荷花池”等产业集群，围绕产业与资源升级，提出招商引资和村品牌升级方案。

【“芯智造·芯引擎”圆桌论坛】 2022年，致公党钱塘区支部发挥民主党派人才智力优势，助力钱塘区半导体产业链发展。6月28日，“芯智造·芯引擎”圆桌论坛暨钱塘区民主党派讲谈社Talks（总第八期）在钱塘金沙湖畔举行。党员和专家就“产业、企业、研发和资本等各个方面力量联合，做大半导体产业链，建设高能级产业平台”和钱塘芯谷建设、半导体产业未来发展等问题提出意见和建议。（练　晔）

九三学社钱塘区基层委

【概况】 九三学社杭州市钱塘区基层委员会（简称九三学社钱塘区基层委）成员由科学技术界高级和中级知识分子组成，是具有政治联盟性质，致力于建设中国特色社会主义和祖国统一事业的政党，是中国共产党领导的多党合作和政治协商制度中的中国特色社会主义参政党。至2022年年末，九三学社钱塘区基层委有支社3个，社员67人，其中新发展社员8人。有市人大代表1人、市政协委员1人，区人大代表3人、区政协委员13人。有博士10人、硕士15人，博士和硕士占总人数的37%。入选省新世纪“151人才工程”第三层次人才2人，市“131”中青年人才6人，市D类（市级领军）人才7人，市E类（高级）人才15人。

2022年9月28日，九三学社钱塘区基层委组织举办优化资源利用，成立面向市场的公共实验室圆桌会（高琪琪　摄）

【参政议政职能履行】 2022年，九三学社钱塘区基层委履行参政议政职责，提交议案和提案18篇。《民营中小建筑企业面临四方面困境，亟盼“两完善、两加强”待关注》被全国政协录用，并转交到国家有关部门办理，《当前经济形势分析和助推经济稳进提质的建议》被政协全国委员会办公厅转送到有关部委办理。区两会期间，《大力开发和利用城市地下空间，助力钱塘区“海绵城市”建设》《关于推进钱塘区工业用地集约利用的若干建议》入选区人大会议发言材料。全年参与九三学社市委会参政议政课题招投标，申报项目3个，获批立项资助项目1个。

【“成立面向市场的公共实验室”圆桌会】 2022年，九三学社钱塘区基层委通过钱塘区民主党派讲谈社Talks参政议政和建言献策平台，助力钱塘经济社会发展。9月28日，“成立面向市场的公共实验室”圆桌会暨钱塘区民主党派讲谈社Talks（总第九期）在钱塘金沙湖畔举行。以“优化资源利用，成立面向市场的公共实验室”为主题，从企业有需求、平台有支持、环境有提升、城市有品位、高校有资源、人文有意义6个方面讨论成立面向市场的公共实验室必要性、可行性和有价值性，以及通过建立公共实验室，实现资源融合、人才融合、校企融合。

【“九三科技服务月”活动】 2022年，九三学社钱塘区基层委联合市政协九三学社界别小组、九三学社市委开展“‘九三科技服务月’暨‘迎亚运、促共富’‘六送’”服务基层和群众活动。7月27日，组织杭州市第三人民医院、杭州市中医院和浙江省中西医结合医院（杭州市红十字会医院、浙江大学医学院附属杭州市胸科医院）医生到钱塘区江东大道提升改造工程工地为杭州第19届亚运会保障工程一线工人义诊。

（姚肖飞）

责任编辑　高骏森

群众团体

钱塘区总工会

【概况】2022年，钱塘区总工会（简称区总工会）辖7个街道总工会、6个平台工会工作委员会和19个直属工会，有基层工会1092个，覆盖单位2772个，实名制工会会员16.8万人。全年培育浙江工匠4人、杭州工匠2人、市劳动模范15人、市模范集体7个、市工人先锋号5个、市高技能人才（劳模）创新工作室3个。举办区首届职工羽毛球乒乓球比赛、第二届百村（社区）足球联赛、综保区职工运动会等活动。招募职工志愿者1.18万人，组织志愿服务4.8万人次。致力蓝领成才，承办市“‘9·26’工匠日杯”电工职业技能大赛，联合区人力社保局举办药物制剂工、车工、直播销售员等5场技能竞赛，组织各级工会开展劳动和职业技能竞赛420场，参与职工3.2万人。聚焦维权服务，开展职工队伍情况排查化解行动和安全隐患大排查，排查企业1531个，涉及职工15万人。化解矛盾纠纷，维护职工切身利益。推动数智群团建设，智慧工会实名制录入1003个，数智群团“一键入群”444个，新业态企业建工会12个。入选浙江数字工会省市县（市、区）联建单位，试点推广、联建“农民工学历能力双提升”应用系统。在全市构建新时代和谐劳动关系助力经济稳进提质大会、新时代杭州产业工人队伍建设改革工作推进会上，钱塘区代表分别以《“1+N”联动“点线面”结合，构建新时代和谐劳动关系》《立足“技工共富”，赋能产业工人才智涌流》为题做经验交流。钱塘“小哥”之家暖心服务驿站入选全国总工会“最美工会户外劳动者服务站点”，长安福特汽车有限公司杭州分公司蓝领公寓“共享厨房”获评“杭州市工会改革创新优秀成果”。

【政治思想学习】2022年10月27日，区总工会在浙江康莱特药业有限公司组织“红心向党谱华章，

2022年5月14—15日，区总工会举办杭州市钱塘区首届职工乒乓球比赛，图为比赛现场

（徐霞丽 提供）

历史伟业启新程”学习中国共产党第二十次全国代表大会精神职工座谈会，重温中共中央总书记习近平对企业、产业工人的关爱和勉励，集中学习中国共产党第二十次全国代表大会报告，区总工会班子成员、区政协工会界别委员、劳模工匠、职工代表参加。11月24日，在下沙海创园举办“贯彻中国共产党第二十次全国代表大会精神，争当学习弄潮儿”职工“学习强国”知识竞赛，推动园区党员、工会会员、职工群众学习中国共产党党史、中国共产党的创新理论和方针政策。11月29日，在正泰中自科技园举办中国共产党第二十次全国代表大会精神专题宣讲会，邀请省总工会干部学校党委书记、校长傅建成围绕中国共产党第二十次全国代表大会召开的时代背景、报告的重点解读、对工会工作的指导意义等6个方面进行授课，区总工会机关干部、企业工会主席代表、园区一线职工代表参加。在全区范围开展“守好红色根脉·班前十分钟”活动，利用车间、班组早会十分钟时间，开展职工政治思想教育。

【关爱外来务工人员行动】2022年1月，区总工会发布倡议书，号召职工群众“选择就地过新年”，实施“情系职工，温暖钱塘”关爱外来务工人员行动，开展走访慰问、关心关爱、文旅钱塘美丽行等活动，覆盖职工1.3万人。落实企业纾困解难政策，全年缓减企业上缴工会经费4663.08万元，返还小微企业工会经费116.57万元。

【钱塘区行业工会相继成立】2022年6月16日，区总工会召开钱塘区首家行业联合会暨货运物流行业联合会成立大会，60名货运司机代表参加会议。大会选举产生钱塘区货运物流行业工会联合会第一届委员会主席和经审会主任。钱塘区货运物流行业工会联合会覆盖货运物流企业900个，吸纳6000多名货车司机入会。7月27日，成立钱塘区餐饮行业工会联合会，吸纳300多名厨师、服务员等新就业形态劳动者入会。8月1日，成立钱塘区摄影家协会工会委员会，吸纳50名摄影师入会。

【劳模工匠学院揭牌】2022年9月26日，区总工会会同杭州职业技术学院举办钱塘区“育工匠助共富”专项行动发布暨劳模工匠学院成立仪式，市总工会、钱塘区委、区总工会、杭州职业技术学院领导出席，并为钱塘区劳模工匠学院揭牌。活动现场公布职工素质提升、职工技术提升、劳模工匠阵地建设3个方面10项行动，聘请杭州市劳动模范童光红、李鹏，“杭州工匠”祝新华、张利舟，区劳动模范朱建龙，“钱塘工匠”朱立赞、朱瑮、姜集勇为钱塘区劳模工匠学院首批授课教师。区劳模工匠学院是一个以培育“工匠精神”为宗旨、具有职教特色的工匠培训平台，融合企业工匠职业培训、青少年工匠体验、职教师资培养等多项内容。

【区总工会一届二次全会】2022年8月31日，区总工会召开第一届委员会第二次全体会议，区人大常委会副主任、总工会主席董蒋灿出席会议并讲话。会议补选王琴芳等10人为杭州市钱塘区总工会第一届委员会委员，选举江志明等6人为杭州市钱塘区总工会第一届委员会常务委员，金辉当选为杭州市钱塘区总工会第一届委员会常务副主席。

【工人学历与职业技能教育】2022年6月3日，区总工会出台资助优秀外来务工人员上大学政策。专科学历教育由杭州职业技术学院、浙江经济职业技术学院、杭州科技职业技术学院继续教育学院承办，采用“线上+线下”教育模式，职工毕业后可获得区总工会75%的学费资助，最高不超过5000元，资助名额不限。毕业

2022年9月26日，区总工会举行钱塘区“育工匠助共富”专项行动发布暨杭州市钱塘区劳模工匠学院成立仪式（徐霞丽 提供）

前取得高级技师职业资格或获评区级及以上工匠称号、劳动模范，市级及以上“五一劳动奖章”和在抗击疫情一线工作的人员，可获得全额资助学费。鼓励外来务工人员参加市总工会资助本科学历教育，在市总工会资助基础上，区总工会发放700元学历提升补助，补助名额不限。全年为368名职工毕业生兑现专科学费资助180万元。7月20日至12月31日，组织开展“蓝领成才”职工技能培训，开设语言、职业技能、数字经济、职业素养、人文生活五大类40个科目，为2200名技术工人资助技能培训费86万元，为1922名高技能人才申请奖励105万元。培育卓尚服饰（杭州）有限公司为省级产改试点企业，杭州世宝汽车方向机有限公司等3个企业为市级产改试点企业，广汽乘用车（杭州）有限公司等13个企业为区级产改试点企业。

【新时代和谐劳动关系构建】2022年9月23日，区总工会召开钱塘区构建新时代和谐劳动关系暨产业工人队伍建设改革推进会，成立构建新时代和谐劳动关系工作领导小组，出台《构建钱塘区新时代和谐劳动关系实施意见》。会上，松下家电（中国）有限公司、杭州和利时自动化有限公司、广汽乘用车（杭州）有限公司的企业工会主席分享企业维护职工合法权益、助力职工成长成才、助推企业健康发展经验成果。5月16日，启动工资集体协商集中要约行动和集体协商质效评估，全年共有944个企业签订集体合同，覆盖职工11万人。指导松下工业园区率先采用能级工资集体协商、新增技能等级晋升、技能竞赛获奖激励等措施。

【工会经费管理使用专项治理】2022年8月31日，区总工会会同区纪委区监委召开全区工会经费管理使用专项治理工作专题会，印发《全区工会经费管理使用专项治理工作实施方案》，专项治理范围主要为2019年5月1日至2022年6月30日工会经费管理使用的规范性，包括工会管理制度落实、工会经费收支和审批、疗休养制度执行等方面。专项治理工作启动以来，全区各直属工会、街道总工会（机关工会）全面开展自查自纠；区总工会牵头，组织第三方对22个工会开展全覆盖审计工作，对4个学校进行延伸审计；会同区纪委区监委，抽调人员组成督查小组，结合审计、信访等情况，坚持问题导向，采取查阅台账凭证、个别了解等方式，重点对7个街道的疗休养制度执行等工作开展监督检查。

（徐霞丽）

共青团钱塘区委员会

【概况】2022年，共青团杭州市钱塘区委员会（简称团区委）下辖基层团组织1077个，其中基层团（工）委66个、基层团总支21个、基层团支部866个，共青团员2.04万人。团区委聚焦县域共青团基层组织改革和青年发展型标杆城区建设，承接全省共青团助力“双减”常态化学后托管志愿服务试点；在市青年发展型城市建设试点工作部署推进会暨市青年工作联席会议第三次全体（扩大）会议上做典型发言；团区委获评“杭州市五四红旗团委”“杭州市先进团委”。5月26日，召开共青团杭州市钱塘区第一次代表大会，选举产生第一届委员会。新建“两新”（新经济组织和新社会组织）团组织95个、团属社会组织3个，复评2021年度市、区两级青年文明号14个。1人获评“全国向上向善好青年”。

【青少年思想政治引领】2022年，团区委结合青年大学习、红领巾爱学习等要求，开展“中国共产党的青年运动史、中国共产主义青年团成立100周年大会精神、中国共产党第二十次全国代表大会主要内容”等线上和线下学习活动3000多场。举办“喜迎二十大，永远跟党走，奋进新征程”浙江省（杭州市）“青年大学习”宣讲交流主题活动暨钱塘区青年学习品牌启动仪式。发布“钱塘乐学”青年学习品牌，组建青年学习小组136个，启动“百场宣讲进村（社区）”活动。依托“钱塘麦浪”青年宣讲团、“8090”普法宣讲团、大学生科普讲师团，以及红领巾讲解员，宣讲“中国共产党第二十次全国代表大会精神”“共富青年说”“开学法治第一课”等内容100多场。打造“青春巴士”，推出青少年研学路线5条。青年技工胡雪梅当选“全国向上向善好青年”。

【助力青年就业创业】2022年，钱塘区成立杭州全球青年人才中心钱塘分中心及硅谷、法国、非洲、西安、深圳5个“潮创”学子工作站，打造宣传钱塘、招引人才的青年引才服务品牌。开展“留区过年，团团行动”青年消费嘉年华活动；上线“钱塘技工—联谊交友”模块，组织开展青年联谊交友12场次；借助“振兴杯”办赛，举办线上和线下招聘会等活动20场，提供岗位2.56万个；搭建实践平台，对接大学生社会实践团队50支，提供“返家乡”实践岗位300个。当选“市青年人才大使”3人，入选“浙江青年工

2022年11月10日，钱塘区“潮创”学子工作站授牌仪式举行，为硅谷、法国、非洲、西安、深圳5个分站授牌（孙伟婷 提供）

匠”培养项目15人。

【青年志愿服务】2022年，团区委发动全区各级团组织、团员青年参加基层治理等中心工作，组建青年突击队50支，发动志愿者3万余人次。免费心理咨询热线24小时在线。开展迎亚运文明素质提升行动，评选优秀志愿者100人、优秀项目和集体20个、聘请公益导师10人；举办志愿服务培训班12场，培训志愿者1000多人；依托各级党群服务中心、城管驿站等建立亚运青年V站（微笑亭）10个；开展大学生箱体美化大赛、承办省“反诈青年行”活动；协调“12355”青少年服务中心咨询电话入驻区社会治理中心，举办青少年心理健康教育活动30场次，接受个案咨询100人次。

【青年微文化宣传】2022年，团区委组织开展“青春有信仰”大学生网络文明作品征集活动，用动漫、视频或文字等形式展现青年心目中“奋斗的青春”，用青年视角记录城市发展变化，展示青年精神面貌；拍摄《钱塘青锋》系列宣传片6组，讲述各行业钱塘青年奋斗故事，弘扬钱塘青年正能量。开设“钱塘青锋微课堂”新春特辑7期，提升“钱塘青锋”品牌辨识度。

【团组织基层建设】2022年，团区委组织召开区第一次团代会，选举产生第一届委员会。建立“一专一站两联”工作机制，常态化走访联系团员重点企业、青年、重点青少年等。新建省街舞运动协会团工委，服务新兴领域青年群体；新建“两新”团组织95个、团属社会组织3个；根据“一单位一方案”实施团属单位改革。把“青年发展型”建设写入区委《关于推进“四个全域”勇当“两个先行”时代先锋的决定》。推行青年工作联席会议机制，召开区青年工作联席会议第二次全体会议。制定《干部协管工作提示单》《2022年度共青团工作考核评价实施方案》，明确团干部任期目标，开展“三亮三比”（亮标准、亮身份、亮承诺；比技能、比作风、比业绩）“双述双评”（各基层团组织向上级团组织述职，向本单位团员述职；团组织接受本单位团员评议，接受上级团组织考评），加强团干部系统培训，提升党性修养和业务能力，撰写提交心得体会100多篇、作风建设笔谈15篇，开展“清廉共青团”建设。

（孙伟婷）

▶▶资料：“一专一站两联”工作机制

指按照“区分层次、抓住重点、逐步推进”原则，根据团中央和地方各级团组织功能定位、职责分工，重点抓住各级团的委员会成员、县域内团代表两个群体，拓展团的专门委员会建设，打通县域团代表联络站建设，建立团的委员会成员联系团代表、团代表联系团员青年的“两联”工作机制，建设横向覆盖各个领域、纵向联通各个层级、普遍联系团员青年的团的全国和地方各级代表大会代表及其委员会成员作用发挥的格局体系，推动团的各级代表大会及其委员会发挥政治功能、实现整体活跃，为各级团的工作提供人力、智力和资源支撑。

钱塘区妇女联合会

【概况】2022年5月，钱塘区街道妇女联合会完成换届工作，探索实行挂职副主席新模式，实现街道挂职副主席全覆盖。6月27日，杭州市钱塘区第一次妇女代表大会召开，选举产生杭州市钱塘区妇女联合会（简称区妇联）第一届执行委员会，并在一届一次执委会会议上选举产生主席1人、副主席4人、常务委员13人。

【思想引领强化】2022年，区妇联开展“共富路上展芳华”系列宣传，展现钱塘巾帼风采。“三八”国际妇女节活动期间，《钱塘新区报》专版刊登钱塘巾帼故事。全年开设《我奋斗·家国美》专栏，展播巾帼奋斗故事汇21期。组织巾帼文艺健身推广站开展排舞展演活动。

【家庭家教家风建设】2022年2月，省妇联在全省14个区县开展县域村（社区）家庭教育指导服务体系标准化建设试点，钱塘区妇联位列其中。5月13日，区妇联组织举办杭州市暨钱塘区家庭教育宣传周启动仪式。9月，承办市妇联“跟着爸妈做美食”短视频大赛。12月，发布《钱塘区家庭教育工作“十四五”规划》，指导全区家庭教育工作开展。打造示范型妇儿驿站，获评省首批示范妇儿驿站1个、市级示范妇儿驿站4个、区级示范妇儿驿站15个。开展分阶段式“幸福e家”家庭教育课程49场次。推进清廉家风建设，以“树廉洁家风·建幸福家庭”为主题，通过共用一本家庭助廉日志、共做一道美味廉菜肴等主题活动，倡导领导干部家庭带头正家风、严家教。举行“美丽庭院”创建大比武，评选区级“美丽庭院示范户”235户，“美丽庭院户”2350户。获评市级“美丽庭院”户100户，江东村获评省“美丽庭院”特色村、市“美丽庭院”示范村。

【巾帼建功先进评选】2022年，区妇联获评省级巾帼文明岗3个、标兵1人；获评市级巾帼文明岗5个、标兵3人；评选区级巾帼文明岗20个、标兵30人。评选基层妇女工作先进集体20个、区级基层优秀妇女干部25名、妇联系统优秀通讯员20人、优秀巾帼志愿者30人。

【妇女儿童权益保护】2022年，区妇联实现“浙里家，连心桥”中“四必访四必应”应用场景贯通，全区妇联干部、执行委员全数上线数字平台。全区892名执委走访妇女群众家庭1.54万次，建立家庭档案9901个，推动解决问题224个。在区级婚姻家庭纠纷调解委员会下设立下沙街道和新湾街道新宏社区婚姻家庭纠纷调解工作室。成立区级调解专家库，办理维权舆情个案130个。建立健全三级妇联维权网络，落实专人接听信访电询43起，均及时处理并解答。出台区妇联系统“八五”普法规划，开展平安家庭专项检查。

【妇联基层组织建设】2022年，区妇联推进“四新领域”（新领域、新业态、新阶层、新群体）妇联组织建设，组建格力电器（杭州）有限公司、浙江锦阳人力资源集团有限公司、浙江省街舞运动协会妇联等组织。新培育爱路儿童发展成长中心等5个女性社会组织。其中，卓越女性成长与发展研究院（高校教师团队组建），旨在为女性成长发展提供支持。提升妇联干部、执委德才素质和履职能力，举办全区基层妇联干部推动共同富裕能力提升培训班、全区妇联系统执委培训班。

（尚钰娅）

▶▶资料：“四必访四必应”应用

是“浙里家·连心桥”的子应用之一，通过数字赋能实现走访妇女、回应诉求全过程精密智控，推进基层妇联各项工作系统性变革、整体性重塑。明确“创业就业困难女性”“生活困难家庭”“空巢老人及留守妇女儿童家庭”“婚姻家庭矛盾纠纷家庭”为“四必访”对象，发动基层执委开展经常性走访，形成“一档案三清单”，“一档案”即建立走访群众和家庭基本档案，“三清单”即根据走访了解到的需求和困难形成走访清单、需求清单、服务清单。对走访收集数据和多源感知数据实施赋色管理，通过分层分类、线下线上、多跨协同推动妇女群众的问题得到回应和解决，构建执委联系服务的“走访妇女—收集需求—数据运用—分类处置—结果反馈”闭环管理机制，将妇联组织制度优势转化为治理效能，实现智能化、精准化服务妇女群众。

钱塘区科学技术协会

【概况】2022年，钱塘区科学技术协会（简称区科协）召开第一次代表大会，选举区科协领导班子成员。对拟建院士专家工作站企业进行实地走访调研，推荐市级院士工作站1个，市级专家工作站1个；推进科普阵地建设，全年新增国家级科普教育基地3个。

【区科协第一次代表大会】2022年10月21日，钱塘区科学技术协会第一次代表大会召开，选举产生钱塘区科协第一届委员会常务委员、主席、副主席、秘书长。胡文波当选为区科协第一届委员会主席，李田忠当选为副主席兼秘书长，张云波当选为挂职副主席，江志明、项强、张荣荣、邱梅利当选为兼职副主席。

【院士专家工作站建设】2022年，区科协对拟建院士专家工作站企业进行实地走访调研，针对不同企业在申报上提出的具体问题予以辅导。中策橡胶集团股份有限公司通过市级院士工作站审核，杭州世宝汽车方向机有限公司通过市级专家工作站审核。

【科普阵地建设】2022年，区科协推进科普阵地建设，全年新增味全杭州厂品牌馆、康师傅梦想探索乐园、浙江理工大学理学院3个国家级科普教育基地。

2022年9月21日，“全国科普日暨钱塘区第二届科普宣传周”启动仪式在浙江理工大学举行

（盛梁燕 提供）

【科普宣传周活动】2022年9月21日，“全国科普日暨钱塘区第二届科普宣传周”启动仪式在浙江理工大学举行，省科协、市科协、在杭高校及辖区企业近百名科技代表出席。启动仪式上发出第八届杭州市大学生创新大赛通知，并首次发布钱塘科协“1+3”政策体系（《钱塘区科学技术协会项目经费管理办法（试行）的通知》等4个政策文件），同时举行科普集市和反邪教宣传等活动。区科协和浙江理工大学、杭州电子科技大学签订《科普中国应用推广合作战略》和《联建科普教育基地》协议。活动现场，杭州市钱塘区科技传播学会揭牌，并举行“科普讲师团”授旗仪式。科普宣传周开展“银龄跨越数字鸿沟”“科普中国应用落地”“应急安全”等系列活动240场次，覆盖全区每个街道和村社。12月，区科协被中国科协授予“全国科普日优秀组织单位”称号。

【科普服务创新】2022年，区科协在各老年大学及街道、社区开展“银龄跨越数字鸿沟”智能技术日常应用普及培训和相关讲座，参与1.29万人次。4月和9月，分别举办“科技助力对口支援·塘塘携手乡村振兴”活动，该项活动为杭州市首创。区内科普基地全年接待学生800批次、2.5万人次，好评率98%。推进“科普中国”优质资源落地应用，累计注册认证5490人。 （盛梁燕）

2022年10月21日，杭州市钱塘区科学技术协会第一次代表大会召开

（盛梁燕 提供）

钱塘区工商业联合会

【概况】2022年，钱塘区工商业联合会（总商会）[简称区工商联（总商会）]有杭州医药港商会、大创小镇商会、下沙街道商会、白杨街道商会、河庄街道商会、义蓬街道商会、新湾街道商会、临江街道商会、前进街道商会9个基层商会。根据“两个健康”（即非公有制经济健康发展和非公有制经济人士健康成长）要求，开展“两服务一提升”（服务中心、服务企业、提升能力）工作，发挥桥梁纽带作用。区工商联（总商会）获评全国工商联调查点工作先进基层单位、省工商联上规模民营企业调研先进单位、市工商联服务“两个健康”优秀单位。

【钱塘区工商联（总商会）国际合作商会】 2022年7月22日，区工商联（总商会）国际合作商会成立，首届会员68个企业，选举产生钱塘区国际合作商会第一届理事会会长、副会长、秘书长，杭州奥泰生物技术股份有限公司董事长高飞当选会长。

【钱塘民企频道开播】 2022年2月18日，区工商联民企频道开播，开设民企直播、每日播报、红色故事、民企课堂、健康生活5个栏目，通过每周固定日邀请企业家走进直播间，讲述创业故事，传播企业文化。通过对话和项目交流等形式，实施常态化学习教育、联谊交友和培育引导，为企业和项目交流搭平台、聚合力、促发展。57个企业参与频道直播，开展项目交流活动32场，节目“粉丝”3万余人，累计浏览量133万余人次。该项工作入选省工商联系统服务“两个健康”最佳实践案例。

【钱塘民营经济人士之家】 2022年12月9日，“钱塘民营经济人士之家”（简称民企之家）启用。民企之家位于钱塘区福城路501号和达药谷4期6幢2层，总面积1200平方米，由区工商联（总商会）依据“定位清晰、功能明确、设施齐全、运行规范、活动正常、作用明显”项目要求组织建设。浙商会客厅、浙商回归服务驿站、杭州市民营经济“两个健康”城市之窗等省市级品牌项目相继落地。通过“线上+线下”形式将各领域民营企业家资源串联，搭建商务洽谈、路演分享、政企交流平台，全方位赋能民企需求，被市委统战部评为“之江同心，奋楫争先”全市统一战线“同心最美阵地”。

【民企健康发展促进】 2022年，区工商联（总商会）与浙江工商大学合作建立浙江钱塘民营经济“两个健康”推进委员会，统筹推进基层商会组织的人才、技术、资源向打造高能级战略平台集聚。与省中小企业协会签订项目路演战略合作协议，实现跨平台合作，共同推进大项目路演活动。与区纪委共建清廉民企建设服务平台，打造区级清廉民企示范点2个，重点培育单位19个，杭州玫隆食品有限公司入选市级“清廉民企创建培育试点”单位。组建“产业帮帮团”“创业导师团”，采取“联盟+引导”“跨区域+跨行业”“人才+企业”等形式，构建钱塘民企服务共同体联盟，帮助会员企业协调解决经营场地改扩建、延期竣工等矛盾和困难。

【营商环境优化】 2022年，区工商联（总商会）组织企业参与“万家民企评”等各级各类调研，企业参与调查823个次，被全国工商联评为“2022年调查点工作先进基层单位”。开展常态化走访服务，走访企业218个，“亲清日志”综合分值列全市第一位。组织召开“亲清直通车·政企恳谈会”8场，参会企业100多个，收集问题建议69件。

【同心助力共同富裕】 2022年，区工商联（总商会）为解决企业在创新发展过程中遇到的痛点堵点问题，拓展产教融合、校企合作途径，开展“百家民企进高校、百名专家进民企”活动，建立“企业家+高校专家”产教融合机制，助推多方抱团式精准对接与项目合作。开展“万企兴万村·携手共富路”活动，助力乡村振兴、全域美丽等工作。推进钱塘草莓小镇、稻香小镇等9个共富项目建设。其中，钱塘共富“农租房”项目被推荐为省级优秀实验项目，“我在塘塘有棵树”项目被认定为市级优秀实验项目。参与对口支援和区域合作，与衢州市江山市商会共建蜜蜂小镇共富基地，与四川省甘孜藏族自治州理塘县22个村社签订“企村结对”帮扶协议，以产业助村、产品助销等方式助力共同富裕。（方　妮）

钱塘区文学艺术界联合会

【概况】 2022年，钱塘区文学艺术界联合会（筹）［简称区文联（筹）］有各级艺术家协会会员663人。其中，国家级协会会员39人、省级协会会员133人、市级协会会员182人、其他会员309人。拥有文学、书法、美术、摄影、音乐、舞蹈6个文艺家协会。下沙、白杨、河庄、义蓬、新湾、临江、前进7个街道均已建立文联组织。区文联（筹）是区委领导的由全区性文艺家协会、街道文联和全区性行业文联组成的人民团体。主要职能是团结引导文艺家和文艺爱好者进行艺术创作；对全区文学艺术社团开展联络、管理、协调、服务、指导工作；为文艺家提供咨询服务，反映文艺家诉求；关心文艺家工作、生活，依法维护其合法权益。加强组织建设，开展文艺惠民活动。区作家协会《“小”作协也有“大”作为》专报获时任省委宣传部部长王纲，市委宣传部部长黄海峰，区委书记金承涛批示肯定。获市文联系统综合测评优秀等次。区作家协会主席沈小玲被评为“浙江省文联系统成绩突出个人”。

【文联组织建设】2022年6月28日，钱塘区作家协会成立；7月1日，钱塘区音乐家协会成立；7月4日，钱塘区舞蹈家协会成立。区各文艺家协会分别吸引曾获评国家级、省级、市级奖项或获国家艺术基金扶持等待遇的文艺界领军人物加入。3个文艺家协会成立后均开展高质量文艺活动。11—12月，义蓬街道文联、河庄街道文联、新湾街道文联、前进街道文联、临江街道文联、白杨街道文联、下沙街道文联先后成立。

【文艺惠民活动开展】2022年，区文联（筹）结合中国共产党第二十次全国代表大会、杭州第19届亚运会等重要会议和活动，联合浙江传媒学院等辖区高校、各艺术家协会开展“喜迎二十大·诗画江南看钱塘”主题征文等10多场文艺活动；举办“美好中国·宋韵钱塘”书画展，组织开办“喜迎二十大·艺起秀钱塘”艺术培训班（包括艺起书法、艺起舞蹈、艺起摄影等）；开展新春送祝福、“当书法遇见亚运”等活动，动员文艺志愿者参加各类文艺惠民活动100多场，把高品质文艺作品带到企业、村（社区）以及机关等。区各艺术家协会、街道文联和行业协会围绕“学习宣传二十大”“喜迎亚运”“共富示范”“宋韵文化”“艺术乡建”等主题，举办“喜迎二十大·锦绣钱塘兴”书法篆刻作品展、“喜迎二十大·起舞共富路”线上舞蹈展演、“诗画江南看钱塘”全国征文大赛、“放飞梦想·拥抱亚运”钱塘手绘风筝节等文艺惠民活动。

【文艺精品项目获奖】2022年，区文联（筹）选送的文学作品《中国农民城》（朱晓军作）、《创新力》（葛继宏作）获评省精神文明建设“五个一工程”奖和市精神文明建设“五个一工程”奖；朱晓军创作的报告文学《钱塘一家人》、云雷文化（杭州）有限公司创作的电视剧《航海少年团》入选省文艺基金扶持项目；王迅团队创作的作品《浙江散文现象研究》、河庄街道办事处创作的舞台剧《围垦战歌》入选杭州市文艺精品工程扶持项目。沈小玲创作的散文《辛勤耕耘稻麦香》被《人民日报》选用刊登。区音乐家协会主席王保华创作的《丝路钱塘》和《向青春致敬》入选国家艺术基金扶持项目；区音乐家协会副主席施翔获评第四届“浙江音乐奖”个人奖，其词作品《有你真好》获评省委宣传部、省广播电视集团主办的“东方之歌”原创歌曲创作征集活动二等奖；区舞蹈家协会编排的舞蹈《绽放》获评杭州市舞蹈展演金奖，编排的亚运主题曲《最美风景》视频教材，在杭州市各区（县、市）范围推广；区舞蹈家协会理事杨欣欣参与编创的舞蹈影像作品《良渚符号》获评罗马国际舞蹈大赛舞蹈影像金奖；区美术家协会理事武小锋作品入展中国美术家协会展览2次（第二届全国动漫美术作品展、第二届中国写意油画双年展），区美术家协会副主席薛承峰、糜南山等人作品入展省美术家协会主办展览20多次、入展市级美术家协会主办展览40多次；区摄影家协会参与“百名飞手瞰杭州”央视新媒体15小时直播活动。区摄影家协会获评“先进团体”，已连续4届获评该奖项。

（许波胜 朱振东）

钱塘区残疾人联合会

【概况】钱塘区残疾人联合会（简称区残联）设科室1个（残疾人综合事务科），下属事业单位1个（残疾人综合服务中心）。2022年，区残联推进“康养结合高质量助残先行区”“‘1+4’社区暖心助残”2项省级试点工作；组织推行的“残疾人康养一体化服务”工作，入选杭州市争当浙江高质量发展共同富裕示范区城市范例最佳实践（第一批）；“社区（家庭）康复服务应用”入选省残联第二批揭榜挂帅项目；“家医助残”活动入围浙里民生“关键小事”；《残疾人康养一体化服务标准》作为杭州市地方标准发布；《康复之家建设管理规范》作为杭州市团体标准发布。至年末，钱塘区有持证残疾人7169人。其中，肢体残疾3346人，听力残疾1188人，视力残疾788人，智力残疾783人，精神残疾690人，多重残疾303人，言语残疾71人。重度残疾2069人，占持证残疾人总数的28.9%。

【区残联第二次代表大会】2022年10月25日，杭州市钱塘区残疾人联合会第二次代表大会召开。区委书记金承涛出席开幕式并讲话。市残联党组书记、理事长杨英英到会指导。会议听取并审议区残联第一届主席团工作报告，确定残疾人事业发展规划、工作方针和主要任务；选举产生区残联第二届主席团；推举产生区残联第二届执行理事会；选举产生出席市残联第八次代表大会的代表，推荐杭州市残联第八届主席团委员候选人。

【残联民生实事推进】2022年，区残联牵头实施省、市民生实事项目2项（残疾人之家提升、重要公共服务场所无障碍改造），区民生实事1项（残疾人康复之家创建）。通过区街联动、优化机

2022年3月23日，副省长王文序（前排左三）到钱塘区调研亚残运会无障碍服务保障工作 （廖和燕 提供）

制、强化督查、群众参与等措施，超额完成民生实事任务。其中，残疾人之家提升完成任务数的200%，重要公共服务场所无障碍改造完成任务数的120%，残疾人康复之家第一批通过杭州市示范化康复之家验收。

【残疾人"精准康复"建设】2022年，区残联推进"康养结合高质量助残先行区"省级试点工作，社区康养助残服务工作经验在全省残联系统推进会上做交流发言，并在《浙江残疾人工作》刊登。依托省康复医疗中心建立"安舒""颐康"2个康养联合体，为残疾人提供专业康养服务。全区三类残疾人机构托养照护服务率67%。建成投用嵌入式康复之家5个、康复站9个，新增认知障碍照护专区床位35张。联合省康复专业学会定制24课时的康养一体化技能培训课程，组织康养服务人员专业技能培训两期，参训人员120人。依托卫健、民政部门和第三方服务机构，组建康复服务团队7个、家医团队35个、生活照护团队7个，为符合条件的残疾人提供家庭医疗保健、居家康复和照护服务。上门服务1600人次，重症残疾人上门服务覆盖率67.9%。

【残疾人"充分就业"推进】2022年，区残联通过"全国残疾人按比例就业情况联网认证系统"线上申报和用人单位线下申报，完成用人单位安排残疾人就业审核申报546个，审核残疾人1963人次。落实残疾人就学补助政策，配合教育部门做好义务教育阶段残疾儿童入学和对重度残疾儿童实施送教育上门服务工作，推动特殊教育向学前教育和职业教育延伸，促进残疾儿童融合教育。开展"就业援助月"活动，通过政策宣讲、"云"（线上）招聘、专场活动、技能培训、专项帮扶等形式，完成残疾人新增就业117人，新增城乡职业培训151人，有就业意愿和就业能力的残疾人职业技能培训率100%。视力残疾人杨姝开设有声读物主播工作室，经验方法在中央电视台新闻频道《朝闻天下》、浙江电视台《中国蓝新闻》播出。

【残疾人助力亚运】2022年，区残联制定"十四五"时期无障碍社区创建实施意见和补助政策，建成省级无障碍社区2个、区级无障碍社区7个。河庄街道东沙湖社区创建无障碍社区经验在全市无障碍社区建设工作会议上做交流发言。对45户困难残疾人家庭进行无障碍改造。完成65个新建项目无障碍体验。先后承办市级残疾人文体示范点创建推进会和市残联励志宣讲团活动。成功创建首批市级残疾人文体示范点2个（杭州世衡农业开发有限公司、钱塘区河庄街道文体中心）。听障残疾人吴笑林代表钱塘区残疾人参加北京2022年第13届冬残奥会开幕式、闭幕式文艺演出，并获"学习强国"学习平台等媒体、平台宣传报道，获评市第四届"最美杭州人——十佳残疾人"。2名肢体残疾人志愿者入围杭州第19届亚运会和杭州第四届亚残运会赛会志愿服务。

【残疾人"文化惠残"行动】2022年，区残联在全市残联系统开辟音频播报栏目——"听钱塘"，并为视力残疾人杨姝开辟有声读物主播专栏。主办"朗诵雅集"直播活动，承办杭州市自强宣讲团"迎亚（残）运·听钱塘"主题宣讲活动，获省、市多个媒体和"学习强国"学习平台宣传报道。承办杭州市第12届残疾人健身周无障碍游泳专场活动。结合"助残日"等节日，发动全区各残疾人协会、街道残联、村（社区）残协组织开展"看钱塘"残疾人文体活动。实施"论钱塘"之钱塘区首届"双美"（最美残疾人、最美助残人）评选，以及特殊艺术进高校、进社区等"文化惠残"行动。

（廖和燕）

2022 年 11 月 3 日，宋韵文化研究中心举行揭牌仪式　　（李建峰 提供）

▶▶资料："1+4"社区暖心助残

1 是指建立困难残疾人家庭入户访视制度。

4 是指"我要就业""我要照护""我要康复""我要出行，友好出行"。

钱塘区社会科学界联合会

【概况】2022 年，钱塘区社会科学界联合会（简称区社科联）对领导班子成员和成员单位代表进行调整。6 月 24 日，区社科联常务理事会一届一次会议召开，通过《钱塘区社科联代表、理事、常务理事、副主席增补和调整方案》，增补常务理事 1 人（贺学兵）、理事 3 人（翁列恩、邵燕波、李琳），调整成员单位代表 11 人。同日，区社科联第一届理事会第二次会议召开，选举贺学兵为区社科联主席，楼复进自行免去区社科联主席职务。

【社科课题研究】2022 年，区社科联以"部门出题、社科领题、专家答题"模式，发布立项《钱塘区技术工人群体"扩中提低"精准服务效应评估及完善路径研究》等研究课题 10 项（2 项重点课题，8 项一般课题）。10 月，开展 2 项重点委托课题研究，内容涉及文化和产业发展，结合中国共产党第二十次全国代表大会精神，推出"习近平总书记调研钱塘时重要讲话指示精神的理论溯源和落地研究"重大课题。

【宋韵文化研究】2022 年，区社科联推进省委"宋韵文化传世工程"在钱塘区落地。加强校地合作，与浙江财经大学人文与传播学院联合成立"宋韵文化研究中心"。11 月 3 日，"宋韵文化研究中心"揭牌，首期"宋韵文化大讲堂"开讲，邀请清华大学国学研究院院长陈来授课。11 月 4—6 日，举办首届宋韵文化国际学术研讨会暨中韩青年学者论坛。

【围垦历史保护传承】2022 年，区社科联研判理清围垦历史文化研究思路，开展《钱塘区围垦历史中小学读本》书目编撰前期资料收集、采访工作；委托浙江财经大学开展《围垦口述史》书目编写，制作《围垦纪录片》4 集，收集整理围垦照片、老物件等 600 多件，建立钱塘围垦遗存名录。协同街道进行明清古海塘、创业一号闸，以及头蓬老街、南沙公园等围垦遗址保护和整治提升。

【社科科普宣传】2022 年，区社科联组织认定临江兵团知青文化园为区级社科基地，并成功申报为市级社科基地，遴选并命名蜀南村乡村展陈馆、新湾民俗文化展示馆等 8 处为区级社科驿站。开展"社科普及周"系列宣传活动 30 场次，推进社科知识和非遗知识进校园、进社区、进家庭、进机关、进企业，提升社科宣传覆盖面和群众知晓率。（李建峰）

责任编辑　周　丹

外事·侨务·港澳台事务

外　事

【概况】 2022年，杭州市钱塘区商务局（杭州市钱塘区人民政府外事办公室）按照“疫情要防住，经济要稳定，发展要安全”总体要求，统筹外事资源，做好海外人员入境邀请函申请。全年协助办理日本、美国、韩国等国家的132个次企业、209人次外国人入境中国邀请函。为杭州积海半导体有限公司等企业管理人员在海外入华登机前提供支持和帮助，对接服务钱塘区38个企业在海外的62个项目。至年末，钱塘区在海外有项目102个，涉及企业71个。其中，亚洲地区项目46个，占45.1%；北美洲地区项目43个，占42.2%；欧洲地区项目8个，占7.8%；大洋洲地区项目3个，占2.9%；南美洲地区项目2个，占2%。钱塘区在海外企业的中国籍工人有875人。其中，泰国467人，占53.4%；越南175人，占20%；墨西哥124人，占14.2%。落实“企业大走访大调研”，全年接待市外办领导到钱塘区调研企业8次，走访葆元生物医药科技（杭州）有限公司等17个企业。

（高　萍）

【“创客天下·杭向未来”海外人才创新创业竞赛】 2022年，钱塘区承办市委、市政府招引海外高层次人才及团队到杭州创新创业的活动。6—11月，联合市委人才办等单位举办“创客天下·杭向未来”杭州市海外高层次人才创新创业大赛，开设留学人员和外国人创新创业2个项目专场，收到欧洲、北美、亚洲等30多个国家和地区报名材料1660份，进入海选项目1446个，决赛项目入选15个，其中外国人创新创业项目专场决赛在杭州大创小镇举行。11月12日，总决赛在杭州国际博览中心举行，“法国G1航空产能转移及大型无人机”项目获得冠军。

【“数智中非”创新创业青年领袖钱塘论坛】 2022年，钱塘区打造一站式对非服务平台和“一带一

2022年10月25日，钱塘区承办“创客天下·杭向未来”杭州市海外高层次人才创新创业大赛活动

（区融媒体中心　提供）

路”重要窗口，推动青年“大众创业、万众创新”数字经济转型升级。12月13日，“数智中非”创新创业青年领袖钱塘论坛举行。100多个涉非机构、高等院校及企业代表参加。“一带一路”中非合作产业园、数字非洲文化经贸（坦桑尼亚）、中非跨境贸易数字结算平台（乌干达）3个项目签约。浙非产业合作联盟和元宇宙“非洲国家文化展示馆”在会上启动。非洲大陆5个板块（东非、南非、西非、北非、中非）在杭州的非洲青年领袖和中国企业家及行业代表围绕“数字商品贸易、数字服务贸易、数字贸易技术、数字贸易生态”等内容进行交流和讨论。

【全球科技精准合作“云对接”芬兰生命健康专场活动】2022年，浙江省推动长三角地区创新协同、开放合作，在生命健康、数字产业、智慧城市、清洁能源、环境保护等领域与芬兰国家商务促进局“云对接”。6月9日，省科技厅、省政府外事办和芬兰国家商务促进局主办的全球科技精准合作“云对接”芬兰生命健康专场活动在钱塘区举行。芬兰国家商务促进局介绍“浙江—芬兰”双边产业联合研发计划项目政策。杭州医药港和杭州火石创造科技有限公司负责人分别介绍杭州医药港产业发展情况和浙江省生物医药产业现状，7个生命健康领域芬兰企业进行项目路演。

（高骏森）

侨　务

【概况】2022年，区委统战部（区侨办）提升侨务工作组织领导和统筹能力，带队走访辖区侨联企业50多批次，协调解决问题20多个。推进“侨能提升”计划，组织区侨（留）联成员、统战干部到丽水市开展专题培训。推进侨界人才库建设，打造“产业帮帮团”“创业导师团”等团队4个。组织侨（留）联专家参加“钱塘区产业体系现代化思路研究”“同心共富·浙里创产学研一件事”等研讨。建设区级侨胞之家，河庄街道“江城·同心荟”入选省四星级侨胞之家，下沙街道、杭州医药港小镇、杭州大创小镇3个侨胞之家建成并投用。搭建服务侨界海外人员创新创业、投资发展服务平台，杭州医药港小镇引进浙江华海药业股份有限公司、天境生物科技（杭州）有限公司等企业项目12个。5月，杭州大创小镇入选省第三批“侨界创新创业基地（海创园）”。7月，钱塘芯谷入选市第二批“侨联侨界创新创业基地”。

【市侨界“双创”基地建设现场推进会】2022年3月2日，区委统战部（区侨办）发挥市侨界创新创业（简称“双创”）基地平台作用和资源优势，推进侨界“双创”基地建设，举办市侨界“双创”基地建设现场交流推进会。会议通报全市侨界“双创”基地建设情况，部署2022年度侨界“双创”基地申报、创建工作，并调研杭州大创小镇新侨驿站、杭州医药港小镇四期药港“医”家人产业侨联、中国科学院基础医学与肿瘤研究所、杭州景杰生物科技有限公司等单位（企业）。

【《浙商·侨音》杂志报道“钱塘区侨联”工作】2022年10月31日，浙江省归国华侨联合会和浙江日报报业集团《浙商》杂志联合开办的浙江省侨界期刊《浙商·侨音》杂志10月刊出刊，特别策划栏目《杭州市侨联·非凡十年》记者方亦嘉撰文《钱塘区：侨联人才，汇聚向心力量》，报道钱塘区侨联工作。

【区侨联代表学习讨论党的二十大报告】2022年10月16日，区委统战部（区侨办）组织侨界人士收听收看中国共产党第二十次全国代表大会开幕会和中共中央总书记习近平的报告。区侨联部分代表围绕钱塘区经济发展和自身工作内容等提出学习要求，并进行交流和讨论。

【区侨（留）联专题培训班在丽水市举行】2022年7月19—21日，区委统战部（区侨办）组织区侨联、区留学人员和家属联谊会、区欧美同学会成员及侨联干部到丽水市开展专题培训班学习，参观莲都外国语学校、省华侨国际文化交流基地及“侨缘侨心”儿童之家、丽水华侨创业创新服务中心、青田侨乡进口商品城、青田华侨历史陈列馆。（郑博文）

港澳事务

【概况】2022年，区委统战部落实中央、省委、市委、区委关于中国香港特别行政区和中国澳门特别行政区工作决策部署，推进钱塘区、香港、澳门合体体系建设，促进钱塘区、香港、澳门经济文化发展。4月15日，港澳统战工作业务处室负责人带队到杭州医药港企业调研香港、澳门人员统战工作。5月18日，浙江省、香港、澳门青年走进钱塘亚运轮滑中心、亚运滑板公园，听取亚运场馆规划和建设情况介绍，录制迎接杭州第19届亚运会召开祝福短视频。7月12日，“潮起钱塘·逐梦未来”香港、澳门青年伙伴行

（第二期）活动举行。9月16日，钱塘旅港同乡会成立。

【钱塘旅港同乡会在香港注册成立】2022年，区委统战部助力钱塘区、香港经济社会发展。9月16日，钱塘旅港同乡会在香港注册成立。钱塘旅港同乡会围绕“联络乡情、促进友谊、造福桑梓”建会理念，加大钱塘区和香港青年联络交往、爱国爱港、服务会员、增进友谊、情牵故土，支持香港特别行政区政府依法施政，助力“一国两制”。至年末，发展会员24人。

【浙港澳青年伙伴行活动】2022年，区委统战部助力浙江省、香港、澳门青年建立联系，团结香港、澳门青年与时代同行。5月18日，省委统战部、市委统战部主办，澳门杭州联谊会、区委统战部承办的“喜迎二十大·助力亚运会”浙江省、香港、澳门青年伙伴行活动在钱塘区举行。浙江青年联手在杭州工作、学习、生活的香港、澳门青年走进钱塘亚运轮滑中心和亚运滑板公园学习轮滑运动基础知识，开展“心心相融@未来”“连连看”“圣火传递”“乘风破浪”等体育活动。

【“潮起钱塘·逐梦未来”港澳青年伙伴行活动】2022年，区委统战部为在钱塘区工作、学习的香港、澳门青年提供交流、创新创业、企业走访、政策宣讲和就业指导等服务。7月12日，举办“潮起钱塘·逐梦未来”香港、澳门青年伙伴行（第二期）活动。辖区14所高等院校、部分企业的浙江青年和香港、澳门青年走进浙江太古可口可乐饮料有限公司博物馆、杭州悠可化妆品有限公司、松下家电（中国）有限公司等企业参观学习，听取区商务局有关负责人介绍区情区况、产业布局和人才政策，围绕香港、澳门青年在钱塘区学习、生活、工作、创业等内容进行交流和讨论。

▶▶资料：“港澳青年伙伴行计划”

是钱塘区委统战部推出的“区校融合发展行动”的一部分，该计划旨在为钱塘港澳青年伙伴提供创新创业、企业走访、政策宣讲和就业指导等服务，鼓励港澳青年伙伴融入钱塘、扎根钱塘，团结港澳青年伙伴，助力钱塘高质量发展。

【“凤凰行动”香港金融专项服务会议】2022年11月14日，浙港同心　航向未来“凤凰行动”香港金融专项服务启动仪式暨浙港科创产业伙伴战略峰会在钱塘区举行，为浙江首批产业伙伴授牌。香港贸易发展局杭州代表处与市商务局、省香港商会与钱塘新区产业发展集团、杭州悠可化妆品有限公司、浙江港澳青年人才服务中心成为浙江省首批产业伙伴。会议邀请浙江大学国际联合商学院院长、金融科技研究院院长、浙江数字金融科技联合会会长贲圣林做题为《全球经济新格局与浙港合作新机遇》的讲座。会议举办香港上市之路圆桌论坛，香港交易所、券商、会计师事务所、律师事务所等金融领域专家做政策解读及服务介绍。（郑博文）

台湾事务

【概况】2022年，钱塘区贯彻执行省委、省政府，市委、市政府涉台工作部署，推动钱塘区、台湾经济社会发展。区台办全年走访辖区台资企业100多个次，协助解决7个台资企业招聘难问题。至年末，全区有台资企业129个，比上年增长22.9%，其中规模以上企业44个，年产值10亿元以上企业6个。7月20日，钱塘区总投资11.2亿元的“微影封装用高景深光刻机”项目在“浙江·台湾周”上签约。3月31日，全省对台工作会议召开，钱塘区委被评为“浙台经济社会融合发展突出贡献单位”。

【台胞子女入学入托服务】2022年，区台办落实台商台胞子女同大陆籍子女同等待遇入学入托政策。3月26日，区台办联合区教育局邀请辖区内台商台胞代表开展台胞子女就学服务专题座谈会。区教育部门负责人介绍辖区学校分布情况、“钱塘优学”计划等内容，并就台商台胞家庭关心的台湾籍子女入读钱塘学校的有关政策、报名流程等问题进行解答。9月，“点对点”解决7个台胞家庭子女就近入读钱塘公办学校。10月19日，区台办、区教育局收到台湾青年代表赠送锦旗，该做法被“中国台湾网”报道。

【“心心相融·筑梦钱塘”海峡两岸亲子活动】2022年，区台办以“心心相融·筑梦钱塘”为主题，举办在杭州的台湾籍学生牵手迎接杭州第19届亚运会召开主题亲子活动。4月21日，组织辖区内台湾籍中小学生及家长走进亚运会钱塘轮滑馆（钱塘轮滑中心）沉浸式参观，听取有关轮滑馆建筑风格理念等介绍。（杜伊玲）

责任编辑　高骏森

法 治

政法委与综治

【概况】2022年，中共杭州市钱塘区委政法委员会（简称区委政法委）以护航党的二十大为主线，开展“除险保安百日攻坚”行动，深化平安建设，完成党的二十大、省第十五次党代会等重要会议期间维稳安保工作。开展风险隐患“大排查、大起底、大整治”专项行动，排查5个领域风险隐患问题49个，化解48个，化解率97.9%。按照“应评尽评”要求，完成89项社会风险评估项目审查备案。至年末，钱塘区获评“省级平安县（市、区）”，区委政法委被省委、省政府授予“2021—2022年度平安浙江建设先进集体”和“平安护航党的二十大省级先进集体”称号，并被市委、市政府授予“党的二十大维稳安保集体”称号。

【“平安钱塘”创建】2022年，区委政法委组织开展护航党的二十大除险保安百日攻坚、除险保安“大赛马”、电信网络诈骗和养老反诈等平安创建专项行动；重点整治交通安全、消防安全、生产安全和电信诈骗等领域存在的突出问题，深入城郊接合部的村（社区），进行挂牌督办、集中整治。开展“平安钱塘”卡通形象征集活动，制作“平安三率”卡通宣传片及“平安钱塘”宣传片，在“钱塘发布”“平安钱塘”微信公众号刊登平安宣传专栏信息39期。在党的二十大召开期间，参与平安巡防4.16万人次。全年举办各类平安宣传活动1858次。开展“各行各业创建平安示范单位”评选，118个单位被评为“2022年度钱塘区平安示范单位”。至年末，2个单位、6名人员分别被评为全省平安护航党的二十大成绩突出先进集体和个人；3个单位被市委、市政府评为市级党的二十大维稳安保工作先进集体，6人被评为市级平安建设先进个人。

【基层治理】2022年，区委政法委推进基层治理数字化改革，全域智治综合指挥平台建成并投入使用，承接省数字法治“一屏两端”试点并获评“省级揭榜挂帅项目”，7个应用入选2022年全省重大改革“一本账S2”。建设“严重精神障碍患者智控平台”，通过数治管理，加强对患者的管理、救治和关爱。建设“小脑+手脚”指挥调度平台，获“2022年第二届中国新型智慧城市建设”一等奖和“省数字法治好应用”。河庄街道被认定为全市“小脑+手脚”示范街道。创新构建基层治理“五色预警”评估体系。科学划分网格，规范网格治理，实行“1+3+N”（“1”：1名网格长，“3”：1名专职网格员1名兼职网格员1名包联干部担任的网格指导员，“N”：网格内的其他包联干部、专业执法力量、基层党员干部、在职党员、志愿者等）治理模式。

【执法监督】2022年，区委政法委会同区有关单位开展案件会商，统一执法思想，明确办案原则和方向，共协调会商案件6件。协调落实8个跨部门、跨领域制度有关工作，实现“判实未执、应收未收”动态清零、涉民营企业“挂案”全部清零，刑事诉讼涉案财物清理比例为57.2%。

2022 年 3 月 31 日，钱塘区举行首批行政复议员任命仪式，图为复议员进行宪法宣誓 （区司法局 提供）

【扫黑除恶工作常态化管理】2022 年，区委政法委围绕《中华人民共和国反有组织犯罪法》宣传贯彻、重点行业领域整治等工作，落实线索摸排、线索核查反馈，开展教育、医疗、金融放贷、市场流通新四大行业领域整治。全年打掉恶势力集团 3 个、"网黑"（指逾期欠款被网贷平台列入黑户和黑名单的人员）团伙 4 个，打击处理犯罪嫌疑人 28 人，其中 2 人涉及 2021 年某集团案件。破获"九类罪名"刑事案件 60 件，查扣涉黑涉恶资产 320 万元。

【法学会管理】2022 年，钱塘区组建首席法律咨询专家团队，参与党委政府重大决策论证案件 2 件、重大风险防控案件 19 件，调处重大矛盾纠纷 15 个，提供法律咨询意见 50 多份。年内，区委政法委组织法学专家、学者参与省、市有关课题研究，市法学会研究的 50 项结题课题中，钱塘区涉及课题 3 个。协同区司法局举办钱塘区 2022 年度法治建设能力提升培训班，辖区各部门、各街道法学会会员 80 人参加。 （袁　芳）

法治政府建设

【概况】2022 年，钱塘区发挥党委对法治政府建设工作的领导核心作用，将法治政府建设作为关键和重点，纳入区委全面依法治区工作部署和督察考核内容。召开区委全面依法治区委员会第二次会议，区政府主要负责人切实履行第一责任人职责。落实区政府常务会议会前学法制度，举办全区领导干部法治建设能力提升培训班，完成中央依法治国办、省委依法治省办和市委依法治市办实地督察问题整改任务。规范重大行政决策、加强行政规范性文件管理、加强普法依法治理、举行"两高一低"专项整治工作推进会、落实"综合查一次"、强化执法监督，提升履职素养。

【《杭州钱塘新区条例》立法推进】2022 年 2 月 17 日，市人大常委会召开 2022 年杭州市立法计划工作会议，明确将《杭州钱塘新区条例》列为 2022 年度杭州市正式立法项目。2 月 25 日，区委区政府召开《杭州钱塘新区条例》立法工作启动会，成立由区委书记金承涛任组长的领导小组，组建立法工作专班，并聘请浙江财经大学法学院专家协助立法。举办专题培训，制定立法工作计划表，编制立法工作资料清单，走访部门 27 个，邀请座谈企业 12 个，分发调查问卷 4000 份，收集问题 251 个，先后修改完善稿件 20 多次。8 月 30 日《杭州钱塘新区条例（草案）》（代拟稿）经区政府党组（扩大）会议、区政府第 18 次常务会议集体审议通过后，9 月 7 日提交市司法局审查。9—11 月，钱塘区参加市司法局组织的多次专题座谈、调研，做好三轮意见征求反馈。12 月 19 日，经杭州市十四届人大常委会第七次会议审议后，市人大常委会法制工作委员会于 12 月 30 日将《杭州钱塘新区条例（草案）》向社会公开征求意见建议。计划于 2023 年年中正式发布实施。

【行政争议化解】2022 年，钱塘区制定《钱塘区关于健全完善府院联席会议机制的意见》《钱塘区关于建立钱塘区滥诉联合甄别机制的意见（试行）》《钱塘区关于行政争议预防和化解工作细则》等，出台《钱塘区人民政府行政复议员任命办法》，任命 7 名人员为钱塘区第一批行政复议员，推动行政争议实质性化解。开展"两高一低"专项整治，加强府院联动，制定《钱塘区"两高一低"工作责任落实清单》，健全败诉案件整改落实追责机制。全年新收行政复议案件 181 件，审结 174 件，其中调解结案 79 件，调解率 45.4%；一审行政诉讼发案 80 件，结案 83 件（含往年案件），其中调撤 39 件，调撤率 47%，居全市第二位；全年败诉案件 4 件，败诉率降至 4.8%，比上年下降 2.9 个百分点；行政负责人出庭率 100%，上升3个百分点。

【行政决策法治化】2022年，钱塘区出台《杭州市钱塘区人民政府重大行政决策程序规则》，公布年度重大行政决策事项3件。制定《钱塘区行政规范性文件管理办法》《钱塘区行政机关合同管理办法》等，实行重大行政决策目录清单式管理，梳理24个部门、街道重大行政决策事项标准，审查规范性文件32件，备案审查率100%，纠错率为零；审查合同、投资协议228件。开展规范性文件清理，清理行政规范性文件44件。其中，继续有效件23件，废止件17件，拟修改件3件，宣布失效件1件。

【执法监督规范化】2022年，钱塘区强化执法监督，开展行政执法案卷评查，集中评查抽取1个赋权街道（白杨街道）、区公安分局、市规划资源局钱塘分局等10个单位的行政执法案卷，抽检行政许可证。抽检行政处罚案卷37件（含行政强制案卷），评选出优秀案卷5件，无不合格案卷。开展执法辅助人员辅助执法情况专项监督，促进行政执法提升履职质效。强化行政执法主体和人员管理，组织全区执法人员开展专题培训，提升履职素养，组织全区148名行政执法人员参加省、市行政执法证培训考试。开展行政执法主体确认和人员证件核发工作，梳理执法主体及人员变更情况，至年末，全区执法人员换证55本，换发率100%。

【普法依法治理工作推进】2022年，钱塘区根据“八五”普法（中共中央宣传部、司法部关于开展法治宣传教育的第八个五年规划）期间全区法治宣传教育工作计划，举办杭州市钱塘区第一届“钱潮杯”高校法治辩论赛，14所高校组织学生参加比赛，观看直播7250人。结合美丽乡村和共同富裕示范村及未来乡村（社区）建设，推进民主法治村（社区）建设工作。至年末，全区累计创建省级“民主法治村（社区）”23个，占比19%；创建市级“民主法治村（社区）”95个，占比80%。

【街道法治化改革工作推进】2022年，钱塘区制发《全面推进街道法治化综合改革工作任务清单》，部署2022至2025年法治化改革各项目标任务，通过健全法治建设领导体制、规范法治建设工作机制、完善党员干部学法用法机制等18个主要任务，明确改革目标、推动改革进程、提升法治意识、加强监督评估，统筹推进街道法治建设工作，提升乡镇（街道）依法治理水平。配合市委依法治市办对白杨街道法治化改革试点情况进行调研，出具评估意见并督促整改。（刘　琛）

公　安

【概况】2022年，杭州市公安局钱塘区分局（简称区公安分局）聚焦除险保安、疫情防控，完善工作机制，开展“平安夏季治安打击整治”“忠诚”“钱潮”等专项行动，完成钱塘江观潮、全国双创活动周、“韵味杭州”草地掷球赛等大型活动安保任务28场。区公安分局前进派出所揭牌，区禁毒科技体验馆启用。全年接报刑事警情1343起、治安警情5798起，比上年分别下降28.9%、20.1%。持续开展常态化扫黑除恶，全年打掉恶势力犯罪集团3个，涉恶团伙4个，采取强制措施嫌疑人65人，移送起诉46人，缉捕黑恶重点在逃犯罪嫌疑人2人。侦破电信网络诈骗案件513起，受理案件数、案损数分别下降35.2%、29.6%，追赃挽损1640万元，劝阻金额2634万元；侦破“余某某等养老诈骗案”“胡某某等销售劣质柴油案”等有影响的民生案件31起。交通事故死亡人数下降11.5%，交通事故警情下降6.5%。年内，14项特色亮点工作在公安部、省公安厅、市公安局相关专栏刊发。河庄派出所获市委、市政府表彰，巡特警大队、网警大队、闻潮派出所获市公安局表彰。

【刑事打击】2022年，区公安分局打击刑事犯罪活动，刑事案件立案2714起，刑事拘留620人，逮捕148人，移送起诉1054人；破获命案4起，破案率100%。3月，破获以沈某等人为首的非法捕捞鳗鱼苗案，抓获犯罪嫌疑人49名，该案件被公安部列为部督案件。4月，侦破投放危险物质实施抢劫案，抓获意图通过“溜门”形式在受害人家中实施抢劫以及在公园以持械威逼伤害形式实施抢劫的犯罪嫌疑人黄某，现场查获作案工具若干。7月，侦破生产、销售伪劣产品案，打掉一个通过勾兑劣质油品冒充车用柴油，并利用改装车辆提供移动加油服务，非法获利6000多万元的犯罪团伙，抓获犯罪嫌疑人12名，依法刑事拘留12人，现场查获作案车辆7辆、储油罐9个、伪劣柴油50多吨。8月，破获直播行业涉黑恶案，打掉以徐某某为首的涉黑恶案犯罪团伙，抓获涉案人员7人。

【治安管理加强】2022年，区公安分局常态化进行“黄赌”专项整治和城郊接合部治安隐患治理，开展涉枪涉爆专项行动，严管严控“危化物品”，实行挂牌督办、挂牌整治、挂账销号，推进治安乱象、隐患“动态清零”。年内，查处行政案件6217起，行政处罚4275人，行政拘留2251人。检查行业场所5368个次，整改各类问题隐患655个，整顿“特业场所”（旅馆业、美容美发业、刻字业、寄递业等）289个次，查处“黄赌”案件436起，抓获嫌疑人1349人。优化社区警务网格化管理模式，加强群防群治，实现全区119个村（社区）警力全覆盖，化解重点难点类矛盾纠纷124起。

【服务环境优化】2022年，区公安分局出台“助力打造一流营商环境服务举措”50条，建成警企服务站7个，开通“11087”（谐音110帮企）线上为企服务专区，帮助企业解决问题650个。发挥情报指挥行动一体化功能作用，分流处置非警务类“110”警情1.66万起；升级公安“网办中心”，拓展“一窗通办”“一网通办”覆盖范围，公安网办率列全市第一位。深化警校联动融合，推进“枫桥式”平安高校建设。

【数字赋能推进】2022年，区公安分局推进多维感知智能防控体系建设，完成36所中小学、幼儿园“人脸+视频+网络音箱”立体化治安防控建设目标。创新研发的“塘人街”实有人口管理模型获全市公安建模大赛三等奖，自主研发的“严重精神障碍患者数治管理应用”入选全省重大改革“一本账S2”赛道。

【省“全民反诈”之“反诈青年行”活动启动仪式举行】2022年6月9日，2022省“全民反诈”之“反诈青年行”活动启动仪式在浙江经济职业技术学院举行，活动由省打击治理电信网络新型违法犯罪工作联席会议办公室主办，省委宣传部（省文明办）、省教育厅、省公安厅、团省委等联合指导。首批2支“反诈青年行”青年志愿者队伍宣告建立，首批10个分布在高校、社区、企业园区等地的“反诈角”挂牌。活动现场还设置“反诈嘉年华”互动区域。活动持续发动青年群体和高校学生，开展反诈平面作品征集、反诈融媒作品征集和反诈团体项目案例的征集。

2022年6月9日，2022浙江省“全民反诈”之“反诈青年行”活动启动仪式在钱塘区举行 （伊芳明 摄）

【首起直播行业涉黑恶案件侦破】2022年6月13日，区公安分局接区法院移送在审理的“杭州某传媒有限公司诉离职主播合同纠纷案”相关线索，于6月16日立案侦查。经专案侦查，摸清以徐某某为首，7名以血缘、同学关系组成的犯罪团伙基本情况及作案手段，并获取证据材料。8月11日，区公安分局开展收网行动，分别在钱塘区和江西省上饶市将该团伙7名成员抓获。9月16日，该团伙成员被批准逮捕。该案为全市首起破获的直播行业涉黑恶案。

（曹 明）

检 察

【概况】2022年，杭州市钱塘区人民检察院（简称区检察院）深化法律监督，统筹推进刑事检察、民事检察、行政检察、公益诉讼检察“四大检察”全面充分协调发展。

刑事检察全年受理审查逮捕案件174件233人，审结175件234人；受理审查起诉案件738件1003人，审结828件1118人。制发侦查活动违法行为书面监督意见5份，提出口头纠正意见23件次。加强刑事执行监督，规范刑罚执行和监管，动态监督社区矫正人员，提出监督意见7件次。受理市检察院交办案件1件1人，区监委移送审查起诉案件5件5人，依法起诉6件6人。

民事检察办理民事生效裁判、调解监督案件3件，民事审判程序监督案件13件，民事执行活动监督案件20件。利用大数据，构建数字监督模型，开展车辆查扣民事执行、虚假司法确认等专项监督，发现车辆查扣监督线索10条，虚假司法确认监督线索7条。

行政检察办理行政诉讼监督

案件3件，行政执法监督案件4件，行政争议实质性化解案件4件，行政非诉执行终结本次执行程序专项活动，督促收回行政罚没款65万余元，被省检察院确定为全省行政检察数字监督试点单位。

公益诉讼检察办理行政公益诉讼诉前案件25件，其中16件为重特大案件；办理民事公益诉讼案件17件，提起诉讼8件。开展保健品网络销售、农贸市场周边散装食品销售等专项监督。开展水体污染防治监督，督促治理被污染河道40千米、水域面积33.33万平方米。依托“益心为公”检察云平台，邀请28名公益诉讼志愿观察员参加公益活动。

区检察院深化全方位检校合作，被省检察院确定为大学生犯罪惩防检察理论研究基地，检校合作理论研究课题连续第三年获最高人民检察院立项。1名干警获评全国检察宣传先进个人，3名干警入选全省检察机关专业人才库，多名干警分别获“全省检察机关司法行政成绩突出个人”“杭州市三八红旗手”等省、市级表彰。

【服务大局】2022年，区检察院聚焦除险保安、护航党的二十大和杭州亚运会、亚残运会筹办，印发《关于发挥检察职能服务保障杭州亚（残）运会工作意见》等文件。依法惩治杀人、抢劫犯罪案件6件6人，聚众斗殴、寻衅滋事犯罪案件5件8人，“黄赌毒”犯罪案件37件70人，办理破坏金融管理秩序、金融诈骗等犯罪案件4件8人。打击电信网络诈骗及关联犯罪，办理案件80件120人，其中“徐某等6人侵犯公民个人信息案”入选最高人民检察院典型案例。加强网络综合整治，办理利用网络实施的“黄赌毒”案件30件58人，并结合类案办理，会同区有关通信部门加强监管。通过“两微一端”（微博、微信及新闻客户端），深入企业、高校和社区，开展网络安全普法120多次。

【区域治理】2022年，区检察院推进诉源治理，深化认罪认罚从宽制度，认罪认罚适用率91%，量刑建议采纳率98%，实现办理认罪认罚案件听取意见同步录音录像“全覆盖”。完善检察长接待、律师参与矛盾化解等机制，落实院领导包案办理首次信访和群众信访“件件有回复”，全年受理信访件69件，均实现七日内程序性回复，3个月内办理结果或办理过程答复率双100%。贯彻“少捕、慎诉、慎押”刑事司法政策，依法不批捕92人，依法做出不起诉决定511人。围绕小区安全管理、医疗保险定点机构监管等问题向有关部门发出社会治理检察建议21份。

【检察服务助企】2022年，区检察院发挥检察职能，保护各类市场主体，实施涉民营企业刑事案件“挂案”清理，实现案件办理检察环节“清零”。办理职务侵占犯罪案件10件16人。完善涉案企业合规改革工作，采用公开听证形式，引入第三方监管。开展“千名干部助千企”精准服务活动，为企业提供“定制菜单”式法治宣讲服务，建立专人定向联络和企业法律诉求集中研判机制，主动回应企业关心关切的重点难点法律问题。组建知识产权检察办公室，办理侵犯商业秘密、假冒注册商标、销售假冒注册商标的商品等涉知识产权犯罪案件9件14人，涉案金额2.79亿元。联合区市场监管局成立知识产权一体化保护驿站，举办“知识产权保护检察开放日”活动，出台《杭州市钱塘区知识产权一体化保护的实施意见》，强化行刑衔接机制，提升综合保护质效。在区知识产权公共服务中心设立常驻工作联络点，定期开展知识产权法律宣讲、政策咨询、服务助企等活动。

▶▶资料：行刑衔接

又称“两法衔接”，是“行政执法和刑事司法相衔接”的简称，指检察机关会同行政执法机关、公安机关、行政监察机关实行的，旨在防止以罚代刑、有罪不究、降格处理现象发生，及时将行政执法中查办的涉嫌犯罪的案件移送司法机关处理的工作机制。

【数字检察】2022年，区检察院强化数字赋能，开展工程建设招投标领域专项监督，研发“建设工程招投标综合治理一件事”监督模型。推动区内刑事立案、办理7件，抓获犯罪嫌疑人36人，涉罪企业2个，涉及项目资金13.2亿元，协助全市检察机关办理有关案件5件。开展国土智护公益诉讼专项监督活动，依托行政机关“田长制”常态化管控机制和耕地智保应用场景机制，督促治理、恢复被非法改变用途的土地66.67公顷。

【未成年人检察】2022年，区检察院依法起诉性侵、故意伤害等侵害未成年人犯罪18人。教育感化挽救涉罪未成年人，依法决定不起诉25人，占结案未成年人总数的59.5%。落实不起诉跟踪考察帮教，联合有关部门成立“家庭教育指导站”，引导家长用科学的教育观念和方法教育引导未成年人。

2022年6月21日，钱塘区未检主题开放日活动暨涉案未成年人家庭教育指导站揭牌仪式举行　　（区检察院 提供）

针对未成年人被监护侵害案件，制发检察建议，督促发出家庭暴力告诫书，并开展强制“亲职教育”（培养父母成为合格称职家长的专门化教育），发出监护督促令13人次。开展未成年人文身治理公益诉讼专项监督，深化未成年人保护诉源治理。

【司法保护与救助】2022年，区检察院开展安全生产领域公益保护，依法针对油气长输管道外部环境存在的安全隐患进行公开听证，向职能部门制发检察建议，督促隐患排查化解，保障“能源大动脉”安全运行，有关做法被人民日报客户端等媒体报道，“督促加强油气长输管道保护行政公益诉讼案”获评全市检察机关精品案例。开展司法救助，为7名救助人发放救助金20.4万元。联合区妇联、区残疾人联合会出台《关于全面加强妇女、残疾人国家司法救助工作的实施办法（试行）》，增强对妇女、残疾人等重点对象的救助帮扶。

【钱塘江非法捕捞鳗鱼苗案件】2022年，区检察院成立专案组，对非法捕捞钱塘江鳗鱼苗行为进行专项集中治理，依法审查起诉44人，立案办理民事公益诉讼案件9件，索赔公益损害赔偿金27万余元。探索适用增殖放流、劳务代偿、替代履行等生态修复方式，通过融合式监督，实现源头治理，以宽严相济的形式，兼顾依法惩处和补救措施落实。同时协助市检察院推动出台《杭州市非法捕捞案件移送标准及证据要求》。系列案件获评全省检察机关精品案例，有关工作经验获最高人民检察院检察长和省检察院检察长批示肯定。　　（胡浩然）

法　院

【概况】2022年，杭州市钱塘区人民法院（简称区法院）围绕“努力让人民群众在每一个司法案件中感受到公平正义”目标，坚持司法为民、公正司法，为全区加快推进“四个全域”，建设现代化国际化一流新区，打造高能级战略平台提供司法保障。全年受理各类案件1.39万件，比上年增加6.9%；办结案件1.33万件，增长6.7%；法官人均结案465件，比上年增加51件。办结案件数居全市第一位，比全省基层法院平均值高199件，比全市基层法院平均值多139件。

区法院优化审判管理，落实司法责任制，提升司法规范化水平，获全市“三八红旗集体”称号。26篇调研文章在市级以上刊物发表或获奖。加强审判执行权监督制约，汇编规章制度，构建长效风险防范机制，落实防止干预司法“三个规定”、新时代政法干警“十个严禁”等要求，《清廉文化融入法院建设的路径选择》论文在全省清廉法院建设理论研讨征文活动中获奖。落实普法责任制，11篇“学典剧场”普法稿件被“学习强国”学习平台采用。

【数智赋能】2022年，区法院围绕审判执行难点和当事人关注的重点问题，推进全域数字法院改革。3个改革项目入选浙江省高级人民法院“育苗造林”项目清单，“案款一件事”“律师调查令一件事”入选全省重大改革（重大应用）“一本账S2”。其中“案款一件事”改革做法在全省法院系统推广，当事人退费平均时长从32日减至12日。“律师调查令一件事”被列为市级改革事项。4月，区法院开展“共享法庭”基层治理（网格员协助执行）子场景建设，采用“网格+执行”的形式，织密查人找物“情报网”，推进执行工作提速增效。

【刑事审判】2022年，区法院审结刑事案件390件509人。其中故意伤害、“两抢一盗”（抢劫、抢夺、盗窃）、涉“黄赌毒”等严重犯罪案件117件。加固公民个人信息保护“防护网”，审结侵犯公民个人信息犯罪案3件，“余某某等人侵犯公民个人信息刑事附带民事公益诉讼案”入选全国优秀案例分析。护好百姓“钱袋子”，审结涉众型经济犯罪案件3件，涉案金额4.8亿元。审结电信网络诈骗犯罪案件及帮助信息网络犯罪活动罪等案件35件60人，吴某某等16人诈骗案入选全省法院8个典型案例之一。严惩涉民生腐败案件，办理贪污、贿赂等职务犯罪案件4件6人，审结河庄街道原调研员陈某某贪污、受贿案。

【民商事审判】2022年，区法院审结民商事案件7915件。深化诉源治理工作，诉讼服务中心整体入驻区矛盾调处化解中心，融入基层社会治理，建成“共享法庭”136个，区教育局服务站“共享法庭”入选全市首批示范“共享法庭”。贯彻《中华人民共和国民法典》有关条款，妥善处理相邻关系、劳动争议、婚姻继承等纠纷。优化提升营商环境，设立巡回审判法庭和自贸钱塘区块“共享法庭”，为企业提供更便捷的司法服务。保障民营企业及企业家合法权益，办结破产和强制清算案件52件。区法院服务保障创新驱动发展，获最高人民法院批复，被授予知识产权案件一审管辖权，共受理各类知识产权案件297件，妥善处理“范思哲”“花西子”等知名商标被侵权案件，示范案例被《人民法院报》《人民司法》刊用。

【行政审判】2022年，区法院监督行政机关依法行政，办结行政案件86件，推进法治钱塘、法治政府、法治社会一体化建设。支持“大综合一体化”行政执法改革，健全完善府院联席会议机制，发布年度行政案件司法审查报告，发送司法建议3份，行政机关负责人出庭率100%。推进“两高一低”（行政应诉发案率高、败诉率高，行政负责人出庭应诉率低）专项整治工作，行政机关败诉率4.8%，比上年下降2.9%，行政争议调撤率46.9%，行政争议实质性化解成效提升，2个行政案件调撤案例入刊杭州市中级人民法院简报。

【案件判决执行】2022年，区法院巩固“基本解决执行难”成果，办结执行案件4774件。深化部门执行联动和当事人“一件事”改革，破解综合治理执行难问题。提升执行质效，执行案件实际执行到位率、执行完毕率均居全市第一位，执行款发放平均天数减至7.81天。坚持善意文明执行，依法采用和解、重整等法律调节手段和“活封活扣”等措施，帮助企业盘活资产、脱离困境，妥善处理某知名食品公司154名员工劳动工资执行案件。加大民生案件执行力度，执结案件717件，涉及资产792万元。“‘老虎发夹’温情执行案”被最高人民法院报道获浙江省高级人民法院执行局局长魏新璋批示肯定。

【普法工作】2022年，区法院落实普法工作，推进“共享法庭”实质化运转，依托“共享法庭”提供法律咨询4650人次，组织庭务主任调解指导培训404场3998人次，化解纠纷1410次。在杭州大创小镇设立开发区巡回审判法庭，发放“涉企诉讼指南”，举办“公众开放日”4次，为数字经济产业发展和创业创新提供“家门口”的诉讼服务。设立妇女儿童老人诉讼服务站，印发《妇女儿童法律知识50问》宣传册，服务保障“一老一小”等特殊群体的司法需求。建立大学生教育践习基地，引入志愿服务80多人次。举办“法行钱塘”法治宣传教育讲座36场，受众7000多人次，11篇“学典剧场”普法稿件被“学习强国”学习平台采用。

【第七期“浙知沙龙”举办】2022年9月8日，第七期“浙知沙龙”在钱塘区举办，活动由浙江省高级人民法院知识产权庭主办，区法院协办。来自全省法院系统、政府机关和有关高校、研究机构、企业、行业协会等单位的近40

2022年8月20日，区法院共享法庭指导法官到白杨街道爱心驿站，为户外劳动者送上“法治礼”（区法院 提供）

名嘉宾参加研讨和交流。沙龙以“地理标志的保护”为主题，围绕学理及立法研究，从协同保护的角度，对地理标志产业发展等问题进行探讨。

【“花西子”商标被侵权案】2022年10月17日，区法院判决“花西子”商标被侵权案涉案公司深圳某彩妆贸易商行赔偿杭州某化妆品公司经济损失费3万元。深圳某彩妆商行在“1688.com”网站注册会员名为“某化妆品旗舰店”的店铺，该店铺上架销售美妆产品时，在商品标题名称中使用“花”和“西子”的文字，“花西子”注册商标为钱塘区杭州某化妆品公司合法所属。经审理，根据《中华人民共和国民法典》《中华人民共和国反不正当竞争法》《中华人民共和国民事诉讼法》规定，对深圳某彩妆贸易商行进行处罚。（田文平）

司法行政

【概况】2022年，区司法局学习贯彻习近平新时代中国特色社会主义思想，围绕党委政府的中心工作，聚焦“四个全域”发展要求，推进“法助共富，法护平安”专项行动，推动全区司法行政工作高质量发展。制发《钱塘区公职律师全覆盖三年行动方案（2022—2024年）》，发挥公职律师职能作用，推进党政机关公职律师全覆盖。开展农民工工资拖欠“清零”行动，开设“劳动合同体检”绿色通道。全年办理法律援助案件1828件，法律帮助案件826件，为群众挽回经济损失2227.61万元。开展人民调解“一街一品”培树工程，推广“钱潮工作室”平台，邀请调解专家参与化解各类重大疑难纠纷16起。培育河庄街道“河解会”、义蓬街道“沙地老娘舅”、新湾街道“湾嫂议事厅”、前进街道“老书记调解工作室”等7个特色调解工作品牌。推进民主法治村（社区）创建，义蓬街道火星村创建成为“全国民主法治示范村”。推进矛盾纠纷排查调解、社区矫正、法律援助、律师行业管理等工作，开展政法队伍教育整顿和党史学习教育，提升干部队伍政治素养和专业能力。

【首届行政执法“公述民评”活动举行】2022年12月15日，钱塘区举行首届行政执法“公述民评”活动。“公述民评”采用视频会议形式，由区综合行政执法局、区市场监管局分别汇报本单位行政执法工作履职情况，接受“两代表一委员”、律师代表、行政执法监督员、社会公众代表、媒体代表等30多名评议代表的执法评议，邀请浙江工商大学教授朱狄敏参与点评。前期面向社会征集的34条意见和建议，全部完成整改落实。

【钱塘区社区矫正管理局挂牌成立】2022年12月26日，经区委编办批复同意，杭州市钱塘区社区矫正管理局挂牌成立，主要负责社区矫正工作的具体实施，履行监督管理、教育帮扶等执法职责。

【街道法治建设合规性年检开展】2022年2月，区司法局创新开展街道法治建设合规性年检试点，将下沙街道、临江街道列为首批试点街道，全面审查2021年1月至5月、2022年1月1日至12月15日期间街道重点工作的合法合规性，并出具街道合规性年检报告，提出6个大类18个问题。试点街道制定问题清单、整改清单、制度清单，分类别、分段进行整改，建立制度化、规范化工作机制，推动形成“及时审查—即时纠错—不断提升”的良性循环。该年检试点工作被评为“杭州市2022年度有辨识度有影响力法治建设成果”。

【律师行业规范管理】2022年，钱塘区落实律师调解市场化试点任务，探索建立专职律师调解员队伍。强化村(社区)法律顾问工作，落实律师人才分层、分类培育，加大涉外律师人才、国际化律师事务所培育力度，加强涉外法律服务产品研发。推进公职律师队伍建设，区级党政机关公职律师覆盖率50%以上。构建律师职业大数据分析平台，开展律师职业素养综合评价。推进法律服务行业党建工作，强化执业监管。

（刘　琛）

责任编辑　陈　玲

军　事

人民武装

【概况】2022年，中国人民解放军浙江省杭州市钱塘区人民武装部（简称区人武部）加强党管武装工作，推进全面建设。强化教育引导，组织参观学习周恩来祖居、知青文化园等红色历史遗址，并利用民兵整组训练等活动开展政治教育授课；通过网络直播形式，为辖区高校在校大学生开展国防教育线上授课；到街道、平台、村（社区）、学校、企事业单位进行国防教育宣讲。坚持党管武装“七项基本制度”，召开杭州市钱塘区党管武装工作暨2022年国防动员委员会、国防教育委员会会议和区委议军会，通报表彰2021年度武装工作先进单位和个人。与辖区学校和银行签订共建战略协议，为军人子女就学和军人日常金融服务提供保障。落实“八一光荣榜”和军人荣誉墙建设，增强全民国防意识。承办杭州市秋季新兵欢送暨“从戎之剑”授剑仪式，有关内容被中央广播电视总台新闻频道、浙江卫视、杭州电视台综合频道等主流媒体报道。实施营区更新改造工程，全面提升营区办公环境。印发《基层武装工作规范化建设实施方案》，在白杨街道、义蓬街道率先开展基层武装工作规范化建设试点。年内，6名钱塘籍官兵立个人三等功，上榜“八一”光荣榜。

【党管武装工作推进】2022年，区人武部牵头召开钱塘区党管武装工作暨2022年国防动员委员会、国防教育委员会会议和区委议军会，传达《关于加强和改进新时代全民国防教育工作的意见》等文件精神，审议通过设立钱塘区国防动员服务保障中心，通报表彰2021年度武装工作先进单位和个人。开展“军事日”“国防教育日”活动，加强全区党政机关领导干部、人大代表和政协委员的国防观念和党管武装意识。

【兵员征集】2022年，区人武部完成年度新兵征集任务。组织预定新兵到实践教育基地开展役前教育集训。9月16日，浙江省杭州市2022年秋季新兵欢送暨“从戎之剑”授予仪式在钱塘区举行，新兵获赠刻有专属编号的“从戎之剑”。

【民兵整组】2022年，区人武部开展年度民兵组织整顿工作。3—5月，组织基干民兵进行应急和支援分队训练。5月20日，杭州市警备区对区应急连和专项任务分队在新湾街道进行现场实训点验，人员到点率100%。

【岗位练兵比武竞赛】2022年，区人武部组织区应急连参加杭州警备区岗位练兵大比武，围绕野战指挥所开设、重要目标防卫、指挥通信和野战炊事4个专业，聚焦练兵备战需要，深化实战实训、联战联训。区人武部获射击科目全市第二名、指挥作业全市第四名，总评分列全市第四位。

【集中军事训练】2022年，区人武部“按纲施训”，坚持全员额、全要素、全方位训练，通过集中组训、外请教员、参观见学等方法，对基干民兵进行基础和专业训练。5月28日至6月2日，组织专武干部、民兵干部、社区（村）民兵连长、群众性练兵比武人员围绕大纲科目展开集中军事训练。

【国防教育】2022年，钱塘区国防教育委员会成立。9月13—14日，区人武部会同浙江理工大学、浙江警官职业学院开展全民国防教育活动，采用校内广播、大屏、宣传栏、横幅等形式进行国防教育宣传，并进行红色影片展播。11月30日，区人武部组织青年人大代表、政协委员开展国防教育活动，并进行“国家当前面临的安全形势”专题授课。

【双拥工作】2022年，区委、区政府推进双拥工作。区委组织部、区退役军人事务局、区人社局、区教育局、区发展改革局等部门做好军人家属安置工作。与钱塘高级中学、农业银行钱塘支行签订军民共建战略协议，为军人子女就近就学提供保障，为军人家属提供优质金融服务。

【学生军训】2022年8月18日至10月21日，区人武部完成11所高校、8所高中的学生军训任务，参加军训学生6万余人。军训内容涵盖爱国主义教育课、队列基础、军体拳、急救技能等内容。

（乐泽宇）

人民防空

【概况】2022年，杭州市钱塘区人民防空办公室（简称区人防办）优化人民防空依法行政审批工作，贯彻落实“最多跑一次”事项“八统一”（统一主项名称、统一子项名称、统一适用依据、统一申请材料、统一办事流程、统一经办业务流程、统一办理时限、统一表单内容），对应事项全部实现网上申报、无纸化办公。根据统一部署，推进国防动员改革工作，优化国防动员体制。至年末，完成国防动员部门设立、人防职能划转、人员转隶等工作。

2022年11月，区人防办组织开展人民防空系列宣传活动。图为杭州市下沙第二小学的小学生在阅读人民防空知识宣传手册 （区人防办 提供）

【预案编制工作强化】2022年，区人防办编制完成《钱塘区人民防空应急疏散方案》。强化战备力量，整组人民防空专业队伍，提高战备能力。全年组织短波通信联合训练45次，组织人员参加市人防办举办的人民防空移动指挥所模拟实战训练，增进团队凝聚力，提高部队战斗力。完成“5·12”汶川地震和“9·18”九一八事变纪念日的全区防空警报试鸣工作。

【宣传教育强化】2022年，区人防办组织“3·1”国际民防日和“5·12”全国防灾减灾日人民防空宣传活动，全年更新辖区内10个居住小区人民防空标识350多块，并在工厂和企业的宣传栏张贴人民防空宣传海报。加大宣传教育“五进”（进社区、进机关、进学校、进企业、进网络）力度，发放人民防空知识读本800多份。做好人民防空法制宣传和培训工作，举办人民防空管理从业人员培训2次，培训专业人员500多人。推进数字化改革，完成人民防空结建工程在省、市人防办监管平台的数据归集工作，归集率100%，人民防空维护单位使用率50%以上，日常维护检查上传率100%。

（陈唐华）

责任编辑 陈 玲

制造业

综　述

【五大制造业集群发展】2022年，钱塘区推进五大制造业集群发展，半导体、生命健康、智能汽车及智能装备、新材料、航空航天五大制造业产业实现产值2989.1亿元，占全部规模以上工业企业总量的85.3%。其中，半导体产业产值664.97亿元，与上一年基本持平；生命健康产业产值487.8亿元，增长2%；智能汽车及智能装备产业产值1031.2亿元，下降0.4%；新材料产业产值800.78亿元，下降3.5%；航空航天产业产值4.32亿元，增长83.8%。

（周阿丽）

【“未来工厂”培育】2022年，钱塘区构建数字经济和制造业融合发展新模式、新业态和新机制，推广数字化设计、智能化生产等6个“新场景”。聚焦数字产业化和产业数字化，围绕“互联网+”“大数据+”“人工智能+”，深化制造业全产业链供应链体系的数字化场景创新和应用推广，提升数字化发展水平，推进企业组织形态变革，加快建设“未来工厂”。至年末，累计认定省级“未来工厂”3个；认定省级智能工厂、数字化车间15个；培育市级“未来工厂”体系企业104个，其中链主工厂3个、智能工厂16个、数字化车间79个、云端工厂6个；认定市级“未来工厂”19个，其中链主工厂1个、智能工厂10个、数字化车间8个。智能吊挂柔性生产系统数字化改造项目等10个数字化改造攻关项目通过验收。

【企业技术中心培育】2022年，钱塘区完善以企业为主体、市场为导向、产学研用深度融合的产业创新体系，提升企业创新能力。至年末，共有市级及以上企业技术中心97个，其中国家级企业技术中心1个、省级企业技术中心24个、市级企业技术中心72个。

（梁　伦）

【企业走访服务】2022年，钱塘区依托“千名干部助千企”和

中策橡胶集团有限公司生产高性能子午胎的“未来工厂”生产线（摄于2022年）

（朱　晟摄）

各阶段性走访服务活动，走访企业1.77万个（次），参与走访1835人，每月走访完成率均为100%。通过钱塘“企服新干线”线上受理企业诉求，收集企业问题604个，其中咨询答疑类157个、民生保障类92个、审批服务类43个、其他类312个。较为突出的问题主要体现在招工用工难（人才留用难）、配套交通难、用电用气难、政策兑现难、疫情防控难5个方面，占全部问题的1/3以上。至年末，问题办结率100%。（俞建龙）

【小微园区建设】2022年，区经信科技局推动创新产业园建设。新认定省级小微企业园5个，累计创建培育各级创新产业园86个，其中省级小微企业园29个，占地面积127.66万平方米，总建筑面积约243万平方米，入驻企业4600个，培育规模以上企业101个，高新企业306个。孵化杭州中科极光科技有限公司等省级及以上专精特新企业26个，占全区的28.2%，其中国家级专精特新企业5个。根据2021年度省级小微企业园绩效评价结果显示，参加绩效考评的25个园区占地面积96.4万平方米，实现营业收入477亿元，实现税收19.7亿元，亩均税收136万元/亩，其中亩均税收超100万元园区7个。三星级及以上园区14个，其中绩效评价A档园区6个，正泰中自科技园、和达·智造产业化基地分别被评定为浙江省小微企业园亩均效益领跑者第一名、第二名。（朱　伟）

2022年钱塘区省级小微企业园一览表

表8

序号	园区名称	园区类型	星级评定
1	杭州市高科技企业孵化园区	生产性服务类	五星级
2	新加坡杭州科技园	生产性服务类	四星级
3	和达高科海聚中心	生产性服务类	四星级
4	正泰中自科技园	生产制造类	四星级
5	龙驰科创园	生产性服务类	三星级
6	和达·智造产业化基地	生产制造类	三星级
7	杭州智慧谷移动互联网创业园	生产性服务类	三星级
8	浙江省海外留学人员创业园	生产性服务类	三星级
9	国脉科技园	生产性服务类	三星级
10	杭州和达文化创意产业园	生产性服务类	三星级
11	建友科创园	生产制造类	三星级
12	义蓬科创园	生产性服务类	三星级
13	临江科技孵化园	生产性服务类	三星级
14	传化公路港	生产性服务类	三星级
15	艾迪科创园	生产性服务类	无
16	和达药谷中心	生产制造类	无
17	创想邦·AT800创新中心	生产性服务类	无
18	七格检测智造园	生产性服务类	无
19	红帮东部乐创中心	生产性服务类	无
20	海弘微智造园	生产性服务类	无
21	网虹城数字文化产业园	生产性服务类	无
22	佳宝科创中心	生产性服务类	新园区无星级评定
23	新界科创园	生产性服务类	新园区无星级评定
24	安和药谷	生产性服务类	新园区无星级评定
25	美迪凯科技园	生产制造类	新园区无星级评定
26	和达高科·创新服务中心	生产性服务类	新园区无星级评定
27	生命科技中心	生产性服务类	新园区无星级评定
28	银海科创中心	生产制造类	新园区无星级评定
29	铭扬数字文化产业园	生产性服务类	新园区无星级评定

【第七届“创客中国”中小企业创新创业大赛全国总决赛举行】2022年11月16—17日，第七届“创客中国”中小企业创新创业大赛全国总决赛在钱塘区举行。大赛采用线上和线下方式举行，包含参赛企业500强和50强评审会、“创客中国”50强路演、“创客中国”项目成果展、总决赛颁奖典礼、投融资推介会5个部分。5月，大赛启动，历时6个多月，征集全国参赛项目共3.76万个。钱塘区企业赛德半导体有限公司SEED团队的“可折叠超薄柔性玻璃（UTG）生产加工项目”获得创客组一等奖。（施亚萍）

半导体产业

【概况】2022年，钱塘区半导体产业产值664.97亿元，集聚集成电路上下游企业102个，实现集成电路产业营业收入94.87亿元，比上年增长11.3%，两年蝉联浙江省开发区产业链链长制试点示范单位榜首，钱塘芯谷获评集成电路领域科技部“国家级创新型产业集群”，初步形成半导体材料—集成电路制造—集成电路规模化应用的完整产业链。引进“昂坤半导体光学检测”“泽达高性能激光器”“赛德半导体超薄可折叠柔性玻璃”等一批专精特新项目。加快集成电路设计与制造业集群发展，制定“领飞计划”等政策，全年集成电路产业企业兑付政策资金4201.98万元，其中兑付研发投入资金1027.04万元。

【中国（钱塘）集成电路高峰论坛举行】2022年6月28日，第二届中国（钱塘）集成电路高峰论坛在钱塘区举行，该届论坛在省发展改革委、省经济和信息化厅、中国半导体行业协会的指导下，由省半导体行业协会、钱塘区政府主办，杭州国家“芯火”双创基地（平台）、致公党钱塘区支部、杭州钱塘芯谷管理办公室承办，近200名行业专家学者及半导体行业企业代表齐聚钱塘，共话集成电路产业发展。

【“绽放杯”5G应用征集大赛浙江区域赛决赛举行】2022年8月27日，由省经济和信息化厅、省通信管理局主办，省5G产业联盟、钱塘区政府承办的第五届“绽放杯”5G应用征集大赛浙江区域赛决赛在钱塘区举行。“绽放杯”5G应用征集大赛是国内具有影响力的全国性5G应用赛事。浙江区域赛决赛采用路演和答辩形式进行，大赛评选出一等奖5名、二等奖10名、三等奖15名、优秀奖20名。钱塘区企业金卡智能集团股份有限公司获得大赛一等奖。（郝柏森）

2022年6月28日，第二届中国（钱塘）集成电路高峰论坛在钱塘区举行
（区融媒体中心 提供）

生命健康产业

【概况】2022年，钱塘区生命健康产业产值487.84亿元，比上年增长2%，拥有生命健康产业及相关企业62个，其中年产值超10亿元企业10个、超5亿元企业12个、超1亿元企业36个，主要涉及生物医药、医疗器械。生物医药生产企业以杭州默沙东制药有限公司、杭州中美华东制药江东有限公司、杭州九源基因工程有限公司、杭州惠松制药有限公司、杭州澳亚生物技术有限公司为代表；医疗器械企业以杭州奥泰生物技术股份有限公司、艾博生物医药（杭州）有限公司、杭州协合医疗用品有限公司、明峰医疗系统股份有限公司、杭州泰尔茂医疗器械有限公司、杭州龙鑫科技有限公司为代表。年内，“海昶生物核酸脂质体创新项目”“德琪生物产业化基地建设项目”“艾比奥”“和达药谷六期”“中国科学院医学所二期项目”落地建设，产业呈集聚发展态势。（郑玉冰）

【重点产业项目集中开工】2022年1月5日，钱塘区举行一季度扩大有效投资重大项目集中开工。医药港景杰生物蛋白质组学技术服务和抗体研发生产项目、嘉辐科技离子治疗装置产业化建设项目、和泽医药研发生产项目、海昶生

物脂质体创新制剂研发及cGMP生产基地项目集中开工建设。景杰生物蛋白质组学技术服务和抗体研发生产项目总投资10亿元，总用地约2万平方米，总建筑面积5.28万平方米，项目包括蛋白质组学科技服务平台升级项目、高端科研及诊断抗体试剂生产项目和基于蛋白质组学技术的综合研发平台项目；嘉辐科技离子治疗装置产业化建设项目总投资3.5亿元，总用地1.67万平方米，总建筑面积5.6万平方米，新建医药制造业厂房，用于生产及研发粒子治疗产品；和泽医药研发生产项目总投资6.05亿元，总用地2.57万平方米，总建筑面积10.02万平方米，项目包含药学研究及申报平台、临床研究与检测平台、多肽及口溶膜技术研发平台、MAH云生态平台及行政办公配套设施等；海昶生物脂质体创新制剂研发及cGMP生产基地总投资6.7亿元，总用地2.67万平方米，总建筑面积7.1万平方米，主要建设脂质体创新制剂研发及cGMP生产基地项目。（邬显达）

【“链式+集群”发展模式新成果】2022年1月19日，省健康办公室公布首批健康浙江行动示范样板与优秀案例名单，钱塘区《聚焦“链式+集群”发展新模式，全力打造国内顶尖、世界一流健康产业高地》案例入选名单。杭州医药港构建“六链融合”产业生态圈，坚持创新驱动、规划引领、项目为王、强链补链、精准服务，制定《生物医药产业高质量发展三年行动计划》，规划“一核三区多点”的空间发展格局，完成城市设计，打造“链式+集群”的发展新模式。至年末，全球十大医药企业有7个落户钱塘区，上市及重点拟上市企业19个，杭州市“准独角兽”企业17个。（练　晔）

2022年6月30日，浙江省生物医药产业研究联盟成立
（区融媒体中心 提供）

【中国（浙江）自由贸易试验区生命健康产业推介会召开】2022年6月30日，2022中国（浙江）自由贸易试验区生命健康产业推介会暨第六届国际生物医药（杭州）创新峰会在钱塘区开幕。会议围绕浙江自贸试验区的制度红利和政策集成优势，为推动生物医药产业发展建言献策。来自国内外知名药企、投融资行业的80多名专家代表参会。会上，浙江省生物医药产业研究联盟成立，并发布《长三角生物医药产业白皮书》。文达医药项目、浙大生科院项目等签约落户。生物医药产业基金、和达生物医药产业园区基础设施投资业务战略合作签约仪式举行。（方劭伟）

智能汽车及智能装备产业

【概况】2022年，钱塘区智能汽车及智能装备智造产业完成产值1031.20亿元，比上年下降0.4%。钱塘区是全省新能源汽车及零部件产业集群核心区，拥有广汽乘用车（杭州）有限公司、长安福特汽车有限公司杭州分公司、浙江吉利汽车有限公司杭州分公司3个整车企业和60多个汽车零部件生产企业，具备从整车制造、零部件供应到物流配送的完整产业链。至年末，全区汽车产量23.2万辆，占杭州市汽车整车产量的90%以上；汽车服务业营业收入43.87亿元，增长19.6%。汽车产业产值100亿元以上企业4个，10亿元以上企业8个，1亿元以上企业34个。（张迪庆 江雅赛）

【《杭州前进智造园智能制造产业规划》出台】2022年9月30日，由钱塘区前进智造园牵头编制的《杭州前进智造园智能制造产业规划》印发。该规划基于国内智能制造产业发展趋势研究、重点智能制造产业园案例对标分析，指出前进智造园智能制造产业面临的机遇与挑战，并提出相应发展战略及招商路径建议，致力于建成长三角地区智能制造产业融合发展前沿区，实现制造大走廊的示范引领新格局。

【新能源汽车产业发展】2022年，

钱塘区新能源汽车产业快速发展，在产吉利“睿蓝60S”、吉利几何E、合创Z03、合创A06等多款新能源车型。至年末，全区生产新能源汽车6.15万辆，产值67.9亿元。汽车企业加快布局新能源汽车产业，“长安福特锐界”“航海家油电混合双擎”“吉利高端新能源车型”“零跑新能源汽车零部件”等项目加快推进。（江雅赛）

【汽车产业专场活动】2022年，钱塘区汽车党建联建开展“党建+N”系列活动，承办省“十链百场万企”之汽车产业专场活动，推进零部件与整车企业深度合作。举办“红领钱潮·行走自贸”红领集市、红色工业旅游、自贸进平台等系列活动，推动企业开拓市场。前进智造园管理办公室联合区商务局举办“钱塘汽车嗨购节”，制定杭产汽车促销方案，累计拉动销售4.35亿元；联动区经信局通过杭产车专项摇号政策，累计摇出车牌1160块。（周　珂）

【节能与新能源汽车产业链专场活动】2022年6月14日，以“数智赋能、集群顶梁、工业奋进”为主题的浙江省“十链百场万企”系列对接活动首个专场——节能与新能源汽车产业链现场对接活动在钱塘区举办。12个整车及零部件重点企业与金融机构、高校等现场签约，推动产业链上下游一体化发展。“十链百场万企”活动是浙江省稳企业强主体、畅循环稳工业攻坚行动的重要举措。节能与新能源汽车产业是标志性产业链之一，也是浙江重点打造的四大万亿级产业集群之一。

【合创项目引进】2022年1月26日，广汽乘用车（杭州）有限公司引进合创项目，完成股权变更，导入合创汽车新能源汽车项目。3—4月，广汽乘用车（杭州）有限公司HH项目生产线改造完成全线贯通，实现传统燃油车和新能源车共线生产。6月6日，纯电动SUV合创Z03下线，广汽乘用车（杭州）有限公司进入双品牌战略时代。

【吉利高端新能源车型引进】2022年10月，钱塘区和吉利集团签约吉利新能源高端车型项目。该项目落地钱塘区前进智造园的吉利钱塘基地，计划通过新建和技改方式导入吉利旗下的新能源高端车型，投资20亿元，达产后预计新增年产值200亿元，并带动形成零部件等上下游产业链落户发展，为基地后续发展、钱塘区汽车产业发展壮大提供支撑。（张迪庆）

【机器人产业发展】2022年，钱塘区机器人产业实现产值38.4亿元，比上年增长20.4%，以工业机器人、物流机器人、巡检机器人为主。至年底，机器人产业有平台1个，即省级制造业创新中心——中国（浙江）机器人及智能装备创新中心；规模以上企业4个，分别是史陶比尔（杭州）精密机械电子有限公司、杭州君辰机器人有限公司、杭州宏德智能装备科技有限公司、杭州泰尚智能装备有限公司。

【高端装备产业链生态圈打造】2022年，钱塘区高端装备产业链有工业企业223个，全年营业收入999.92亿元，产值956.58亿元，利润总额71.78亿元，比上年分别增长67%、2%和6.5%，分别占全区规模以上工业企业的25%、27.3%和28.1%。生态圈代表性产业链有节能与新能源汽车产业链、检测与监测设备产业链和现代能源装备产业链；代表性企业有长安福特汽车有限公司杭州分公司、广汽乘用车（杭州）有限公司、浙江吉利汽车有限公司杭州分公司，杭州和利时自动化有限公司、金卡智能集团股份有限公司、史陶比尔（杭州）精密机械电子有限公司等。（梁　伦）

航空航天产业

【概况】2022年，钱塘区航空航天产业完成产值4.32亿元，比上年增长83.8%。其中，浙江西子势必锐航空工业有限公司产值增长76%、浙江嘉航科技有限公司增长51%、杭州艾美依航空制造装备有限公司增长121%。坚持招商引资“一号工程”战略地位，招引标志性项目，制定目标图、路线图、作战图，开展“敲门招商”。全年招引“艾美依二期”“轻翼航空”等航空航天特色项目。落实标志性项目“一对一”跟踪服务和月调度机制，实施“选兵点将、精准破难、百日攻坚”行动。推进华瑞航空项目，协助浙江省机电集团妥善解决外方股东退股，支持企业开展技术攻关。项目建设获得中国商用飞机有限责任公司支持，确定在钱塘区设立“中国商飞复合材料华瑞（杭州）联合研发中心”。“毕方航空”项目主要厂房完成主体结顶。航空航天“万亩千亿”产业平台在全省考核中列细分领域第一位。

（张迪庆　江雅赛）

【科技创新推进】2022年，钱塘区坚持围绕产业链部署创新链、人才链。推动华瑞航空项目开展核心技术攻关，浙江省飞机复合材料技术创新中心获省科技厅批复，筹备组建中国商飞复合材料华瑞

（杭州）联合研发中心，公司“航空复合材料机身壁板成型关键技术研究及应用”入选浙江省“尖兵”研发攻关计划项目。浙江西子势必锐航空工业有限公司助力国产大飞机C919取证，获中国商用飞机有限责任公司感谢信，获欧洲空中客车公司2022年全球供应商可持续发展提名奖。杭州艾美依航空制造装备有限公司获浙江省高新技术企业研究开发中心认定，浙江嘉航科技有限公司获国家高新技术企业认定，杭州毕方航空技术有限公司获省科技型中小企业认定。（张迪庆）

【“万亩千亿”产业平台宣传】 2022年，钱塘区联合省发展改革委、杭商传媒有限公司举办《杭州前进智造园：空天领航区，钱塘未来城》访谈节目，推介航空航天“万亩千亿”新产业平台，获得人民网、央视网等媒体直播、转载报道。推进“一厅一站”建设，产业展厅2.0版本及江东一路主干道“万亩千亿”产业平台立体宣传标识竣工投用。（江雅赛）

新材料产业

【概况】 2022年，钱塘区新材料产业实现产值800.78亿元，比上年下降3.5%，占全区规模以上工业总产值的22.9%。坚持以产品研发为核心，以绿色发展为转型方向，新材料产业实现稳步发展，生产经营总体稳定。以新兴半导体材料企业为代表的高端新材料增长明显。其中，杭州中欣晶圆半导体股份有限公司实现产值10.6亿元，增长231.4%；杭州格林达电子材料股份有限公司实现产值7.82亿元，增长8.7%。浙江永杰铝业有限公司生产的锂离子动力电池结构件用铝合金板带被认定为“国家级单项冠军产品”。制定出台“领飞计划”，支持新材料产业发展，强化产业扶持。推进绿色制造发展，杭州大创小镇获评省级绿色低碳园区和市级绿色低碳园区。13个企业获评市级绿色工厂，创建省级节水型企业14个、市级节水型企业5个，25个企业通过清洁生产审核验收。（项飞达）

【新材料产业链获评省级“链长制”示范试点】 2022年，杭州经济技术开发区新材料产业链获评浙江省开发区产业链“链长制”示范试点单位，成为继“芯智造”、生物医药、汽车产业后钱塘区第四条上榜的产业链。至年末，钱塘区拥有规模以上新材料企业90个，包括浙江恒逸高新材料有限公司、东南新材料股份有限公司、百合花集团股份有限公司、杭州聚合顺新材料股份有限公司、杭州格林达电子材料股份有限公司等骨干企业，形成以化工新材料、高性能纤维、电子信息材料、前沿新材料为主的产业集群。（盛　杰）

【2个企业入选国家级专精特新“小巨人”名单】 2022年8月，工业和信息化部公布第四批国家级专精特新“小巨人”企业名单，临江高科园新材料企业杭州吉华高分子材料股份有限公司（简称吉华高分子）、杭州科利化工股份有限公司（简称科利化工）入选。吉华高分子自主攻关防聚热有机硅材料的合成等关键核心技术，“不粘锅用持久不粘陶瓷涂料”产品填补陶瓷涂料行业空白。科利化工专业从事新型高分子合成材料氯化聚合物及相关加工助剂的研发、生产和销售，产品销往全国20多个省（自治区、直辖市），并出口30多个国家及地区。（金敬鹏）

责任编辑　曹文慧

产业平台

杭州医药港

【概况】2022年，杭州医药港生物医药企业实现营业收入500亿元，制造业实到外资1.36亿美元，完成固定资产投资37.2亿元。全年落地1亿元以上项目21个，总投资146亿元。举办第六届浙江药学大会、第一届国际MAH合作与创新高峰论坛等高规格会议7场。新增临床试验药品57个，比上年增长73%；累计获批临床试验133项，开展临床试验研究药品99个，获批医疗器械723项。在建项目26个，总投资176.7亿元。入选2022年健康中国创新实践案例、全省特色小镇高质量发展最佳实践案例、第一批省级“新星”产业群培育名单、浙江省开发区产业链链长制优秀示范单位。全省命名特色小镇考核优秀，获得省级及以上荣誉9项。（杨一洲）

【杭州医药港小镇获浙江省命名特色小镇考核优秀】2022年12月9日，浙江省特色小镇规划建设工作联席会议办公室发布《关于浙江省命名和创建特色小镇2021年度考核情况的通报》，杭州医药港小镇入选浙江省命名特色小镇考核优秀等级。医药港小镇坚持创新、协调、绿色、开放、共享的新发展理念，推进“生产、生活、生态”三生融合发展，实现生物医药企业总产出年均增长30%以上，年均完成生物医药产业投资近20亿元，年均研发投入超30亿元，每年新增规模以上企业10个以上。（赵晓慧）

杭州医药港（摄于2022年）（区融媒体中心 提供）

【德琪生物研发及产业化项目开工】2022年8月2日，德琪生物研发及产业化项目开工仪式在杭州医药港举行。该项目由德琪医药科技有限公司投资建设，位于杭州医药港核心区位，占地4.53万平方米，建筑总面积11万平方米，按照GMP标准设计建造，主体工程包含综合车间2栋、中试车间1栋、研发办公楼1栋。该基地计划2025年竣工并投入使用，建成国际一流、工艺领先的多功能生物“科研+生产”产业一体化平台。

【杭州医药港艾比奥项目实现“拿地即开工”】2022年7月10日，位于杭州医药港的浙江艾比奥临床供应药品及医疗器械产业化项目，在土地出让合同签署后2天取得施工许可证，创下项目开工速度新纪录。此次落户钱塘区的产业化项目用地1万平方米，总投资2.3亿元，总建筑面积3.29万平方米。（邬显达）

【银海科创中心入选浙江省小微企业园名单】2022年7月14日，浙江省小微企业园工作联席会议办公室公布浙江省第九批审核认定的小微企业园名单，杭州医药港生产制造类园区银海科创中心入选。银海科创中心（和达药谷Ⅳ期）位于杭州医药港核心地块，总投资近12亿元，总建筑面积约32万平方米。园区以生命科技为主题，以“药”为重点，聚焦生物医药以及高性能医疗器械2个重点领域和发展方向，打造“专业·高质”的现代生物医药产业集聚区。至年末，该园区招引高端医疗器械、药物研发、生物技术开发与服务等项目40多个，涵盖上市药企11个、领军人才项目3个、国家高新技术企业14个、杭州市“准独角兽”企业5个、区“雏鹰”企业5个。

【浙江大学医学院附属儿童医院杭州医药港临床试验中心成立】2022年11月3日，浙江大学医学院附属儿童医院杭州医药港临床试验中心揭牌仪式举行。杭州医药港临床试验中心依托浙大儿院临床试验的资源和技术优势，开展23个专业的临床药物试验、61个专业的医疗器械临床试验，优化钱塘生物医药产业生态体系，推动儿童药物、医疗器械的研发和转化，建设国内领先的国家药物和器械临床试验机构。

【省食药检院党委与杭州医药港党工委党建共建签约】2022年6月15日，浙江省食品药品检验研究院党委、杭州医药港党工委党建共建签约暨生物医药企业服务交流会举行。省食药检院和杭州医药港管理办公室负责人就“党建+业务”双融合双促进进行探讨。省食药检院党委和杭州医药港党工委签订党建共建协议，与莫斯莱特（杭州）生物技术有限公司、浙江海昶生物医药技术有限公司、天境生物科技（杭州）有限公司等12个企业签订项目合作框架协议，并与各企业代表就技术开发、项目合作、实验室开放共享等服务需求，进行深入交流。

（周永存）

【第一届国际MAH合作与创新高峰论坛开幕】2022年7月22日，第一届国际MAH合作与创新高峰论坛在钱塘区开幕，来自生物医药行业的60多名专家、学者、监管机构负责人出席论坛。论坛聚焦MAH（药品上市许可持有人）制度，围绕MAH监管、MAH制度下创新药研发的难点及解决方案、MAH制度下批文合作等热点话题，交流中国最新医药产业政策、监管方向，探讨MAH制度下企业如何抓住机遇，引领全球医药创新发展趋势。会上，省药品上市许可持有人转化平台专家委员会成立，浙江省药化审评中心人才联合培养基地揭牌，同时发布《MAH蓝皮书》，并启动“药交天下”大数据平台。论坛由浙江省药品上市许可持有人转化平台主办，该平台由省药学会、省药品监督管理与产业发展研究会、浙江药科职业大学以及钱塘区政府共同发起设立，拥有会员企业1856个。

【中国科学院基础医学与肿瘤研究所分子医学高峰论坛召开】2022年5月8日，中国科学院基础医学与肿瘤研究所分子医学高峰论坛在杭州医药港召开。会上，中国科学院医学所——华大联合实验室揭牌落地，院内制剂研发中心项目签约。中国化学会分子医学专业委员会、浙江省医学会分子医学分会成立，中国科学院院士谭蔚泓担任首届主任委员。分

2022年7月22日，浙江省药化审评中心人才联合培养基地揭牌仪式举行

（朱　晟　摄）

子医学专业委员会主要开展学科规划、科学研究、人才培养及学术交流，集中专业、全面、多学科综合交叉的人才队伍进行学科设计，协同创新，为生命健康领域基础科学重大发现和重大疾病诊疗等问题的解决提供支持。（练　晔）

大创小镇

【概况】2022年，大创小镇加快推进经济发展、双招双引、企业服务、项目推进等工作。至年末，拥有各类企业1万余个，统计库内共有“四上”企业458个，其中规模以上工业企业240个、100亿元以上企业2个、10亿元以上企业32个、5亿元以上企业57个、1亿元以上企业145个。规模以上服务业企业99个，限额以上贸易企业119个。全年实现规模以上工业总产值1272.03亿元，实现工业增加值305.75亿元。落地固定资产投资1亿元以上产业项目9个，实际利用外资1.8亿美元，落地人才项目50个。其中有12个企业获得融资（估值1亿元以上项目10个），总融资金额超4.24亿元，总估值超23亿元。培育上市企业12个，“独角兽”企业2个，“准独角兽”企业20多个，占全区上榜《杭州独角兽&准独角兽企业榜单》企业总数的75%。“史陶比尔”“网创”等5个项目入选省“六个千亿”产业投资工程项目，“士兰微电子”项目入选省市县长项目，“花西子”“美迪凯”项目入选2022年省重大产业项目（预选类），“福莱蒽特”“梦饷实业”等15个项目入选市重点建设项目。完善《大创小镇深入推进工业用地提质增效三年行动计划（2022—2024年）》，依照“因地制宜、分类指导、有序推动、规范管理”的原则，理顺工作路径，实现“一地一方案”全覆盖。完成55宗地块的提质增效，面积190.6万平方米，完成率70%。累计走访联系企业1500多个（次），解决企业问题1000多个，办结率100%。指导大创小镇商会会员开展交流活动，组织会员企业开展走访活动13次，开展企业培训12次。组织商会会员开展公益活动，疫情防控期间，向各卫生院、街道、社区捐赠防疫物资，价值超过100万元。召开大创小镇党工委“七一”表彰暨“两新”党建工作专题推进会，成立钱塘区首个高层次人才企业联合党总支。（毛巨江）

【低效用地整治】2022年，大创小镇开展低效用地整治，推进片区转型升级。原数源科技信息电子产业园聚焦尖端5G领域，招引头部企业美格智能技术股份有限公司，引入“华为智慧屏”项目，组建5G产业先导园。杭州金晶纺织整理有限公司根据企业未来发展规划，在原址上建设集研发、生产、现代化办公及配套于一体的综合性园区。原薇萝妮卡（杭州）科技有限公司的闲置土地经过重新开发建设，引进和达科技服务有限公司的管理服务，打造“和达数聚产业园”。至年末，大创小镇55宗地块基本实现提质增效。（陆文杰）

【“五证联发”建设项目规划审批】2022年，大创小镇联合各部门协助宜格项目开展投资协议签订、规划条件出具、设计方案指导、土地挂牌摘牌等全流程一站式服务；市规划和自然资源局钱塘分局发挥全链条核心整合功能，服务工作全面前置，做好项目拿地前各项准备工作，实现一天内完成土地合同签订、“一地一码”关联、用地规划许可、建设方案审查、工程规划许可证办理5项手续，规划审批完成时间大幅缩短。（池宇翔）

【科创企业梯队建设】2022年，大创小镇新认定国家高新技术企业102个，认定省科技型中小企业192个（含重新认定），分别占全区的45%、33%。至年末，累计认定有效国家高新技术企业389个、省科技型中小企业855个，占全区比例均超40%。新认定市级企业研发中心19个，占全区47.5%，累计集聚市级以上企业研发机构

大创小镇（摄于2022年）　（区融媒体中心　提供）

2022 年 5 月 21 日，钱塘区元宇宙新天地开园活动举行

（区融媒体中心 提供）

138 个。新增国家级孵化器 1 个、省级孵化器 1 个、省级众创空间 3 个、市级孵化器 4 个。建成众创空间、孵化器、小微企业园等各类创新平台 214 万平方米，累计建成省级以上孵化空间 23 个、市级以上孵化载体 37 个。新增国家级专精特新企业 4 个、省级“专精特新”中小企业 60 个。正泰中自科技园获评省亩均效益领跑者，杭州高科技孵化园区获评省五星级小微企业园，大创小镇获评省侨联侨界创新创业基地、省级绿色低碳工业园区、省现代服务业创新发展示范区、省海洋特色经济区块。

【特色小镇创建】2022 年，大创小镇制定《大创小镇数字经济三年行动计划》，以省级特色小镇为核心，打造数字经济新高地。入选第六批省级特色小镇，获评浙江省现代服务业创新发展示范区。推进小镇景区基础设施建设，推出“一轴两线”数字经济体验线路，获评 AAA 级旅游景区。

（程宇昂）

【“红立方”品牌打造】2022 年，大创小镇优化“红立方”品牌企业服务机制，实现企业服务的规范化、常态化、制度化管理，全年走访联系企业 1500 多个（次）。疫情防控期间，帮助企业解决供应链、货车及员工通行、货品消杀、项目推进等各类问题 108 个，问题办结率 100%。将线上“亲清钱塘”和线下走访交流相结合，提高办事效率，提升企业满意度。通过“亲清钱塘”提交企业诉求 178 件，答复满意率 100%。

（劳丽芳）

【钱塘区元宇宙新天地开园】2022 年 5 月 21 日，钱塘区元宇宙新天地开园活动在大创小镇举行，来自政府部门、高校、科研院所、金融机构和企业的 100 多名专家代表参加活动。该项目位于杭州大创小镇，占地面积 7.67 公顷，重点围绕数字孪生、人工智能等元宇宙核心底层技术，以及游戏、社交、教育等元宇宙新型应用场景，引进培育创新型中小企业。中国科学院院士崔铁军、中国工程院院士邬江兴、中国工程院院士陈文兴、中国移动通信联合会执行会长倪建中及中国移动研究院首席科学家刘光毅 5 名专家被聘为元宇宙产业顾问，元宇宙协同应用创新实验室、元宇宙产学研联盟 2 个创新平台成立，一批元宇宙项目和金融合作项目完成签约。

（侯正巍）

【宜格集团全球创新研发及产业中心落地】2022 年 7 月 30 日，浙江宜格企业管理集团有限公司（简称宜格集团）全球创新研发及产业中心在大创小镇举行奠基仪式。该项目总投资 10 亿元，集中承载宜格集团消费者研究中心、化妆品科创中心、美容仪器研发中心、工业设计与 CMF 研发中心、东方美学与空间创新中心 5 个创新研发中心的功能，形成全链路美妆研发生态园区。

（郝 爽）

【浙江十勇士国际研发中心落地】2022 年 9 月 9 日，浙江十勇士网络科技有限公司国际研发中心落地仪式在大创小镇举行。该项目总投资超 11 亿元，建成后可容纳浙江十勇士公司全球核心研发团队入驻办公，打造国际化的游戏产业研发中心。

（褚斯靓）

【中科极光公司“真激光”服务北京冬奥会闭幕式】2022 年，杭州中科极光科技有限公司自主研发“真激光”技术，并登上 2022 北京冬奥会闭幕式舞台。该技术为显示领域前沿技术，由杭州中科极光科技有限公司自主研发，以三基色激光为光源，全面实现 BT.2020 国际最新标准，具有真亮度、真色彩、真节能、真陪伴、真可靠 5 个“真体验”。

【太古可口可乐中国首家绿电工厂落地】2022 年 4 月 22 日，浙江太古可口可乐饮料有限公司与大唐电力浙江分公司达成购电合作，购买3000万千瓦时绿色电力。该公司是浙江省内饮料行业绿色电力最大采购厂家、浙江省饮料行业第一个100%使用绿色电力企业，也是可口可乐中国系统第一个100%使用绿色电力装瓶厂。该项目实施后，可减少碳排放2.38万吨。同时，该公司实施全面能耗管理，多举措创新，合计减少碳排放达2.62万吨。（郑　炜）

【史陶比尔机器人国内首条生产线落成】2022年8月19日，史陶比尔机器人国内首条生产线落成仪式在史陶比尔（杭州）精密机械电子有限公司举行。这是该公司首次将机器人事业部生产线引入中国，也是史陶比尔集团本地化战略的重要项目之一。史陶比尔（杭州）精密机械电子有限公司位于围垦街的杭州工厂是史陶比尔集团在全球的第二大机器人生产基地，也是史陶比尔集团首次在欧洲以外的制造工厂生产机器人本体。（毛巨江）

杭州综合保税区（摄于2022年）　（区融媒体中心 提供）

杭州综合保税区

【概况】2022年，杭州综合保税区规模以上工业企业总产值105.62亿元，比上年下降1.6%；规模以上工业企业累计实现利润总额3.93亿元，增长14.5%；实现税收总额25.32亿元，增长23.6%；实现货物进出口总值255.3亿元，下降5.4%；全年跨境电商进出口额增长23%。根据海关总署发布的综合保税区发展绩效评估结果，在全国138个海关特殊监管区中，杭州综合保税区排名全国第24位、浙江省第二位。（李　佳）

【招商引资机制优化】2022年，杭州综合保税区优化招商引资工作机制，充实招商人员力量配备，共享各类招商引资信息，优化资源整合，实施“存量用地招引、低效用地整治、存量厂房利用”3种模式，统筹利用资源，发挥综合保税区的空间资源及优势，做好“大招商、招好商”工作。至年末，实到外资1000万美元，完成10亿元以上服务业固投类项目1个，1亿元以上项目签约4个，完成招商外出走访及接洽企业90个。（王　洁）

【一般纳税人试点政策推广】2022年，杭州综合保税区推广一般纳税人试点政策，累计叠加试点政策企业14个。通过打通国内增值税“免抵退”（对生产型出口企业的增值税优惠政策）链条，降低企业税负成本，提升企业经营效益。全年试点企业内销金额3.82亿元，降低经营总成本1137万元。

【“数字综保”综合服务平台启用】2022年，杭州综合保税区开发“数字综保”综合服务平台，协同海关、机场、港口、商务、经信、电商平台、国资公司等10个部门（单位），打通20多套业务系统，构建数智通关、虚拟过卡、跨贸在线等场景。通过整合国际贸易单一窗口、海关智能卡口等业务系统，实现企业在线报关、申领“电子通关单”，后台核验通过后，自动生成通行“二维码”推送至货运驾驶员，全程“零接触”、“码”上通，通关时长由1天压缩至1小时以内。（张本林）

【杭州综合保税区首届职工运动会举办】2022年6月22日，由杭州综合保税区党工委、钱塘自贸党建联盟、钱塘区总工会、杭州综合保税区管理办公室联合主办的杭州综合保税区首届职工运动会开幕。此次职工运动会以“乘亚运东风，话综保共富”为主题，设团体赛和趣味赛2个大类15个项目，包含羽毛球、篮球、电竞等竞技、趣味类项目。来自综合保税区各企业、部门单位的13支代表队共1200多名职工参加。（杨　柳）

钱塘芯谷

【概况】2022年，钱塘芯谷实现规模以上工业总产值314.3亿元，比上年增长10.6%；规模以上工业增加值45.1亿元，增长13.8%；一般公共预算收入4.04亿元，增长29.1%；数字经济核心产业营业收入增长69.8%；固定资产投资52.6亿元，增长89.5%，其中工业固定资产投资40.3亿元，增长46.6%。钱塘芯谷以半导体产业、未来产业为主导方向，重点发展集成电路、柔性电子显示、智能终端、5G等产业，集聚广汽乘用车（杭州）有限公司、浙江永杰铝业有限公司、浙江东南新材料科技有限公司、杭州中欣晶圆半导体股份有限公司、电装（杭州）有限公司等行业龙头企业，汇集宝鼎乾芯集成电路制造、泽达高性能激光器、晋旗电子芯片设计等集成电路产业项目，以及浙大航空研究院、国家特种金属结构材料质检中心（浙江）、上飞公司—杭州艾美依卓越创新中心等创新科研平台。开展芯智造“链长制”优秀试点示范工作，集成电路制造创新型产业集群获评科技部国家级创新型产业集群。

（李胜楠 胡欣毅）

【低效用地盘活】2022年，钱塘芯谷推行“引投联动”和“零土地招商”的招引方式，挖潜存量闲置资产，以“增资增效不增地”为目标，利用产业基金等资金工具，“借巢引凤”“腾笼换鸟”，为产业集聚和优质项目腾出空间，实现政府、新项目与问题企业“三方共赢”。全年摸排闲置厂房、闲置土地底数，梳理低效用地193.47万平方米，完善“五个一批”企业清单，引进“泓芯半导体”“幄肯新材料”等项目，有效盘活原“海鲸光电”“越西客车”等低效用地10万平方米、闲置厂房1.2万平方米。（高市伟）

【钱塘芯谷入选“杭州市侨界创新创业基地”】2022年7月8日，钱塘芯谷入选第二批“杭州市侨界创新创业基地”名单。钱塘芯谷推进侨联侨界创新创业工作，围绕“引侨”“扶侨”“留侨”，加速侨联产业集聚，深化侨联企才培育，促进侨联企业扎根芯谷。平台重点涉侨企业有杭州欧光芯科技有限公司、杭州中欣晶圆半导体股份有限公司、费列罗食品（杭州）有限公司等。创新实践基层侨联组织工作新模式，举办产业交流会、读书沙龙、文化品鉴、项目成果展示、政企对接交流等活动，打造海外人才“侨之家”。

（李少可）

【永杰铝业产品获评“国家级制造业单项冠军产品”】2022年10月25日，工业和信息化部发布第七批制造业单项冠军企业（产品）培育遴选结果，钱塘区企业浙江永杰铝业有限公司（简称永杰铝业）生产的“锂离子动力电池结构件用铝合金板带”获评“国家级制造业单项冠军产品”。该产品力学性能和表面质量等综合性能技术指标先进，一致性较高，可满足下游合作企业锂离子动力电池对结构件的要求。

（郭妍洁 胡欣毅）

【集成电路项目招引】2022年，钱塘芯谷实施招商引资百日攻坚行动，到深圳、广州、苏州、青岛等地开展敲门招商117批次，获取有效项目信息75个。“封装用光刻机”项目、“佑驾智能座舱”项目及“高质量碳化硅外延片”项目分别在浙江·台湾周、全市制造业高质量发展大会、全区产才融合示范高地工作推进会上签约，“幄肯新材料”项目获评钱塘区2022年招商引资项目之星。2022年度落地产业项目的平台集聚度、产业精准度考核列全市第一位。

【“泓芯半导体”项目招引】2022年，钱塘芯谷推进“泓芯半导体”项目招引，项目投资主体浙江泓芯半导体有限公司总投资1.6亿元，租用原海鲸光电科技公司闲置厂房1.2万平方米。项目洽谈3个月内完成签约，厂房装修改建5个月内完成设备搬入，投产2个月内完成产值2000万元，实现当年洽谈、当年签约、当年建成、当年上规模。（方 佳）

【合创A06首台量产车下线】2022年11月9日，合创汽车第三款产品、纯电智能潮跑合创A06的首台量产车在钱塘区下线。合

浙江永杰铝业有限公司作业厂区（摄于2022年） （区融媒体中心 提供）

创A06是合创公司自主研发的H-GEA全球纯电架构下的首款车型，拥有前置前驱和双电机四驱两种动力，其中四驱版本零百加速仅需3.7秒。同时，合创A06车身设计获“2022中国十佳车身”大奖。（陈诗窈）

2022年11月9日，合创汽车合创A06的首台量产车在钱塘区下线

（区融媒体中心 提供）

【3个企业获评第七届“创客中国”中小企业创新创业大赛奖项】 2022年11月17日，第七届“创客中国”中小企业创新创业大赛总决赛在钱塘区举行。赛德半导体有限公司“可折叠超薄柔性玻璃（UTG）生产加工”项目获得全国总决赛创客组一等奖。杭州幄肯新材料科技有限公司获得浙江赛区暨“浙江好项目”企业组二等奖。杭州泽达半导体有限公司“高性能激光器”项目获得浙江赛区暨“浙江好项目”创客组二等奖。钱塘芯谷被授予第七届“创客中国”暨“浙江好项目”中小企业创新创业大赛杭州赛区伯乐奖。（方　佳）

临江高科园

【概况】 2022年，临江高科园实现规模以上工业总产值706.39亿元，占全区比重20.2%，比上年增长0.4%；工业增加值129.47亿元；完成固定资产投资28.22亿元，其中工业投资19亿元；税收收入23.42亿元。税收收入3000万元以上企业有19个，其中5000万元以上企业有13个。一般公共预算收入11.9亿元，占全区比重10%以上。（叶佳锋）

【“B+A+M”项目评价体系构建】 2022年，临江高科园创新项目招引标准，将项目分解为基础准入要素（Basic）、进阶评价（Advanced）及多维度分析（Multi-dimensional），通过模块化评分进行精准评价，构建新增用地、低效存量及M3用地出让、租用机制。至年末，临江高科园通过“B+A+M”评价体系，制定靶向链式招商清单，招引1亿元以上项目12个，总投资56.4亿元，其中10亿元以上项目3个、新材料项目8个。

【“平台+”统筹联动招商】 2022年，临江高科园依托下沙高校集聚和产学研一体化发展基础，发挥大江东储备空间优势，推进西企东迁、西研东产、西库东移，加强优势互补，构建东西联动新格局。至年末，金欣传动、拜耳作物、中策数字工厂、中好新瓷、九洲药物科技5个联动项目落户临江高科园。

【拜耳作物科学项目签约】 2022年11月5日，钱塘区政府与拜耳作物科学（中国）有限公司完成临江项目签约。项目总投资3.6亿元，总用地面积6万平方米，其中一期4万平方米，设计产能2.26万吨，主要产品包括化学农药、生物农药、肥料、农药专用助剂、环境科学产品、种子分装处理等种子或农作物保护的各个领域。（盛　杰）

【项目建设推进】 2022年，临江高科园优化空间等要素保障，推进项目建设。全年出让工业用地7宗、69万平方米，占全区34.4%。实行“专家+专员”同步辅导，实现新增用地项目开工7个，其中10亿元以上投资项目6个，平均办理施工许可证用时61天。4个“152”项目开工，占全区44%，总投资70.5亿元。“百合花项目”获批省重大项目预备类。

（洪楚楚）

【2个企业分获“尖兵”“领雁”计划立项】 2022年12月23日，省科技厅下达2023年度省“尖兵”“领雁”研发攻关计划项目，临江高科园企业浙江传化功能新材料有限公司的“面向医用防护服三抗功能化助剂的设计、开发与应用示范”项目获“尖兵”计划立项，该项目聚焦攻克SMS丙纶无纺布三拒一抗复合功能化的行业难点问题，实现国际垄断技术国产化；杭州力源发电设备有限

公司的“大梯度高效低温余热透平膨胀发电机组研发与示范应用”获“领雁”计划立项，该项目可提升低温余能的梯级综合利用率，降低单位产品的能耗与碳排放量，实现万吨级以上低碳产品示范。

（金敬鹏）

【上市企业梯度培育】2022年，临江高科园动态更新拟上市企业库，对7个拟上市企业开展跟踪服务，举办企业新三板暨北交所上市培训交流会、上市企业沙龙、“聚钱塘，新未来”等活动。至年末，有上市企业5个，拟上市企业7个（含新三板），总部上市关联子公司16个，拟与总公司整体上市企业2个。为上市及拟上市企业送政策服务40次，解决职工住宿、临时仓库租赁等问题26个。

【企业服务优化】2022年，临江高科园聚力解决企业困难问题，走访企业268个（次），解决聚合顺厂房租赁、圣山科纺住宿、金琨锆业光伏发电改造等问题103个。通过组织新春专项招聘会、设立企业专用招聘公告栏、线上和线下招聘齐发力等方式，为园区60多个重点用人单位解决用工缺口830人。针对企业员工住宿难问题，谋定临江工业邻里中心，排摸500多套片区闲置用房，解决杭州颖泰生物科技有限公司、佳鹏电脑科技（杭州）有限公司等企业280多名员工住宿问题。

（童建列）

【化工园区安全监管】2022年，临江高科园落实危化品集中整治方案和危化品安全监管实施方案，开展日常安全监管及多项专项监管，建立园区企业全流程监管、闭环管控、立体评价机制。至年末，检查企业43次，发现安全隐患1696条，全部完成闭环整改。

【临江新材料产业园区复评】2022年，临江新材料产业园接受8次复评审查及3次省、市部门复评调研。针对专家提出的问题，临江高科园出台《临江新材料产业园“一园一策”安全整治提升方案》，制定产业园总体规划、安全控制线、园区“禁限控”目录、园区各项制度等文件。经整改，提升为低风险等级（C类）园区。

【杭州临江高科产业服务有限公司成立】2022年7月1日，杭州临江高科产业服务有限公司成立。公司地址为钱塘区临江街道纬五路3688号5号楼二楼，注册资本100万元。内设办公室（财务）、产业发展部、安全管理部、工程管理部4个部门。公司经营范围为园区管理服务、安全咨询服务、环保咨询服务、供应链管理服务、园林绿化工程施工、物业管理、市政设施管理、水污染治理、生态保护区管理服务以及公路管理与养护。（徐国锋）

【“聚钱塘，新未来”高端制造产业研讨会举办】2022年9月21日，临江高科园、浙报传媒地产研究院和“银柿财经”平台共同举办“聚钱塘，新未来”高端制造产业研讨会。特别邀请中国上市公司协会学术顾问委员会委员程凤朝、首都经济贸易大学资产评估研究院院长王竞达出席，多个上市公司、高质量发展企业代表参加会议。会议以“上市公司治理”为主题，详细介绍企业上市的利与弊、内部治理的重要性以及建议举措等内容。通过研讨，帮助企业解决经营管理中的实际问题，同时通过招商推介，吸引更多项目落地临江。（盛　杰）

前进智造园

【概况】2022年，杭州前进智造园实现工业总产值426.19亿元，完成税收30.46亿元，固定资产投资24.17亿元，其中制造业投资23.72亿元，货物进出口总额39.71亿元。落地10亿元以上项目3个，实到外资1.52亿美元。新增签约项目总投资合计约80亿元，其中10亿元以上产业项目5个，1亿元以上产业项目7个，人才项目5个。全年招引实到外资、10亿元以上重大产业招商项目数、制造业投资增速、服务业和社零增速等指标均列区各平台首位。新增高新技术企业2个、省科技型中小企业2个、省高新技术企业研究开发中心1个、省企业研究院1个、市高新技术企业研究开发中心4个。2个企业列入市“智能工厂”，6个企业列入市“数字化车间”。获批农转用土地36.8万平方米，出让建设用地5块。开工建设项目5个，在建项目15个，整治低效企业8个。

（金卓雯）

【前进智造园用地空间优化与规划布局研究】2022年，前进智造园出台《杭州前进智造园用地空间优化与规划布局研究》。该研究提出“区域融合—片区一体化发展”“产城融合—提升服务水平”“能级提升—实现跨越发展”“分期开发—保障规划实施”4个发展策略，重点抓好空间优化中的空间策略、方案构思、总体结构和用地布局4项任务，构建设施、绿地和交通3个支撑体系，实现从高速增长到高质量发展，打造浙江大湾区高能级产业平台。（吴旭程）

【招商洽谈与投资推介】2022年，

前进智造园招商团队到北京、上海、深圳、武汉、西安等20多个省内外城市，开展敲门招商80多次，其中区领导带队赴企敲门招商30多次。推进全平台全部门联动协作，通过会展、资本、校友、顾问、协会等招商渠道，全年获取项目信息200多条，经对接洽谈梳理盯引项目80多个，其中重点盯引项目60多个。在疫情期间，将传统“面对面”招商形式转变为“屏对屏”线上对接，举行线上视频和电话会议70多场。

【大项目招引】2022年，前进智造园签约总投资10亿元以上项目5个，分别是总投资20亿元的吉利新能源高端车型项目、总投资13.58亿元的和达智谷项目、总投资10.5亿元的中能公司节能降碳高效透平机械智造服务一体化产业基地项目、总投资10亿元的杭千智造产业园项目、总投资10亿元的艾美依高端复合材料应用技术项目。签约总投资1亿元的汽车零部件生产项目4个、主导产业项目3个。

【中能公司产业基地项目签约】2022年4月26日，钱塘新区和杭州中能汽轮动力有限公司签约中能公司节能降碳高效透平机械智造服务一体化产业基地项目。项目总投资10.5亿元，分两期建设年产300台（套）工业汽轮机、年产200台（套）大型离心式压缩机研发生产基地，并提供其他高端动力设备及技术服务、能源综合利用装备成套产品及技术服务。（章国强）

【吉利新能源高端车型项目签约】2022年10月15日，钱塘新区和浙江吉利控股集团有限公司签约吉利新能源高端车型项目。项目总投资20亿元，在吉利钱塘基地通过技术改造生产线，导入吉利高端新能源车型。该项目计划于2023年末前实现新车型产品首台整车下线，于2024年一季度实现新车型产品整车上市。预计投产后3年内达产，实现吉利钱塘基地年工业产值500亿元目标。

【节能与新能源汽车产业链专场活动举行】2022年6月14日，浙江省“十链百场万企”系列对接活动节能与新能源汽车产业链专场在钱塘区举行。活动由省经济和信息化厅主办，杭州前进智造园为执行单位之一。活动以“数智赋能、集群顶梁、工业奋进”为主题，引导整车企业制定实施零部件战略伙伴计划，与省内龙头零部件企业在研发、采购等层面开展深度合作。签约项目12个。其中，前进智造园与和达高科联手打造和达智谷汽车零部件产业园，浙江理工大学与零跑汽车签署共建“校企人才联合培养基地”协议，钱塘区企业合创汽车和杭州百一腾汽车集团有限公司就数字化产供销一体模式项目签约。（江雅赛）

【项目用地推进】2022年，前进智造园挂牌产业用地5宗、面积40.5万平方米，完成58万平方米产业用地组件，“杭千”项目实现签协议即摘地。8个供地项目土地出让半年内开工率实现100%，平均用时71.5天，“顾家二期”项目从签订土地出让合同到开工仅用29天。“古伽”项目从开工到结顶用时6个月，“世如家居”项目从开工到投产用时18个月。部分优质供地项目在建设期间即先期落地经营，提前实现经济贡献。至年末，“中通”项目实现营业收入3.75亿元，“世如家居”项目实现产值6452万元，“欧亚装备”项目实现产值1亿元。（吴旭程）

【工匠人才培育】2022年，前进智造园挖掘园区优秀团队，培育工匠人才。长安福特汽车有限公司杭州分公司智能制造设备团队、杭州统一企业有限公司饮料生产部被评为2022年杭州市工人先锋号；杭州吉利汽车有限公司朱立赟模具钳工工作室被评为2022年杭州市职工高技能人才（劳模工匠）创新工作室。长安福特汽车有限公司杭州分公司侯定华、杭

浙江吉利汽车有限公司杭州分公司总装车间（摄于2022年）

（区融媒体中心 提供）

州吉利汽车有限公司朱立赞被评为2022年“浙江工匠”。

（江雅赛）

【助企服务开展】2022年，前进智造园收集梳理企业困难问题115个，化解105个，答复率100%，解决率91.3%。园区内150辆共享电动车全面布点运营，地铁接驳定制公交专线正式开通。协调解决重点企业89名员工子女入学。对接招聘活动20多场，解决用工需求1000多人。疫情期间，协助企业办理重点物资运输车辆通行证105张，保障园区重点产业物资运输和正常生产。

（张海洋）

江海之城

【概况】2022年6月9日，钱塘产城融合核心区管理办公室更名为杭州钱塘江海之城建设管理办公室。江海之城围绕项目谋划、开发建设、工程管理、招商引资4个方面推进工作。研究通过《江海之城开发建设实施方案》《江海之城三年行动计划》等文件，编制完成江海之城五年（2022—2026年）项目开发计划，完成城市设计、产业规划等规划研究6项。推动建设项目30个，包含安置房项目3个、社会房产项目9个、市政及配套项目18个。新开工项目14个，完工项目16个（含新开工项目8个）。启动区征迁清零，拆迁娘娘庙、和平医院等项目。完成启动区5.4万平方米建设用地和26万平方米经营性用地的农转用项目组件工作。谋划青西三路TOD片区综合开发项目前期，建成江海之城城市展厅，完成智慧谷招商目标的94.5%，签约1亿元以上服务业项目1个。

（韩丹丹　张　吉　徐　锋　王　萱）

【工程项目建设】2022年，江海之城推进工程项目30个。其中，新开工项目14个，完工项目16个（含新开工项目8个）。按项目类别分：安置房项目3个，其中新开工项目2个，完工项目1个，总建筑面积194.12万平方米；社会房产项目9个，其中新开工项目1个，交付项目1个，总建筑面积262.2万平方米；市政及配套项目18个，其中新开工项目12个，完工项目13个（含新开工项目8个）。

【安置房项目推进】2022年，江海之城推进安置房项目3个，其中新开工项目2个，完工项目1个。河庄街道城乡一体化安置小区（棚户区三期）项目总建筑面积72.6万平方米，共计3660套，配套1座幼儿园、1处农贸市场和社区卫生服务站，于10月完成交付并投入使用。河庄安置房四期项目总建筑面积78.2万平方米，共计3965套，配建18班幼儿园，完成主体结构工程量的30%，固定资产投资5亿元。义蓬安置房四期（启动区块）项目总建筑面积43.32万平方米，共计2384套，于10月开工建设。

【社会房产项目推进】2022年，江海之城推进社会房产项目9个，分别为龙湖江东酒店、融创城、云帆社区、潮塘轩、岚漫之城、湖悦岚湾、枫漫小筑、花漾里、湖镜观岚湾，总占地面积73.4万平方米，总建筑面积262.2万平方米，含商业（商务）面积57.5万平方米，住宅9481套。其中，湖镜观岚湾项目于4月拍地，5月开工建设；融创城项目于12月交付。

【市政及配套项目推进】2022年，江海之城推进市政及配套项目18个，新开工12个，完工13个（含新开工项目8个）。其中，青六路（江东大道—江东三路）综合整治工程于8月竣工；北一路泵站及连接管工程于9月完工；青西四路（河景路—青龙路）道路工程于5月开工，11月完工；塘新线（红泉路—老青六线）拓宽工程完成融创地下连通道回填、道路北半幅水稳层施工，完成人行道基础700米、电力管沟90%的工程量；国环二路、国纵二路2个道路工程于9月开工，12月雨污水管道完工；东湖防洪调蓄湖配套工程一期于12月开工建设。

（徐　锋）

江海之城城市展厅（摄于2022年）　（区融媒体中心　提供）

钱塘科学城

【概况】2022年，钱塘科学城开展区校合作服务，召开高校负责人座谈会，组织开展“百家名企高校行”“高校专家进名企”“活力钱塘，青春校融”等系列活动。至年末，开展各类活动20场以上，走访120次，召开协调协商会议60次，推动解决问题20个。支持校友经济发展，引进落地校友经济项目193个，中国计量大学国家大学科技园、传媒文创园、杭职科创园培育孵化师生创业项目170个，实现营业收入6亿元，区内校友企业合计2000多个。推进美迪凯精密智造现代产业学院等一批重点项目落地，全年落地重点区校合作项目10个。

（李英芬 周晓昕）

【杭州钱塘科学城领导小组第一次会议】2022年9月13日，杭州钱塘科学城领导小组第一次会议召开。会议听取杭州钱塘科学城2022年以来工作情况汇报；审议《杭州钱塘科学城发展战略规划（审议稿）》《杭州钱塘科学城体制机制改革（审议稿）》《杭州钱塘科学城“科创+”行动计划（审议稿）》。

【钱塘科学城改革创新】2022年，钱塘科学城推进体制机制改革，召开战略规划专家座谈会，开展多轮评审，制定科学城发展战略规划。明确“科创+”计划，完成科学城体制机制改革方案；打造产学研数字化改革新路径，“钱塘校融”产学研一体化数字平台被省科技厅列为“供需荟”重大应用先行先试试点，入选省数字政府系统优秀应用案例集（第二批），同时获评省经信厅2022年度数字经济系统最佳应用。争创共同富裕新赛道，组建科学城共富专班，聚焦“扩中提低”跑道和“高校毕业生”重点群体，制定部门共富工作推进计划，细化工作清单，推进政策梳理、情况调研和方案编制、展示阵地建设等工作。《构建“三大体系”推动高校毕业生创业就业》入选浙江省高质量发展建设共同富裕示范区“收入分配制度改革先行示范”最佳实践（第一批）。

（苏一侃 王 婧）

【科创资源整合】2022年，钱塘科学城建立科创资源动态库，与区内高能级研发机构、高校和企业加强联系，动态跟进创新资源，搜集掌握企业创新发展的资源和需求，建立创新资源库。推动和协调各研发机构释放创新活力，赋能产业发展，打造“创业学院—众创空间—孵化器—成果转化园—校友产业园”的孵化培育链。至年末，科学城集聚中国科学院基础医学与肿瘤研究所、钱塘科技创新中心、浙江大学（杭州）创新医药研究院等高端研究机构30多个，拥有省部级重点学科109个，国家和省部级重点实验室61个，国家高新技术企业、省科技型中小企业分别超过800个、2000个；开展钱塘科学城打造科技成果转移转化首选地研究，对接钱塘科创中心，联合区内相关部门、产业平台、高校、研发机构等，建设科学城科创联合体。围绕创新人才、创新平台、创新氛围、创新企业，开展科创季系列活动，承办2022年高端装备与智能制造国际论坛，参与举办全国双创周浙江分会场启动仪式。

（苏一侃）

【区校融合深化】2022年，钱塘科学城推进区校融合深化，落实14个组团式联系高校机制，加强区校高层交流；建立区校联系通讯录，完善区校常态化工作交流机制；组建日常工作推进小组，建立常态化疫情联防联控机制。拓展合作方式，将区校合作政策纳入“领飞计划”政策体系；推进中国计量大学国家大学科技园扩园项目、理工工业设计中心+技术转移中心项目、浙江工业大学校友产业园项目落地，建立优质大学生创业项目“以赛代招”筛选机制；谋划“校聚钱塘创未来”系列活

2022年9月13日，杭州钱塘科学城领导小组第一次会议召开

（区融媒体中心 提供）

动，打造钱塘创新创业高地。与浙江工商大学、杭州电子科技大学、浙江水利水电学院共同探索闲置空间开发利用。发挥浙江高校产学研联盟作用，开展校企双进对接会系列活动，在6个产业平台设立高校专家服务驿站；打造“百家名企高校行”和“博士专家进企业”两大品牌活动，推动美迪凯光电与浙江经贸职业技术学院共建精密智造现代产业学院，开展技能人才“订单式”联培合作。至年末，区内高校共有产业学院28个，联合企业建设创新中心26个，有订单制、现代学徒制班级121个，开展产学研项目90个。（王　婧　章旭影）

【杭州钱塘科学城“科创+”行动计划发布】2022年9月15日，全国双创周浙江分会场启动仪式在钱塘区举行，杭州钱塘科学城“科创+”行动计划发布。行动计划指出，钱塘区围绕科技创新攀登工程、硬核产业加速工程、区校合作升级工程、成果转化畅通工程、城市能级跃升工程，按照“一年破题立效、两年全面提升、三年争先创优”的阶段性要求，打造成为全市乃至全省应用创新策源地、高新产业主阵地、区校合作样板地、成果转化首选地、美好生活向往地，成为全市争创综合性国家科学中心的重要承载地、省市展现创新制胜首位战略的重要窗口。依托全省最大规模高教园区优势，构建“一城双核多堡全域”的政校企协同发展格局，实施百博入企、千智入库、万企创新的“百千万”行动。至年末，促成计量大学国家大学科技园、理工工业设计中心和技术转移中心等重大区校合作项目40多个，产学研合作项目500多个。（苏一侃）

2022年5月26日，钱塘科学城举行钱塘校融2.0升级版（产学研一体化合作平台）发布会　（区融媒体中心　提供）

【“钱塘校融”2.0升级版发布】2022年5月26日，钱塘科学城举行“钱塘校融”2.0升级版（产学研一体化合作平台）发布会。新版本打造“1舱+2端+3侧+N场景”体系，建设“博士入企”“供需荟”“检验检测”3个子场景，吸纳浙江高校产学研联盟、浙江理工大学、中国计量大学、浙江工商大学和3个市场技转机构36名技术经纪人入驻平台。重塑成果转化过程的关键环节，提供企业需求挖掘、筛选及张榜、揭榜、签约、评价、产业化跟踪的全周期服务，匹配科研资源与企业需求，推动高校科技成果赋能产业发展。（王　婧）

【高校专家进名企活动】2022年5月26日，钱塘科学城联合浙江高校产学研联盟钱塘中心开展“聚百博，引千智，连万企”高校专家走进钱塘名企第二期活动。钱塘高校30多名博士、教授专家团队共同走进史陶比尔（杭州）精密机械电子有限公司和金卡智能集团股份有限公司，就企业产品、人才培养、校企合作等方面进行交流，深化产学研合作。

【“双选双促”青春招聘见面会举行】2022年5月30日，“双选双促”青春招聘见面会在钱塘区卓尚产业园举行。省人力社保厅、钱塘科学城相关领导、卓尚服饰负责人、在杭部分高校创业学院和就业工作负责人、学生创业企业、创业学生300多人，以及法律咨询专家、招商引才政策宣讲人员、创业导师及创业项目投资人参会。1000个大学生创业企业在线上进行“云招聘”对接，全省其他高校师生也通过线上方式同步参加此次活动。

【浙江省国际“互联网+”大学生创新创业大赛举行】2022年7月30日，钱塘科学城支持浙江理工大学举办第八届浙江省国际“互联网+”大学生创新创业大赛闭幕式暨颁奖典礼。钱塘区以该赛事为契机，举办创新创业青年论坛、“金钥匙”争夺赛、投资专家考察交流等大学生创新创业活动。至年末，引进落地“华冰科技”等金奖项目，联动杭州电子科技大学创业学院、浙江工商大学团委等高校部门，引进落地“互联网+”国赛银奖项目1个、省创新

杯金奖项目4个。 （傅淑娟）

【“哪吒计划”先进电子路演——杭州专场举办】2022年12月1日，“哪吒计划”先进电子路演——杭州专场在钱塘区举办。本次路演聚焦先进电子和人工智能赛道，通过线上与线下的方式，共有9个优质项目进行路演。“雷神资本”等20多个资本机构创始人和投资经理参加活动。“哪吒计划”是长城战略咨询于2022年推出的企业服务计划，致力于寻找伟大创业者，与中国最具活力的新经济企业共同成长。

【国际柔性电子技术大会召开】2022年12月10日，第四届国际柔性电子技术大会（ICFE 2022）以“云端会议”形式召开。大会为期两天，来自中国、美国、韩国、日本、新加坡等国家的专家学者以线上方式参会。美国斯坦福大学鲍哲南院士、浙江大学杨卫院士、中国科学院化学研究所李永舫院士等国内外顶尖学者出席并做大会报告，开幕式由大会主席清华大学冯雪教授和美国西北大学黄永刚院士主持并致辞。24名国内外知名学者围绕柔性电子赋能计算芯片、生命健康等热点问题，分享最新研究进展，并与参会嘉宾和在线观众进行交流。大会同时邀请23位中青年学者做邀请报告。设立最佳海报奖，在40多名海报摘要投稿中遴选出10名获奖者。大会在“科研云”“寇享”等平台同步直播，在线观看18.5万人次。 （苏一侃）

美丽云城

【概况】2022年，杭州美丽云城管理办公室学习贯彻党的二十大精神，围绕“打品牌、聚人气、强产业、落项目、拓能力”的要求，推动资源整合和创新利用。全年118个美丽经济企业营业收入1102.26亿元，比上年增长5.5%。美丽云城产业平台入选2022年度杭州品质生活总点评十大“年度事件”候选名单，美丽云城党工委副书记、常务副主任陈静入选2022年杭州市品质生活总点评“年度人物”。《钱塘区瞄准“美丽经济”新赛道打造品质生活新名片》《钱塘区聚力打造以“五美”为主导的美丽经济》2篇信息分别被《杭州政务信息（专报）》第286期、《杭州信息（专报）》第58期录用，均获市领导批示。

【《钱塘区美丽经济发展研究报告》出台】2022年5月，由美丽云城管理办公室牵头编制的《钱塘区美丽经济发展研究报告》出台。报告在梳理国内外“美丽经济”概念的基础上，分析钱塘区美丽经济的概念内涵、发展背景、发展基础和发展布局，并针对优势和短板提出发展建议，突出战略引领、美丽联动、价值整合、筑新动能、规划驱动等发展方向。全书共5章、12节，约3万字。

【产业项目招引】2022年，美丽云城管理办公室坚持项目驱动，全年走访区内企业69个（次），敲门招商64次，其中区领导带队20次，累计盯引项目21个，签约1亿元以上项目4个、10亿元以上项目1个。平台探索“国企主建、民企主营、合作开发、以投资代扶持”的重点项目引进新模式，引进杭州国际数字贸易项目。引进艾乐肤化妆品总部项目，总投资2.6亿元，计划在钱塘区建设集总部办公、研发、产品展示、直播销售于一体的总部基地。

【美丽项目签约】2022年5月20日，美丽云城管理办公室举办“聚焦美丽新经济，开拓共富新渠道”钱塘区美丽经济发展交流会暨美丽经济项目签约仪式。杭州市城市品牌促进会、杭州市职工国际旅行社、中国建设银行杭州分行、杭州科技职业技术学院、杭州炫眼科技有限公司等单位参会。分别签订美丽经济发展研究和品牌推广合作项目、青创文旅推广中心合作项目、“建行生活钱塘智造”互联网消费平台合作项目、钱塘区“智能制造”实训基地建设合作项目、“美丽地图”3D孪生数据平台合作项目。从品牌推广、文旅开发、互联网消费、数字经济和人才培养5个维度赋能美丽产业发展。

【“‘党建引领+’红色旅游”项目入选区首批共富试点项目】2022年4月8日，美丽云城“‘党建引领+’为主题的红色旅游”项目入选区首批共富试点项目。美丽云城管理办公室以“党建引领民族工业发展，城乡融合推进共同富裕”为主题，开发“党建引领+工业之路”“党建引领+钱塘智造”“党建引领+劳模创新”“党建引领+围垦奇迹”“党建引领+未来之城”5条红色旅游路线，展示党建在钱塘区工业发展、城乡融合和文化建设中的引领作用。打造九阳创业生活馆、康师傅梦工厂等工业旅游示范点，累计为企业引客导客5000多人次。

【钱塘区青创文旅推广中心成立】2022年1月20日，美丽云城管理办公室联动区农业农村局、区社会发展（文体旅）局、区总工会等部门，成立钱塘区青创文旅推广中心，围绕“工旅互通”“农

钱塘夜市（摄于 2022 年）　　（区融媒体中心 提供）

旅互助”“商旅互赢”的目标，探索产业间互动融合，打造钱塘旅游金名片。其间，参与承办“千名职工杭州一日游”首发团活动。市贸易工会、金融工会等职工代表 200 多人到钱塘区参观体验，实地走访参观长安福特汽车有限公司杭州分公司、浙江西子航空工业有限公司和章华化妆品科技有限公司等“工业旅游”点位，现场体验“味全”“统一”“康师傅”和“贝高母婴”等钱塘区特色产品。

【城建文化馆改造工程推进】 2022 年 11 月 24 日，区委主要领导召开城建文化馆改造项目专题会，明确该项目由美丽云城管理办公室总牵头，区建投集团负责资金投入和具体实施。美丽云城管理办公室联合区建投集团针对城建文化馆改造项目的总体定位、改造安排、资产划转、资金平衡等问题开展多轮调研和磋商，按照 EPC+O（设计、采购等为一体的总承包框架）形式推动运营。

【消费攻坚活动开展】 2022 年，美丽云城管理办公室响应省、市、区推动消费稳进提质行动要求，推动制造业的服务化和服务业的制造化融合提升。年内，联合相关部门在大江东宝龙广场举办“夜钱塘”生活节，推荐九阳小家电有限公司、卓尚服饰有限公司等 20 多个“美丽经济”企业参加钱塘“嗨购节”；联合中国建设银行杭州分行举办“钱塘美好生活品质惠购”线上专场活动，协调发放 220 万元消费券、80 万元数字人民币，发放产业工人专项消费券 1.5 万份；试点“钱塘智造”入高校的模式和路径，推荐首批 12 个区内“美丽经济”企业成为中国计量大学后勤采购供应商。

【国家“双创”周钱塘区分会场重点活动举办】 2022 年 9 月 16 日，美丽云城管理办公室承办国家“双创”周钱塘区分会场重点活动——“未来之星”美丽新势力评选活动。活动收到来自中国美术学院、浙江理工大学、东华大学、杭州大学生创业企业发展促进会等院校、机构、企业推荐的参赛项目 72 个。其中，10 个项目入围“未来之星”新势力项目创新潜力奖；6 个项目进入总决赛现场路演环节。新认定卓尚科技产业园、悍将体育跨境电商产业基地、网虹城双创直播基地、华策策平创新产业园、铭扬数字文化产业园、白蓝地文创街区、钱塘向上产业园 7 个“美丽经济创新创业示范基地”并授牌。

【农工党省委会“环境与健康宣传周”启动】 2022 年 6 月 2 日，美丽云城举行农工党浙江省委会 2022 年“环境与健康宣传周”启动仪式。农工党浙江省委会助力乡村振兴服务团法律帮扶小分队与杭州美丽云城管理办公室现场签约，相关专家出席第六期钱塘区民主党派讲谈社 Talks“探访云城，助力共富”专题活动，并围绕“美丽经济”发展做主题内容分享。（沈婷婷）

责任编辑　曹文慧

服务业

综 述

【服务业实现增加值 390.02 亿元】2022 年，钱塘区有登记注册并正常经营的服务业企业 3 万余个，营收 1 亿元以上企业 266 个。规模以上服务业（含商贸）企业 1029 个，涉及交通运输、软件信息服务、商务服务、研发检测、批发零售、住宿餐饮等 12 个门类，其中交通运输企业 135 个、软件信息服务企业 43 个、商务服务企业 109 个、研发检测企业 41 个、批发零售企业 538 个、住宿餐饮企业 86 个。全区服务业增加值 390.02 亿元，比上年增长 3.1%，占地区生产总值比重 31.8%。

【《钱塘区现代服务业高质量发展规划》发布】2022 年 12 月 30 日，《钱塘区现代服务业高质量发展规划》发布，该规划是钱塘区贯彻落实国家和省、市战略部署，推动高质量发展，谱写新篇章的重要指引。规划提出打造“一地三区”（两业融合示范地、全域创新引领区、美丽经济标杆区、枢纽经济活力区）发展定位，谋划以江海之城、东部湾新城为重点的中长期发展格局，谋定以科研服务、数字服务、供应链服务、数贸服务和消费服务为核心，以美丽经济、总部经济、楼宇经济和枢纽经济为发展形态的现代服务业发展矩阵，致力于将钱塘区建设成为引领杭州湾、辐射长三角地区的世界级现代服务业强区。

【《钱塘区现代服务业高质量发展行动计划》发布】2022 年 12 月 30 日，《钱塘区现代服务业高质量发展行动计划》发布，成为《钱塘区现代服务业高质量发展规划》的重要配套文件。计划提出，提升“钱塘速度”，推动钱塘区服务业向专业化、高端化、现代化转型；提升“钱塘品质”，推进人才优化展现新趋势；提升“钱塘创新”，推进服务提质实现新标准；提升“钱塘范式”，推进改革创新取得新突破。

【省级现代服务业创新发展区打造】2022 年 7 月 14 日，钱塘科学城核心区现代服务业创新发展区获评省级现代服务业创新发展区。推进现代服务业创新发展区建设，是适应新时代服务业高质量发展要求，融入支撑新发展格局，增强“浙江服务”在全国乃至世界的影响力与知名度的重要举措。钱塘科学城核心区现代服务业创新发展区规划面积 4.4 平方千米，主导产业为信息技术服务、数字贸易、科技服务业。至年末，集聚各类企业 4500 多个，其中规模以上服务业企业 160 个，实现服务业营业收入 380 亿元。

（冯　青）

检验检测业

【概况】2022 年，钱塘区有各类检验检测机构 50 个，其中具有国家级相关资质实验室的产品检测机构 5 个。实验室面积 27.5 万平方米，户均实验室面积 5617.8 平方米，拥有仪器设备 3.3 万套。全年出具报告 148.5 万份，户均报告数 3 万份。全年检验检测业实现产值 12.2 亿元，税收 4508.9 万元。至年末，全行业从业人员 3340 人，其中实验室技术人员 2447 人，具有中级以上职称专家1066人。产值1亿元以上的检验检测机构5个，分别为浙江方圆检测集团股份有限公司、浙江省计量科学研究院、杭州华测检测技术有限公司、浙江天祥质量技术服务有限公司杭州分公司、浙江省医疗器械检验研究院；产值2000万元至1亿元的检验检测机构4个；2000万以下检验检测机构41个。检验检测覆盖建材及无损检测、食品、机动车、纺织品、畜牧兽医、环境及空气废气废水、电子电器电工、室内空气、化妆品化学成分等方面检测。

【区企业主导参与制（修）订各类标准60项】2022年，区市场监管局出台《关于推行企业标准化总师制度的实施意见》，遵循“部门推动、企业自愿、正向引导、分步实施、激励挂钩”的原则，引导有条件的规模以上企业，特别是专精特新、标准创新企业率先推行标准化总师制度。至年末，全区企业主导和参与制（修）订国际、国家、行业、团体等各类标准60项。发放省转移资金36万元、市转移资金342.29万元、区奖励资金768.2万元。

【3个企业获评浙江省标准创新贡献奖】2022年11月23日，浙江省标准创新贡献奖公布，钱塘区3个企业获奖。其中，中策橡胶集团股份有限公司申报的GB/T1702—2017力车轮胎项目获浙江省标准创新贡献奖之优秀贡献奖；浙江方圆检测集团有限公司、浙江省医疗器械检验研究院获浙江省标准创新贡献奖之组织奖。浙江省标准创新贡献奖是省政府为全面实施标准化战略，激发各类主体的标准创新贡献活力而设立的奖项。（陈志强）

现代物流业

【概况】2022年，钱塘区现代物流业实现营业收入129.9亿元，比上年增长3.9%。至年末，登记注册物流企业886个，其中规模以上物流企业135个，总仓储面积500多万平方米，各类物流运输车辆8000多辆，运营方式以普通道路运输、货运代理和第三方仓储服务为主。下沙区块现代物流业以总部企业为主，拥有浙江杰特供应链有限公司、杭州德邦货运代理有限公司、浙江八方物流有限公司等AAA级及以上总部物流企业7个；江东区块现代物流业以物流仓储园区集聚发展为主，拥有普洛斯物流园、传化公路港物流园、深国际物流园、万纬物流园等大型物流仓储园区。

【杭州和达冷链产业园入选省十大冷链物流骨干基地】2022年8月11日，浙江省第二批省级冷链物流基地名单公布，杭州和达冷链产业园入选省级冷链物流十个冷链骨干基地之一。和达冷链产业园位于钱塘区11号大街469号，占地面积15.13万平方米，有仓库面积7万平方米。其中，冷链仓库面积3.2万平方米，冷链仓库容量25.6万立方米，园区以创新管理与责任担当为目标，构建安全、高效、可靠的冷链食品与生物医药供应链。

【万纬钱塘冷链产业园入选省级冷链物流园区】2022年9月2日，省发展和改革委员会公布第二批冷链物流园区创建名单，钱塘区万纬钱塘冷链产业园入选。园区位于河庄街道江东六路6136号，占地面积5.3万平方米，冷库面积4.3万平方米，冷库容量34万立方米，货物年吞吐量50万吨。至年末，钱塘区拥有杭州普冷国际物流有限公司、华东医药供应链管理（杭州）有限公司、杭州和达冷链物流有限公司、杭州松朗冷链物流有限公司、浙江亚冷圣山供应链管理有限公司等冷链物流企业。（冯　青）

商贸流通业

【概况】2022年，钱塘区总投用商业综合体12个，总建筑面积127.95万平方米（未包含社区商业）。其中，建筑面积4万平方米以上的商贸综合体9个，大中型超市26个，商品专业市场8个，连锁便利店总公司1个。形成金沙湖、东沙湖两大核心商圈格局。其中，金沙湖周边集聚龙湖金沙天街、下沙银泰百货、金沙印象城等全国知名品牌商业；东沙湖周边集聚龙湖江东天街、宝龙城市广场等全国知名品牌商业。

【杭州吾角天街开业】2022年5月28日，杭州吾角天街开业，成为杭州市第七座、钱塘区第三座天街，也是龙湖商业在浙江开业的首个轻资产天街。该项目为钱塘区村级留用地项目，位于金沙大道与高沙路交叉口，总体量5.8万平方米，分为地上6层，地下2层。杭州吾角天街定位为个性化秀场，主要客群为青年娱乐玩家、品质年轻精英、美食打卡达人等群体，突出24小时娱乐场、年轻白领社交场，配备娱乐、餐饮、零售、服务、配套体验五大品类业态，打造杭城东部商业潮流新地标。至年末，汇集品牌750个。11月3日，金沙吾角商圈入选杭州市夜间集聚区示范培育街区。

【电子商务发展】2022年，钱塘区实现网络零售额1202.05亿元，占全省网络零售额的4.5%，比上年增长6.5%，总量居全省第五位。钱塘区推进电子商务发展，拥有华策影视直播培育基地、壹网壹创“网红城”、“驿淘”直播园、海聚中心、佳宝科创中心、吾角数字经济产业园等直播电商孵化基地。推进农村电子商务发展，全区20个村被评为浙江省电商专业村。推进电商直播式共富工坊建设，河庄街道田城汇共富工坊视频推介片获2022首届电商直播式“共富工坊”短视频大赛铜奖。

（姚肖飞）

【再生资源行业发展】2022年，钱塘区共有159个再生资源企业实际经营再生资源回收业务，其中长期运营的大型再生资源经营企业15个。全区累计建成标准化回收点113处、智能回收箱53组，全年完成资源回收量19.1万吨。12月，钱塘区临江再生资源分拣中心开工，该项目占地面积2.65万平方米，建筑面积1.52万平方米。

（耿　冰）

【促消费活动开展】2022年，钱塘区联动区内商贸流通企业，组织实施“云惠钱塘”消费嘉年华活动。举办网上年货节、留杭过大年名企内购会、女神驾到、双品网购节暨非洲好物节、厨神争霸赛、数字人民币首发暨宝龙广场美食夜经济等系列活动。打造数智消费新场景，搭建企业展销平台，拓展企业销售渠道，激活全区消费市场，释放消费活力。其中，在汽车促消费活动中，区产车政策共补贴1000万元，实现销售金额4.35亿元；区内汽车4S店非新能源车政策共补贴1000万元，实现销售金额6.31亿元；区内汽车4S店新能源车政策共补贴915万元，实现销售金额2.92亿元。

（鲍玲利）

【消费帮扶工作开展】2022年，钱塘区推进对口支援工作，推动区域协调发展，挖掘区内企业山海协作典型样本，增强消费帮扶实效，助力共同富裕。全年完成四川省消费帮扶金额4390万元，帮助销售对口支援四川省甘孜藏族自治州理塘县农特产品2000多万元，完成山海协作衢州市江山市、淳安县等山区26个县消费帮扶金额1500多万元。

（杨　俊）

【消费维权推进】2022年，钱塘区完善消费维权机制，推进部门联合检查、行业执业者与消费者教育，提升市场主体和消费者依法维权水平，完善消费维权机制，提高消费者依法维权水平，打造良好消费环境。至年末，印制预付卡宣传海报500张，在信访处理、日常检查中宣传消费领域有关法律法规3000多人次。协助处理“浮力森林”等群体消费投诉3起，开展美容美发单用途商业预付卡专项检查50多人次，协调处置各平台信访件2000多起。

（严益彬）

文创旅游

【文化产业发展新格局】2022年，钱塘区有在库规模以上文化企业81个，比上年增加30个，企业增加数列全市第一位，规模以上企业总量列全市第八位，实现营业收入103.2亿元，比上年提高9.1%。推进白蓝地文创街区建设，以“元宇宙新天地”项目为起点，打造新产业平台。联动产业平台，实施产业项目联审机制，招引“浙江响箭”“TikTok海外项目”“天雷动漫”等重点数字化文化类项目3个。总投资10亿元的“花西子总部”、11亿元的“十勇士网络游戏总部”项目入选“之江文化产业带”重点项目。推动“文化+平台”不断融合，推出“沉浸式文化+展陈”“文化+消费体验”场景，助力杭州有九文化传媒有限公司、杭州译河文化创意有限公司等企业参加“杭州国际动漫节”“宋韵杭州奇妙夜”等节展，助推企业发展。杭州天雷动漫有限公司出品的网络动画片《航海少年团》，入选省文艺发展基金2022年度资助项目；电视动画片《旗旗号巡洋舰（第二季）》入选第32届浙江电视“牡

2022年7月30日，钱塘区举办区产汽车“嗨购节”（区融媒体中心 提供）

2022年11月5日，万事利丝绸参加第五届中国国际进口博览会

（区融媒体中心 提供）

丹奖”。杭州天雷动漫有限公司出品的《旗旗号巡洋舰（第二季）》和云雷文化（杭州）有限公司出品的《萌马吼吼第一季》，入围第十八届中国国际动漫节“金猴奖”大赛“动画电影综合奖”。

【文化品牌打造】2022年，区委宣传部组织筹备首届钱塘文化节，谋划“沉浸式文化+展陈”“文化+消费体验”场景；对接杭州有九文化传媒有限公司、杭州译河文化创意有限公司等企业参加“杭州国际动漫节、杭州文化创意产业博览会、中国旅游日、宋韵杭州奇妙夜”等省市节展。

【钱塘文旅宣传报道】2022年1月14日，浙江新闻客户端报道《钱塘区解码“文化基因”赋能文旅融合发展》。1月18日，《杭州市钱塘区文化先行推动产城人融合发展》工作专报获副省长成岳冲批示肯定。2月25日，浙江新闻客户端报道《协作交流合作共赢，钱塘区文化产业协会成立》。3月17日，新华网报道《“塘塘合作”探索实践数字赋能文旅新路径》。6月5日，新华网刊发《杭州钱塘区义蓬街道“政校村企”共绘乡村文旅共富新画卷》。7月5日，新华网刊发《杭州钱塘：将新增一处“文旅复合型”公园》。12月12日，新华网报道《新乡贤助力杭州临江文化建设》。12月14日，浙江新闻客户端发布钱塘14个文化产业园区及企业上榜市级名单消息。（寿泽涛）

【工业旅游发展】2022年，区社会发展局培育杭州顾家定制家具有限公司、杭州吉利汽车有限公司、章华化妆品科技有限公司3个区级工业旅游示范基地。推选省级工业旅游示范基地——杭州万事利丝绸文化股份有限公司，作为钱塘区文旅企业代表参加浙江省旅游交易会。推进文旅IP工程建设，推荐杭州九阳生活电器有限公司申报并列入市级文化和旅游IP第二批培育名单。邀请杭州万事利丝绸文化股份有限公司、杭州九阳生活电器有限公司参加“文旅市集·宋韵杭州奇妙夜”主会场展示活动以及嘉年华活动，累计接待游客3000多人次。参与“诗画浙江”千名达人推广行动，邀请省级文化和旅游达人10人，参观杭州万事利丝绸文化股份有限公司和杭州九阳生活电器有限公司，进行宣传推广，形成有效融媒传播。8月，组织50户亲子家庭，开展“喜迎二十大、欢乐游钱塘”亲子体验活动。

【旅游景区、省AAA级景区村庄建设】2022年，区社会发展局协助杭州医药港小镇通过AAA级景区复核工作，杭州市“数字经济十景”之一的大创小镇获评国家AAA级旅游景区。培育省AAA级景区村庄3个（河庄街道江东村、新围村、围中村）、省AA级景区村庄8个（义蓬街道春雷村、春园村、春光村、火星村，河庄街道蜀南村、新江村、新创村、文伟村）、省A级景区村庄2个（临江街道萧东村、东庄村）。组织区内2个国家AAA级旅游景区、1个省级工业旅游示范基地、2个省AA级景区村庄的讲解员参加“杭州市景区讲解员素质提升活动”。

【钱塘美食培育发展】2022年，区社会发展局培育省级“诗画浙江·百县千碗”美食体验店1个、区级“诗画浙江·百县千碗”美食示范店（体验店）3个。五星级饭店杭州英冠香玉酒店江东轩餐厅和饭店负责人葛东风分别获评杭州餐饮业“六名”工程中国杭帮菜名店和“杭帮菜名厨”。组织浙江省第二批“诗画浙江·百县千碗”美食店餐饮负责人参加浙江省“诗画浙江·百县千碗”美食讲解员培训。7月，区社会发展局联合区机关事务服务中心，走进杭州市市民中心职工食堂开展“百县千碗·钱塘味道”展示体验活动。在省行政中心，通过现场展示、售卖钱塘味道特色菜肴、钱塘当季主食、特色热汤和最具代表性的钱塘点心、本地水果，呈现“钱塘味道”美食特色。

2022年，钱塘区推荐白鲞拼鸡、钱塘三鲜等美食参加“百县千碗·杭州味道”展示推介活动

（房露婷 提供）

【“微改造、精提升”工程推进】 2022年，区社会发展局以“微改造、精提升”专项工程提升旅游基础设施，新增“微改造、精提升”项目43个，投资1.41亿元，发现和解决问题503个。年末评比中，“微改造、精提升”综合评价指数列全市第三位。

【“三江两岸”文化推荐】 2022年，区社会发展局深度解读“三江两岸”文化内涵，助力“三江两岸”世界级滨水旅游目的地打造，录制“局长说”视频，通过媒体宣传推荐钱塘区文化旅游资源。结合“三江两岸”工业旅游、沿线景点、美食文化等元素，打造一条涵盖工业、农业和人文资源、展现共富场景的“两天一夜”旅游线路。组织参加杭州“三江两岸”水上黄金旅游线路设计大赛，获评“优秀组织奖”。组织参加杭州户外休闲旅游节，推荐的“钱塘江滨绿道”获评“杭州休闲徒步推荐路线”。

▶▶资料：“三江两岸”

“三江”包括新安江、富春江、钱塘江，以及浦阳江、兰江、大源溪、分水江等主要支流。“两岸”指的是三江沿线可视范围，上游起于建德市新安江大坝，下游止于杭州经济开发区和大江东新城。

【文旅产业发展成果】 2022年，区社会发展局指导“星野牧歌文旅综合体设备购置”项目，获批浙江省首批“文旅领域设备购置与更新改造贴息”项目，并通过国家审核。落实钱塘区文化和旅游领域“扩中、提低”80户农户结对帮扶。推进“百城千镇万村”景区化工作。推荐河庄街道围中村“五米田园——邂逅‘清新治愈系’田园漫生活”申报乡村文旅运营“5百计划”运营品牌；推荐申报河庄街道江东村、义蓬街道春光村、新湾街道共裕村3个村的村支书为乡村文旅运营“5百计划”人选。杭州是有文化发展有限公司设计的“宋韵·暗香来——瑞鹤旋转香氛”、杭州有九文化传媒有限公司推出的“西湖婉曲拼装八音盒”和“钱塘听潮拼装八音盒”3个作品获评“韵味杭州·游礼杭州”“最受市场欢迎的宋韵杭式伴手礼”奖。12月，浙江锦阳旅行社获评“浙江省三星级品质旅行社”。3个“文化和旅游消费”指数（接待过夜游客人数比上年同期增速、星级饭店平均客房出租率、限额以上住宿业营业额增速）列全市第一位。

（房露婷 寿泽涛）

责任编辑 曹文慧 周 丹

农业·农村

综　述

【农林牧渔业产值稳定发展】2022年，钱塘区农林牧渔业增加值13.09亿元，比上年下降2.3%。农林牧渔业总产值17.7亿元。其中，农业（种植业）总产值12.7亿元，下降3.1%；牧业总产值3亿元，下降0.4%；渔业总产值1.5亿元，下降43.2%；其他总产值0.5亿元。全年粮食播种面积7860公顷，增长0.6%，粮食总产量4.41万吨，增长15.7%；蔬菜播种面积8019公顷，下降18.3%。全区捕捞渔船24艘，总吨位427.3吨，均为杭州市标准化渔船船型。市级菜篮子基地11个。其中，蔬菜基地10个，水产基地1个，国家生猪调控基地5个。有市级及以上农业产业化龙头企业32个。其中，国家级龙头企业1个、省级龙头企业2个、市级龙头企业29个。全年新培育市级农业龙头企业2个、国家级农民专业合作社1个。（顾小琴）

【区级农业产业示范园打造】2022年，钱塘区农业农村局（简称区农业农村局）结合区内产业优势和特色，通过夯实生产基础、完善设施设备、集成熟化技术，打造区级农业产业示范园。年内，新增区农业产业示范园9个，其中“阳光菜园”1个、“活力牧园”5个、“优鲜果园”2个、“特色渔园”1个，累计打造区农业产业示范园20个。

【省级现代农业园区创建】2022年9月13日，钱塘区入选2022年省级现代农业园区创建名单，创建时间为2022—2024年。园区计划总投资5亿元，总面积50.6平方千米，横跨下沙、河庄2个街道，围绕蔬菜和奶牛两大主导产业，构建“双核驱动、三区集聚、五心互动、八园交辉”的空间发展格局，打造环杭州湾的“鲜菜园”“鲜奶源”，助推全区农业高质量发展。（赵梦梦）

【特色农业小镇建设】2022年，区农业农村局推进特色农业小镇建设，开工建设义蓬街道春光村“稻香小镇”、河庄街道新江村“草莓小镇”。围绕“乡村一二三

2022年，钱塘区省级现代农业园区现状分布图　　（区农业农村局 提供）

产业融合”发展目标，挖掘特色资源优势，采用“企业+村集体”开发建设模式，探索农文旅共富道路。计划于2025年末创建具有地域特色和文化品牌的农文旅融合发展示范村3个。项目总投资2500万元，建成后可容纳游客数6万人/年。（顾小琴）

▸▸资料：“乡村一二三产业融合”

以农业为基本依托，通过产业链条延伸、产业融合、技术渗透、体制创新等方式，将资本、技术以及资源要素进行跨界集约化配置，拓宽农民增收渠道、构建现代农业产业体系，加快转变农业发展方式，达到第一产、第二产和第三产的全面融合发展，以及资源要素的跨界集约化配置，使农业生产、农产品加工和销售、餐饮等有机地融合在一起。

【病虫害测报和统一防治】 2022年，区农业农村局为降低病虫害对区内粮食生产的影响，开展病虫害测报和统一防治工作。通过6个病虫害测报点，监测和收集稻纵卷叶螟、二化螟、草地贪夜蛾等病虫害数据信息，结合社会化专业植保服务，进行田间病虫害情况调查，制定科学有效的病虫害防治方案，并将防治方案发布在“钱塘植保”客户端。全年共发布病虫害情况报告16期，统一防治面积7046.67公顷，占规模种粮总面积的90%以上。（戚圣波）

【农业保险服务健全】 2022年，钱塘区农业农村局按照“提标、扩面、增品”的总体要求，推进政策性农业保险服务，完成杭州市政策性农业主体综合保险扩面民生实事项目。全年省、市、区各级保险保费共计2394.87万元，水稻、小麦等粮食作物投保面积覆盖率98.9%；省级财政补贴险种大户投保面积覆盖率超过70%；育肥猪养殖保险覆盖率100%；农业保险深度1.13%，农业保险密度2133元/人。（汤佳乐）

【农产品质量安全监管】 2022年，钱塘区有农产品规模生产主体36个、农药生产主体2个、农药经营主体45个、兽药生产主体2个、兽药经营主体11个、饲料生产主体1个、种子经营专卖店3个。区农业农村局检查农业生产主体单位160个，出动检查人员370人次，涉及粮油、蔬菜、水果、水产品、畜禽5类、25个品种，其中对16个主体单位进行专项检查。全年定量检测705批次。其中，市级任务305批次，合格率100%；区级任务400批次，合格率98.5%。定性检测4566批次。其中，街道检测3325批次，合格率99.8%；基地检测1241批次，合格率100%。抽检蔬菜5171批次、水果52批次、水产24批次、生鲜乳24批次，以及猪、禽类尿样80批次、饲料10批次，合格率均为100%。全年处理信访投诉21起、种子质量纠纷1起、农业投入品5起、农田鉴定3起、动物诊疗纠纷10起，挽回农户经济损失20万余元。（顾小琴）

种植业

【概况】 2022年，区农业农村局按照“集零归整、保优调劣”的原则和“田成片、路相连、渠成网”的标准，统筹推进各类农业用地整理，加强农田基础设施和配套设施建设。至年末，全区有粮权2.62万吨（折合原粮）。其中，储备原粮1.91万吨（小麦4860吨、早籼稻谷7599吨、粳稻谷6669吨）、储备成品粮4950吨（粳米，折合原粮7072吨）。落实粮食收购订单279户次，订单面积7000公顷，订单数量4.2万吨，比上年增长18.3%；粮食收购量4.3万吨，增长19.3%；完成区级粮食储备2.62万吨，小包装食用油295吨，散装菜籽油200吨。轮换储备原粮1.196万吨，食用油495吨，粳米4950吨，新增储备油155吨。全年收购水稻、小麦4.29万吨。其中，小麦1.06万吨、早稻0.95万吨、晚稻2.28万吨。区农业农村局发展绿色农业，落实绿色生态发展资金253.6万元。其中，推广商品有机

2022年11月，江东农场晚稻收割现场（区农业农村局 提供）

肥 7090 吨，补贴资金 212.7 万元；推广配方肥 4600 吨，拨付补贴资金 40.9 万元。建设省、市级粮食高产示范项目 7 个。（施忠源）

【粮食产销政策扶持】2022 年，钱塘区制定出台粮食产销扶持政策，全年兑现各类粮食生产收购补贴 7100 多万元。其中，兑付耕地地力保护补贴资金 763.48 万元，惠及农户 3.4 万户；兑付规模种粮直接补贴资金 2754.35 万元，惠及水稻、小麦种植大户 186 户、旱粮种植大户 105 户。落实社会化服务补贴资金 1794.37 万元。其中，病虫害统一防治服务面积 7046.67 公顷，补贴资金 649.83 万元；水稻机插面积 3706.67 公顷，补贴资金 1000.6 万元；粮食烘干 2.8 万吨，补贴资金 143.94 万元。兑付社会化服务补贴资金 986.91 万元，兑付订单粮食收购价外补贴奖励 2635 万元。（章　铭）

【粮库建设启动】2022 年，钱塘区为提升粮食储备安全保障力，启动粮库建设。11 月 8 日，粮库建设一期有关进度全部完成。一标段管理用房桩基施工完成。二标段拆迁进行中。至年末，形象进度超过 50%，资金使用量超过 2.65 亿元。项目计划于 2024 年末完工。（邵丁帅）

【粮食生产功能区“非粮化”整治】2022 年，区农业农村局推进粮食生产功能区“非粮化”清理腾退工作，排摸覆盖全区 2520 公顷粮食生产功能区，发现需整治优化粮食生产功能区 35 个，粮食生产功能区“非粮化”面积 1144.91 公顷。至年末，完成粮食生产功能区“非粮化”整治 971.93 公顷，调整优化 757.67 公顷。获评“全市粮食生产和高标准农田水利建设工作成绩突出集体”。

【高标准农田建设】2022 年，区农业农村局开展高标准农田建设，夯实粮食生产基础。年内，新建高标准农田 346.67 公顷，改造提升高标准农田 333.33 公顷。乔司农场高标准农田示范区项目被列入市级高标准农田示范区创建名单。（戴　锋）

【“千亩粮仓”示范区创建】2022 年，钱塘区在全省首创“千亩粮仓”示范区，依托区内农田平整、集中、连片的优势，建立囊括生态连片、科技应用、产量品质等 8 个维度的考评体系，示范区内农田年度连片复种面积均超过 66.67 公顷，合计节约成本 198.1 万元，带动创收 264.1 万元。广泛应用绿色生态防控、无人机植保、测土配方施肥等技术措施和机械化耕种、插秧、收割以及病虫害防治，粮食生产环节机械化率达 100%。年内，新增下沙乔农示范区、建设村示范区等“万亩粮仓”示范区 1 个、“千亩粮仓”示范区 8 个，全区累计创建“万亩粮仓”示范区 1 个、“千亩粮仓”示范区 20 个。（赵梦梦）

【主干道侧景观效果提升】2022 年，区农业农村局在江东片区“五纵五横”主干道路“清道侧”整治基础上，根据“田园型”江东城市建设定位，以江东大道为示范样板，开展道侧沿线农田统一种植工作。采用沿线农田土地流转、平整种植、长效管护等措施，种植向日葵、油菜等作物 30 多公顷，并在江东大道、江东一路等主干道沿线建设完工首批农田景观小品 4 处。（汤佳乐）

畜牧业

【概况】2022 年，钱塘区发展绿色畜牧产业，保障菜篮子供应。创新体制机制，加强政策供给，出台生猪出栏补助政策，加快提升优势产能和核心竞争力，推动全区畜牧产业高质量发展。全年畜牧业总产值 3.1 亿元，可比价格比上年增长 8%。其中，畜牧产值 2.9 亿元，家禽产值 143 万元，家禽产品及其他动物产值 2281 万元。全年肉、蛋、奶产量分别为 7960 吨、48 吨和 7597 吨，天然蜂蜜产量 52.80 吨。（宣晟哲）

江东一路主干道路边设置的农田景观小品（摄于 2022 年）

（区农业农村局 提供）

2022 年钱塘区畜牧业生产情况一览表

表 9

项　目	单位	2021 年	2022 年	2022 年比 2021 年增加	
				增加	增长（%）
一、生猪年末存栏	万头	9.18	5.32	–3.86	–42.05
存栏中母猪	万头	0.82	0.63	–0.19	–23.20
出栏肉猪	万头	10.05	8.88	–1.17	–11.64
二、牛年末存栏	头	1365	1941	350	25.64
存栏中乳牛	头	298	500	202	67.79
年内出栏	头	171	251	80	46.78
三、羊年末存栏	只	10900	9200	–1700	–15.60
年内出栏	只	5400	6100	700	12.96
四、家禽年末存栏	万羽	4.08	2.73	–1.35	–33.09
年内出栏	万羽	11.01	5.72	–5.29	–48.05
五、肉类产量	吨	9290	7960	–1330	–14.32
牛奶产量	吨	5827	7597	1770	30.38
禽蛋产量	吨	72	48	–24	–33.30

【动物检疫与动物无害化处理】 2022 年，区农业农村局在动物检疫申报点办理行政许可 6186 件，开展产地检疫生猪 45.14 万头、奶牛 162 头、羊 1360 只、犬 31 只、猫 71 只；屠宰检疫家禽 22.49 万羽。继续实施统一收集、集中处理，并与保险挂钩的病死畜禽无害化处理模式，保障补助资金合规按时发放。全年共处理养殖环节病死猪 2.75 万头，比上年增长 3.98%，处理病死牛 22 头。

（曹灵香）

【动物疫病防控】 2022 年，区农业农村局开展常规免疫及春、秋两季重大动物疫病集中防控工作。落实强制免疫措施，继续实施重大动物疫病强制免疫“先打后补”政策，使用生猪口蹄疫疫苗 22.36 万毫升（含规模场自购）、猪瘟疫苗 19.58 万毫升（含规模场自购）、牛羊口蹄疫疫苗 1.45 万头份、犬狂犬病疫苗 1.36 万头份、羊小反刍兽疫疫苗 1 万头份。建成总投资 180 多万元的钱塘区农业农村局兽医实验室，该实验室为省动物疫病监测中心、市畜牧农机发展服务中心批准成立的疫病检测机构，主要从事非洲猪瘟、高致病性禽流感、猪瘟、口蹄疫、繁殖与呼吸综合征、新城疫等动物疫病的实验室检测。该检测机构设样品保藏室、血清学检测室、分子生物学检测室、档案室、洗涤消毒室等，能利用血清学、分子生物学等技术手段对动物疫病进行系统的检测和鉴定。（宣晟哲）

水产业

【概况】 2022 年，钱塘区坚持科学、绿色、可持续发展的理念，完善水产养殖工作机制，探索水产养殖生产新思路、新模式，加强管理和技术指导，提高养殖生产效益和质量。全区水产养殖面积 754 公顷，全年养殖总产量 4620 吨。其中，养殖产量 4580 吨，捕捞产量 40 吨，渔业总产值 1.5 亿元。南美白对虾养殖产量 2456 吨，甲鱼养殖产量 98 吨。南美白对虾是钱塘区主要水产养殖品种，养殖产量占全区养殖总产量的 53.2%。（顾小琴）

【渔船和渔业安全生产管理】 2022 年，钱塘区共有在册标准化渔船 24 艘。其中，有 12.3 米钢质标准化渔船 22 艘，10.1 米滚塑标准化渔船和 6.5 米滚塑标准化渔船各 1 艘，总吨位 427.3 吨。下沙街道 6 艘，河庄街道 17 艘，前进街道 1 艘。开展专项整治行动，严格落实禁渔期管理制度。开展禁渔期宣传，向岸边垂钓爱好者宣传禁渔期政策。加强渔业安全生产管理，与渔业企业负责人、船长和渔民代表签署“安全生产责任书”，并定期开展渔船安全生产培训。开展防汛防台期间所有渔船的隐患排查，发现问题隐患及时整改和销号。建立联合巡查治理体制，重点整治沿江“三无”船只捕捞行为。

【水产品质量安全监管】 2022 年，区农业农村局加强水产品质量安全监管，加快现代渔业建设。提升辖区水产品质量安全水平和区域竞争力，促进渔业增效、渔民增收。开展水产品质量安全定量检测，完成抽检 85 批次。其中省级 61 批次、市级 18 批次、区本级 6 批次，检测合格率均为 100%。（陈海奇）

水利

【概况】2022年，钱塘区发掘森林、湿地等自然资源对水的保护和调节作用，出台林地管理制度，强化林长制，有效保护区域内的森林和湿地。全区森林面积3394.8公顷，森林覆盖率6.5%，蓄积量21.22万立方米，整体稳中有升。湿地面积1.82万公顷，居全市第一位，湿地保护率36.3%。区域有效灌溉面积7886.67公顷，实际灌溉面积7013.33公顷。钱塘区是以灌为主、排灌结合的平原河网灌区。共有小型灌区86个，主要采用从区域河网提水进行灌溉的方式，有灌溉泵站300多座，全年毛灌溉用水量6527万立方米。区内主要种植作物为水稻、小麦、蔬菜、苗木等。（顾小琴）

【森林湿地保护】2022年，根据第三次全国国土调查数据，钱塘区新增林地1866.67公顷。区农业农村局因地制宜配套出台林地管理制度，加强项目审批和林地管理，强化林长制，加强区域内森林和湿地的保护。以杭州市创建国际湿地城市为契机，加强湿地生态系统保护，划定18.9平方千米生态保护红线范围作为省级重要湿地申报范围。经专家组实地考察论证，列入拟定2022年省级重要湿地名录，上榜杭州市钱塘大湾区省级重要湿地，填补大湾区江湾河口湿地保护的空白。

（任　勋）

【农业水价综合改革】2022年，钱塘区强化农业改革力度、推进改革举措创新。巩固深化农业水价综合改革，开展农业灌溉工程更新升级行动，加强农田水利工程管护及农业灌溉用水管理，提升灌溉质量。更新升级农业灌溉泵站32座，在7—8月全区抗旱保供水中发挥作用显著，受益灌溉面积1066.67公顷，获省级农业水价综合改革工作考核优秀等次。

【“五个一百”示范创建】2022年，钱塘区落实省水利厅“五个一百”（100座农业灌溉更新升级示范泵站机埠、100个农业灌溉更新升级示范水闸堰坝、100个改革示范灌区灌片、100个各类农民用水管理示范主体、100个改革示范基层水利站所）示范创建工作。组织街道和行政村开展集中培训，学习农业水价综合改革有关政策及“五个一百”示范创建标准要求；开展现场督导，推动街道和行政村按照时间节点和创建要求完成示范创建工作；拍摄示范工程宣传片，展示本地特色和水价综合改革成果。至年末，江东农场二分场1号机埠、东庄村2号机埠、江东农场一分场灌片、共建村农民用水管理小组、东庄村入选2022年度全省农业水价综合改革“五个一百”优秀典型案例。

（杨　婕）

钱塘区湿地风貌（摄于2022年）　（徐瑞金　摄）

【水利管理与水域环境优化】2022年，区农业农村局管辖钱塘江一线海塘长55.14千米，二、三线海塘长120多千米，直接管理下沙区域四格排灌站、下沙排涝闸、850排涝闸。防潮安全管理58.2千米。其中，大江东段长42千米，下沙段长16.2千米，长度居全市第一位。四格排灌站引水5084台时，引水量1.2亿立方米，排涝开机23台时，排水量52.16万立方米；下沙排涝闸排水1737孔时，排水量1.56亿立方米，水泵机排144台时，排水量346.81万立方米；850闸排水294.75孔时，排水量0.199亿立方米。全年开展防潮安全检查18次，发现防护栏网破损206处，刺网破损116处。防潮队累计出勤约1.56万人次，出动车辆2200多辆次，劝阻下堤人员1160人，劝导上堤350多人，进行批评教育520次。没收并销毁非法捕鱼工具，其中渔网60张、竹竿40根、竹梯6架。推进美丽河湖建设，创建水美乡镇1个。

【水资源管理推进】2022年，钱塘区用水总量2.78亿立方米，其中生活和工业用水量1.67亿立方米，万元GDP用水量22.7立方米/万元（现价），比2020年下降23.05%（现价），万元工业增加值用水量15.6立方米/万元（现价），比2020年下降7.14%（现价），农田灌溉水有效利用系数0.603，全区20个有取水证自备水取水企业共取水1573.57万立方米，收取水资源费234.40万元。推进节水载体创建，全年创建省级节水标杆单位6个，省级节水标杆校园1所（杭州市钱塘区学正小学），省级节水标杆小区2个（滟澜园丽轩小区、杭州碧桂园小区），省级节水标杆企业3个（浙江五丰冷食有限公司、杭州默沙东制药有限公司、杭州佐帕斯工业有限公司）。同时，完成14个省级节水企业、1所省级节水校园、3个省级节水小区的创建工作。

【水土保持管理】2022年，钱塘区完成水土流失治理面积3平方千米，登记备案项目107个，水土保持设施验收项目5个，核查水土保持验收项目2个；现场检查项目168个，监督检查次数210次，出具监督检查意见50份，出具约谈通知1份，催办通知3份，全年征收水土保持补偿费117万元。

【水文管理】2022年，钱塘区做好水文管理工作，通过31处水文专用站点对全区内涝状况进行排水调度。其中，水位雨量站点25处，单雨量站点1处，水文流量站点5处。下沙片区有站点13处，江东片区有站点18处，实现辖区内核心区域全覆盖。年内，新建水文监测数据双采集、双终端、双信道“三个双保障”站点有13处，增配竖井浮子式水位监测设备2套，新建、改建北斗卫星信道和4G移动通信信道15处。

（周炳炳）

2022年7月，杭州丰收农机服务专业合作社使用联合收割机为农户提供早稻收割作业服务　（区农业农村局 提供）

农业机械化

【概况】2022年，钱塘区落实“科技强农、机械强农”目标任务，推动农机社会化服务，基本实现粮食生产全程机械化。全区拥有农机专业合作社14个，其中具备全程机械化服务能力的农机专业合作社4个，从业人员307人，创建部级示范性农机合作社2个，省级示范性农机合作社2个，全年农机作业面积3.25万公顷，农机社会化服务作业面积1.297万公顷，机械烘干粮食量4.54万吨，水稻生产全程机械化率96.5%。

（蔡　乐）

【农业“机器换人”推进】2022年，区农业农村局探索推广“全程机械化+综合农事”服务新模式，提升公共服务和数字综合应用能力，推进农业全程和全面机械化，培育管理规范、规模适度、服务能力强的新型农机服务主体。粮油作物农机服务专业合作社基本形成集“温室育秧、机耕、机插、机收和粮食烘干”于一体的一条龙农机服务体系。12月23日，钱塘区被评为浙江省特色产业农业（水稻产业）“机器换人”高质量发展先行县。

【农机补贴政策落实】2022年，区农业农村局贯彻落实国家农机购置补贴政策，提升农业机械新机具、新技术推广力度和农机作业水平，助推农机装备结构优化。年内，落实农机补贴1319.94万元。其中，水稻机械化育插秧2220.47公顷，补贴资金599.53万元；粮食烘干社会化服务2.44万吨，补贴资金122.06万元；农机具补助资金598.35万元。

【农机安全监理】2022年，区农业农村局深入田间地头开展农业机械免费实地检验工作，同时定时定点检查各农业机械维修网点，全年检验各类农业机械320台，查处违法违规事件2起。开展农业机械上道路执法工作，劝导退回外省籍变型拖拉机（以某种类型拖拉机为基础，变型更改后适用于特定作业需求，且保留原拖拉机功能的拖拉机）6台。开展上道路拖拉机信息协查，联合属地街道上门劝解并报废解体危险作业拖拉机310台，发放安全生

产资料和安全生产宣传短信452份（条）。（顾小琴）

农村治理与乡村振兴

【概况】2022年，钱塘区因地制宜制定政策，落实财政资金，鼓励农民积极参与推进乡村治理现代化。年内，江东区域60个村（社区）(59个行政村和江盛社区）实现村级集体经济总收入3.69亿元，平均每村614.18万元，比上年增加30.7%，村级集体经济总收入均达到100万元以上，其中经营性收入2.10亿元，平均每村350.58万元，增长19.45%，均达到50万元以上；村集体资产总额52.58亿元，平均每村8763.6万元，所有者权益总额27.71亿元，平均每村4618.63万元；年收益2.11亿元，平均每村351.67万元；有10个村实现分红，按股分配总额3345.67万元。下沙街道12个社区股份经济合作社实现集体经济总收入6.52亿元，平均每社5430.41万元；其中经营性收入5.67亿元，平均每社4725.21万元；年末集体资产总额63.17亿元，平均每社5.26亿元。（平碧莹）

【美丽乡村大比武】2022年，钱塘区启动美丽乡村大比武，通过6个方面评比，推动全区59个行政村人居环境、产业、治理等方面内外兼修，打造“美丽系列”钱塘品牌。按照每月开展检查（现场会）2次、每月组织评分1项、每月公布排名1次的工作机制，对工作亮点、存在问题、工作进度进行通报。12月，举办美丽乡村大比武打擂活动，评选出“星级美丽乡村示范街道”2个、“星级美丽乡村示范村”5个和“星级美丽乡村”12个。

【美丽乡村建设推进】2022年，钱塘区持续推进美丽乡村建设，累计创建省级新时代美丽乡村示范乡镇1个（河庄街道）、特色精品村2个（河庄街道围中村、义蓬街道春光村）、精品村10个、达标村28个，实现新时代美丽乡村全覆盖，首次获评省级年度考核优胜县。年内，启动实施11个区级美丽乡村建设，共计92个项目，总投资约2亿元，财政补助超过1亿元。

【未来乡村建设】2022年，区农业农村局推进未来乡村建设工作，按照“一统三化九场景”（“一统”：以党建为统领；“三化”：人本化、生态化、数字化；“九场景”：打造未来产业、风貌、文化、邻里、健康、低碳、交通、智慧、治理9个场景）的总体要求建设未来乡村，实现对钱塘乡村生产生活生态的全方位、系统性重塑，建设引领时代潮流、呈现未来元素、彰显钱塘韵味的未来乡村样板。河庄街道江东村、新围村，义蓬街道火星村列入省、市第一批、第二批未来乡村建设试点，并通过省级成效评价，其中江东村获评优秀等级，同时被列入全省首批“一老一小”服务场景。（林佳楠）

临江街道萧东村村口（摄于2022年）（区农业农村局 提供）

【乡村人才引进】2022年，钱塘区建立健全乡村人才工作机制，引导城市人才下乡，首次招录定向培养基层农技人员2人，新培育浙江省“农创客”54人，获评省级“新农匠”3人、市级“新农匠”7人，区级“新农匠”11人。成功推荐省级乡村产业振兴带头人19人，培育中专学历种植专业学员119人。至年末，累计培养农业C级人才1人、D级人才1人、E级人才4人、杭州市乡村产业技能大师7人、“农创客”80人、“新农匠”21人，农村实用人才1.45万人。与省农业科学院开展深度合作，共建钱塘区乡村振兴学院，引进学者和专家培养钱塘“三农”人才，全年累计开展人才培训32次，培训人员3000多人次。（徐元芳）

【数字乡村建设】2022年，钱塘区完成2个市级数字乡村样板村和10个区级数字乡村建设，浙江省乔司农场数字农业园区验收通过。区农业农村局立足全区3.7万间农居房，8万间可出租农房资源和30万名产业工人入职居住需求的实际，开发“共同富裕农房租”

数字化应用，该应用纳入全省“农房盘活”先行试点，并获全省农业农村数字化改革“优秀应用”和数据开放创新应用大赛杭州分赛区二等奖。在《杭州政务信息》第350期刊登的农房租内参报道获市委书记刘捷批示。（杨金金）

【农产品品牌馆建设】2022年，区农业农村局按照“立足区域、政府主导、市场运行、服务共富”要求，与浙江经贸职业技术学院和市供销社签订合作共建协议，整合全区和全省供销系统、山区26县以及结对帮扶地区优质农产品，坚持公益属性，投入建设资金300多万元，联合打造钱塘区农产品品牌馆。至年末，初步完成场馆建设并试营业。同时，进一步推进政校企社深度融合，搭建互利共赢的合作平台，打造“农创客”合作示范基地。

【省大学生乡村振兴创意大赛举办】2022年8月4日，“第五届浙江省大学生乡村振兴创意大赛·钱塘未来乡村专项赛”启动仪式在钱塘区举行，大赛由省教育厅、省农业农村厅（省乡村振兴局）、省文化和旅游厅指导，省大学生科技竞赛委员会主办，中国建设银行浙江省分行特别支持，区农业农村局、浙江财经大学联合承办。大赛吸引全省41所高校、141支团队、1269名师生报名参赛，组成30支立项团队。该专项赛携手高校人才赋能乡村文创，激活村庄闲置空间，驱动钱塘乡村振兴，完成8个乡村空间改造和22个村文创IP设计。启动仪式上，2支立项团队进行汇报路演，分别是浙江工商大学的《沐光——新围村田园“适”集设计》和宁波大学的《归田·艺趣——文伟村美丽庭院与公共艺术小品设计》。（徐元芳）

义蓬街道春光村荷塘月色公园（摄于2022年） （区农业农村局 提供）

【低收入农户结对帮促】2022年，区农业农村局启动浙江省扶贫数字化管理系统应用试点改革，对区内1726户2180名低收入农户开展数字化结对帮促，做到“村村有部门、户户有干部、月月有走访”，结对干部每月走访率100%。深入谋划低收入农户增收举措，通过发展现代农业、统一土地流转等方式为低收入农户增加就业岗位，优先收储有出租需求的低收入农户房源，上线共同富裕农房租系统，促进低收入农户财产性增收。免费为低收入农户参加西湖益联保，最低生活保障标准由每人每月1102元调整为每人每月1216元。至年末，农户人均收入比上年增长10.7%。（曹春芳）

【对口帮扶助力乡村振兴】2022年，钱塘区继续派驻江山市李坪村工作组，驻村协助开展工作指导。区农业农村局聚焦产业振兴和生态振兴，带动发展薄弱村进行“消薄增收”工作。落实40万元帮扶资金，用于支持李坪村月牙湖莲藕工程等低收入农户增收致富项目以及困难补贴；帮助推销手工红糖等优质农产品，带动低收入农户增收致富。协助开展理塘县对口支援、江山市和淳安县山海协作等工作，落实协作帮扶资金400万元，助力理塘县牦牛产业园、江山市枫石村、淳安县丰家源村和衍昌村实施美丽乡村建设，打造对口地区乡村振兴示范点。

【农文旅项目助力乡村振兴】2022年，钱塘区乔司农场引进总投资1.4亿元的星野牧歌农文旅项目，一期投资6000万元。河庄街道新围村引进投资1500多万元的麦腾生态农园，认领客户613户，产生经济效益约550万元，打造特色提升型未来农场。河庄街道“田城汇”党建联盟引进投资1.2亿元的钱塘小雅农文旅项目，将乡村田园、历史传统文化与戏剧影视结合，打造以戏剧为主题的沉浸式传统文化体验空间、影视基地和田园综合体，实现传统文化可感、可看、可触。（陶晓兵）

责任编辑 陈 玲

建筑业·房地产业

建筑工程管理

【概况】2022年，钱塘区有建筑受监项目299个，比上年减少2个，含受监在建项目159个。其中，房屋建筑受监项目267个，总建筑面积1968.86万平方米；市政受监项目31个，总投资153.74亿元；水利工程项目1个，总投资0.90亿元。全年新办理受监项目157个。其中，房屋建筑项目142个，总建筑面积971.64万平方米；市政工程项目15个，投资34.64亿元。至年末，项目竣工验收153个，合格率100%，其中房屋建筑项目竣工136个，竣工面积480.63万平方米，出具质量监督报告81份。获评钱江杯优质工程奖1个、西湖杯建筑工程奖6个、市建筑工程施工安全生产标准化管理优良工地21个。

【文明施工检查】2022年，杭州市钱塘区住房和城乡建设局（简称区住建局）常态化推进文明施工检查，检查文明施工项目655个，发现问题1543个，全部整改完成。落实市、区两级环境抄告问题整改，至年末，收到杭州市生态环境保护委员会办公室抄告意见231条、市建委文明施工抄告意见425条、区环境综合提升工作领导小组办公室抄告意见356条，均按要求完成整改并回复。对不文明施工或整改不到位的4批、37个项目进行“黑榜”公示，处罚不符合文明施工要求的企业3个。

【“迎亚运”工地环境整治】2022年，区住建局做好杭州亚运会筹备保障工作，印发《钱塘新区建筑工地安全文明施工标准化建设指南》《关于开展建筑工地围挡提升专项检查的通知》，完成重点项目围挡提升15个。推进建成路段的提档升级，成立攻坚小组17个，落实“专人每日跟进、任务挂图作战、精准保供促产”机制，完成17个亚运会整治工程及19个地铁周边道路恢复重建项目。江东大道提升改造等项目获评全市优胜项目。

【工地管理精准智控】2022年，区住建局利用数字化改革应用场景，实现工地管理精准智控。落实建筑工程监管要求，建设项目通过使用“浙里建”、杭州市智慧工地实名制管理应用、“生态智卫”平台、起重机械智慧监管平台等系统，实现对人员、机械、材料、环境的事前预警、事中常态检测、事后规范管理的全流程闭环管理。至年末，有29个项目分别获评省建筑施工安全生产标准化管理优良工地、市建设工程施工安全生产标准化管理优良工地。

（唐志成　高　巍）

建筑市场管理

【概况】2022年，钱塘区有建筑业企业356个，其中一级总承包资质企业20个、二级总承包资质企业35个、三级总承包资质企业113个、专业和劳务资质企业188个。无特级总承包资质企业。招引培育一级施工总承包企业6个。全年建筑业总产值146.9亿元（省内产值137.1亿元，省外产值9.8亿元），总产值比上年增长14.7%，省内产值增长16.6%。建筑业增加值49.56亿元，增长

8.2%，居全市第一位。推广绿色低碳建筑（在建筑材料与设备制造、施工建造和建筑物使用的整个生命周期内，减少化石能源的使用，降低二氧化碳排放量），全年新开工装配式建筑357.5万平方米，完成率137.5%，装配式建筑占新建建筑面积的40%；新开工预制装配式住宅195.6万平方米，完成率177.8%；新开工钢结构住宅7.5万平方米，完成率150%。钱塘区2022年度建筑工业化、建筑节能与绿色建筑工作考核结果均为“优秀”。

►►资料：装配式建筑

指把传统建造方式中的大量现场作业工作转移到工厂进行，在工厂加工制作完成建筑用构件和配件（如楼板、墙板、楼梯、阳台等），运输到建筑施工现场，通过可靠的连接方式在现场装配安装而成的建筑。装配式建筑主要包括预制装配式混凝土结构、钢结构、现代木结构建筑等。

【绿色建筑及新型建筑工业化创建】2022年，区住建局持续推进绿色节能与建筑工业化，构建建筑业绿色低碳新生态。创建市新型建筑工业化示范项目7个，分别是杭州钱塘新区前进片区人才专项租赁房、钱塘新区国产宽体客机零部件生产厂房（一期）二标段、杭州中沙七格股份经济合作社商业商务用房项目、西门子（杭州）高压开关有限公司真空高压开关断路器生产厂房建设项目、杭钱塘储出〔2021〕3号地块住宅项目、杭钱塘储出〔2021〕13号地块项目、杭钱塘储出〔2022〕5号地块住宅项目。创建高星级绿色建筑示范项目3个（永旺梦乐城、大学城北单元规划幼儿园一、浙江理工大学产教融合大楼），超低能耗示范项目（元成中学项目）、近零能耗建筑示范项目（钱塘云帆未来社区未来体验馆）、建筑节能运营管理示范项目（和达公寓）、公共建筑能效提升示范项目（福雷德广场）各1个。完成太阳能光伏装机容量10.83万千瓦、民用建筑可再生能源应用6.07万平方米、公共建筑节能改造29.8万平方米、居住建筑节能绿色化改造9.5万平方米。

【建筑领域数字赋能】2022年，区住建局推行起重机械智慧监管“一件事”改革，按照“办事跑零次”要求，将起重机械产权备案、安拆告知书、使用登记从现场审核全部变更为网上审核。依托市“两库管理系统”，结合钱塘区监管实际，在“起重机械模块”新增“维保资料”和“整改通知”子项，区分开通项目端和监管端权限，明确上传资料清单和标准要求。通过系统开展专项抽查、复查255次，发现问题1936个，开具整改通知单，督促整改超期维保、违规维保等隐患83个，实现检查留痕、过程闭环和数字智治。（夏　可）

房产管理

【概况】2022年，区住建局发放房产预售证44本，总建筑面积81.54万平方米，其中商品住宅78.66万平方米、非住宅2.88万平方米。预售商品房成交8286套，成交面积84.93万平方米，比上年分别减少48.7%、52.1%。其中，商品住宅成交6745套，成交面积73.71万平方米，分别减少55.5%、55.4%；商业用房成交349套，成交面积3.02万平方米，分别增长39.6%、43.1%；其他房产成交1192套，成交面积8.2万平方米，分别增长62.4%、减少16.8%。

【房产交易】2022年，区住建局批准预售商品房7634套，总面积81.54万平方米，其中住宅7130套，总面积78.66万立方米，比上年分别减少50.9%、50.9%、49.7%、48.7%。至年末，全区商品房共成交8286套、面积84.93万平方米，分别减少48.7%、52.1%。商品房成交均价24517元/平方米，上升8.5%。其中商品住宅成交6745套、面积73.71万平方米，分别减少55.5%、55.4%，成交均价2.53万元/平方米，上升9.9%。成交二手房3333套，面积32.31万平方米，其中住宅2707套，面积27.84万平方米，比上年分别减少22.4%、22.1%、24.3%、23.4%。

【住房租赁市场整治】2022年，区住建局按照杭州钱塘新区住房租赁市场摸底排查整顿规范工作领导小组对租赁市场的整治工作要求，对全区市场租赁企业进行排查和分类处置，整顿规范高风险企业，规范住房租赁市场经营秩序。全年开展租赁企业排查6次，检查企业54个次；查处企业1个，区市场监管部门将该企业列入经营异常名录。推进租赁市场有序经营，审核租赁房源2209件。加强流动人口和外来人员管理，会同杭州市租赁中心、区委政法委和区公安分局开展租赁房智能门锁安装资金补助审核备案。通过市房屋租赁监管平台，对租赁企业和全区16万套租赁房源进行常态化监管。（许春娟）

住房保障和管理

【概况】2022年，区住建局建立

2022 年，河庄街道云上澜苑被评为杭州市“最美安置房”项目

（区住建局 提供）

多主体供给、多渠道保障、租购并举的住房制度，遵循“职住平衡、产城融合”的原则，构建完善“三房三补”[“三房”：公租房、保障性租赁住房、共有产权房；“三补”：公租房货币补贴、大学毕业生租房补贴、高层次人才购房（租赁）住房保障体系]，推动全区住房保障工作提质增效。全年推出市级公共租赁住房房源 472 套、区级专项公租房房源 1567 套；发放市级公租房、廉租房货币补贴户数 7925 户，金额 804.9 万元；受理个人住房补贴申请 363 件；发放杭州高层次人才购房（租赁）补贴 4067.02 万元；发放新引进应届大学生住房补贴 4312.5 万元；建设（筹集）保障性租赁住房 16819 套（间），完成率 101.3%；加装电梯 102 台，考核完成率 127.5%；在全省率先实现人才共有产权房现房配售，推出沁香公寓首期房源 407 套，完成网签 370 户。住房保障年度考核成绩居全市第三位，加装电梯成效排名全市前七位。

【安置房建设】2022 年，钱塘区交付安置房项目 2 个，分别为河庄街道安置房三期、新湾街道城乡一体化安置小区。续建项目 1 个，为新湾街道新龙片安置小区。开工安置房项目 2 个，分别为河庄安置房四期、义蓬安置房四期启动区块。河庄街道云上澜苑、新湾街道南沙新苑被评为杭州市“最美安置房”项目。 （张永清）

物业管理

【概况】2022 年，钱塘区有专业化物业管理项目共 167 个，物业管理总建筑面积 2544 万平方米。其中住宅 127 个，总建筑面积 2147 万平方米、住房 14.3 万套；非住宅 40 个，物业管理面积 397 万平方米。全年办理业委会变更、备案 35 件、物业管理区域划分 17 件、物业管理用房缴交（预缴）16 件、物业用房竣工缴交 20 件、物业合同备案 168 件、前期物业招标备案 13 件、前期物业招投标开标 9 件、建设项目方案审查 20 件、居住积分审核 1540 件、房屋租赁备案 9185 件。

【住宅小区环境提升】2022 年，区住建局开展“美丽杭州”迎亚运环境大提升行动，对全区 7 个街道 121 个村（社区）的各类宣传设施进行整治提升。通过“扮靓家园”行动，清除卫生死角 8012 处，清扫楼道杂物 9643 处，整治阳台 1388 处，登记报告违建信息 21 次。拆除公告、公示栏 68 处，整改宣传栏 18 处、电子显示屏 41 处、宣传小品设施 24 处、临时设置 265 处。

【消防安全隐患治理】2022 年，区住建局开展消防安全大排查大整治行动，开展高层住宅小区平安创建情况、物管项目消防安全、防涝情况和 1956 处生产经营自建房检查，向全区 127 个住宅小区发放消防安全提醒函。督促物业公司对下沙街道龙湖滟澜山一期重大消防隐患进行整改。根据《钱塘区电动自行车综合整治方案》，配合开展电动车消防安全隐患整治、电动自行车规范充电停车工作；督促全区 50 多个物业服务企业配合属地开展住宅小区内电动自行车整治的宣传工作。

【公用设施安全排查】2022 年，区住建局组织节假日前安全排查，督促物业公司对消防、电梯等公用设施设备及公共通道、地下空间等区域隐患进行“地毯式”排查整改。开展“除险保安护航二十大”行动，对全区 127 个住宅小区物业管理情况进行检查，发现整改事项 1559 条、问题 4789 个，全部落实整改。排查辖区内商品房、保障房、商住楼宇等 140 多个项目，960 多幢高层建筑，发现消防、电梯、公共通道、地下空间等部位的安全隐患 1378 个，督促物业公司对发现的问题分类施策，及时整改。 （唐 刚）

责任编辑 陈 玲

招商引资

综　述

【招商体制机制完善】2022年，钱塘区完善招商体制机制，打造“1+10+7+X”大招商体系（“1”指实体化运作招商服务中心，统筹协调全区招商信息和资源要素集约利用；“10”指发挥十大平台招商主力军作用，聚焦招商引资和项目推进主责主业，打造全产业链招商生态圈；“7”指激活7个街道在乡贤信息、税源经济等领域的资源优势，促进项目招引；“X”指凝聚部门、国企合力，做好产业基金撬动、资产运营招商线索挖潜等工作），形成招商引资全区“一盘棋”和“全员招商”工作格局。制定项目信息统筹管理机制，构建信息共享通道；实行招商中心周例会机制，通过科室联审模式增强项目研判的精准性与科学性。全年组织召开例会18次，集中研判项目信息70多个。举办“打造高能级·建设新钱塘”招商引资与能力建设系列活动，组织开展招商专题培训六期，培训部门、平台、街道招商干部200多人次。

【招商渠道扩宽】2022年，钱塘区以“链长制”理念谋划制定领军企业和产业链重点企业产业图谱和项目库。联动部门、平台、街道，建立新增、盯引项目储备库并按周迭代更新。到上海、深圳、重庆、长沙等地敲门招商，其中区领导带队招商140多人次，区级各平台外出敲门招商500多人次。依托驻深、驻沪、驻京3个驻外点，举办生物医药线上对接活动4场，推进中国健康产业投资基金入驻杭州医药港。拜访美国辉瑞公司、德国西门子医疗公司、美国百时美施贵宝公司、日本武田制药公司等世界500强和行业领军企业40多个。至年末，全区新增有效项目信息609个、盯引项目145个，其中生物医药、智能制造、新材料等主导产业项目信息占比近70%，新增项目盯引转换率超30%。

【招商模式创新】2022年，钱塘区推进“数字经济+”项目招商模式

2022年12月1日，药明生物项目签约活动在钱塘区举行　（童志忠　摄）

2022年钱塘区实到外资1000万美元以上项目情况统计表

表10

序号	公司名称	实际投资（万美元）
1	杭州钱塘城发商贸有限公司	9860
2	深国发展控股（浙江）有限公司	9200
3	杭州杭东梦乐城房地产开发有限公司	7424
4	杭州恩和生物科技有限公司	4650
5	德琪（杭州）生物有限公司	4504
6	杭州优替济生科技有限公司	4340
7	杭州中策钱塘实业有限公司	3600
8	杭州临投贸易有限公司	3170
9	杭州恒致智能产业发展有限公司	3000
10	杭州明德生物医药技术有限公司	2500
11	九天生物医药（杭州）有限公司	2300
12	杭州乔博金属材料有限公司	2295
13	明慧医药（杭州）有限公司	2240
14	杭州欧集星食品有限公司	2121
15	浙江中通智能制造有限公司	2000
16	英脉生物医药（杭州）有限公司	1943
17	泰富医疗器械投资（杭州）有限公司	1800
18	龙瑞新能源工程（杭州）有限公司	1635
19	浙江诗华诺倍威生物技术有限公司	1543
20	浙江荣耀辉新材料有限公司	1520
21	味全食品投资有限公司	1501
22	杭州深国际供应链管理有限公司	1500
23	祐康（杭州）食品制造有限公司	1495
24	杭州珈创生物科技有限公司	1440
25	交银产投（杭州）股权投资合伙企业（有限合伙）	1435
26	杭州索源生物技术有限公司	1400
27	杭州华策策赢企业管理合伙企业（有限合伙）	1200
28	杭州甄品实业有限公司	1160
29	杭州奕安济世生物药业有限公司	1065
30	浙江鹰鹏电子科技有限公司	1007
31	锐掣（杭州）科技有限公司	1000
32	浙江霍健德生物科技有限公司	1000
	合计	86848

创新，发挥杭州国际数贸港项目能量聚合效应，打造集内容制作、人才培育、智能制造、品牌集聚、仓储物流六位一体的“平台+生态”综合性新兴跨境商运营服务基地。推进双联动招商模式创新，采用“资本+产业+人才”和“部门+平台+国资”双轮驱动，招引“凯恩新材料”项目落户。推进乡情式招商模式创新，挖掘乡贤资源，催生“归雁”经济，招引总投资14亿元的“恒致”项目和总投资2.6亿元的“艾乐肤化妆品”项目落户。（封莎莎）

项目招引

【外资引进利用】2022年，钱塘区实际利用外资9.38亿美元。其中，高技术产业实际利用外资4亿美元，占比43%；第二产业占比27%；第三产业占比73%。全年新设外商投资企业69个。其中，第二产业企业8个，占比12%；第三产业企业61个，占比88%。科学研究和技术服务业企业30个，占比43%。

2022 年钱塘区新签约总投资 10 亿元以上项目情况统计表

表 11

序号	项目名称	总投资（亿元）	产业分类
1	深国际华东智慧城一期（深国发展控股（浙江）有限公司）	35	服务业
2	高创 world 总部项目	27	高端服务
3	幄肯新材料总部及高端碳素材料制造项目	20.7	新材料
4	天瑞金 MAX 科技园项目	20	数字经济
5	和达零碳科技城	20	新材料、绿色能源
6	吉利高端新能源汽车产品项目	20	智能制造
7	杭州国际数贸港项目	20	数字经济
8	科创中心产业园项目	16.4	智能物联
9	甄芯项目	16	半导体
10	和达芯谷项目（二期）	15	半导体
11	恒致集团总部及智能制造基地项目	14	高端制造
12	小镇客厅项目	14	服务业
13	凯德项目	14	商业地产
14	和达智谷项目	13.637	智能制造
15	华登国际 PE 成长基金项目	12.3	金融服务业
16	微影光刻机项目	11.2	智能制造
17	鼐济项目	10.68	生物医药
18	中能汽轮项目	10.5	智能制造
19	杭千智造产业园项目	10	智能制造
20	浙江九洲药物原料药项目	10	生物医药
21	艾美依航空复合材料零部件制造基地项目	10	高端制造

【签约总投资 1 亿元以上产业项目 118 个】 2022 年，钱塘区围绕“515”主导产业体系，实施招商引资招大引强战略。全年签约 1 亿元以上产业项目 118 个，总投资 515 亿元。其中，20 亿元（含）~40 亿元项目 7 个，10 亿元（含）~20 亿元项目 14 个。杭州医药港签约项目 17 个，总投资 69 亿元；大创小镇签约项目 15 个，总投资 94 亿元；杭州综合保税区签约项目 4 个，总投资 23 亿元；钱塘芯谷签约项目 16 个，总投资 108 亿元；临江高科园签约项目 12 个，总投资 60 亿元；前进智造园签约项目 11 个，总投资 101 亿元。

【重点签约项目】 2022 年，钱塘区签约重点项目 9 个。其中，集成电路项目 3 个，分别是总投资 30 亿元的美迪凯年产 20 亿颗（件、套）半导体器件项目，总投资 20.7 亿元的幄肯新材料总部及高端碳素材料制造项目，总投资 11.2 亿元的微影光刻机项目；先进制造项目 3 个，分别是总投资 14 亿元的恒致集团总部及智能制造基地项目，总投资 10.5 亿元的中能节能降碳高效透平机械智造服务一体化产业基地项目，总投资 10 亿元的艾美依航空复合材料零部件制造基地项目；生物医药项目 2 个，分别是总投资 10.7 亿的鼐济项目，总投资 10 亿元的浙江九洲药物科技有限公司原料药项目；高端服务业项目 1 个，即总投资 20 亿元的杭州国际数贸港项目。

（王越豫）

项目开工建设

【钱塘区一季度集中开工活动举行】 2022 年 1 月 5 日，钱塘区一季度扩大有效投资重大项目集中开工活动在零跑汽车钱塘智造产业园项目现场举行，共有 17 个重大项目参加活动，总投资 170 亿元，包含产业项目、亚运保障项目、社会事业项目、城市功能项目，推动钱塘区建设现代产业体系、完善城市功能配套、提升居民生活品质，为打造世界级智能制造产业集群、长三角地区人产城融合发展示范区、全省标志性

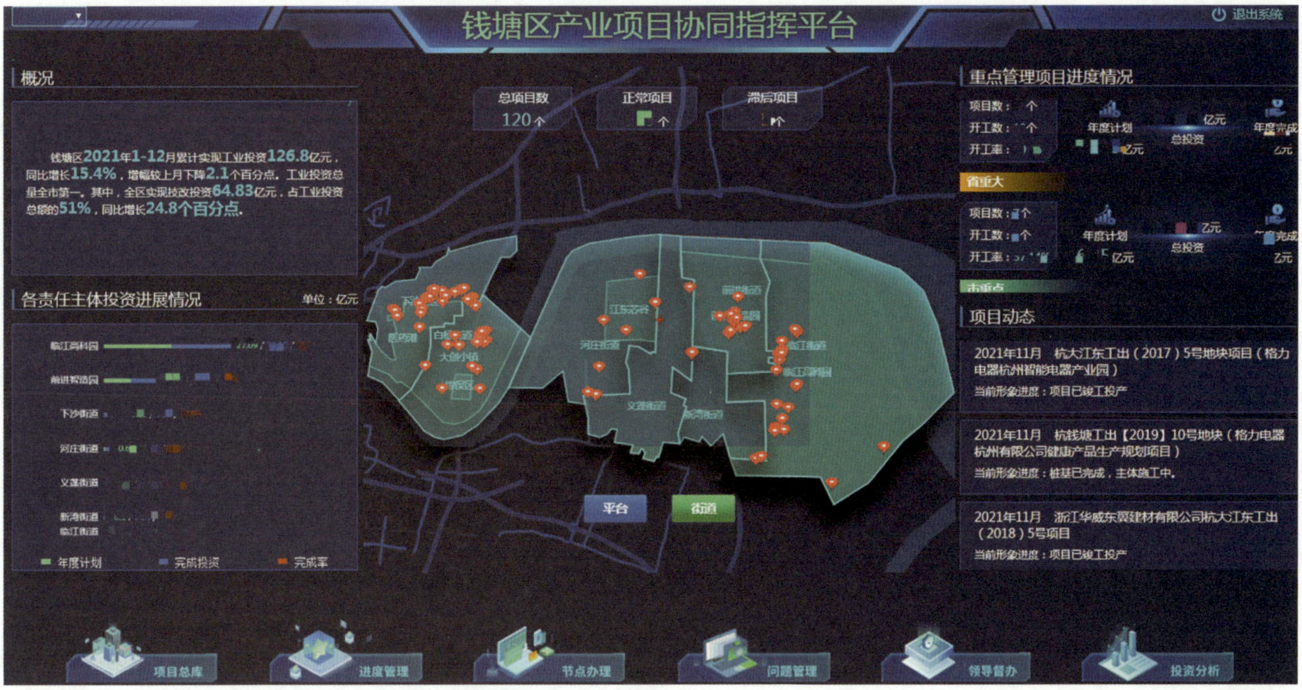

钱塘区产业项目协同指挥平台（摄于2022年）　　　　（区融媒体中心 提供）

战略性改革开放大平台、杭州湾数字经济与高端制造融合创新发展提供动能。（陈　伊）

【“152”省市县长工程项目全部开工】2022年，钱塘区士兰集昕年产36万片12英寸芯片生产线项目、德琪（杭州）生物有限公司新建生物创新药研发及产业化基地建设项目、杭州景杰生物蛋白质组学技术服务和抗体研发生产项目、顾家家居新增100万套软体家居及配套产业项目、万事利人工智能工厂项目、中策年产650万套全钢子午线轮胎绿色5G数字工厂项目、杭州远大生物医药投资项目、光环新网（杭州）数字经济科创中心项目和济民可信小分子创新药物研发总部及生产基地项目纳入“152”省市县长工程，总投资约191.9亿元，全部实现开工并完成统计入库，落地率100%。（叶崇阳）

【制造业项目建设】2022年，钱塘区完成制造业投资159.6亿元，比上年增长34.6%；完成工业投资165.2亿元，增长30.3%。创新项目推进思路，强化项目问题协调，优化项目服务，营造项目竞赛氛围，推进项目开工建设。全年共有37个1亿元以上产业用地项目办理施工许可证，实现开工建设。其中总投资30亿元以上项目3个，分别是“美迪凯”“光环新网”“中策5G数字工厂”项目。总投资20亿元以上项目1个，即“杭煜小分子创新药物”项目。总投资10亿元以上项目14个。

【项目推进管理】2022年，钱塘区针对115个产业项目，逐个排定施工许可证办理等10个重点节点，建立红（滞后）、黄（预警）、绿（正常）、蓝（超前）四色管理模式，每月通报、逐一分析。建立区领导分级协调机制和制造业投资、项目推进月度赛马机制，解决重难点问题100多个。数字赋能监管，打造“钱塘产业项目协同指挥平台”，运用项目监测、滞后预警、问题协调等方式，破解项目底数不清、滞后原因不明、问题协调不畅3个难题，提升产业项目智能化水平，34个项目领取施工许可证。（陆玲亚）

责任编辑　曹文慧

口岸贸易

海关监管

【概况】2022年，钱江海关驻下沙办事处共监管进出口货物22.3万吨、货值341.2亿元，受理并审结报关单5.9万份，征收关税和代征增值税36亿元，监管集装箱4万箱，检验检疫出入境货物1.2万批次，签发各类原产地证书1.2万份，监管跨境电商进口商品2748.7万票、货值64.4亿元。“无纸化”审核、“全程网办”开展企业备案，“多证合一”备案企业135个，比上年增长6倍。实现辖区出口原产地证书智能审核率70%、自助打印率90%以上。

【跨境电商新业态发展】2022年，钱江海关驻下沙办事处加强“数智监管”，推进跨境电商零售进口商品条码试点、跨境电商零售进口支付信息验核试点，实现跨境电商“9610”出口转关上海浦东机场新模式。依托跨境电商退货中心仓，运用智能审图等科技手段，开发上线“跨境电商进口退货在线”。加强安全监管，先行先试跨境电商质量安全风险防控新模式，开展跨境电商进口危化品商品综合治理，妥善处置涉濒危库存商品，开展跨境电商渠道截获非法寄递及网络交易“异宠”综合治理专项行动；加强对跨境电商零售进口食品化妆品质量安全风险监测，重点关注安全准入、品质缺陷等风险，帮助企业合规经营，防范化解危险品安全风险，推动商品安全有序通关。加强监管创新，开设“跨境电商教学小课堂”，成立杭州海关跨境电商监管现场首个“行政争议化解工作室”，推进新时代“枫桥经验”跨境电商领域应用。

【助企纾困服务】2022年，钱江海关驻下沙办事处建立关企联络协调工作机制和“问题清零”台账，累计现场调研56次，解决企业各类诉求67例。指导辖区企业开展“船边直提”试点，累计67批次、货值9031万元，货物从卸船至提离海关监管作业场所缩短至2小

2022年6月10日，钱江海关驻下沙办事处开展跨境电商货架商品核对

（严　驰　摄）

时以内。出台压缩整体通关时间8项工作措施。开展走进跨境电商、下沙港等“十地百团助千企”活动。成立技术性贸易措施、统计研究分析、食品化妆品信息等工作小组，发挥海关职能。科技赋能企业帮扶，推进原产地签证全程电子化，应用“互联网+核查”、“全程网办”企业备案、远程视频属地查验试点，为企业提供便利。

【“一纳”试点推广】2022年，钱江海关驻下沙办事处推广杭州综合保税区企业“增值税一般纳税人资格”（简称“一纳”）试点工作，加强与杭州综合保税区主管部门及税务局等相关单位沟通联系，研究起草“一纳”企业申请联系配合办法、监管方案和操作细则，帮助试点企业梳理系统对接、账册切换、应急处置等相关流程，全程指导企业完成试点，推动区内企业实现从“两头在外”“大进大出”到对接国内国外“两个市场”、利用好“两种资源”的转变。建立企业联络人制度，开展专项指导15次，24小时线上答疑，11个企业参与“一纳”试点，涵盖生产、物流、研发等领域，占区内同类型企业的50%以上。6月，“一纳”案例入选2022年第一批中国（浙江）自由贸易试验区最佳制度创新案例。至年末，杭州综合保税区内“一纳”试点企业完成保税与非保货物入区货值10.3亿元，比上年增长127.6%，其中非保货物入区货值9亿元，增长1.8倍。

【汽车产业发展服务】2022年，钱江海关驻下沙办事处会同辖区企业共同创建《汽车零部件商品信息目录》，整理规范要素2000多条，涉及商品1671项，涵盖商品编码105个。成立汽车产业专项帮扶小组，建立关企专项联络员制度，动态掌握企业生产经营问题并提供专业指导。推进实施3C认证目录外产品企业自我声明，缓解口岸集疏运压力，减轻企业资金负担。指导企业将汽车先行出口至杭州保税物流中心，然后根据国际运力安排离境出海，为汽车出口打造国际物流“调节阀”。通过预先审核、提前咨询等服务缩短业务办理时效，实现企业进口物资通关“零等待”。指导企业开展加工贸易业务，辅助企业优化内部管理，改进信息化管理系统，助力整车出口。

【生物医药产业发展服务】2022年，钱江海关驻下沙办事处落实海关总署促进外贸保稳提质措施，试行真空包装等高新技术货物一体化布控查验，实施口岸和目的地两段布控处置，缩减通关时间。实行“5+2”查验、保障布控货物随到随查，建立查验岗位线上咨询专窗，探索“互联网+”模式和远程视频属地查验，便利特殊物品出口通关。配合市政府建立入境特殊物品安全联合监管机制，加强与相关部门的事中、事后联合监管。

【鲜活农产品出口保障】2022年，钱江海关驻下沙办事处落实出口食用水生动物疫病监测计划和安全风险监控计划，开展企业养殖场自检自控和日常监管情况“回头看”，帮助企业有效整改。加强与企业相关人员的业务交流，在安全投料、兽残监控、出口报关等关键环节进行指导，针对企业提出的问题提出合理化意见建议。设立出口水生动物绿色查检通道，对符合条件的产品实施优先查检、“5+2”预约查检和“随约随检”制度，减少企业等待时间，保障产品鲜活度，实现企业高效通关。

（吴　丛）

对外贸易

【概况】2022年，钱塘区实现外贸进出口额1030.19亿元，比上年下降0.68%，规模列全市第三位。其中，出口618.38亿元，增长4.86%，规模列全市第三位；进口411.81亿元，下降7.98%，规模列全市第一位。民营企业出口实现中高速增长，出口246.86亿元，增长11.02%，占出口总额的39.92%。外资企业出口平稳，实现出口额371.52亿元，增长1.13%，占出口总额的60.08%。

【服务贸易发展】2022年，钱塘区实现服务贸易出口总额13.39亿美元，比上年增长7.98%，其中服务外包离岸执行额12.94亿美元，增长8.65%。建立重点服务贸易库，通过调研走访、企业座谈会等方式掌握重点服务贸易企业的发展情况和诉求，帮助服务贸易企业排忧解难。培育新服务贸易主体，通过政策宣讲和培训会，招引新服务贸易企业入库10个。培育服务贸易成长型企业2个，分别是萧山太阳机械有限公司和杭州宇隆科技有限公司。新增服务贸易示范型企业3个，分别是怡得乐电子（杭州）有限公司、杭州泰谷诺石英有限公司和杭州东芝家电技术电子有限公司。

【惠企服务开展】2022年，钱塘区加强企业服务，建立重点外贸企业库，通过座谈、走访等形式，实现160个进出口1000万美元以上外贸企业全覆盖。鼓励外贸企业“走出去”开拓国际市场，帮助企业办理出境护照，宣传解读省市定向航班及包机政策。组织企业参加国内外重点展会，结合钱塘产业特色，重点组织鼓励参

2022 年 8 月 25 日，钱塘区外贸服务联盟成立　（区融媒体中心 提供）

与德国杜赛医疗展等医疗类专业展会，推动企业开拓国际市场。组建外贸服务联盟，联合数字化营销企业、海外仓企业、会展企业、港口物流企业等外贸服务商，开展巡回走访、上门服务，为企业协调解决物流、展位争取、危化品出口监管等方面问题，推广新业态新模式，引导外贸企业转型升级。（胡金君）

跨境电子商务

【概况】2022 年，杭州综合保税区完成跨境电商进出口 118.23 亿元。其中，完成跨境出口 67.03 亿元，比上年增长 31%；完成跨境进口 51.2 亿元。钱塘区中国（杭州）跨境电子商务产业园下沙园区入选省级跨境电子商务产业园。

【进口超期退货商品“上链赋码”】2022 年，经海关总署批准，杭州综合保税区探索对跨境零售进口超 30 日商品退换货实施进口超期退货商品“上链赋码”，由数智监管系统对退货商品进行机检，形成图像比对、重量比对等信息，根据风险等级分别予以“红黄绿”着色，按照绿码商品放行、红黄码商品由现场海关进一步核验的流程，构建流程监管体系，形成监管闭环，打造“跨境电商进口超期退货中心”。至年末，实现系统打通并上线测试，投用后杭州综合保税区的进口退货商品监管能力由每月 5 万件上升至每月 30 万件。

【跨境电商“人才双选会”开班典礼举行】2022 年 11 月，跨境电商“人才双选会”开班典礼在钱塘区举行。活动由杭州综合保税区管理办公室、浙江经贸职业技术学院、浙江工商大学共同主办，通过邀请企业走进校园，为高校学生提供理论和实际相结合的跨境电商领域相关课程，为人才与企业供需之间双向选择搭建桥梁，为高校学生实习就业开辟新途径。（陈　可）

【“数智中非”创新创业青年领袖钱塘论坛举行】2022 年 12 月 13 日，首届全球数字贸易博览会之江数字贸易论坛——“数智中非”创新创业青年领袖钱塘论坛在钱塘区举行。论坛以“数智创新，促进中非合作”为主题，采用线下与线上结合的方式进行。海内外 100 多个涉非机构、院校及企业代表到场参加。论坛上，“一带一路”中非合作产业园、数字非洲文化经贸（坦桑尼亚）项目、中非跨境贸易数字结算平台（乌干达）项目签约。浙非产业合作联盟和元宇宙“非洲国家文化展示馆”启动。论坛分享《浙非数字经济合作成果》，来自非洲大陆东非、南非、西非、北非、中非五大版块的在杭优秀非洲青年领袖与中国企业家及行业代表，在论坛上聚焦数字化商品贸易、数字服务贸易、数字贸易技术、数字贸易生态等内容展开深度交流探讨。（周小珍）

责任编辑　曹文慧

改革·开放·合作

改　革

【概况】2022年，钱塘区数字化改革工作在全省双月例会评比中，获“五星”等级。“数字赋能技术工人群体共同富裕集成改革”获2022年度浙江省改革突破奖。在“161”条线排名中，党政统领整体智治、数字政府、数字社会等系统分别于6月、8月、10月排名全省前十名。“钱塘技工”场景获评浙江省数字化改革最佳应用、浙江省改革突破奖铜奖，入选浙江省“一地创新、全省共享”清单；“货运智控”作为“浙运安”子场景获评浙江省数字化改革最佳应用。“一键找园”“先锋小哥”“钱塘技工”“案款一件事”“货运智控”“钱塘校融”“房建领域公权力大数据监督”等7项场景被全省推广。19项场景列入浙江省重大改革（重大应用）“一本账S2”清单。政务服务改革举措被国务院办公厅政府职能转变办公室以简报形式刊发推广。改革经验成果被省级改革刊物刊发7篇，刊发数量居全市第一位，《竞跑者》刊发3篇，《数字化改革（工作动态）》刊发2篇，《数字化改革（稳进提质篇）》专报刊发1篇，《领跑者》刊发1篇，其中被《领跑者》刊发的“钱塘技工”场景获省委书记袁家军圈阅、省委副书记黄建发批示肯定。14项改革成效获省级及以上领导批示肯定。“钱塘校融”、宗教改革经验、“农房租”、“严重精神病障碍患者管控平台”等成果分别获省长王浩、省委副书记黄建发、市委书记刘捷等领导批示肯定。“货运智控”“数字综保”“房建领域公权力大数据监督”“钱塘技工”等分别被中国中央电视台新闻联播栏目、中央人民政府网、新华社、《工人日报》报道。

【一体化公共数据平台】2022年，钱塘区摸排梳理区内1073个存量目录，归集完成37个部门、519个数据目录、7147个字段，共计1900多万条数据，一体化公共数据平台总存储量从2021年的2400万条，提升至9亿多条，增长45倍。完成78批次公共数据共享申请，平均审批时长0.48日，审批时效超过全市平均水平1倍（市平均0.91日）。全区共享数据量从2021年的2790.3万条，提升至6921万条，增长1.5倍。至年末，入选市级数据产品案例集案例4个、入选市级公共组件案例集案例4个、入选市级应用共享优秀案例集案例3个。

【党建统领整体智治系统】2022年，钱塘区通过党建统领整体智治系统，统筹领域部门数字化改革工作，“先锋小哥”“房建工程领域公权力大数据监督”“护航民企国际化发展”“清廉民企服务平台”4项应用列入浙江省数字化改革重大应用“一本账S2”清单。出台《钱塘区政协建设协商议事红色联盟打造协商议事矩阵实施办法》，通过党建引领，促进协商议事向基层延伸。建立健全公权力大数据监督机制，处理红色预警35条、处理违纪人员23人，挽回经济损失230.15万元。理论成果获省级及以上领导批示肯定2篇，其中《打造地校党派融合样本，探索助力共富新动能》报告获全国人大常委会副委员长、农工党中央主席陈竺批示肯定，《念好双创“多”字诀调好新侨“三色”盘加快推动形成共同富裕示范区建设钱塘样板》获中国侨联党组成员连小敏批示肯定。《浙江省迭代升级人大代表联络站打造人大践行全过程人民民主基层单元的钱塘案例》入刊全国人大常委会《联络动态》。

【数字政府系统】2022 年，钱塘区推进数字政府系统建设，加快钱塘区域治理体系和治理能力现代化发展。推进省级试点工作，“防疫电子通行证”获省委改革办最佳应用、全省改革突破银奖协同场景和省交通厅 2022 年交通数字化改革基层和社会最佳实践，“钱塘校融”入选浙江省数字政府重点场景，“共同富裕农房租”入选 2022 年度浙江省农业农村数字化改革优秀应用。“防疫通行证模块”“钱塘校融”和“残疾人医疗救助”3 项应用被全省复制推广。理论成果获省级以上领导批示 4 篇，被省级以上刊物刊发 12 篇。

【数字经济系统】2022 年，钱塘区推进数字经济系统建设，“生物医药产业大脑”“钱塘校融”“一键找园”分别获评 2022 年度浙江省数字经济系统产业大脑优秀案例、2022 年度浙江省数字经济系统最佳应用和理论优秀成果；“一键找园”“浙商在线”“生物医药产业大脑”“浙商风险防范”4 项应用被纳入浙江省重大改革（重大应用）“一本账 S2”清单。至年末，数字经济系统承担省级重大应用建设、推广试点 16 项，贯通省级重大应用 16 个。“一键找园”“企服新干线”“产业项目协同指挥平台”上线省级数字经济综合应用门户“地方特色应用”专区，企业码钱塘专区上线应用 9 个。全年数字经济系统领域有关工作获省级领导批示肯定 5 次，在全省大会上做典型发言 11 次。

【数字社会系统】2022 年，钱塘区推进数字社会系统建设，“钱塘技工”应用场景获浙江省数字化改革铜奖及最佳应用、浙江省数字社会系统最佳应用，并纳入省发展改革委关于印发数字社会案例集（第七批），理论成果入刊《领跑者》，并获省级领导批示肯定。推进系统中“内家医助残”“社会力量办赛一件事”等场景建设，优化数字社会系统的实用性。

【数字法治系统】2022 年，钱塘区“一屏两端”“律师调查令一件事”“案款一件事”“严重精神障碍患者管理服务试点”4 项场景被列入浙江省数字化改革重大应用“一本账 S2”清单，“案款一件事”特色场景被全省推广，有关内容被应用到《浙江省案款管理办法》中；“严重精神病障碍患者管控平台”获全国公安基层技术革新三等奖，并获副省长王成国批示肯定。

【基层智治系统】2022 年，钱塘区启动基层智治系统建设，6 月，组建基层智治专班，推动基层智治综合应用建设。“基层治理四平台”迭代升级为“基层智治综合应用系统”，建设情况通过市级验收，实现基层治理事件、任务全流程流转，闭环管控。设置全科专职网格 703 个、微网格 3879 个。年内，完成首批“浙江省七张问题清单系统”“浙江省基层防汛防台系统”“浙里社区矫正应用”“浙江e行在线系统”4 项重大应用的基层贯通推广工作。

【“钱塘校融”产学研一体化合作平台】2022 年，钱塘区聚焦企业技术需求不明确、技术转移缺乏安全途径、科技成果转化率低等问题，打造“钱塘校融”产学研一体化合作平台。该平台集 15 个部门，24 个业务系统，整合 34 类、150 万条数据，实现制度重塑、流程再造和服务集成。通过“1+6+X”（“1”：钱塘高校产学研联盟，“6”：6 个高校技术转移机构，“X”：社会化技术转移机构）技术转移运行体系及“基础工作+绩效成果”的量化考评体系建设，打造“供给端、需求端、服务端”三端全链条科技成果转化服务平台，为产业发展创新赋能。项目入选全省数字政府优秀案例和全省数字经济最佳应用，并在嘉兴市海宁市、湖州市德清县进行试点推广，有关理论成果获省长王浩批示肯定。（丁晓波）

【数字政府改革成果】2022 年，钱塘区数字政府（国家行政现代化数字管理形式）建设应用场景共 23 个。浙江省防疫通行证模块、钱塘校融—供需荟模块和残疾人医疗救助一键直达 3 个应用被全省复制推广。数字政府建设省市全年综合评价五星，全省排名第 31 位，全市排名第四位。多项重点场景争优。“防疫电子通行证”作为“浙运安场景”子场景获全省改革突破银奖，获评省交通运输厅“全省最佳实践案例”，区交通运输局获评省委改革办“最佳应用”协同单位；区农业农村局“共同富裕农房租”场景被评为省农业农村数字化改革“优秀应用”，并入选“杭州城市大脑运营指挥中心 2050 厅”展示场景；钱塘科学城“钱塘校融”场景入选省数字政府重点场景。省、市级试点成果创先。全年创省级试点 18 个、市级试点 2 个，试点数居全市第一位。区农业农村局被农业农村部评为2022年全国县域农业农村信息化发展先进县。至年末，数字政府改革理论成果获省级以上领导批示5篇。其中，国家级领导批示1篇、省主要领导批示1篇、国家部委领导批示1篇、其他省领导批示2篇。理论成果被省级以上刊物刊发12篇。其中，国务院简报刊发1篇、国家部委简报刊发2篇、省委的《浙江信息》刊发4篇、省《数字化改革》刊发1篇、《浙里改》刊发1篇、《竞跑者》刊发3篇。理论成果被省级以上媒体刊发8篇。其中，国务院官网刊发1篇、国家部委纸质媒体刊发3篇、《浙江日报》刊发4篇。（沈剑昌）

▶▶资料：数字政府

是指以新一代信息技术为支撑，重塑政务信息化管理架构、业务架构、技术架构，通过构建大数据驱动的政务新机制、新平台、新渠道，优化调整政府内部的组织架构、运作程序和管理服务，提升政府在经济调节、市场监管、社会治理、公共服务、生态环境等领域的履职能力，形成“用数据对话、用数据决策、用数据服务、用数据创新”的现代化治理模式。

【“科创企业上市知识产权加速一件事”改革】2022年7月，钱塘区建成全省首个“科创企业上市知识产权加速器”——“浙江省科创企业上市知识产权加速器”。杭州市钱塘区市场监督管理局（简称区市场监管局）牵头实施“科创企业上市知识产权加速一件事”改革，打造优化快审配置、防范侵权风险和集成服务资源为主要维度的平台，为科技创新型企业提供专业知识产权保护服务、资源整合和金融支持，提升科创企业核心竞争力。与证券交易所、律师事务所等合作，应用人工智能、大数据、云计算等科技手段，建立科创企业发现、赋能、筛选和评审机制，实现企业线上入驻、服务线上办理、资源线上对接，提高知识产权保护水平和服务效率。并成立钱塘区科创企业上市知识产权加速器管理委员会，实行全面管理和全程监管。“科创企业上市知识产权加速一件事”项目试点后，开展“一对一”辅导30场，提供专利无效应对指导3场，推动科创企业提交高价值专利申请110多件，并为30个企业提供针对性评估报告。至年末，线上入驻中介机构31个、企业130多个。推动投资机构与科创企业对接16场，促成企业与中介机构合作事项23项。开展评审活动5场，累计帮助20个企业解决上市过程中遇到的困难和问题。（李蒙娜）

【产业平台嵌入式政务服务驿站打造】2022年，钱塘区总结杭州医药港小镇政务服务驿站运行经验，将驿站模式推广至杭州大创小镇、杭州钱塘芯谷、杭州前进智造园、杭州综合保税区、杭州临江高科园5个产业平台。驿站设置窗口服务区、网上办理区、自助服务区、视频远程办理区和政务氧吧“四区一吧”，开设商事审批、投资项目审批、社保医保、税务、市民卡办理5个实体窗口，由涉企职能部门选派业务骨干定期轮岗，承接办理企业设立、经营许可、就业等事项200多项，并提供现场指导、远程连线等服务。开设综合收件专窗，依托省“政务服务一网通办”2.0收件平台，对人力社保、公安等6个条线107项未进驻事项实行专窗人员“一对一”指导、代收材料，实现“驿站就近收件、线上流转审批、证照快递送达”。设立警企服务站、医药创新和审评柔性服务站、产才融合服务站3个功能型服务站，协调律师事务所、知识产权机构等第三方专业服务机构，提供多元化服务。该做法被国务院职转办主办的《政府职能转变和“放管服”改革简报》和省委改革办主办的《浙里改》刊发。

【投资项目联合竣工验收改革推行】2022年，区行政审批局会同区住建局、市规划资源局钱塘分局等部门，分析竣工验收流程中的问题和堵点，建立联合验收指导服务机制，加强政策宣传和操作培训，采取共同踏勘、现场指导、资料共享、并联办理等措施，为企业解决竣工验收问题。钱塘区首个联合验收工业项目（杭州油脂化工有限公司的年产10万吨脂肪酸酯和油酸项目）通过杭州市“亲清在线”平台，从申请、审核到办结仅用时3天，较承诺时限（26个工作日）压减88%，受理材料从66份减至26份。探索浙江省投资项目在线审批平台（投资项目3.0平台）的联合验收流程，完成全市首个联合验收工业项目（道贤智能科技有限公司的智能制造新动能工厂项目）。全年累计完成联合验收项目4个。

【“一件事”改革深化】2022年，区行政审批局依托浙江政务服务网，整合审批高频事项，上线出生、社保医保参保、药械经营审批（新开办）等17个跨部门“一件事”联办事项，通过减环节、减材料，提升企业和群众办事便利度，全年主题式办理业务2.3万件。针对投资项目在道路开设出入口的审批中"管线单位协议书签字时间长""施工方案编制繁"等难点，优化审批流程，固定各管线单位、监管部门负责人，实行施工路段信息共享，并印制管线单位保护协议书模板，提前介入指导，建立企业与管线单位双向联系渠道，压缩双方签字盖章时间，提高企业办事效率。全年累计共享信息74次，签订保护协议220多份。

【交易智慧化改革深化】2022年，杭州市公共资源交易中心钱塘分中心全面实施电子化开评标，全年完成的开评标中线上标占总项目数77.4%以上，其中工程项目全流程电子标为企业缩减标书制作等成本2200多万元，减少跑现场4.49万人次。针对系统暂不支持电子化开评标的综合交易和产权交易，采取直播开标方式进行投标、回复等环节，全年共直播开标180场，惠及企业1600多个。杭州市公共资源交易中心钱塘分中心作为全市"1+N"（1个主场、N个副场）远程异地多点评标首批副场试点单位，依托远程异地多点评标系统，开展"1+N"远程异地多点评标，实现专家随机抽取、远程分散评标、全程见证监督，促进专家资源共享、评标透明高效，全年完成"1+N"评标项目46个。12月，迭代升级评标系统，完成"1+N"远程异地多点评标主场改造建设。实施集采项目跨区域跨层级委托，助推政府采购市域一体化。增强集采机构竞争力，完成全市首个跨层级采购项目——杭州职业技术学院集成机房采购项目。与杭州市公共资源交易中心富阳分中心合作，完成跨区域远程异地评标集采项目，实现评审专家远程在线、同步评审、在线打分。（黄 婷）

【"大综合一体化"行政执法改革推进】2022年，杭州市钱塘区综合行政执法局（简称区综合行政执法局）按照"大综合一体化"行政执法改革要求，构建具有钱塘特色的"1+6"行政执法体系；梳理全区"行政执法事项"4568项，其中由区综合行政执法局承接的综合执法事项2003项；接收转隶人员4名，按照65%以上执法力量下沉镇街要求，下沉街道执法人员54名；建设省"监管一件事"主题场景37项，开展"综合查一次"联合检查，组织各街道、部门开展校外培训机构、商业综合体"综合查一次"197次；制定《杭州市钱塘区行政执法案件移送实施办法》等17项协调联动制度；提前介入执法检查，解决文化、农业2个领域执法交接"空窗"难题。

【城市设施养护体制改革试点】2022年，区综合行政执法局在白杨街道以片区化、一体化、专业化、标准化的养护新格局替代"低小散"养护旧格局，提升城市设施养护质量。试点范围养护面积1316万平方米。除下沙片区内"四纵五横"主干道及高教东公园、西公园、怡乐园3个公园外，其余市政（含雨水管）、绿化（含行道树、时花、大树、绿地设施等）、环卫（含公厕）、河道保洁等城市基础设施及学校、企业、"门前三包"红线内围墙外具备公共职能的区域均由白杨街道负责招标、管养、考核等日常管理工作，区综合行政执法局负责对街道养护情况进行监管、指导、考核。（柯 荣）

开 放

【概况】2022年，中国（浙江）自由贸易试验区杭州片区钱塘区块（简称自贸区钱塘区块）新增注册企业1672个，比上年增长30%。至年末，累计入驻企业7943个。全年实现税收35.88亿元，增长18.6%；进出口总额实现251.5亿元；实际利用外资1.77亿美元，增长2.8倍，带动全区主要经济指标稳步增长。

【数字自贸区主题论坛举行】2022年12月2日，首届全球数字贸易博览会之江数字贸易论坛系列活动之一的"数据标准规则探索与应用"数字自贸区主题论坛在钱

2022年12月2日，数字自贸区主题论坛在钱塘区举行（朱 晟 摄）

塘区举行。论坛采用政策解读、主旨演讲、案例分析等方式，交流杭州市在数据标准规则探索与应用方面的新做法，以及建设有辨识度的数字自贸区的特色亮点。对外经济贸易大学中国世界贸易组织研究院教授周念利做题为《自贸区对接数字经济伙伴关系协定（DEPA）》的主旨演讲。“浙江自贸试验区杭州片区数贸智链平台”上线运行。

【自贸试验区制度创新】2022年，钱塘区持续推进22项制度创新，其中4项创新案例入选浙江省自贸试验区最佳制度创新案例，分别为“综保区一般纳税人资格试点精准化服务模式”“全国首单聚焦生物医药产业园公募REITs试点”“以创新链驱动打造高能级生物医药产业平台”等；5项创新成果入选省自贸办评选的自贸试验区“十大进展”，3项创新案例入选市级制度创新案例。结合实际梳理落实相关任务78项；推进生物医药全产业链开放创新，落地全省首个生物医药产业国际职业资格比照认定试点，在全省率先开展商事主体登记确认制改革，艾博生物率先入选入境特殊物品安全联合监管机制试点。

（谢　斌）

合　作

【概况】2022年，钱塘区继续与淳安县开展区县协作，通过区内7个街道与淳安县开展镇街结对，落实区县协作资金4200万元，继续助力淳安县培育新时代美丽乡村和实施村集体经济“消薄”。各街道在区级财政资金统一安排（50万元）的基础上，另行追加20万元支持淳安县结对乡镇建设，7个街道累计增加协作资金140万元。安排淳安县农产品进入钱塘区农产品品牌馆，助力农产品推广销售，累计销售淳安县农产品1300多万元。

【联乡结村】2022年，钱塘区牵头组织“联乡结村”第34帮扶集团与淳安县里商乡开展结对帮扶，实施“石门村茶厂配套工程”等6个项目，累计筹集帮扶资金306万元（含市级专项资金220万元）。辖区杭州九阳小家电有限公司等企业发挥自身资源优势，落实农产品“销薄”帮扶资金各10万余元。杭州市文新小学与淳安县里商乡中心学校签订结对帮扶协议，设立名师工作站分站，开展师徒结对帮扶。

【结对帮促开展】2022年，钱塘区开展“百社百企结百村”帮促活动，钱塘区10个股份经济合作社与淳安县10个重点帮促村结对。各结对村（社区）结合自身资源特点和帮促村具体需求，在产业扶持、基础设施建设、助学帮困等方面提供相应物资或资金支持，累计落实帮扶资金70多万元。开展农产品进社区、进企业和展销等活动，白杨街道云水社区联系枫树岭镇夏峰村参加农产品展销会，产生收益58.3万元，下沙街道七格社区采购孙家畈村种植的大米2.75万千克。（顾小琴）

【钱塘科技创新中心】2022年，钱塘科技创新中心在自身建设、科研创新和成果转化三项重点工作中取得突破。作为钱塘科学城的核心高能级科研平台，中心加快组织建设与制度建设，申请获得国家科研经费近1亿元，相关科研经费人均数居全省第一位；成建制引进高端人才团队，组建成一支140多人的创新队伍。推进前沿创新，取得“高导热金刚石复合晶圆可控制备”等4项重大标志性成果。完成中央引导专项资金项目等6个项目策划论证和25个自主创新项目结题验收，申请发明专利65项。加快推动科技成果转移转化，实现智能健康监测、芯片与微系统产品开发、新能源汽车热管理、亚运低空安防系统等科研成果产业化，其中钱塘科技创新中心与三花控股集团有限公司合作开发的智能健康方向盘成功应用于上海汽车集团股份有限公司新能源汽车飞凡R7。该方向盘拥有新型柔性传感与采集系统，搭载的核心技术成为业界第一款车规级健康监测系统。该技术同时在钱塘区公交公司进行试点，实时监测司机生理指标，规范驾驶行为，提高驾驶安全率。

（苏一侃）

【区校融合深化】2022年，钱塘科学城开展精准服务，建立“1+1+1”组团式联系高校机制（1位区领导、1个部门、1个街道或平台组团式服务1所高校），建立区校联系通讯录，组建日常工作推进小组，推进区校常态化工作交流。拓宽合作方式，将区校合作政策纳入“领飞计划”政策体系，建立优质大学生创业项目“以赛代招”筛选机制，推进“计量国家大学科技园扩园项目”“理工工业设计中心+技术转移中心项目”“浙江工业大学校友产业园项目”等落地，谋划“校聚钱塘创未来”系列活动。深化产教融合，与杭州师范大学共建“钱塘科学城科技服务平台”，与浙江工商大学、杭州电子科技大学、浙江水利水电学院等共同探索闲置空间开发利用。组织“校企双进”对接会系列活动，在六大产业平台设立高校专家服务驿站，举办

“百家名企高校行”和“博士专家进企业”活动，推动杭州美迪凯光电科技股份有限公司与浙江经贸职业技术学院共建精密智造现代产业学院，开展技能人才“订单式”联培合作。至年末，区内高校共有产业学院28个，联合企业建设创新中心26个，有订单制、现代学徒制班级121个，产学研项目90个。（王　婧　章旭影）

【区校合作战略协议签订】2022年1月15日，钱塘区召开2022年钱塘高校负责人座谈会，举行“校聚钱塘向未来，共建钱塘科学城”启动仪式。区内14所高校负责人参加会议，就钱塘区建设发展和深化区校合作进行交流。12月17日，钱塘科学城发展推进会暨高校负责人座谈会召开，发布“钱塘校融·产学研一体化服务平台”和区校合作政策，签订区校新一轮战略合作协议。（王　婧）

【杭州师范大学工学院揭牌】2022年6月21日，杭州师范大学工学院揭牌仪式在下沙校区举行。工学院以机械设计制造及其自动化、工业设计、环境工程3个专业为建院基础，围绕国家智能制造和绿色发展战略目标，突出“高、精、特”，探索建设“实力强劲、特色鲜明、智造未来”的工学院。

2022年7月14日，“校地共融·聚梦钱塘”——浙江工业大学钱塘校友产业园开园仪式在钱塘区国际创博中心举行（区融媒体中心 提供）

【美迪凯精密智造学院揭牌】2022年7月5日，浙江经贸职业技术学院与杭州美迪凯光电科技股份有限公司举行战略合作签约仪式，共同为美迪凯精密智造学院揭牌。学院以服务人才需求为导向，构建共建共治共享的校企合作发展共同体，通过课程与岗位、专业与行业的无缝对接，深化产教融合，增强职业教育适应性，推动大学生创新就业和提升区域产业基础能级。（傅淑娟）

【浙江工业大学钱塘校友产业园开园】2022年7月14日，“校地共融·聚梦钱塘”——浙江工业大学钱塘校友产业园开园仪式在钱塘区国际创博中心举行。产业园依托浙江工业大学“生命大健康、智能科技、工业新材料、数字经济”等专业优势和校友资源，助力校友创新创业和钱塘区企业高质量成长，建设区校合作窗口、校企合作平台和实习实训的基地。产业园为浙江工业大学校友提供免费众创空间创业孵化场地、场地租金优惠和经营绩效奖励；为入驻企业提供免费政策咨询、项目申报、校企科研成果对接、资本赋能对接等服务。至年末，共入驻企业56个，实现产值2.08亿元。（章旭影）

责任编辑　陈　玲

科技创新

综 述

【科技创新助力区域发展】2022年，钱塘区加大科技创新力度，集聚创新资源要素，优化创新发展环境，助力区域高质量发展。新认定国家高新技术企业227个、省科技型中小企业580个、市“雏鹰计划”企业50个；新认定市级以上研发机构86个，新立项“尖兵”“领雁”科技项目13个；新认定市级以上孵化器、众创空间10个。其中，省级孵化器1个，省级众创空间3个。R&D（科学研究与试验发展）经费支出地区占生产总值比重4.9%。钱塘区集成电路制造创新型产业集群入选2022年创新型产业集群名单。2021年度浙江省高新技术产业园区综合评价结果排名全省第三位。

（徐 莎 王 倩）

【校企合作成果获浙江省科学技术进步奖】2022年7月11日，全省科技创新大会颁发2021年度浙江省科学技术奖，钱塘区企业和高校获浙江省科学技术进步奖一等奖7项、二等奖13项、三等奖23项。其中，中国计量大学和杭州美迪凯光电科技股份有限公司的“微型高效增强现实近眼显示技术及应用”、杭州启飞智能科技有限公司的“农用无人机及作物智慧管理技术与装备的创制和应用”、泰瑞机器股份有限公司的“特种工程聚合物高性能注射成形技术及装备”、杭州电子科技大学的“大数据存储硬盘阵列核心技术研发和产业化”和“复杂环境下物流巡检机器人感知与控制关键技术及产业化应用”、浙江理工大学的“软弱地基深大基坑支护关键技术及工程应用”和“异型预制桩工业化技术创新及工程应用”获一等奖。

（陈依丹）

【核心技术攻关】2022年，钱塘区开展“揭榜挂帅”，助推核心技术攻关。探索“企业出题、政府立题、协同解题”的产学研合作，围绕产业链部署创新链。年内，碳达峰碳中和项目立项1个；推荐8个企业参加“创赢未来”首届长三角G60科创走廊科技与产业创新大赛；新增立项人工智能项目6个；新增立项杭州市农业与社会发展一般及重点项目3个、杭州市农业与社会发展引导项目2个；新增企业创新联合体2个。

（徐 莎 李 易）

【科技成果转化】2022年，钱塘区实施创新驱动发展战略，加快科技成果转移转化，以全区产业发展需求和企业发展需要为导向，发挥企业创新主体作用。统筹区内平台资源，共建大学科技园、产学研联盟实体运营中心，推进高校博士入企和高层次人才进校，提升科技成果转化成效。全年完成成果转化出入库项目12个，校企合作项目80个，完成技术交易额登记40.27亿元。

（陈依丹）

创新生态打造

【概况】2022年，钱塘区以提升企业自主创新能力为目标，以健全“微成长、小升高、高壮大”梯次培育机制为抓手，导入市场化培育机制，企业培育由“政府培育”为主转为“政府培育与市场培育”相结合。建立健全钱塘区国家高新技术企业培育资源库，打通政府服务企业的“最后一公里”。至年末，新入库国家科技型中小企业862个。新增市级以上研发中心86个。其中，省级研发中心28个，省级企业研究院8所、省级重点企业研究院2所，市级研发中心48个。新增市级企业创新联合体2个，浙江大学智能创新药物研究院杭州市浙大智药院小分子创新药概念验证中心创建成为“杭州市首批概念验证中心”，浙江华瑞航空有限公司浙江省飞机复合材料技术创新中心创建成为“浙江省技术创新中心”。（徐　莎）

网虹城数字文化产业园（摄于2022年）　（区融媒体中心 提供）

▸▸资料：概念验证中心

概念验证中心是科技成果从实验室走向市场应用的中转站，将基础研发与成果转化形成有效衔接，为处在起步阶段的科研发现提供必要的验证条件，如提供实验场地、资金、人才团队等方面的支撑，甚至是二次开发进入市场的方案，打通科技成果转化的“最初一公里”。

【创新主体打造】2022年，钱塘区依托江东智慧谷，按照“一核两翼多点”布局，打造高新大厦创新核，建成并拟运营浙江省科创企业上市知识产权加速器、中欧产业创新中心等“十中心十平台”，营造优质创新生态。重视高端创新资源要素作用，引进元宇宙创新中心、未来工厂联盟等专业科技服务机构、知识产权服务机构、投融资机构；完善“众创空间—孵化器—加速器”等科技创业孵化链条，制订《科技企业孵化载体扶持政策实施细则》，鼓励社会团体创建科技孵化载体，提升科技孵化载体绩效水平；研究制订《钱塘区打造构筑科技成果转移转化首选地先行区方案》，提升科技成果转移转化效率。至年末，钱塘区拥有市级以上孵化器33个，市级以上众创空间20个。认定孵化器面积64万平方米，“在孵企业”1400多个；认定众创空间面积4万平方米，进驻企业近700个。（范欣怡）

【科技创新发展】2022，杭州市钱塘区经济信息化和科学技术局（简称区经信科技局）围绕钱塘区“515”产业体系（聚焦半导体、生命健康、智能汽车及智能装备、航空航天、新材料五大先进制造业，探索布局未来产业，发展研发检测、电子商务、科技金融、软件信息、文化旅游五大现代服务业），与各平台和街道联动，做好项目招引和服务工作，推动签约项目加快落地，与福居生物科技签订合作协议书；推进智慧谷项目落地，中欧产业创新中心完成装修并入驻运营。（李　易）

科技服务

【概况】2022年，区经信科技局在探索科技金融创新合作方式，助力科技企业创新发展。年内，区经信科技局与10多个金融机构和担保公司对接沟通，召开各类会议40多场，为辖区内不同发展阶段的科技型企业制定相应的科技金融服务方案。助力形成“资金链、产业链、创新链、人才链”相融合的科技金融服务生态，为服务实体、科技创新提供支持。

【“积分制”创新】2022年，区经信科技局开展国家高新区企业创新“积分制”工作，围绕五大主导产业，构建具有钱塘特色的创新“积分指标体系”，对科技型企业的创新能力进行精准评估，加速发现、培育和支持科技领军企业。探索“创新金融贷”等科创金融产品，将企业创新积分转化为可贷款金额，助力科技型企业发展。（李　易）

【“双自联动”发展试点】2022年，钱塘区发挥国家自主创新示范区核心区、国家自贸区、国家综保区等先行先试区域的政策叠加优势，创新开展自创区和自贸区“双自联动”发展试点，促进科技、金融、贸易、产业多维度融合。推进全产业链保税政策试点、正面清单通关制度和国际职业资格比照认定制度建立，通过8个方面的创新，打造国际化循环、全球化配置的创新创业生态系统。该项工作列入省委科技强省领导小组《2022年浙江省科技强省建设工作要点》，试点内容上报省科技厅。（王　倩）

知识产权保护

【概况】2022年，区市场监管局完善知识产权公共服务体系，推进科创企业知识产权加速器中心建设，引导企业完善知识产权管理体系。至年末，全区专利授权量1.24万件。其中，授权发明专利3780件，比上年增长33%，国际专利申请230件，增长21.7%。有效发明专利1.53万件，万人发明专利拥有量199.27件，均居全省第三位。高价值发明专利4843件，每万人高价值发明专利63件。新认定国家知识产权优势企业4个，省知识产权示范企业13个，浙江工商大学、顾家家居股份有限公司分别获“中国专利优秀奖”和“外观设计优秀奖”。5件商标入选杭州市第一批重点商标保护名录。

【知识产权公共服务体系完善】2022年，钱塘区完善知识产权公共服务体系，创新设立知识产权共享法庭，出台《关于强化知识产权协同保护的实施意见》。4月27日，区知识产权公共服务中心启用。该中心集成维权援助、知识产权保护、商业秘密保护、纠纷调解、海外维权等服务功能，满足创新主体对于知识产权全链条一站式服务需求。推进海外知识产权纠纷维权援助指导中心建设，1件案例入选浙江省海外知识产权纠纷应对典型案例。

2022年8月23日，第十五届杭州高价值知识产权智能产品创新创意大赛决赛举行（区市场监管局 提供）

【高价值知识产权培育】2022年8月23日，钱塘区政府承办的第十五届杭州高价值知识产权智能产品创新创意大赛决赛举行。区市场监管局组织区内优秀智能制造企业参加项目海选，组织专家为参赛企业提供宣讲指导服务。经过逐级评审，钱塘区5个项目晋级决赛并获得奖项，获奖项目涉及新能源技术、智能装备、工业自动化、芯片制造等领域，杭州沃镭智能科技股份有限公司“IGBT功率模组封装测试产线研发及应用”获创新组铜奖，杭州和利时自动化有限公司“OCS工业光总线控制系统”获创新组“优秀奖”，史陶比尔（杭州）精密机械电子有限公司的“智能电连接设备”获创意组铜奖，浙江中自庆安新能源技术有限公司“深海油田状态监测装置”、至芯半导体（杭州）有限公司“紫外芯片结构开发”获创意组“优秀奖”。

【企业知识产权管理体系完善】2022年11月，区市场监管局组织企业申报市专利示范企业和市专利试点企业，促进企业知识产权管理体系完善。年内，经企业自主申报、区市场监管局初审推荐、市市场监管局复审、专家评审等程序，辖区内杭州宇隆科技有限公司等16个企业被认定为“2022年杭州市专利示范企业”，娇时日化（杭州）股份有限公司等32个企业被认定为“2022年度杭州市专利试点企业”。（黄华杰）

责任编辑　陈　玲

城市建设与管理

综　述

【“迎亚运”城市环境提升】2022年，钱塘区围绕“迎亚运”城市基础设施建设目标，提升城市环境品质。完成列入市级考核任务的6个快速路项目和19个地铁重建道路工程，江东大道、钱塘快速路等重点道路建成通车，将主城区与大江东之间的通勤时间缩短至30分钟。完成第一批海达南路等16条通勤道路修缮项目、2个入城口景观提升项目；第二批金沙大道等9条道路的通勤道路新增项目。年内，提升完善11号大街、12号大街、13号大街、下沙路4条道路建设，金沙大道通勤道路运行良好。重点对涉亚运会的4个比赛场馆、5个训练馆、1个宾馆和22个工地，开展环境整治集中攻坚，清理处置卫生死角、标识标牌、道路坑洼、绿化补种等2万余处，更换国际化标识标牌4231块，违法停车非现场执法23万余起，其中劝离、拖移“僵尸车”99辆。动员14所高校74个团队400多名学生参与区校协同整治提升，完成箱体彩绘560多处，提升沿街立面42万平方米。

【城市管理维护】2022年，杭州市钱塘区综合行政执法局（简称区综合行政执法局），做深做细城市管理维护工作，推进“全域美丽”建设。年内，完成之江东路等19条通勤道路平路修缮。发动市民和在校大学生参与道路街面整治，整改箱体4597个。清理路灯杆1572杆，开展“飞线”整治78处。更换国际化标识标牌4231块，整治立面42万平方米。在重点保障亚运会的32条道路上设立重点区域养护绿地责任铭牌263块。通过提高开放式绿地覆盖、播种农作物、播撒草籽等方式，合计整治空地97.86公顷。完成雨水管道清疏1846.8千米、新增应急抽排能力4000立方米/时、内河节制闸专项保养维修28座、清掏雨水边井3763个、井盖破损更换504个，补装防坠网297处。发现并整改道路积水点18处，落实金沙大道等10处易涝点“一点

道路箱体彩绘（摄于2022年）　　（区综合行政执法局 提供）

一策”，动态清零积水点。推进居民小区二次供水改造，实现通水小区3个、进场施工10个。检查各类燃气用户2.9万户次，发现并整改安全隐患1433处，处置非正规来源及报废燃气气瓶810只，更换瓶装燃气阀门1700多个，软管2700多根，管道燃气金属波纹管7790多根，完成全区2637个餐饮用户可燃气体报警装置安装工作。规范整理乱停乱放车辆1.5万辆，强制清运超量投放的共享单车1.8万辆；清理“僵尸车”占用车位68个。新增地铁站点周边非机动车泊位5180个，机动车泊位351个。在热点商业区块划定“外卖小哥”专属停车区，保障市民便捷出行。开展亚运通勤道路、亚运场馆周边户外广告和无障碍设施等专项整治，查处各类案件3317件。办理人大代表关于环境整治方面的建议11件，政协委员提案3件，办理回复率和满意率均为100%。江东村整治提升工作、海达南路（德胜东路—下沙路）景观综合提升项目分别获“美丽杭州迎亚运”城市环境品质提升第三期“赛马”活动“优秀”等次和“优良”项目。沿江景观公园东区入选“亚运会碳中和林”。金沙湖公园景观区获2022年度浙江省“高品质示范街区”“街容示范街”称号。白杨街道综合行政执法队程永忠获浙江省“人民满意的公务员”称号，区综合行政执法局固废处置专班卢杉杉被评为浙江省生活垃圾分类工作成绩突出个人、直属四中队中队长吴惠琴获评第八届杭州市“最美城管人”。（柯　荣）

【城市快速路建设】2022年，钱塘区全面推进城市快速路建设。6月26日，江东大道快速路（江东大桥—青六路）通车，实现江东大桥直通江东区块核心区青六路，车程由近30分钟缩短至8分钟左右。8月20日，钱塘快速路（钱塘区段）通车，该路段是杭州市“四纵五横”快速路网中最中心的一“横”，西起下沙宝华路西侧，东至头蓬快速路，贯穿钱塘区东西两端，全长20.7千米，分下沙路与12号大街段、过江隧道段、艮山东延段3个单独立项项目，总投资约135.6亿元。至年末，江东大道提升改造工程三期完成总工程量的60%。

【城市道路建设】2022年，钱塘区推进城市道路建设，助力城市能级活力提升。开工主次干道项目4个，共计3.51千米；完工主次干道项目7个，共计5.49千米。开工支小路项目8个，共计3.46千米，完工支小路项目11个，共计6.88千米。纳入民生实事项目的新四路（冯娄横—蓝商路）、医药港小镇规划道路（围垦街—元北路）、农垦路（文海北路—文津北路）3条道路全部完工。

【电力建设】2022年，钱塘区竣工输变电（含线路）工程项目5个，分别为沙南220千伏输变电工程、沙南220千伏变电站110千伏送出工程、新围220千伏变电站110千伏送出工程、宏波110千伏输变电工程、钱江变220千伏送出工程（机场—月牙、钱江—景芳）；续建项目1个，即南阳220千伏输变电工程；新开工输变电（含线路）工程3个，分别为：钱江—沙南220千伏线路工程、七格110千伏输变电工程、幸福110千伏输变电工程。年内，区住建局会同电力部门，对区六大平台用电需求进行分析和预判，开展变电站、配网项目建设前期基础数据收集工作。

【新增停车泊位8231个】2022年，区住建局与多部门联动，对辖区内可用停车场点进行改（扩）建。年内，全区新增机动车停车泊位8231个。其中，新湾街道城乡一体化安置小区1947个，义蓬中心小学403个，星央悦府776个，杭州大江东人力资源大厦478个，金领公寓358个，东部湾1676个，萧政储出〔2011〕6号

2022年6月26日，江东大道快速路（江东大桥—青六路）通车

（区融媒体中心　提供）

地块项目254个、杭州松下家电（综合保税区）有限公司142个、杭大江东储出〔2018〕1号地块人才专项租赁住房工程项目1138个，杭州第四中学新湾学校502个、中策职业学校大江东分校建设工程557个。（罗依莲）

城市规划管理

【概况】2022年，杭州市规划和自然资源局钱塘分局（简称市规划资源局钱塘分局）完成61个项目的“多规合一”审查；核发选址及用地预审文件67件、建设项目用地规划许可证110件，建设项目工程规划许可证152件、用地规划意见63件，审查建设项目设计方案101件；实施“阳光规划”，完成86个项目的公示工作；开展规划验收，办理规划灰线验收84件、规划核实确认93件；完成权籍调查237件、用地复核验收50宗。

【国土空间规划编制】2022年，市规划资源局钱塘分局完成“三区三线”（“三区”：农业空间、生态空间、城镇空间三种类型的国土空间，“三线”：永久基本农田保护线、生态保护红线、城镇开发边界三条控制线）试划工作并上报自然资源部。9月，获自然资源部审核批准并启用，划定永久基本农田73.53平方千米、生态保护区18.91平方千米、城镇开发边界163.32平方千米，较上一轮土地利用总体规划划定的永久基本农田数核减1.2万公顷。市规划资源局钱塘分局按照省、市要求，推进新一轮国土空间总体规划编制工作，规划“一带两城、三轴四组团”的国土空间新格局。

【重点片区控规编制】2022年，市规划资源局钱塘分局进行开发区、开发区西、湿地、下沙中心区等单元的控规修编工作，为东部湾新城实现产城融合、空间品质提升提供规划支撑。至年末，开发区单元控规修编方案通过市规委办审议，湿地单元控规修编方案进行规划公示。

【重点片区城市规划】2022年，市规划资源局钱塘分局围绕“一带两城”空间布局，会同东部湾指挥部开展东部湾新城城市设计编制工作。东部湾新城城市设计方案由深圳蕾奥规划设计咨询股份有限公司设计，以产城融合为导向，旨在打造“杭州门户、新区标志”，形成具有时代特征、钱塘特色、滨水特点的长三角地区产城融合先行示范区。9月，方案上报东部湾新城开发建设领导小组第一次会议并获得通过。

市规划资源局钱塘分局推进江海之城规划建设，会同江海之城建设管理办公室、区建投集团等部门开展江海之城城市设计编制工作，打造江海公园城。1月4日，发布《杭州市钱塘区江海之城城市设计》国际方案公开征集公告，收到37个报名联合体共84个国内外公司的37份报名材料。经综合评定，并结合评审专家组意见，确定上海同济城市规划设计研究院有限公司（联合体牵头单位）和同济大学建筑设计研究院（集团）有限公司（联合体成员）为方案编制方。10月，方案上报江海之城开发建设领导小组会议研究并获原则同意。

市规划资源局钱塘分局配合区高铁办推进高铁新城概念规划、钱塘站站房综合体设计有关工作。高铁新城单元城市设计秉持“站城一体”理念，采用TOD模式（以公共交通为导向的发展模式），带动片区开发、城市建设和产业发展，建设空铁枢纽、钱塘门户、人才港湾和城市地标。9月，由中国电建集团华东勘测设计研究院编制的高铁新城概念规划及核心区城市设计中期成果形成。同时，委托中国国家铁路集团有限公司开展钱塘站建筑方案征集、确定建筑方案设计单位和形成钱塘站建筑设计方案中间成果。

【专项规划编制】2022年，市规划资源局钱塘分局推进雨污水专项规划编制，10月，区城市规划委员会原则同意临江片区布局污水厂二厂方案，方案同时纳入市级专项规划。开展农村居住空间和公共服务设施、产业空间（含农业设施等）专项规划研究，做好农村“三块地”（农村宅基地、公共服务设施用地、产业用地）落地保障，服务乡村规划管控全覆盖工作。（王　泱）

土地利用管理

【概况】2022年，市规划资源局钱塘分局加快报而未批项目审批进度，上年度上报的65个项目全部完成审批，农用地转用方案批次用地总面积284.17公顷。组织各用地单位开展年度建设项目用地需求梳理，明确区内急需用地项目76个，涉及新增建设用地151.20公顷。推进土地整治工作。完成全市首个“万亩方”项目——下沙街道万亩方永久基本农田集中连片整治项目验收，项目总面积739.69公顷。2个建设用地复垦项目完成省自然资源厅验收备案，2个“旱改水”项目（在农田建设时，将旱地改造为水田）通过区级验收。

【征地签约及不动产登记】2022年，钱塘区完成河庄安置房四期及配套用房等73个建设项目征地工作，签订征地补偿安置协议120份，涉及征地面积231.2098公顷（其中萧山“飞地”项目40.2958公顷）。全年窗口受理不动产登记业务1.1万件；发放不动产权证书6791本、不动产登记证明3682份；完成权籍调查237件；用地复核验收50宗，出让土地首次转让审查3宗。

【土地出让与盘活利用】2022年，钱塘区出让工业用地38宗，总面积201.06公顷，出让面积比上年增长14.9%，有效保障顾家家居股份有限公司等一批重大产业项目落地。推进标准厂房（在规定区域内统一规划，具有通用性、配套性、集约性等特点，主要为中小工业企业集聚发展和外来工业投资项目提供生产经营场所）建设，全年出让用于建设标准厂房的工业用地13宗73.93公顷。加速存量“三块地”（批而未供土地、供而未用土地和低效用地）盘活，至年末，完成批而未供土地消化利用428.66公顷，开工供而未用土地474.73公顷，低效用地再开发233.33公顷（其中盘活低效工业用地147.27公顷），消化处置存量“三块地”面积总计1136.72公顷，比上年增长43.6%。

【土地执法监察】2022年，市规划资源局钱塘分局围绕“大综合一体化”行政执法改革，由全区统一协调执法力量，落实执法人员到街道开展日常耕地保护执法。严格执行卫片执法（利用卫星遥感监测等技术手段，对一个行政区域的自然资源开发利用情况开展执法检查）“月清+季核+年度评估”要求，开展部级卫片遥感执法检查9次、市级卫片遥感执法检查12次。进行卫片图斑（通过卫星监测出的底图比较出某一发生变化的部位，标出变化的位置）内业研判和外业调查。开展耕地保护督查，完成上年度土地例行督查问题的销号整改。专项整治农村乱占耕地建房，加强对重点区域、重点地块的巡查。落实为民服务，优化行政处罚线上办理流程。解决信访矛盾，受理群众信访举报251件，化解信访积案3件。（王　泱）

公共基础设施建设

【概况】2022年，杭州钱塘新区建设投资集团有限公司（简称区建投集团）围绕落实主体责任、强化过程监督和健全评价体系，推进匠心“质”造行动，打造“匠心”工程。全年承接市政基础设施建设项目60个，涉及投资约63亿元。至年末，全区市政基础设施项目开工33个，竣工35个。包含下沙东互通景观提升工程、特色街区打包项目、农垦路（文海北路—文津北路）道路及周边绿化工程等项目。海达南路（德胜东路—金沙大道）获2021年度省级“街容示范街”称号，萧围北线（四至外六、外十至二十工段）标准海塘工程获水利工程最高奖项“中国水利工程优质（大禹）奖”。

【江东大道改造及地下管廊（二期）竣工验收】2022年12月，区建投集团负责建设的江东大道提升改造工程（滨江二路西段—河庄大道）及地下综合管廊（二期）完成竣工验收。该项目西起滨江二路西段，东至河庄大道，路线全长约2.4千米。道路设计等级为城市快速路，主线采用“高架快速路+地面快速路”建设形式，高架快速路段红线宽53米，地面快速路段红线宽72米，综合管廊长2.05千米，总投资约13.86亿元。

【江东大道改造及地下管廊（三期）建设】2022年，区建投集团加快江东大道提升改造工程（青六路东—苏绍高速）及地下综合管廊（三期）建设进度，至年末，完成总工程量的60%。该项目西起青六路东，东至苏绍高速，全长5.62千米。道路设计为双向六车道城市快速路，采用“地下快速路+高架快速路+地面道路”建设形式，地下快速路红线宽50米，高架快速路红线宽53米，地面快速路段红线宽72米、79米，综合管廊长4.27千米，总投资约41.8亿元，计划于2024年3月竣工。

【20条场馆周边道路整治完工】2022年6月，区建投集团负责建设的20条场馆周边道路整治完工。分别为22号大街（风帆路—13号路）、24号大街（13号大街—15号大街）、11号大街（2号大街—之江东路）、24号大街（15号大街—19号大街）、19号大街（20号大街—之江东路）、柳岸街（之江东路—15号大街）、风帆路（20号大街—之江东路）、拾里路（22号大街—之江东路）、浪淘巷（22号大街—柳岸街）等。

【13个地铁站点周边道路景观恢复工程完工】2022年5月，区建投集团负责建设的13个地铁站点周边道路景观恢复工程完工。该工程为“迎亚运”道路恢复项目，分别涉及25号大街、16号大街、之江东路3条道路，涵盖地铁1号线、7号线和8号线的13个地铁站点周边恢复工程，进行基本道路和交通设施、公交站、小区

围墙、绿化景观等恢复。

【农垦路工程竣工验收】2022年11月30日，区建投集团负责建设的农垦路（文海北路—文津北路）道路及周边绿化工程竣工验收。该项目位于下沙东北部，其下穿通道连接农垦路两头断头路，为东西向城市主干道，设计速度为50千米/时，项目西自文津北路东侧设桥跨三号大堤河后，以U形槽形式下穿绕城高速改建的分离立交，与地面道路顺接，东至文海北路，全长805米，宽度41米~45米。

提升改造后的下沙片区区口广场（摄于2022年）　（区融媒体中心 提供）

【金沙大道（月雅路—下沙西）工程开工】2022年10月，区建投集团负责建设的金沙大道（月雅路—下沙西）工程开工建设。该项目位于钱塘区中心区单元，西起月雅路，东至下沙西，包括一座跨新华河箱涵（洞身以钢筋混凝土箱形管节修建的涵洞），全长约820米，宽50米，采用双向六车道。工程包括新建道路、新建雨污水管网及交通标志标线、箱涵工程等。项目计划于2024年6月竣工。

【江东大桥过江慢行交通系统工程开工】2022年4月，区建投集团负责建设的江东大桥过江慢行交通系统工程开工建设，用于解决非机动车上下江东大桥的通行问题。项目位于江东大桥东西两侧，总用地面积1.56万平方米。建设内容包括桥梁、道路、排水、绿化、照明、智能监控及标志标线等，共设计非机动车坡道桥梁4座，坡道标准宽度3.3米。其中，东岸桥梁2座，连接江东大桥桥下老路，总长848米，道路长度114米；西岸桥梁2座，分别连接之江东路和沿江大道，总长489米，道路长度约90米。项目计划于2023年4月竣工验收。

【萧围西线（一工段至四工段）加固工程开工】2022年12月，区建投集团负责建设的萧围西线（一工段至四工段）提标加固工程开工建设。该项目为老海堤加固，位于钱塘江南岸，南起一工段排涝闸，北至四工段排涝闸，全长约7.71千米，防洪防潮标准采用300年一遇，主要建设内容为堤脚防冲加固、防汛道路改造、堤顶绿道建设、巡查栈道和观潮平台增设等。　（冯张平）

城区绿化

【概况】2022年，区综合行政执法局围绕打造“满城飘香”的环境绿化目标，落实绿植养护、美化等工作，提升全域环境品质。接管原杭州经济技术开发区城市建设发展中心及相关建设单位绿化管养项目60多个，补充绿化项目养护任务书16份。服务保障杭州亚运会，提升23条（段）重点道路绿化、保洁养护质量和经费标准，实施绿化零星工程13处；落实园林养护单位的养护责任，在重点区域绿地设立责任铭牌263块。全年参与完成绿化设计方案审查192项、占（借）用城市绿地审批49件、区内各建设主体涉绿工作联系单32件，完成白杨街道邻里共富社区、钱塘区学正小学等4所学校以及下沙街道七格社区等点位的绿地共建共享方案设计。布置绿化景观雕塑小品8处。年内，沿江景观公园（东区三标）入选省级“杭州2022年第19届亚运会碳中和林”，临鸿东路（青东二路—青西三路）和新城公园分别入选市级“绿化美化示范路”和“优质综合公园”，江东一路（青东二路—河庄大道）获评杭州市优秀园林工程（养护类）金奖。

【景观小品布展】2022年，区综合行政执法局结合亚运保障和节日氛围打造，布置绿化景观雕塑小品8处，分别为义蓬广场春节小品、区口广场“钱塘印象”景观小品、高教西公园“奋进新时代”景观小品、高教东公园自然花境、钱塘规划馆自然花境、区口广场“钱塘印记”立体花坛、海达南路

"新天堂、新钱塘"立体花坛、德胜路北侧"心心相融"雕塑。对之江路海宁人区口、高教西公园和高教东公园实施景观提升、主题公园打造和美化家园工程。义蓬广场春节小品——"幸福门"获"2022年杭州市春节环境小品"二等奖。（柯　荣）

城市有机更新

【概况】2022年6月2日，钱塘区撤销杭州钱塘新区城市有机更新指挥部，成立杭州东部湾新城开发建设领导小组、杭州东部湾新城开发建设指挥部（简称东部湾新城指挥部）。东部湾新城指挥部根据控规修编和开发建设时序，梳理东部湾新城范围内存量工业企业产值、税收、产业和经营状况等，通过区内转迁和货币补偿等方式开展企业谈判和土地收储工作。根据摸排统计，东部湾新城范围内有工业用地企业109个，总占地面积449.27公顷，共收回土地完成平整107.07公顷。收储签约10宗，收回土地54.93公顷；拆除房屋38.7万平方米，平整土地28.67公顷。至年末，东部湾新城可利用土地260.53公顷。

（程　凯）

【服务企业转型升级】2022年，东部湾新城指挥部根据东部湾新城开发建设时序，服务综合效益和发展前景较好的企业在辖区内进行转迁，实现政府和企业双赢。鼓励并帮助有意愿、有实力提升改造的企业，加大改造力度，进行企业转型升级。年内，实现中策橡胶集团有限公司、拜耳作物科学（中国）有限公司、杭州中能汽轮动力有限公司等6个优质企业区内转迁。至年末，服务提升改造企业10个，涉及土地40.07公顷，增加投资19亿元，新增产业空间47万平方米。

杭州东部湾新城金沙嘴区块（摄于2022年）　（东部湾新城指挥部 提供）

【产业项目招引】2022年，东部湾新城指挥部按照"一年打基础、三年出形象、五年大变样、八年建新城"的总体部署，细化分解目标任务，通过优环境、育产业、建新城，推进"产城融合"（产业与城市融合发展，以城市为基础，承载产业空间和发展产业经济，以产业为保障，驱动城市更新和完善服务配套，提升土地价值，达到产业、城市、人之间有活力、持续向上发展的模式）。通过招强引优、招才引智，重点盯引等方式，招引到产业项目15个。

（葛小峰）

美丽城镇建设

【概况】2022年，钱塘区有"美丽城镇"建设项目43个，完工28个，完工率65.1%，总投资74.63亿元。全年对10个"美好家园"候选小区进行环境提升，创建瑞景湾、仲外公寓等"美好家园"小区9个。年内，临江街道创建为"美丽城镇"省级、市级样板，河庄街道创建为"美丽城镇"省级样板。

【农户拆迁安置工作推进】2022年，钱塘区超额完成杭州市下达的全年回迁安置农户1453户的目标任务，实际回迁安置农户2009户。其中，前进街道回迁农户28户，新湾街道回迁农户353户，河庄街道回迁农户1628户。全年消化云上澜苑、云上学府、前乐佳苑、前新福苑、南沙新苑5个小区存量安置房源607套。

【"美丽杭州"住宅小区环境提升】2022年，区住建局制订《杭州钱塘新住宅小区环境秩序长效管理工作方案》，建立小区业主日报料、监督员日查、街道社区周查、建设局月查的长效监督管理机制，发现问题限期整改，提升小区管理水平。开展"扮靓家园"行动，在全区7个街道、167个小区清除卫生死角8012处，清扫楼道杂物9643处，整治阳台1388处，登记报告违建信息21次。拆除公示栏68处，宣传栏18处，电子显示屏41处，宣传小品24处。

【城乡危房治理】2022年，区住建局开展违法建设、违法违规审批专项清查和农村房屋安全隐患排查整治。制定《杭州市钱塘区第一次全国自然灾害综合风险普查实施方案（既有房屋建筑专篇）》，开展自然灾害综合风险普查的房屋调查工作。进行农村自建房用于生产经营和其他农村房屋的安全隐患排查，鉴定房屋61处。完成房屋安全鉴定报告备案6件，核准发放《督促解危通知书》6份。危险房屋复核鉴定审核8件。现场核查危房鉴定6份。办理房屋鉴订合同申请1件。

【拆违控违】2022年，区住建局根据"基本无违建区"创建要求，拆除违法建筑24.41万平方米。指导白杨街道、临江街道、前进街道、新湾街道巩固"无违建街道"成果；下沙街道、义蓬街道、河庄街道巩固"基本无违建街道"成果。开展城乡风貌"房整整"专项行动，成立工作专班，根据摸排、常态化巡查和通报，累计拆除金属突兀构件1878个。整治德胜路、江东大道等主要道路两侧和亚运会场馆附近重点区域不雅建筑和违法建筑，至年末，累计拆除违法建筑15.66万平方米。

【雨污水管网建设和农村生活污水治理】2022年，区住建局建成污水管网25.42千米，建成雨水管网25.25千米。完成率114.8%。根据"五全"（雨污全分流、污水全收集、处理全达标、资源全利用、监管全智慧）要求，加快提标改造等任务进度，抓好工程质量监管，保障施工安全。解决好提标改造期间生活污水临时处置问题，提升区域内农村生活污水治理能力和运维管理水平。完成标准化运维评价设施166个，推进农村生活污水终端提标改造及污水"零直排村"建设工作。（罗依莲）

城管综合执法

【概况】2022年，区综合行政执法局深化"大综合一体化"执法改革，加强依法行政水平。全年办结普通案件1357件，简易案件2645件，查处违停案件4.22万件，罚款金额616.13万元，办结案件未出现零复议被撤、诉讼"零败诉"。开展重点行业执法检查，对燃气经营企业、建筑施工企业、在建工程项目等进行跨部门"双随机"抽查；开展网络餐饮监管、建筑垃圾处置监管、建筑工地监管等执法"一件事"专项检查；开展建筑垃圾处置、城市桥梁车辆运输超限管控、燃气安全执法等专项整治。开展专项检查18轮，发现市容环境相关问题5000多个，全部落实各责任单位、街道进行处置。推行"双随机、一公开"和"三个一体化"全面赋权，落实"一支队伍管执法"，实现一次检查、全面体检、综合会诊、精准施策。全年开展执法检查509次。其中，"双随机"抽查56次，跨部门抽查43次。参与跨部门抽查任务17个，跨部门监管率77.27%，事项覆盖率、任务完成率和应用信用规则率均为100%。2名执法队员分别获得杭州市行政执法队伍"技能大练兵"法律知识竞赛个人二等奖和个人三等奖。区综合行政执法局承办的"中电集团未征求城市轨道交通运营单位意见案"获优秀行政处罚案例二等奖。

【区级法制保障中心成立】2022年8月31日，区综合行政执法局根据杭州市《关于加强区、县（市）综合行政执法法制保障中心建设的通知》要求，依托各部门法制资源，成立钱塘区综合行政执法法制保障中心。该中心承担综合执法领域案件法制审核、重大疑难案件会商、应对复议诉讼等方面的法制指导和对赋权街道综合行政执法的指导工作。

【区容序化整治】2022年，区综

2022年7月27日，全区"大综合一体化"行政执法改革工作会议暨行政执法力量下沉动员会召开，会上对7支街道综合行政执法队集中授牌

（区融媒体中心 提供）

合行政执法局以全域“亚运标准”为目标，开展沿街立面整治，完成16条亚运通勤道路两侧建筑立面、5个亚运比赛（训练）场馆周边建筑立面、1个亚运接待酒店外立面近40万平方米立面清洗、粉刷和修复工作。江东区块的河庄、义蓬、新湾等5个街道累计整治立面面积2万平方米。对亚运场馆周边通勤道路的沿街广告牌实施统一拆除、统一设计和统一安装。完成店招店牌拆旧换新960块，投入资金近1000万元。整治空调外机箱、电线飞线、保笼，拆除高沙教师公寓、文渊大厦等处各类保笼573个。在地铁1号线龙湖天街广场试点开辟外卖车辆专用停放处，在下沙西站等地铁口设立共享单车专用停车泊位，该做法被浙江交通之声等媒体报道。新建、改建、优化各类非机动车场地，新增非机动车停放泊位5180个。首推地铁口“站长制”，在地铁站口配备秩序管理员。制定地铁站口管控标准，划设地铁口50米范围内非机动车禁停警示标志。排查各类标识标牌2.46万块，筛查整改不符合《杭州城市国际化标识系统导则》规定的标识标牌2586处。拆除违规设置及存在安全隐患的户外广告设施225处，整治门店招牌605处，拆除违规电子走字屏240处，拆除道闸广告、玻璃贴画、横幅等宣传品825处。印发《钱塘区市容市貌“五乱”现象集中整治行动工作方案》，劝导整改5.57万起；全年立案441起，罚款2.15万元，车辆违停贴单1.22万辆（次）。举办首届箱体彩绘大赛，吸引区内14所高校2000多名大学生参与报名，紧扣亚运会元素、杭州韵味、钱塘特色的主题，筛选出入围作品430个，累计美化箱体563个，获杭州电视台西湖明珠频道全程报道。会同义蓬街道、江东宝龙举办“共享亚运活力钱塘”小型观赛空间预热活动。（柯　荣）

环境卫生管理

【概况】2022年，区综合行政执法局加强精细化管理养护，推动养护作业模式标准化、规范化，落实高标准保洁，推广道路人机作业模式，打造“席地而坐”的卫生环境。开展“公共绿地大清理”、“城市家具大擦洗”、“施工区域大清扫”、“我的城市我清洁”、“卫生死角歼灭战”“五大出入口”（地铁站出入口、工地出入口、住宅出入口、高速出入口）卫生、城市河道两侧绿地环境等环境卫生专项整治。清理卫生死角、处置不规范标识标牌、填补道路坑洼、实施绿化补种等2万余处，更换国际化标识标牌4231块，违法停车非现场执法23万余起，劝离、拖移“僵尸车”99辆。完成公厕提升改造8座（含2座农村公厕）。落实“空地资源价值最大化”要求，发布新版《钱塘区空地管理与利用实施细则》，确定34块空地的利用方向；推进空地“拆围透绿”，按照“围墙应拆尽拆、场地应用尽用”要求，打造小型体育公园、生态停车场和便民健身场地。采取共享开放式绿地、播种农作物、播撒草籽等方式，累计整治空地97.87公顷。

【垃圾分类常态化】2022年，区综合行政执法局推进垃圾分类常态化，巩固垃圾分类全覆盖成果。加强垃圾分类“定时定点”投放管理，扩大垃圾分类宣传阵地，强化示范引领作用和行业管理能力，年内立项并启动钱塘区300吨/日易腐垃圾处置、20万吨再生资源分拣中心项目建设。全年辖区产生生活垃圾32.54万吨。改造提升垃圾分类投放设施30处，全区易腐垃圾分类收集清运量占垃圾总量的22%。巩固提升农村生活垃圾分类水平，资源化利用率和生活垃圾无害化处理率均为100%。实施园林垃圾处置场搬迁及提升工程，实现全域园林垃圾集中处置，全年园林垃圾就地资源化利用5000多吨。举办“红色领杭·扮靓家园”系列主题活动19

2022年4月7日，钱塘区开展“健康分类迎亚运”环境大提升专项行动

（区综合行政执法局 提供）

改造提升后的临江佳苑小区（摄于 2022 年）　（张华颖　摄）

场；将垃圾分类纳入学校教学，开展主题教育实践活动 23 次；建成垃圾分类科普教育基地 1 处，举办专题培训班 38 次。制作年度垃圾分类成果宣传片 1 部。成立首支高校联合宣讲团，组织垃圾分类宣传活动 15 场。

【垃圾分类示范单位创建】2022 年 6 月 17 日，杭州市钱塘区城市管理局印发《钱塘区 2022 年度垃圾分类示范创建验收方案》，推进垃圾分类示范创建工作。临江街道获评“浙江省生活垃圾示范片区”，水岚佳苑等 5 个小区获评“浙江省生活垃圾高标准示范小区”，新湾街道宏波村、前进街道三丰村获评“浙江省生活垃圾高标准示范村”，云上学府等 15 个小区获评“省级示范预备小区”。至年末，垃圾分类省级示范村（社区）增至 5 个。

【钱塘区首支垃圾分类高校联合宣讲团成立】2022 年 11 月 9 日，区综合行政执法局联合杭州电子科技大学开展第一届后勤服务文化月活动，钱塘区首支垃圾分类高校联合宣讲团同时成立。杭州电子科技大学在区生活垃圾分类工作领导小组办公室指导下，印发《杭州电子科技大学生活垃圾分类实施办法（试行）》，并在学生生活区垃圾分类定时投放点引导投放。开展垃圾分类进社区、进商场、进学校宣讲等活动，组织线上和线下专项垃圾分类宣传活动 12 场，发放垃圾分类宣传手册 5000 册。活动情况在国家级、省市级媒体平台发布，好评率 99.2%。　（柯　荣）

“五大市场”管理

【概况】钱塘区恒大（包括浙宝城）、金茂、瑞纺、银沙、东皇（华东汽车城）“五大市场”位于德胜东路两侧，东至中心路、西至月雅河、南至金沙大道，北与临平区接壤，占地面积 68.21 公顷，总建筑面积 150.27 万平方米。2022 年，钱塘区“五大市场”管理办公室（简称区“五大市场”办），主要负责“五大市场”区域的综合管理，承担安全监管、经营规范、环境整治、城市管理、社会事务、信访等综合管理工作。

【市场安全管理】2022 年，区“五大市场”办加强安全生产管理，建立检查通报、问题整改闭环机制，强化日常检查和应急演练，深化专项执法检查，确保“五大市场”安全生产形势稳定。建立健全消防安全等管理制度 4 个；全年主要领导带队安全检查 59 次，分管领导带队安全检查 150 次，责任科室每周定期进行安全生产检查，全年整改问题 518 个；联合有关部门开展消防、交通、特种设备等领域专项检查，发出《整改通知书》226 份，整改问题 191 个；组织消防技能比武大赛 1 次，指导市场开展应急救援和逃生演练，提升市场方和经营户的消防安全意识，增强应急处置能力。

【市场环境整治】2022 年，区“五大市场”办根据“迎亚运”有关要求，开展市场环境整治。全年拆除主干道沿线破损和老旧广告牌 40 块；联合交警部门开展物流车辆整顿和道路交通安全宣传，参与宣教 300 多人次；联合城管部门开展流动摊贩清理整顿 336 次；协调相关部门，拆除华东汽车城北侧临时工棚 2500 平方米；督促各市场落实垃圾分类专员，设立垃圾房并建立长效管理制度，确保生活垃圾规范分类。

【市场信访工作】2022 年，区“五大市场”办明确各市场主体责任，引导投资业主等利益群体依法、有序维权，做好市场信访工作。全年接待到访群众 290 人次，办理信访件 120 件，及时回应社会关切和群众诉求；指导建立矛盾纠纷沟通机制，约谈市场负责人 40 次，开展矛盾纠纷化解工作 25 次。

【市场转型推进】2022 年，区“五大市场”办会同相关部门对被列

2022年7月11日，Z1工作井-Z2工作井顶管始发验收

（区重大交通项目办 提供）

为“七张问题清单”省级重大督办问题和市级重大信访问题的东皇市场某“烂尾楼”项目进行协调，推进市场转型。一期投资2.2亿元，将项目打造成三位一体汽车生活综合体——华东汽车城，提前完成重大问题销号，成为盘活土地使用效益、维护区域社会稳定的成功案例，列入“市级重大信访问题清单示范榜”。

（虞晓峰）

城市配套工程建设

【概况】2022年，杭州市钱塘区重大交通项目建设办公室（简称区重大交通项目办）推进电力隧道项目建设。至年末，区重大交通项目办对下沙范围内8回220千伏、1回110千伏高压架空输电线路实施“上改下”，新建电力隧道路径长16.98千米，新建110千伏电缆4回折单总长度12.7千米、新建220千伏电缆10回折单总长度50.86千米以及电缆终端塔、综合监控、变电和通信等配套电力设施。项目分三个阶段建设，一阶段为德胜路（乔下线—海达南路）、乔下线（下沙路—德胜路）、九沙大道电缆沟（乔下线—下沙江干分界线），小计路径长度7.7千米（其中双仓电力隧道4.2千米，四回路电缆沟1.5千米，临时电缆沟2千米）；二阶段为德胜路（乔下线—下沙江干分界线）、德胜路（海达南路—文渊路）、海达北路（德胜路—新建河）、新建河南侧绿化带（海达路—文渊路）、文渊北路（新建河—德胜路），路径总长9千米。

【电力隧道工程项目推进】2022年，钱塘区德胜路以南段电力隧道全部贯通，完成电缆割接。德胜路南侧电力隧道投入运营，土地空间40多公顷，其中出让土地13.53公顷，金额85亿元。德胜路以北段完成隧道总体进度的55%。该工程途经德胜东路、乔下线、九沙大道、海达北路、文渊北路、新建河南侧，全长18.48千米。

【地下管廊投入运营】2022年，区重大交通项目办推进地下综合管廊建设。至年末，地铁1号线三期、7号线2回110千伏电力电缆工程在地下综合管廊内敷设完成并投入运营，江东大道管廊DN1200供水管，河景路、青西三路DN800供水管，河景路局部4回110千伏电力专线投入运营。江东大道一期、河景路、青西三路3条地下综合管廊，总长度11.37千米，全部竣工验收并投入运营。（朱英梅 赵 琳）

责任编辑 陈 玲

交通运输

综　述

【综合交通建设】2022年，钱塘区交通运输局（简称区交通运输局），联合区住建局、钱塘区重大交通项目建设办公室（简称区重大交通项目办），推动江东大道提升改造工程实施，钱塘快速路实现全线通车，累计建成路网里程1158千米、高速公路60.2千米、城市道路620千米、快速路48千米，“外联内畅”交通体系逐步成型。编制完善《钱塘区综合立体交通网规划暨中长期公路网发展规划》《钱塘区中长期水运发展规划》《钱塘区交通强区建设实施意见与行动计划》3个专项规划。S211头蓬快速路和G104杭州河庄至萧山衙前公路工程获初步设计批复，江东三路过江通道完成工程可行性编制。推进杭绍甬高速公路、江东大桥过江慢行交通系统、红十五线（新世纪大道—观十五线）提升工程、红十五线改建工程（左十四线—观十五线段）等在建项目进度，重点保障下沙综合作业区、运河二通道、银海街（文海北路—文津北路）等重大项目建设完工。完成入城口环境品质提升、“三化一平”（道路两侧洁化、美化、绿化和道路路面平整）专项整治、杭州第19届亚运会比赛场馆外围交通组织等方案编制。下沙南、下沙入城口道路整治完成。整改市级问题点位26个、市级督办点位1个、排查问题点位6个。开展江东大桥治超行动，共计查获违法超限车辆223辆，车辆超载超限率降幅达79.5%。全区6条迎接亚运快速路项目建设和16条亚运会通勤道路整治完工，交通保障工作落实。

【交通服务能力提升】2022年，区交通运输局制定《杭州市钱塘区“路长制”实施方案》《钱塘区公路养护管理办法》等文件，公路大修、中修5条，总长14.5千米，改建维修“围垦飞地”公路23条，改造桥梁3座。党农线提升改造工程获初步设计批复。新辟公交线路2条（3105M、3199H），优化3176路、3169路、3155路等城乡公交线路8条，开通定制公交线路23条，其中学校求知专线19条、企业通勤线4条。杭州地铁下沙江滨站“三网融合”综合治理完成，改造港湾式公交站5个，优化设置公交亭棚、站牌、标志等附属设施。启动全区城市交通系统化综合治理“十大行动”，开展大学城北片区银海街西延通道建设，实施学正街23号路—沿江大道、文海北路—凌云街、文海北路—水云街交叉口3个路口堵点治理，提升道路通行效率。推进杭州钱塘区云帆小学、浙江省东方医院、杭州金沙印象城等一批人流聚集地综合治理项目，其中“云帆治堵经验”获省、市、区主流媒体宣传。

▶▶资料：地铁站点“三网融合”

围绕城市轨道交通站点出入口，改造人行横道、公交车接驳点，打造换乘“微枢纽”，建成与地铁无缝衔接的接驳系统，提升市民进出地铁站的便利。

【交通运输服务保障】2022年，区交通运输局牵头推进危险货物（简称危货）道路运输安全监管一件事平台搭建，开发建设信息整合系统、监管预警系统、联动处置系统，实现跨部门联合监管应用。配合推进临江化工园区封闭化管理，保障园区危货运输监管到位。协同完善省交通运输厅“浙运安”危险货物道路运输智控平台，助力实现对危货人、车、户的实时、精准、全过程闭环监管，落实危货运输企业色谱动态安全监管机制，全区9个危货运输企业前三季度均保持绿码状态。推进钱塘货运“防疫云上服务站”建设，搭建货运智控平台，提高货运通行效率。落实全国统一通行证机制，率先开发货运防疫通行证系统。推进电子证照全国互认，推广5类试点电子证照1.7万本，新增和存量推广比例排名全市前列。运用证照协同应用场景，实现一个部门变更同步市场监管信息变更，减少办事环节，提升办事效率。联合区公安分局，推广应用汽车维修电子档案，完成189个维修企业电子档案系统注册和对接，实现三类以上维修企业电子档案全覆盖。推广应用“浙里学车”App，开展全流程监管，比对核查学车培训记录18万余件，实现与执法调度系统无缝衔接。（朱文韬）

【区域公交发展】2022年，杭州市钱塘公共交通有限公司（简称钱塘公交公司）有城市公共交通营运车600辆。其中，公交车337辆、出租车263辆。公交营运线路47条，线路总长636.3千米，线网辐射钱塘区69条主、次干道，全年提供出行服务2853.18万人次，票款收入5026.14万元。获评省级“春运先进单位”等荣誉。（徐　方）

【公交线网优化】2022年，钱塘区优化城乡公交线路8条，开通定制公交线路23条，其中学校求知专线19条、企业通勤线4条。实施杭州地铁下沙江滨站“三网融合”治理，改造港湾式公交站5个，同步优化设置公交亭棚、站牌、标志等附属设施，提高公交配套设施水平。钱塘公交公司开通微信“公交小灵通”沟通群8个，了解群众公共交通出行需求，优化资源配置，提升线网服务。全年新辟杭州地铁接驳线路1条、推出便民服务线路1条、优化调整已有公交线路，方便义蓬、河庄街道居民出行。

【绿色交通发展】2022年，区交通运输局全年淘汰老旧货车63辆，更新新能源公交车185辆、新能源出租车153辆（钱塘公交公司137辆，捷运出租车公司16辆），累计淘汰更新率分别为85.6%、58.5%、38.1%。钱塘公交公司推进公交行业“碳达峰、碳中和”绿色发展进程，加快公交车、巡游出租车“油改电”能源结构调整，向“低能耗、零排放、高效率、高质量”发展方式转变。（朱文韬　徐　方）

【党建推动交通建设】2022年，区重大交通项目办组建“工地临时党支部”，推进与下沙12号路、中电建江东大道党支部党建联建，开展廉政建设进工地。弘扬工匠精神，提出“主题党日有亮点、项目攻坚有力度、廉政建设有广度、抗击疫情志愿服务有故事、复工复产抓实效”等要求，组织“匠心共筑民心路”“红心向党、畅行钱塘”快速路体验活动，邀请400多名市民代表到钱塘过江隧道等快速路项目现场参观，实地体验共富路。（朱英梅　赵　琳）

【清廉交通构建】2022年，区交通运输局推进“一支部一品牌，一品牌一标杆”党建品牌创建工作，探索交通运输系统党建工作与交通建设、行业管理深度融合新模式，打造“心路同行·共富先锋”党建品牌。创新“党建+”模式，依托交通运输行业党委，组建行业党建联盟和10支党员服务队，探索建立“机关单位+行业党组织”共建结对工作机制，推出“红小五‘党建牵手’”工作制度，

2022年11月，钱塘公交公司推进绿色公交建设，更新纯电动公交车185辆
（徐　方　提供）

联动打造交通党建“红色联盟”。开展“走村结社沉一线”“入企助企三服务”等活动。出台清廉交通建设实施意见，构建清廉交通建设工作机制，横向梳理全区15个部门“主体+监督”双责任清单，发布清廉建设36条，重点聚焦交通工程、综合运输、行政审批、行政执法等突出领域。推进“1+6”（以“以案促改·以案促治”专项行动为统领，组织开展交通建设工程违法转分包、交通建设工程专家评审、交通建设工程质量、公路养护工程、道路普货运输行业、交通运输执法6个突出问题领域）专项整治行动，查找并落实整改问题52个。开展各类宣传教育活动31次，创建钱塘区清廉示范样板“浙江传化公路港物流发展有限公司”，打造物流行业廉政教育共享基地。

【交通建设获评荣誉】2022年，钱塘区交通工作在“创新创优”活动中获评各项荣誉。其中，区交通运输局开发的“电子通行证系统”，实现线上快速办证，该做法在全省推广，杭州市以此为主要内容编写的《浙江省杭州市精准发力保障物流畅通促进产业链供应链稳定》，列入国务院第九次大督查典型经验，获通报表扬；杭绍甬高速公路项目获国家级荣誉表彰；“杭州第19届亚运会的重点交通工程（江东大道提升改造工程）”等5项工作获国家级媒体报道；“防疫电子通行证”场景等8项工作获省级荣誉表彰；江东大道提升改造工程等11个项目获省级媒体报道；《钱塘区提高货运通行效率织牢民生保障网》一文获省领导肯定和批示；钱塘区获评“2022年度杭州市治理城市交通拥堵工作专项目标考核优秀”，总分排名第二位。（朱文韬）

交通规划

【交通专项规划】2022年，区交通运输局编制完善《钱塘区综合立体交通网规划暨中长期公路网发展规划》《钱塘区中长期水运发展规划》《钱塘区交通强区建设实施意见与行动计划》3个专项规划。

【亚运会交通保障】2022年，区交通运输局实施入城口环境品质提升、“三化一平”专项整治，编制杭州第19届亚运会比赛场馆外围交通组织等相关方案，实施下沙、下沙南两个高速公路入城口环境品质整体提升行动，整改市级问题点位26个，市级督办点位1个，排查问题点位6个。落实杭州亚运会交通保障工作，区域内6条迎亚运快速路项目建设和16条杭州亚运会通勤道路整治完工。

（朱文韬）

【综合交通规划建设】2022年，区交通运输局、区住建局、区重大交通项目办联合推动江东大道提升改造工程、钱塘快速路全线通车。S211头蓬快速路和G104杭州河庄至萧山衙前公路获初步设计批复。江东三路过江通道完成工程可行性编制。运河二通道建设完工。推进杭绍甬高速公路、江东大桥过江慢行交通系统、红十五线（新世纪大道—观十五线）提升工程、红十五线改建工程（左十四线—观十五线段）等在建项目进度，重点保障下沙综合作业区、银海街（文海北路—文津北路）等重大项目建设完工。全年建成路网里程1158千米，高速公路60.2千米，快速路48千米，“外联内畅”交通体系逐步成型。（朱文韬 朱英梅 赵 琳）

【快速路网规划建设】2022年，区交通运输局、区住建局、区重大交通项目办联合谋划构建钱塘区与杭州主城区及周边区域快速通道，打造“外联内畅”综合交通体系。省、市级重点快速路项目6个，包括艮山东路过江隧道工程、镇海至萧山公路萧山南阳至钱塘新区义蓬段一期工程（艮山东路东延）、S211钱塘段（江东大道至红十五线）公路工程（头蓬快速路）、G104杭州河庄至衙前段工程（杭州中环钱塘段）4个省重点项目；钱塘快速路（钱塘段）下沙路与12号路提升改造及附属配套工程、江东大道提升改造工程2个市重点项目。钱塘快速路（钱塘段）西起下沙宝华路西侧，东至头蓬快速路，全长20.7千米，贯穿钱塘区东西两端，分为下沙路与12号大街段、过江隧道段、艮山东延段3个单独立项项目，总投资134.5亿元，项目已建成；江东大道提升改造项目西起滨江二路，东至苏绍高速，全长12.1千米，总投资99.1亿元，分3期实施。其中，1期、2期项目已建成。钱塘快速路（钱塘段）工程、江东大道提升改造工程、头蓬快速路工程、G104杭州河庄至衙前段工程（杭州中环钱塘段）、江东三路过江通道工程，总长51.47千米。其中，前期项目3个，分别为S211钱塘段（江东大道至红十五线）公路工程（头蓬快速路）、G104杭州河庄至衙前段工程（杭州中环钱塘段）、江东三路过江通道工程。S211钱塘段（江东大道至红十五线）公路工程（头蓬快速路）北起江东大道，南至红十五线，道路全长6.67千米，总投资50.8亿元，道路标准采用一级公路兼顾城市道路的技术标准，工期2年零6个月；G104杭州河庄至衙前段工程（杭州中环钱塘段）北起江东三路，南至艮山东路，全长4.7千米，项目总投资36.15亿元，项目获可行性研究批复，开展初步设计，预计2023年12月开工，工期4年；江东三路过江通道东起钱塘区现状江东三路，与104国道新建路段互通连接后，以双层桥梁形式跨越钱塘江，沿海宁二号直河向西布设高架及地面道路，终点与沪昆高速新建互通连接，全长7.3千米，总投资73.95亿元。其中，钱塘段长2.6千米，投资35.8亿元。

（朱英梅　赵　琳）

钱塘快速路—下沙路与12号路提升改造及附属配套工程—5M现场图（摄于2022年）　（赵　琳　提供）

交通建设

【重大基础设施项目建设】2022年，区重大交通项目办统筹实施快速路、杭州地铁、管廊、电力上改下等项目15个（含子项目7个），涉及60.42千米道路建设工程、22.9千米综合管廊及18.48千米电力隧道建设。至年末，钱塘区快速路等工程完工；江东大道提升改造工程一期、二期（江东大桥—青六路）已于2022年6月通车，钱塘快速路（钱塘区段）艮山东路东延、艮山东路过江隧道、下沙路与12号路提升改造工程分别已于2022年7月、8月通车试运营。

【重大交通建设项目统筹推进】2022年，区重大交通项目办完成固定资产投资35.6亿元，达年度目标的123%。根据关键时间节点安排，统筹推进快速路、管廊、电力设施上改下、地铁等工程建设。根据省、市、区有关规划要求，结合比工程质量强管理、比工程进度强推进、比安全生产强责任、比环境整治强形象、比党建亮点强队伍“五比五强”大竞赛，首创十大管控和“2+X”（2是指首件验收、溯源管理；X是指全员全过程精细化管控）质量管控体系。建树品质工程，加强PPP项目管理，以“2+X”质量管控为关键，做好重大项目统筹、协调和推进工作。组织开展亚运道路“工完场清·完美交付”攻坚行动。在施工扫尾阶段注重细节，打造工程精品。

▶▶资料：PPP项目

PPP项目指政府和社会资本合作模式，也称PPP模式。PPP模式旨在向社会资本开放基础设施建设和公共服务项目。

【快速路项目提升科技含量】2022年，区重大交通项目办在钱塘快速路钱塘区段融入智慧科技元素，开展信息化、智能化、科学化施工。启用钱塘江域最大直径盾构机掘进穿越钱塘江，使用多杆合一智能综合杆件，融合路灯照明、智能交通设备、5G基站、充电设施等功能，采用降噪沥青、改良土和顶部“蓝天白云”图案喷绘等工艺，提升驾驶舒适度。艮山东路东延路基采用7万余方改良土新工艺。在工程建设中融入钱塘文化，组建钱塘文化收集小分队，江东大道快速路（河庄大道—青六路）融合当地围垦文化，在苗木绿化和人行道、侧石墩、二次过街景观设计等方面，采用“牛拖船二次过街”等创新理念，打造钱塘区亚运道路“一路一景”人文环境。

【下沙路与12号路提升改造及附属配套工程通车】2022年8月20日，下沙路与12号路提升改造及附属配套工程通车。该工程是钱塘快速路重要组成部分，项目西起下沙宝华路西侧，与艮山东路高架九堡段衔接，东至下沙23号路东侧，与艮山东路过江隧道相连，全长7.47千米。其中，下沙路段道路边线宽62米，12号路段道路边线宽50米。建设主要内容包括道路改造、综合管廊建设以及其他附属工程。其中，道路改造主要为地下隧道，局部区域为地面工程改造。综合管廊建设起于聚首路，顺接在建艮山路综合管廊，止于23号路东侧，全长7000米，断面尺寸分别为9.8米（宽）×3.5米（高）　和7.6米

（宽）×3.5米（高）；其他附属工程包括地下连接通道、风塔、管理用房、工勤用房、人行过街设施等。全线交通采用“主线隧道+地面道路”建设形式，主线隧道2座。其中，1号隧道长5.61千米（包含盾构1.49千米），2号隧道长1.44千米，并同步建设城市综合管廊。项目批复概算64.7亿元，采用PPP模式建设，合作期限25年（含建设期3年）。

【河景路（滨江二路—梅林大道）通车】2022年2月28日，河景路西段（滨江二路—靖江路）通车；7月20日，河景路中段（靖江路—头蓬快速路）、河景路东段（头蓬快速路—梅林大道）通车。河景路项目位于江东大道以南1千米，西起规划滨江二路，东至梅林大道，全长13.27千米。其中，新建路段11.8千米，总投资额25.56亿元。道路规划等级为城市主干路，设有机动车道及非机动车道，机动车道双向六车道，设计速度60千米/时。河景路是东西向主干路，项目全线横穿河庄、义蓬、新湾、临江4个街道，涉及9个村庄和2个农场。沿线与河庄西路、靖江路、青西三路、青六路、头蓬快速路、义蓬东二路、新湾大道等41条道路相交。项目整体以“显山露水”为设计主题，分3个子项目设计实施。通车后，居民可经河景路，前往钱塘高铁站（规划中），为江东片区居民出行提供便捷。

（朱英梅 赵 琳）

【江东大道快速路（江东大桥—青六路）通车】2022年6月26日，江东大道快速路（江东大桥—青六路）通车。江东大道提升改造工程一期西起河庄大道以西，东至青六路以东，位于钱塘区最核心区域，全长6千米，总投资54.8亿元。江东大道规划为城市快速路，主路设计速度80千米/时、辅路设计速度60千米/时、匝道设计速度40千米/时。该项目包含蜀山隧道（河庄大道西—青西三路隧道）、头蓬隧道（青六路西—青东二路隧道）、南沙隧道（义蓬东一路西—新湾大道东隧道）3条隧道。江东大道快速路（江东大桥—青六路）项目位于钱塘区河庄街道、义蓬街道，总用地面积0.56平方千米。主要建设内容为综合管廊1条、路侧景观绿化、隧道2条（钱塘区参与建设）、桥梁3座、管理用房1座。该项目是杭州市快速路网系统重要组成部分。通车后，将满足日车流量7万辆次要求，提高全市路网可达性。

河景路建成图（摄于2022年） （朱英梅 提供）

【镇海至萧山公路萧山南阳至钱塘新区义蓬段一期工程通车】2022年7月30日，镇海至萧山公路萧山南阳至钱塘新区义蓬段一期工程（艮山东路东延）建成通车。该工程起点位于艮山东路过江隧道工程（在建）东侧出口，终点位于头蓬路（规划）交叉口。项目采用上层高架桥+下层地面道路形式。其中，高架桥梁起点向西顺接在建的艮山东路过江隧道出口（起点桩号K0+321），终点位于河庄大道西侧设置高架预留平台（终点桩号K3+134.00），全长2.81千米；地面道路起点顺接艮山东路过江隧道出口（起点桩号K0+153.7），终点位于规划头蓬快速路交叉口处（终点桩号K8+610），全长8.46千米。上下均为双向六车道，高架设计速度80千米/时，桥宽26.5米；地面道路设计速度60千米/时，路基宽度44.5米。此次高架桥实施隧道至河庄大道段，全长2.81千米。设置南阳北互通地面匝道（地面路连接过江隧道）1处，艮山东路东延河庄大道上下匝道1处，以及道路配套设施等。艮山东路东延是杭州“四纵五横”快速路网中“一横”钱塘快速路最东的一段，向西由过江隧道穿越钱塘江直连下沙，而后沿下沙路与12号路—艮山路—环城北路—天目山路，跨越钱塘、上城、拱墅、西湖、余杭5个区，全长48千米，东西方向贯穿杭州市。

钱塘快速路—钱塘过江隧道现场图（摄于2022年）　（赵　琳　提供）

【艮山东路过江隧道通车】2022年7月30日，艮山东路过江隧道（钱塘过江隧道）通车。该工程是杭州“迎亚运”快速路项目之一，西起下沙艾博生物医药公司南侧，东至大江东滨江二路西侧，全长4.62千米，其中越江隧道长4.46千米（含盾构段长3.2千米），隧道盾构段管片外径14.5米。双向六车道，设计速度80千米/时，包括过江隧道、综合管廊、地面接线道路等。项目总投资36.45亿元，采取政府和社会资本合作（PPP）模式建设，建设期38个月，运营期20年。该过江隧道是省内最大直径市政隧道，也是大江东第一条过江隧道。工程使用完全国产化超大直径盾构机，开挖直径15.06米。钱塘过江隧道采用3层独特设计，中间层为行车层，上层为排烟通道，下层为综合管廊和逃生通道。隧道内采用降噪沥青，比传统沥青降低噪声5~10分贝。隧道内行车部分的顶部采用浅蓝色处理，提升驾驶舒适感。逃生通道连接处采用滑梯和楼梯2种方式，满足不同人群快速逃生要求。

【钱塘快速路（钱塘区段）全线贯通】2022年8月20日，钱塘快速路（钱塘区段）全线贯通。钱塘快速路钱塘区段西起下沙宝华路西侧，东至头蓬快速路，贯穿钱塘区东西两端，全长20.7千米。下沙路与12号大街段、过江隧道段、艮山东延段3个项目单独立项，总投资134.5亿元。项目建成后，从钱塘区江东区块至下沙区块穿越钱塘江仅需4分多钟，从钱塘区江东区块青六路到下沙宝华路口只需20分钟，从钱塘区江东区块到杭州市中心节省30分钟。

【S211钱塘段公路工程桩基首件工程开钻】2022年12月25日，省重点项目头蓬快速路——S211钱塘段（江东大道至红十五线）公路工程桩基首件工程开钻。项目全长6.67千米，采用一级公路兼顾城市道路技术标准。其中，江东大道至艮山东路北侧段采用隧道主线+地面道路形式，艮山东路北侧至红十五线段采用高架主线+地面道路形式。全线设置互通枢纽1处，上下匝道3对，平面交叉4处，管理用房1处。采用主线双向六车道+地面双向六车道布置，路基宽度35米，主线高架桥梁宽26.5米，单孔隧道建筑界限宽13.25米，隧道/高架主线设计速度80千米/时，地面道路设计速度60千米/时。先行节点范围为K12+781.9~K13+212高架桥（38~42联）及义蓬枢纽F匝道一跨（包含桥梁主体及桥梁附属工程，不包含地面道路），全长430.1米。

2022年7月30日，艮山东路过江隧道（钱塘过江隧道）通车

（赵　琳　提供）

【运河二通道八堡船闸段工程推进】2022年，京杭运河浙江段三级航道整治工程杭州段（运河二通道）八堡船闸段工程实施6回35千伏、2回220千伏（司德、乔运线）和1回110千伏（月九线）电力线迁改以及区农分线迁改，保障上、下游引航道无障碍施工。区重大交通项目办协助市交通投资集团有限公司协调运河二通道沿电力、燃气、给水、弱电及军用等管线迁改工作。2017年8月24日，交通运输部批复初步设计，同意新建Ⅲ级双向船闸1座，闸室尺度为300米×23米×4.2米（有效长度×闸室宽度×最小门槛水深），双线合计设计年单向通过能力为4200万吨，设计代表船型以1000吨级单船为主，兼顾拖带船队；新建九乔路大桥1座；新建下沙路管涵630米；八堡口门河段钱塘江海塘加固10.7千米；九堡大桥设警戒防撞墩4座及相应配套措施。项目占用土地0.33平方千米。工程总概算核定为23.47亿元，施工总工期核定为52个月。2017年末工程开工，至2022年末，船闸已建成通水，景观、绿化等工程进入扫尾阶段。

（朱英梅 赵 琳）

【"四好农村路"建设】2022年，区交通运输局制定《杭州市钱塘区"路长制"实施方案》《钱塘区公路养护管理办法》等文件。全年大中修公路5条14.5千米，"围垦飞地"公路维修改建23条，桥梁改造3座，推动党农线提升改造获初步设计批复，打造钱塘地域特色"四好农村路"。

（朱文韬）

【地铁运营与建设】2022年，钱塘区范围内，杭州地铁1号线、7号线、8号线通车运营，运营里程42千米，地铁站点22座（其中2座为换乘站）。区重大交通项目办依规开展轨道交通征迁还地、征迁结算审计及资金支付等分解梳理、责任落实及协调工作，督促各责任单位按时完成任务。

（朱英梅 赵 琳）

交通管理

【交通拥堵治理】2022年，区交通运输局启动全区城市交通系统化综合治理"十大行动"，实施大学城北片区银海街西延通道建设，实施学正街23号路—沿江大道、文海北路—凌云街、文海北路—水云街交叉口3个路口堵点治理，采取渠化展宽、绿化整治、秩序管理、停车优化等方式，提升道路出行效率。推进钱塘区云帆小学、省东方医院、金沙印象城等人流聚集地拥堵综合治理，其中"云帆治堵经验"获省、市、区媒体宣传。

▶▶资料：城市交通系统化综合治理"十大行动"

交通治理体制机制重塑行动、交通治理系统化研究行动、城市规划建设与交通协同行动、双限政策调整落地行动、公共交通分担率提升行动、交通运行管理增效行动、交通堵点持续治理行动、智慧交通体系迭代行动、快速路系统综合优化行动、交通参与者行为规范行动

（朱文韬）

【道路交通综合治理】2022年，杭州市公安局钱塘区分局（简称区公安分局）提升源头防控、路面管控、畅行导控能力。全年发生亡人交通事故23起，死亡23人，亡人数比上年同期下降11.5%；交通事故警情接警3.97万起，下降7.2%。实施重大事故快速反应机制，对亡人事故展开"一案四查、以一促十、举一反三"工作，主动对接市第九人民医院，发起重大事故快速反应36次，警医联动救治事故重伤者10多人；开发智慧工地模块，将设点黄牌货车OD数据入库，实现预警数据闭环；落实场站宣教责任，解决黄牌货车管控、最后一公里等问题，录入企业1541个，每周经筛选产生预警数据400多条，涉及企业10多个；提高便民服务质量，优化项目审批流程，全年审批各类项目59个，服务企业107个。（陈 煜）

交通数字化改革

【危货安全监管一件事平台建设】2022年，区交通运输局根据危货运输监管要求，开发建设"信息整合系统""监管预警系统""联动处置系统"，打造跨部门联合监管应用，提升危货运输安全水平。配合推进临江化工园区封闭化管理，保障园区危货运输监管到位。协同完善省交通运输厅"浙运安"危险货物道路运输智控平台，助力实现对危货人、车、户实时、精准、全过程闭环监管。

【货运防疫通行证系统开发】2022年，区交通运输局推进钱塘货运防疫云上服务站建设，试点开发货运防疫通行证系统获全省推广应用，保障高速卡口防疫检查、国际物流保畅等工作成果获省级领导肯定、批示，列入"浙运安"平台，入选全省"最佳应用"，并获评全省交通数字化改革基层和社会"最佳实践"、省改革突破奖银奖。

【电子证照推广】2022年，区交

通运输局推进电子证照全国互认，完成5类试点电子证照推广1.7万本，新增和存量推广比例保持在全市前列。联合区公安分局，推广应用汽车维修电子档案，实现三类以上维修企业电子档案全覆盖。（朱文韬）

【公交智慧管理】2022年，钱塘公交公司强化信息系统业务协同应用，推进公交调度系统、车载终端系统、信息发布系统迭代升级，“上云、用数、赋智”进程加速，精准匹配供给需求，推动公交智慧管理，提升乘客满意度。（徐　方）

2022年11月3日，钱塘区公安分局交警大队执勤人员在下沙西地铁口进行车辆疏导，防止路口发生拥堵（郭进宇 提供）

交通执法

【道路交通执法】2022年，区公安分局开展“夏季攻势”“双百日攻坚行动”等专项整治，对黄牌货车重点违法，电动三轮车、电动自行车违法，开车使用手机、醉驾、酒驾等交通违法行为，开展“主题式”专项整治，查处各类交通违法57.93万起，比上年同期上升17.8%。其中，查处电动自行车重点违法34.39万起、开车使用手机10.7万起、斑马线前未礼让3.27万起，查获酒驾醉驾1251起，查处其他交通违法行为9.44万起；对失去驾驶资格人员重点违法行为零容忍，发挥“天眼”、“地巡”空地结合优势，通过后台数据碰撞分析研判，实现精准打击，查获各类失驾人员65人次，改装车辆46辆次、黄牌货车违法1245辆次。（陈　煜）

【平安交通建设】2022年，区交通运输局开展交通运输领域“除险保安”“护航二十大”“超限超载攻坚”等行动，排查公路临水临崖点位12处，标志标线71处，完成市级挂牌点段治理2个；排查货运企业问题隐患126处，督促整改到位117处；全年完成立案查处案件207起，罚款金额115.5万元，其中违法超限运输案件179起，罚款金额111.3万元；“两客一危”“三率”（接入率、上线率、数据合格率）进展100%；落实9个危货运输企业与13个重点货运企业（50辆货运车以上）隐患风险排查治理双预防机制。（朱文韬）

交通安全

【道路交通安全】2022年，区公安分局应用隐患治理“一件事”模块，实现平台电脑端和移动端在区、部门、街道、村（社区）全贯通，形成道路隐患信息流转和整改治理处置闭环，录入信息1054起，闭环整治隐患问题862个；提升优化隔离护栏37千米，治理绿化遮挡450处、临水临崖95处，优化信号灯710个；排查道路隐患7386处，治理7370处，治理率99%；完成省市级隐患16处治理任务，并通过验收。推广驾驶人“交安码”App和高校、企业驾驶舱，提升交治站运行效率；推进交通安全宣传普及，建成村社交治站116个，企业交治站400个；高校驾驶舱注册16.9万人，宣传教育18.84万人；企业驾驶舱注册8.4万人，宣传教育5.7万人；老年人宣传教育21.13万人次；电动车驾驶人宣传教育32.6万人次；货运企业驾驶人宣传教育24.3万人次。（陈　煜）

【公交平安护航】2022年，钱塘公交公司依托“除险保安”工作机制，落实安全生产标准化和清单式管理，对公共交通安全风险隐患开展全覆盖排查。强化应急处置和保通保畅工作，确保党的二十大会议期间公共交通安全运行。钱塘公交公司全年未发生重大有责安全生产（行车）事故，通过一级安全生产标准化企业达标评审。（徐　方）

责任编辑　周　丹

公用事业

供 水

【概况】2022年，杭州市水务集团有限公司东区供水服务分公司（简称东区供水服务分公司）下设城东客户服务中心，主要承担开发区、钱塘智慧城、九堡、七堡、乔司、彭埠街道高速公路以东等范围的供水服务，服务面积83平方千米，负责573千米管网（直径10厘米以上）、9000多只供水阀门的抢修与维保及3.3万只水表抄表收费工作。全年售水总量1.71亿立方米。萧山环境集团江东水厂推进杭州市第二水源输水通道工程江南线项目建设，建成投运江东水厂二期改扩建工程（30万立方米/日），助力保障江东区块供水。

【供水专项行动开展】2022年，东区供水服务分公司结合实际情况，从制定方案、落实举措、建立长效机制三方面入手，细化责任清单，制定形象任务进度表，坚持“上下贯通，左右衔接，自我加压”。在方案实施过程中，围绕“堵漏洞防风险、降成本增效益、优服务强保障、谋创新添活力”4个方面，重点做好亚运保障、网格试点、欠费清缴等工作，确保“半年有阶段性成果，一年有明显提升，年年都有进步”。

【水表“一月一抄”实现】2022年，东区供水服务分公司探索水表全远传推送监测，年内实现区域全远传，共有远传表6.24万只，远传覆盖率98.7%，除去大型消防水表，远传小表覆盖率99.8%。东区供水服务分公司通过水表“一月一抄”，缩短抄表周期，快速回笼资金。同时结合计量漏损系统开展异常监管，升级漏水警示模式，实现“投诉未来先提示，投诉未到先处理”，全面提升用水管理智慧化水平。

【供水运营调度一体化】2022年，东区供水服务分公司把城东、城北热线接听工作人员和泵站调度工作人员工作地点迁移至东区本级调度中心，并优化丁桥泵站远程调度，迁改上移城东区域泵房远程调度，调度中心对区域内11个区域加压泵站、165个二供泵站、热线处置进行24小时调度，实现调度控制场所集中化、调度管理流程简单化，同时优化运行监管、供水调度和“三来”（来信、来访、来电）件处置等工作。

【抢修中心和民生实事中心建设】2022年，东区供水服务分公司完成抢修中心和民生实事中心建设。抢修中心成立以主要负责人为组长的筹备小组，完成中心管理人员聘任，并对响应速率、完成效率和服务满意度进行提升完善。民生实事业务办理中心调整落实部门人员，修订完善接水管理细则，统筹有关业务办理流程，降低实施过程中质量、安全、廉政风险，做到“全项目、全管控”。

（陈 敏）

【江东水厂二期改扩建工程（30万吨/日）建成投运】2022年5月18日，萧山环境集团江东水厂二期改扩建工程（30万立方米/日）实现试通水。7月29日，改扩建建安工程通过验收，10月8日，一期深度水联动调试，11月2日，改扩建国产设备标段竣工验收。至年末，一、二期工程（60万立方米/日）均具备深度水处理能力，出厂水质优于国家标准要求，有效提升钱塘区城市供水保障能级。

【杭州市第二水源输水通道工程江南线项目推进】杭州市第二水源输水通道工程江南线项目是千岛湖配供水工程的重要组成部分，分为山岭段、平原段、过江段和配水站，其中山岭段于2021年10月竣工，平原段于2022年9月竣工。项目建成后，形成以千岛湖、钱塘江互为备用水源的双水源供水格局，提高大江东区域供水保障能力。至2022年末，过江段完成总工程量的80%，配水站完成总工程量的90%。（黄敏超）

供　电

【概况】2022年，国网杭州市钱塘区供电公司（简称钱塘区供电公司）全口径售电量120.13亿千瓦时，比上年增长0.7%；35千伏及以下售电量86.85亿千瓦时，增长0.9%，第一、第二、第三产业及居民售电量分别为1.63亿千瓦时、87.67亿千瓦时、20.69亿千瓦时、10.15亿千瓦时。电网最高负荷202万千瓦。全年供电可靠率99.99%，在省内县（区、市）级供电公司中排名第一位。钱塘区供电公司获评2022年供电可靠性标杆单位，下沙供电所获评2022年供电可靠性标杆供电所。

【电网转型推进】2022年，钱塘区供电公司完成国网国际公司、国网能源研究院等单位对杭州钱塘零碳氢电耦合示范园区、杭州钱塘多能互补零碳柔直示范园区的调研任务。“中低压直流配用电关键技术与应用”项目获2022年省公司科技进步奖一等奖。助力全省最大客户侧钒液流储能电站投运。“钱塘幸福110千伏输变电工程”开工前取得“三证”获省公司通报表扬。1项发明专利获授权，实现公司发明专利“零”的突破。完成全省首台智能自助终端“电e柜”（移动电力微型银行）试点工作。

【电力保供有序】2022年，钱塘区供电公司落实电力保供工作，联动区发改局组建保供专班。区政府出台发电机租用补助和工业企业主动错避峰电费补助方案，保供电期间日均压减负荷12.58万千瓦，最大压减负荷32.77万千瓦，被国网浙江省电力有限公司评为“2022年度迎峰度夏保供电及抗台抢险先进集体”。深化抢修驻点及抢修驿站模式，组建供电所+服务站故障应急抢修队伍，缩短停电时间。安排配套配网出线工程建设时序，破解杭州医药港小镇区域性缺电、下沙高教园区夏季负荷腾挪困难等问题，满足江海之城、钱江高铁新城、金沙湖等用电热点区域电力负载快速增长的需求。

【供电服务升级】2022年，钱塘区供电公司服务经济稳进提质，推行电费缓交并免收滞纳金。协助系统外物资供应商获得优惠融资424.53万元。协助公司供电区域内10个用电客户采用“电e票”“电费信用证”，获得电费缴费订单专项低息融资1.34亿元。开展电力助企大走访活动，有效解决企业用电增容、用电安全和绿色用能等问题。服务农村共富创建，延伸指导现代农业大户实施低压线路改造消缺。配合区发改局编制协议签订流程图，设立VIP客户经理制度，指导各做地主体签订协议。简化费用审批程序，为部分重点电力外线工程开通绿色通道，联动区行政审批局设立市政公用服务联办专窗，实施承诺免审制和容缺受理制，加速区内产业项目落地。（张　俊）

供　热

【概况】杭州杭联热电有限公司（简称杭联热电公司）是钱塘区下沙片区集中能源供应的基础企业，生产销售电力、蒸汽、灰渣综合

杭州钱塘多能互补零碳柔直示范园区全景（摄于2022年）

（钱塘区供电公司 提供）

利用及压缩空气集中供气，总装机容量5.7万千瓦，供热能力550吨/时。热能应用于食品、电子、印染、医药、化工等行业，同时为医院、宾馆、高校、办公写字楼、工业厂房等用户提供采暖、制冷等用能服务，产生的电能通过下沙变电所并至国家电网。2022年，杭联热电公司售热411.4万吉焦，比上年下降11%；发电1.68亿千瓦时，下降4.9%。至年末，在册用户88家。

【杭联热电公司成立二十五周年】2022年，杭联热电公司开展成立25周年“致敬峥嵘廿五载 砥砺奋进谱新篇”系列活动。8月29日，杭联热电公司成立二十五周年宣传片发布，宣传片展现杭联热电公司25年以来的发展史和奋进史。公司自成立以来以创新促转型、绿色立根基、服务求发展、智能拓空间，为下沙片区的产业发展提供能源支撑。围绕智慧化、低碳化双向驱动，擦亮行业内具有新型、绿色、环保、智慧、低碳、多能互补的综合能源供应商“金名片”。

【供热管网迁改】2022年，杭联热电公司针对下沙片区有机更新推进，东部湾新城规划建设和产业结构调整，对供热管网进行调整优化，停用下沙1号大街至12号大街DN250蒸汽管道约1800米。配合下沙路与12号路提升改造工程及杭州艮山东路过江隧道工程，迁改长约130米的DN150蒸汽管道。配合杭州金晶纺织整理有限公司转型升级项目建设，迁移长约320米的DN250和DN150华新支线蒸汽管道。配合杭州美迪凯微电子有限公司开设道口，在21号路西侧改造长约30米的DN200蒸汽管道。

杭州杭联热电有限公司（摄于2022年）　（杭联热电公司 提供）

【战略合作框架协议签订】2022年3月29日，杭州杭联热电有限公司、杭州和达能源有限公司与中国计量大学计量测试工程学院签订战略合作框架协议，在人才培养、平台共建、创新赋能等方面开展深度合作，以产学研教结合促进创新型人才培养，打造融合共生的良性生态系统。杭州杭联热电有限公司和杭州和达能源有限公司是新型综合能源供应和营运企业，中国计量大学计量测试工程学院建有的能源与动力工程专业为浙江省一流本科建设专业和能源动力专业硕士学位点，在“双碳”领域科学研究方面具有理论和实践基础，通过区域“双碳”领域全面合作，助力钱塘区城市建设和主导产业高质量发展。

【3号炉改造项目竣工验收】2022年6月10日，杭联热电公司3号炉改造项目竣工验收。3号炉为75吨/时循环流化床锅炉具有燃料适应性广、燃烧效率高、负荷调节大、高效脱硫及氮氧化物低排放、燃料预处理系统简单、易于实现灰渣综合利用等优点。此次通过内部结构改造和零件更新，促进锅炉效率（锅炉的热利用率，指锅炉产生的蒸汽含有能量与燃料的含有能量之比）提升至91.4%，锅炉负荷（单位时间产生蒸汽的能力）提升至85吨/时。

（林　玲）

供　气

【概况】2022年，杭州中燃城市燃气发展有限公司（简称杭州中燃燃气公司）及其子公司杭州东能管道燃气有限公司（简称东能燃气公司）为钱塘区江东区块提供天然气服务。杭州钱江燃气有限公司（简称钱江燃气公司）为钱塘区下沙区块提供天然气服务。杭州中燃燃气公司根据特许经营协议规定，拥有江东区块的管道燃气特许经营权。至年末，杭州中燃燃气公司在江东区块建成河庄天然气门站1座，高中压调压站大江东前站、江东北站各1座，全年江东地区供应天然气4.53亿立方米。其中，电厂代输3.70亿立方米，居民用气量878万立方米，非居民用气量7465万立方米，总用气量比上年增长0.2%。

东能燃气公司负责钱塘芯谷、

江海之城、河庄街道、义蓬街道（头蓬区块）及其周边燃气供应，建有集管道燃气和储存液化天然气的储气站1座，储气站集供气、储气、调峰、充装等多功能于一体，向经营区域内居民、公建商服、工业企业用户提供管道天然气。全年供气7286.65万立方米，新增居民通气点火3300户。通气小区77个，使用管道天然气居民3.68万户，"公建商服"及工业用户207户。东能燃气公司按照《杭州市餐饮场所推广使用管道天然气实施意见》和亚运会安全工作要求，推进辖区餐饮场所"瓶改管"工程。

钱江燃气公司是下沙区域内唯一从事终端用户管道天然气供应和服务的企业，由杭州市燃气集团有限公司与杭州钱塘新区产业发展集团有限公司共同出资组建。全年销售天然气8366万立方米，新增居民用户4553户、公建工业用户212户，累计有通燃气小区129个，居民点火用户9万余户，公建工业用户772个。年内，获评钱塘区平安市政示范单位。

【燃气工程建设】2022年，杭州中燃燃气公司助力保障钱塘区江东地区供气，实施市政中压工程施工12.04千米，推进江东区块管道成环成网。全年安装居民用户3520户，主要为云帆未来社区进行燃气配套安装。

东能燃气公司配合亚运建设，服务地铁和路政施工，进行管道改迁9次，管道改造1.95千米。施工过程坚持"不带来施工事故，不耽误工程施工，不影响居民用气"的原则。加大天然气管道环网投资力度，推进天然气管道环网项目建设，实际建设（不含迁改）环网9.67千米。累计建成市政中压管网240.54千米，庭院低压管网392.78千米，合计633.32千米。

钱江燃气公司推进天然气管网配套建设，助力亚运保障道路提升改造，对接建设主体，提出管网配套需求，完成24号路、22号路、12号大街等26个工程项目中压管线建设10.37千米，累计建成投运中低压管线557.79千米。弥补道路管网空白，提高管网运行保障能力。配合亚运道路提升改造重点工程，拆迁改造项目10个。

【管道天然气安全保障】2022年，中燃燃气公司完善安全运营管理体系，包括制度、规程和预案，并编制亚运保供专项预案。响应政府数字赋能智慧城市建设号召，优化安全管控系统。新建并投用OMP系统（聚合业务管理平台，以管理客户业务关系为主的网络管理系统），实现地下管网数字化管理。项目一期替代前期的GPS巡线系统和GIS信息管理系统，同时对新建管道同步实施管道地理信息测绘；加快投运管道地理信息测绘工作，高中压管道测绘率不低于90%。加大信息设备采购和使用力度，投用激光巡检车2台，排除各类安全隐患10多处。采购手持式激光检漏仪4台，在河庄街道试点加装智能检车阀门井，实现泄漏、水位、井盖开启三合一检测和信息远传。全年组织节假日专项安全检查8次，在义蓬街道、新湾街道、临江街道、前进街道4个街道开展安全用气管理培训及各类企业用户安全培训10多次，参与500多人次，组织各类安全演练2次。根据政府"百日行动"和"中燃集团雷霆行动"要求，开展区域居民户内安全隐患集中清理行动，累计清理重点隐患160多处。通过媒体及自有微信公众号推送燃气使用安全知识，建立安全问题举报奖励制度。落实《关于居民小区及自然村安全专项方案》要求，开展安全服务进村、进社区活动4次，进行村居燃气安全共建倡议。全年累计发放燃气安全知识宣传册1万余份，小区悬挂安全条幅50多条，补栽标志桩标志块3000多根，制作安全宣传画板15

2022年12月，中燃燃气公司对燃气储配站设施设备进行维护保养和天然气应急测试
（陈佳星 摄）

块；组织广场安全宣传2次。落实重点工程安全保障，杭绍甬高速（十五线）施工监护200多次，江东大道扩建三期项目施工监护180多次，义南路道路改造施工监护50多次，白浪村、长红村、蓬园村和义盛村农村雨污水整治工程施工监护480多次，头蓬快速路、高铁与义蓬安置房四期拆迁区域封堵400多次。同时准备LNG（液化天然气）备用气源保障民生生活用气6次。

东能燃气公司拥有国际先进水平的燃气管网自动监控SCADA系统，可对所有中压、中低压站场、工业用户调压柜的压力、流量、温度及各重要用气点的可燃气体浓度实施在线监控，公司调度室可对燃气管网及站场进行远程监护；每日均有管网维护人员携GPS定位系统现场巡护燃气管线，确保管网处于安全状态；24小时应急值班人员，可随时处理突发事件，同时安排第三方激光巡检车对区域内中低压管道进行巡检，新采购手持式激光检漏仪6台。加强第三方施工监护工作，采购配发执法记录仪，强化第三方文明规范施工。定期开展综合应急演练和专项应急演练，组织开展第三方施工破坏演练及场站应急演练；加强政企联动，配合区消防大队开展LNG槽车泄漏应急演练。

钱江燃气公司实现4个亚运比赛场馆、5个亚运训练场馆、1家保障酒店及1所保障医院的17项隐患清零。检测亚运周边道路97千米管线防腐层，修复破损点23处；加装非居分界点标志标识191处，增加小区低压标志标识400个、道路中压标志标识75个，提升改造道路阀门井盖98个；制定9个场所外部管线保障方案，实现“一场馆一方案”。完成772个非居民用户报警器安装工作，推进200个非居民用户报警器超期隐患整改及52个非居用户调压器超期隐患整治，非居民餐饮用户报警器安装率100%。全年新建中低压预警系统6个点，更换智能表2.96万只。开展“无胶管社区”普及工作，通过“政府补、企业贴”的方式，在下沙街道集中换管8500多根，金属管使用率97.8%。

【供气服务优化】2022年，中燃燃气公司继续免费为燃气用户更换NFC卡，用户只需具备NFC手机即可为NFC卡充值，在大江东地区发放NFC卡近1万张。针对新安装用户和到期表用户，免费升级安装物联网表，方便用户网上充值缴费。年内为1000多个用户更换升级物联网表。中燃燃气公司微信公众号“杭州中燃”在原有维修、改造、点火、抢修等业务受理和意见投诉的基础上新增开户、报装、发票开具等服务。全年处理线上业务400多起。中燃燃气公司面对国际形势影响、天然气供应紧张等情况，通过调配气源、推进环网工程、采用LNG反供等方式保障大江东区域的用气稳定。

东能燃气公司深化“最多跑一次”改革，提升“获得用水用气”“一件事”全流程便利化水平，对非居民用户的用气报装从“421”服务标准优化为“102”［用户申请用水、用气报装至接通不超过1天（不含内、外线施工环节）］服务标准，对小微商福用户工程推出“7天竣工通气”等要求；拓宽天然气报装服务办理渠道，用户可通过“线上办”“热线办”“就近办”“上门办”4种方式办理业务，减少跑趟次数。11月，东能燃气公司进一步优化燃气用户报装流程，提供“零跑路”服务，在河庄街道潮听名苑、云上澜苑等3个安置小区交付现场，为2500多户居民集中办理燃气开通业务。为保障居民用户用气安全，安排专职安检员入户检查，对使用不合格胶管、不合格灶具等情况督促用户进行整改，并面对面宣导燃气安全知识及使用方法。至年末，安检户数2.3万户。

3月，钱江燃气公司钱江数字平台上线运行；9月，杭州“温度管家”智能化服务交互系统试点运行。聚焦高新产品打造，中低压预警系统从试点转向商业推广，新增非居民用户2个；与浙大能源工程学院就天然气管道掺氢项目研究达成合作。打造公司园区综合能源停车场项目，缓解周边道路停车难、充电难问题，项目于10月投运。全年开展“绿色能源之旅”、燃气安全课堂45场，惠及用户804人次，开展“三社联动，安心安居”服务进社区16场，惠及用户208人次。

（胡　斌　鲍汝荧　张晓延）

通　信

【概况】钱塘区的通信行业主要包括移动、电信、联通3个主体。

2022年，中国移动钱塘分公司持续关注家庭宽带交付品质和通信服务质量，通话用户日通份额82.8%，5G分流比55.5%。结合区内属地高校特色，打造校园文化社区，兼顾品牌特色和校园服务。挖掘大学新生用户需求，推出各类校园专属权益流量包，推动流量大幅度增加。年内，钱塘移动用户DOU（平均每户每月上网流量）25.3GB，手机上网总流量2232亿兆，比上年增长11.2%。

杭州电信钱塘分局加强渠道合作，做好客户服务，全年主营收入稳步增长。完成21个综合业务接入区网络规划，3个样板区创建。12月，获杭州分公司“迎亚运”核心机楼规划及综合业务接入区规划整治劳动竞赛团体一等奖。

中国联通钱塘区分公司秉持“一切为了客户”的经营理念，加快公司互联网化转型，提供高质量通信服务。年内，新建5G基站58个、4G基站62个，5G站点累计建有1168个（含共建），4G站点累计建有826个，室分站点覆盖楼宇（小区）291个。新建城域网光交15个，开通10GponOLT设备（支持万兆光网络光线路终端）14套，增强本地高速宽带接入能力。新接入网住宅小区90个，实现新接入网“三日通”楼宇62幢。

【网络建设与服务】2022年，中国移动钱塘分公司结合自身5G、大数据和算网服务等方面的核心能力，推动钱塘区数字化改革和高质量发展。夯实智慧安防基础，助力钱塘区全面提升社会综合管理能力和治安整体防控能力。支撑公安交警系统升级。牵头承建区人大数字化项目，其中白杨街道邻里社区人大联络站被评定为省级标杆人大联络站。联合杭州大创小镇管理办公室，推动钱塘元宇宙新天地开园。

杭州电信钱塘分局推进无线网络建设，开通宏站58个，通过“收费代建”“以租代建”等方式开通室分站点系统29个。缓解大江东区域信号问题，投诉信号问题量比上年下降。通过5G定制网建设，加强与LT 5G网络共建共享，完成区域9个高校的5G网络全覆盖，推进校园业务发展。

杭州联通钱塘区分公司参加街道社区活动，开展宽带上门检测及营销服务。结合“平安e行”活动，向属地居民宣传电动自行车安全使用规范；整合现有资源，联合电动自行车经营连锁企业，推出特色金融方案，帮助居民更换新国标电动车。

【网络保障】2022年，中国移动钱塘分公司重视网络能力和品质提升，做好区域内通信保障工作。推进5G建设，至年末，全区建有5G基站1834个，其中新增建设2.6G基站246个，新增建设700兆基站287个，推进5G节点机房选址建设8个（包括钱塘大江东第一骨干机房），实现5G更广更深覆盖及行政村100%覆盖。助力安防项目建设，开通28个视联网（互联网应用推向高清视频化）和50次视联网售后保障运维。助力保障杭州亚运会，加强与浙江工商大学文体中心手球馆、杭州电子科技大学体育馆击剑馆、杭州东部湾轮滑馆及杭州文汇学校草地掷球馆4个亚运场馆建设方的对接，与杭州亚组委及市公司亚运办的联系，加快场馆通信保障建设工作，解决建设遗留问题；做好保障人员安排、后勤物资和通信保障车等各项亚运保障工作，制定亚运保障应急手册，组织应急演练。

杭州电信钱塘分局细分市场拓展，巩固基础业务，外延核心业务，谋求数字化转型。保障通信线路建设，夯实“云网”安全底座，推进数字项目建设、服务智慧小区和美丽乡村数字赋能基层治理，助力智慧（未来）小区项目建设等。

杭州联通钱塘区分公司推进政府、学校、企业项目合作，发挥自身优势，助力智慧钱塘建设。整合产业合作生态，聚焦“互联网+”重点行业领域，推进17个未来社区、健康驿站、智能产业园项目，13个高校及中小学智慧校园项目，14个政府、学校、企业数字化舆情项目落地，改造提升企业网络，护航钱塘区数字化安全管理工作。

（蒋祝同　王　均　徐佳乐）

【数字经济】2022年，杭州电信钱塘分局助力区政府推进产业大脑、未来工厂数字基础设施、5G+工业互联网等建设。作为钱塘区首届未来工厂建设联盟副理事长单位，打造全省首个大型5G+工业项目——三花5G未来工厂，获工业和信息化部第四届“绽放杯”5G大赛全国总决赛二等奖，为全省此类项目中所获的最高奖项。联合金卡智能集团打造未来工厂，建设5G燃气产业大脑，实现5G终端全生命周期管理，安全管理模式由被动防御变为主动感知，提升燃气安全运营效率及可靠性，赋能城市安全生命线。“金卡智能智慧燃气5G系统项目”获工业和信息化部第五届“绽放杯”5G应用征集大赛全国总决赛一等奖。

（蒋祝同）

责任编辑　陈　玲

生态环境

综　述

【污染防治与环境执法】2022年，杭州市生态环境局钱塘分局（简称市生态环境局钱塘分局）推进水环境治理，整改落实下沙闸问题和7个重点区域（生活小区雨污分流提升改造、市政管网修复、河道排水口标识管理、雨水管网清疏、水质自动监测站建设、水环境生态治理、闸站精细化管理）整治，6项“举一反三”工程（生活小区雨污分流再提升、雨污水管网再检查、河道口排水标识全更新、河道底泥全清疏、水质自动监测站再覆盖、幸福河湖再打造）通过国家暗访组核查和省级验收。制定年度“五水共治（零直排）”工程建设计划，推进71个治水项目、18个“污水零直排区”建设，总投资6.66亿元。江东区域生态补水能力建设按计划实施，包括高沙老小区、新湾部队区域在内的特殊监管区域和老旧小区零直排建设取得成效。推进大气领域整治提升，完成低效VOCs（挥发性有机物）治理企业28个、源头替代治理企业16个、无组织排放治理企业6个、臭气异味治理企业11个、VOCs突出问题治理完成121个，改造天然气锅炉低氮排放7台，关停重污染企业6个。整改工地扬尘、裸土覆盖等问题900多个，治理非经营餐饮油烟单位120个，审验车辆5.58万辆次，检查非道路移动机械193台、柴油货车284辆。实施土壤固体废物污染防治，开展“清废行动”，加强危险废物管理排查与整治，转移处置危险废物15.5万吨。保障“涉疫垃圾”（涉及疫情产生的各类医疗废物和生活垃圾）安全处置，转移处置涉疫垃圾1153.65吨、核酸检测废弃物251.95吨。推进“无废城市”创建，实施钱塘区易腐垃圾处置及再生资源分拣中心项目建设，审核“无废细胞”61个。杭州电子科技大学体育馆、吉利汽车杭州分公司、娃哈哈启力食品公司

2022年6月30日，省生态环境厅对长江经济带涉下沙闸问题整改情况开展省级核查验收　　（韩　涛　提供）

3个单位（企业）获评全省首批（共16个）“无废亚运”细胞示范点。受理辐射安全许可证新申请（重新）31个次，变更申请13个次，延续申请11个次，注销申请9个次，收贮放射源6枚，完成134个核技术利用单位核辐射评估报告。全年出动检查人员6696人次，检查企业2489个次，处罚77件，罚金758万元，行政拘留移送1件、刑事案件移送2件。

（唐　一）

▶▶资料：无废城市无废细胞

无废城市是指以创新、协调、绿色、开放、共享的新发展理念为引领，通过推动形成绿色发展方式和生活方式，持续推进固体废物源头减量和资源化利用，最大限度减少填埋量，将固体废物环境影响降至最低的城市发展模式，也是一种先进的城市管理理念。

无废细胞是指为贯彻落实无废城市建设相关理念，采取有效技术手段和管理措施，推广绿色生产生活方式，培育固体废物减量化、资源化和无害化的社会生活单位，包括机关、企事业单位、饭店、商场、社区、村镇、家庭等各类生产生活单元。

2022年1月9日，钱塘区生态环境保护行政执法队对企业开展执法检查

（严鲁凯 提供）

【空气和水环境质量监测】2022年，钱塘区环境空气质量优良率78%。PM2.5年均浓度28.7微克每立方米，比上年上升1.4%。市控以上功能区断面水质达标率100%。区级河道断面20个，达到Ⅳ类水质以上17个，占比85%。

（徐　涛）

【生态环境保护督察】2022年，市生态环境局钱塘分局组建省委生态环境保护专项督察迎检工作领导小组，下设4个专项组，抽调人员集中办公。全年完成省委生态环境专项督察信访件整改处理16件，提供调阅资料3批。落实省、市主要领导对临江园区异味扰民批示要求，推进整治提升工作。开展“大排查、大整治、大曝光”专项行动，每月拍摄突出生态环境问题曝光片，曝光问题153个。制定并落实《钱塘区贯彻落实2021年省委生态环境保护专项督察报告整改方案》，按时完成整改任务。实施重大生态环保督察问题清单化管理，定期调度进展情况，5个省级清单问题、22个市级清单问题均按时序推进整改销号。杭州经济技术开发区下沙闸雨污混排问题整改案例，作为长江经济带生态环境警示片正面典型案例，上报中央生态环境督查办公室，并入选省生态环境厅“七张问题清单”重大生态环保督察问题清单第四季度示范案例。

（刘珂珂）

生态环境建设

【“美丽钱塘”建设】2022年，市生态环境局钱塘分局制定年度区级“美丽钱塘”生态目标任务书和配套考核办法，编制《钱塘区生态文明建设示范区研究报告》《钱塘区生态文明建设示范区规划》《新时代美丽钱塘建设规划实施方案》。制定并落实《钱塘区空气质量提升攻坚实施方案》，开展四大专项排查（涉VOCs企业专项排查行动、移动源污染专项排查行动、扬尘管控专项排查行动、餐饮油烟专项排查行动）和八大领域专项整治［VOCs和NOx（氮氧化物）协同专项整治攻坚、移动源污染专项整治攻坚、重点区域环境专项整治攻坚、燃煤锅炉专项整治攻坚、扬尘管控专项整治攻坚、其他废气专项整治攻坚、数智治气专项攻坚、执法应急管控能力专项提升攻坚］，PM2.5浓度首次低于全市平均值。钱塘可再生能源区域集中供能项目，获评杭州市“十大低碳应用场景”。河庄街道江东村入选浙江省第一批“未来乡村”建设试点村，“江东村智慧漫居共富模式”入选浙江省“强村富民”乡村集成改革典型案例。建立突出生态环境问题发现和整改闭环机制，开展生态环境问题大排查、大整治、大曝光13期，曝光整改问题153个。杭州医药港小镇入选省级标杆工业园区“污水零直排区”培育名单。下沙闸雨污混排整改案例被列入“7张问题清单”省级示范分榜，并入选国家长江经济带警示片浙江省正面典型案例。杭州电子科技大学体育馆获评“无废亚运场馆”示范点，吉利汽车杭州分公司、娃哈哈启力食品公司获评浙江省首批“无废亚运工厂”示范点。投资2500万元，新建环境终端感知设备400多套，建成化工园区有毒有害预警、电力工况监控、高空瞭望、天地协同立体监测等一批数字化改革项目，率先实现省级应用“督察在线”贯通乡（镇、街道），处置问题2708个。

【生态建设补贴与规划研究】2022年，市生态环境局钱塘分局开展生态文明建设项目补助工作，确定补助项目9个，补助资金149.64万元。推进省级生态文明示范创建，形成《杭州市钱塘区生态文明建设示范区规划（2022—2030年）（送审稿）》，报省生态环境厅评审。编制《钱塘区生态文明建设示范区研究报告》《钱塘区生态文明建设示范区规划》《新时代美丽钱塘建设规划实施方案》。（刘珂珂）

环境污染防治

【大气污染防治】2022年，市生态环境局钱塘分局开展工业有机废气治理和挥发性有机物专项治理工作，关停重污染企业6个，改造天然气锅炉低氮排放7台。低效VOCs治理提升改造企业28个、源头替代治理企业16个、无组织排放治理企业6个、臭气异味治理企业11个、VOCs突出问题治理121个。整改工地扬尘、裸土覆盖等问题900多个，治理非经营餐饮油烟单位120个，审验车辆5.58万辆次，检查非道路移动机械193台、柴油货车284辆。钱塘可再生能源区域集中供能项目，获评杭州市“十大低碳应用场景”。（刘珂珂）

【水污染防治】2022年，市生态环境局钱塘分局组织编制《杭州市钱塘区治污水暨水污染防治攻坚行动2022年实施计划》《钱塘区重点海域污染防治攻坚战方案》。通过2020年国家长江经济带生态环境问题曝光的杭州经济技术开发区下沙排涝闸站雨污混合水直排问题整改省级验收。通过猪头角省控断面走航分析、钱塘区杭州湾近岸海域水质遥感监测与分析，对钱塘区近岸海域入水环境质量现状进行监测、分析、评估。在四工段直河开展钱塘区入海河流氮磷浓度控制专题调研，分析钱塘区河道氮磷超标原因，探索氮磷控制方法。制定《钱塘区医药港小镇标杆园区创建方案》，规范标杆园区基础建设标准，探索数智治理长效机制。制定钱塘区第一批五水共治（零直排）工程建设计划，安排项目71个，总投资6.66亿元。配合杭州市钱塘江流域水生态保护情况专项审计，牵头审计问题整改7个。

（戴海炎 谭宇佳）

【土壤污染防治】2022年，市生态环境局钱塘分局制定并落实《钱塘区土壤、地下水和农业农村污染防治暨“清废行动”2022年实施计划》。开展土壤污染状况调查报告评审地块36个。其中，甲类地块24个，丙类地块12个。全年建设用地安全利用率100%。开展临江高新化工园区地下水专项调查和杭州临江环境能源有限公司地下水污染调查工作。督促30个（其中10月新增2个）土壤重点监管单位完成年度任务，自行监测报告完成单位30个。开展拜耳作物科学（中国）有限公司、杭州颖泰生物科技有限公司、浙江禾田化工有限公司在产农药厂地块原貌记录工作，建成可追溯的电子档案库。编制浙江九州生物医药有限公司和浙江巴陵恒逸己内酰胺有限责任公司地下水污染风险管控方案。开展义蓬街道春光村和新湾街道前峰村农村环境整治工作。（沈林峰 冯甜甜）

【固废污染防治】2022年，市生态环境局钱塘分局省固废系统网上注册974个，危险废物管理计划审核839个，审核跨省危险废物转移10个次，安全转移处置危险废物15.5万吨。审批通过杭州环翔环保科技有限公司危险废物经营许可搬迁新领证许可、杭州诚洁环保有限公司危废经营许可证复审许可、杭州临江环境能源有限公司刚性填埋场申领危废经营许可证。办理杭州佑明环境管理服务有限公司废机油收集和小微收集经营许可证注销，以及赐翔环保有限公司许可注销。开展4个危废经营单位分级评价和23个重点产废单位规范化环境管理评估，落实问题督促整改。推进“浙固码”应用，督促并指导区内78个百吨以上产废企业和危险废物经营单位申领“浙固码”。开展浙江恒逸锦纶有限公司和浙江新华数码印务有限公司危险废物减量化专家鉴别审核。组织开展企业固体废物规范化管理培训，宣传贯彻《浙江省固体废物污染环境防治条例》，参与培训企业100多个。（孙秀萍）

【“无废城市”建设】2022年，市生态环境局钱塘分局制定“无废城市”年度重点任务，推进“无废细胞”及治废项目建设。9月末，全省首批16个“无废亚运细胞”示范点名单公布，钱塘区获评3个。杭州电子科技大学将“无废”理念融入亚运筹备全过程，创建“无废亚运场馆”；浙江吉利汽车有限公司杭州分公司和娃哈哈启力营养食品有限公司秉承绿色理念，坚持源头减量，创建“无废亚运工厂”。至年末，全区创建“无废工地”13个、“无废学校”32个、“无废工厂”12个、“无废亚运细胞”5个（其中“无废亚运场馆”2个，“无废亚运工厂”2个，“无废亚运酒店”1个）。开展治塑联合检查行动，抽查商场超市、农贸市场、药店、酒店、饭店等场所塑料制品销售、使用情况。

（冯甜甜 孙秀萍 沈雯迪）

【“辐射污染”管控】2022年，市生态环境局钱塘分局督促放射源使用单位做好日常巡检工作，确保在线监控设备正常运行。受理辐射安全许可证新申请（重新）31个次、变更申请13个次、延续申请11个次、注销申请9个次；备案外来移动探伤作业单位1个，放射源转让、进口备案3个次；收贮备案1个次，共计6枚放射源；对新申请单位开展现场核查，向符合条件单位核发辐射安全许可证。提交辖区内134个核技术利用单位辐射安全与防护状况评估报告至省辐射安全管理系统。开展省辐射系统数据核查整改工作。

（沈雯迪）

【下沙排涝闸站雨污混合水直排问题整改验收】2022年，市生态环境局钱塘分局开展下沙排涝闸站雨污混合水直排问题整改销号工作。4月，通过区级验收；5月，通过市级验收；6月30日，通过省级验收。下沙排涝闸站雨污混合水直排问题整改作为正面典型案例入选省生态环境厅第四季度“重大生态环保督察问题清单”示范榜。

（韩 涛 葛永铭）

【医废清运保障】2022年，市生态环境局钱塘分局专项检查30多个集中隔离点涉疫垃圾暂存及污水消杀情况。3月，开展辖区内集中隔离点、收运主体涉疫垃圾清运量核实、物资配送协调工作。4月，协调部署核酸检测废弃物清运和物资采购工作。全年督促规范清运涉疫垃圾1153.65吨，清运核酸检测废弃物251.95吨。开展隔离点选址评估工作，指导隔离点按规范要求进行整改，对不符合条件的隔离点提出不启用意见，开展隔离点涉疫垃圾联网转移申报指导。

（孙秀萍 沈雯迪）

【“无废亚运场馆”创建】2022年，杭州电子科技大学体育馆（杭州第19届亚运会击剑比赛馆、预赛馆及热身馆）场馆改建项目，秉持“无废理念”，按照绿色建筑设计要求，通过采用绿色施工、绿色产品、绿色设施设备，减少固体废物源头产生，提高资源化利用。场馆建设保留建筑结构和外立面，只对内部和屋顶进行翻新。统筹场馆改造保护、赛时保障和赛后利用要求，馆内已使用15年的5000多个座椅和已使用6年的LED屏，经拆卸、维护，继续为杭州第19届亚运会、杭州第四届亚残运会服务。原体育馆内地板经拆卸、挑选、适配，组装至学校其他建筑地面。馆内电器开关，经拆卸挑选、维修后备用。场馆节能、节水、资源能源利用、室内环境质量均达到“一星级”绿色建筑标准。杭州电子科技大学体育馆获评全省首批“无废亚运场馆”示范点和杭州第19届亚运会、杭州第四届亚残运会2021年度“十大场馆”勤俭节约奖。9月，获评全省首批“无废亚运场馆”示范点。

（冯甜甜）

▶▶**资料：浙固码**

“浙固码”是对每一件危险废物加贴身份标签，含有从产生到贮存，再到转移处置的各种信息，相关信息与“浙江省固废平台”联网，全流程可通过手机扫码完成，在管理上落实“有废必赋、无码不收”原则，可实现“闭环管理、溯源倒查”。开展危险废物闭环监管“一件事”改革，推进“浙固码”应用是其中重要一环。

环境综合治理

【环境审批改革】2022年，市生态环境局钱塘分局通过提前介入、上门服务、专家指导、内部联审等机制，服务项目环评。全年提供初审服务150个，上门服务指导100人次，组织专家评审（咨询会）37次，办理项目环评181个。其中，85个项目采取审批制，81个项目实行“区域环评+环境标准”改革降等管理，15个项目实施零土地备案管理，环评审批即办率100%。杭州市首个生物医药产业“规划环评+项目环评”改革试点获得批准。在生物医药企业中征求意见，走访调研企业负责人员50人次，召开专题讨论会、意见征询会、专家咨询会、人大代表议事会10多次，初步拟定改革实施方案。方案结合工艺规模，论证环境影响程度，细化行业分类，重塑生物医药行业环境准入标准，通过制定“豁免、降级”改革清单，实施差异化、精细化管理。

【排污许可“回头看”】2022年，市生态环境局钱塘分局引入专家服务团队，组织“一证式”管理、填报技术培训4次，1500多人次参加。指导132个企业，整改“质量回头看”问题，比原计划提前1个月。全年因续证、变更或重新申领需要，核发许可证223个次，依申请注销许可证34个。

（詹中英）

【环境统计】2022年，市生态环境局钱塘分局开展排放源统计名录库更新工作，确定纳入排放源统计企业201个。组织排放源统计线上培训会，指导和解答企业填报问题。开展数据审核和数据上报工作，完成企业数据审核及问题整改8轮，污染源排放总量核对1次，现场抽查企业20个。指导16个重点企业开展排放源季报统计、22个环境服务企业开展环境服务业企业财务统计。

（刘珂珂）

环境管理执法

【环境监察与巡查】2022年，市生态环境局钱塘分局开展环境监察与巡查，出动6696人次，检查企业2489个次，出具监察意见书90份，做出处罚决定77件，处罚金额758万元。其中，移送涉嫌环境污染犯罪案件2件、移送行政拘留案件1件。受理环境信访件1581件。其中，大气污染信访投诉911件、项目类投诉243件、其他投诉427件。针对临江园区异味问题，市局、区局与街道联动，出动检查人员2500人次，检查企业（点位）600个次，监测企业160个次，走航监测8次，处罚金200多万元。招募临江园区生态环境监督员8人。

【环保专项执法行动】2022年，市生态环境局钱塘分局根据生态环境系统除险保安、“绿剑”2022等工作要求，制订执法计划，通过全员执法、错时执法、集中执法、交叉执法等方式，重点对涉VOCs企业、危险废物堆放处置、重点信访园区、垃圾焚烧厂、商品混凝土生产、畜禽养殖等场所开展执法检查。结合大综改“综合查一次”，对临江街道、前进街道、河庄街道、白杨街道、义蓬街道和杭州医药港小镇的230多个重点企业，开展集中专项执法检查20多次。落实污染源“双随机、一公开”（在监管过程中随机抽取检查对象，随机选派执法检查人员，抽查情况及查处结果及时向社会公开）制度。全年“掌上执法”检查企业403个，即时检查企业104个、“双随机”抽查企业290个，专项检查企业9个，抽查总任务33个，完成33个。参与跨部门抽查任务总数13个。掌上执法率100%，检查公示率100%，抽查事项覆盖率100%，应用信用规则率100%，跨部门监管率39.4%。

（王　伟）

>▶▶资料：走航监测
>
>“走航监测”指利用车载式快速监测设备在行进中连续自动监测，结合定点监测，对污染物进行定性定量分析，并基于地理位置信息显示沿行进路线污染物空间连续分布。

环保科研监测

【污染源监督性监测】2022年，杭州市钱塘生态环境监测站（简称钱塘生态环境监测站）开展重点企业污染源监督性监测126个次。其中，水环境重点排污单位（企业）33个，大气环境重点排污单位（企业）51个，涉及VOCs单位（企业）35个。根据检验检测机构资质认定评审通用要求，开展质量管理工作。3月4日，通过省生态环境监测中心组织的水中化学需氧量能力考核。6月17日，通过省环境监测协会组织的水中氨氮能力比对。7月26日，通过市环境监测系统体系交叉检查。8月，在市生态环境检测机构岗位技能竞赛中，钱塘生态环境监测站2人通过理论考核，进入决赛，其中1人获个人成绩第八名。9月，在市生态环境系统监测技术大比武中，钱塘生态环境监测站获评团体三等奖。11月11日，通过市生态环境科学研究院（市城区生态环境监测站）组织的X－γ（监测各种放射性工作场所X、γ射线辐射）剂量率室间比对。

【水环境监测】2022年，钱塘区有地表水断面223个，因部分河道施工不满足采样条件，实际监测断面222个。其中，下沙区域40个，包括湖泊断面1个、闸站3个（1个进水闸和2个出水闸）和36个河道断面。江东区域182个，包括2个湖泊断面、7个闸站（出水闸）和173个河道断面。监测指标主要为pH值、溶解氧、氨氮、总磷、高锰酸盐指数等。地表水断面平均水质符合Ⅱ类水质断面2个，占比0.9%，比上年同期下降1个百分点；符合Ⅲ类水质断面44个，占比19.8%，下降2.7个百分点；符合Ⅳ类水质断面67个，占比30.2%，上升16.9个百分点；符合Ⅴ类水质断面98个，占比35.1%，上升2.7个百分点；劣于Ⅴ类水质断面31个，占比

14%，下降15.8个百分点。满足水环境功能区目标水质要求断面191个，占比86%。全年平均水质符合Ⅰ～Ⅲ类断面占比20.7%，劣于Ⅴ类水质占比14%，整体水质状况为轻度污染。全区地表水水质类别比上年提升一级，由Ⅴ类水质上升为Ⅳ类。其中，高锰酸盐指数平均浓度为6.7毫克/升，上升3.1%；总磷平均浓度为0.288毫克/升，下降13.3%；氨氮平均浓度为1.05毫克/升。全区地表水水质主要污染物为总磷和氨氮，断面年均水质超标率分别为10.8%和5%（以区域目标水质评价）。

2022年3月4日，国家一级保护动物白琵鹭在杭州钱塘大湾区省级重要湿地栖息 （刘珂珂 提供）

【环境空气监测】2022年，钱塘区设有浙江理工大学国控站（简称理工站）、临江站和九中站3个环境空气质量自动监测站点。环境空气质量情况分析主要以理工站数据为基础，临江站和九中站数据作为参考。理工站数据显示，全区环境空气质量有效监测天数359天，优良天数280天，比上年减少26天；优良率78%，下降7.7%。环境空气质量指数级别以二级为主，占有效监测天数的56.3%。全年空气质量优良率最高月份为11月，优良率100%，优良率最低月份为8月，优良率46.7%，超标污染物均为臭氧。全年出现空气污染79天次。其中，轻度污染天次占82.3%、中度污染天次占17.7%。 （徐 涛）

环保宣传教育

【环保校园创建】2022年12月，市生态环境局、市教育局发布《关于命名杭州市第十三批市级绿色学校的通知》，命名78所学校为杭州市第十三批市级绿色学校。杭州市钱塘区云帆小学、杭州市钱塘区新湾小学、杭州市钱塘区月雅河幼儿园、杭州市基础教育研究室附属学校、杭州市钱塘区文思小学、杭州市钱塘区景苑幼儿园、杭州市钱塘区义蓬第一幼儿园、杭州市钱塘区月雅河小学、杭州市钱塘区江湾幼儿园名列其中。 （唐 一）

【环保主题宣传】2022年，市生态环境局钱塘分局开展黑脸琵鹭、白头鹤等珍稀物种宣传报道，江海湿地与“鸟类天堂”密林等被多个国家、省、市媒体报道，获得2万余名网友点赞和转发。与区社会发展局联合举办以“绿色亚运，生态钱塘”为主题的鸟类摄影活动，其间组织采风活动10多次，征集作品1000多件（组），评选出优秀作品95件，并印制《钱塘飞鸟集》和《钱塘观鸟地图》。在钱塘轮滑中心、钱塘区文化馆、滨江区文化馆、萧山区文化馆举办“钱塘飞鸟集”主题展览4场次。开展以“共建清洁美丽世界”为主题的“6·5”世界环境日宣传活动；以“浙江生态日”为载体，组织环保公众开放活动，参观省级生态文明教育基地。组织第四届钱塘区中小学环保主题绘画及金句比赛，共收到21所中小学绘画作品103幅、金句作品46幅。启动市级绿色学校创建活动。通过“钱塘生态环境”微信公众号等平台，宣传身边劳动模范、闪光人物事迹。全年通过官方媒体发表环保宣传与科普文章180多篇。其中，被国家级媒体刊发6篇，被市级媒体刊发40篇。 （唐一 周洁）

责任编辑 周 丹

财政·金融·税务

财　政

【概况】2022年，钱塘区实现财政总收入230.45亿元，比上年下降4.2%。其中，一般公共预算收入116.63亿元，下降0.6%，占财政总收入的50.6%；税收收入106.44亿元，下降2.5%，占一般公共预算收入的91.3%。全年土地出让金收入91.29亿元，新增一般债券2亿元、专项债券4.9亿元。一般公共预算支出128亿元，政府性基金预算支出97.1亿元。

2022年钱塘区财政收支预算执行情况统计表

表12

收入项目	2022年（万元）	2021年（万元）	增长（%）	支出项目	2022年（万元）	2021年（万元）	增长（%）
一般公共预算收入	1166280	1173123	-0.6	一般公共预算支出	1280009	1562549	-18.1
一.税收收入	1064404	1092146	-2.5	一、一般公共服务	128659	145065	-11.3
1.国内增值税	430985	522157	-17.5	二、国防	1504	231	551.1
2.企业所得税	270924	227923	18.9	三、公共安全	72972	72891	0.1
3.个人所得税	87737	64814	35.4	四、教育	265232	277608	-4.5
4.资源税	0	0	—	其中：教育费附加安排的支出	22465	23189	-3.1
5.城市维护建设税	97110	106516	-8.8	五、科学技术	180681	203979	-11.4
6.房产税	67763	44507	52.3	六、文化旅游体育与传媒	4463	2826	57.9
7.印花税	23871	27544	-13.3	七、社会保障和就业	85719	79056	8.4
8.城镇土地使用税	11819	11787	0.3	八、卫生健康支出	87274	44467	96.3
9.土地增值税	65142	79443	-18.0	九、节能环保	9968	8771	13.6
10.车船税	8787	7221	21.7	十、城乡社区	130476	311319	-58.1
11.耕地占用税	0	0	—	十一、农林水	46400	35915	29.2
12.契税	0	0	—	十二、交通运输	7655	5933	29.0
13.环境保护税	160	150	6.7	十三、资源勘探工业信息等	149270	269416	-44.6
14.其他税收	106	84	26.2	十四、商业服务业等	21500	12414	73.2
二、非税收入	101876	80977	25.8	十五、金融	1070	384	178.6
1.专项收入	72855	77844	-6.4	十六、援助其他地区	3031	3031	0.0
其中：教育费附加	36476	40867	-10.7	十七、自然资源海洋气象等	6050	6110	-1.0
地方教育附加收入	24316	27245	-10.8	十八、住房保障	17786	22397	-20.6

续表12

收入项目	2022 年（万元）	2021 年（万元）	增长（%）	支出项目	2022 年（万元）	2021 年（万元）	增长（%）
残疾人就业保障金收入	12063	9731	24.0	十九、粮油物资储备	0	261	-100.0
教育资金收入	0	0	—	二十、灾害防治及应急管理	8962	10467	-14.4
农田水利建设资金收入	0	0	—	二十一、债务付息	51266	49631	3.3
2. 行政事业性收费收入	2801	985	184.4	二十二、债务发行费用	71	377	-81.2
3. 罚没收入	10913	1514	620.8	二十三、其他	0	0	—
4. 国有资本经营收入	0	0	—	附：政府性基金支出	971013	1234470	-21.3
其中：国有企业计划亏损补贴	0	0	—				
5. 国有资源（资产）有偿使用收入	15307	634	2314.4				
6. 政府住房基金收入	0	0	—				
7. 其他收入	0	0	—				
上划中央税收小计	1138240	1233009	-7.7				
1. 消费税	169263	271746	-37.7				
2. 增值税	430985	522157	-17.5				
3. 企业所得税	406386	341885	18.9				
4. 个人所得税	131606	97221	35.4				
财政总收入	2304520	2406132	-4.2				
附：政府性基金收入	39087	201526	-80.6				

【社会事业财政支出保障】2022年，钱塘区社会民生事业支出88.10亿元，比上年增长2.1%，占一般公共预算支出的69.9%。其中：教育事业支出26.52亿元，主要用于打造“钱塘优学”与“名师名校长名校”工程，落实“双减”政策，提升寒暑期托管服务，强化生均教育经费保障，提高教师工资待遇；就业创业服务事业支出5.34亿元，全年举办毕业生招聘会146场，提供就业岗位2万个，新增城镇就业3.23万人，实现失业人员再就业3044人，新引进35岁以下大学生3万人，5年内新增大学生创办企业847个；医疗健康事业支出8.73亿元，主要用于支持就医环境改善和城市医联体建设，保障基本公共卫生服务，投用社区卫生服务站4个，新增婴幼儿照护托位543个，超额完成家庭医生签约，加快建设“健康钱塘”；疫情防控支出5.71亿元，主要用于保障医疗救治、医疗物资等领域；农业农村事业支出4.64亿元，主要用于推进“强村富民双十条”行动，支持农业产业、粮食产业及畜牧发展，推进农文旅小镇建设与农业数字化发展，打造“千亩粮仓”示范区10个，支持美丽乡村建设。

（沈　慧）

【经济发展资金保障】2022年，钱塘区积极落实减税降费政策，坚持“留抵退税”+“减免税费”+“缓税缓费”，全年累计落实新的组合式税费支持政策超100亿元，其中实现留抵退税41亿元。产业发展支出37.30亿元，主要聚焦企业科技创新、人才引育、扩大投资、产业融合、要素保障等重点领域，会同行业主管部门出台支持产业高能级发展政策，保障产业培育和发展资金需求。加强政府债务管理，筹措财政资金，落实八年化债计划，全年新增政府债券6.9亿元，其中一般债券2亿元、专项债券4.9亿元。城市建设支出49.23亿元，保障艮山东路东延工程、亚运场馆周边环境整治工程等重大基础设施建设，推进校舍建设与改造、公租房等社会事业项目稳步实施，推进“五水共治”、老旧小区改造等城市环境面貌改善。

（沈　慧　黄　茜　曹维焕　陆鹏飞）

【财政改革深化】2022年，钱塘区实施以“核定收支、保障基本、超收分成、专项补助、规范管理”为内容的新一轮街道财政体制改革，强化企业属地管理，优化收入分成机制。实施预算一体化改革，上线预算管理一体化系统，整合预算编制、预算执行和会计核算等业务环节。依托预算管理一体化系统，加强预算执行动态监控系统建设，优化完善动态监控预警规则，实现国库集中支付资金全程监控。全年国库集中支付业务8.56万笔，支付金额197.74亿元；触发动态监控规则730笔，确认触发动态监控

23笔，涉及金额300余万元，全部实现修正。推进财政数字化改革，上线“公款竞争性存放网上招标平台”，实施“残疾人医疗补助”“浙里捐赠”“浙里报账”省级试点，其中“浙里报账”上线预算单位142个，报销业务1.24万笔，报销金额2.48亿元，钱塘区成为杭州市首个“浙里报账”全区划全贯通的试点区。实现财政资金全流程线上审批，全年完成线上审批1149笔，大幅压减审批时间。

（沈　慧　王　瑛　史爱萍）

【财政监督管理】2022年，钱塘区强化预算和财政资金审批规范管理，修订《钱塘区预算管理办法》《钱塘区财政资金拨款审批管理办法》。严格控制一般性支出，公用经费定额压减5%，严格执行“三公”经费只减不增，压减3轮预算单位一般性支出，保障重点支出。推进“两直”资金落地，优化资金分配机制，强化资金使用监督，全年争取上级直达资金7.1亿元，分配进度100%，支出进度99.9%。强化政府采购监管，制定政府采购招标文件、代理协议等示范文本，提高采购文件规范化水平；联合区住建局出台《关于进一步规范钱塘区工程项目政府采购的通知》，规范必须招标限额以下工程项目采购；开展政府采购专项检查和“双随机、一公开”检查，加强日常抽查；政府采购营商环境考核位列全市第一位。加强预算绩效管理，聚焦产业发展、城市管理、公共服务等重点领域，选择6个财政支出项目开展重点绩效评价，涉及金额4.38亿元；开展绩效抽评项目111个，修正绩效指标，共删减、调整不恰当的指标200多条，补充缺失指标430多条。加强财政监督检查，开展预决算公开专项检查、国有资产专项检查、公款存放管理专项检查。运用“互联网+监管”执法平台，开展3项“双随机”抽查和6项重点专项检查，实现64项行政检查事项全覆盖。加强政府投资项目管理，出台《关于规范政府投资项目竣工财务决算报送财政审核批复相关要求的通知》，加强政府投资项目财政监督管理，提高竣工财务决算审核质量和时效，全年完成竣工财务决算批复项目44个。

（沈　慧　曹维焕
任益平　陆鹏飞）

【国资国企管理】2022年，钱塘区出台《关于进一步深化区属国有企业改革的实施意见》，提出15项改革举措，明确25项目标要求，形成区属国企改革责任清单，明确国企改革时间表、路线图。落实国企重大事项管理，全年累计安排国企资本金4.46亿元，指导国企做好融资发债、股权转让、对外投资等工作。首次向区人大常委会报告国有资产管理情况，试行编制国有资本经营预算，发挥好财政在资源配置、财力保障和宏观调控方面的基础作用。制定《区属国企反腐倡廉全覆盖、无盲区、零容忍推进清廉国企建设工作要点》，从不敢腐、不能腐、不想腐3个维度明确13项工作要求，推动清廉国企单元建设。完成2022年度行政事业单位国有资产年报统计和区属国企年报统计工作。至年末，全区行政事业单位资产总额228亿元，其中流动资产24.3亿元，非流动资产203.69亿元，固定资产原值64.61亿元，净值49.68亿元；财政直接监管国企6个，资产总额1472.21亿元，全年营业收入43.37亿元。

（王　颖）

金　融

【概况】2022年，钱塘区有金融机构及地方金融企业56个，其中银行机构26个（网点95个）、保险机构6个、证券机构5个、融资租赁机构16个、融资担保公司2个、典当行1个。至年末，全区金融机构存款余额1587.2亿元，贷款余额1740.5亿元，比上年分别增长20.9%和23.7%。普惠小微贷款余额418.3亿元，比上年增长27.2%；绿色信贷余额84.5亿元，环比增长10.9%。

【助企纾困服务开展】2022年，钱塘区鼓励银行推广无还本续贷政策，并适当向运输企业和个体工商户倾斜；引导金融机构落实央行再贷款政策、国务院稳经济33条还本付息“应延尽延”要求，为重点领域提供增量信贷支持。至年末，累计争取到科技创新专项再贷款12.82亿元、交通物流专项再贷款0.97亿元、普惠养老专项再贷款0.36亿元；区内银行办理无还本续贷1429笔，涉及金额33.03亿元；为372个小微企业和268个个体工商户办理延期还本付息10.12亿元。依托政银企党建联建，打造金融服务同心圆，通过“线下”银企对接会及“线上”杭州e融平台，有效解决银企信息不对称问题。开展市域担保一体化建设，与杭州担保等市级担保机构合作，为区内企业提供0.8%担保费率。至年末，杭州e融平台注册企业1.3万户，累计撮合融资金额128亿元；累计向区内679个企业提供10.24亿元政策性担保业务。

【全国首单生物医药产业园REITs发行】2022年，钱塘区聚焦区域优势产业园区，选取孵化器及和达药谷1期项目作为首发上市标的，建立“封闭式基金—资产支持专项计划—项目公司资产”三层交易结构。12月27日，“华夏和达高科REIT”（华夏杭州和达高科产业园封闭式基础设施证券投资基金）在深圳证券交易所发行，发行份额5亿份，募集资金14.04亿元，成为全国首单生物医药产业园REITs、浙江省首单产业园REITs。

【浙江生物医药板创新试点推进】 2022年，钱塘区与浙江省股权交易中心联合打造的浙江生物医药板正式列入全省区域性股权市场创新试点。起草三年行动计划，启动钱塘科创加速营，围绕合规经营、资本运作等方面设计系列课程，通过沙龙、交流会等促进交流，累计挂牌企业113个；出台支持鼓励政策，对浙江生物医药板挂牌融资企业给予10万元奖励，并将当年度挂牌企业纳入雏鹰企业名单；利用生物医药政策性直投基金，与19个专业投资机构合作设立生物医药合作基金，为区内67个生物医药企业提供近100亿元股权投资。

【产业基金运作规范】 2022年，钱塘区出台《关于进一步加强产业基金投资运作管理的意见》，推动国企为产业发展赋能，以制度革新推动产业基金市场化、规模化、品牌化。构建数字化平台“基金大脑”，实现基金及项目投资“募、投、管、退”全流程覆盖，创新投资量化评价体系，实现智能筛选评价。至年末，区产业基金总规模249.85亿元，累计投资区内项目209个次，引进落地项目51个，投中“独角兽企业”2个、“准独角兽企业”37个，入选清科榜“2022年中国政府引导基金50强”，列全国区县级产业基金第七位。

【上市企业培育】 2022年，钱塘区优化企业服务，推进上市企业培育。承办上海证券交易所资本市场服务周浙江行活动，与深圳证券交易所签订战略合作协议，举办“凤凰行动”香港金融专项服务活动。至年末，区内共有上市企业19个，新三板挂牌企业7个，重点拟上市企业34个，储备上市后备企业100多个。

【数字人民币推广试点推进】 2022年，钱塘区围绕“亚运”“共富”主线，结合“产业园区”“高教园区”两大特色，开展“钱塘美好生活惠购”“龙湖天街龙民节”系列数字人民币消费活动。推动工商银行与“钱塘技工”平台合作上线数字人民币红包，为产业工人提供消费福利，助力共同富裕。至年末，数字人民币消费活动累计参与人数超5万人，实现交易额超5000万元；落地医疗健康、商贸消费、政府机关、校园生活等数字人民币应用场景1.7万个，交易33.6万笔，交易金额13.7亿元。

【防非防诈宣传主阵地打造】 2022年，钱塘区承办全市防范非法金融活动校园短视频大赛，收集原创视频作品70件，投票网站总访问量近92万人次，总投票数超45万次，优秀作品在杭州地铁、公交上进行展播宣传，并通过区内14所高校大学生“小手”拉“大手”，将防非防诈宣传延伸到辖区内中老年人群。联合金融机构开展防非宣传进企业、进校园、进机关、进社区、进农村、进家庭、进公共场所的“七进”活动。至年末，累计举办防非防诈活动32场次，覆盖群众9870人次，投放宣传品1830份。（陶　旭）

税　务

【概况】 2022年，国家税务总局杭州市钱塘区税务局（简称区税务局）精准监管，优化服务，推进税务各项工作。全年组织税费收入356.86亿元，比上年增收13.79亿元，扣除留抵退税因素

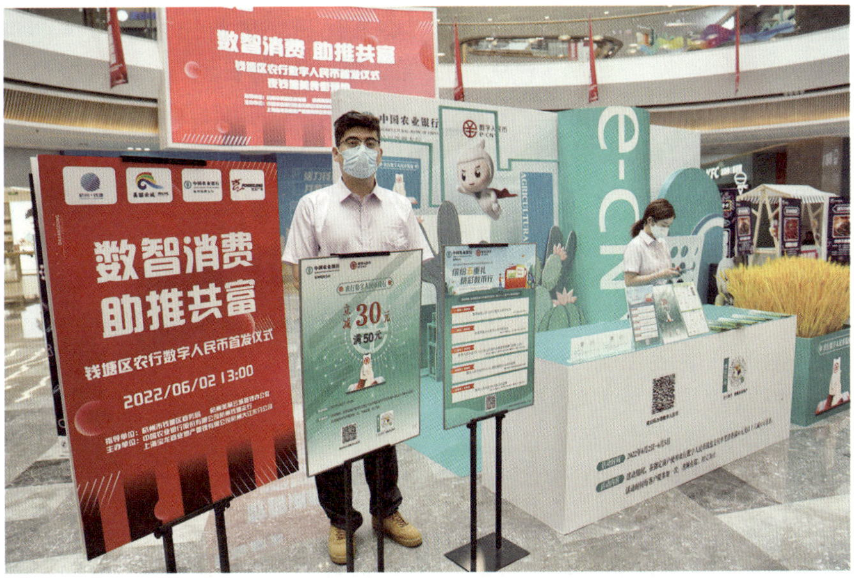

2022年6月2日，钱塘区农行数字人民币首发仪式暨“夜钱塘”美食街开街预热活动举行（区融媒体中心 提供）

2022年11月，钱塘区税务局开展“人人懂法，精准普法”主题活动。图为工作人员向一线建筑工人进行普法宣传 （区融媒体中心 提供）

后增长11.14%，按自然口径计算增长4.02%。其中，组织税收收入242.50亿元，扣除留抵退税因素后增长10.14%，按自然口径计算增长0.01%；组织社保费收入104.88亿元，增收14.36亿元，增长15.86%；组织非税收入8.88亿元，减收0.67亿元，下降6.97%；组织其他收入0.61亿元，增收0.07亿元，增长13.09%。贡献一般公共预算收入116.27亿元，扣除留抵退税因素后增长11.13%，按自然口径计算增长0.13%。

【税费优惠政策落实】2022年，区税务局落实组合式税费支持政策。全年实现减负降本54.74亿元。扣除留抵退税41亿元后，新增减税10.41亿元，新增降费3.33亿元。其中，“六税两费”减免2.26亿元，生产、生活性服务业增值税加计抵减政策减免1.42亿元，小型微利企业所得税减免1.08亿元，工伤保险费、失业保险费分别减免0.44亿元、2.46亿元。制造业中小微企业缓缴税费12.23亿元。

【纳税服务优化】2022年，区税务局深化“非接触式”办税服务，创新打造“问税云台”一对一线上咨询平台，人工咨询解答率居全省税务系统同期第一位，网上综合办税率97.77%。开展“亲商助企连心结对”活动，集中开展企业走访12次，累计走访企业1908户次，解决企业需求106个。开展留抵退税“清零”攻坚行动，建立快速反应机制，加速办理增值税留抵退税5573户次、43.8亿元。推行出口退税“即审即退”“日清日结”，出口退税平均办理时间压缩至0.19天，共办理出口退税6352户次、35.72亿元。

【改革创新推进】2022年，区税务局融入地方数字化改革，推进社会精诚共治格局。推进“部门协同的市场主体全景管理”场景开发应用，完成规上工业企业协同管理、房产税协同征缴、城镇土地使用税协同征缴3个业务场景的开发与应用，提升市场主体全景画像和跨部门协同管理效率，入选全省税务系统创新推广项目。落实《关于进一步深化税收征管改革的意见》，推动营商环境优化，打造“综保区一般纳税人资格试点精准化服务模式”，该做法入选省市两级自由贸易试验区最佳制度创新案例。

【征收管理】2022年，区税务局开展征管质量监控，夯实征管基础。推进原共治点代开功能关停和“下沉式”辅导点建设工作，成立下沉式辅导点6个，辅导办税人4539人次，辅导各项业务4237笔，纳税人满意以上的反馈率100%。划分各街道的土地层级和具体边界，做好城镇土地使用税的土地层级绘制工作，保障城镇土地使用税征缴。推进大企业服务和风险管理工作，专人对接上市公司，关注企业涉税需求，提供全方位、全过程跟踪服务，配合开展东南网架集团、玫琳凯集团、珀莱雅集团和百合花集团风险分析、应对工作。

【税收宣传】2022年，区税务局开展税收宣传，在各级媒体刊发新闻稿件74篇次、新媒体作品43篇次，其中在中央电视台、新华网等国家级媒体刊发稿件20篇次，营造良好税收舆论环境。加大培训力度，推送各类优惠政策信息25.29万条，通过网络纳税人学堂发布各类直播课程15场，直播观看20347人次。“税小秒”工作室获全市纳税宣传辅导最具影响力品牌，税收宣传作品获全市纳税宣传辅导优质作品一等奖。

（何轩宇）

责任编辑　曹文慧

经济综合管理

发展和改革管理

【概况】2022年，钱塘区发展和改革局（简称区发展改革局）推进经济稳进提质、民生保供稳价、对口帮扶合作等重点工作。在全市五次抓项目、扩投资“赛马”通报中4次获得第一名，第二季度、第三季度获省政府办公厅投资“赛马”通报激励。“钱塘技工”获省市数字化改革和数字社会领域奖项。推进重大项目建设，“景杰”“驭远”“美迪凯”等6个项目列入省重大产业项目名单，项目入选数、实施类项目数、预选类项目数均居全市第一位。启动实施重点用能用电单位能源预算化管理，重点监测预警全区重点用能用电单位674个。下沙街道“信用+楼宇经济”获评杭州市“一区县一特色”信用应用示范场景。推动对口支援、山海协作、合作帮扶及对口合作，钱塘区《“高原牦牛从头到尾”全产业开发链创建牦牛现代农业产业园区》入选“第三届全球减贫案例”。

（钱　虹）

【平台政策制度制定出台】2022年3月3日，《钱塘区产业发展导向目录与产业平台布局指引》出台，明确产业发展导向目录，产业平台布局指引以及产业准入指导性指标。5月3日，《关于优化“平台+”统筹联动机制的实施方案（试行）》出台，推进平台与街道融合发展，强化平台与部门协同配合，促进平台与平台合作共赢，推动平台与区属国企深度合作。7月10日，《钱塘新区打造高能级战略平台行动计划》出台，明确“1234”（“1个目标”，即以争创成为国家级新区为总体目标；“2个关键”，即深化全面开放和改革创新2个发展关键；“3个高举”，即统筹推进经济高质量发展、城市高效能管理和居民高品质生活；“4个核心引领”，即协同国家级经开区、高新区、综保区和自贸区4块牌子的互动互融引领）的发展路径，并提出28项具体工作举措。

【产业（惠企）政策制定出台】2022年1月20日，《钱塘区鼓励省外员工留区过年稳岗促产“暖心八送”行动方案》出台，给予符合条件的留“钱”人员每人500元消费抵扣券及数量不等的红包券补助，设立2000万元稳企留工专项奖励资金，每个企业最高不超过100万元。5月10日，《钱塘区人民政府关于纾困助企的政策意见》出台，包括普惠性纾困扶持措施、行业领域精准纾困扶持措施、提供服务水平加强各项保障举措3个方面、22条政策。7月24日，《钱塘区战略性新兴产业等优先发展类产业项目认定操作办法（试行）》出台，规范钱塘区优先发展类产业项目认定，发挥战略性新兴产业、先进制造业、信息经济产业等优先发展类产业项目在经济发展新动能方面的引领带动和典型示范作用。9月30日，《钱塘区经济稳进提质攻坚行动政策补强24条实施方案》出台，包括保障产业链供应链稳定、加大企业奖补宣传力度、促进消费持续恢复、支持外贸企业发展、推动房地产平稳健康发展、持续优化营商环境6个方面、24条举措。11月4日，《关于实施钱塘“领飞计划”打造新时代高能级产业发展战略平台若干政策意见》出台，包括提升企业能级、提升产业能级、提升服务能级、提升创新能级、提升人才能级、提升开放能级、加强要素和制度保障8个方面、50条政策。

【钱塘区代表企业新春座谈会暨政企恳谈会召开】2022年1月22日，2022年钱塘区代表企业新春座谈会暨政企恳谈会召开，区内长安福特汽车有限公司杭州分公司、杭州九阳小家电有限公司、杭州壹网壹创科技股份有限公司等工业、服务业龙头企业参加。会议介绍2021年钱塘区经济社会发展情况，听取区内工业、服务业龙头企业家代表的发言，通过面对面交流，帮助解决企业发展中存在的具体问题，增强区内企业归属感，坚定企业发展信心，提振政企合作向心力。

【钱塘区首届发展大会暨“聚焦高质量，打造高能级”推进会召开】2022年4月2日，钱塘区召开首届发展大会暨“聚焦高质量、打造高能级”推进会，区级部门、平台、街道、高校、金融机构代表470人参会。会议对先进制造业十强、产业投资十强、突出贡献十强、高端服务业发展十强、高技术产业实际利用外资八强、科技创新十强、金牌投资人八强进行授牌，以花西子全球创新研发及产业中心项目为代表的招商项目、中欧产业创新中心项目为代表的科技项目、中国计量大学国家大学科技园扩园项目为代表的区校合作项目以及人才项目在会上进行签约，钱塘区经济新政和“一带两城”整体规划发布。

【全国双创活动周浙江分会场启动仪式举行】2022年9月15—21日，全国双创活动周举行，活动周以“创新增动能、创业促就业”为主题，线上和线下同步举办。9月15日，全国双创活动周浙江分会场启动仪式在钱塘区举行，与会代表在线观看全国大众创业万众创新活动周启动仪式，杭州嘉因生物科技有限公司、杭州沃镭智能科技股份有限公司、杭州缦图摄影有限公司3个企业作代表发言。活动现场举行2022年省级双创示范基地授牌仪式、钱塘科学城发展战略规划暨“科创+”计划发布仪式。（王迎军）

2022年1月22日，2022年钱塘区代表企业新春座谈会暨政企恳谈会召开

（区融媒体中心 供稿）

【有效投资规模扩大】2022年，钱塘区完成固定资产投资542.21亿元，比上年增长17.5%。其中，完成制造业投资159.63亿元，增长34.6%；完成高新技术产业投资137.39亿元，增长57.3%；完成民间投资306.65亿元，增长16.2%。在杭州市“抓项目、扩投资”工作“赛马”活动中，钱塘区5次获第一名，2次获第三名。2022年二季度，钱塘区获浙江省人民政府办公厅全省投资“赛马”通报激励。《疫情下扩大有效投资的钱塘实践》《全生命周期抓项目，推动有效投资“半年红”》分别入选全省首批攻坚克难案例和省级投资“赛马”最佳实践。《杭州钱塘区升级项目智慧管理服务体系推动扩大产业投资》获省领导批示肯定。（韩冰涛）

【15个项目通过国家地方政府专项债审核】2022年，钱塘区梳理上报地方政府专项债项目37个，总投资404.29亿元，申报债券需求105.38亿元。国家发展和改革委员会审核通过项目15个，总投资156.93亿元，2022年债券资金需求52.42亿元。其中，社会事业领域项目4个，总投资4.73亿元，债券资金需求1.01亿元；保障性安居工程领域项目9个，总投资87.69亿元，债券资金需求28.76亿元；市政和产业园区基础设施项目1个，总投资58.8亿元，债券资金需求20亿元；城乡冷链等物流基础设施项目1个，总投资5.71亿元，债券资金需求5.65亿元。（陈　伊）

【数字社会建设】2022年，钱塘区围绕数字社会系统建设，谋划创

新场景应用，推进全面深化改革落地。4—5月，“家医助残”“钱塘技工”场景分别代表杭州市参加全省数字社会系统路演活动，“钱塘技工”场景被纳入省数字社会系统第七批案例集；6月，数字社会系统在全省数字化改革大会中获5星评价，“家医助残”场景被纳入省残联第二批揭榜挂帅项目；7月，“钱塘技工”场景被纳入省人社厅第二批揭榜挂帅项目，建设内容刊登于《浙里共富》第40期，与“家医助残”两大场景被纳入省发展改革委“关键小事”智能速办事项清单；8月，“钱塘技工”场景纳入“一地创新，全省共享”一本账S0；10月，“钱塘技工”场景入选全省“最佳应用”，《关于发布〈“钱塘技工”积分模型体系〉的通知》发文，为该应用提供理论制度支撑，“家医助残”场景相关介绍刊登于《浙江残疾人工作》第13期；11月，“钱塘技工”应用介绍刊登于数字化改革《领跑者》第21期，并获省领导肯定性批示。

【营商环境优化】2022年，钱塘区建立“工作领导小组+工作专班+工作组”工作体系，印发《钱塘区深化营商环境突破性抓手清单》《钱塘区优化营商环境工作任务清单》，推进基础民生、生态、交通等弱项短板工作。形成“周宣传、月例会、季赛马、年考核”机制，协商解决问题，量化评估成效。借助钱塘“营商听潮”力量，及时听取“两代表一委员”、市场主体对钱塘营商环境的客观评价，集智集力全域推进工作。

【政务服务环境优化】2022年，钱塘区推进政务服务“去中心化”，创新“703020+X”（“70”指从签约到土地挂牌控制在70天；“30”指挂牌公告30天；“20”指摘牌到取得施工许可证20天；“X”指酌情考虑特殊事项办理时间）产业项目推进机制，贯彻落实“拿地即开工”。全域探索商事主体登记确认制改革，创新推出登记服务自助办理、名称自主申报、住所自主选址等7项举措。建立部门、平台、企业综合协调、协作联动机制、“一对一答疑”洽谈帮办机制，打造全市首个成功案例。率先在全省探索推广产业园区嵌入式政务服务驿站模式，实现企业办事不出园区。

【法治环境优化】2022年，钱塘区新增自贸钱塘区块、知识产权等10个特设“共享法庭”，聚焦企业生产、经营过程中出现的矛盾纠纷，依托数字化网络平台，为企业提供现代化、便利化优质司法服务。获批知识产权纠纷一审管辖权，设立全区首家巡回审判法庭，护航辖区产业发展。建成启用钱塘知识产权公共服务中心，专利授权周期大幅缩短。加大诉前调解工作力度，释放博士调解员、“市场化+公益性”律师调解新模式优势，推动多元解纷发展。

【市场环境优化】2022年，钱塘区推进“一键找园”应用推广，解决企业和园区信息不对称问题。推进全国首个跨境电商退换货中心仓建设，“保税仓集货+海外仓联动”模式覆盖全球15个国家和地区。建立市场主体全生命周期数字监管平台，实现实时监管、提早介入、精准施策。探索“守信激励+失信惩戒”信用评价机制，以信用值换取授信支持和租房优惠，“信用+”楼宇应用场景获评杭州市“一区县一特色”信用应用示范场景。全省首创小额工程投标主体“诚信码”，建立信用亮码指标16个，增加失信成本。

【产业生态环境优化】2022年，钱塘区发布“领飞计划”行动方案，出台产业新政50条等政策。上线“生物医药产业大脑”，提高企业办事效率。构建“母基金+子基金”产业基金运作体系，政府出资撬动社会资本比例超过25%。在杭州医药港开启全省首个区域股权交易市场试点，推进全省首单产业园区公募REITs发行，挂牌首个浙江生物医药板。推进全市首个生物医药领域国际职业资格认可创新，打通国际职业资格和高级职称比照认定通道。上线“钱塘技工”应用，提升技术工人质量和数量。

【人文环境优化】2022年，钱塘区落实“钱塘人才新政25条”，聚焦五个主导产业，强化以才引才、项目引才、平台引才三条路径，推动人才集聚。推进江东大道提升改造工程，实现钱塘快速路钱塘区段全线通车，开展差异化购房试点，复制推广邻里社区样板，打造高新社区等融合型大社区大单元。推进“浙江有礼·礼善钱塘”区域文明新实践，提升市场主体和基层群众的获得感、幸福感。（蒋燕利）

【新能源项目建设】2022年，钱塘区发展新能源项目，以全区公共机构屋顶分布式光伏建设为牵引，推进公共建筑、公共设施、工业园区及企业厂房、居民屋顶分布式光伏规模化发展。以试点示范带动新型储能高质量、规模化、集成式发展，重点突破电源侧和电网侧储能，科学引导用户侧储能发展，规范新型用户侧储能项目建设管理，鼓励工商业用户建设新型储能电站。

【能源预算化管理】2022年，钱塘区组织年综合能耗高于1000吨标准煤以上、单位增加值能耗高于区域平均水平的企业以及年综合电耗高于300万千瓦时以上的服务业用户开展用能预算管理，制定《钱塘区重点用能用电单位能源预算化管理实施意见》，通过科学合理的“一企一策”，督促企业合理安排生产计划，倒逼企业转型升级，确保企业节能措施落实到位。保障重点低能耗高产出企业用能用电供给，重点保障增加值率高、能耗强度低、亩均效益好的生物医药，以及航空航天、智能装备制造等主导产业企业。（方一波）

【对口支援】2022年，钱塘区对口支援结对四川省甘孜藏族自治州理塘县。全年结对学校6所、医院5所、社会组织3个，“村企结对”实现全覆盖，选派12名医疗、教育领域专技人才到理塘县挂职。完成对口支援消费帮扶4300万元；动员捐款捐物630万元；动员企业赴川投资8.3亿元。援建塘塘数字电商直播示范基地，成立塘塘候鸟专家工作服务中心。创建“浙川一家亲·塘塘石榴红”民族团结进步品牌，两地合作创排“浙川山海情·塘塘一家亲”民族团结大戏。落实财政援助资金4566万元，推进理塘县牦牛产业园区等对口支援项目建设。

【山海协作】2022年，钱塘区山海协作结对浙江省衢州市江山市；省级山海协作“产业飞地”结对浙江省衢州市龙游县、浙江省杭州市淳安县。与江山市开展科教文卫等社会民生事业交流合作；将江山市农特产品引入钱塘市场，全年完成山海协作消费帮扶1500多万元；挂牌山海协作人力资源基地，开展线上劳务云聘会；结对共建“钱塘—江山”商会共富基地共建项目。与龙游县、淳安县分别签署“产业飞地”共建协议，启动钱塘—龙游“产业飞地”和钱塘—淳安共富“产业飞地”建设。拨付山海协作乡村振兴示范点援建资金400万元。（谭洁虹）

【价格管理】2022年，钱塘区通过“12345”热线、网上政务平台等渠道，处理价格信访138件，内容主要涉及楼盘精装修、转供电价格、停车收费等领域，信访件办结率100%，满意率98%以上。以日报、周报、月报形式制定重要民生商品价格监测报表，通过“钱塘发展”微信公众号对外发布23期，及时根据市场供应与价格变动情况启动监测应急预案。全年办理价格认定案件234起，累计标的数527个，案件金额560万元。

【企业信用监管与服务】2022年，钱塘区开展信用助企，优化营商环境。助力民营企业融资，梳理银企融资供需、政务数据、商业数据等信息，通过“杭州e融”平台践行金融领域的“最多跑一次”，挖掘数据信用价值，推动信用信息转化为融资资本。至年末，钱塘区企业通过“杭州e融”累计授信金额达157.23亿元，放款金额12.88亿元。把信用应用与执法监管有机结合，基于杭州市公共信用信息平台，以信用评价结果定位高风险市场主体类型，实现“守信无事不扰，失信重点监督”的精准靶向监管模式。落实企业信用承诺制，在政策兑付、行业监管、政府采购等活动中推广和使用信用承诺，简化办事流程，提高办事效率。至年末，归集市场主体信用承诺信息2万余条。在2022年度信用杭州建设工作考核中获全市第四名。创新开展信用场景建设，下沙街道“信用+楼宇经济”获评2022年度杭州市“一区县一特色”信用应用示范场景。（邹　晏）

市场监督管理

【概况】2022年，钱塘区市场监督

2022年4月7日，钱塘理塘云上科技帮扶对接会召开

（区融媒体中心　提供）

管理局（简称区市场监管局）优化提升营商环境，实施全域商事登记确认制改革，完成“减轻处罚、不予处罚”全省试点，创新开展“综合查一次”，钱塘区获评浙江省年度“小微企业三年成长计划”工作优秀县（市、区）。推进数字改革，累计建成食品生产企业“阳光工厂”89个，“浙食链”上链商家3211个，“GM2D”上链品种46个，实现二维码结算商场超市9个；建成网络餐饮“阳光厨房”2138个；169个药品零售企业完成“黑匣子”接入；“钱塘企业数治在线”累计清洗数据12万条；建成平安厨房试点100个，钱塘区成功创建浙江省食品安全示范区。推进市场主体培育，至年末，全区在册市场主体11.76万户，比上年增长14.3%。

【15个农贸市场检测室改造完成】 2022年，区市场监管局结合“五化”市场、星级市场和放心市场对检测室的标准要求，对15个农贸市场开展检测室规范化建设，提升农贸市场建设、管理和服务水平，保障群众“菜篮子”安全。至年末，全区农贸市场共自行检测各类农副产品10.58万批，检出不合格136批次，合格率99.9%，处置不合格农副产品204.4千克。

【首家五星级民生药事服务站通过验收】 2022年11月9日，钱塘区首家五星级民生药事服务站——杭州九洲大药房连锁有限公司下沙二店通过省药监局验收。该服务站位于白杨街道4号大街8-1号，可以为社区居民免费提供用药指导、个人药物使用档案建立、安全用药知识讲座、自助血压测量、慢性病健康档案建立等19项民生药事服务项目。至年末，服务站共服务1.31万人次。

【杭州市特种设备检测研究院钱塘服务中心运行】 2022年4月1日，杭州市特种设备检测研究院钱塘服务中心项目落户临江街道。该中心可以实现承压类安全附件的全项检验和实时出具检验报告，并逐步扩展压力表、锅炉水质等检验检测类目，增加装卸、运输、维修等配套服务，形成一个集特种设备咨询、检验检测、安全服务、培训等服务于一体的综合性分支机构，计划打造成为杭州市域范围内、市特种设备检测研究院下属单位中，场地最大、功能类目涵盖最全的综合性特种设备服务检测机构。

【方圆检测获评浙江省信用管理示范企业】 2022年，区市场监管局实施信用强企战略，推进信用管理示范企业培育工作，建设企业信用体系，提升企业经营风险管控能力。8月30日，钱塘区企业浙江方圆检测集团股份有限公司（简称方圆检测）获评2022年度“浙江省信用管理示范企业”。至年末，钱塘区有浙江省信用管理示范企业3个，分别是杭州普罗星淀粉有限公司、杭州电化集团有限公司和浙江方圆检测集团股份有限公司。

【22个企业获评浙江省AAA级“守合同重信用”企业】 2022年8月26日，2022年浙江省AAA级“守合同重信用”企业名单公布。钱塘区22个企业入选，分别为杭州荣厦建工有限公司、浙江博上光电有限公司、杭州福莱蒽特股份有限公司、杭州捷诺飞生物科技股份有限公司、杭州三共机械有限公司、浙江宝宇建设有限公司、杭州优科豪马轮胎有限公司、永杰新材料股份有限公司、杭州九源基因工程有限公司、杭州沃镭智能科技股份有限公司、浙江环艺电力照明工程技术有限公司、杭州和达市政园林建设有限公司、浙江正泰中自控制工程有限公司、杭州江东建设工程项目管理有限公司、杭州萧山三江净水剂有限公司、杭州世宝汽车方向机有限公司、浙江功业建设有限公司、杭州龙奔建设工程有限公司、浙江盛达江东铁塔有限公司、浙江明杰建设有限公司、电联工程技术股份有限公司、浙江明境控股集团有限公司。

【顾家集团入选“浙江省民营企业100强”】 2022年9月13日，省市场监管局、省工商联共同发布“2022浙江省民营企业100强”榜单，钱塘区企业顾家集团有限公司入选。该榜单根据2021年度企业财务报表，以企业2021年度营业收入（销售总额）为基本标准，参考其当年纳税额、净利润等指标及企业信用信息公示系统年报相关数据进行排序。

【首家“歇业”个体户完成备案】 2022年5月16日，钱塘区尧哥石材经营部完成歇业备案登记，通过歇业备案实现“停机保号”，待困难解除后可申请继续开展生产经营活动。在歇业期间，企业可以使用法律文书送达地址代替住所或者主要经营场所，节省租赁房屋、水电、人员成本，避免因“查无下落”而被列入“经营异常名录”。通过歇业备案，为企业、个体户在“开业（存续）”状态和“注销”状态之间提供“歇业”缓冲地带，降低市场主体维持成本，保证市场主体资格的连续性。

【区食品安全风险综合治理中心挂牌】 2022年4月8日，杭州市钱塘区食品安全风险综合治理中心挂牌成立。该中心打通市场监管部门科室之间的壁垒，坚持“三队合力、闭环处置”的风险综合治理体系，制定“抽、检、研、处”明细流程、责任清单和行为守则等工作制度，破解抽检分离改革难题，挖掘风险隐患盲点，为治理能力现代化提供技术支撑。至年末，开展食品安全监督抽检2306批次，其中不合格71批次。

【“放心消费”建设】2022年，钱塘区深化“放心消费进校园，你我共建新天堂”高校放心商圈联盟建设，有绿通企业（消费纠纷先行处理企业）52个，杭州九阳生活电器有限公司、松下家电（中国）有限公司等11个企业成为全国“12315”平台的ODR（全国“12315”系统在线消费纠纷解决）企业，确保消费投诉不出圈、不出区。至年末，创建“放心消费”单位2945个。其中，无理由退货承诺单位创建1049个，完成率115%；放心工厂创建463个，完成率111.5%。接收处置举报投诉咨询3.90万件，为消费者挽回经济损失746.65万元。（李蒙娜）

2022年7月15日，放心消费在钱塘暨浙江省食品安全示范区创建启动仪式举行
（区市场监管局 提供）

审计监督

【概况】2022年4月12日，钱塘区审计局（简称区审计局）召开区委审计委员会第二次会议，审议并通过《2022年度审计项目计划》《关于2021年度审计反映主要问题及整改情况的报告》及《审计发现共性问题制度建设建议》。首次撰写预算执行和其他财政支出的审计报告、预算执行和其他财政收支的审计工作报告及审计结果报告，分别向区委审计委员会、区人大常委会及区政府汇报并经审议后通过。全年聚焦财政资金管理、权力运行、民生实事等重点内容开展审计项目14个（包括省市项目6个），查出主要问题金额57.6亿元，其中违规金额3.68亿元、管理不规范金额53.92亿元，移送纪检监察机关和有关部门处理事项5件，提出并被采纳建议36条，推动完善相关制度71项。健全内审监督体系，完善审计整改、创新协同机制。出台《全员全流程审计业务质量控制图》《审计质量分级控制主要职责表》，压实审计项目质量关键的各环节和全链条责任。社区卫生服务中心专项审计获得2022年度杭州市优秀审计项目奖项。

【财政审计】2022年，区审计局首次开展区本级预算执行和决算草案情况审计，聚焦财政管理、部门预算执行、部门账户管理、街道预决算及专项资金管理、招商引资、国有资产管理6个方面审查问题，促进区委及区政府完善相关制度13项、主管部门及被审计单位完善相关制度11项，推动开展全区国有资产清查、国有房产确权、银行账户清理等专项行动12次，推动上缴财政资金1.72亿元，实现139个部门预算执行审计全覆盖。

【经济责任审计】2022年，区审计局出台《杭州市钱塘区经济责任审计工作联席会议议事规则》并首次召开经济责任审计工作联席会议。全年对3个单位共6名领导干部开展经济责任审计，推动上缴财政资金6360.48万元，促进完成资金清退678万元；促进区委及区政府完善相关制度8项，主管部门及被审计单位完善相关制度33项。推进巡审联动监督规范化、系统化建设，区行政审批局、区产业集团作为“巡审联动”项目的试点单位。

【自然资源资产审计】2022年，区审计局聚焦生态环境保护，开展前进街道领导干部自然资源资产审计和钱塘江流域水生态保护专项审计调查。通过督促整改和与萧山区建立水污染防治协商协作机制，提升钱塘区农村生活污水处理设施出水达标率，该项整改示范案例入选2022年第四季度省级“七张问题清单”示范榜。

【民生审计】2022年，区审计局聚焦民生保障，开展储备粮管理、既有住宅电梯加装情况等专项审计调查。储备粮管理专项审计粮食主管部门履职尽责、储备粮储存管理等方面，推动出台《杭州市钱塘区粮食安全应急预案》等制度4项。既有住宅加装电梯专项重点关注资金筹集、使用管理及加装电梯具体实施情况，推动出台《关于印发〈杭州市钱塘区老旧小区住宅加装电梯实施意见〉的通知》，优化完善有关加梯运维管理、安全管理等机制5项。

【大数据审计】2022年，区审计局首次引入“大数据”审计方法，通过大数据分析和现场核实相结合的审查模式，有效提高审查效率及疑点精准度。《大数据分析先行，助力行政事业审计提质增效》等4个案例获评杭州市优秀大数据审计案例奖项。

【内部审计】2022年，区审计局健全内审工作体系，召开全区内审工作会议，将全区各单位内部审计工作纳入区级综合考评，出台《钱塘区全面加强内部审计工作指导意见》《钱塘区审计局内部审计指导联系点制度》，发挥内审工作“管理、服务、宣传、交流”的作用。首批试点杭州市推行的“驻镇（街）审计师”制度，助力对村（社区）“一肩挑”干部的常态化监督，助推乡村振兴和美丽乡村建设。

【审计监督整改】2022年，区审计局提升审计监督整改成效，首次召开全区整改工作会议，针对2021年区本级审计项目发现的149项问题基本完成整改，推动上缴财政资金2495.25万元，促进完成资金拨付1022.58万元，完善相关制度41项。联合区委办、区政府办、区纪委区监委对整改责任单位落实制度建设情况开展联合督查，完善相关制度8项。发布《工程总承包建设模式审计发现共性问题提醒清单》《公检法审计发现共性问题提醒清单》，覆盖全区57个单位和8个重点领域，引导各单位开展对照自查并主动整改。

（于晓文）

2022年10月25日，钱塘区召开内部审计工作暨审计整改动员会议

（区融媒体中心 提供）

统　计

【概况】2022年，钱塘区统计局（简称区统计局）围绕区委区政府工作部署，发挥统计分析、统计监测、统计调查、统计监督等职能，为全区经济社会高质量发展建言献策。筑牢统计基层基础，推进统计改革创新，优化统计服务保障，加强防范和惩治统计造假，提高统计数据质量，各项工作取得成效。

（辛　杰）

【统计监测分析服务】2022年，区统计局深化统计监测和分析服务，助力经济稳进提质，提交各类分析报告25篇，其中《钱塘区服务业经济高质量发展研究报告》获全市优秀统计分析二等奖。加强对区域经济高质量发展监测，编印统计信息手册，做好省级新区统计监测、国家级经开区综合考评，协助做好国家高新区日常统计监测。加强对经济运行分析研究，协助做好有效投资、创新强工等工作，从统计工作角度提出有效举措，科学指导经济工作。

（金升杰）

【统计基层基础建设】2022年，区统计局深化“基层基础建设年”活动，推动召开全区首次统计调查工作大会。围绕制度建设、调查管理、日常考核等方面内容，规范部门统计工作，强化基层统计台账规范化建设，启动基层统计网格智治工作，打造“网格驿站”13个，组建基层网格92个，1868个“四上”企业全部纳入网格化管理。开展入库纳统工作，推进新增单位管理和字典库更新，推动规模以上企业入库。至年末，新入库投资项目212个、房地产项目9个，小升规入库企业339个，数量列全市第一位。

（喻春华）

【统计调查服务】2022年，区统计局开展住户调查、粮食监测和低收入样本轮换，做好基层数据指导检查，提升调查数据质量，强化数据评估，加大粮食样方数据抽检频率，规范畜牧业养殖户基础统计资料整理。开展城市体检社会满意度、创新创业环境满意度等36项各类专项和社情民意调查，调查样本累计超过2500份次。推进第五次全国经济普查筹备工作，组建筹备领导小组及办公室，完成经普预算编制。

（鲍承君）

【统计改革创新】2022年，区统计局推进重点领域统计改革，首次公布季度分街道、平台GDP及服务业增加值数据，精准反映基层单位高质量发展进程。组织编印《数说钱塘2021》，首次全方位全景式展示钱塘经济社会发展成就。联合区发展改革局研究制定共富监测指标体系清单，开展全区技术工人数量、类型、分布、比例等数据搜集分析工作，助力推动上线"钱塘技工码"。完成入库直通车业务开发，企业升规操作流程改革纳入全市统计系统年度数字化改革重点工作试点任务清单。

（金升杰）

【统计法治建设】2022年，区统计局坚持高标准严要求，推进统计法治工作。开展国家统计督察反馈问题整改，会同区纪委区监委、区委巡察办、区审计局联合出台各类监督和协同配合工作机制，强化统计监督职责职能。开展专项纠治行动，联合区纪委区监委出台统计造假不收手、不收敛专项纠治实施方案，对区委、区政府10个领域、统计系统11个领域和统计调查对象7个领域可能存在的统计违纪违法行为开展全面自查；首次开展跨部门联合执法，集中检查60个"四上"企业和项目，对2个统计违法企业进行立案查处。加强统计普法宣传，面向多类型群体开展统计法治培训，累计点对点培训2500多人次。

（张　冉）

质量技术监督管理

【概况】2022年，区市场监管局推进质量强区建设。强化质量技术监督力度，推进新区品牌建设，新增"浙江制造"品字标认证企业13个，累计43个，共获"浙江制造"品字标证书44本。1个企业获市政府质量奖，15个企业获区政府质量奖。强化激励引导，兑现2021年度品字标创建企业实际奖励113万元。

【中策橡胶获评市政府质量奖】2022年，钱塘区企业中策橡胶集团股份有限公司入选杭州市政府质量奖名单。区市场监管局以区域特色产业和高端装备制造、智能制造、生命健康产业为重点，以行业龙头骨干企业为主体，实施首席质量官质量管理提优行动，根据企业发展情况动态完善企业梯次培育机制。至年末，钱塘区"杭州市政府质量奖三级梯队培育库"企业56个。

【区政府质量奖评选】2022年，钱塘区修订发布《钱塘区政府质量奖评审管理办法》，开展区政府质量奖评选工作，通过线上线下相结合模式组织企业申报，对"区政府质量奖"和"创新奖"的获奖单位分别给予30万元和10万元的一次性资助，并颁发证书和牌匾；对"优胜奖"获奖单位颁发证书和牌匾。至年末，共有长安福特汽车有限公司杭州分公司、中策橡胶集团股份有限公司、杭州金鱼电器集团有限公司等19个企业申报，比上年增长72%，销售总额756.9亿元，增长95%。

【"品字标"企业培育】2022年，区市场监管局建立"品字标"企业科学培育梯队，以规模以上工业企业为主，建立"提升、发动、冲刺"三级阶梯培育库，培育重点企业75个，覆盖高端装备、智能制造、新材料、服装等行业。优化企业阶梯式培育库，对重点企业采取"一对一"的保姆式服务，挖掘企业潜力，帮助企业创建高端品牌。至年末，有13个企业获得"品字标"认证证书。

【非标电动自行车淘汰置换】2022年，区市场监管局开展备案非标电动自行车淘汰置换工作，通过"拟订方案、统筹协调""宣传发动，梳理流程""点面结合"推进备案非标电动自行车淘汰置换工作。完善工作机制，收集各方诉求，梳理痛点难点，召集辖区大型商户了解前期旧车回收的情况及对淘汰置换工作的意见建议，预判可能出现的问题和困难。会同区公安分局及交通管理部门对各街道电动车底数和车牌注销流程进行统计优化；会同区商务、环保部门对车池闭环回收事宜进行研究。至年末，备案非标电动自行车淘汰率实现97%。（朱兴龙）

行政审批服务

【概况】2022年，钱塘区优化行政审批事项管理，对照省级清单梳理钱塘区行政备案事项238项，推进政务服务标准化规范化便利化建设，完成深化政务服务标准化规范化便民化建设课题研究。梳理涉审中介事项名录，清理取消“项目建议书编制”等5个事项，精简事项清单至31项。出台《杭州市钱塘区公共资源交易管理办法》《杭州市钱塘区小额公共资源交易管理办法》《杭州市钱塘区公共资源交易目录及限额标准（2022版）》等制度，规范交易行为。

加快推进投资项目。成立项目推进工作专班，设立运用投资项目联审中心，建立定期项目协调专题会机制，推广企业项目审批承诺制，推出重难点项目特殊审批流程，优化项目审批服务。围绕企业项目和政府项目，细分4个审批阶段及20多个审查要点，实时监测项目审批审查进度，由“审批部门+平台”专班队伍跟踪推进项目。至年末，跟踪企业项目62个、政府项目135个。纳入市级考核的新出让工业用地项目实现半年内开工，从签订土地出让合同到领取施工许可证平均用时93.7天，比上年压缩17.8%，7个项目实现20天内“拿地即开工”。其中，艾比奥项目审批用时仅为2天，刷新钱塘区开工最快纪录。加快投资项目推进相关做法被省委改革办《竞跑者》刊发。

推进便民体系建设。制定《钱塘区深入推进便民服务体系建设试行方案》，明确5大行动、15项重点工作，以区级行政服务中心为支撑，街道、村（社区）便民服务网点为主体，平台、银行、自助等多个服务延伸网点为补充，全域协同打造便民服务体系，促进便民服务与基层党建、基层治理深度融合，形成“最多一公里”便民办事圈，基本实现政务服务全域“优质共享”和“均衡可及”。

加强交易监督管理。明确钱塘区促进公共资源交易领域公平竞争打造最优营商环境工作要求，加强招投标行业监督，组织开展2轮“双随机、一公开”专项检查，对象涉及区教育局、7个街道和3个国资公司，业务覆盖区级和小额交易平台所有公共资源交易类别，针对检查发现的招标采购计划性不高、标后管理不够完善等问题，落实整改，提升交易规范性，营造公平清正交易环境。

【投资项目“一站式”服务开展】 2022年，钱塘区建立运用投资项目联审中心，区发展改革局、区住建局、区行政审批局等8个涉审部门和公共服务单位人员集中入驻办公，制定《产业项目方案联审联批制度》，梳理项目方案设计15项审查要点和16项审批事项，强化源头指导，推进机制常态化、部门协同化、服务专项化，协助企业办事实现最优路径、最短时间，最大化发挥一站式审批服务作用。创新服务方式，设立推出方案前期联合指导、方案联合会审会商等7个远程服务场景，通过视频会议、屏幕共享等途径，以单联、多联等形式为企业开展线上跨部门协同服务。针对钱塘区新拿地项目，全年开展方案前期指导32次，召开联审会议42次，并通过联审中心线上平台对“方圆检测”“道铭微”“景杰”等项目开展远程指导服务30多次。

【投资项目联合攻坚】 2022年，钱塘区针对特殊复杂项目，建立部门、平台、企业三方综合协调、协作联动机制，推动项目落地。针对“福莱蒽特”“浩月”“鸿汇”“梦饷”4个企业提出的地下室工程联合共建需求，组建专班，赴现场研究协调20次，实现4个项目方案设计、资料申报同时开展，审批部门方案会审、审批指导协同推进，项目施工单位确定、施工许可同步完成，实现4个企业地下室空间连通开发，打通物理空间约3.27万立方米，为企业节省费用3000多万元。针对“科创中心”“中国科学院二期”“加速器六期”“粮食仓库中心”等重点项目，紧扣时间节点要求，部门联合研究制定特殊审批流程，开展施工单位招投标容缺受理，在开标前7天补齐工程规划许可证等材料，推进项目前期。针对“十勇士”“中策橡胶”等难点项目，通过上门走访对接、召开专

杭州医药港行政服务驿站（摄于2022年）　（区融媒体中心 提供）

题会议、加大协调频次、开展事前预审等举措，实现半年内开工目标。

【项目涉审中介服务管理优化】2022年，钱塘区研究制定产业项目涉审中介机构白名单制度，涵盖重大投资项目社会稳定风险评估报告编制、安全评价、综合测绘（联合测绘）报告编制、建设工程设计文件编制（包括方案设计）、建设项目环境影响报告书（表）编制、固定资产投资项目节能评估文件编制等6个事项类别，促进提升产业项目涉审中介服务质量和效率，加快推进产业项目开工建设。其中，针对设计单位，研究制定产业项目中介（设计）机构质量评价办法，并通过数据采集，从项目建设单位评价、行业主管部门评价、图审单位评价、诚信系统评价4个维度评选出钱塘区首批产业项目中介（设计）机构白名单，共有单位35个。

【亚运项目招投标】2022年，杭州市公共资源交易中心钱塘分中心针对亚运会保障项目实施集中开标，全部采用全流程电子标，并提前实施多项目、多投标人同时开标极限软件测试及开评标演练，抢抓招标阶段推进时效，促使各标段充分竞争，集中2天完成11条亚运通勤主干道整治项目招投标，从项目预公示到完成招标仅26天，开创钱塘区工程建设项目招投标多标项用时最短纪录，在线投标企业达1122个。

【“就近办”智慧服务体系打造】2022年，钱塘区推进政务服务2.0“一网通办”平台建设，实现政务服务2.0“一网通办”平台区街村（社区）三级全覆盖，2.0平台延伸率、应用率均实现100%，街道、村（社区）可办事项分别为274项、149项，并组建街道、村（社区）智办专员队伍，强化导帮办，实现高频事项办理“不出街道”“不出村（社区）”。延伸2.0平台至杭州医药港、大创小镇、钱塘芯谷、前进智造园、综合保税区、临江高科园6个产业平台，实现可办事项107项。开通农商银行5个政务服务2.0站点，实现银行窗口“就近办”39个事项、银行Pad“上门办”42个事项、丰收互联App“掌上办”428个事项、银行终端“自助办”169个事项。组织开展政务2.0系统实务操作培训，确保事项在基层“接得住”“办得好”。统一全区政务服务场所名称、功能设置，街道、村（社区）设立网办掌办专区，推进便民体系“规范化”建设。完善终端“自助办”功能布局，增设临江街道临江佳苑社区燃气充值网点，实现江东片区中国燃气充值业务各街道全覆盖。

【便民服务功能优化】2022年，钱塘区优化事前咨询服务，建设政务服务咨询知识库，整理现行高频事项办事指南、政策法规及民生热点，收录业务事项513项，并导入相应标准化问答，实时调用并动态更新管理，提升咨询服务规范性。开展线上适老化及无障碍功能改造，在钱塘区政府官方网站首页新增“老年版”入口和“无障碍浏览”入口，实现网页字体放大、文化障碍语音辅助、视觉增强辅助等功能，帮助老年人和障碍人士适应数字化政务服务环境，提升办事体验。

（黄 婷）

责任编辑　曹文慧

国资公司

区建投集团

【概况】2022年，杭州钱塘新区建设投资集团有限公司（简称区建投集团）推进区基础设施、公建配套及保障性用房、公建厂房、产业项目等开发建设任务，以及做地、经营性资产的管理运营、对外投资等工作。通过机构重组和优化，设有7个内设机构、20个下属子公司和6个参股公司。集团总资产723亿元，比上年增长6.98%，累计实现营业收入4.92亿元，主体信用等级为AA+。

集团履行建设主体职责，全年完工项目48个，竣工道路总长约43千米。完成固定资产投资56.9亿元，完成率107.9%。拓展资产经营，自营性资产可出租面积37.92万平方米，出租面积25.89万平方米，出租率68.3%，收取租金9228万元（含2022年政策性减免金额）；资产出售面积0.44万平方米，实现销售收入7675万元；平台运营资产22.85万平方米，出租面积10.41万平方米，出租率45.6%，收取租金3484万元（含2022年政策性减免金额）。引进凯德项目，招引外资2.07亿美元。出让土地3宗，总出让面积12.53万平方米，出让金额39.6亿元；完成土地收储5宗，可出让面积21万平方米；启动收储土地7宗。

推进党建引领，深化“钱塘建匠”党建品牌，构建“1+7”党建品牌矩阵，推出“建匠足迹”“喜迎二十大·征程再出发”“组工学习专栏”等系列专题，入选浙江省“国企党建创新样本”并获得展播。推出“清风廉匠”特色清廉品牌，并以系列主题活动和“五张名片”（搭建清廉阵地、共建清廉工程、创建清廉家庭、构建清廉文旅、组建清廉讲团）为载体，构筑亲清“甲乙网”。

推进机制优化，开展“五比一创”月度考核，即比工程质量、比安全生产、比工程进度、比工地文明、比工程投资、创一流施工队。通过细化分解目标任务，落实各建设项目目标任务的时间点、路线图、责任人，量化考核指标，推进项目建设，共开展“五比一创”考核12次。围绕建设项目制定推进计划并分解落实，针对开工、完工、月度进度等执行情况开展“红黄绿”三色预警机制，做到一月一分析、一月一评价、一项目一说明，落实建设项目、产业净地一件事半月报，共开展建设项目推进情况分析12次。

推进数字赋能，搭建完成“数智建投”“1+8+X”数字化管理体系，融合工程项目、办公OA（办公自动化）、我家云资产管理等8个系统，搭建数字驾驶舱平台，推动公司决策科学化、精准化。建立数字建材供应链平台——“钱塘链采”，30个供应商、5个采购商入库，达成钢材供应意向合同4份，首笔意向销售金额2400万元。

【2个安置房项目交付】2022年，由区建投集团负责建设的2个安置房项目交付。9月20—22日，新湾街道城乡一体化安置小区（水畔华庭）交付，项目总建筑面积23.4万平方米，共有安置房1238套，下设7.6万平方米的大型停车场，设有机动车车位1873个。11月24—29日，河庄安置房

2022年钱塘区建投集团所属全资子公司情况表

表13

序号	全资子公司名称	序号	全资子公司名称
1	杭州钱塘安居开发集团有限公司	11	杭州东部城镇化建设有限公司
2	杭州大江东地产开发有限公司	12	杭州钱塘城市建设集团有限公司
3	杭州大江东置业管理有限公司	13	海宁江滨投资开发有限公司
4	杭州大江东城市基础设施建设有限公司	14	杭州东部湾新城开发建设有限公司
5	杭州东远投资管理有限责任公司	15	杭州东部资产管理有限公司
6	杭州建沁房地产开发有限公司	16	杭州东印企业经营管理有限公司
7	杭州东逸园区管理有限公司	17	杭州东鼎置业发展有限公司
8	杭州前铭房地产开发有限公司	18	杭州高创谷开发建设有限公司
9	钱塘建投（香港）有限公司	19	杭州东创园开发建设有限公司
10	杭州钱塘产城开发集团有限公司	20	杭州临创谷开发建设有限公司

三期（潮听名苑）交付，项目总建筑面积72.6万平方米，小区以横河为界，分南北6个区块，户型齐全，共有房源3660套，机动车停车位5940个。

【7个学校项目完工】2022年，由区建投集团负责建设的7个学校项目完工。7个学校项目分别为义蓬街道中心小学项目（暂名）、开发区单元幼儿园改造、学正中学扩建、义蓬二小扩建、大学城北配套用房幼儿园装修、前进街道人才房配套幼儿园精装修工程、潮闻天下配套幼儿园精装修工程，项目总投资5.64亿元。

【金沙湖公园项目（四期）景观项目竣工验收】2022年1月26日，金沙湖公园项目（四期）景观项目通过竣工验收。该项目位于下沙金沙湖地块，金沙大道以南，海达南路以西，天城东路以北，环金沙湖布置。工程范围包括1号楼、2号楼、3号楼、南北管理用房以及湖面与湖区周边的绿化工程，用地面积44.4公顷，湖面面积25公顷。

【东部湾总部大楼项目竣工】2022年9月9日，由区建设集团负责建设的东部湾总部大楼项目竣工。该项目位于白杨街道24号大街873号（紧邻钱塘亚运轮滑中心），总用地面积3.5万平方米，总建筑面积22.7万平方米，其中地上15.9万平方米。项目作为东部湾新城启动区首个综合性的标杆产业园区、区域“总部经济”核心发展基地，由5幢塔楼组成，主楼高度200米，为钱塘区第一高楼。项目涵盖甲级写字楼、星级酒店、会务中心、高端影院及配套商业等功能。

【亚运滑板公园（碗池、街式）项目竣工】2022年1月13日，亚运滑板公园（碗池、街式）项目竣工。该项目位于东部湾体育公园内，22号大街以南，绕城高速以西，之江东路以北，建筑面积5661平方米，主要包括管理用房、看台。碗池比赛场地占地1216平方米，设计为3米深度左右U型池，包括圆形火山口、人字脊等道具类型；街式比赛场地占地1040平方米，主要设计为地面各类街头障碍物，包含抛台、多样的台阶数、可升降扶手、滑杆等。

【经济型酒店及金领公寓项目竣工】2022年8月31日，钱塘区经济型酒店及金领公寓项目竣工。该项目位于江东二路与青西一路交叉口，工程总建筑面积4.4万平方米，其中地上建筑面积2.44万平方米，地下建筑面积1.96万平方米。该项目为大江东片区首批采用EPC总承包模式+钢结构工业化体系施工的实践项目，主要由2幢70年产权住宅（地上15层，地下2层，共112户）、1幢经济型酒店（地上14层，地下2层，共116间客房）及1条代征道路组成。

【沁香公寓人才共有产权房首开】2022年12月25日，沁香公寓人才共有产权房首次面市，共签369套，货值9.59亿元，购房款首付1.72亿元，贷款2.67亿元，合计收款4.39亿元。该项目为浙江省首个人才共有产权保障性住房试点项目，位于钱塘区沿江板块，占地面积5.28万平方米，总建筑面积18.4万平方米，共建有住宅9幢，总套数1288套，其中主力户型面积为80~90平方米，有824套，占比64%。

【钱潮嘉苑共有产权房项目开工建设】2022年12月28日，钱潮嘉苑共有产权房项目开工建设。

该项目位于钱塘区河庄板块，河中路以东，河景路以北，书卷街以南，城隍庙以西，紧邻河庄初级中学、河庄小学、河庄中心幼儿园，总建筑面积15.51万平方米，其中地上住宅面积9.62万平方米，容积率2.8，由10幢高层及3幢配套用房组成，住宅共计1000套。

【项目管理优化】2022年，区建设集团围绕“落实主体责任”“强化过程监督”和“健全评价体系”3个重点，推进建设工程匠心“质”造行动，通过聘请第三方机构月度全覆盖工地检查评估，开展评估452次，发现质量隐患2868项、消防和安全生产隐患1634项，印发督查整改通知单452份，23个（次）工程被列为黑榜，整改率100%，“黑榜”项目全部约谈。建立例会、专题协调、工程问题交办等工作机制，专题研究工作任务落实推进情况，收集现场问题并逐个突破，全年收集现场问题提交表203份，问题425条，办结问题362个。深化安全月活动，打造应急管理“标准化”，配建应急物资储备仓库和应急救援队伍，开展除险保安、防汛防台等检查，并建立隐患排查整改闭环机制，全年开展安全生产专项检查8次，抽查在建工地80个，发现安全隐患203处，整改完成率100%。争创市级以上质量安全相关荣誉21项。（李婷娜）

区产业集团

【概况】2022年，杭州钱塘新区产业发展集团有限公司（简称区产业集团）以服务区域主导产业发展、构建产业生态体系为目标，做实做强产业基础设施开发运营（产业园区、产业综合体、能源、水务等配套）、产业金融服务（产业基金和非银持牌金融服务）和产城融合服务等主业。全年实现营业收入16.8亿元，上缴税款2.11亿元，完成固定资产投资11.79亿元，合同租金收入6.3亿元（含减免租金1.35亿元）。至年末，集团公司拥有总资产240.21亿元，有下属全资子公司38个、控股（含子公司控股）公司7个、参股（含子公司参股）公司33个。

推进产业园区运营提质增效，杭州和达高科技发展集团有限公司（简称和达高科）以和达药谷一期以及和达高科孵化器为标的发行华夏杭州和达高科产业园封闭式基础设施证券投资基金（简称华夏和达高科REIT），实现集团产业发展模式从传统产业园区“开发+租赁运营”转变为资本共生体系的产业服务迭代开发新模式。推进技术服务型功能完善，杭州和达医学检验实验室有限公司获得“职业医疗机构许可证”，建成浙江省特殊生物制品一体化通关平台；和达高科在全国100强产业园区运营商中排名39位，全国生物医药产业园专业运营商前5强；和达智造产业化基地获评“浙江省小微企业园亩均效益领跑者园区”；Q Bay（硅谷）园区被评为省级“境外经贸合作区年度优秀园区”。

创新融资模式，区产业集团完成20亿元额度私募公司债注册，并以3+2年期3.12%票面利率的低成本发行首期10亿元私募公司债，创全国AA+评级三年期私募公司债最低利率。发行2022年第一期3+2年期中期票据4亿元，票面利率2.75%。

产业基金上榜清科“2022年中国政府引导基金50强”第27名，列全国区县级产业基金第七名；获评投中“2022年中国最佳私募股权投资领域有限合伙人TOP30”及“2022年中国最佳创业投资引导基金TOP30”。至年末，和达产业母基金累计合作基金38只，合作基金总规模约183.55亿元，其中近50%为大健康类基金。设立服务于重大项目招引的定向基金5只，总规模40.1亿元，投资项目5个；设立直投基金6只，总规模25.45亿元。

优化能源服务，集中冷暖供应产能30兆瓦，实现区域产业建筑内工艺环境空调用能替代面积约50万平方米；医药港2#能源站全钒液流电池储能系统并网，并网规模达0.5兆瓦/2兆瓦时。医药港零碳电厂熔盐储能示范项目获评省“新型储能示范项目”；可再生能源区域集中供能项目获评市“十大低碳应用场景”，入选省“2022年度绿色低碳转型典型案例”和省“2022年度建筑领域碳达峰相关工作优秀案例”。

做优产城服务，杭州和达物业管理有限公司（简称和达物业）获评省物业服务企业信用“AAA”等级，在管项目湖畔中心获评杭州市物业管理优秀非住宅类项目。杭州和达房地产开发有限公司获评2022年浙江省房地产产业协会先进单位，代建项目金沙湖大剧院项目获得2022年度海绵城市央补资金150万元。加强社区商业布局，推进金沙湖公园商业配套提升，金沙湖休闲商业特色街获评“市级商业特色街”称号；首个轻资产项目“和达WALK”落户江东区块，整合义府名苑、义蓬名苑、向涛名苑3个住宅区商业板块，总面积1.87万平方米。提升酒店服务品质，和达希尔顿逸林酒店获评“中国最佳会议酒店”，金沙湖和达希尔顿嘉悦里酒店获评“中国最佳城市度假酒店”“杭州优秀星级（旅游）饭店”。杭州钱塘安保科技有限公司合作项目突破1000个，安保力量突破2000人。人防业务以“巩固下沙、拓展江东”为核心，为政府机关、中小学、幼儿园、高端写字楼等单位提供高标准安保服务；技防业务新市场不断拓展，服务范围辐射杭州、绍兴、安徽阜阳等地。

打造红色“和”动力企业党建文化。开展“贯彻二十大·建功新时代”系列活动，配合区委巡审联动工作，按照边巡边改、即知即改要求，落实整改问题30多个。优化完善《董事会议事规则》《司管干部管理办法》等8项制度。强化干部作风效能，廉政提醒谈话30多人次。深化区域党建联建机制，与中国建设银行杭州分行党委、下沙街道党工委等开展党建联建，凝聚团队发展合力。

2022年钱塘区产业集团所属全资子公司一览表

表14

序号	全资子公司名称	序号	全资子公司名称
1	杭州和达高科技发展集团有限公司	20	杭州和达智谷园区发展有限公司
2	和达投资集团（杭州）有限公司	21	杭州和达药谷六期园区运营管理有限公司
3	杭州和达房地产开发有限公司	22	杭州和达临碳科技城发展有限公司
4	杭州和达商业资产管理有限公司	23	杭州生物医药国家高技术产业基地管理有限公司
5	杭州万国酒店管理有限公司	24	上海千咏实业有限公司
6	杭州钱塘新区安保科技有限公司	25	杭州和达医学检验实验室有限公司
7	杭州和达金融服务有限公司	26	杭州和达药谷三期园区发展有限公司
8	杭州和达物业管理有限公司	27	杭州和达物流有限公司
9	杭州和达能源有限公司	28	杭州汉达国际货运代理有限公司
10	和港科技（国际）有限公司	29	杭州综合保税区服务管理有限公司
11	和达（香港）控股有限公司	30	杭州东杨商业管理有限公司
12	杭州和港创业投资有限公司	31	杭州万维投资有限公司
13	杭州经济技术开发区创业投资有限公司	32	杭州源东投资有限公司
14	HEDA INVESTMENT LTD	33	杭州和生生物技术有限公司
15	杭州和达科技服务有限公司	34	杭州万景房地产开发有限公司
16	杭州和达海聚园区管理有限公司	35	杭州金缕投资管理有限公司
17	杭州万海投资管理有限公司	36	融华亚洲有限公司
18	杭州和达芯谷园区管理有限公司	37	杭州和达融资租赁有限公司
19	杭州和达芯谷二期园区发展有限公司	38	杭州和达意远工程管理有限公司

【区产业集团获穆迪、标普信用主体评级】2022年4月，区产业集团获“穆迪Baa3/稳定”“标普BBB-/稳定”国际信用主体评级，成为全国首家穆迪、标普双投资级的区县级平台。区产业集团设立由股东会、董事会、监事会和经营层构成的公司法人治理结构，构建以投资决策、财务监管、风险控制、内部审计、纪检监察“五位一体”为核心的现代企业管理体系。围绕产业服务核心发展定位，打造全生命周期产业平台服务体系，累计建成并运营各类产业园区185万平方米，服务企业5000多个。

【和达产业基金获多项荣誉】2022年，由杭州和达金融服务有限公司管理的杭州和达产业基金投资有限公司（简称和达产业基金）上榜出类研究院“长三角最佳政府引导基金”榜单、投中“2022中国最佳私募股权投资领域有限合伙人TOP30”“2022中国最佳创业投资引导基金TOP30”；清科“2022年中国政府引导基金50强”排名第27名，位列全国区县产业基金第七名。和达金服下属私募管理人杭州和达投资管理有限公司登榜2022浙江新锐投资机构，列第一名。和达产业基金主要围绕区域生物医药、先进制造、新一代信息技术、新能源材料、高端服务业5个产业集群，推进创新链、产业链、资本链融合。至年末，和达产业母基金参股的社会合作基金项目38个，参股社会合作基金总规模183.55亿元，产业母基金认缴出资额60.59亿元，实缴出资额41.9亿元。

【杭州医药港多能互补区域集中供能项目获2项省级荣誉】2022年，由杭州和达能源有限公司建设运营的杭州医药港多能互补区域集中供能项目入选省建设厅2022年度建筑领域碳达峰——项目实施类高比例可再生能源应用优秀案例、全省2022年度绿色低碳转型典型案例。该项目通过发电余热梯级利用，将热电联产企业热网末端的低品位蒸汽用于驱动溴化锂机组制冷、板式换热设备制热模式，帮助企业降低空调系统初投资和综合用能成本，减少区域配电容量资源占用，协同电网削减峰值负荷压力，应对供需矛盾。至年末，在杭州医药港运行分布式能源站3座，建成区域集中冷暖供应产能30兆瓦、地下循环水管网10多千米，实现区域产业建筑空调用电替代面积50多万平方米，年节电量约2000万千瓦时，年减排二氧化碳1.2万吨。

【和达钱塘产业直投基金建设】 2022年，和达钱塘产业直投基金共有6只，实缴规模17.9亿元。其中，生物医药直投基金3只，实缴9.45亿元，投资项目24个（含平毅基金出资4个），退出项目1个，基金总出资额8.6亿元；创新成长直投基金2只，实缴6亿元，投资项目7个（含平毅基金出资2个），基金总投资金额3.6亿元；平毅基金1只，实缴2.45亿元。

【华夏杭州和达高科产业园封闭式基础设施证券投资基金上市】 2022年12月27日，华夏杭州和达高科产业园封闭式基础设施证券投资基金（简称华夏和达高科REIT）在深圳证券交易所上市，基金代码180103。华夏和达高科REIT首发标的资产为位于钱塘新区的和达药谷一期和国家级企业孵化器和达高科孵化器两个项目。由和达高科、中信证券、华夏基金联合推出，作为全国首单生物医药产业园区公募REITs和全省首单产业园区基础设施公募REITs项目登陆资本市场。

【和达物业公司获评省物业服务企业信用AAA级】 2022年，杭州和达物业管理有限公司（简称和达物业公司）服务板块涵盖政府机关、写字楼、产业园、住宅、长租公寓、商场和公建类项目。在管项目中，杭州和达钱东物业管理有限公司（区建投集团委托）项目共计10个，占公司总业务的37%。年内获评2022年度浙江省物业服务企业信用AAA级、浙江省守合同重信用AA级，在管项目湖畔中心获评2022年度杭州市物业管理优秀项目。

【专业化产业园区品牌打造】 2022年，和达高科集团推动差异化发展思路，打造“药谷”“智谷”“芯谷”“健康谷”等专业化产业园区品牌。产业涵盖生物医药、数字经济、智能制造、文化创意、新能源新材料等领域。全年运营园区26个，其中境内园区25个，运营园区总面积近185万平方米，园区入驻企业总数1000多个。其中，生物医药型企业178个，数字经济型企业339个，智能制造型企业104个，文化创意型企业107个，新能源新材料型企业40个，商业配套型企业73个，其他服务类企业122个。生物医药和数字经济企业占比超50%，成为园区产业发展的主导方向。海外园区硅谷钱塘中心累计入驻创新企业和机构55个，园区P2级生物医药共享实验室累计入驻公司9个，累计孵化13个，办公区域平均出租率80%。

【项目建设推进】 2022年，区产业集团实施季度项目推进会议机制，组建项目专班，健全项目信息系统，加强工程招投标程序、合同规范及工程履约情况的监督协调，强化重点监管，落实安全生产责任制。全年续建和新开工项目17个，总建筑面积约252万平方米。其中，新开工项目11个，包括和达芯谷一期、和达芯谷二期、和达药谷六期、省药检院疫苗产业公共服务平台项目一期、中国科学院医学所二期、和达能源示范基地、和达智谷等项目。全年固定资产投资11.79亿元。

【全区保障工作开展】 2022年，区产业集团发挥国有企业社会责任，保障全区重点工作任务开展。向符合条件的租金减免对象减租1.35亿元。组织党员志愿者服务2000多人次。做好前进健康驿站的建设运营以及391间隔离用房的物资保障及保洁工作。完成亚残会集训团队接待、亚运轮滑馆物业和安保服务工作，完成钱塘区政务服务中心（下沙）改造提升、搬迁任务。向理塘县电商直播基地捐赠200万元。提升改造邻里中心，推进共富样板社区建设。（楼志英　向　超）

区城发集团

【概况】 2022年，杭州钱塘新区城市发展集团有限公司（简称区城发集团）主营业务涉及市政、安居、交通、环境、农业、商贸、科创、社会事业8个板块，致力于优化城市运营，惠普城市服务，提升城市品质，推进钱塘区城市发展进程。集团有下属全资子公司9个、托管公司1个，参控股公司11个，实现营业收入12.64亿元。集团（合并）资产总额182.85亿元，净资产51.11亿元。

推进项目建设，新开工项目

9个，包括2个人才房项目、4个公租房项目和钱塘区粮储中心等项目。做地17宗，共计101.53万平方米；地块出让2宗，出让面积约6.07万平方米，出让总价约3.36亿元。全年新建、续建项目18个，固定资产投资1.82亿元。

推进改革工作，明确主要目标和改革任务，布局调整子公司主责主业，实现子公司间优势互补、错位发展；引入专业团队成立混合所有制企业，依托优质社会资本打破发展瓶颈，补齐竞争短板，整合商贸产业链；深化人事制度和分配制度改革，制定出台集团、子公司《绩效考核管理办法》，修订《薪酬管理办法》《人力资源实施细则》等，实现激励与约束并重。

推进党建工作，把党的建设写入企业章程，明确党组织研究讨论是董事会、经理层决策重大问题的前置程序，落实党组织在公司治理结构中的法定地位。以“特色、和谐、高效、常态、引领”为主旨，打造“红心筑城”党建品牌。

2022年钱塘区城发集团所属全资子公司一览表

表15

序号	全资子公司名称	序号	全资子公司名称
1	杭州钱塘新区安居房集团有限公司	6	杭州钱塘城发科技服务有限公司
2	杭州钱塘新区城市资源开发有限公司	7	杭州钱塘城发商贸有限公司
3	杭州和达交通投资有限公司	8	杭州钱塘城发置业有限公司
4	杭州和达市政园林建设有限公司	9	杭州市钱塘区城发农旅发展有限公司
5	杭州钱塘新区社会事业发展有限公司		

【共同富裕建设】2022年，区城发集团开发村级留用地，谋划推进首批5个共富加油站项目。启动“共富农房租”项目运营，盘活农民存量房屋，以河庄街道部分村社为试点，将闲置农房统一出租、统一管理，实现1200间农居房上线租赁。盘活社区资源，将江雅苑、临江江海时代花园、广盛公寓部分商铺使用权让渡给所辖街道，推进社区“强社惠民”集成改革。

【社会民生保障】2022年，区城发集团新建公租房项目4个，共计5580套，总建筑面积60万平方米，分别为前进片区公共租赁房（一）、下沙公租房一期、前进公租房一期、河庄公租房一期；人才房项目2个，共计1606套，总建筑面积26万平方米，分别为义蓬片区和河庄片区人才专项租赁房。新增配租2692户，推出配租入住“零次跑”“保姆式”经租管理、钱塘智寓优选服务、警企联动等便民举措，优化入住流程。新接收停车场（库）12个，机动车泊位737个。建设、运营快充桩场站14个，快充桩162个。出台惠民政策，推出家长接送免费停车1小时举措。释放政策红利，为不同层级人才提供每年600~1000元停车优惠额度，为技工发放停车优惠券6000多张。

【亚运攻坚】2022年，区城发集团推进亚运“最后一公里”建设体验区环境品质提升类项目，完成杭州电子科技大学体育馆提升改造、文汇学校和浙江工商大学文体中心整治提升，完成13条亚运道路工程建设。实施公园改造项目1个，“白塔区块ABC区块”“钱江一桥引桥区块绿化养护”项目分别获浙江省风景园林学会优秀园林工程奖（养护类）、杭州市优秀园林工程奖金奖（养护类）。（陆雯怡）

责任编辑　曹文慧

教 育

综 述

【区域教育工作】2022年，钱塘区有中小学、幼儿园140所。其中，高中4所（含十二年一贯制学校1所），初中14所（含九年一贯制学校3所），小学29所，幼儿园93所。有成人培训机构30个。区教育局出台《“钱塘优学”全方位综合提质三年行动计划》，推进“六大改革行动”和“20项重点工程”。完成养正学校、养正小学和启成学校3所民办学校转制为公办学校的工作。完成宏图小学、义蓬三小、义蓬四小、临江新城实验学校（初中部）、河庄中学5所学校撤销合并，以及杭州大江东明珠学校、杭州萧山区启慧学校2所民办学校关停工作，公办园托管低端民办幼儿园18所，实现办学条件薄弱学校基本“清零”。新增省一级幼儿园、省现代化学校等市级及以上特色学校30所，“名校+”集团化办学覆盖率100%。钱塘区高质量通过义务教育优质均衡发展区省级评估，省教育现代化发展水平监测成绩居全省第五位、全市第三位。

【教育资源供给扩大】2022年，钱塘区优化学校布点与资源配置，编制《钱塘区教育设施布局专项规划》。加强教育基础设施建设，缓解区域适龄儿童就学压力，全年竣工学校、幼儿园项目12个，分别为开发区单元幼儿园改造（景澜幼儿园）、大学城北配套用房幼儿园改造（启明幼儿园）、河庄安置房三期配套幼儿园（江舟幼儿园）、融创城配套幼儿园（江海幼儿园）、花漾里配套幼儿园（江海智城幼儿园）、新湾大华配套幼儿园（潮悦幼儿园）、学正中学扩建、义蓬二小扩建、前进人才房配套幼儿园（小趣幼儿园）、义蓬中心小学（崇德小学）、向尚幼儿园、幸福里幼儿园，新增学位5100个。开工学校、幼儿园项目10个，分别为“大学城北配套用房幼儿园改造”、“河庄街道配套幼儿园七”岚漫小区配套

2022年9月，钱塘区景澜幼儿园竣工　　（区教育局 提供）

2022 年钱塘区基础教育基本情况统计表

表 16

类别	学校（所）	在校生（人）	教职工（人）	专任教师（人）
幼儿园	93	23696	3861	1995
小学	29	41780	2530	2469
初中（含九年一贯制学校）	14	15140	1393	1325
高中（含十二年一贯制学校）	4	4881	479	425
合计	140	85558	8263	6214

说明：一贯制学校为贯穿小学与中学教育的一体化学校

幼儿园、“义蓬中心幼儿园二”临江高新区幼儿园、向尚幼儿园、幸福里幼儿园、沿江九年一贯制学校、河庄安置房配套九年一贯制学校、新湾街道九年一贯制学校。实施“安澜工程”，完善校园基础设施配套，排查并消除中小学校园安全隐患，在学校功能楼附近设置建筑物基脚绿化带，改造和加固教学楼防坠网和宿舍楼雨棚。实施“钱塘印记·美丽校园”工程，确定第一批“钱塘印记”项目10个。实施中小学教室吊顶改造，涉及29所学校的900多个教室。

【教育督导工作推进】2022年，区教育局做好教育督导工作，完成市对区政府履行教育职责实地督查，通过全国义务教育优质均衡发展区省级评估、省教育现代化发展水平监测和基础教育生态监测。聘任首批专职责任督学4名，开展“义务教育优质均衡”“双减工作”“疫情防控”“校园安全”等专项督导13次，钱塘区创新责任督学工作在全市做交流发言。修订完善《2022年公办中小学、幼儿园年度考核方案》。发挥内审效用，完成18名校长离任年度经济责任审计和28个单位财务内部审计。（汪　海）

学前教育

【概况】2022年，钱塘区有幼儿园93所（96个园区）。其中，公办幼儿园55所（58个园区），民办幼儿园38所。96个园区中，省一级幼儿园园区19个，省二级幼儿园园区59个，省三级幼儿园园区18个。省等级幼儿园覆盖率100%。全区学前段在园儿童2.37万人，其中公办幼儿园在园儿童1.8万人，公办幼儿园入园率77.1%；普惠性幼儿园在园儿童2.25万人，学前教育普惠率95.2%，比上年提高3.3个百分点。适龄户籍儿童和符合条件的流动人口随迁子女全部实现就近入园。

【名园扩容共建推进】2022年，区教育局推进名园集团（联盟）教共体建设，提升师资、管理、质量、文化等整体水平。在原集团化办园和合作办园基础上，以“高校+名园”“核心园+新园”“公办园+民办园”等方式调整和新增集团化教育集团（联盟）22个，继续开展与浙江大学幼儿园、浙江师范大学幼儿教育集团、杭州师范大学、浙江财经大学合作，发挥名园一体化办园和高校资源优势，提升保教（托幼园所、社会福利机构及其他保育机构中，对婴幼儿进行保健、养育和教育）质量。年内，全区公办幼儿园名园集团化覆盖率73.4%，比上年提高4.4个百分点，幼儿园教育共同体覆盖率100%。

【优质办园促进】2022年，区教育局根据年度区政府民生实事要求，创新民办托管机制，优化18所办学条件相对薄弱的民办幼儿园管理体制。年内，13所幼儿园通过省二级幼儿园评估，9所新开幼儿园被预评为省二级幼儿园，5所幼儿园通过省一级幼儿园评估，实现省一级幼儿园7个街道全覆盖，优质资源覆盖率91.4%。根据《杭州市钱塘区普惠性民办幼儿园认定和管理办法》，新确定普惠性民办幼儿园27所，满足群众“就近入园、入好园”需求。

【“托幼一体化”推进】2022年，区教育局因地制宜挖掘资源，支持鼓励有条件的幼儿园开设托班。至年末，全区21所幼儿园开设托班28个，提供托位560个。成立5个公办幼儿园“托幼一体化”联盟教育共同体，开展多样化“托幼一体化”探索与实践，提升托幼教育服务质量。同时将托班教师配备、托班设施设备条件、托班照护与保教质量、托班服务对象满意度等纳入日常指导和监督检查范围。（娄丹丹）

义务教育

【概况】2022年，钱塘区有义务教育段学校44所。其中，公办学校42所，民办学校2所。义务教育段初中15所（九年一贯制学校3所）、小学29所（不含九年一贯制学校）。全区义务教育段在校学生5.69万人，教学班1424个。其中，初中生 1.51 万人，教学班 387 个；小学生 4.18 万人，教学班 1037 个。义务教育段公办学校在校学生 5.55 万人，占学生总人数的 97.5%。义务教育段学校专任教师 3794 人。其中，初中专任教师 1325 人，小学专任教师 2469 人，达到规定学历教师占比 100%；中、高级职称教师 2079 人，占比 54.8%。

（徐 赟）

【名校集团化推进】2022 年，区教育局用好浙江师范大学、浙江财经大学、杭州市文海实验学校、杭州市崇文实验学校和杭州市基础教育研究室等区内外高校、名校、高端教育机构的优势资源，新成立或调整充实覆盖全域的义务教育段紧密型教育集团 14 个。以深化跨片区组团式联动化发展为重点，推动下沙片与江东片集团结对融合，成立义务教育阶段“美好教育共同体” 5 个。明确各教育共同体党建联建、管理共进、资源共享等机制，并以此为母体，推进干部、教师在教育共同体内跨片区双向交流培养。

【中小学课后托管服务】2022 年，区教育局推进“5+2”课后延时服务（学校每周 5 天开展课后服务，每天至少开展 2 小时，结束时间与当地正常下班时间相衔接，对家长接孩子有困难的学生提供延时托管服务），有效解决学生家长“接送难”问题。系统推进自主学习、体育锻炼与兴趣特长相结合的“1+T+X”特色课后服务项目，为学生提供社团活动、社会实践活动、个别答疑和看护服务。依托学校家庭教育指导站，发挥 32 所省数字家长学校作用，开展“双减”热点难点问题“线上+线下”讲座、研讨 200 多场次，引导家长树立正确教育理念，形成家校共育合力。全年引入各类社会服务力量为全区中小学提供特色课程 550 节次，课后服务满意度提升至 90% 以上。

【“双减”工作深化】2022 年，区教育局深化“双减”工作，针对教育难点、堵点，进行改革创新，通过“一校一案”“一案一亮点”，制定师生及家长认可度高、可复制、可推广的实践举措。至年末，钱塘区幸福河小学《保障学生睡眠时间》入选教育部第五批学校落实“双减”典型案例；“聚焦‘双减’护身心，落实‘躺睡’促健康”入选教育部第五批学校落实“双减”典型案例、《2021 中国基础教育年度报告》典型案例和浙江“双减”年度十佳案例样本。钱塘区幸福河小学“聚焦‘双减’护身心，落实‘躺睡’促健康”、钱塘区月雅河小学“作业地图：构建自主学习的作业指导体系”等 5 个“双减”案例获评浙江省“双减”优秀实践案例。

（邱 耀）

【考点建设与质量监测】2022 年，区教育局制定中考考务工作方案和高考考点保障工作方案，协调部门、街道完成中考和高考服务保障工作。做好中考考点标准化建设及信息核验、报名组考等工作。年内，全区有中考和高考资格生 6348 人，实际参加中考 4432 人、高考 1874 人。10 月，开展省教育质量综合评价监测，随机抽取辖区 8 所学校 480 名九年级学生及相应学科教师，参加学科测评及网络问卷调查。

（徐 赟）

【语言文字规范化推进】2022 年，区语言文字工作委员会为推进全区语言文字事业科学发展，打造“一地一品牌、一校一特色”，牵头启动“十四五”时期语言文字提升工程。开展标识系统整改提升、首届专项课题立项、专家库成员调整、第 25 届全国推广普通话宣传周、品牌特色典型案例征集、诵写讲大赛、好娃娃（好少年）短视频评比、规范化学校验收评估、出台“童语同音”实施方案、组织经典诵读培训工程 10 项语言文字工作，巩固“浙江省语言文字规范化区”创建成果。组织参加第四届“迦陵杯·诗教中

钱塘区幸福河小学为学生提供舒心躺睡的空间（摄于 2022 年）

（区教育局 提供）

国”诗词讲解大赛，全省15名入围全国总决赛的选手中，钱塘区占6名。通过决赛，获全国一等奖5人、二等奖1人、三等奖3人、优秀奖19人，获奖人数列全省首位。（陆建国）

【跨地区教共体结对开展】2022年，区教育局根据省教育厅《关于下达跨地区教共体结对学校及帮扶民生实事任务的通知》要求，组织辖区6所学校与衢州市开化县6所学校共建跨地区教共体。年内，跨地区教育共同体6个，名师工作室16个，落实支教教师20人，“师徒”结对80人，跟岗锻炼6人，开展师徒指导活动100多次，提供示范课116节，举行教研活动85次，共享拓展课60课时。2个教育共同体获评省教育共同体区域和学校典型案例。

【“老旧小”学校撤并】2022年，区教育局实施“钱塘优学”全方位综合提质三年行动计划，规范民办义务教育，破解“老旧小”学校场地小、质量低等问题，于2022年秋季，撤并杭州市钱塘区宏图小学、杭州市钱塘区义蓬第三小学、杭州市钱塘区义蓬第四小学、杭州市钱塘区临江新城实验学校（初中部）、杭州市钱塘区河庄中学5所“老旧小”学校，关停杭州大江东明珠学校、杭州萧山区启慧学校2所民办学校，安置在校学生600多人，平稳完成学生分流及下半年招生计划调整。（邱　耀）

【课程与教学体系改革】2022年，钱塘区根据《义务教育课程方案2022年版》《“钱塘优学”全方位综合提质三年行动计划（2022—2024年）》开展教育质量提优改革行动，深化中小学第三轮课堂教学改革，组织开展课程改革实施方案评比、课程改革“样板课”评比、课程改革常态实践、项目化作业评比等活动，评选产生第三轮课堂教学改革示范学校第一阶段优秀学校11所。推进项目化学习和跨学科主题学习研究实践，依托“省项目化学习展示月”活动，围绕项目化学习与学校管理转型主题，促进初中学校“一校一项目”建设，设计项目化学习课程16个，并在杭州市文海中学承办的“省项目化学习展示月”活动中，以展板、实景、成果展演方式对外进行展示。以跨学科学习实践研究推介活动为载体，推进小学“一校一课程”跨学科课程建设，对30多个跨学科课程开展迭代实践，推进教学形态与教学方式变革。区教育局获浙江省项目化学习资源众筹建设与深化研究活动优秀组织奖，并在全市项目化学习优秀案例和STEAM教育论文评比中，获一等奖7人次。

【教育科学研究与成果】2022年，钱塘区持续加强教育科研工作。全年开展“课题孵化式、跨江联盟式、亮相言说式”教科室主任岗位培训，形成区域特有模式。完善科研管理评审制度，建立和完善教科室主任岗位三级标准。发挥区域管理服务功能，回应落实学校需求，对服务杭州市钱塘区月雅河小学、杭州市钱塘区义蓬第二小学、杭州市钱塘区文思幼儿园等学校和幼儿园提出的课题研究，开展论证、指导和鉴定等工作。举办以“研究的名义成就学校的品牌”为主题的“钱塘论坛”，鼓励和引导学校科研工作创建特色品牌。在省、市、区各类评比及省、市课题立项评审中，立项课题78项。其中，省级立项课题18项，市级立项课题60项。在课题成果评审中，获省级一等奖1项、二等奖2项；获市级一等奖4项、二等奖27项。钱塘区景苑中学开发的课程《钱塘风韵》和钱塘区文清小学开发的课程《寻魅钱塘》被评为市第十五届义务教育精品课程。钱塘区景苑中学和钱塘区文瀚幼儿园被评为市第十三届教科研先进集体，教师周伟玲等3人被评为市教科研先进个人。（沈伟丰）

【“五育”并举落实】2022年，区教育局推进“五育”（军国民教育、实利主义教育、公民道德教育、世界观教育、美感教育）并举。丰富思政教育内涵，全年举办“新时代的伟大成就”等思政教育实践600多场次，建成区“思政教育基地”6个，教学成果在市思政课堂教学评比中获一等奖；组织参加省学生“学宪法 讲宪法”演讲赛，并获一等奖。制定“钱塘好少年”评选标准，培育首批“钱塘好少年”2000名，选树区“美德少年”“优秀学生”等2000多名。举办中小学生运动会，6万余名师生参加“365健康跑”活动，新增“区队校办”体育后备人才基地项目22个，初中生和小学生体能素质抽测居全市前列。组织参加第十七届省运会，获得金牌2枚、银牌1枚、铜牌2枚。开设“食育”课程，引入区内企业建设“食育工坊”36个。举办“区中小学生文化艺术节”，选派获奖选手参加市级比赛，获市级艺术类金奖等奖项30多个；杭州市文海中学组织编排的《雪花的快乐》《线戏》参加浙江省中小学生艺术节演出。与中国航天科技国际交流中心签订战略合作协议，启动“八一—08卫星工程”，探索科技创新科学普及新路径。对照“劳动教育清单”，建成省劳动实践教育基地1个、区劳动实践教育基地18个。开工建设全区首个青少年综合素质教育实践基地。（邱华英）

高中教育

【概况】2022年，钱塘区有杭州高级中学钱塘学校和杭州第四中学（下沙校区）2所市属高中。有杭州市钱塘高级中学、杭州市实验外国语学校、杭州求是高级中学和杭州英才高级中学4所区属高中。其中，区属公办高中1所、民办高中3所（十二年制学校1所）。区属高中在校学生4881人，教学班116个。专任教师425人，达到规定学历教师占比100%；有中、高级职称教师161人，占比37.9%。（徐 赟）

【杭州高级中学钱塘学校】2022年，杭州高级中学钱塘学校有教职工192人，班级48个，在校学生2229人。全年招生816人。学校首创“4+N”特色实验班［吴自良英才班、数学英才班、人文英才班、综合实验班和树兰（医学）实验班、空天信（航空航天信息）实验班等］培养模式。专设科创中心，涵盖智能智造部、创新实验部、钱潮创客部、深蓝天文部和峰谷气象部5个部门，打造“科创钱塘”教育品牌。组织教师20多人次参加各级各类教学比赛。其中，教师周辰芮参加杭州市第26届青年教师基本技能竞赛获一等奖，并获市“优秀青年岗位能手”称号。组织教师参加省、市论文评比，获奖教师24人次，其中2位教师论文获评省级精品。至年末，学校在国家级、省级刊物上发表论文23篇。科创中心学生在各类科技类比赛中获奖56人次。其中21级的杨家伟、徐紫恒获世界机器人大赛总决赛冠军，21级徐哲星获第十七届宋庆龄少年儿童发明奖一等奖，21级何杜越获2021—2022学年全国中学生地球科学奥林匹克竞赛预赛一等奖，22级宋致远获2022年浙江省中小学生天文知识竞赛一等奖。组织学生参加省少年文学之星征文比赛，21级娄诗睿获一等奖，并获第十六届“浙江省少年文学之星”称号；20级宁曦璇、邵蕴晗、祁卓妍、胡亦朋获“外研社”杯全国中学生外语素养大赛浙江省一等奖。（梁 侨）

【杭州第四中学（下沙校区）】2022年，杭州第四中学（下沙校区）有在校生2220人，教职员工331人。学校为省市物理、地理、音乐学科基地及杭州市语文名师培养基地。学校高级教师占比60%以上，省5522工程名师、市学科带头人和省市教坛新秀120多人，市学科大组成员12人，覆盖全学科。学校推进“美好教育”改革，形成“文化养正”和“科技求真”2个办学特色，推出省市“精品课程”20多门，助力学生全面个性化发展。（许 晶）

特殊教育

【概况】2022年，钱塘区有3~18周岁持证特需儿童、少年232人。区教育局安置学前段40人，入园安置率100%；安置义务教育段158人，入学安置率100%；高中教育段34人，入学安置32人，入学安置率94.1%。学前段33人和义务教育段153人，在辖区范围内中小学、幼儿园安置。全年投入特殊教育保障经费161.8万元。其中，拨付普通学校资源教室创建经费和维护经费114万元，上城区、萧山区特殊学校委托管理服务费37.8万元，特殊教育中心运行经费10万元。持证特殊学生人均公用经费纳入学前教育和义务教育经费保障体系，按普通同级学校基准定额的10倍拨付。

【融合教育质量提升】2022年，区教育局贯彻落实钱塘区《残疾儿童少年融合教育实施办法（试行）》《“送教上门”实施方案（试

杭州高级中学钱塘学校（摄于2022年）（区教育局 提供）

行）》，推进融合教育常态化运行，维护辖区186名持证特需儿童受教育的权利。针对特需儿童的特殊需求，开展特殊教育研究，在全市融合教育案例征集、论文评选中获一等奖3个、二等奖2个、三等奖6个。杭州市文海中学学生获“全国第十五届宋庆龄奖学金”。

【“资源教室”建设】2022年，钱塘区着眼提升资源教室（为特殊教育需求的儿童提供咨询、教育心理诊断、个性化教育计划、学习辅导、补救教学和康复训练等多种功能的专用教室，满足具有显著个别差异儿童的特殊教育需求）效用，为申报创建市级资源教室的学校拨付建设经费10万元/校；为创建成为市级资源教室并通过“回头看”督查评估的学校拨付2万元/年/校的维护经费。区教育局推进资源教室规范建设和实效运行，发挥资源教室在融合教育工作中的支持作用，杭州市钱塘区学源幼儿园、杭州市钱塘区文清幼儿园、杭州市钱塘区凌云幼儿园、杭州市基础教育研究室附属学校、杭州市钱塘区云帆小学5所学校申报创建杭州市合格资源教室。（陆建国）

民办教育

【概况】2022年，钱塘区有民办学校42所。其中，民办高中3所（十二年制民办学校1所），民办初中1所，民办幼儿园38所。全年有民办学校在校生1.02万人。其中，学前段5565人，小学段935人，初中段686人，高中段3056人。落实公民办教育服务，完成“公参民”学校从民办体制转为公办体制的相关工作。

杭州养正小学（摄于2022年）（区教育局 提供）

【民办学校转制】2022年，区教育局牵头出台“公参民”学校整治方案，推进“公参民”学校规范治理工作。牵头协调经费保障、政策落地、教师编制缺口和转公学校教师队伍稳定、民办学校办学稳定等问题，平稳完成区内杭州养正学校、杭州养正小学和杭州启成学校3所民办学校转制公办学校。在学校转公后，采取系列针对性措施，确保学校教师队伍基本稳定、学校管理团队基本稳定、学校班级设置基本稳定、班额基本稳定、课程设置基本稳定、教育服务项目基本稳定，并按照公办学校标准开展招生工作。（邱　耀）

校外教育

【概况】2022年，杭州市钱塘区青少年宫（简称区青少年宫）有文化中心、沿江中心、江潮中心、东湾中心、江东中心、前进中心、城北中心、河庄中心、临江中心9个教学点，总建筑面积4.3万平方米；有舞蹈、声乐、书法、绘画、棋类、智能机器人、体能等教室189间，并配备休闲娱乐、科技体验、体育活动等专属功能区；各教学点均有室外广场，设儿童活动区、休闲广场、集会广场等活动区域。

区青少年宫以“减负担、提兴趣、强素质、塑品牌”为目标，部署落实“双减”工作，开发和引进小旗手、非洲鼓、京剧等新课程51个班；贯彻落实《杭州市全面加强新时代学校劳动教育工作实施办法》，开设“食育工坊”课程；建立非物质文化遗产项目实践体验公馆。完善“金字塔式”课程体系，全年开设培训项目91个、兴趣班3844个（含名师班29个），服务学员4.26万人次，比上年增长2.5%。

创新校外教育活动形式，全年组织参与活动45场次，参加人数3万余人次。其中，开展艺术类活动6场，服务1.2万人次；协助开展艺术社团活动29场，服务1万余人次；开展综合类活动7场，服务1万余人次；举办体育类活动3场，服务3000多人次。开展公益送课服务，解决因疫情停课期间校外教育缺失问题，组织开展6所幼儿园志愿送教服务、6场“流动少年宫进暑托学校”活动、8场“情暖童心，送课进社区”暑期服务活动。打造“终身学习坊”，开展全年龄段一站式培训服务；成立3所高校（4个学院）志愿者服务基地。

推进师训科研工作，获杭州市青少年科技创新大赛优秀组织奖、杭州市少先队工作先进单位；组织参加杭州市志愿服务项目大赛，获三等奖。组织在职教师参加各类赛事，在杭州市第十六届校外教育论文、活动案例评比中，获一等奖2个、二等奖6个、三等奖5个；在第九届浙江省校外教育“好玩的知识”微课展示活动中，获一等奖2个、二等奖1个、三等奖2个；部分教师获省少先队争章技能展示活动银奖、省青少年校外教育教师技能大赛三等奖、第十八届长三角展演活动“先进个人”、市校外教育科研先进个人等荣誉。

2022年8月，区青少年宫开展暑期托班服务　（徐燕军 摄）

【学生校外教育成果】2022年，区青少年宫推行“展赛促训”教学模式。选派“钢琴名师班”学员参加第五届SAE全国青少年钢琴大赛，获金奖8个、银奖2个。参加第八届中国校园艺术节，获金奖5个。组织区中小学生艺术团参加第十二届浙江省打击乐大赛，获组合组金奖。参加第七届肖邦国际青少年钢琴公开赛浙江赛区比赛，获金奖3个、银奖2个、铜奖1个。选派“Scratch趣味编程兴趣班”学员参加浙江省学生信息素养提升实践活动，获一等奖1个、三等奖3个。参加第二十三届全省学生信息素养提升实践活动，获二等奖1个。参加杭州市第十三届中小学生文化艺术节专场比赛，获金奖4个、银奖2个、铜奖2个。参加杭州市中小学生艺术节西乐独奏比赛，获二等奖1个。选派“羽毛球班”学员参加杭州市青少年体育超级联赛杭州市第七届青少年羽毛球公开赛，获第五名。钱塘区中小学生艺术团小木偶演艺团3名学生被聘请为首届“西湖小志愿讲解员”。

【校外暑期托管服务】2022年，钱塘区青少年宫联合有关中学、小学、幼儿园做细“暑期托管”“秋假托管”暖心服务。暑期托管覆盖全区34所学校。其中，中学7所、小学11所、幼儿园16所，参与教师150人，志愿者183人，服务学生4200人次，托管服务包含基础托管、体育必修课、学校特色拓展课等内容。为解决家长后顾之忧，钱塘区开展秋假托管工作，在区青少年宫4个中心教学点设立托管服务点，设班级6个，参加学生190多人，区青少年宫30多名党员教师、青年教师参加托管服务，课程包含创意绘画、配音互动、科学实验等特色内容，该做法被浙江新闻客户端、《杭州日报》、《都市快报》等媒体报道。　（侯兆星）

责任编辑　陈　玲

卫生健康

综　述

【区卫生健康局挂牌】 2022年8月15日，杭州市钱塘区卫生健康局（区疾病预防控制局）（简称区卫生健康局）挂牌。区委书记金承涛，市卫健委党委副书记、副主任应旭旻共同为区卫生健康局（疾病预防控制局）揭牌。区卫生健康局（疾病预防控制局）承担全区卫生健康和疾病预防控制工作，履行落实医疗床位建设、深化医药卫生体制改革、卫生人才队伍建设、重点民生实事办理、中医药事业创新发展，以及管理全区3300名医卫工作者和疾控人员等职责。

【医疗卫生机构及从业人员】 2022年，钱塘区有浙江省中医院下沙院区（又名浙江省东方医院，省属三级甲等医院）、浙江大学医学院附属邵逸夫医院下沙院区（市属三级甲等医院）、杭州市第九人民医院（市属二级甲等医院）3个综合性公立医院（院区）。区属医疗机构429个。其中，社区卫生服务中心8个、社区卫生服务站62个、内部办医疗机构84个、社会办医疗机构273个、疾病预防控制机构1个、卫生监督机构1个。全区共有医疗床位4176张（含浙江省中医院东方医院核定床位768张、杭州市下沙医院核定床位1504张，杭州市第九人民医院核定床位759张）；注册卫生技术人员3492人。其中，注册执业医师（含助理执业医师）1832人、注册护士1667人［不含3个省属和市属综合性公立医院（院区）］。落实医疗机构从业人员（执业医师、护士）执业注册制度，完成医师、护士执业注册、颁证、定期考核、职称评审等系列工作。全年医疗机构执业许可业务44个次、变更161个次、延续71个次、医疗机构年度校验263个次；执业医师注册及变更注册业务1133人次，护士执业注册及变更、延续注册717人次，医师多机构备案206人次，护士多机构备案6人次。

（何关坤）

【医疗机构综合监管】 2022年，区卫生健康局落实安全生产监管，与300个医疗机构签订《安全生产责任书》。重点对医疗机构防火、燃气使用安全、户外广告设置、电动车存放进行检查，全年开展医疗机构安全生产执法检查80多次，发现各类安全隐患120个，印发《整改指令书》35份，整改安全隐患120个。安全生产月期间，发放宣传资料200多份，组织业务培训400多人次；开展应急演练2次、“七进”（安全生产教育进企业、进学校、进机关、进社区、进农村、进家庭、进公共场所）活动2场。通过自查及督查、交叉检查等方式，落实口腔质控、院感质控等医疗质控工作。规范医疗服务行为，分类实施医疗机构检验，保障医疗安全。通过“飞行”检查（事先不通知被检查部门实施的现场检查）、重点监管技术项目等形式，对医疗质控、实验室生物安全、依法执业实施综合监管，保障医疗质量。全年受理各类医疗投诉145例，经核实、沟通、协调等程序，全部处理。开展告诫谈话5次、医患调解8次。完善投诉处理反馈机制，预防和减少医疗投诉，构建和谐医患关系。

（郭炜煜）

【中医药服务】2022年，钱塘区8个社区卫生服务中心（下沙社区卫生服务中心、白杨社区卫生服务中心、闻潮社区卫生服务中心、河庄社区卫生服务中心、义蓬社区卫生服务中心、新湾社区卫生服务中心、临江社区卫生服务中心、前进社区卫生服务中心）开设中医药综合服务区，利用中医药“简便验廉”（诊断简单，治疗、用药方便，治疗有效，治疗费用廉价）特色优势，应用中医适宜技术，满足百姓“看中医、服中药、治好病”需求。在各中心下属社区卫生服务站，开设刮痧、火罐、艾灸等传统适宜技术诊疗项目。区卫生健康局鼓励社会资本举办中医医疗机构，支持有资质的中医专业技术人员开办中医门诊部、诊所，运用传统医学服务群众。坚持“中西医并重”，推进中医药服务建设和中医药人才培养，选派3名中医药制剂骨干参加杭州市培训，选派4名医生参加杭州市青年中医骨干跟师培养项目。开展中医药预防疫情工作，投入抗病毒1号颗粒1200多盒、中药茶包5000多包、中药汤剂2万余包，防疫一线工作人员中医药预防干预。（钱　瑞）

【社会心理疏导】2022年，区卫生健康局举办面向企业员工、社区居民等群体的心理科普讲座28场。搭建线上平台，开展心理咨询自助服务，全年接听心理热线电话82次，区智慧心理服务平台倾听热线服务295人次、课程报名48人、心理测评235份、平台总浏览量6074次、预约咨询1人。利用钱塘区心理危机干预热线、智慧心理服务平台为群众提供疫情相关心理干预服务；线上接听处置心理危机8人次。（胡连鑫）

【红十字会救护】2022年，钱塘区红十字会开展救护员培训95场，培训救护员5981人次；进行普及培训83场，培训2.03万人次。举办“红十字博爱送万家”活动，为钱塘区30名困难群众筹集爱心善款。全年造血干细胞捐献5例、器官捐献6例。举办献血活动24场，献血人数2648人次，献血量79.6万毫升。（杨明星）

基层卫生

【疾控处置能力提升】2022年，区卫生健康局提升卫生健康领域突发事件快速处置能力，统筹协调全区核酸采样、送检、检测、出具报告等工作，从采样到出具报告时间缩减至4.6个小时，形成核酸采样检测高效工作机制，采样组织体系扩展到全区。

【医疗院前急救能力保障】2022年，区卫生健康局在全区布点投放安装300台AED（体外除颤仪），实现辖区中小学校、体育场馆全覆盖。对社区、学校相关人员进行急救培训，通过急救培训考核持证5900人次，通过知识普及受益2万余人次，构建“救在身边”的生命保障基层基础。

【医疗服务质量优化】2022年，区卫生健康局规范基层医疗机构医疗服务，实行医疗联合体、医疗质控同质化管理，提升基层医疗服务质量。12个医疗质控小组全年累计开展专项检查36次，组织专家培训12场次，培训基层一线医护人员1420人次。（何关坤）

公共卫生

【基本公共卫生服务】2022年，区卫生健康局建立各类电子健康档案70.6万份，建档率92%；向居民开放电子健康档案16万份，开放率75.8%；有动态记录的电子健康档案50.2万份，健康档案使用率71%。通过补偿机制改革，有机整合签约服务与基本公共卫生服务项目，绩效考核向慢性病患者、老年人、孕产妇和儿童等重点人群倾斜，全年提供基本公共卫生服务工作当量351.7万个，投入财政项目经费5768.6万元。开展65岁以上老年人健康管理3.25万人次，管理高血压患者3.1万人、糖尿病患者9100人，规范管理率高于规定要求的61%。钱塘区基本公共卫生服务项目在杭州市年度绩效评价中获964.4分（满分1000分），列全市第二位。

【家庭医生一体化签约服务】2022年，区卫生健康局推进家庭医生签约服务，为居民提供医防融合、全生命周期健康保障。全区8个社区卫生服务中心，188名医生与20.2万名居民签约建立服务关系，面向老年人、慢性病患者、在校学生、企业职工等重点人群，提供“健康惠企服务”“校园健康副班主任”等个性化签约服务包，全年重点人群签约13.1万人，签约率92%。利用信息化手段优化服务，重点建设慢病一体化门诊，为高血压、糖尿病患者等慢性病患者提供一站式、同质化、集临床诊疗与健康管理于一体的医防融合服务。（王　燕）

健康促进

【健康浙江建设】2022年，区卫生健康局推进“健康浙江”26项行动，重点培育健康浙江行动示范样板。健康钱塘建设领导小组办公室和医药港管理办公室推荐的“聚焦“链式+集群”发展新模式，打造健康产业高地”案例，入选“健康中国”创新实践典型案例。健康钱塘建设领导小组办公室和区市场监管局推荐的药品智慧监管“黑匣子”工程案例，入围“健康浙江”行动示范样板和优秀案例。《钱塘区儿童发展“十四五”规划健康影响因素评价案例》，入选中国健康教育中心编著的《健康影响评价典型经验汇编》。印发《关于建立钱塘区行政规范性文件健康审查制度的通知》，从政策层面引导健康工作开展。钱塘区“健康浙江建设”考核获评优秀等次。

【健康细胞建设】2022年，区卫生健康局开展健康细胞（健康社区、健康企业、健康学校、健康家庭等）建设，创建各类健康单位42个。其中，健康促进学校16个、健康社区17个、健康支持性场所2个、健康企业7个。杭州市文海启源中学、浙江三花汽车零部件有限公司被认定为市级示范健康单位。钱塘区健康企业建设行政推广优秀案例获评第二批国家健康企业建设行政推广优秀案例（杭州市唯一优秀案例）；杭州九阳小家电有限公司健康企业建设优秀案例获评第二批国家健康企业建设优秀案例；杭州路格科技有限公司、杭州骄娇服饰有限公司健康企业建设案例获评全国健康企业建设特色案例。12月，全区命名健康家庭2016户。区健康办选送河庄社区卫生服务中心杨林爱家庭参加杭州市健康家庭大赛，得分列全市第二名，获评二等奖。组织“健康素养进村（社区）”行动，文化礼堂（家园）全年组织健康文化服务活动200多场次，2万余人次获益。组织中医药急救进文化礼堂100场，1万余人次获益。（朱浙来）

【爱国卫生行动】2022年，钱塘区爱国卫生运动委员会办公室举办第34个全国爱国卫生月主题活动。活动以“喜迎亚运，扮靓环境，守护健康”为主题，举办科普宣传38场。开展城乡环境卫生集中整治活动42次，整治村（社区）100多个，整治农贸市场16个，集中开展病媒生物消杀4次，参加1万余人次，发放宣传材料2.1万份，新媒体报道14篇。开展以清除“四害”（蚊、蝇、鼠、蟑）滋生地，消灭越冬蚊、早春蚊、灭鼠等为重点的环境综合整治行动，投入300多人次，清除卫生死角5000多处，清运各类垃圾、废弃物720吨，清除积水容器6000多个，投放鼠药1466千克，填埋鼠洞500多个，清除“四害”滋生地3000多处。“四害”密度控制在国家C级以上标准。

【公共场所吸烟控制】2022年，区卫生健康局落实“无烟亚运”创建工作，根据《杭州市公共场所控制吸烟条例》，开展“无烟党政机关”“无烟单位”“无烟场所”创建联合检查。5月31日，以世界无烟日为主题，开展“烟草威胁环境”“共创无烟环境，助力绿色亚运”系列宣传活动。全年开展宣传活动50多场，发放控烟宣传资料8万余份，微信推送控烟知识60多篇；组织控烟培训活动78次，参与400多人次。联合区公安分局、区住建局、区市场监管局等部门，对娱乐场所、餐饮、医疗机构等重点场所开展控烟联合执法行动，检查室内公共场所和室内工作场所1600多个，发现违反控烟条例案件50多件，通过警告、责令整改等方式予以处罚。委托第三方公司对区重点行业和单位开展季度控烟检查，营造控烟氛围。（王　娟）

妇幼保健

【孕产妇保健】2022年，钱塘区分娩产妇5181人，活产数5351人，辖区常住人口分娩产妇6045人，系统管理数5985人，管理孕产妇高危评定B级1497人，C级60人，均按照规定进行追踪随访和实现安全分娩，高危孕产妇管理率100%。产前筛查采血5699例，筛查率94.3%。其中，21三体高风险（21号染色体异常，唐氏患儿概率较高）281人，18三体高风险（18号染色体上出现额外染色体，可导致胎儿出生后发生中胚层及骨骼、泌尿生殖系统、心脏畸形等表现）12人，NTD高风险（胎儿患有开放性神经管畸形的风险偏高）14人，高风险发生率6.8%；召回高风险孕妇产前诊断，确诊“21三体综合征”3例，其他异常15例，均终止妊娠。全年参加无创筛查2164人，产前诊断176人，NTD诊断14人。落实国家免费孕前优生健康检查2952人次。

【母婴疾病防治与服务保健】2022年，区卫生健康局加强艾滋病、梅毒、乙肝母婴传播阻断工作，各社区卫生服务中心为6799名常住和流动孕妇提供免费检测，疾病检测率100%。没有艾滋病孕妇分娩；管理梅毒孕产妇14人，有分娩结局6人，治疗14人；发现乙肝病毒携带204例，并开展肝功能与病毒复制检查督促和随访。助产机构未发现HIV抗体（判断是否感染人类免疫缺陷病毒）阳性孕产妇；梅毒产妇所生新生儿13人，预防性治疗13人；乙肝阳性者193人，乙肝病毒携带孕产妇所分娩新生儿201例，均注射乙肝免疫球蛋白，实现母婴阻断目标，达到消除的考核要求。优化母婴服务，辖区4个助产机构均实现“出生一件事”多证联办业务，全年活产数5351人，发证数5230张，废证数15张，废证率0.2%，出生证多证联办2560人办结，邮寄出生证件至当事人3738人，出生证明协查24次。开展母婴保健技术服务执法监督，助产机构出生医学证明管理督导4次。（杨 凤）

【婴幼儿疾病筛查】2022年，钱塘区户籍婴幼儿活产数2463人，访视2439人，新生儿访视率99.03%。户籍0岁组2732人，系管2696人，系管率98.7%；1岁组3305人，系管3263人，系管率98.7%；2岁组3512人，系管3461人，系管率98.5%；3岁组4501人，系管4414人，系管率98.1%。5岁内儿童死亡11人，死亡率2.49‰；户籍儿童5岁内死亡7人，死亡率2.84‰；流动儿童5岁内死亡4人，死亡率2.04‰。新生儿听力筛查5344人，筛查率99.9%；确诊听力异常5人，听力异常发生率0.09%。先天性心脏病筛查5308人，筛查率99.2%；双指标筛查阳性278人，心超例数269人，心超诊断阳性250人，筛查阳性心超异常率92.9%。（王慧兰）

卫生监督

【卫生监督行政执法】2022年，钱塘区卫生健康综合行政执法队（简称区卫生健康执法队），全年开展“双随机”（随机抽取检查对象、随机选派执法检查人员）检查233个次，及时检查25个次，开展放射卫生、二次供水、游泳场所、学校卫生、尘毒企业等专项执法10多次，监督检查各类监管单位1600多个次，责令整改132个次，调查处置投诉举报28件，实施行政处罚104件，罚没款（对违反相关法规、条例的行为和事实进行处罚的收入）金额79.05万元。

【公共场所卫生】2022年，区卫生健康执法队开展公共场所卫生健康管理培训，培训人员238人，结合新冠疫情防控，通过“双随机”检查方式，检查影院8个、超市2个、KTV经营场所5个、沐浴场所4个、美容美发场所52个、住宿场所52个、使用集中空调场所6个，重点督查消毒工作落实、进出人员健康情况登记等事项。5月，对2个商场、3个电影院和1个宾馆的中央空调卫生安全状况，实施监督检查。5月31日，开展“世界无烟日”宣传活动，联合区公安分局、区市场监管局、区文化执法队等单位、部门进行控烟监督检查。“世界无烟日”当天共监督检查26个单位，发放宣传资料100多份。开展秋冬季住宿场所专项执法，对26个旅馆进行卫生安全检测，发出整改通知书10份。结合辖区生活饮用水现状，开展二次供水专项检查，并对辖区10多个二次供水单位责任人进行培训。开展住宿场所、商场超市、美容美发等场所卫生监督执法，全年出动监督执法人员426人次，监督检查1520个单位（场所），处理投诉举报件12件，满意率95%；查处公共场所违法案件21起。

【卫生健康“双随机”检查】2022年，区卫生健康执法队根据市《关于做好2022年国家、省双随机工作的通知》要求，联系第三方检测服务机构，对“双随机”抽查范围内的233个单位（公共场所81个、学校22个、医疗机构34个、传染病防治机构33个、消毒产品和餐饮具企业4个、放射卫生机构19个、计划生育机构3个、职业卫生机构27个、二次供水机构10个）进行监督抽样检测，检测单位56个，完成率100%，来源于“双随机”检查产生的行政处罚37件。

【学校卫生监测】2022年，区卫生健康执法队加强新冠疫情防控期间卫生安全执法力度，开展学校

2022年4月27日，钱塘区卫生健康行政执法队对辖区内用人单位进行职业病知识宣传，并发放宣传资料（曹晓春 提供）

卫生状况专项和日常巡查64个次，对发现问题的8个托育机构实施行政处罚。开展饮用水安全监测，对辖区内11所大学，4所中小学和1所幼儿园进行二次供水监督抽检。落实中考、高考期间卫生保障工作，出动工作人员18人次，对9所学校开展卫生监督检查。

【职业卫生监督】2022年，钱塘区有职业病危害工业企业1135个，申报职业病危害项目企业600多个。4月，结合“职业病防治法宣传周”，区卫生监督执法队联合街道开展职业病防治培训，重点讲解职业病防治法律问题，以及企业在职业病防治中应承担的责任和义务，400多个企业派员参加；走进企业开展职业病防治现场咨询宣传和职业健康知识讲座等服务，受益职工200人。对违反职业病防治法企业加强执法力度，立案查处违法企业10个，罚没金额60万元。开展区内塑料制品行业专项整治行动，并为区内30多家企业举办专项培训。

【医疗机构监督】2022年，区卫生健康执法队审批监管各级各类医疗机构400多个。其中，社区卫生服务中心8个，开设发热门诊的上级医疗机构3个。对辖区所有医疗机构进行年度执业自查，开展医疗机构监督检查650个次，对检查中发现问题的54个单位及个人实施行政处罚，罚没款13.35万元。受理非法行医及医疗卫生相关投诉举报12起。开展医疗美容行业专项治理行动，督促辖区12个医疗美容机构、4个内设医疗美容科室的医疗机构开展自查，查处非法医疗美容案件5起（含个人1起），均立案处理。开展放射诊疗机构执法专项行动，立案查处存在问题的放射诊疗机构2个，罚没款3000元。开展口腔医疗机构专项执法，对区内30多个口腔医疗机构进行执法检查，对有问题的19个口腔医疗机构进行处罚，罚没金额3.1万元。

【医疗废物处置监管】2022年，区卫生健康执法队组织医疗废物处置专项整治和排查，督促辖区内医疗机构与有资质的专业处置医疗废物公司依法签订合同，保证医疗废物安全处置率达100%。加强医疗机构内部医疗废物处置，辖区内3个二级以上医院和8个社区卫生服务中心，均纳入医疗废物管理系统，实时接入称重数据，发现问题及时处理。3个二级以上医院，实施平台医疗废物摄像头实时监控，落实分类贮存收集。对辖区内400多个医疗机构进行巡查全覆盖，对发现的2起医疗废物处置违法行为出具卫生监督意见书，并要求限时整改。明确已经掌握实验室废物产生者主体责任，实验室废弃物集中统一收运覆盖率100%。

【医学观察场所督查】2022年，区卫生健康执法队开展医学观察场所督查，对辖区内医学观察场所开展持续检查，及时发现问题，并督促各医学观察场所依规整改。出动工作人员100多人次。

【亚运会卫生健康保障助力】2022年，区卫生健康执法队组织全体人员参加市卫健委组织的杭州第19届亚运会卫生监督保障专题培训，提升杭州第19届亚运会期间卫生健康保障能力；对辖区内5个亚运会比赛场馆、训练场馆集中空调通风系统、二次供水系统进行卫生安全监督抽检，并督促责任单位落实相关工作要求；对1个亚运会接待酒店进行专项检查，查找薄弱环节，督促整改落实。

【推进“大综合一体化执法”改革】2022年，区卫生健康执法队落实“大综合一体化”行政执法改革，派出2名工作人员分别到下沙街道、河庄街道。梳理钱塘区行政执法事项划分表，“监管一件事”“综合查一次”“高频事项”等清单，编制高频事项处置流程。

（朱　静　陈婕妤）

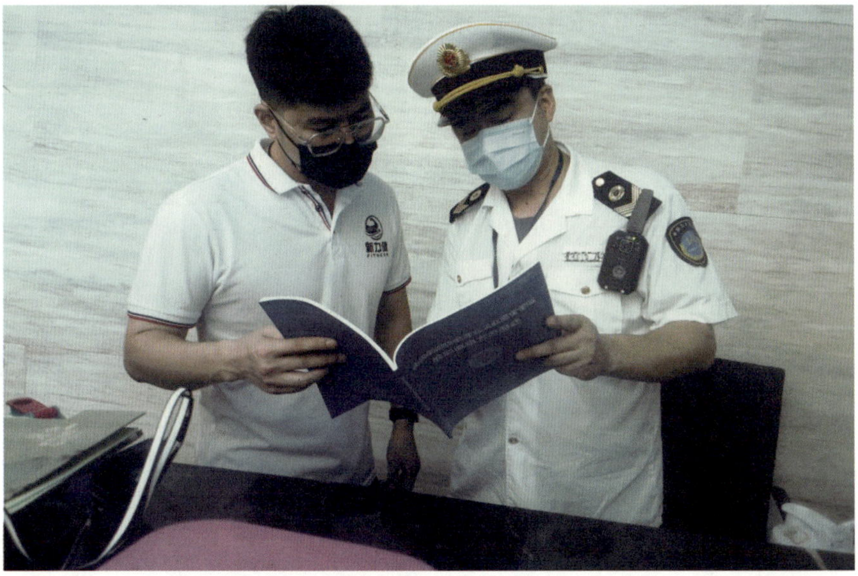

2022年7月28日，钱塘区卫生健康行政执法队对辖区内游泳场所进行监督检查

（盛翠丽　提供）

疾病预防控制

【疾控工作】2022年，杭州市钱塘区疾病预防控制中心（简称区疾控中心）开展疾病预防与控制、健康教育与促进、疫情及健康相关因素信息管理、突发公共卫生事件应急处置等工作。全年组织卫生应急处置、结核病防治、流行病学调查、传染病和突发公共卫生事件相关信息报告等培训，培训各类业务人员1200人次，编发简报10多期。开展结核病日、预防接种日、爱牙日、肝炎日、禁毒防艾日、学生营养周等主题宣传活动。

【传染病防治】2022年，区疾控中心根据新冠疫情动态变化情况，加强相关信息收集，开展疫情防治工作。组织人员开展环境应急监测和终末消毒工作。协查处置阳性物品，未发生由物品阳性引起人员阳性病例。全年报告法定传染病1万余例，无甲类传染病报告。落实登革热、霍乱、流感和手足口病等重点传染病监测工作，监测手足口病样本63份、疟疾血检样本200份，开展人群登革热抗体水平监测100份，检测外环境霍乱弧菌监测样本273份，调查处置霍乱毒力阴性病例7例，发热伴血小板减少综合征1例。

【免疫预防】2022年，区疾控中心开展疫苗接种工作。其中，接种常规疫苗40.37万剂次。进行疑似预防接种异常反应（AEFI）监测工作，报告AEFI病例265例，无严重预防接种异常反应病例。落实省政府民生实事项目——重点人群免费接种流感疫苗，为辖区70岁以上老年人免费接种流感疫苗。

【结核病与艾滋病防治】2022年，区疾控中心开展结核病疫情监测，登记结核、肺结核疑似患者656例，结核病总体到位率98.6%。上年同期登记肺结核患者成功治疗率93%。对辖区1起高校聚集性疫情进行调查处置，开展中小学新生结核筛查4947人。进行艾滋病随访管理，落实确诊病例抗病毒治疗。全年新增HIV/AIDS（人类免疫缺陷病毒/获得性免疫缺陷综合征）报告69例，开展青年学生艾滋病哨点监测调查，问卷调查1000份，重点人群检测1000人。

【慢性病防治】2022年，区疾控中心开展各类慢性病发病监测，全年报告糖尿病病例1338例、肿瘤病例1713例、急性心脑事件938例、死因1354例。开展社区卫生中心慢病管理工作季度督查指导，全年高血压病例控制率72.9%、糖尿病病例控制率64.6%、高血压规范管理率73.5%、糖尿病规范管理率70%。复核评估3个省高级医疗单位慢性病报告质量112例，评估8个社区卫生服务中心4种慢性病124例。

【公共卫生监测】2022年，区疾控中心落实食品安全风险监测任务，检测各类食品样品812件。每月监测生活饮用水水质指标，全年检测二次供水和末梢水样品160件。对31所托幼机构和8个医疗机构实施消毒质量监测，分别监测样品499件和129件，合格率分别为98.4%和100%。对7个公共场所环境卫生进行监测，对5个街道243名8~10岁学生和105名孕妇开展尿碘和家庭食用盐碘含量监测，儿童尿碘中位数为282.1微克/升，孕妇尿碘中位数为192.8微克/升，碘盐合格率为94.6%。定期组织实施“四害”密度、疟疾蚊媒监测工作。

（叶慧贞）

【公交助力防疫】2022年，钱塘公交公司配合钱塘区疫情防治工作，按照“依规转运、安全转运、高效转运”原则，承担应急转运车辆保障任务，实施全流程跟进，助力钱塘区疫情防治工作。全年累计投入应急转运公交车120辆、出租车117辆、驾驶员539人。

（徐　方）

【精神卫生疾病防治】2022年，钱塘区登记在册严重精神障碍患者1361人，在册管理率99.3%、规范管理率99.3%、面访率98.8%、服药率90.5%、规范服药率82.4%、稳定率99.3%；精神分裂症患者服药率90.1%、规范服药率79.9%。开展重大节假日精神障碍患者排查，排查1287人，其中病情不稳定且有危险性倾向的患者2人，均送医治疗。加强与区委政法委、区公安分局和7个街道的信息互联互通，做好严重精神障碍患者信息交换和应急处置工作，妥善处置突发事件4起。落实严重精神障碍患者发病报告制度，接收严发病报卡30人份。开展精障患者管理监护补助和看护补贴发放工作，发放监护补助和护理补贴158人、32.95万元。　（胡连鑫）

老龄健康服务

【重点疾病防治】2022年，区卫生健康局对50~74周岁本省户籍人员开展结直肠癌筛查，对60~74周岁本省户籍人员开展慢性阻塞性肺疾病筛查。统筹下拨肺功能仪采购配套经费，督促各街道和街道社区卫生服务中心及时开展相关项目工作。全年结直肠癌筛查1.24万人，完成率112.6%；慢性阻塞性肺疾病筛查1605人，完成率107%。根据《2022年杭州市重点人群免费接种流感疫苗项目

实施方案》要求，开展70周岁以上本省户籍人口的流感疫苗免费接种，接种1.12万剂次，完成率111.61%。（胡连鑫）

【老龄健康服务体系】2022年，钱塘区60岁及以上老年人口5.85万人，占户籍总人口数的17%，其中100岁以上老人32人。区卫生健康局构建“健康教育、预防保健、疾病诊治、康复护理、长期照顾、安宁疗护‘六位一体’服务体系”，落实居家养老服务机构医养结合签约服务工作，机构签约服务率100%。全区社区卫生服务中心（站）均成功创建“老年友善医疗机构”。探索建立老年友好型社区工作模式和长效机制，获评杭州市老年友好型社区3个。全区5个医养机构在院老人数量1403人，服务量8460人次。免费为9969名老人投保老年意外伤害保险，河庄街道社区卫生服务中心开展安宁疗护家庭服务。获评市级“敬老爱老助老最美系列”先进选树活动表彰街道1个（临江街道）、家庭1户（义蓬街道顾青松家庭）、团队1个（七格银龄志愿服务队）、个人5人（杭州前进科技有限公司董事长冯伟仁、白杨街道闻潮社区卫生服务中心医生方香武、新湾街道社区卫生服务中心医生胡佳娣、河庄街道社区卫生服务中心蜀山服务站医生陈君妃、下沙街道头格社区居民冯监堂）。（王赵丹）

人口监测与家庭发展

【计生简化和政策导向】2022年，钱塘区有育龄妇女8.44万人，初婚783人，出生2220人。其中，一孩1223人，二孩935人，三孩59人，多子女3人。区卫生健康局落实生育登记、农村部分计划生育家庭奖励扶助制度和计划生育家庭特别扶助制度等“最多跑一次”事项权限下放。办理生育登记2996例，其中一孩1815例，二孩1098例，三孩83例。落实国家计划生育奖励特殊扶助政策，符合补助条件的对象资格确认准确率100%，奖励扶助4950人、443.83万元；特扶242人（其中独生子女死亡家庭125人、独生子女三级以上伤残家庭114人、计划生育手术并发症3人）、218.88万元。承办杭州市卫健委“5·15”国际家庭日主题宣传活动。

（蒋潇洁）

【计划生育特殊家庭帮扶】2022年，区卫生健康局加强计划生育特殊家庭扶助关怀，落实计划生育特殊家庭“双岗”联系人制度、家庭医生签约服务、优先便利医疗服务“三个全覆盖”，为每户特殊家庭确定1名街道领导干部和1名村（居）委会干部作为帮扶“双岗”联系人。杭州市第九人民医院和8个社区卫生服务中心为特殊家庭成员提供优先便利医疗服务，落实率、走访率、建档率、信息准确率、签约覆盖率100%。落实市级公益金补助9人，合计2.5万元；区级公益金补助74人，合计48万元。开展计划生育特殊家庭“暖心行动”，组织走访慰问5次，慰问49周岁以上失独人员（失去独生子女）667人次，发放慰问品价值29万元；为1.03万户独生子女、275名特别扶助人员购买健康保险，保费合计48.75万元。（蒋潇洁）

【健康教育服务】2022年，钱塘区辖区6所高校成功申报中国计划生育协会青春健康高校项目，区内13所高校申报区级青春健康项目，高校青春健康同伴教育社团普及率100%；组织开展区级青春健康师资培训1场、青春健康“三进”活动巡回讲座7场，实现辖区7个街道全覆盖；开展“育儿帮帮团”百场育儿指导服务活动8场；线上发布《让成长不烦恼》青春健康教育云课堂6期，点击量1万余次，部分内容被《人民日报》、“学习强国”学习平台录用。成功申报中国计划生育协会“新市民健康行动”延续项目、省级“青春健康深化行动”项目、市级“暖心家园”建设项目各1个。

（杜　娟）

责任编辑　周　丹

文化·体育

公共文化

【省民生实事工程打造】2022年，钱塘区社会发展局（简称区社会发展局）打造基层公共文化空间新样式，丰富群众文化生活，创建15分钟品质文化生活圈30个，新建文化驿站1个（下沙街道东方社区文化驿站）和城市书房1个（白杨街道义隆社区城市书房），创建省级乡村博物馆1个（河庄街道蜀南展陈馆）。

【深化文化基因解码工程】2022年，区社会发展局深化文化基因解码工程，重点解码钱塘江潮、钱塘围垦、头蓬老街、蜀山文化等重点文化基因，完成《钱塘区文化基因解码报告（修订版）》，形成“1+3+10”（1个落地项目方案、3个可行性项目方案和10个概念性项目方案）文化基因转化利用方案，拍摄《钱塘围垦》和《孔凤春香粉》，扩大钱塘文旅IP影响力，其中《钱塘围垦》获评浙江省文化基因短视频大赛“优秀奖”，并在“学习强国”省级学习平台推送。

【文化标识培育建设】2022年，区社会发展局编制《“钱塘大围垦”文化标识项目建设任务书》，按季度推进各项工作任务，按时完成浙江省“文化基因解码工程”管理信息系统的季度更新和年度更新，完成率100%，编制《钱塘大围垦文化标识资源普查报告》。

【参加省公共文化现代化指数评估】2022年，钱塘区首次参加全省公共文化服务现代化发展指数（CMDI）评估工作，根据公共文化机构经费效益、文化工作重视度、县级图书馆文化馆分馆覆盖率等26个评估指标综合评定，钱塘区最终得分46.79分，在全省90个区（县、市）中排名第70位。

【省公共文化场馆服务功能拓展验收通过】2022年，区社会发展局组织拓展提升河庄街道新围村文化礼堂、河庄街道蜀南村文化礼堂2个试点项目。11月，通过省文化和旅游厅验收。其中，《杭州市钱塘区新围村文化礼堂：围垦文化促发展，引领共富新时代》文章入选浙江省公共文化场馆服务功能拓展先行先试案例集。

【图书采配工作开展】2022年，区社会发展局组织开展送书下乡工作，丰富新建城市书房和村社图书室的流通图书馆藏量，共采购流通新书2.3万册。推进“一键借阅”线上借书服务，通过线上借阅流通图书4610册。（周　洁）

群众文化

【全民阅读主题系列活动】2022年4—9月，钱塘区开展“全民阅读，礼善钱塘”系列活动，举办“书香家庭”“书香村社”评选，“听方言，话钱塘”线上挑战赛，“礼善钱塘”国学讲堂，“浙江有礼”主题小故事征集，“钱塘书房打卡”等5个主题活动。评选出区“十佳书香家庭”10户、“十佳书香村社”10个、“礼善钱塘”主题优秀征文42篇。

【“喜迎亚运”系列文化活动】2022年，区社会发展局以“喜迎亚运”主题，在区内各农村文化礼堂和社区文化家园开展送文化活动100场次。其中送演出50场次、送电影40场次、送讲座10场次，丰富群众精神文化生活。

【群众性文化艺术活动举办】2022年2月，区社会发展局组织"庆元宵，迎亚运"系列文体惠民活动，举办假日暖心课堂、元宵灯谜会、"我最喜爱的新春元宵文体活动"评比、线上猜灯谜、体育达人云端赛等活动。7月，举办"喜迎二十大，群星在钱塘"群众文艺会演。8月，举办"喜迎亚运，钱塘韵味"摄影大赛，评选出展现钱塘人文特色的优秀照片48张（组）。在钱塘书房（高教东公园）举行"送妈妈一朵花"亲子阅读会、创意绘画作品展、科学周末营等公益活动32场次。（周　洁）

【文学创作成果】2022年12月12日，钱塘区选送的《"小"作协也有"大"作为》专报获宣传部部长王纲批示肯定；12月14日，《"小"作协也有"大"作为》专报获市委常委、宣传部部长黄海峰批示肯定。12月20日，钱塘区作家朱晓军创作的长篇报告文学《中国农民城》、葛继宏著作的《创新力：中国媒体人的文化实践》获评省精神文明建设"五个一工程"奖；12月29日，《中国农民城》和《创新力：中国媒体人的文化实践》获评市精神文明建设"五个一工程"奖。（寿泽涛）

文化遗产保护

【非物质文化遗产推广保护】2022年6月11日，区社会发展局开展"钱塘区文化和自然遗产日"现场宣传展示活动，宣传推广钱塘非遗（非物质文化遗产）文化，现场体验部分非遗项目。推动非遗项目、非遗项目传承人、非遗工坊评选申报，评审区级项目32个。评定钱塘区第一批非遗项目代表性传承人19人，创建区级非遗大小工坊9个，对第一批区级非遗代表性项目保护单位授牌。孔凤春香粉制作技艺入选市级非遗项目。举办全区非遗业务培训班，培训32人。开展非遗进校园、学生研学活动，在万事利集团有限公司、杭州九阳豆业有限公司等工业旅游基地开展学生研学，体验推广丝绸织造、古法豆浆磨制技艺等非物质文化。开展非遗项目宣传，钱塘区2个项目（杭绸织造技艺、面塑）、3件作品（《巾帼》《关公》《于谦》）入围"锦绣华章"长三角民间艺术文创大展。孔凤春香粉制作技艺、下沙大麦烧传统酿制技艺等入选非遗购物节上线产品。木雕饰品制作技艺、沙地"十碗头"烹饪技艺、面塑技艺等在杭州电视台、"钱塘发布"App平台播出，木雕饰品制作技艺受邀参加杭州电视台"各行各业话共富寻找精神富裕密码"系列访谈活动，推送的面塑技艺非遗项目视频被"学习强国"学习平台录用。在《钱塘新区报》开辟专栏，介绍宣传钱塘区非遗项目。（严　靓）

【文物保护工作】2022年，区社会发展局（文物局）对钱塘区4处文物保护单位（文保点）进行文物安全专项评估，建档测绘2处市级文物保护单位，办理文物考古前置28项，涉及土地面积1.77平方千米。落实《关于印发进一步加强钱塘区文物保护利用工作实施方案的通知》要求，签订安全责任书，采取"一月一自查、一季度一巡查"等形式，压实行业监管、街道属地、单位主体各级职责，并联合区公安分局、区市场监管局、区消防救援大队等部门对文物保护单位进行专项督查。创建钱塘区首个乡村博物馆——河庄街道蜀南展陈馆，展厅面积200平方米。5月23日，人民网刊发《杭州市钱塘区：乡村博物馆"藏"着四千年前的宝贝》，向全国介绍钱塘区的乡村博物馆。6月16日，河庄街道蜀南展陈馆与韩美林艺术馆结对共建。（任　炽　寿泽涛）

2022年2月23日，钱塘区社会发展局举办2022年杭州市钱塘区非遗业务培训班（严　靓　提供）

文化市场管理

【文化市场监督检查】2022年，区社会发展局履行文化市场管理职责，开展亚运场馆周边文化市场专项巡查、“两会”期间文化市场专项整治、剧本娱乐场所摸排行动、“脱口秀”演出专项执法、网络文化专项整治、文明城市迎检专项检查、文化市场消防安全检查等专项行动20多次，全年出动检查人员1171人次，检查场所586个次。开展护航党的二十大文化市场百日攻坚专项行动，开展扫黑除恶专项整治工作、护校安园、疫情防控等专项行动和重点任务。重视文化场所安全生产工作，与各经营单位签署《2022年度文化市场消防安全工作目标责任书》，对文化场所进行安全隐患排查，组织各场所开展应急预案演练和消防演练。推进“互联网+监管”，实现浙江省行政执法监管平台（互联网+监管）文化、广电、旅游、文物相关条线抽查事项全覆盖，监管事项认领率、实施清单编制率100%。开展本部门“双随机”（随机抽取检查对象、随机选派执法检查人员）抽查2次，跨部门“双随机”抽查3次，完成省文化和旅游厅下发的相关检查4次。通过“掌上执法”巡查文化场所586户次，查处相关问题130个，全部整改落实到位。

（包慧敏）

【文化市场行业监管】2022年，中共钱塘区委宣传部（简称区委宣传部）组织实施新闻出版、电影行业行政监管，开展新闻出版和电影市场年度核验工作。其中，核验出版物经营单位65个，印刷企业50个，电影放映单位15个。推进“新风”“正道”集中行动，组织各执法部门开展执法检查，全年出动各类检查人员3168人次，检查各类场所2563个次，约谈网站2个，查缴非法电子期刊2000多件，处置网络涉政信息1条，办理“扫黄打非”类行政案件4件，刑事案件3件，成功申报全国“扫黄打非”办公室挂牌督办案件2件。获评市级工作先进集体1个、市级先进个人2人。

【“扫黄打非”进基层】2022年，区委宣传部举办各级“扫黄打非”进基层业务培训会8场，参加培训350人次；开发钱塘区“智慧护苗”（以未成年人为小切口，构建意识形态领域安全大应用，为青少年健康成长营造良好生态）数字应用场景，通过“智慧护苗”平台，举办全区“护苗”知识竞答；开展全区中小学“护苗”读书征文活动，40多所学校2万余名学生和家长参与，提升“护苗”知识普及度和基层参与度；推进“扫黄打非”基层站点标准化规范化建设，创建市级示范点2个。

【“扫黄打非”宣传报道】2022年，区委宣传部举办“护苗”“绿书签”行动等宣传活动120多场，3万余人次参与；联合各级媒体开展“护苗”“绿书签”行动宣传报道。“扫黄打非”相关宣传报道63篇。其中，义蓬街道义盛社区《扫黄打非进校园，护苗行动伴成长》报道被国家“绿书签”微信公众号平台录用，报道《杭州市钱塘区打造“智慧护苗”数字赋能未成年人保护》被《浙江宣传》（工作信息）第160期录用刊发。

（寿泽涛）

群众体育

【体育设施建设】2022年，区社会发展局组织新建全民健身设施工程27处，新增体育场地面积29万余平方米，人均体育场地面积2.52平方米。区级体育场馆——大学城北体育健身中心建成并投入使用，钱塘轮滑中心竣工验收。新增省、市民生实事项目15个。其中，百姓健身房5个，多功能运动场地3个，金角银边工程7个。制定出台《钱塘区嵌入式体育场地设施建设（2022—2024年）三年行动计划》《钱塘区嵌入式体育场地“星级”评定（试行版）》《钱塘区嵌入式体育场地设施赛马方案》，15个嵌入式体育场地设施建设考核项目建成，建设面积7.15万平方米，完成率178.7%。12月23日，文章《钱塘区河庄街道全力推进嵌入式体育场所建设》被新华网报道。

▶▶资料：金角银边工程

面积小、分布零散、不成规模、难以独立开发建设的城市闲置边角地，通过绿化硬化等措施，建设形成口袋公园、体育运动设施、文化活动场地、停车场等多类空间载体。

【体育产业培育】2022年，区社会发展局扶持体育产业，打造钱塘体育品牌，大学城北体育馆首次采用国企+社会资本模式运营。2个企业入选浙江省体育产业扶持名录库，4个企业入选杭州市体育重点企业名录库，194个企业进入杭州市体育产业名录库。全年争取省市级体育补助经费548.25万元。举办篮球、体育舞蹈等三级社会体育指导员培训，培养新社会体育指导员500多人，复训社会体育指导员2000多人，“浙里办”App平台社会体育指导员激活2534人，上岗履职5.8万次。

【群众体育开展】2022年，区社会会

钱塘区嵌入式体育场地——融E动足球运动公园（摄于2022年）

（胡青青 提供）

发展局举办钱塘区百村（社）篮球赛暨职工篮球联赛、百村（社）足球联赛、羽毛球联赛、乒乓球三人团体赛、“漫步钱塘”毅行大会等大型赛事活动，科学健身指导430场，完成全年任务数的110.5%。组织课后服务专项体育课550节，超额完成杭州市下达任务（530节），完成率103%。对2800人开展国民体测工作，合格率95.5%。（胡青青）

【亚运场馆惠民开放】2022年，区社会发展局统筹推进亚运场馆惠民开放。其中，钱塘轮滑中心每天对外开放，场馆配套地面停车场免费开放。轮滑中心先后举办市青少年轮滑锦标赛、市中小学阳光体育“迎亚运”轮滑赛等赛事活动，接待并承接浙江电视台新闻频道“亚运连连看”、少儿频道“亚运有我”节目录制，以及四川省甘孜藏族自治州理塘县青少年团交流访问、机关事业单位团建等省市活动20多次，日接待4000多人次。3月3日，人民网报道《杭州钱塘区这些家门口的亚运场馆，你都认识吗？》；4月1日，新华网报道《探馆亚运：杭州亚运场馆一览·总览》；5月16日，人民网对钱塘区杭州电子科技大学体育馆活动进行报道。8月7日，新华网报道《燃！杭州这群伢儿在亚运场馆大显“绳”通》。

【群众体育媒体宣传】2022年1月3日，人民网报道《杭州钱塘区启动新春文体惠民系列活动接力迎亚运》；5月2日，浙江新闻客户端刊发《杭州钱塘区：全民迎亚运篮球联赛》；8月8日，《人民日报》刊登区委宣传部撰写的《发展体育运动，增强人民体质》文章；11月23日，浙江新闻客户端刊发《挥扬青春挥洒汗水，钱塘下沙街道第三届羽毛球赛落幕》信息。（寿泽涛）

竞技体育

【竞技人才培养】2022年，区社会发展局组队参加杭州市第二十届运动会。其中，女子篮球队获乙组篮球比赛第二名；田径队获金牌6枚、银牌8枚、铜牌13枚，列团体总分第六名。区运动员省级注册2723人，市级注册37人，代表钱塘区参加市级及以上比赛获得前八名奖项210人次，获得奖牌145枚（国家级21枚、省级53枚、市级71枚）。4名运动员入选国家体育总局登山运动管理中心攀岩项目后备人才（国少队）名单。

【体育数字化改革】2022年，区社会发展局推动体育场馆数字化改革，其中钱塘轮滑中心（杭州第19届亚运会比赛场馆）接入亚运在线——场馆上线和微信端“AI动杭州”小程序，实现线上预约功能。杭电游泳健身中心、杭州迈吉姆体育中心、义蓬文体中心、临江文体中心、融E动足球运动基地、和达悦自由体育公园6个非亚运场馆接入“浙里办”App——亚运场馆在线平台，实现网上预约、网上支付等功能；百姓健身房全部接入“浙里办”App平台，实现网上预约、网上支付等功能。

（胡青青）

责任编辑　周　丹

人力资源

综述

【就业参保质效提升】2022年，钱塘区城镇新增就业3.46万人，失业人员再就业6214人。职工养老保险参保41.22万人，参保净增3.8万人，扩面完成率129.9%，参保扩面质效列全市首位。全区新增市级高层次人才943人，新增区级高层次人才1.01万人；新引进35周岁以下大学生3.25万人。

【和谐劳动关系推进】2022年，钱塘区人力资源和社会保障局（简称区人力社保局）实施劳动关系“和谐同行”三年行动计划，开展760个企业免费诊断评估工作，劳动关系协调员培训1500人次。立案查处劳动监察投诉举报案件1595件，受理劳动人事争议仲裁案件3409件，比上年增长42%，为3700多名劳动者挽回工资报酬、经济补偿等各类经济损失1亿余元。（谢佳红）

2022年2月22日，区人力社保局组织重点企业到江西省萍乡市开展“招贤纳才开门红，宜业钱塘奔共富”春季专场招聘活动（周　磊 提供）

就业帮扶

【技能人才培养】2022年，区人力社保局根据“浙派工匠”民生实事项目要求，推进技能人才队伍培养，职业技能培训1.89万人，新增技能人才9134人、高技能人才4423人。构建以企业等级认定为主体的技能提升评价体系，全年备案企业51个，启动认定企业35个。推动“以赛促训、以赛促评”技能竞赛模式，选拔优秀技能人才，举办职业技能竞赛8场。落实技能人才激励举措，引导技术工人提升职业技能水平。组织开展区技能大师工作室、首席技师、金牌工人评选，认定区技能大师工作室10个、首席技师10人、金牌工人50人。获评市级技能大师工作室2个，获评杭州市“西湖明珠工程”高技能人才1人，获评“浙江青年工匠”人选15人、“杭州市技术能手”2人。

【系列招聘会举办】2022年，区人力社保局开展“开门红、开门稳”赛马激励活动，保障企业用工。全年举办各类招聘会146场，参与企业3396个次，提供岗位8万余个。与四川省甘孜藏族自治州理塘县、浙江省台州市仙居县、浙江省衢州市江山市、山西省临汾市洪洞县、贵州省黔东南苗族侗族自治州等地人力社保部门开展“云聘互动”，联合举办钱塘专场“云上招聘”活动，举办劳务协作12场。

【就业服务】2022年，区人力社保局实施就业援助精准服务计划，打造“青苗计划”就业援助服务品牌。开展“就业援助月”“政策宣传周”“青苗计划”暨创业训练营等系列公共就业服务活动，对重点就业群体进行动态跟踪服务。通过每月电话联系、家庭走访和动态跟踪方式，了解未就业人员就业情况和就业意愿，推送就业政策和就业岗位，帮助未就业人群实现就业。全年帮扶就业困难人员和失业人员1.24万人，联动帮扶2.1万人次，帮扶失业人员实现就业6375人。开发公益性服务岗位77个。

（朱晓兰）

【“和谐劳动关系三年行动计划”实施】2022年，区人力社保局优化工作机制，实施“和谐劳动关系三年行动计划”。开展用工诊断评估工作，为760个企业免费诊断评估，重点指导企业合法合规签订劳动合同、完善规章制度，严防劳动关系领域出现系统性风险，促进企业依法规范用工。建立劳动关系协调员队伍，累计培训劳动关系协调员1500人次，通过考试取证873人。

【电子劳动合同推行】2022年，区人力社保局推广电子劳动合同工作获市人力社保局肯定。至年末，钱塘区在杭州人力社保“杭云签”电子劳动合同平台的合同总量为30.1万份，占全区参保总人数的84.5%。

【人力资源协会党建活动】2022年，钱塘区人力资源服务协会党建联盟结合企业实际情况，开展多层级党建活动。组织普惠制胜任力班“赋能论坛”系列活动和定制化思维精进班“思想约局”系列活动10多次，培训业务骨干1500人次。组织联盟单位组团赴台州市参加台州学院2023届高校毕业生校园招聘会，为钱塘区企业发展、人才资源储备提供保障。

【新兴行业合法权益维护】2022年12月，区人力社保局出台全市首个《关于网络营销师实行特殊工时审批制管理的通知（试行）》。贯彻落实“放管服”（简政放权、放管结合、优化服务）改革精神，营造一流营商环境，维护网络营销师等新兴行业劳动关系双方合法权益，促进新业态经济健康发展。（汪娇娇）

大学生创业

【钱塘区大学生创新创业大赛】2022年11月，由钱塘区委、区政府主办，区人力社保局承办的第二届钱塘区大学生创新创业大赛复赛在海聚中心开赛，国内外学者、学生报名参赛，收集报名项目252个。其中，北京市、上海市、湖北省、江苏省、山东省5地参赛项目达106个。大赛分为智能制造、数字经济、生命健康、文化创意及其他4个赛程。智能制造赛道项目61个（高校30个、社会31个）；数字经济赛道项目55个（高校29个、社会26个）；生命健康赛道项目60个（高校30个、社会30个）；文化创意及其他赛道项目76个（高校45个、社会31个）。复赛采用线下和线上相结合的路演方式进行。大赛关注钱塘区优势产业技术需求，引导企业转型升级，旨在为创业者提供一个交流学习、自我展示和项目推介平台。（金李杭）

【留学人员创业园年度考核优秀】2022年11月25日，市人力社保局公布2022年度市级留学人员创业园绩效考核结果，杭州市钱塘区留学人员创业园以全市第二名成绩，再次获评“优秀”等级。

【毕业五年内大学生创业政策出台】2022年，钱塘区出台《关于大学生创业就业实施细则》等创业政策，鼓励大学生创业。全区新增毕业5年内大学生创业企业1050个，列全市第三名。（蒋家梅）

劳动监察仲裁

【“无欠薪”专项行动】2022年6月，区人力社保局举办全区200多个工程建设项目参加的“无欠薪”6项长效制度和“护薪保”平台应用推广专题培训，开展“无欠薪”6项制度全落实攻坚行动，出具整改意见书19份，对3个违规项目单位予以行政处罚，6项制度落实率100%。开展区领导欠薪投诉集中接访和部门联合接访周活动，接访群众10批次、28人，问题全部化解。

【根治欠薪工作开展】2022年9月1日，区人力社保局组织召开根治欠薪除险保安“百日攻坚”行动动员部署会，对重点领域、重点行业、重点企业欠薪风险隐患进行排查，共排查风险企业27个。通过领导包案、集中约谈、联合整治等形式，发挥根治欠薪成员单位工作合力，风险隐患化解率100%。

【数字化调解仲裁建设】2022年，区人力社保局组织召开劳动人事争议裁审衔接工作联席会议，分析研判劳动争议形势，统一案件裁审尺度，推进劳动争议“共享法庭”挂牌。组织建立劳动纠纷多元化解机制，推进数字化、标准化仲裁庭建设，引导当事人申请网络调解仲裁，实现网络办案率36%，调解成功率83%。（李水君）

事业单位人事管理

【事业单位职员等级晋升管理】2022年，区人力社保局制定《钱塘区事业单位管理岗位职员等级晋升制度实施方案》和《风险舆情防控预案》。9月，组织召开全区街道事业单位管理岗位职员等级晋升制度专题部署会。12月，进行首次职员等级套转，推进事业单位职员等级晋升制度落实。

【公开招聘面试考官库健全】2022年，区人力社保局建立钱塘区机关事业单位公开招聘面试考官库。在公开招聘面试环节，从工作经验丰富、综合素质较高的面试考官中随机抽取考官，进行公开招聘面试考核工作，确保面试考核公信力。

【人事考试保密库房建设】2022年，区人力社保局根据人事考试保密库房建设要求，进行保密库房建设。12月26日，钱塘区人事考试保密库房项目通过省保密局、省人事考试院验收。

【人才招聘】2022年，区人力社保局加强优秀年轻干部储备力度，推进高素质专业化干部队伍源头建设，优化区属国有企业人员结构，提升区属国有企业人员管理水平。组织开展政府雇员和区属国有企业招聘，通过资格审查、笔试、面试、体检、考察等程序，招录政府雇员90人，国有企业工作人员63人。（周林芳）

人才引进培养

【博士后联谊会】2022年4月27日，区人力社保局在浙江省现代陶艺博物馆举办“‘指尖上的亚运’陶艺大比拼”春季博士后联谊会。11月4日，举办秋季博士后联谊会，通过游径山、赏藏品、畅人生等活动，促进联谊会成员间沟通交流，提升博士后归属感，构建区博士后人才服务长效机制，推动区博士后联谊会持续发展。

【青年人才驿站挂牌使用】2022年7月，区首批青年人才驿站——汉庭酒店（下沙大学城店）与汉庭酒店（下沙学正街店）正式挂牌。8月，首位大学生申请人入住青年人才驿站。12月，第二批青年人才驿站挂牌并投入使用。至年末，区青年人才驿站服务大学生572人，共计服务3399人次。

【博士招引宣讲会】2022年11月12日，由省专家与留学人员服务中心、市人力社保局指导，区人力社保局、中国科学院基础医学与肿瘤研究所主办的“留在浙里·就在钱塘”博士招引宣讲会在杭州国际创博中心举行。会议特邀中国科学院基础医学与肿瘤研究所、康霖生物科技（杭州）有限公司等多个科研院所、企业代表参会发言，50多名博士在线下参会、20多名博士参与线上活动。会上，康霖生物科技（杭州）有限公司董事长兼首席执行官吴昊泉分享创业经历；中国医学科学院基础医学研究所人才办主任何敏进行医学所推介；中外企业家联合会中国中心主任董斌以全球化视角分析我国国内国际双循环新发展格局。浙江大学求是特聘教授，博士生导师何俏军，杭州吉华高分子材料有限公司副总经理兼总工程师钱涛，杭州和正医药有限公司总监朱建荣，引才机构浙江锦阳人力资源集团有限公司和苏州杰特思哲企业管理有限公司成为钱塘区“博乐团”首批成员。（蒋家梅）

【海外高层次人才引育】2022年，中共杭州市钱塘区委人才工作领导小组办公室（简称区委人才办）将“招才引智”工作纳入全区“大

2022年11月4日，登高望远向未来——钱塘区2022年秋季博士后联谊会在杭州径山风景区举行（倪佳佳 提供）

2022年11月12日，“留在浙里·就在钱塘”博士招引宣讲会在杭州国际创博中心举行 （倪佳佳 提供）

赛马”总体布局，构建“钱塘举才官”“引才合伙人”全球引才网络体系，形成立足钱塘主导产业、符合钱塘发展规律、具有钱塘磁场效应的“海外引才”10种方法。

【生物医药产业人才赋分评价机制】2022年，区委人才办会同区人力社保局、杭州医药港管理办公室破除“唯论文、唯学历、唯职称、唯奖项”评价体系，从学历职称、从业经历、薪酬待遇、任职岗位、创新成就、个人荣誉、岗位紧缺程度七个方面入手，加大市场评价比重，突出企业主体评价，引入数智评价方式，制定《生物医药产业人才评价实施细则（试行）》，为全区生物医药产业高质量发展提供人才支撑。首批69名人才通过生物医药产业人才评价获评区QE类人才。

【“钱塘@才”工作品牌打造】2022年，区委人才办制定实施《钱塘人才工作品牌建设方案》，提炼形成“钱塘@才”工作品牌，推出“钱小智”人才IP形象。连续三年举办钱塘人才之夜，邀请人才走红毯、当主角，营造钱塘礼遇人才、致敬人才的氛围。创设“钱塘人才主题日”活动制度，已举办31期，高层次人才及其家属1600人次参与。上线“钱塘ai才”视频号，推出“钱小智说人才政策”“钱塘人才说”等系列视频77个。

【省产才融合示范高地打造】2022年7月，区委召开人才工作会议，提出紧抓入选全省首批高能级战略平台培育名单新机遇，打造全省产才融合示范高地总目标，区委人才工作领导小组制定《钱塘区打造全省产才融合示范高地行动计划》。根据“1466”新增长极战略要求，按照“一年布局、两年强基、三年见效”发展路径，以产聚才、以才兴产、产才互融、宜居留才，启动实施“产才融合能级提升、产才融合载体建设、产才融合赋智赋能、产才融合生态涵养”四大工程，共计48项具体任务，打造产才融合引领高质量发展钱塘范例。

【卓越工程师培养计划启动】2022年11月，区委人才办制定《钱塘区关于深化政校企合作推进卓越工程师培养的工作方案》，根据钱塘区先进制造业集群发展实际需要，深化政校企合作，建立工程师人才评价多元机制、人才阵地共建机制、人才培养联动机制、人才创新协同机制、人才关爱服务机制，构建工程师发展新生态，实现“培育一批工程师，带动一方产业，共富一个群体”目标。

【“杭帮彩”钱塘落实规范】2022年，区委人才办制定出台“杭帮彩”人才服务机制落实规范。从服务规范、职责规范、设置规范、奖惩规范、执行规范等方面明确人才服务标准和服务目标，细化分解政策宣传、创新创业、功能空间、生活保障、子女陪护、父母养老、成才成长、个性特色化等各项人才服务内容，提供全链条、全周期人才服务。招募组建由“企业洞才专员”“政府助才专员”为主要成员的“杭帮彩”人才服务专员队伍，举办“杭帮彩”双员风采展示大赛，评选出星级人才服务专员10人。全区三级158个党群服务中心实现人才服务功能全覆盖。

【人才共有产权保障住房开售】2022年12月，浙江省首个人才共有产权保障住房试点项目在钱塘区开售。区委人才办在意向摸排、分析预判基础上，科学设置购房准入门槛。对在本区域工作的市、区两级无房人才，优化政策供给，明确人才可在30%~80%范围内选择产权份额比例，并可按规定领取人才购房补贴；优化公共配套，落实优质教育资源和便捷交通资源，提供“零水分”装修套餐供人才自主选择毛坯交付或委托装修。通过“一设置两优化”举措，实现共有产权房供给与人才需求精准匹配。12月，首期配售房源吸引房源数2倍的人才家庭报名选购，售出人才共有产权保障住房374套。 （沈 涛）

责任编辑 周 丹

社会民生

村（社区）建设

【社区建设】2022年，钱塘区社会发展局（简称区社会发展局）优化基层治理体系，成功申报浙江省第四批城乡社区治理和服务创新实验区，启动“钱塘幸福里”品牌打造；率先开发“社工一件事”平台，实现社工队伍数智化管理；开展钱塘区“美丽社区”大比武活动，形成一批钱塘样板社区；打造“三型社区”品牌，新创建市级国际化示范社区2个（白杨街道东湾社区、河庄街道东沙湖社区），示范型撤村建居社区1个（下沙街道东方社区），田园社区2个（河庄街道蜀南村、前进街道前峰村）；启动区级社区规模优化调整专项规划，新建河庄街道学府社区、田城社区；创建杭州市“五社联动”试点（新湾街道新宏社区），推行多元融合治理。推进社工人才队伍建设，全年启动3轮社工招聘工作，招聘社工535人，其中应届毕业生173人，实现每1万名城镇常住人口配备专职社区工作者22.8人目标。开展社会工作师职业资格教育培训，新增持证社工139人；承办杭州市第十三届社区工作者节，提升社会工作者职业价值感、获得感。

（贾宇静）

【社会组织】2022年，钱塘区有社会组织541个。其中，社会团体88个，民办非企业单位453个。推进社会组织能力提升，新增AAA及以上社会组织15个、市级品牌社会组织1个、省级社会组织领军人物1人、市级社会组织领军人物1人。下沙街道、白杨街道、河庄街道、新湾街道、前进街道开展街道社会组织公益创投，投入150万余元。强化社会组织党建引领，开展社会组织“红社讲堂”10期。

【社会工作】2022年，区社会发展局推动7个街道社工站实体化运营，开展庆祝“第十六个国际社工日”主题宣导活动，推出“心心相融·共约未来”亚运进社区等服务项目7个。累计获评省级社会工作领军人才社工2人，下沙街道社工站获评“杭州市十佳社工站”，白杨街道美达社区和美亲子成长工作室、白杨街道伊萨卡社区党员服务社会工作室、河庄街道知行社区知己社会工作室、下沙街道杭铣社区社会工作室、下沙街道七格社区美仙社会工作室、下沙街道早城社区宋哥调解社会工作室获评“杭州市百强社工室”。（徐未未）

民政事业

【社会救助】2022年，钱塘区在册低保户1833户、2226人，低保边缘户52户、157人，特困户38户、38人，临时救助329户、430人。依规落实“应保尽保，应退即退”要求，发放低保救助金2966.12万元、低边救助金15.47万元，特困供养人员救助金131.95万元，临时救助资金124.31万元。加大疫情期间困难群众救助关爱力度，保障民生底线，定向对全区2518名低保、低边对象和特困人员发放消费补助100元/人，发放资金25.18万元。启用“杭州市钱塘区社会救助服务联合体”（简称“区助联体”）。区助联体位于河庄文化体育中心内，占地面积900多平方米，与钱塘区慈善基地联合运营，设有咨询服务窗口、入驻组织办公区域、会议及活动区域、救助展示区等基本功能区和微心愿认领、法律援助、政策咨询、心理咨询、群众爱心港等融合功能区。（黄玲佳）

【困境儿童帮扶】2022年，区社会发展局推进儿童福利服务体系建设，通过民生直达方式，为辖区内138名困境儿童发放各类困境儿童生活补贴118.91万元。依法推进收养工作，办理收养评估1户，解除收养登记1例。开展“娃哈哈·春风助学”活动，为7名低保家庭在读大学生，发放助学金3000元/人，共发放资金2.1万元。开展“福彩圆梦·孤儿助学”工程，为3名年满18周岁考入普通全日制本科院校、普通全日制专科学校等高等院校，仅在中等职业学校就读的孤儿每人每学年补助1万元，共补助3万元。推进儿童友好型社区建设，下沙街道早城社区、白杨街道邻里社区获评杭州市儿童友好社区。推动未成年人保护工作，河庄街道未成年人保护站获评杭州市示范型保护站。（靳紫雯）

【慈善事业】2022年，钱塘区慈善总会（简称区慈善总会）被市民政局评为AAAAA等级社会团体。全年募集慈善资金1642.92万元，发放慈善救助金1346.54万元，惠及困难群众1.58万人次。区慈善总会收到“春风行动”爱心捐款，合计199.11万元。春节期间慰问困难群众399人，发放慰问金79.8万元。开展“慈善送暖过大年”新春慰问，为100名在区内留杭过年的外来务工人员、防疫一线的医务工作者和参加社区疫情防控工作的公安干警，每人送上1000元慰问金和价值300元的慰问物资，共发放13万元。开展“关爱困境儿童，六一送温暖”活动，为区内147名困境儿童每人赠送一台价值235元的护眼台灯并书写一张儿童节贺卡。开展在慈善、社会工作和志愿服务领域护“杭”先锋500人公益项目，对20名在全区疫情防控工作中表现突出的慈善工作者、志愿者，给予每人1000元奖励，并颁发奖杯和荣誉证书。设立6单慈善信托，合计184万元。（严　萍）

【婚姻登记】2022年，钱塘区婚姻登记服务中心办理结婚登记、离婚登记和补发婚姻登记证（含结婚、离婚）。开展婚姻辅导和婚前辅导工作，辅导满意率100%。（夏舒慧）

老龄事业

【养老服务】2022年，钱塘区有60周岁以上户籍老年人5.6万人。其中有80周岁以上高龄老人7896人、困难老人1898人、孤寡老人78人、独居老人337人、失能老人3048人。有养老机构4个，其中医养结合机构3个。共有床位808张，其中护理床位277张、认知障碍床位35张。建有街道级示范型居家养老服务照料中心9个，村（社区）级居家养老服务照料中心91个。其中，五星级居家养老服务照料中心7个，四星级居家养老服务照料中心11个，三星级居家养老服务照料中心60个。老年食堂（智慧助餐点）11个，助餐点18个。（俞听雨）

【第九轮企退人员健康体检】2022年5月22日，钱塘区第九轮企业退休人员（简称企退人员）健康体检工作在下沙街道卫生服务中心启动。区社会发展局根据全市域就近体检数字化改革目标和“数智赋能”要求，推行企退人员体检数智平台应用，优化体检流程，实现企退人员体检预约、现场参检、报告查阅、经费结算全流程线上操作；增设参检前自主择院、修改预约时间、查看电子版报告等功能；依托基层家庭医生网络，建立企退人员健康体检档案，并根据体检结果动态更新数据以及配套提供“一对一”

2022年5月22日，钱塘区第九轮企退人员健康体检工作启动
（周璐璐 提供）

体检报告解读、疾病跟踪治疗服务。

【企退人员太极拳比赛】2022年8月30日，“钱塘江畔太极韵 共富路上桑梓情”钱塘区企业退休人员太极拳比赛在亚运场馆——钱塘轮滑中心举行。钱塘区7个街道的8支参赛代表队录制比赛视频，裁判组通过观看视频进行现场评分。比赛通过“杭州之家”“央视频”App平台进行同步直播，5万人次观看。（周璐璐）

【退休干部职工大学教学点】2022年12月，杭州市退休干部职工大学钱塘区教学点秋季学期结课。秋季学期开设舞蹈社团班、民族舞班、拉丁舞班、越剧班、书画班、中医保健班6个教学班，培训学员137人次。在学期最后一周，各班级自发组织各种形式汇报活动，展示学校教学成果和退休人员精神风貌。（汪怡辰）

社会保障

【养老保险提标扩面】2022年，钱塘区养老保险参保净增人数3.8万人，扩面完成率129.9%，居全市首位。区人力社保局强化政策宣传，增强企业和个人参保主动性，运用“宜业钱塘”等“互联网+”平台资源，嵌入“小钱机器人”实时发布政策解读推文；优化办事流程，提升参保便民度，在办事大厅设立社保预审区、自助网办区、协助网办区3个便民专区，深化社保业务“多点办”“就近办”，提倡社保业务“网上办”“掌上办”；结合“千名干部助千企”活动，运用“大数据+网格化+铁脚板”模式，定位重点群体，主动对接，带动企业参保。（莫晓飞）

【医保政策“五进”宣传活动】2022年11月3日，区人力社保局组织启动医保政策“五进”宣传活动，通过进街道、企事业单位、大专院校、医院药店和公共场所，以现场设点、实地走访、政策答疑等方式，开展医保经办服务指南、咨询高频事项、信访热点难点问题等政策宣讲活动，增强医保服务主动性，提升群众对医保工作满意度和获得感。

【“钱塘技工”数字化应用】2022年，区人力社保局关注技术工人群体，组织开发“钱塘技工”数字化应用，有关经验做法获省委主要领导批示肯定。在浙江省改革突破奖中获评“数字赋能技术工人群体共同富裕集成改革”铜奖、浙江省优化营商环境优秀实践案例和杭州市改革创新最佳实践案例特等奖。“钱塘技工”数字化应用入选全省数字化改革“四个最”系列之“最佳应用”、全省数字化改革“一地创新、全省共享”S0清单、全省数字社会最佳案例、全省人社系统最佳案例。（应梦露）

【“人社技能练兵大比武”活动】2022年6月15日，钱塘区“人社技能练兵大比武”活动现场赛在杭州大创小镇国际创博中心举行。下沙街道、白杨街道、义蓬街道、河庄街道以及浙江锦阳人力资源集团有限公司、长安福特汽车有限公司杭州分公司、科源能源装备有限公司和格力电器（杭州）有限公司8个单位（企业）的24名业务骨干参加比赛。比赛题目涉及党建理论、就业创业、社会保险、人事人才、劳动关系等内容，分速答、冒险和抢答3个环节，以直播形式进行，有1.6万人次观众通过平台实时观看。（周璐璐）

退役军人服务

【退役军人事务制度体系建设】2022年5月16日，钱塘区退役军人事务局（简称区退役军人事务局）专题召开区委退役军人暨区双拥工作领导小组会议，学习中共中央总书记习近平关于退役军人工作重要论述和省市两级退役军人和双拥工作领导小组会议精神，研究制定《区委退役军人事务工作领导小组成员单位工作职责》《区双拥工作领导小组成员单位工作职责》等制度，推动退役军人事务工作规范化、制度化。

【退役军人事务数字化建设】2022年，区退役军人事务局依托全市“智慧老兵”一体化管理服务平台，构建钱塘特色“老兵码”健康养护智慧服务应用场景及数据驾驶舱，分别完成医保预警295次、死亡预警9次、失业预警走访反馈897次；钱塘区“老兵码”申领率81.8%。

【“三级服务”保障体系建成】2022年，钱塘区退役军人服务中心以创建“全国示范型”“省级枫桥式”服务站为目标，推进站点建设，建成区级服务中心1个，街道级服务站7个，村（社区）级服务站109个，区高校退役军人服务站1个，实现“三级服务”保障体系全覆盖。

【就业创业安置】2022年，区退役军人事务局完成接收退役士兵，落实营以下军队转业干部、退役士官、随军家属的安置；协调区教育局，解决军人子女入学入托问题，实现军转干部本人、部队和接收单位“三满意”；落实退役军人报到“一件事”办理，为退役军人提供退役报到、户籍恢复和社保转接等联办服务，提升退役报到工作实效；开展技能培训，组织退役士兵参加适应性培训，参训率100%。组织职业技能培训，开展就业帮扶，举办退役军人线下专场招聘会4场，承办杭州市退役军人专场招聘会1场，定向招聘退役军人社工。开展退役军人就业援助走访，为退役军人提供就业咨询，就业援助走访完成率98.9%，列全市第一位；就业援助系统企业入驻率100%，列全市第一位。

【“最美退役军人”选评】2022年，区退役军人事务局开展区“最美退役军人”“最美拥军人物”选树活动，评选出区级“最美退役军人”10人、“最美拥军人物”6人，获评市级“最美拥军人物”1人、市级“最美退役军人”提名奖1人。

【志愿服务品牌建设】2022年，区退役军人事务局打造“钱塘老兵”品牌，建立志愿服务队伍。在杭州市首届“泰隆银行杯”退役军人志愿服务项目大赛中，钱塘区选送项目获评金奖1个（白杨街道老兵志愿服务站的女子防“狼”术——女大学生安全防护志愿服务项目），优胜奖1个（蓝天公益服务中心的“救在身边”绿色平安桥项目）。全区退役军人服务站实现“轮值站长制度”全覆盖，鼓励退役军人社区干部在基层治理中发挥作用。

【双拥创建】2022年，区退役军人事务局印发《钱塘区双拥工作领导小组成员单位工作职责》等文件，完善军地互办实事“双清单”制度，健全新时代双拥工作（地方拥军优属，军队拥政爱民）会商联动机制、拥军支前工作机制，开展拥军支前工作队伍演练，“双拥服务中心”按要求挂牌。送文艺演出到驻区部队3场，送图书1000多册。加强双拥文化建设和舆论宣传，在地铁、公交车站等处悬挂双拥公益广告牌50块。走访慰问部队21次，走访慰问困难退役军人，发放慰问金（品）和优抚挂历。发放中国人民解放军建军95年周年纪念杯，悬挂“光荣之家”光荣牌。开展“千业万店爱国拥军”活动，成立“拥军联盟”，推进社会组织、企事业单位和部队结对共建。推进崇军商家入驻，创建崇军街区。协调邵逸夫医院下沙院区与驻区部队签署开通就医绿色通道协议，为官兵提供优质医疗保障。与钱塘区华数数字电视有限公司、中国联合网络通信有限公司签署战略合作协议，为钱塘区退役、现役军人家庭定制优惠专属套餐。通过向国家档案馆申请，帮助义蓬街道老兵赵锦焕找回1956年毛泽东接见解放军公安军（中华人民共和国成立初期五大军种之一，中国人民武装警察部队的前身。1949年8月成立，1966年7月取消）积极分子代表会议上的集体合影。

【烈士褒扬与优抚工作】2022年，区退役军人事务局在清明节、国家公祭日等纪念日，举行“向烈士敬献花篮”纪念仪式，开展现场祭奠6次，2.6万人参与祭英烈献花、留言等“云祭扫”活动；组织部分参战老兵到萧山衙前农民运动纪念馆参观并召开座谈会；组织“感恩·尊崇英烈进校园”宣讲会12场，向3000多名学生宣扬英烈事迹。落实优抚对象抚恤补助、农村籍60周岁以上退伍士兵老年生活补助发放工作；联合区卫生健康局为60周岁以上重点优抚对象购买杭州市老年人团体意外伤害统筹保险；为现役义务兵父母开展免费健康体检。开展优待证申领发放工作，制定印发《钱塘区退役军人、其他优抚对象优待证申领制发工作实施方案》《优待证申领手册》，开展业务培训8次，优待证申领发放率列全市第一位。（钱莹颖）

责任编辑　周　丹

下沙高教园区

综　述

【驻地高校】杭州下沙高教园区位于钱塘区下沙区块，总面积10.92平方千米。以杭州绕城高速公路东线为界，分东、西2个区块。园区入驻高校14所，东区入驻浙江工商大学、浙江财经大学、杭州师范大学钱江学院、浙江水利水电学院、浙江金融职业学院、浙江经贸职业技术学院、浙江经济职业技术学院，西区入驻浙江理工大学、杭州电子科技大学、中国计量大学、浙江传媒学院、浙江警官职业学院、杭州职业技术学院、浙江育英职业技术学院。14所高校中，省属高校11所（其中教育部或其他部委局共建高校6所）、市属高校2所、民办高校1所。2022年，园区入学新生11万余人，全日制普通高校在校学生22.82万人。其中，研究生3.19万人，本科生15万人，专科生6.09万人，留学生3521人；有成人继续教育学生8.59万人。在编教职工1.86万人。

（年鉴编辑部）

【“钱塘校融·百家名企高校行”活动启动】2022年6月14日，首期“钱塘校融·百家名企高校行”活动启动。该项活动以“线上+线下”的方式开展，强化企业与高校的合作，在线下组织企业参观学校校史馆与特色实训基地，同时在线上举办专场对接活动等。活动期间发放《钱塘高校核心资源名片》和调查问卷600多份，征集企业人才需求2749人、实习生需求1015人、各类技术合作需求88项。全区93个企业在浙江理工大学、浙江工商大学、中国计量大学等7所高校开展专场招聘活动，与27所高校二级院系现场洽谈，促成学生实习就业110人次。

（王　婧）

【“钱塘校融·校企双进”产学研对接会启动仪式举行】2022年11月18日，“钱塘校融·校企双进”

2022年11月18日，“钱塘校融·校企双进”产学研对接会启动仪式暨大创小镇专场活动在钱塘区国际创博中心举行　　（科学城管理办公室 提供）

产学研对接会启动仪式暨大创小镇专场活动在钱塘区国际创博中心举行。区内14所高校科研部门负责人、二级学院博士专家及辖区企业有关负责人参加。活动现场，博士专家和企业负责人结对，就合作发展问题开展学术研讨，并授予医药港管理办公室、大创小镇管理办公室等6个产业平台“钱塘高校服务驿站”的牌匾。“钱塘校融·校企双进”产学研对接会旨在通过“博士专家入企”和“百家名企高校行”2项品牌活动，以“钱塘校融”产学研一体化服务平台为数字牵引，强化产学研合作路径，营造产学研合作氛围。至年末，“产教融合”产生重大应用技术创新成果243项、重要科研成果转移转化66项、基于校企合作的省科学技术奖8项、国家级实训基地11个、联合创新中心26个、产业学院28个、教育部认定的产教融合项目337个。

（傅淑娟）

2022年下沙高教园区高校基本情况统计表

表17

院校名称	总面积（万平方米）	分校区（个）	学院/系（个）	独立学院（个）	专科专业（个）	本科专业（个）	硕士专业（个）	博士专业（个）
浙江理工大学	144.85	4	18	1	—	58	58	6
杭州电子科技大学	85.88	5	19	1	—	45	19（一级学科硕士点）	9（一级学科博士点）
浙江工商大学	185.77	3	27	1	—	71	16（一级学科硕士点）、20（专业学位授权点）	7（一级学科博士点）
中国计量大学	103.91	3	19	1	—	57	26	2
浙江财经大学	86.41	2	23	1	—	45	58	9
浙江传媒学院	90.34	2	16	—	1	42	3	—
杭州师范大学钱江学院	19.5	—	7	—	—	34	—	—
浙江水利水电学院	121.20	2	13	—	6	31	—	—
杭州职业技术学院	76.9	—	9	—	42	—	—	—
浙江金融职业学院	75.80	1	11	—	25	—	—	—
浙江警官职业学院	34.93	—	4	—	12	—	—	—
浙江经贸职业技术学院	30.21	—	10	—	33	—	—	—
浙江经济职业技术学院	35.23	—	9	—	34	5	—	—
浙江育英职业技术学院	14.33	—	6	—	27	—	—	—

注：表格数据均包含各高校分校和独立学院的数据。

2022年下沙高教园区高校教育基本情况统计表

表18

院校名称	招生（人）					在校生（人）						毕业就业率（%）	教职工（人）		
	总数	研究生	本科生	专科生	成人本专科	总数	全日制普通生				成人教育生		总数	其中专任教师	
							研究生	本科生	专科生	留学生				总数	副高级以上职称
浙江理工大学	14812	2924	4943	—	6945	51890	7629	27799	—	530	15932	96.59	2561	2064	1050
杭州电子科技大学	14370	2616	5574	—	6180	35297	7679	18749	—	1006	7863	96.4	2368	1685	921
浙江工商大学	21585	2688	8641	—	10256	67176	7410	28166	—	1067	30533	94.42（不含杭商院、人武学院）	3276	2536	1173
中国计量大学	10781	1736	4887	—	4158	30024	4633	17125	—	345	7921	92.51（本科生）95.94（研究生）	1922	1398	682

续表18

院校名称	招生（人）					在校生（人）						毕业就业率（%）	教职工（人）		
	总数	研究生	本科生	专科生	成人本专科	总数	全日制普通生				成人教育生		总数	其中专任教师	
							研究生	本科生	专科生	留学生				总数	副高级以上职称
浙江财经大学	13756	1346	9450	—	4306	31834	3846	27646	—	312	7924	91.4（本科生） 96.45（研究生）	2283	1634	653
浙江传媒学院	3634	288	3308	—	38	14461	739	13486	7	229	363	92.66	1451	970	418
杭州师范大学钱江学院	—	—	—	—	—	3687	—	3785	—	—	—	93.5	396	283	115
浙江水利水电学院	5151	—	4398	639	114	13989	—	12097	1716	6	170	94.3%	846	595	219
杭州职业技术学院	5057	—	—	4726	331	14761	—	570	12868	—	1323	98.25%	790	566	211
浙江金融职业学院	5058	—	—	4238	820	12592	—	—	11912	1	679	98.8	685	668	260
浙江警官职业学院	1600	—	—	1600	—	4072	—	—	4072	—	—	98.62	378	247	102
浙江经贸职业技术学院	6480	—	—	4192	2288	14681	—	—	11650	—	3031	97.9%	638	558	168
浙江经济职业技术学院	8625	—	211	3520	4894	10442	—	634	9783	25	9728	98.55%	608	510	186
浙江育英职业技术学院	3765	—	—	3638	127	9304	—	—	8899	—	405	97.41	372	280	89

注：1. 招生研究生人数包括博士生，在校研究生人数包括博士生；
2. 在校留学生人数包括学历生和非学历生；
3. 毕业生就业率为研究生、本科生总和，不含成人教育就业率。

浙江理工大学

【概况】浙江理工大学（简称浙理工）下设18个学院（教研部），举办1所独立学院。现有本科招生专业58个，一级学科博士学位授权点6个、一级学科硕士学位授权点25个，硕士专业学位类别17种，博士后科研流动站3个。有省重点建设高校优势特色学科2个、省一流学科（A类）6个、一流学科（B类）6个；化学、材料科学和工程学学科进入ESI（基本科学指标数据库）全球排名前5‰。有“纺织纤维材料与加工技术”国家地方联合工程实验室、“先进纺织材料与制备技术”教育部重点实验室、“生态染整技术”教育部工程研究中心等国家级和省部级科研平台50余个。有国家一流课程12门，国家精品视频公开课4门，国家精品资源共享课5门，国家双语教学示范课2门，获国家级教学成果二等奖3项。获国家技术发明二等奖8项，国家科技进步二等奖8项，国家科技进步三等奖1项，鲁迅文学奖1项，何梁何利基金科学与技术创新奖2项，近5年获得省部级奖励194项。有教职工2571人，高级职称982人，拥有中国工程院院士1人，发达国家院士2人，国家高层次人才特殊支持计划领军人才5人，国家自然科学基金杰出青年科学基金获得者1人、优秀青年科学基金获得者3人等国家级人才、专家。已与46个国家和地区的155所教育、科研机构建立了合作关系，与美国北卡州立大学、纽约州立大学时装技术学院举办中外合作办学项目4项，与毛里求斯大学、苏里南大学共建2所孔子学院。

2022年，浙理工校长陈文兴院士当选党的二十大代表。推动升级校企地党建共建2.0版本，与5省16市百余家单位建立合作关系，与缙云县建立首个“党建统领打造共同富裕合作新样板”。3篇工作经验文章在中组部主管刊物《党建研究》和省委组织部主办刊物《时代先锋》上刊发。获评浙江省首批清廉学校建设示范校。

浙理工新增国家级一流本科专业建设点9个、省级一流本科专业建设点6个，97门课程获省级一流课程认定。学校入选教育部、科技部首批“大思政课”实践教学基地，省级课程思政示范校，首批省级教材建设研究基地。获2021年浙江省教育教学成果奖5项，其中特等奖1项。获第八届中国国际“互联网+”大学生创新创业大赛金奖2项，位列全国第29位。1个基层团组织获评“浙江省五四红旗团委”。入选国家级创新创业教育实践基地，1名研究生校友入选全国第五届大学生就业创业人物。

浙理工获浙江省科学技术奖14项，其中一等奖1项。获批省部级及以上科研平台3个。获批国家级重大重点项目11项，其中首获青年科学家项目、国家重点研发计划重点专项项目。通过武器装备承制单位资格现场审查。申请发明专利1130项，授权发明专利508项，转化专利397件。获省部级及以上领导批示26人次，其中中央领导批示1次。全年科研经费到账4.73亿元。新建4个地方研究院，6个技术转移中心，19个校企联合研发中心，首次在省外共建地方研究院。与临平区签订全面战略合作框架协议。

浙理工构建师德师风建设长效机制，制定《教职工师德考核实施办法》。出台引进优秀青年博士、博士后实施办法等制度。首次参加海外线上专场招聘会，引进海外博士23人。引育省部级及以上人才22人，其中国家优青、青拔等高层次人才5人。入选第二批“浙江省高校领军人才培养计划”20人、“省高层次人才特殊支持计划”科技创新领军人才2人、2021年省级高层次人才支持计划教学名师1人。获首届浙江省青年科技英才奖、首批浙江省高校黄大年式教师团队、首届浙江省教书育人楷模等。

浙理工推进数字化改革，启用“数智浙理”门户，数智就业服务平台入选省教育厅2022年高校数字化改革巡展。获评省高校“5A级平安校园”、绿色学校三星校园、浙江省巾帼文明岗，2021年度大型仪器设备绩效考核全省排名第三。完成第19届亚运会足球训练场地综合改造提升项目建设任务。

【省现代纺织技术创新中心成立】 2022年7月12日，浙江省现代纺织技术创新中心成立仪式在绍兴市举行。浙江省现代纺织技术创新中心是全省首批6个技术创新中心之一，由绍兴市政府主导，柯桥区政府和浙理工牵头创办，联合国内纺织领域特色高校院所的专业力量和领军企业的社会力量，集聚中国工程院院士团队和其他国家院士团队，为实施事业企业双法人制实体运作创新平台。

【浙江省国际“互联网+”大学生创新创业大赛】 2022年7月28—30日，“建行杯”第八届浙江省国际“互联网+”大学生创新创业大赛决赛在浙理工举行。主体赛事分高教主赛道、“青年红色筑梦之旅”赛道、职教赛道、国际赛道等。参赛学校125所，参赛项目4.65万个，参赛人员35.9万人次。国际赛道参赛项目1536个。69个项目获高教主赛道金奖，30个项目获“青年红色筑梦之旅”赛道金奖，21个项目获职教赛道金奖，21个项目获国际赛道金奖，7个项目获“金钥匙奖”，30所高校获优秀组织奖。

2022年7月28—30日，“建行杯”第八届浙江省国际“互联网+”大学生创新创业大赛决赛在浙江理工大学举行。图为闭幕式暨颁奖典礼

（浙江理工大学 提供）

【浙江理工大学马兰戈尼时尚设计学院揭牌】2022年6月17日，浙江理工大学马兰戈尼时尚设计学院揭牌。揭牌仪式通过网上播放三地连线的形式，分别在下沙校区、伦敦马兰戈尼学院米兰校区和巴黎校区同时举行。浙江理工大学马兰戈尼时尚设计学院是浙理工第一个非独立法人中外合作办学机构。浙理工与马兰戈尼学院合作，引进欧洲时尚教育资源，结合时尚人才培养特色，发挥中外合作办学体制机制优势，实现资源共享和优势互补。

【社会工作硕士人才工作站共建】2022年3月11日，浙理工与区社会发展局、钱塘科学城管理办公室签订“社会工作硕士人才培养战略合作协议”，建设社会工作硕士人才工作站，推进校地合作、区校共建、产教深度融合，推动社会工作人才共同体培养建设，通过项目化、清单化、实战化等模式进行专业的实务实践，形成政府、社区、高校、学生等多方主体协力共建格局。

（李静惠 朱何璇）

杭州电子科技大学

【概况】杭州电子科技大学（简称杭电）设下沙、文一、东岳、下沙东及青山湖5个校区，总占地面积1.67平方千米。下设学院及教学单位20个，其中独立学院1所。杭电拥有本科教育、研究生教育、来华留学生教育、继续教育等全面人才培养体系，有招收本科生专业45个，入选国家级一流本科专业建设点专业22个，入选省级一流本科专业建设点专业22个，有国家级综合改革试点专业2个、教育部“卓越工程师教育培养计划”试点专业6个、国家级特色专业建设点7个、国防特色重点专业2个、通过工程教育专业认证专业9个。新增省级一流本科课程97门。有一级学科博士点9个、博士后科研流动站4个、一级学科硕士点19个、专业学位硕士点18个，其中集成电路科学与工程是全国首批集成电路科学与工程一级学科博士学位授权点之一。有省重中之重一级学科2个、省重中之重学科2个、省一流学科（A类）4个、省一流学科（B类）6个、省哲学社会科学重点研究基地1个、省人文社会科学重点研究基地1个、省重点学科19个。获批“中国—奥地利人工智能与先进制造‘一带一路’联合实验室”1个。杭电加深校企产学研融合，与国内外企业建立科技合作关系，成为浙江省科技创新与成果转化高地。新建成各类校企合作平台39个，新增教师创立的科技型公司49个。电子科学与技术、计算机科学与技术等优势学科被列入教育部规划司“十四五”重点发展学科领域清单。

2022年，杭电有正高级职称教师360多人。有院士、国家杰出青年、国家海外引才计划入选者和省“鲲鹏计划”、省特级专家、省海外引才计划入选者等各类高层次人才200多人。

杭电参与完成一系列国家重点攻关和高科技攻关以及国家、省部基金科研项目。全年实到科研经费6亿元，新增国家级重点项目12项，重大项目4项，其中1000万元级项目5项。获批省“尖兵”“领雁”研发攻关计划项目17项，立项数和资助经费总额居省属高校第一位。新增省部级奖励33项，7项成果获2021年度浙江省科学技术奖。新增国家自然科学基金79项、国家社科基金22项，新增省级以上科研平台4个。教师发表论文1904篇（次），授权发明专利1330项。在“中国研究生创新实践系列大赛”中获奖总数列省属高校第一位。参加浙江省高等教育教学成果评选，教学成果获奖9项。申报的《以精准思政大数据一体化平台建设为载体，构建多跨协同集成创新的系统育人场景》入选教育部高校思想政治工作精品项目。

杭电获批全省首批人才发展体制机制综合改革试点单位。省校纪委省监委驻杭州电子科技大学监察专员办公室获“全省纪检监察系统先进集体”称号。教授骆建军获“2022年度何梁何利产业创新奖”。教授邱均平获“浙江慈善奖”“个人捐赠”奖。

【学生全面培育】2022年，杭电结合学校优势，培育学生创新创优意识，组织学生参加各类竞赛。2月22日，2021全国普通高校大学生竞赛排行榜发布，杭电以获奖数1010个，总成绩89.53分，在全国普通高校大学生竞赛七轮总榜单（本科）中排名全国第16位，列省属高校第一位。参加教育部主办的综合性学科竞赛“互联网+创新创业大赛”，实现金奖“零”的突破，获全国金奖3项、银奖4项和铜奖1项，金奖获奖项目数居省属高校第二位。

【获批浙江省深化教育评价改革综合试点高校】2022年9月16日，杭电入选浙江省深化新时代教育评价改革试点项目名单，为省内6所综合试点本科高校之一。改革试点以构建一套“具有杭电特色的教育评价体系”为目标，搭建“党委评价”“学院评价”“教师评价”“学生评价”“用人评价”等评价维度，推动院系评价与个人评价、学生评价与教师评价、教学评价与科研评价、过程评价和结果评价联动改革，完善立德树人体制机制，推进学校治理体系和治理能力现代化。（宋晓宇）

浙江工商大学

【概况】浙江工商大学（简称浙商大）有下沙校区、教工路校区和桐庐县校区（杭州商学院）3个校区，总占地面积1.86平方千米。下设学院28个（含杭州商学院、浙江工商大学人民武装学院）、本科专业71个，涵盖管理学、经济学、法学、文学、理学、工学、历史学、哲学、艺术学9个学科。ESI全球前1%学科数6个，分别为农业科学、工程科学、计算机科学、环境/生态学、化学和一般社会科学。新增“一般社会科学”学科入选ESI全球前1%。新增人工智能与金融工程、中共党史党建、马克思主义宗教学3个目录外二级学科。新增国家级一流专业5个，总数32个。新增省一流学科（A类）7个。2022年软科“中国最好学科排名”中，上榜学科16个。浙商大与丽水市庆元县共建“食品（食用菌）加工技术研究中心”，与温州市泰顺共建浙江工商大学山海协作（鹿城、泰顺）促进中心，与浙商总会共建战略企业家学院。获批国家留学基金委“西部地区人才培养特别项目地方合作项目地方创新子项目”。国家级教育对外交流项目“东盟与中日韩（10+3）多边产业合作平台与推进机制建设”结题。首次获批科技部“外国青年人才计划”1项。年内，获批“浙江省国际学生国情教育名师工作室建设单位”。

2022年，浙商大有博士生导师130多人，正高级职称教师400多人，副高级以上职称教师1170多人，博士学位教师1280多人。有省重点创新团队6个、省高等学校创新团队6个、省高校高水平创新团队2个。落实“人才倍增计划”，全年引进高层次人才40多人，引进博士106人。新增国家级和省部级人才22人，新培育省部级以上人才9人。

浙商大获省级一流课程认定77门，获批省级教学成果奖8项，获批浙江省“十四五”教育教学改革项目30项。大数据专业教材研究基地被认定为首批浙江省教材建设研究基地。本科生继续深造率36.7%。推进卓越研究生教育，研究生招生人数再创新高，招收硕士生2574人、博士生114人，硕士生一志愿录取率78.5%；获省优秀博士学位论文提名3篇，省优秀硕士学位论文2篇，获省优秀研究生教学案例28篇；6项成果获省专业学位研究生优秀实践成果。获国家社科基金年度及青年项目立项44项，管理学、应用经济学、统计学3个学科立项数均位居全国首位。科研创新水平提升，获批科技部重点研发项目1项、国家重点研发课题1项。获国家社科项目44项。其中，重大项目2项、重点项目6项。国家哲学社会科学成果文库1项。获国家自然科学基金立项34项。获省重点研发“尖兵”项目1项，“领雁”项目1项。获国家级及省部级奖项19项。新增省级国际科技合作载体1个。根据中国知网公布的《中国学术期刊影响因子年报（人文社会科学）2022年版》影响力指数排序结果显示，主办刊物《商业经济与管理》《浙江工商大学学报》居Q1区。

浙商大获评“浙江省2021年度法治浙江（法治政府）建设优秀单位”、省“高校档案工作先进集体”、全省“老干部工作先进集体”。入选“第一批绿色学校（高等学校）”名单。获批“国家级高等教育智慧教育平台试点高校”“浙江省深化新时代教育评价改革综合试点高校”。“UP+DEMO”众创空间获评“国家级备案众创空间”。发挥重要窗口研究院等研究基地和智库平台作用，获省部级及以上领导肯定性批示80多项，其中国家领导人肯定性批示3项。浙江工商大学台湾研究院获评“浙台经济社会融合发展突出贡献单位”。推荐申报的金融工程、新闻学、食品科学与工程、国际商务、土地资源管理5个专业获批2021年度国家级一流本科专业建设点。浙江工商大学英贤慈善学院筹建入选2021年度中国“十大慈善文化事件”。

【学生全面培育】2022年，浙商大组织参加全国人文社科类本科院校学科竞赛，列排行榜首位。组织女子篮球队参加第二十四届CUBA二级联赛，获女子全国总冠军。参加第十七届全国“挑战杯”大学生课外学术科技作品竞赛，获二等奖4项、三等奖2项。参加2022年浙江省大学生艺术节，获一等奖6项、二等奖1项。参加浙江省第十三届“挑战杯”大学生创业计划竞赛，获金牌6枚、银牌7枚、铜牌10枚，并获“优秀组织奖”。参加第八届浙江省国际“互联网+”大赛，获金牌5枚、银牌9枚、铜牌3枚，并获“优秀组织奖”。浙商大在省学生体质健康抽测中首次获得男女生全部合格的成绩（优良率38.5%）。

【“数字+”学科建设行动计划发布】2022年6月28日，浙商大发布“数字+”学科建设行动计划，出台“数字+”学科建设行动方案，方案由“1510”（“1”指1个数字学科集群，“5”指5个核心要素体系，“10”指10项全新建设要求）体系构成。设立“数字+”学科建设专项资金，实施五项专项行动计划（“数字+”本科生人才培养行动计划、“数字+”研究生人才培养行动计划、“数字+”师资队伍建设行动计划、“数字+”科学研究和社会服务行动计划、“数字+”数字平台体系行动计划），深化数字高校建设，探索未来大学新形态。

【首届中国化时代化马克思主义研究高峰论坛举办】2022年12月17日，首届中国化时代化马克思主义研究高峰论坛在浙商大举办。论坛由浙江省习近平新时代中国特色社会主义思想研究中心和浙江工商大学主办，浙江工商大学马克思主义学院、中国化时代化马克思主义研究院、社会科学研究院承办，包括2个主论坛和7个分论坛。高峰论坛主题是“马克思主义中国化时代化的新境界”。为期2天，以线上和线下相结合的方式进行。有36位全国重点马克思主义学院院长书记、29个期刊媒体代表参加。

【浙江工商大学科创大楼（产教融合基地）项目启动】2022年12月29日，浙江工商大学科创大楼（产教融合基地）开工奠基仪式在下沙校区举行。浙江工商大学科创大楼（产教融合基地）项目是国家“十四五”时期教育强国推进工程、中央财政专项资助项目、省重点建设项目和省公建补贴工程。项目总投资1.66亿元，总建筑面积2.34万平方米。其中，地上建筑面积2.05万平方米、地下建筑面积2945平方米。主楼为地下1层，地上12层。

（周　敏　朱竹青）

2022年12月29日，浙江工商大学科创大楼（产教融合基地）项目开工奠基仪式在下沙校区举行

（周　敏　提供）

中国计量大学

【概况】中国计量大学（简称中量大）是浙江省政府与国家市场监督管理总局共建大学和浙江省重点建设大学。获批博士学位授予单位。建有博士学位授权一级学科2个，硕士学位授权一级学科15个、硕士专业学位授权点11个；浙江省一流学科10个；进入ESI全球排名前1%学科4个。入选“十四五”浙江省一流学科（A类）学科5个。有国家级一流专业18个、国家特色专业4个、国家级专业综合改革试点专业1个；省级一流专业24个，省级优势专业7个、省特色专业12个，教育部“卓越工程师教育培养计划”专业5个。设有19个学院（部、中心）。有省部级以上科研平台30多个，高水平研究院35个。参与《浙江省贯彻计量发展规划（2021—2035年）行动方案》起草工作。参与“超高灵敏极弱磁场和惯性测量装置”国家重大科技基础设施的培育建设工作。与50多所国外的高校和研究机构建立合作，举办中外合作办学本科教育项目2项。建有布拉格金融管理大学孔子学院、浙江—捷克布拉格丝路学院、浙江—捷克人文交流中心、中东欧研究院。牵头成立全球首个“一带一路”标准化教育与研究大学联盟，并建立“一带一路”学院。获批省级一流课程67门，获推荐参加国家级一流课程评审的课程8门，国际学生课程获批省一流国际化课程3门。“马工程”（马克思主义理论研究和建设工程）教材使用全覆盖，课程思政覆盖率100%，获省级课程思政示范课程立项的课程15门。获批教育部中外语言交流合作中心“汉语桥”团组交流项目1项。

2022年，中量大有共享中国工程院院士2人，省特级专家等省部级人才80多人。有全国高校黄大年式教师团队1个、国家级教学团队1个；浙江省高校黄大年式教师团队1个、浙江省高校教学团队5个。培育省突出贡献中青年专家等高层次人才10人，聘请精仪学者、名誉教授、嘉量学者等45人。获首届浙江省青年科技英才奖1人，入选浙江省“最美教师”1人，17名学者入选全球前2%顶尖科学家榜单。教师获国家级、省级教学成果奖22项，获全球首届“ISO标准化高等教育奖”。深入实施“明德学者”“环宇计划”“翔宇计划”等教师培养计划，选派第五批“特色师资”队伍16人，入选第二批浙江省高校领军人才培养计划20人，入选国家公派访问学者项目2人、国家留学基金委地方合作项目3人。

中量大获国家科学技术进步奖二等奖3项。面向行业机构开展计量、标准、质量专业人才培训，培训学员2.8万人。研究生创新实践大赛获国家级奖项81项，省部级奖项25项。研究生发表论文1010篇，授权发明专利97件、实用新型专利138件。获批省级研究生联合培养基地3个，获浙江省研究生教育学会教育成果一等奖1项，1名研究生获中国仪器仪表学会一等奖学金。获省级教学成果奖特等奖1项、一等奖3项、二等奖4项，其中2项成果被推荐申报国家级教学成果奖。全年到校科研经费4.02亿元，比上年增长21.6%。主持国家级科研项目共51项。其中重点研发计划项目和课题9项。主持省部级科研项目92项。获批教育部（B类）重点实验室1个、石油和化工行业重点实验室1个。获2022年中国标准创新贡献奖组织奖1项、2021年度省科学技术奖12项、省哲学社会科学优秀成果奖5项。获以上研究平台3个。JMRH类项目9项，到校经费2004.9万元，比上年增长56.5%。助力区域经济社会发展，拍卖科技成果62项。

成立中国计量大学推进省部共建工作领导小组，推进“省部共建”协议落地，与新疆、内蒙古计量测试研究院达成战略合作协议。拓展合作渠道，筹建成立北京研究院。与海关总署中国海关科学研究中心、杭州海康威视数字技术股份有限公司、深圳华大基因科技有限公司等30多个企事业单位开展战略合作。学校推进结对帮扶工作，被评为省2021年度结对帮扶考评优秀单位，事迹入选教育部乡村振兴典型案例。

中量大上榜“2022世界一流大学综合竞争力排行榜”，列年度高校分类评价硕士培养单位省属高校第一名。入选“中国科技成果转化百强高校”，列全省第三位；并获杭州市科技成果转移奖励200万元。国家大学科技园被评为“2022年浙江省院士工作站”。学校获评省高校首批三星级“绿色学校”。

中量大组织学生参加本科生学科竞赛，获国家级奖项103项，其中A类51项；获省级奖项545项，其中A类395项。学生获2022年国家奖学金特别评选奖、2021年度“中国大学生自强之星”等荣誉。选派大学生艺术团参加2022年浙江省大学生艺术节，获一等奖2项、二等奖1项、三等奖3项。全年学校组织运动队参加各类国家级、省级竞技比赛，获金牌8枚、银牌2枚、铜牌3枚。

【数字化改革体系完善】2022年，中量大成立数字化改革专班，建立“182”（“1”指一体化智能化公共数据平台；“8”指数字党建、数字教学、数字科研、数字学工、数字人事、数字财产、数字服务、数字安防8个数字跑道；“2”指理论体系和制度体系）框架体系，发布“量大微脑”数字孪生平台，该项工作入选省高校数字化改革工作成果展优秀案例，入选2022年教育领域数字化改革创新试点项目。推进公共服务平台建设，成立学校数据中心，建设“教师一张表”、“AI人脸库”、网上办事大厅、疫情防控平台等数字化项目20多个。获地方标准立项1项、团体标准立项2项。

【中量大与杭州极弱磁场重大科技基础设施研究院签署全面合作协议】2022年6月10日，中量大与杭

2022年6月10日，中国计量大学与杭州极弱磁场重大科技基础设施研究院签署全面合作协议
（中国计量大学 提供）

州极弱磁场重大科技基础设施研究院签署全面合作协议。双方在师资互聘、人才培养、学科建设、承担国家重大项目等方面加强深度合作，围绕国家“十四五”时期的科技前沿领域和国家重大战略需求，主动服务国家高质量发展全局和国家现代先进测量体系建设战略需要。（傅凯文）

浙江财经大学

【概况】2022年，浙江财经大学（简称浙财大）下设学院17个、教学部1个、独立学院（东方学院）1个、研究院4个。有普通全日制在校研究生和本科生3万余人（含独立学院1万余人）。设有应用经济学博士后科研流动站，有应用经济学、统计学2个一级学科博士点，一级学科硕士点10个，专业硕士学位点18个。应用经济学为省优势特色学科，应用经济学、统计学为省一流学科（A类），公共管理、工商管理、理论经济学、中国语言文学为省一流学科（B类）。有本科专业45个。其中，国家级一流本科专业建设点20个，省级一流本科专业建设点9个。有国家级教学团队1个、国家级一流本科课程7门、国家精品课程4门、国家精品资源共享课程4门、国家精品在线开放课程4门、省级一流本科课程218门，国家级课程思政示范课程1门、首届“全国优秀教材奖”（高等教育类）教材1部、国家级教学成果奖3项。上榜“2022软科中国最好学科排名”学科9个，应用经济学居前10%，统计学、工商管理居前20%，公共管理、法学、城乡规划学居前30%。加强“新文科”建设，推进跨学科交叉融合人才培养模式改革，抓实文华学院创新班建设。加强“双万计划”建设，新增7个国家级一流本科专业建设点、4个省级一流本科专业建设点。72门课程获省高校一流本科课程认定。健全综合改革监督落实机制，改革总体进度完成60%，获批省深化新时代教育评价改革试点项目1项。开展目标管理任务中期监测，发布《第四轮目标管理责任制中期监测报告》。

2022年，浙财大有正高级职称专任教师190多人，副高级职称专任教师370多人，具有博士学位专任教师820多人。有国家宣传文化系统“四个一批”人才、国家“百千万人才工程”人选、国家级有突出贡献中青年专家、教育部“新世纪优秀人才支持计划”人选、省特级专家、省高校中青年学科带头人、省高校领军人才培养计划等省级及以上人才160多人次。聘请110名国内外知名专家、学者任兼职教授。年内，获评省杰出教师1人，入选省首批“黄大年式教师团队”1个。开展海内外引智计划，举办“第四届国际青年学者论坛”，引进各类高层次人才84人。入选中宣部宣传思想文化青年英才1人、省宣传文化系统“五个一批”领军人才2人、省高校“领军人才”培养计划20人。

浙财大教师获教学创新大赛国家二等奖1项、省特等奖1项，省级教学成果一、二等奖各2项。深化“三全育人”综合改革，入选教育部实践育人思政工作精品1个，获批“省高校课程思政示范校”。推进研究生教育改革，深化与中国社会科学院大学的合作办学，探索高层次人才培养新模式。年内，学位论文获评省优秀硕士学位论文2篇、获评省优秀博士学位论文提名论文1篇，“第三届省研究生教育学会教育成果奖”和“省专业学位研究生优秀实践成果”各2项。获批国家级项目43项，获批省部级项目140项。11项研究成果获党和国家领导人肯定性批示，64项研究成果获省部级领导肯定性批示，2篇研究报告被《教育部简报（高校智库专刊）》采用，6项研究成果被国家政府部门采用。在国内外学术刊物发表论文330多篇。出版各类学术专著41部。获发明专利18项、实用新型专利14项，软件著作权登记92项。

加强实验室规范管理，打造“规模化”“轻量化”智慧教室。完成亚运会足球训练场馆改造和下沙学生生活组团项目建设。推进图书馆特藏空间改造，开放“云端”校史馆，加强数字档案建设。深化“绿色校园”建设，获省首批“绿色学校”。推进“除险保安”工作，常态化开展校园安全隐患排查整治，深化“无诈校园”建设。

浙财大组织参加2022年省大学生艺术节，获一等奖3项、二等奖1项、三等奖2项。“韵落钱塘”合唱团参加维也纳国际青少年音乐节（中国站），获团体组金奖。学校组织的暑期社会实践团队被评为“全国优秀团队”。组织学生参加各类省级体育比赛，获金牌26枚、银牌22枚、铜牌10枚。

【开放合作】2022年，浙财大与省文化和旅游厅、省税务局、钱塘区政府、浙商证券股份有限公司等单位签订战略合作协议。助力乡村振兴，获批立项农业农村部“百校联百县兴千村”行动计划，参加“社科赋能山区26县跨越式高质量发展行动”，被评为全省“社科赋能行动优质团队”。拓展国际交流合作，加强中外合作办学规范管理，启动来华留学高等教育质量认证。新建校友会组织，举办2022年秩年返校纪念大会，构建“校友码”服务平台，为校企校地合作牵线搭桥。

【数字化改革推进】2022年，浙财大强化数字化和系统思维，推进数字化改革，提升内部治理体系。围绕“云上浙财”数智校园建设，构建基于“1351”框架的一体化数智校园体系架构。推进16项应用场景和9项基础设施建设，建成具有学校特色的“智慧党建”“智慧思政”“浙财学堂”“科研安”“一码通”等多跨场景应用，提升教学科研、学科建设、学校治理、校务服务、校园生活的数字化、网络化、智能化水平。《基于数据中枢的高校审计数据管理一体化系统》等3个案例入选“省高校数字化改革成果巡展”，智慧党建系统入选省教育领域数字化改革优秀案例，“运动啦—活力在线”入选省教育领域数字化改革创新试点项目。

▶▶资料：“1351”框架的一体化数智校园体系架构

第一个“1”：构建以超融合、虚拟化、公有云为核心的混合云资源体系。“3”：构建数据中台、业务中台、物联中台三大核心平台。“5”：构建现代治理空间、智慧教学空间、科研创新空间、学科发展空间及数字孪生空间五大校园综合应用。第二个“1”：构建“浙财彩微”新一代服务门户。

【浙江财经大学盈阳金融科技学院成立】2022年5月26日，浙财大和浙江盈阳资产管理股份有限公司联合共建的浙江财经大学盈阳金融科技学院揭牌。该学院为省内高校首家金融科技学院，设有金融工程、金融数学2个本科专业，致力于培养系统掌握经济学和金融学基础理论、运用数学理论方法和计算机技术、交叉融合新一代数字技术的高素质创新应用型金融科技人才。

2022年5月26日，浙江财经大学盈阳金融科技学院揭牌仪式举行

（浙江财经大学 提供）

【4所附属学校（幼儿园）挂牌】2022年11月8日，浙财大4所附属学校挂牌，分别为杭州市文海凌云小学、杭州市听涛小学、杭州市文瀚幼儿园、杭州市云帆幼儿园，增挂“浙江财经大学附属文海凌云小学、浙江财经大学附属听涛小学、浙江财经大学附属文瀚幼儿园、浙江财经大学附属云帆幼儿园”校牌。浙江财经大学深化教育合作，发挥学校优势，为附属学校（幼儿园）提供教学资源等方面的支持，助力附属学校实现特色办学，在4所附属学校（幼儿园）推进“大中小幼育人一体化”实践教育，推出财经素养系列特色课程建设、教育国际化特色品牌和体育艺术特长培养等合作办学项目。（高　灵）

浙江传媒学院

【概况】浙江传媒学院（简称浙传）是国家广播电视总局和浙江省政府共建的高校，设钱塘和桐乡2个校区。设有二级学院（部、中心）16个。学校涵盖艺术学、文学、工学、教育学、管理学、经济学6个学科门类，有戏剧与影视学、新闻传播学、信息与通信工程省一流学科3个，新闻与传播硕士、艺术硕士、汉语国际教育硕士专业学位授权点3个，本科专业42个。有国家级一流专业建设点13个，省级一流专业建设点10个。学校建有国内高校首个5G+4K电竞综合实验室，国家级实验教学示范中心、国家广播电视总局实验室各1个。浙传是欧盟“伊拉斯谟”项目单位，与新西兰惠灵顿维多利亚大学、英国考文垂大学和博尔顿大学合作举办本硕中外合作办学项目，与美国纽约州立大学石溪分校、密苏里大学和澳大利亚新南威尔士大学等高校合作开展多层次的联合培养项目。

年内，浙传与意大利万神殿

设计与科技学院签订“艺术学硕士中外合作办学协议”，新增俄罗斯国立舞台艺术学院等6所合作院校。获批国家留学基金委国别区域研究人才支持计划、2个教育部中外语言交流合作中心教学资源建设项目。首次举办“斯特灵大学学术周”。举办“人类命运共同体视域下的中英文明互鉴”等国际会议。引进14名外籍高层次专家担任全职、特聘和客座教授。新增传播学等4个国家级一流专业建设点、表演等5个省级一流专业建设点，全校70%专业为省级以上一流专业。新增获批人工智能专业。开设“智能媒体工程”“媒体翻译”“数字营销”“新媒体创作与运营”4个微专业。浙传获教育部批准招收香港中学文凭考试学生。改革研究生招生选拔机制，全年硕士研究生报考人数比上年增长56.9%，招生规模增长16%。制定2022版人才培养方案，推动研究生课程资源建设，获省研究生联合培养基地认定2个。获批省研究生教学改革项目5项、省研究生思政示范课程3门、省研究生思政教学示范团队1个。新增省优研究生课程6门。获省研究生教育学会教育成果奖二等奖1项。推进新一轮7个硕士培育项目建设。开展博士申请准备工作，拟定《新增博士学位授予单位立项建设规划》。与暨南大学签订“联合培养博士、硕士研究生协议”。

浙传引进中共中央宣传部文化名家暨“四个一批”等各类人才47人。成立浙江传媒学院博士后工作站，与浙江大学联合培养博士后。聘任教育部长江学者“特聘教授”、国际欧亚科学院院士、国务院教指委委员分别担任学校艺术学部、工学部、人文社科学部主任，聘任国家有关领军人才担任华策电影学院院长。加快省级及以上人才培育，10人入选省高校领军人才培养计划各层次人才。选派教师到国内外知名院校访学进修和学历学位进修，其中访学21人、读博16人。打造“双能型”（教学能力、实践能力兼备）教师队伍，选派44名教师进行实践锻炼。

浙传推进国家广电总局中国广播电视艺术资料研究中心建设。在国家广电总局组织的评估中，“媒体智能传播技术研究国家广播电视总局实验室”评估结果为“优秀”等次。深化浙江省社会治理与传播创新研究院建设，入选“浙江省新型智库重点培育智库单位”。获国家广电总局第二届广播电视和网络视听人工智能应用创新大赛二等奖1项。完成联合国儿童基金会（UNICEF）委托项目和全国首部媒介素养蓝皮书编撰工作。主创或参与创作的电影《丰子恺》、电视剧《两个人的小森林》《沉香如屑》、纪录片《厨房里有哲学》《陪诊师》《冬奥之约》等在中央广播电视总台等媒体播映。《旗旗号巡洋舰》获第31届中国电视金鹰奖最佳动画片提名，音乐剧《盛乐时代》获内蒙古自治区第十五届精神文明建设“五个一工程”优秀作品奖。学校5项成果获浙江省高等教育教学成果奖。其中，一等奖1项，二等奖4项。

浙传与新疆维吾尔自治区阿克苏市、嘉兴市桐乡市、温州市平阳县、杭州市滨江区和钱塘区等市、区签署多项校地合作协议。与网易股份有限公司、浙江盘石信息技术股份有限公司等企业签订战略合作协议，与科大讯飞共建智能媒体工程研究中心。开展“社科赋能山区26县系列活动”，拍摄系列微视频。深化结对帮扶工作，帮扶温州市平阳县新联村获省、市级荣誉9项，“创意IP引领少数民族村乡村振兴”项目入选浙江省2022年教育助力乡村振兴典型案例、高校干部人才助力山区26个县高质量发展创新案例。学校师生创作的《鳌江之歌》获“东方之歌”原创歌曲大赛二等奖。浙江传媒学院教育基金会通过AAAAA级社会组织复评。国家语言文字推广基地获教育部语用司中期考核“优秀”等次。承办第25届推普周展演、第八届中国诗词大会选拔等活动。获“全国党员教育培训示范基地”“全国毕业生就业典型经验高校”等称号。

【浙传“创意IP引领少数民族村乡村振兴”项目入选省教育助力乡村振兴典型案例】2022年10月18日，浙传“创意IP引领少数民族村乡村振兴”项目入选浙江省2022年教育助力乡村振兴典型案例。浙传自2018年结对帮扶温州市平阳县新联村，发挥学科专业和人才优势，按照“文化帮扶、茶旅融合”的工作思路，多措并举帮扶新联村乡村振兴，挖掘提炼新联村的畲族文化、黄茶文化、生态文化等元素，设计“畲民护山图”IP形象，打造“畲乡茶韵”主题文化村，推动新联村实现从“茶区”到“景区”的转变。

【浙江传媒学院桐乡研究院启用】2022年6月16日，浙江传媒学院桐乡研究院启用。浙江传媒学院桐乡研究院是由浙江传媒学院和桐乡市人民政府共同成立的研发机构。研究院下设时尚文化产业研究所、新媒体运营研究所和数字经济研究所，有专业老师、教

2022年9月7日，第四届茅盾新人奖颁奖典礼在浙江传媒学院桐乡校区举行

（浙江传媒学院 提供）

授及专家团队，研究领域覆盖艺术设计、文化创意、新媒体传播、数字经济、影视动漫等学科专业，并围绕桐乡“1+3+1+X”（“1”指数字经济，“3”指新材料、新制造、新时尚，“1”指现代服务业，“X”指未来产业）发展战略，开展研究工作。

【香港青年走进浙江系列活动】 2022年6月30日，浙传举办中国香港青年走进浙江系列活动。活动由省委宣传部、省委统战部指导，中央广播电视总台浙江总站、团省委、浙江传媒学院、《钱江晚报》报社联合主办。活动邀请中国香港在浙青年代表参观由学校“提灯者”红色公益先锋队及来自全国各地的志愿者共同绘制的“百位烈士画像”展，并到余杭区、义乌市、嘉兴南湖革命纪念馆、横店影视城等地考察浙江共同富裕建设情况。

【未来融媒体创研中心共建】 2022年11月21日，浙传与浙江广播电视集团、浙江新蓝网络传媒有限公司共建的浙江未来融媒体创研中心签约暨揭牌仪式在钱塘区举行。该中心由浙江新蓝网络传媒有限公司与浙传实验创新中心和学生处落实建设，聚焦媒体融合实践实训、长视频IP内容的二次开发、新媒体人才培养、重大主题栏目、海外传播内容创作等领域，通过校企合作，探索人才培养模式改革和创新，助力高素质、复合型新媒体人才培养和成长，打造新时代产、学、创、研融合的新样板、新范式。

【“浙江传媒学院‘艺稻’青年艺术创想周”活动举办】 2022年5月26—30日，浙传联合省级主流媒体、地方宣传部门以“线上+线下”的方式举办“‘美好中国·宋韵钱塘’2022浙江传媒学院‘艺稻’青年艺术创想周”。通过跨学院、跨校区、跨学科、跨专业联合创作的方式，借助虚拟技术，全景式展现学校教学创作成果。“云展”总面积3800平方米，包括“传媒影视作品”“传媒艺术与科技”“传媒有声融媒体”3个展厅，推出原创作品200多部，包括电影、新闻传播、动画、戏剧、广播剧、音乐、舞蹈、新媒体等形式。（黄田心）

杭州师范大学钱江学院

【概况】 杭州师范大学钱江学院（简称杭师大钱江学院）由杭州师范大学举办，是一所综合性全日制本科独立学院。根据独立学院转设要求，于2021年停止招生。截至2022年12月31日，有2019级、2020级全日制本科生3687人，教职工396人。学校有省一流学科2个（护理学和化学），市重点学科1个（物联网工程），省重点建设专业1个（播音与主持艺术），省一流本科专业建设点4个（护理学、经济学、机械设计制造及其自动化、播音与主持艺术）。

2022年，杭师大钱江学院完成跨境电子商务等3个市新型专业（群）建设，获批省一流本科课程25门，省“课程思政”示范课程3门，组建通识教育课程组6个，面向杭师大本科生开设通识选修课163门次。申报省“十四五”时期首批“四新”重点教材4部，完成省级新形态教材、院级教材项目验收8部。获批省“十四五”时期教学改革项目5项、省“课程思政”教学研究项目2项，获批省“课程思政”示范基层教学组织1个。

年内，杭师大钱江学院构建全员、全过程、全方位就业帮扶体系，组织包括大型招聘会、宣讲会、就业训练营、考研考公考编专题讲座等形式的就业活动28场。学校拓宽就业市场，开展“访企拓岗走出去”系列活动30多次，走访用人单位100多个。组织教师参加省第二届高校教师教学创新大赛以及“课程思政”微课专项赛，获一等奖1项、二等奖5项、三等奖1项，获奖总数列全省高校第三位（并列）。组织参加第二届长三角民办高校教师教学技能大赛，晋级决赛教师2人，占全省选送晋级决赛选手总数的五分之一。选送教师参加省高校教师教育技术成果评比，获一等奖1项、二等奖3项。

【教学成果】2022年，杭师大钱江学院发挥“一专业一核心赛事”平台育人功能，获省级及以上各类竞赛奖项239项，其中国家级奖项45项。学生以第一作者身份发表学术论文38篇，其中二级及以上期刊8篇（含SCI二区1篇）。学生授权发明专利22项，其中学生以第一作者身份授权发明专利4项。承办钱塘区创业成长训练营培训活动。获批国家级大学生创新创业训练项目5项，获批2022年度浙江省大学生科技创新活动计划（新苗人才计划）项目3项，杭师大“星光杯”立项获奖25项。组织参加第十三届浙江省“挑战杯”大学生创业计划竞赛，获三等奖3项；参加第五届浙江省大学生乡村振兴创意大赛，获二等奖1项。学院加强校企合作，推进产学合作协同育人，“应用型本科院校创新创业教育模式的探索与实践”等3个项目获批教育部产学合作协同育人项目，“产教融合视域下跨境电商运营类人才协同培养的改革与探索”获批浙江省产学合作协同育人项目。

【教师科研与社会服务水平提升】2022年，杭师大钱江学院实施教师科研素养提升“青蓝工程”，深化教师科研实践指导。年内，教师市厅级及以上项目申报量121项，比上年增长65.8%。“新型酞菁/苝酰亚胺有机p-n异质结光催化剂的设计制备与性能优化项目”获2022年国家自然科学基金项目立项。“非接触式生命体征监测技术及应用”等4个研究项目获市厅级科研奖项。教师获省部级科研项目立项4项、市厅级项目立项27项、横向课题立项13项，新增授权发明专利36项，新增软件著作权16项，专利转让17项。至年末，共发表论文155篇，其中二级及以上论文83篇。《对冲疫情影响多措并举赋能推动浙江文旅产业提质发展的政策建议》等4项研究报告获省部级领导肯定性批示或被采纳。民主党派教师服务地方，助力推进浙江“两个先行”，组织编写的《市民对杭州亚运会的态度和社会参与研究及相关对策》获省委统战部录用，提案《以筹办亚运会为契机，着力提升城市管理水平》获民建市委会2021年度参政议政成果一等奖。（郭莎莎）

浙江水利水电学院

【概况】2022年，浙江水利水电学院（简称浙江水院）下设教学单位13个和研究机构2个，设有工学、理学、管理学、经济学和文学5个学科门类的本科和专科专业37个，其中本科专业31个。年内，浙江水利水电学院南浔校区建成，水利水电工程、农业水利工程2个专业通过教育部工程教育专业认证。有国家水情教育基地1个，省一流学科（B类）6个，省工程研究中心、省级软科学基地各2个，省重点实验室、省“一带一路”联合实验室、省新型高校智库、省级国际科研合作基地、省水文化研究教育中心、水利科学家学风传承示范基地、省高校高水平创新团队各1个。有国家级一流专业1个，省一流专业11个，省优势专业1个，省特色专业7个，省一流课程38门，省级实验教学示范中心3个，省非物质文化遗产传承教学基地1个，省级大学生校外实践教育基地2个。建有企业学院10个，有教育部与省协同育人项目96项。浙江水院获国家级教学成果二等奖1项、省教学成果一等奖5项、二等奖9项，水利部大禹水利科学技术奖1项，浙江省科学技术奖1项。

浙江水院新增智慧水利、翻译、智能感知工程3个本科专业；水利水电工程、农业水利工程2个本科专业通过教育部工程教育专业认证；完成建筑环境与能源应用工程、金融工程、数字媒体技术3个专业的学士学位授予权评审。认定项目制课程93门、“三位一体”课程386门、校企合作课程47门、翻转课堂课程22门、核心课程50门和校级一流课程46门。入选省一流课程38门。其中，线上一流课程6门，线下一流课程17门，线上线下混合式一流课程10门，社会实践一流课程3门，劳动教育课程2门。学院立项建设交叉学科课程15门。课程思政领域2022年立项省级课程思政示范课程6门、省级思政教学研究项目4项、省“十四五”教改项目8项、课程思政示范基层教学组织1个、校级课程思政示范课程30门、校级教学研究项目17个、校级基层教学组织5个，出版专著《课程思政十法》。落实OBE教育（指向成果导向教育）理念，工科专业全面实施SWH-CDIO-E［SWH为“水文化”的汉语拼音首字母，CDIO代表构思（Conceive）、设计（Design）、实现（Implement）和运作（Operate），E代表“评价”（Evaluation）］工程教育模式。浙江水院与浙江海洋大学、浙江理工大学、中国计量大学签订联合培养研究生协议，有硕士生指导资格教师38人。新增“一带一路”来华留学生5人，获批教育部首个外国留学生“专升本”人才培养试点单位，并启动“中外合作办学机构”申报。开展“书记星课堂”“师长面对面暨校长下午茶”“导师午餐会暨教授午餐会”“水韵大讲堂”“学长浙漾说”等特色品牌活动。年内，浙江水院入选“全国88个节水型高校典型案例”名单。获评首批浙江省绿色学校（高等学校）。

【“一校两区”运行管理】2022年，浙江水院与南浔区人民政府开展浙江水利水电学院南浔校区项目“5·30”百日攻坚专项行动。筹备浙江水利水电学院南浔校区启用工作，制定出台《一校两区总体运行方案》《南浔校区启用准备工作方案》等文件，成立浙江水利水电学院南浔校区管理委员会及其管理办公室，健全南浔校区“条抓块统”管理运行机制。5月30日，完成学生宿舍、食堂、教学楼、学科楼、图书馆等建设目标。6月29日，浙江水利水电学院南浔校区交接。9月1日，浙江水利水电学院南浔校区启用，首批入学新生5000多人。

【师资力量】2022年，浙江水院高级职称专任教师占比36.8%，硕士以上专任教师占比77.9%，有国务院政府特殊津贴获得者1人、省“五一劳动奖章”获得者1人、省中青年学科带头人7人、省宣传文化系统“五个一批”人才1人、省“151”人才17人、省高校领军人才9人、省“万人计划”青年拔尖人才1人、省级教学名师2人、省高校优秀教师2人、省一流学科带头人6人。年内，召开人才强校战略推进会，修订《人才引进实施办法》，实施“南浔学者”和“南浔青年学者”计划，引进人才99人，其中优秀青年博士及以上人才50人。有高层次人才17人。其中，第五类人才（优秀青年博士）13人，第六类人才（一般博士、博士后）4人。申报国家地方合作项目1人、国内高校访学项目6人，新增“教职工能力提升助推计划”4人、在职攻读博士学位3人。

【教学成果】2022年，浙江水院注重提升学生综合素养，组织学生参加各类国内外赛事。参加国内外学科竞赛，获国家级赛事奖项60项、省级赛事奖项254项。其中，参加第十届全国大学生机械创新设计竞赛，获一等奖2项、二等奖3项、三等奖1项；参加第十七届全国大学生智能汽车竞赛全国总决赛，获二等奖1项；参加2022年全国大学生测绘学科创新创业智能大赛测绘技能竞赛，获奖8项。立项国家级大学生创新创业训练计划项目60项。

【学科科研创优】2022年，浙江水院推进学科交叉融合，围绕水工程、水资源、水生态、水能源、水装备、水信息等“水利+”“+水利”特色方向，组建学科团队，推荐“十四五”省一流学科4个。打造特色学科平台，“数字孪生流域技术与装备浙江省工程研究中心”成为全国首个数字孪生流域技术与装备领域省级工程研究中心。“浙江省农村水利水电资源配置与调控关键技术”重点实验室通过验收。“先进水利装备浙江省工程研究中心”建设运行评估结果“优秀”。成立产学研合作平台和新型研发机构——浙江水利水电学院南浔创新研究院。新增省部级以上项目26项，其中，国家级课题6项、水利部重大项目1项。年内，横向项目、纵向项目和科技成果转化累计款金额3647.14万元。

【社会服务与交流】2022年，浙江水院服务浙江省高质量发展建设共同富裕示范区，参加“社科赋能山区26县跨越式高质量发展行动”，成为省高校助力乡村振兴联盟会员单位。建好水利部“强监管”人才培养基地，对接水利部和省水利厅、省河长办，开展各

浙江水利水电学院南浔校区（摄于2022年） （浙江水利水电学院 提供）

类“涉水”培训2万余人次。设立浙江河(湖)长学院衢州分院和安吉分院，通过校地联合、共护河湖，助力“习近平生态文明思想的浙江实践”。助力“幸福河湖”“浙江水网”建设，与长江设计集团有限公司、国科大杭州高等研究院、杭州钢铁集团有限公司、国际小水电中心签署战略合作协议。聘请98名专家进行线上“技术问诊”，助推实现科技成果转化23项。承办2021年中国工程热物理学会热机气动热力学和流体机械学术会议暨国家自然科学基金项目进展交流会、第七届气动力学与流体机械青年学者研讨会、第四届IEEE智能控制、测量与信号处理国际学术会议、2022智慧水利建设高峰论坛等大型会议。

【水文化育人水平提升】2022年，浙江水利水电学院南浔校区推进双校区文化传承与融合。秉持“大学建在实验室上”理念，打造“一塔三堤三岛四湖十二桥”景观布局，建设融校史展示和水利科普于一体的“蕴物馆”，展示“航”“丛”“和合”等艺术理念，体现浙江水利水电学院南浔校区有书香、有温度、有情怀的文化风貌。联动双校区专业资源，组织水文化研究，承担《长兴水利史》《水文化遗产调查和省级遗产评价技术指南编制》《浙水遗韵》等编写工作，校本教材《中国水文化概论》获省“十四五”时期首批重点教材建设项目，浙江水院内刊《浙江水文化》改版。

【智慧校园建设】2022年，浙江水院实施数字化基础设施工程，构建数字化校园主干。实施数据智治工程，构建校园全量“数据湖”。实施人才培养数字化工程，构建特色智慧教学平台。推进智慧思政试点建设，构建大数据思政工作平台。实施管理服务数字化工程，营造高效便利的学习生活环境。

【学校服务项目入选世界灌溉工程遗产】2022年10月6日，2022年(第九批)世界灌溉工程遗产名录在澳大利亚召开的国际灌排委员会第73届执行理事会上公布。浙江水院水工程遗产研究院提供技术支撑的四川通济渠、浙江省丽水市松阳县松古灌区2个项目入选名录。四川通济堰采取的引水方向和自然河流方向呈大自然黄金角(137.5度)，是国内历史上规模最大使用时间最长的活动坝。四川通济堰灌区作为都江堰灌区的重要组成部分，主要承担着向成都、眉山2个市和4个县(区)提供生活、生产、生态用水的任务，灌溉面积3.47万公顷。松古灌区是瓯江流域最大的盆地灌区和丽水市最大的产粮区，灌溉总面积1.11万公顷。 (刘艳晶)

杭州职业技术学院

【概况】杭州职业技术学院(简称杭职院)是杭州市政府主办的全日制高职院校，下设友嘉智能制造学院、商贸旅游学院、达利女装学院、生态健康学院、信息工程学院、吉利汽车学院、杭州动漫游戏学院、彩虹鱼康复护理学院、特种设备学院9个二级学院，开设智能控制技术、信息安全技术应用、生物制药技术、电子商务、电梯工程技术、服装设计与工艺、新能源汽车、动漫设计等13个大类42个专业(含专业方向)。建有国家级专业教学资源库4个，国家高水平专业群2个，中央财政支持专业1个，国家骨干(重点)建设专业4个，国家级现代学徒制试点专业3个，全国职业院校装备制造类、交通运输类示范专业点2个，省级重点、优势(特色)专业12个；中央财政部支持重点建设实训基地2个，国家级示范性虚拟仿真实训基地1个，省级重点(示范)实训基地6个。杭职院建有面向全市开放的集实训、培训、鉴定评价、研发于一体的杭州职业技术学院实训中心暨杭州市公共实训基地，建有钱塘新区高职学生创业园(国家级大学生科技创业见习基地)。智慧校园公共服务平台总体建成，入选教育部第一批职业院校数字校园建设试点院校和国家智慧教育平台浙江平台省级试点院校，获评“2022年度省高校网络信息化建设工作先进单位”。杭职院获批国家自然科学基金依托单位，新增国家自然科学基金项目1项，主持立项省自然科学基金项目2项，立项省部级以上项目17项。举办第三届科技成果竞价(拍卖)会，参与拍卖的23项科技成果全部成交。

【教育教学工作推进】2022年，杭职院有副高级以上职称教师243人。推进教育教学改革，获批浙江省深化新时代教育评价改革综合试点院校。深化教育教学改革，提升内涵建设水平，杭职院获2022年浙江省教学成果奖7项；推进“三教”改革，组织“电梯教师团队”“思政教师团队”参加2022年全国职业院校技能大赛职业院校教学能力比赛，获二等奖2项；加强课程资源建设，获认定国家级在线精品课程2门、省级在线精品课程8门。

【教学成果】2022年，杭职院制定出台《杭州职业技术学院“工匠摇篮”实施方案》，推进浙江文化研究工程重大项目《浙江工匠精神研究》，创新“工匠型”人才培养模式改革，推进“拔尖人才培养计划”，实施“金顶针”计划，举办“英创”冠名班和“数字商贸创新班”。承办省第六届大学生机器人竞赛、第五届红十字应急救护大赛并取得优异成绩。组织学生参加职业技能竞赛，获国家级奖励9项、省级奖励100项；组织学生参加第八届中国国际“互联网+”大赛，获国赛银奖和铜奖各1项；参加“振兴杯”职业院校创新创效比赛，获国赛银奖和铜奖各1项。

【社会交流与服务】2022年11月5日，杭职院与杭州钱塘科学城管委会签署校地合作协议，面向钱塘区小微企业实施专利开放许可和科技成果转移支付。成立省花卉苗木产业创新综合体杭职院技术转移中心，设计研发混合驱动型花卉自动移栽设备，以机器人模仿人工操作完成从取苗、送苗到在花盆植苗的无损移栽，实现花卉苗木移栽机器代人。入选省技能人才评价专家培养基地、市创业培训定点培训机构及市职业技能定点培训机构，开办社会服务培训班238个，培训学员8万余人次。

【杭职院建校20周年办学62周年庆祝活动】2022年11月5日，杭职院“职业教育高质量发展论坛暨杭州职业技术学院建校20周年办学62周年纪念大会”举行。省委常委、市委书记刘捷来信祝贺。会上，教育部职业教育与成人教育司副司长张俊喜致辞，市委常委、副市长陈瑾出席会议并讲话。活动期间，举办动漫学院十周年毕业展、达利学院“念廿不忘”毕业秀、看杭职十年蝶变展、“双高”建设（中国特色高水平高职学校和专业建设）成果展、非遗文化作品展、清廉文化作品展等活动100多场。升级改造校史馆，制作校庆宣传片，出版《奋进六十载，匠心铸未来——杭州职业技术学院校史》《桃李馨香：杭州职业技术学院各师各匠风采录》，全面总结20年办学经验，展示20年办学成果。

【国际交流与合作】2022年，杭职院的“汽车检测与维修专业‘双元制’人才培养项目”被纳入浙江省德国企业和院校在华举办职业教育首批试点项目，并获教育部立项。与德国莱茵TÜV集团莱茵学院签署合作办学协议，申报成立莱茵国际学院。2个项目立项教育部2022年“汉语桥”线上团组交流项目，“中文+电梯安装与维修保养（英语版）”立项教育部首批“中文+职业技能”教学资源建设项目。杭职院与尼日利亚YABA职业技术学院合作举办校际云互访暨职业教育发展论坛，签署人才联合培养协议，合作成立的杭职院中非（尼日利亚）丝路工匠学院入选省首批“一带一路‘丝路学院’”。杭职院获评“2022职业教育国际合作典型院校”。

【产教融合推进】2022年，杭职院规范校企合作管理，出台《杭州职业技术学院校企合作管理办法（试行）》。与杭州安恒信息科技有限公司合作共建杭州数智工程师学院，探索实践混合所有制二级学院办学；与阿里巴巴（中国）教育科技有限公司共建数字商贸产业学院，以数字化改革赋能产教融合发展。与杭州医药港合作共建杭州医药港学院杭职产教融合基地，成立“环杭州湾医药产业人才培养联盟”，服务杭州生物制药产业发展；携手市残联、临平区政府、湖州市安吉县等市级部门和地方政府，围绕人才培养、创业就业等开展地校合作，推进乡村振兴发展。年内，杭职院智能制造技术中心、杭职院服装数字技术研究院、杭职院鲲鹏生态创新中心、钱塘区化工安全技能培训基地教学点挂牌，推动企业技

2022年11月5日，职业教育高质量发展论坛暨杭州职业技术学院建校20周年办学62周年纪念大会举行
（杭州职业技术学院 提供）

2022 年 10 月 26 日，“环杭州湾医药产业人才培养联盟”成立大会在杭州职业技术学院举行　　（杭州职业技术学院 提供）

术转型升级和技能人才能力提升。

（唐潇潇）

浙江金融职业学院

【概况】浙江金融职业学院（简称浙金院）是全国首批国家示范性高等职业院校建设单位、浙江省重点建设高职院校、“国家优质校”和中国特色高水平高职学校和专业建设计划建设单位。设有马克思主义学院、金融管理学院、投资保险学院、会计学院、工商管理学院、国际商学院、信息技术学院、人文艺术学院、明理学院、淑女学院、银领学院 11 个二级学院，开设专业 25 个。

2022 年，浙金院形成“一智库+二协同+三中心”科研组织架构。与中国计量大学联合培养互联网金融工程专业四年制本科人才；与杭州电子科技大学、浙江工商大学、浙江财经大学、浙江外国语学院合作开展本科人才培养；与湖州市德清县职业中专、浙江信息工程学校、杭州市财经职业学校合作“3+2”五年一贯制专科专业 3 个。有 6 个专业立项国家第一批和第二批“1+X”证书（学历证书+若干职业技能等级证书）3 个项目试点，金融管理、会计 2 个国家“双师型”教师培养培训基地，“互联网+国际贸易”创新创业实训基地、互联网金融虚拟运营创新创业实训基地 2 个项目立项国家创新创业实训基地。浙金院与浙江金融职业教育集团成员单位和其他合作单位联合创办杭州联合普惠金融学院等产业二级学院 9 个，协同建设校内外产教融合型实习实训基地 235 个。获评 2021 年度浙江省 AAAAA 级“平安校园”。通过省教育厅、省机关事务局和省发展和改革委组织的“绿色学校”创建验收。校长郑亚莉获第七届黄炎培职业教育奖，获“杰出校长奖”，教师刘一展获“杰出教师奖”。

【“双高”建设】2022 年 9 月，浙金院完成国家“双高”建设（中国特色高水平高职学校和专业建设）中期验收，项目取得系列标志性建设成果，获 2021 年省教学成果奖特等奖 2 项、二等奖 4 项。教师获全国职业院校技能大赛教学能力比赛一等奖、二等奖各 1 项，获省特等奖、一等奖、二等奖、三等奖各 2 项。学生职业技能大赛获国家一等奖 1 项、二等奖 2 项、三等奖 1 项；省级一等奖 33 项、二等奖 36 项、三等奖 21 项。4 门课程入选职业教育国家在线精品课程，3 门课程立项为首批社区教育“能者为师”系列特色课程，10 门课程入选职业教育省级在线精品课程，8 门课程入选省级课程思政示范课程。金融科技应用、现代文秘、国际经济与贸易（升级改进）3 个专业的国家教学资源库项目通过教育部验收。牵头研制职业教育财经商贸类相关专业教学标准 8 项，牵头研制职业院校专业类实训教学条件建设标准 2 项。立项省高校“十三五”时期新形态教材 37 本。立项浙江省课程思政基层教学组织 1 个、课程思政示范项目 5 项。5 月 26 日，在全省职业教育大会上，作为唯一的高职院校与中国银行浙江省分行签署建设高水平职业大学战略合作协议，通过创新改革路径，推进高水平职业大学创建工作。

【国际交流与合作】2022 年 1 月，浙金院构建形成“专业+语言+国别”的高职商贸类国际化人才培养模式，“‘专业+语言+国别’高职商贸类国际化人才培养体系构建与实践”课题获 2021 年省教学成果特等奖。2 月，浙金院捷克研究中心发起成立中东欧经贸合作智库联盟。3 月，与教育部、德国有关合作机构等共同立项人才培养合作项目——中德先进职业教育合作项目。6 月，浙金院·华立丝路学院入选全省首批“一带一路‘丝路学院’”。7 月，入选浙江省国际学生国情教育名师工作室建设单位，学历留学生培养实现突破。“外贸单证操作”“跨境电商运营”“金融科技的基础设施”“金融科技的创新应用”“中国传统文化——气功”5门课程向“一带一路”国家推出。10月，立项“非洲国家职业标准开发项目——冈比亚”。11月，入选中国—中东欧国家职业教育产教联盟常务理事单位、省“一带一路”综合服务联盟首批成员单位、鲁班工坊建设联盟成员单位。

【浙金院与国家高端智库合作】2022年9月，浙金院与国家级高端智库商务部国际贸易经济合作研究院签订战略合作框架协议，开展前沿课题研究、重大科研攻关、高端学术交流、博士后联合培养、资源信息共享等方面合作，助力学校高水平职业大学建设。成立由学校党委书记金杨华任院长的浙江金融职业学院电子商务与新消费研究院。12月7日，浙金院与商务部国际贸易经济合作研究院等单位共同举办“2022中国式现代化与新消费学术峰会”，落实党的二十大报告中强调的“增强消费对经济发展的基础性作用”，开展“电子商务与新消费促进、跨境电子商务与服务创新、金融支持与新消费促进”等领域的理论研究。（武群堂 张鹏超）

浙江警官职业学院

【概况】浙江警官职业学院（简称警官学院）是一所司法警官院校，隶属省司法厅，主要培养监狱戒毒人民警察、人民法院检察院司法警察、基层司法行政工作者以及法律服务、安全防范、应急管理等领域高素质技术技能人才，下设省司法行政培训中心、省司法行政研究院、杭州藏蓝教育科技有限公司。建有司法部杭州培训中心、全国法院司法警察培训基地、省人民法院司法警察培训基地、省人民检察院司法警察培训基地、省综合行政执法培训基地、省安全技术防范行业协会培训中心、法治乡村学院等培训实训和交流合作机构10多个，近五年年均培训学员1.7万人次。与以色列国际管理学院联合举办以色列监狱管理线上培训系列讲座。

2022年，警官学院入选国家级“双师型”教师培训基地建设单位。开设专业16个。有国家级精品课程5门，国家级资源共享课程4门，国家职业教育在线精品课程1门，国家级专业教学资源库1项，国家级课程思政示范课2门，省部级精品课程33门，省级在线精品课程8门，省级课程思政示范建设课13门，获省部级教学成果奖6项，牵头制订国控专业教学标准4个。“国家制裁对犯罪生涯阻断效用的实证研究”获批司法部专项任务课题。入选工业和信息化部人才交流中心首批产教融合专业建设试点单位。“一码通、掌上办”案例入选全省高校数字化优秀案例。完成“绿色学校”创建评价验收工作。入选“浙江省高校网络信息化建设工作—数字化改革方向先进单位”、入选为国家级职业教育“双师型”教师培训基地（2023—2025年）建设单位。组建的安全防范技术专业教师团队被确定为首批浙江省职业教育教师教学创新立项建设团队。

【教学成果】2022年4月11日，警官学院的国家重点研发计划“公共安全风险防控与应急技术装备”重点专项“犯情动态演化和再犯风险预警研判技术研究”课题通过科技部验收，纳入国家科技报告系统和科技成果转化项目库。9月7日，中华人民共和国司法部国际合作局致信肯定警官学院“中国—上海合作组织法律服务委员会交流合作基地”在涉外研究方面的成果，《关于完善我国涉俄贸易和投资法律服务机制的建议》获司法部国际合作局局长杜亚玲批示肯定。10月11日，《中西毒品概念的演变与比较研究》《浙江省监狱警察体能训练与评估体系的研究与建立》2项

2022年5月26日，浙江金融职业学院在全省职业教育大会上与中国银行浙江省分行签署建设高水平职业大学战略合作协议　（浙江金融职业学院 提供）

课题获2023年省哲学社会科学规划课题立项。网络与信息安全产教融合实训基地入选省产教融合“五个一批”项目。组织学生参加省职业院校技能大赛，在“电子芯片级检测维修与数据恢复”赛项中获团体一等奖；参加第五届浙江省大学生网络与信息安全大赛，获个人一等奖3项、三等奖6项、团体二等奖1项；参加第四届全国中华经典诵写讲“诗教中国”大赛，在决赛中获二等奖2人、三等奖3人；参加第五届“卡尔·马克思杯”浙江省大学生理论知识竞赛，获一等奖。警官学院申报的“固全安防——中国智能声波驱散装备领航者”项目，获互联网+创新创业大赛省赛银奖。

【社会服务与合作】2022年，警官学院分别与杭州市东郊监狱、杭州市南郊监狱、杭州市西郊监狱和杭州市北郊监狱及省第二女子监狱签订合作协议。5月21日，警官学院与湖州市吴兴区签署共建综合行政执法教学实训中心协议。警官学院与杭州市司法局共同申报的全国社会管理和公共服务综合标准化试点项目，获批2022年度社会管理和公共服务综合标准化试点项目立项；《“三度并进，行校企耦合”国家级产教融合实训基地的建设与探索》等2个案例入选2021年产教融合校企合作典型案例；《高职院校数字安防产教融合的实践与探索》等2个案例入选2022年职业教育产教融合优秀典型案例。

【数智监管与矫正技术重点实验室共建仪式举行】2022年4月17日，警官学院和杭州市司法局、杭州海康威视数字技术股份有限公司共同发起建设的数智监管与矫正技术重点实验室启动仪式在警官学院举行。会上，三方签署合作共建“数智监管与矫正技术重点实验室”协议。

【警官学院首批虚拟教研室启动仪式】2022年4月22日，首批虚拟教研室启动仪式在警官学院举行，分别向应急管理、劳动教育、美育、现场急救、创新创业与职业5个虚拟教研室授牌。虚拟教研室围绕专业建设和人才培养目标，在课程建设、教学研究、教学改革及管理建设等方面推进工作。在管理层面，健全工作制度，出台虚拟教研室管理办法；在专业发展层面，重点开展新课程开发建设，打造精品课程和课程思政示范课程；在人才培养层面，聚力“三教改革”，推进“五育”并举和校园文化建设；在教学改革层面，聚焦职教改革任务，推出论著、案例等教研教改成果，参与上级教育部门、行业协会的评比；在保障机制层面，贯彻有效激励评比制度，开展优秀虚拟教研室等各类评比表彰活动。

▸▸资料：虚拟教研室

虚拟教研室是一种基于现代信息技术平台，由不同区域、不同学校、不同学科或专业教师动态组织，联合开展协同教学研究与改革实践的教师共同体。虚拟教研室在不打乱原来的教研室格局，不影响原有的教学团队和教研室成员的基础上，由若干教研室中在某一方面较擅长，或为在解决某一问题上有共同意愿的教师组成的虚拟的教研室。

【“共同富裕·人民调解”学术年会举行】2022年11月19日，主题为“共同富裕·人民调解”的浙江省法学会人民调解学研究会换届大会暨2022年度学术年会在警官学院举行。大会由警官学院承办，浙大城市学院法学院协办。来自高等院校、司法行政机关、人民法院、人民检察院、律师事务所、企事业单位等多个领域专家学者及实务工作者参会。选举产生省法学会人民调解学研究会第二届

2022年4月22日，浙江警官职业学院首批虚拟教研室启动仪式举行

（浙江警官职业学院 提供）

理事会会长1人、副会长6人、常务理事10人、理事48人及秘书长1人。大会前期向社会公开征集年会论文，经与会专家评审，评出一等奖论文3篇、二等奖论文6篇、三等奖论文10篇。同时，根据征集的论文设置的3个主题进行研讨，分别为“人民调解的理论与制度研究”“社会治理现代化与人民调解”“新时代人民调解品牌化、标准化建设”。

（郝　楠）

浙江经贸职业技术学院

【概况】2022年，浙江经贸职业技术学院（简称浙江经贸学院）设有二级学院10个，开设高职专科专业或专业方向33个、“3+2”专升本联合培养专业2个和本科试点专业1个。其中，中央财政支持高等职业学校提升专业服务能力项目2个，国家骨干专业6个，省级重点专业2个，省级特色专业5个，省级优势专业6个，省级财政支持的示范建设专业3个。电子商务专业群是国家“双高计划”建设专业群（B类），食品营养与检测专业群是省高职高水平专业群（A类）。建有国家教学资源库1项，国家级精品资源共享课程2门，主持国家级科研项目6项，获国家级教学成果奖2项，省级教学成果奖10项。在国家“双高计划”中期绩效评价中获“优秀”等级，全年取得国家级重大标志性成果20多项、省级成果190多项。浙江经贸学院电子商务教师团队入选省高校“黄大年式教师团队”名单。3个项目入选第一期供需对接就业育人项目立项名单。牵头设立的泰中罗勇丝路学院、中乌经贸丝路学院、马来西亚康博丝路学院3个项目入选首批“一带一路‘丝路学院’”名单。在四川省成都市举行的2022亚洲教育论坛年会上，浙江经贸学院被认定为全国首批大学生就业创业能力提升培训基地。年内，浙江经贸学院“浙茶诚澄众创空间”被认定为省级众创空间，获评“绿色学校（高等学校）”三星等级。

【师资力量】2022年，浙江经贸学院有全国优秀教师和二级教授各2人，有国家级职业教育教师教学创新团队和省高校“黄大年式教师团队”各1个，省级职业教育教师教学创新团队2个，省杰出教师1人，省突出贡献中青年专家1人，省级教学名师2人，省技术能手1人，省级专业带头人18人，入选“钱江人才资助计划”教师2人，入选“浙江省青年科学家培养计划”教师1人。

【教学改革推进】2022年，浙江经贸学院深化“三全育人”综合改革，推进“目标导航工程”和“思政工作质量提升工程”，“五育并举”提升育人质量。入选省职业教育“三全育人”典型学校，获批教育部“一站式”社区育人模式综合改革试点单位。课程思政教学研究中心被确定为省级课程思政教学研究示范中心，14个项目入选省级课程思政教学项目。推进国家、省“双高计划”建设，深化“三教”改革，优化专业建设，立项省“十四五”首批重点教材建设项目11项，认定省普通高校“十三五”新形态教材12部，入选国家级、省级在线精品课程13门。入选教育部“1+X”证书优秀试点院校、省教育评价改革综合试点校。年内，学生获国家级奖项11项、省级奖项121项。

【教学成果】2022年，浙江经贸学院组织参加国家级、省级创新创业大赛，获中国国际“互联网+”大学生创新创业大赛金奖、银奖各1项，入选孵化创新创业项目（团队）27个。被认定为首批全国大学生就业创业能力提升培训基地。电子商务专业教材研究基地入选省首批教材建设研究基地。8—9月，浙江经贸学院组织学生参加首届世界职业院校技能大赛和多项全国职业院校技能大赛。其中，由计算机网络技术专业学生和菲律宾学生组成的中外联队作为全省唯一代表队参加“首届世界职业技能大赛”“信息技术应用创新赛项”，获第三名。组织会计技能竞赛团队智能财税竞赛团队和数控技术专业学生团队参加各类省级技能赛事，分别获二等奖。

【产教融合推进】2022年，浙江经贸学院推进“校社政企”四方合作的产教融合，加速构建适应区域经济社会发展的现代职业教育体系。与全国多地政府和各行业进行战略合作，与多个企业达成合作协议，建成农产品品牌馆、品牌研究中心和产业（特色）学院。其中6个项目入选省“五个一批”产学合作协同育人项目。争创“共同富裕先行校”，推进对口支援帮扶工作，助力浙江山区26个县跨越式高质量发展。完成行业简介6项、标准3项，制定并发布企业标准7项，培训乡村振兴人才2.5万人次，建成村（社区）“阳光空间”100多个。浙江经贸学院入围“省首批社会培训评价组织”“科教融合帮扶东坑村打造乡村振兴之路上的最美古道案例”，入选省教育厅“高校教育助力乡村振兴典型案例”，并入选教育部案例视频库；“阳光空间”社区教育基地入选省“示范性继续教育基地”。

【校企合作推进】2022年，浙江经贸学院深化校企合作，助推人才培养。7月5日，与杭州美迪凯光电科技股份有限公司签署校企战略合作协议，成立美迪凯精密智造学院；7月6日，与浙江梦马控股有限公司签署校企战略合作协议；9月16日，与网易有道信息技术（杭州）有限公司签署校企战略合作协议，并举行网易产业学院揭牌仪式；10月27日，与杭州联华华商集团有限公司共建的实训基地——数智零售实验店揭牌仪式暨首家联华鲸选“校园PARK”店开业典礼举行；12月7日，与浙江省兴合集团有限责任公司签署共建兴合学院合作协议。

【开放办学】2022年，浙江经贸学院新增海外丝路学院1个，入选教育部中德先进职业教育合作项目1个，入选省首批“一带一路‘丝路学院’”项目3个，设立中外合作办学机构1个。8月30日，与芬兰哈格哈里亚应用科学大学合作创办的哈格哈里亚数字技术与运营联合学院获省政府批复设立，实现中外合作办学项目“零”的突破。成为“浙江—西澳职业教育联盟首届理事长单位”，并获评中泰合作“中文+职业技能”项目示范校。（陶杰炳）

浙江经济职业技术学院

【概况】浙江经济职业技术学院（简称浙经院）下设二级学院9个，开设专业34个，与浙江工商大学、浙江师范大学、杭州电子科技大学、浙江财经大学共建物流管理、电子商务、汽车维修工程教育、国际经济与贸易、金融学5个本科专业。是联合国教科文组织职业教育联系和培训中心、国家“双高”计划建设单位。有国家骨干专业6个，国家级生产性实训基地2个，国家级师资培训基地2个。

2022年，浙经院申报国家级课程4门，获批省级课程7门，首批认定校级“金课”23门。获省级课程思政示范课程8门、教研项目5项、示范基层教学组织1项，入选省“课程思政示范校”建设名单。立项实训基地建设项目9个，经费预算1712万元。启动实训基地职场文化建设工程，6个项目总投资额600万元。获批2021—2022年度省产教融合工程项目1个。承办第二届物流与供应链专业教师数字化职业能力竞赛，获一等奖1项、三等奖1项。成为人社部供应链管理师职业技能鉴定题库专家组长单位，获批省人力社保厅供应链管理师题库建设牵头单位。

浙经院获国家级教学成果一等奖2项。获普通高校校园文化建设优秀成果特等奖。完成国家“双高”建设中期绩效评价工作，通过省级中期绩效评价，获评“优秀”等级。申报成为物流类国家级“双师型”教师培训基地。创新“枫桥式”校园治理模式获省委、教育部肯定。年内，浙经院与绍兴市嵊州市人民政府签署共建嵊州校区战略合作协议。

【教学成果】2022年，浙经院组织学生参加全国职业院校技能大赛，获一等奖2项、三等奖2项；参加全国大学生数学建模竞赛，获一等奖1项、二等奖2项；参加“全国高校大学生竞赛”，获国家级特等奖（一等奖）4项；参加2022金砖国家职业技能大赛“IT网络系统管理”赛项，获国际赛金牌和国赛一等奖各1项；参加“省第十三届挑战杯”竞赛，获金奖2项、银奖4项、铜奖3项，入围国赛2项；参加省第十六届大学生运动会，获金牌1枚、银牌2枚、

2022年7月25日，浙江经济职业技术学院与嵊州市政府签署共建嵊州校区战略合作协议

（浙江经济职业技术学院 提供）

铜牌1枚。组织关务与外贸服务专业学生参加2022年“中银杯”全国职业院校技能大赛，获一等奖。“稳就业促创业案例”入选《中国青年报》2022年全国“十佳典型案例”。

【社会服务与合作】2022年，浙经院“数字化时代业财融合转型的道与术高研班”入选人社部国家级专技人员继续教育项目。举办教育部职业教育信息管理系统省级管理员培训和全国中等职业学校学生管理信息系统数据质量提升工作培训。全年物产中大国际学院（由物产中大集团股份有限公司、德勤华永会计事务所和浙江经济职业技术学院三方共同出资举办）开展培训项目100个，培训学员3.55万人次。浙经院入围全省（省属）首批社会培训评价组织，3个项目基地被评为全省年度服务终身学习项目基地。开展助力“山海协作”“乡村振兴”“共富创建”行动。在主题为“共建共享共富”的省属企业与浙江山区26县合作项目对接会上，与丽水市景宁畲族自治县职业高级中学签署合作项目。助力淳安县梓桐镇梓溪村、黄村确立为全市首批“共富村”示范点，合作共建的帮扶产业被评为杭州市第一批“产业共富带项目”。推进专业和文化赋能，带动农村农民增收致富，合作共建“诗路文化传承实践基地”2个、“共富工坊”2个、“诗画产业链”1个。《职业教育助力共同富裕示范区建设的思考建议》被省政府研究室入刊使用，并获省领导批示肯定。

【产业学院样板经验获评“教育部产教融合典型案例”】2022年，浙经院贯彻落实《中华人民共和国职业教育法》，产业学院样板经验获评“教育部产教融合典型案例”。“智慧物流与供应链产教融合联盟”和“汽车技术服务创新产教融合工程项目”分别获批省产教融合联盟和省产教融合联盟工程项目。深化校企协同治理体系改革，构建具有中国特色、类型教育特点的“33521”教育服务模式，为智能化时代职业教育的转型升级提供经验和样板。有关做法被中国教育电视台、《光明日报》、《浙江日报》等媒体报道。

▸▸资料：“33521”教育服务模式

“33521”中的第一个“3”即走“专、精、高”发展道路；第二个“3”即贯通供应链集成服务产业生态、嵌入式产业学院、教育服务供应链；“5”即强化人才培养、社会服务、技术研发、文化传播、国际输出五项服务；“2”即实现精准管理、文化管理；“1”即融入供应链集成服务产学研生态。

【国际交流合作】2022年，浙经院参与联合国教科文组织“2022世界青年技能日（WYSD）”活动，举办国际创业论坛，选派学生作为“青年大使”代表中国参与职业教育、青年创业等议题讨论，并形成倡议提交联合国大会。建立《二手车鉴定与评估职业技能等级标准》《二手车鉴定与评估课程标准》2个（门）国（境）外行业认可的专业课程标准。设立在马来西亚的“浙经院鲁班工坊”被省教育厅认定为首批“丝路学院”，与英国格拉斯哥城市学院合作的教育成果被提名参与“中国—苏格兰商业大奖”评选，并获“年度伙伴奖”。全年招收国际学生52名。其中，学历留学生31名，进修生21名。　（慕景强）

浙江育英职业技术学院

【概况】2022年，浙江育英职业技术学院（简称育英学院）下设民航交通、信息技术、数字商贸、智慧旅游、创意设计、继续教育6个学院，1个公共教学部。开设空中乘务、城市轨道交通运营管理、计算机应用技术、电子商务、国际商务、会展策划与管理、酒店管理、广告艺术设计等专业27个。育英学院推进专业群数字化建设，民航交通、数字商贸高水平专业群建设实现新进展，在线精品课程建设实现新突破。年内，立项省级课程思政示范课程4门，立项教学研究项目3项，立项课程思政示范基层教学组织1个，立项省级在线精品课程5门，立项省“十四五”时期重点建设教材项目1项，立项省产教融合工程项目1项。外贸出口跟单实务课程入选2022年职业教育国家在线精品课程。在中国管理科学研究院教授武书连主持的“2022中国高职高专评价”课题组公布的“全国高职高专院校综合实力排行榜”中，育英学院综合实力排名第二位，教师教学能力排名第三位。育英学院被省民办教育协会授予“校园文化建设优秀学校”“教改创优优秀学校”称号。“计算机应用技术专业团队”被授予“杭州市劳动模范集体”称号，城市轨道交通运营管理教研室被命名为“浙江省巾帼文明岗”。

【社会服务与合作】2022年，育英学院深化产教融合，推动校企协同育人发展，与省人民大会堂、银泰商业（集团）有限公司、深信服科技股份有限公司、中国国旅（浙江）国际旅行社有限公司、杭州长乔旅游投资集团股份有限公司、北京市高度国际工程装饰设计股份有限公司等企业签订战略合作协议。与深信服科技股份有限公司合作成立安全服务产业学院。“深信服育英订单班人才培养探索与实践定向人才培养项目”获教育部供需对接就业育人项目立项。育英学院民航交通学院“现代轨道交通运营综合实训基地工程项目”被立项为2021—2022年度省产教融合工程项目。

【教学成果】2022年，育英学院提升学生综合素养，组织学生参加中国大学生程序设计竞赛（高职专场），获金牌1枚、银牌和铜牌各5枚。参加省第十九届大学生程序设计竞赛，获金牌3枚、银牌5枚、铜牌1枚。在第七届中国高校计算机大赛——团体程序设计天梯赛中，以4121分位列沧海竞舟组（高职高专组）榜首，获全国高校特等奖。参加第二届全国院校民航空中乘务专业技能大赛总决赛暨2022海南省航空技能全国邀请赛，获第四名。参加第十七届“振兴杯”全国青年职业技能大赛创新创效专项赛，获银奖。参加第八届OCALE全国跨境电商创新创业能力大赛获3项团体一等奖。参加全国大学生纺织贸易与商业策划创新能力大赛，获一等奖。参加第十五届全国高校商业精英挑战赛会展创新创业实践竞赛获全国总决赛一等奖。参加第二十四届中国大学生篮球三级联赛，获全国总决赛亚军。参加省第十六届大学生运动会，获男子乙组篮球比赛冠军、女子乙组足球比赛冠军。参加浙江省大学生游泳锦标赛，获高职高专组总团冠军。参加浙江省第七届大学生田径锦标赛，获得男团、女团、总团冠军，共获金牌12枚、银牌和铜牌各3枚，破7项赛事纪录。选派的学生在2022年省“大学生艺术节”上，获一等奖1项、二等奖3项、三等奖1项，获评“优秀歌手”2人。其中，作品《高端人才》获戏剧类一等奖，作品《信天游+华阴老腔一声喊》受邀参演闭幕式颁奖晚会。

【社会服务】2022年，育英学院组织师生参与杭州亚组委主办的各类活动，以及世界互联网大会，省、市党代会，省、市两会等大型赛事和会议活动的志愿服务工作。首届“山海协作·万人共播”直播挑战赛第三站在学校启动，师生参与直播，助力浙江山区26个县农优产品销售。校园直播团队助力中非经贸合作，参加“非洲好物网购节”等。“校社联动智慧家教，助力晚年幸福生活”入选教育部职业教育与成人教育司社区教育“能者为师”实践创新项目。“碰撞亚运，传承非遗”社群文化特色课程入选教育部职业教育与成人教育司社区教育“能者为师”典型案例推介名单。“‘微设计’助力乡村振兴——党建共建+设计助农模式实践项目”入选省高校助力乡村振兴成果展。“幸福养老，浙里更好”关怀银龄服务团被授予省高校暑期社会实践“百优团队”称号。

【区校合作】2022年11月24日，杭州市钱塘区高校退役军人服务站揭牌仪式在浙江育英职业技术学院举行。该服务站是全省首个高教园区退役军人服务站，发挥高校资源优势，建立全方位、多领域、深层次的校地合作机制，打通退役军人服务的校园“最后一公里”，为高教园区大学生退役军人及教职工退役军人搭建互学互助、共同成长的平台。退役军人志愿服务项目“女子防‘狼’术——女大学生安全防护”代表钱塘区参赛，获2022年省退役军人志愿服务项目大赛金奖。

（阳长康）

责任编辑　陈　玲

街 道

下沙街道

【概况】2022 年，下沙街道行政面积 50 多平方千米，下辖 20 个社区，总人口 25.55 万人。其中，户籍人口 5.11 万人，流动人口 20.44 万人。全年地区生产总值 196.58 亿元，比上年增长 4.6%。规模以上工业总产值 76 亿元，下降 3.1%；增加值 19.4 亿元，下降 0.4%。服务业增加值 61.57 亿元，增长 2.6%。固定资产投资 65.7 亿元，增长 29.5%；社会消费品零售总额 53.5 亿元，增长 19.4%。财政收入 15.6 亿元，下降 6.4%。其中地方一般公共预算收入 6.5 亿元（扣除留抵退税），下降 9.3%。至年末，有规模以上工业企业 36 个，幼儿园 29 所，小学 8 所，初中 3 所，文化艺术团体 18 个，剧院 1 个，文化站 21 个，钱塘书屋 1 个，医疗卫生机构 106 个。

【产业能级提升】2022 年，下沙街道发展楼宇经济，新增税源收入 6.09 亿元，实现 1 亿元以上楼宇 2 幢，其中金沙大厦税源收入 2.99 亿元。5 月 28 日，位于金沙大道与高沙路交叉口的社区留用地项目龙湖吾角天街商业中心开业，新增元成、七格、松合、东方 4 个社区集体租金收入 2200 多万元。创新产业平台，新增国家高新技术企业 77 个、国家科技型中小企业 220 个、省级以上科技型中小企业 170 个，培育“小升规”（小微企业升级为规模以上）企业 119 个。推进数字经济与实体经济融合发展，数字经济核心产业规模以上企业营业收入 35.53 亿元，增长 21.5%。推动稳企惠企政策落地，兑现困难企业奖励资金 1800 多万元，减免 65 个中小企业及个体工商户租金 483 万元。10 月，金沙湖休闲商业特色街入围“市级商业特色街”。

【环境治理】2022 年，下沙街道结合“美丽杭州”创建暨“‘迎亚运’城市环境大整治、城市面貌大提升”行动，加大全域环境治理。亚运场馆周边环境整治工程、亚运场馆周边空地及环境整治工程 2 个项目竣工，6 块闲置空地、4 条主干道路东西两侧新增绿化面积 32.5 万平方米。提升通勤道路周边环境，金沙大道（上沙路—银沙路）、天城东路（海达南路—文渊路）、学林街（文渊路—文津路）沿街立面店招店牌、亭棚招牌、箱体美化、国际化标识整治工作成果获市政府行政奖励。推进“五水共治”，提升改造和管网改造湖左岸等 5 个小区“二次供水”设施、新沙家园等 6 个小区“污水零直排”。打造城乡风貌省市级示范试点街区，金沙湖城市新区风貌样板区入选省第三批城乡风貌样板区、中沙社区入选第五批未来社区、东方水岚佳苑入选高标准生活垃圾分类示范小区。

【基层治理】2022 年，下沙街道推进信访信息化建设，化解信访积案 4 批、20 件，反馈率、化解率 100%，满意率 86.2%。提高居民“平安三率”（安全、知晓、参与）水平，借助群防群治力量和媒体资源，组建反诈联盟、商圈反诈联盟等宣传阵线，创建“无诈社区”“无诈楼道”。全年辖区电信网络诈骗发案率、案损金额比上年下降 40%。提高老年人交通安全防护意识和降低电动自行车上道骑行安全事故发生，通过

2022 年下沙街道各个社区基本情况统计表

表 19

社区名称	成立时间	户数（户）	户籍人口（人）	经济总收入（万元）	居民人均收入（万元）
智格社区	2002 年 5 月	731	2821	6066	5
高沙社区	2002 年 5 月	424	2039	6668	6
七格社区	2005 年 6 月	625	2598	7894	6
下沙社区	2005 年 12 月	271	1622	5737	5
头格社区	2005 年 12 月	872	3190	5917	5
中沙社区	2005 年 12 月	869	3096	8028	6
上沙社区	2005 年 12 月	457	1620	4339	5
元成社区	2005 年 12 月	579	1812	5395	6
东方社区	2005 年 12 月	442	1719	4109	5
新元社区	2005 年 12 月	522	1808	3837	6
松合社区	2005 年 12 月	463	1813	4418	5
湾南社区	2005 年 10 月	690	2616	2754	5
新沙社区	2005 年 12 月	241	606	—	—
铭和社区	2008 年 9 月	1545	10501	—	—
杭铁社区	2010 年 12 月	332	759	—	—
柠檬社区	2012 年 7 月	1202	3132	—	—
滟澜社区	2012 年 7 月	1421	3638	—	—
早城社区	2012 年 7 月	1135	3236	—	—
星野社区	2018 年 6 月	701	1688	—	—
银沙社区	2020 年 9 月	384	1033	—	—

注：新沙、铭和、杭铁、柠檬、滟澜、早城、星野、银沙 8 个社区不属于撤村建居社区，其经济总收入不作统计。

开展交通安全素质宣传讲座和发放宣传单、以案说法等宣传教育方式，交通事故警情下降 14%。提高辖区居民矛盾纠纷化解，打造全域智治（“小脑+手脚”）警网协同指挥调度平台，建成联勤服务分中心 6 个，全年平台受理公安分流非警务警情事项 5172 件，受理率、化解率 100%。结合“大综合一体化”执法改革模式，联合有关单位（部门）“综合查一次”，查处辖区内建筑工地、教育培训、餐饮等领域违法施工、欠薪等行为 59 起，整改问题 540 多个。打造街道“五分钟应急救援圈”，东方等 3 个社区微型消防救援站建成。

【社会事业建设】 2022 年，下沙街道完善“一老一小”服务体系和工作机制，提升改造后的 5 个社区居家养老服务照料中心（3 个为市级五星级）全部安装无感服务智能终端，其中中沙社区孝融绘居家养老服务中心入围首批省级共同富裕现代化基本单元“一老一小”服务场景。提升改造后的早城、东方 2 个社区婴幼儿成长驿站入围市级示范性婴幼儿成长驿站。推进高层住宅小区电动自行车梯阻系统安装工程，29 个撤村建居小区的 751 台电梯电动车梯阻系统全部安装。通过“微改造·精提升”，东方社区城市书房获评区级文化驿站——“潮起下沙”文化驿站（城市书房）。做好“五扶五助”“六必访”工作，全年走访、慰问量比上年上升 20%，帮扶困难家庭、困难群众及退役军人 1050 人，发放保障金 570 万元。推进惠民就业服务，走访服务对象 1000 多人，发放就业创业补贴金 1880 万元，发布就业岗位 1.4 万个，新增失业再就业人员 3600 多人。

【家园文化】 2022 年，下沙街道丰富辖区居民文化体育活动，助力“幸福下沙”建设，全年举办“舞林大会”舞蹈大赛、“金沙杯”篮球联谊赛、乒乓球竞赛等群众文化体育活动 100 多场、“迎亚运”

专项活动100多场、老年人文化体育活动100多场、"护航青少年成长"活动50多场。9月25日，钱塘区委宣传部、四川省甘孜藏族自治州理塘县委宣传部联合主办的"浙川山海情　塘塘石榴红"文化汇演互送活动在下沙街道青少年文明实践中心举行，演出节目有藏族舞蹈《勒通锅卓》《吉祥锅庄》、江南古典舞蹈《唐印》、歌曲《挚恋仓央》《故乡理塘》《不忘初心》等18个。12月20日，该演出通过央视频"云端"播出。

【基层党建】2022年，下沙街道召开街道党工委会议、理论学习中心组专题学习会等会议。成立党员干部理论学习小组，通过专家授课、宣讲员宣讲、调研走访社区（小区）和企业等形式，开展"六学六进六争先"学习实践活动100多场次，覆盖党员3000多人次。推行"13355"（1个联建专班负责对接跟进3张清单。落实定期会商、定期活动、定期反馈3项服务机制，领办年度5个必选项目和5个自选项目）党建联建工作机制，组织联建单位通过实地走访，开展线上问卷调研，收集民生实事意见和建议，通过投票，产生民生实事6件，并推动实施。梳理联建单位特色服务清单和领域特长，推动"服务送社区+活动引进来"，开展"聚沙讲堂"、"梦未来·成长体验营"、非物质文化遗产传承进社区等服务项目活动200多场。推动党风廉政建设，高沙社区围绕"社风清廉"廉政建设，打造居务运行全规范、"三务"实时全公开、"三资"管理改革全覆盖、基层监督全流程工作模式，梳理社区小微权力清单，建立"权力清单制"，通过每月固定日开展"监察联络接待日"活动，听取社情民意，收集廉情信息。至年末，参与社区及小区民生实事监督事项5件，解决群众反映问题13个，回访满意率100%。

【金沙湖城市新区风貌区入围省级城市风貌样板区】2022年12月，下沙街道钱塘金沙湖公园四期工程竣工。12月13日，省城乡风貌整治提升工作专班根据《浙江省城乡风貌整治提升行动实施方案》要求，公布2022年度第三批城乡风貌样板区名单，钱塘金沙湖城市新区风貌区入围。钱塘金沙湖城市新区风貌区东至文渊路，西至乔下线，南至下沙路，北至德胜快速路，总面积64.7万平方米，其中水域面积31万平方米。金沙湖是杭州市主城区内人工湖，2010年5月开工建设，由加拿大建筑师卡洛斯·奥特设计，包含国际商务中心、政治中心、经济中心、购物中心、文化创意区、体育公园、生态走廊"一湖七板块"。2013年5月，一期工程建成并开放。2017年7月，二期、三期工程竣工，金沙湖湖区呈现。四期工程为公园配套项目，包括婚庆广场、旱喷广场、艺术空间等区块建设及提升整治整体风貌。

【"聚沙成塔·五色沙"志愿服务队】2022年，下沙街道党群服务中心打造"五色沙"（蓝沙、金沙、红沙、橙沙、青沙）连心志愿服务队。"蓝沙"成员为辖区企业技术工人，定期到社区为居民提供法律咨询、社区科普、公益医疗等服务。"金沙"成员为辖区老年人群、退役军人、高等院校教授、老共产党员，通过"聚沙课堂"分享围垦故事，传播红色文化。"红沙"成员为基层工作人员，组织策划《红动金沙篇》《以赛促学篇》《清风廉政篇》等教育课题，组织开展青年演讲竞赛活动。"橙沙"成员为群众，为社区"一老一小"提供服务和协助街道、社区策划党群和社团活动。"青沙"成员为浙江工商大学等5所高等院校青年大学生，通过开展创业等活动，实现青年人才成长在钱塘，创业在钱塘。至年末，"橙沙"志愿服务队联合"蓝沙"志愿服务队为辖区居民提供服务1000多人次。"金沙"志愿服务队开展《聚沙讲堂》等宣讲活动

2022年9月25日，"浙川山海情　塘塘石榴红"文化汇演互送活动在下沙街道青少年文明实践中心举行　（方　波　摄）

2022 年 4 月 22 日，下沙街道滟澜社区百灵国际服务岗被省妇联授予“巾帼文明岗”称号　（田奕灵　提供）

50 多场、成立“曲艺团”“龙狮社”等老年文体社团 95 个，举办文化活动 1000 多场。“红沙”志愿服务队开展专题宣讲活动 50 多场，服务单位 60 多个、覆盖党员 1000 多人。“青沙”志愿服务队开展大学生创业沙龙等活动 22 场，赋能青年人才 360 多人。

【滟澜社区百灵国际服务岗被省妇联授予“巾帼文明岗”称号】2022 年，下沙街道滟澜社区百灵国际服务岗围绕社区 200 多名外籍人员语言不通和香港、澳门、台湾居民环境不熟等问题，健全“1234”（设立 1 条双语热线、开辟“线上+线下”2 条咨询通道、组建 3 人工作小组、设立 4 步询问流程）工作法，实现“进一扇门，办所有事”。完善服务机制，设立综合服务岗、服务大厅轮值主任和夜间及周末值班制度。推行网上办、引导办、一窗办、预约办、自助办 5 项措施，办事效率比上年提升 15%。全年接待外籍人员和香港、澳门、台湾居民 100 多人次，解决“急难愁盼”事项 300 多件，开展“巾帼文明岗”志愿服务活动 70 多次。4 月 22 日，滟澜社区百灵国际服务岗被省妇联授予“巾帼文明岗”称号。

【“网格议事日”制度推行】2022 年，下沙街道围绕党建引领网格智治，推进现代社区和智慧网格建设。围绕“网格事谁来议”，组建网格长、楼道长、居民代表、新就业代表、产业工人代表网格议事小组 151 个、参与议事成员 1136 人，打造“多元化”网格议事服务体系；围绕“网格事怎么议”，规范“居民提—支部审—网格议—群众评”网格议事闭环流程，通过线下议事阵地和线上智慧平台，收集建议、流转、处理、反馈闭环，提升网格自治自转力，构建“小事不出网格，大事不出社区，难题在格中破”；围绕“网格事议什么”，依托智慧平台，结合互联网数智赋能与网格议事，通过智慧平台增设功能模块，替代原有电话、信箱等传统反馈模式，居民通过手机上传问题，网格支部通过智慧平台获悉意见和建议并处置。至年末，梳理发布网格议事事项 7 类、28 项正面清单、7 项负面清单，整合议事微阵地 78 个，办理问题 1500 多个，解决“关键小事”200 多件。

【街道社会工作站入围市“十佳”】2022 年，下沙街道社会工作站联合社区开展“市民公益日”、特殊群体关怀等志愿服务活动 600 多场，服务群众 3 万余人次。联合七格社区美仙社会工作室、上沙社区百莲花社会工作室和智格社区开展暑假期间夏令营、外来人员关爱活动 30 多场，受益 1200 多人次。围绕辖区计划生育特殊家庭、困难儿童、流动人口等群体开展公益创投活动 38 场，受益 840 人。联合早城社区打造“钱潮少年”议事厅，开展“童言社区，友好成长”儿童议事系列活动 4 场。8 月，下沙街道社会工作站入围市“十佳”乡镇（街道）社会工作站。　（田奕灵）

白杨街道

【概况】2022 年，白杨街道行政面积 32.8 平方千米，下辖 25 个社区、76 个小区（含商业住宅综合楼），总人口 56 万人。其中，户籍人口 12.15 万人，流动人口 21.99 万人，高等院校师生 22 万人。全年地区生产总值 511.43 亿元，比上年下降 0.7%。规模以上工业增加值 320.84 亿元，增长 2.6%。建筑业总产值 3.5 亿元，下降 24.7%。服务业增加值 167.28 亿元，增长 3.7%。固定资产投资 71.47 亿元，增长 45.4%。社会消费品零售总额 112.2 亿元，下降 14%；街道本级社会消费品零售总额 18.9 亿元，增长 5.1%。财政收入 16.11 亿元，增长 22.2%，其中地方一般公共预算收入 7.88 亿元，增长 17.7%。至年末，有工业企业 2.2 万个，其中规模以上工业

2022 年白杨街道各个社区基本情况统计表

表 20

社区名称	成立时间	小区（个）	户数	户籍人口（人）	企事业单位（个）
景园社区	2003 年 12 月	1	337	1150	6
大北社区	2004 年 12 月	9	3709	4878	56
月雅苑社区	2004 年 12 月	6	2978	3521	35
高教社区	2003 年 12 月	3	2006	6210	80
邻里社区	2006 年 3 月	3	3471	122	2704
闻潮社区	2007 年 6 月	2	3401	1374	1118
云水社区	2007 年 6 月	5	3977	6051	3960
海天社区	2009 年 10 月	1	3051	5632	3
多蓝水岸社区	2009 年 10 月	2	3229	5456	57
朗琴社区	2009 年 10 月	2	3497	5280	42
伊萨卡社区	2011 年 6 月	1	3148	5186	22
东湾社区	2011 年 6 月	2	6209	5267	14
观澜社区	2011 年 6 月	5	4826	4943	3
江滨花园社区	2011 年 6 月	3	4538	5763	12
江潮社区	2013 年 12 月	4	5844	7000	4
美达社区	2013 年 12 月	4	3221	5000	12
晨光社区	2015 年 11 月	2	4752	4240	6
云滨社区	2016 年 11 月	4	4592	7545	13
云邸社区	2018 年 11 月	2	2327	3510	8
东郡、云涛、银海社区	2020 年 5 月	6	7808	12122	8
凌云社区	2020 年 5 月	5	5226	3125	7
东保社区	2020 年 5 月	3	3940	3600	3
汇澜社区	2020 年 5 月	2	2813	1223	18

注：东郡、云涛、银海为 3 个独立社区，但合署办公，表格内的数据为 3 个社区之和。

企业 256 个。有个体经营户 7593 个。其中，“独角兽”企业 1 个，“准独角兽”企业 4 个。有街属入库企业 8188 个。有幼儿园 33 所，小学 11 所，初中 6 所，高等院校 14 所，文化艺术团体 1 个，文化站 1 个，钱塘书屋 1 个，文化家园 22 个，医疗卫生机构 2 个。

【产业能级提升】2022 年，白杨街道优化产业发展，提高经济质量，全年招商 57 次，引进项目 49 个，签约 1000 万元以上税源项目 6 个，增加税源收入 1.61 亿元。增加规模以上服务业企业 45 个、国家高新技术企业 30 个、省级科技型中小企业 285 个。有市场主体 2.9 万个，专利授权量 2290 件，有效发明专利 730 件。入围国家级专精特新“小巨人”企业 11 个，街属企业中培育上市企业 1 个、拟上市企业 11 个、“独角兽”企业 1 个、“准独角兽”企业 3 个。助力企业发展，开展“千名干部助千企”活动，全年走访企业 300 多个次，解决政策申报、产业工人子女入学难、税务统筹等问题 300 多个，兑现政策奖励资金 5000 多万元。通过“线上+线下”结合模式，组织开展招聘活动 7 场，推出就业岗位 2600 多个。加大人才服务，线上预审区级人才 72 人，认定市区级人才 150 人。全年有效投资、“双招双引”上榜全区经济工作“大赛马”榜单 8 次。

【环境治理】2022 年，白杨街道推进城乡风貌样板区建设，整治亚运场馆通勤保障道路等区域环境卫生 560 多次。配合社区改造、扩建老旧垃圾屋 4 处，安装垃圾分类投放箱体 21 个。提升改造杭州电子科技大学学生生活区、大都文苑风情、金沙学府等沿街周边背街小巷项目 5 个。推进老旧小区提升改造，北银公寓、裕园公寓 2 个老旧小区项目竣工；东海未名园、华顺公寓 2 个老旧小区项目开工。推进“五水共治”，查漏补缺 2020—2022 年竣工的“污水零直排”创建项目生活小区 17 个、农贸市场 1 个，以及 5 号渠、文泽渠生态治理工程。全年街道级河长巡河 343 次，社区级河长巡河1186次，处理问题776个，闭环处置居民投诉爆料问题428件。11月9日，钱塘东部湾城市新区风貌样板区入选市级“城乡风貌样板区”。

【基层治理】 2022年，白杨街道加大辖区平安建设和居民矛盾纠纷化解，全年接待群众上访180批、410人次，受理、办理信访案件1.3万件，化解国家级信访积案19件。推进“小脑+手脚”警网协同改革和“大综合一体化”行政执法改革，联动街道派出所、司法所、劳动监察大队、应急救援大队等单位人员力量，处理公安非警务类事项1万余件，签收率、派遣率、结案率100%。推进电信网络诈骗治理，受理案件695起，比上年下降36.5%。开展辖区企业安全生产风险隐患大排查、大整治，检查各类企业（场所）、重点单位8405个次、沿街店铺4.24万个次，检查风险普查消防隐患279处，监督整改1.78万处。

【社会事业建设】 2022年，白杨街道加大“一老一小”工程建设，提升改造无障碍公共场所1处，通过市级验收；创建市级四星级“残疾人之家”1个，区级无障碍社区1个、残疾人康复站1个；建成市级婴幼儿示范性成长驿站2个，新增照护托位523个、普惠托位445个。邻里社区“幸福里”嵌入式幼儿园建成，面积2300平方米。江滨社区入选省级首批共同富裕现代化基本单元“一老一小”养老服务场景。提升老年人生活质量，全年为辖区65周岁以上老年人提供免费体检3165人，重阳节慰问70周岁以上老年人1350人，发放慰问金72.66万元，发放企业退休人员节日慰问金507.88万元。帮扶特殊困难人群解决生活困难，发放救助金120万余元。打造“新时代技术工人共同富裕未来”社区；提升改造邻里社区技术工人宿舍219间、改造楼幢外立面15栋，加装电梯11台，建成停车位160多个。优化“钱塘优学”，发放37所中学、小学、幼儿园“六一”国际儿童节和教师节慰问金106万元。提升辖区企业人才服务质量，新增城镇失业再就业1504人，发放扶持资金2415.66万元，帮助创业者申请创业贴息贷款（实行利息补贴贷款）4982万元，贴息174.61万元。帮扶重点群体失业人员再就业1812人，就业率97.8%。

【家园文化】 2022年，白杨街道建成新时代文明实践站14处。打造“15分钟品质文化生活圈”社区6个，其中邻里社区入选市级五星级文化家园。9月1日，第十一届“白杨文化艺术节”开幕式暨“美丽白杨我的家”主题摄影展举行，征集作品500幅、展出80幅。全年聘请文化传播大使10人，文化体验官8人，宣传白杨街道文化，提出意见和建议。围绕“潮、和、美、融”，打造“白杨家”文化品牌。举办“模范助共富，礼赞白杨家”——首届“最美白杨人”评选活动，选出“十佳人物”和“提名人物”各10人。

【基层党建】 2022年，白杨街道开展党工委理论学习中心组学习会议13次，组织各类宣讲活动100多场次。加大意识形态领域宣传，在区级以上媒体发表信息700多篇、“学习强国”App平台发表文章160多篇。开展“争星晋位、全域建强”行动，邻里社区和伊萨卡社区入选市级“五星级”示范社区。推进现代社区建设，印发《打造“钱塘幸福里”，共建“美好白杨家”现代社区建设实施方案》，建成江滨花园、云水2个“老年友好型”社区。推行党建统领网格智治，建立共管共享共富社区，调整88个网络增加至237个，包括14所高等院校、“飞地”、产业平台等专属网格23个，细分微型网格1166个，建立楼道党小组386个，微更新楼道100多幢，选出“最美”微网格员48人。加大基层治理，全年招聘社会工作人员135人。至年末，辖区有社会工作人员407人。

【“新时代技术工人未来社区”建设】 2022年，白杨街道围绕“就业赋能共同富、品质生活共同享、生态宜居共同美、数智变革共同治、党群合力共同建”5个方面，建设“新时代技术工人共同富裕未来社区”。邻里社区有邻里中心、东尚国际寓所、和达自由港3个小区，居住产业技术工人1万余人，三分之二楼幢没有安装电梯，其中邻里中心小区有住房15幢，居住产业工人6300多人。2月，白杨街道推出该小区加装电梯项目，至年末，更新员工宿舍1427套，立面改造楼幢15栋，安装电梯11台，建成停车泊位160多个。建成邻里社区“嵌入式”一体化幸福里幼儿园，面积2300多平方米；建成邻里健康休闲驿站1个、面积80多平方米。推进技术工人就业赋能，开展工资集体协商机制和“企业自主培训、部门认可发证”技术工人职称评定试点，获得技能等级证书工人890多人。

【钱塘“小哥”之家获评全国“最美工会户外劳动者服务站点”】 2022年，白杨街道推进基层工会建设，新建工会10个，发展会员600多人，协助31个企业完成换届和委员变更，推动18个企业建立工资集体协商机制，排查企业44个、受惠5000多人。完善“智慧工会”“数智群团”2个平台数据库更新，发布工会福利线上活动6场，覆盖会员300多人。全年组织基层工会开展驾驶技能、厨艺技能、保卫技能竞赛活动3场。疫情防控期间，走访企业50多次，慰问工人1万余次，协助24个企业工会退缴会费7万余元，协助区总工会解决问题3个，建立“小哥”之家红色驿站26个。其中钱塘“小哥”之家暖心服务驿站是集饮水就餐、休憩交流、观影上网等功能服务于一体的综合性服务站点，服务对象为辖区快递小哥、外卖小哥、网约车司机等新就业形态劳动者，通过“联合建”“带动建”等方式，提升新就业形态劳动者群体安全知识和防范意识。全年组织开展文化、健康、法律等知识讲座及困难帮扶救助活动10多场，受惠300多人。11月，钱塘“小哥”之家暖心服务驿站被中华全国总工会授予“最美工会户外劳动者服务站点”称号。

【白杨街道新联会成立】2022年8月24日，白杨街道新的社会阶层人士联谊会（简称白杨街道新联会）成立，并召开第一次会长会议。会员围绕新联会规范化、常态化、优质化建设，运营制度、新会员吸收等问题进行交流和讨论。助力四川省甘孜藏族自治州理塘县美丽乡村建设，讨论策划第一期“同心助共富·我在塘塘有棵树”同心林公益领养“云植树”活动。宁波银行杭州经济技术开发区支行、浙江泰隆商业银行股份有限公司杭州钱塘小微综合支行分别为白杨街道新联会提供授信资金1亿余元。

《美丽白杨我的家——钱塘区白杨街道历史文化读本》（摄于2022年）

（杨善华 摄）

【白杨街道知联会成立】2022年8月24日，白杨街道党外知识分子联谊会（简称白杨街道知联会）成立，会员分布在辖区高等院校、中小学校、医疗机构、区域领军行业等单位。其中，有博士15人、硕士18人。9月，白杨街道知联会联合钱塘区知联会、浙江工商大学知联会组建党外知识分子专家团开展“专家面对面，助企创新增效”活动，到杭州宏德智能装备科技有限公司、杭州新世宝电动转向系统有限公司、德帕姆（杭州）泵业科技有限公司、浙江泰隆商业银行下沙支行进行调研，围绕企业发展现状和存在困难等问题提出意见和建议。

【白杨街道文联成立】2022年12月7日，白杨街道文学艺术界联合会（简称白杨街道文联）成立暨第一次代表大会召开。审议通过《钱塘区白杨街道文学艺术界联合会章程（草案）》《钱塘区白杨街道文学艺术界联合会第一届委员会委员选举办法（草案）》《钱塘区白杨街道文学艺术界联合会第一届委员会主席、副主席选举办法（草案）》，选举产生白杨街道文联第一届委员会委员和主席团成员。

【《美丽白杨我的家》编印】2022年4月，白杨街道党工委、办事处围绕街道成立20周年，组织编写《美丽白杨我的家——钱塘区白杨街道历史文化读本》（简称《读本》）。5月，组建《读本》编辑委员会，讨论并确定编写纲要、章节体系、编写内容、人员分工、修改完善等要点。9月末完成意见征询稿，12月付梓编印。《读本》主题设“缘起钱塘”“围涂造地”“垦种开发”“家在白杨”“文化白杨”“红色白杨”“创业白杨”“美丽白杨”“学在白杨”7个篇章，阅读对象为辖区中小学义务教育阶段6~9年级学生。

（杨善华）

河庄街道

【概况】2022年，河庄街道行政面积69.2平方千米，其中，陆地面积42.74平方千米，水域面积26.46平方千米。下辖20个村、5

个社区，总人口11.63万人。其中，户籍人口5.66万人，流动人口5.97万人。全年地区生产总值107.13亿元，比上年增长11.6%。有无公害农产品基地4个，粮食产量1.39万吨，其中水稻产量8307.5吨。蔬菜种植面积1411.93公顷，产量6.6万吨；油菜种植面积156.93公顷，油菜籽产量450吨；大豆种植面积131.64公顷，产量987.3吨。规模以上工业总产值78.96亿元，增长6.4%；增加值19.26亿元，增长2.7%。服务业增加值18.99亿元，增长18.9%。固定资产投资22.09亿元，增长61%。进出口总额8.64亿元，增长12.3%。财政收入8.07亿元，增长14.8%。其中地方一般公共预算收入4.65亿元，增长15.8%。至年末，有规模以上工业企业62个，幼儿园12所，小学3所，初中1所，文化艺术团体24个，文化站1个，文化活动中心24个，文化家园4个，文化礼堂20个，钱塘书屋1个，医疗卫生机构4个。

【产业能级提升】2022年，河庄街道新增国家高新技术企业16个、省级科技型中小企业28个。推进“四无”企业、低效工业企业、闲置地块整治，排摸辖区低效企业44个，按照“一地一方案”履约监管协议，44个低效企业全部签约，通过“腾笼换鸟、凤凰涅槃”攻坚行动，引进规模以上工业企业入驻。全年街道规模以上工业企业亩均税收比上年增长35万元，增幅23.1%。推动小微产业园建设及发展楼宇经济，利用在钱塘区的14所高等院校资源，跨江引进中国计量大学等国家级大学科技产业园“国字号”4个招牌。开展现代都市田园建设，打造乡村振兴“联城联乡，围垦田园”共富模式，《杭州市钱塘区河庄北单元详细规划（草案）》编制完成。

2022年河庄街道各个村（社区）基本情况统计表

表21

村（社区）名称	书记（主任）	户籍人口（人）	村民小组（个）	村集体经济收入（万元）	耕地面积（公顷）
建设村	高　强	4111	21	1113.18	208.4
同一村	王伟军	2758	16	557.97	47
同二村	高伟法	2592	12	974.34	37.07
蜀南村	童建中	3083	14	1995.01	97.6
向公村	俞荣明	2197	15	761.94	85.05
民主村	戚秋法	2475	17	841.54	84.07
建一村	陈观民	2571	13	466.90	91.05
新和村	冯国方	2899	17	483.07	74.15
群建村	任张军	1994	6	1002.85	107.14
群欢村	赵国君	1080	5	639.06	47.14
向前村	周建江	1700	8	1119.36	5.4
向红村	翁志云	1139	6	613.49	48.12
闸北村	沈欢军	3545	12	1557.25	84.47
三联村	俞惠忠	3183	22	271.08	177.33
文伟村	陈芳一	3317	22	855.13	119.3
新围村	谢建民	2742	21	478.33	167.06
围中村	陈宏炳	3694	22	286.66	251.13
新创村	杨　峰	2184	15	304.56	148.93
新江村	王伯祥	2318	17	238.97	148.93
江东村	方建庆	2345	18	475.83	156
城隍庙社区	汤建良	2659	—	—	—
知行社区	高　强	843	—	—	—
东沙湖社区	来燕军	1040	—	—	—
学府社区	高　强	139	—	—	—
田城社区	高　强	0	—	—	—

2022年2月9日，“河庄·田城汇”乡村振兴共富党建联盟成员单位在直播间推介地方农副产品（童志忠 摄）

【环境治理】2022年，河庄街道推进“迎亚运”城市品质、城市治理、城市文明提升行动，围绕辖区环境堵点、难点，开展“卫生死角大排查”“地铁出入口违章停车”“扮靓家园”“村（社区）各类宣传设施整治提升”“集镇序化”等专项治理行动。通过日常管理和突击整治结合模式，建立“日排查、日跟踪、周分析”工作机制，通过“城市云治理”平台，利用人工智能（AI）技术识别占道经营、垃圾乱扔、乱停车等现象。全年整治乱堆杂物6428处、车辆不按规章制度停放9000多辆，非机动车乱停放3800多辆，通过张贴违章停车通告单处罚7270辆，处理各类抄告单8700多份，整改各类宣传设施设备520多处。江东村、新围村、围中村入围市级美丽城镇“田园江东”县域风貌样板区，其中江东村板块入围“美丽杭州迎亚运”城市环境品质提升第三期“赛马”优秀项目。

【基层治理】2022年，河庄街道完善基层应急管理体系，配合区应急管理局、区消防救援大队、“9958”救援队等单位开展应急突击队救援培训及消防演练，增强应急人员处置和反应能力。通过“工业企业安全在线”“河平码”等数字化平台，实现风险防控一体推进、实时管控，全年排摸隐患点位3700多处，事故率比上年下降5%。完善基层治理体系和提升基层治理能力，探索“小脑+手脚”“微脑+触角”，打造“基层治理四平台”模式，形成“2463”［“2”指街道全域智治综合指挥中心和派出所综合指挥室；“4”指街道综管大队（综合执法队）、派出所、矛盾调解化处中心、村（社区）网格4方联动；“6”指6个巡区，开展24小时警务类警情先期处置和非警务类警情规范处置；“3”指下沉（派驻）执法队伍会同街道综管队伍；街道、村（社区）矛盾纠纷调解队伍；村（社区）网格队伍及微网格力量组成队伍）基层工作体系］，实现事项“线上+线下”联办。至年末，通过“基层治理四平台”流转非警务类警情事件700多起，闭环处置率98.2%。

【社会事业建设】2022年，河庄街道围绕“江城河庄·田园新城”发展定位，通过居民议事会成员投票，产生民生实事10件，并推动实施。其中，城乡一体化安置房项目竣工，回迁安置在外过渡农户1663户。位于云上学府安置房区块的农贸市场建成内设摊位50个，室外机动车停车位51个。解决街道居民办理红白事找场所难问题，利用空闲地块建成白事馆及用餐配套房1处。完善社区“15分钟便民服务圈”，知行社区邻里中心、云上学府居家养老服务中心和家宴中心建成并投入使用；提升改造农家书屋3个，申报区级以上全民健身工程13个，开展文化活动11场，举办各类公益培训班250期，举办“迎亚运”体育赛事2场，覆盖各类群体活动200场。推进集镇停车治理，提升改造河庄农贸市场等6个停车场，新增停车位980个，新增乐潮城西侧非机动车停车位4处，杭州地铁8号线河庄路E出口—“潮闻天下”3153M路公交接驳线开通。优化人居环境，提升改造新围、建设等5个村，其中，新围村入围省级未来乡村、市级特色村；建设、新创、新江3个村通过区级美丽乡村示范村验收。建成美丽庭院示范带19条，美丽庭院示范户100户、美丽庭院户600户。提升生活垃圾减量化、资源化治理质量，河庄农贸市场易腐垃圾就地处置点建成并投入使用。提升改造老旧街区，复兴河庄文化记忆，新围横街等集镇31幢建筑立面外墙全部粉刷，安装空调机外罩347个，利用附近闲置地块，建成非机动车停车位109个；永丰路沿街两边新增雕塑模型3座、小品模型6处、橱窗景观节点1处。推进“五水共治”，同一村生活污水截污纳管工程竣工，受益村民500多户；江东锦绣高层住宅小区二次供水设施提升改造工程泵房基础竣工。

【家园文化】2022年，河庄街道加大民生福祉建设，丰富群众精神文化生活，通过提升改造文化家园、文化礼堂、文化展馆及各类文化体育设施设备，创建省级五星级文化礼堂1个、多功能运动场2个、乡村博物馆1个。提升改造后的江东、新围、向公3个村和知行、东沙湖2个社区“15分钟品质文化生活圈”通过省文化和旅游厅验收。传承与发展围垦物质与非物质文化，依托“文化管家”编排的《围垦战歌》大型情景剧入选市委宣传部举办的“强国复兴有我红旗飘飘，庆祝中国共产党成立101周年、喜迎二十大群众性歌咏活动”文艺演出，并入选市文艺精品工程扶持项目，6人获评区级非物质文化遗产传承人。全年组织跨区“文化走亲”活动4场，辖区内“文化走亲”活动5场，承接跨区“文化走亲”活动2场，“送戏下乡”演出16场、“送电影下乡”7场、送健康讲座1场、承办区文化馆培训班13个课程、156个课时。

【基层党建】2022年，河庄街道探索党建引领村（社区）网格治理模式，完善街道、村（社区）、小区党建与网格党建治理架构体系，组建基层基础治理单元23个，“1+3+N”（1名网格长+3名网格员+N支社会力量）网格77个。推进党建统领现代社区建设，打造组织之网、平安之网、智治之网，实现居民幸福共同体。完善小微权力全过程网上运行监督预警应用，构建“预警—整改—评估—督导—再评估—考核”工作闭环，触发预警2319条。探索村（社区）印章管理工作方式方法，完善“4+X”（钉钉圈、小微权力平台、网上议事厅、数字印章+未来X个项目）数智化应用“清风云”工作台。构建清廉村居发展环境，蜀南村获评杭州市第二批“清廉村居特色样板”。推进共同富裕示范区城乡建设，“‘田城汇’解好三道题，变盐碱地为金沙地”入选杭州市争当浙江省高质量发展建设共同富裕示范区“城乡区域协调发展先行示范”（第一批）案例。

2022年9月22日，提升改造后的河庄街道蜀南乡村展陈馆获评省级五星级博物馆（王 恬 摄）

【河庄街道城乡一体化安置小区分房完成】2022年，河庄街道城乡一体化安置小区（潮听名苑）项目竣工并完成分房。该小区东至青西三路，南至青龙路，西至靖江路，北至河景路，用地面积31.13万平方米，建筑面积72.64万平方米，总投资39.64亿元。项目2019年9月15日开工，建设内容包括住宅建筑、配套公建、平战结合地下人防及停车库和设备用房、室外道路、配套管线、景观绿化、配套幼儿园及海绵城市等工程。高层由35幢18层、2幢17层住宅楼组成，有住宅房3660套，周边有幼儿园1所、农贸市场及社区卫生服务站各1个。至年末，回迁在外过渡农户1663户，其中潮听名苑小区分房3559套、云上澜苑及云上学府小区分房1035套。

【“田城汇”农旅线发布暨“钱塘小雅”文旅项目签约】2022年，河庄街道围绕“江城河庄·田园新城”发展定位，通过文化旅游助推乡村振兴，促进共同富裕。9月16日，“田城汇”农旅线发布暨“钱塘小雅”文化旅游项目签约仪式举行。“田城汇”农旅线面积覆盖15.54平方千米，地处钱塘区桥头堡。7月，“田城汇”农旅线规划方案落地，推出综合体招商项目10个。“钱塘小雅”文化旅游项目是街道引进的首个区级文化旅游项目，以宋韵田园为主题，集视觉、嗅觉、听觉于一体，通过多元化文旅业态体验，呈现宋韵文化魅力和钱塘精神内涵。项目推动地方政企、校企、校地合作，以研学科普、文化体验、匠心手作、会议课堂、节庆活动等系列活动载体，吸纳消费者到河庄体验文化生活和助推青年大学生创业。

【美丽城镇省级样板街道建设】2022年，河庄街道推进路网提升改造，签约北一路（青西四路—青西三路）、横一路（建华路—东升路）等4个区域村民住宅76户，腾出地块21.6万平方米。推进地块储备出让，东至潮启巷，南至空地，西至河庄街道文化体育中心，北至书卷街，建筑面积1.06万平方米的河庄文体中心东商业地块由杭州启昊新能源科技发展公司竞得。纳储位于河庄单元东，南至南沙大堤，西至河庄路，北至江东大道沿路绿化、住宅、商业住宅和服务设施地块，总面积7.39万平方米。助力杭州共同富裕示范区城区建设，配合推进104国道杭州河庄至衙前段工程中环、青西三路基础设施项目施工，艮山东路过江隧道（钱塘快速路）、江东大道、河景路通车。12月，街道获评美丽城镇建设省级样板。

【乡村振兴省级示范乡镇建设】2022年，河庄街道以“田城汇”党建联盟为引领，推动乡村共同富裕基本单元建设，20个村集体经济经营性收入全部实现100万元以上。打造“小而特、小而精、小而美、小而优”品牌，建设“一村一品”产业带，引入摩尔庄园、麦腾订单式农业、千亩草莓园、“沙地十碗头”等产业项目，实现落地并形成板块联动效应。打造“田城汇”休闲之旅共同富裕农旅线，推出房车营地田园民宿、地铁口农居青创空间、桥头堡美食综合体等项目10个。打造“没有围墙”的创业园，承办第五届浙江省大学生乡村振兴创意大赛钱塘专项赛，落地青创园、创客村项目2个。围绕强化乡村信息基础设施建设、发展农村数字经济、推进乡村治理能力现代化等内容，整合区域相近、村情相仿的6个村入股，注册成立杭州田城汇农业发展有限公司。盘活闲置农民房，推出“共同富裕农房租”与国有企业合作运营企业员工“暖心居”项目，完成“VR”（全景）拍摄并上线租赁平台农房1200多间，帮助村民增加收入1000多万元，该项目被列入“浙农富裕”应用农房盘活建设先行试点。（缪　妙）

义蓬街道

【概况】2022年，义蓬街道行政面积56.48平方千米，下辖22个村、6个社区，总人口13.38万人。其中，户籍人口6.91万人，流动人口6.45万人。全年地区生产总值38.9亿元，比上年下降7.1%。粮食产量5895吨，其中水稻产量4925吨；蔬菜种植面积2989.53公顷，产量12.87万吨；油菜种植面积536.67公顷，油菜籽产量1531吨；大豆种植面积151.27公顷，产量1135吨。规模以上工业总产值30.61亿元，下降10.7%；增加值6.42亿元，下降12.8%。服务业增加值19.21亿元，下降9.2%。固定资产投资47.92亿元，下降8%。社会消费品零售额3.05亿元，增长104.8%。财政收入4.38亿元，下降4.8%；其中地方一般公共预算收入2.07亿元，增长13.2%。至年末，有规模以上工业企业43个，幼儿园11所，小学4所，初中2所，高中1所，九年贯制学校1所，成人文化学校1所，文化艺术团体1个，文化站1个，文化活动中心2个，文化家园6个，文化礼堂19个，钱塘书屋2个，医疗卫生机构52个（含诊所），敬老院1个，社区服务中心1个。

【产业能级提升】2022年，义蓬街道推动产城人融合发展，围绕“六大经济”（临空经济、总部经济、存量经济、园区经济、楼宇经济、商贸经济），制定《义蓬

2022年，河庄街道推出的“共同富裕农房租”——塘巢公寓

（姚熠珍　摄）

2022年义蓬街道各个村（社区）基本情况统计表

表22

村（社区）名称	书记（主任）	户籍人口数（人）	村民小组数（个）	村集体可分配收入（万元）	耕地面积（公顷）
蓬园村	朱加雪	2635	18	705.2	116.27
长红村	高　锋	2421	15	488.62	86.53
白浪村	王　勇	2117	13	406.72	130.13
金泉村	王迪江	2345	12	367.9	112.73
杏花村	沈　清	1724	10	412.07	69.8
蜜蜂村	周福根	3010	19	944.79	54.8
义盛村	施中江	2936	19	631.74	118.2
新庙前村	徐国娟	2516	17	321.12	132
后新庙村	童建江	1889	15	283.56	90.6
新益村	沈志安	2340	14	428.11	144.27
灯塔村	徐国军	2209	16	359.48	110.4
后埠头村	高建明	3075	18	258.27	183.13
火星村	倪卫星	2661	21	420.53	118.27
全民村	蔡文萍	2191	15	344.21	110.74
义蓬村	张福良	5270	39	2830.47	104.2
小泗埠村	陈坚钢	3316	23	816.21	103
金星村	沈光浩	3025	23	863.78	150.2
仓北村	黄文通	3070	21	284.61	145.07
春光村	潘高峰	2243	16	469.3	123.87
春园村	施高峰	2081	15	323.76	134.07
春雷村	项国军	1937	13	366.07	103.6
南沙村	赵国君	3892	36	2353.87	224.33
江盛社区	杨水员	376	4	337.35	34.13
义盛社区	周国民	4930	5	—	—
头蓬社区	陈秋平	4427	3	—	—
义和社区	苗再月	6399	7	—	—
义隆社区	葛利华	9221	6	—	—
向涛社区	高建方	13210	8	—	—

街道产业迭代三年行动计划》《义蓬街道加快推进招商工作行动计划》。全年签约入驻项目94个，新增税源5000万余元，其中签约高端服务业项目7个，总投资30亿余元。村（社区）签约项目55个。通过“五个一批”（转迁集聚一批、提升改造一批、兼并重组一批、依法收回一批、督促增税一批）分类整治，提质增效低效企业62个。开展“千名干部助千企”活动，走访企业250多个次，收集意见和建议20条，解决问题18个。加大科技企业培育，全年培育高新技术企业20个，新增省级科技型中小企业24个，引进省级人才3人，市级人才12人。发明专利22件，申请专利169件。

【环境治理】2022年，义蓬街道配合区委、区政府推进钱塘区“一带两城”未来新城功能配套和基础设施建设。5月10日，参与市规划资源局钱塘分局编制的意见征询稿《杭州市钱塘区江海之城城市设计》国际方案完成。6月20日，江东大道快速路（江东大桥—青六路）通车。7月20日，河景路（靖江路—梅林大道）通车，全线贯通河景路（滨江二路—梅林大道）。7月30日，艮山东路东延（钱塘过江隧道—头蓬路）通车。完善新区路网结构，促进区域经济发展，征迁S211头蓬快速路、安置房四期东北地块、铁路杭州萧山机场站枢纽及接线工程（义蓬段9个村）4个项目，签约农户住宅788户、非农户住宅33户，腾出地块120公顷。根据省市区“迎亚运‘两路两侧’（公路、城市道路两侧）三化一平（洁化、美化、绿化和路面平整）整治行动”方案部署，开展辖区路域环境和路况及杭州地铁7号、8号线出入口序化管理整治行动12次。助推“三改一拆”（改造旧住宅区、旧厂区、城中村和拆除违法建筑）工作，拆除头蓬、春雷、春光、南沙等村（社区）违章建筑201处，总面积4.9万平方米；拆除住宅小区及商铺楼顶违章建筑1162处；清理卫生死角100多处、楼道堆放物150多处，立面改造居民建筑房屋4幢，面积1000多平方米，修剪园林绿化带45处，面积500多平方米，整治社区宣传设施（栏）7处。推进“五水共治”，提升改造义盛、白浪、春园3个村生活污水纳管，新增一体化污水泵站19座、污水处理终端3处，调蓄池3个，污水管网7.9万米，受益村民1410户。10月，头蓬社区老旧街巷提升项目入围“美丽杭州迎亚运”城市环境品质提升第四期“赛马”榜。

【基层治理】2022年，义蓬街道化解国家级信访积案5件，省级信访积案2件；受理群众信函3078件，其中网上办理1161件、“12345”市长公开电话转办1885件。打通应急管理“最后一公里”，按照“统一标识、相对集中、单独设立、功能集成”原则，组建宏伟、头蓬等4个片区综合应急消防队伍，配备消防队员各6人，配备28个村（社区）应急管理组消防员共156人，组建率、配备率100%。全年检查企业、寺庙、综合体、出租房等场所3571个，排查隐患4334处，整改率97.5%。开展“大综合一体化”行政执法改革，按照“1+6”（1个综合行政执法队+6个专门执法部门）下沉执法模式，下沉执法队员22人，围绕20个执法领域、755项赋权执法事项进行巡查、监管和执法，办理一般程序案31件、简易案55件，梳理检查场景清单35项，检查并整改问题376个、处罚25个。打造“多网合一、联合执法”机制，依托基层治理4个平台（党建统领、经济生态、平安法治、公共服务），打通各部门治理资源，全年接收公安非警务类警情5150起，结案率99.8%。助力执法办案效率提升，依托数字驾驶舱推出“义码通”基层治理数字应用，通过数字城管、街道应急管理数字系统、食品安全数字管理系统、垃圾分类数字管理系统等平台融合共治，设置建筑工地、综合体（娱乐场所）、酒店宾馆、住宅小区（出租房）、物流园、医院、学校、工业企业、危化运输、沿街商铺、养老中心、各类市场12个场景。至年末，收到基础性事件5107件，办结率100%。

【社会事业建设】2022年，义蓬街道优化“一老一小”工程，提升改造义蓬街道体育中心、义蓬街道便民服务中心无障碍点位2处；义隆社区星悦湾居家养老服务中心、阳光名城老年活动室、向涛社区老年食堂建成，义盛社区入选省首批共同富裕现代化基本单元“一老一小”服务场景。义隆、向涛2个社区婴幼儿成长驿站建成，通过市级验收。全年发放残疾人护理津贴1022人、生活津贴682人；发放70周岁以上老年人津贴2273万元，免费为60周岁以上居民健康体检1000多人、退休职工体检1.36万人次。推进优质教育均衡发展，义蓬中心小学项目竣工，投入使用，更名为杭州市钱塘区崇德实验学校。打造“10分钟健身圈”，建成蜜蜂、义隆等4个村（社区）健身场地各1个。解决居民出行停车难问题，在杭州地铁7号线义蓬站出入口附近新建停车场2个，增加机动车停车位480个、非机动车停车位300多个，建成公共自行车亭1个（2个棚、21个位）。提高辖区社会治安防范能力，大江东龙湖天街、宝龙广场2个派出所警务室建成，投入使用。提升居民拒毒防毒意识，位于义蓬街道金融路2号的钱塘区禁毒科技体验馆开馆。

【家园文化】2022年，义蓬街道围绕“迎接亚运，健康义蓬”主题，举办“文化赛马大比拼”“农耕文化展示”“义起毅行奔共富”“巾帼迎亚运跳大绳”“篮球联谊赛”等大中型文化体育活动100多场，参与5000多人次。开展“文化走亲”活动，全年送戏、送电影下乡60多场。丰富辖区老年居民精神文化生活，开设摄影、书法、太极拳等8类公益课程培训辅导班，受益3000多人次。依托辖区新业态行业工会联合会阵地资源，建成义盛社区明意公寓、义隆社区相贤府等6个社区小区居民协商议事党群服务驿站。至年末，开展婴幼儿照护服务、新手妈妈讲座、志愿服务、老干部茶话会等活动21场，服务群众560多人次。

【基层党建】2022年，义蓬街道围绕“城市蝶变·产业迭代”高质量发展，推进全年工作。3月4日，2021年度工作总结表彰暨2022年度工作“项目化”动员会召开，印发《关于义蓬街道“奋进新征程、献礼二十大”党群工作项目化清单的通知》《义蓬街道“凝聚人大力量，筑梦最美义蓬”人大工作项目化实施方案》《义蓬街道“聚力十大引擎，打造钱塘核心”专项行动方案》《关于开展义蓬街道村社“为民办实事”比学赶超活动的通知》。其中，党群项目有作风建设、队伍建设、组织建设等8类、28项工作；人大工委项目有日常监督、阵地建设等6类、18项工作；政府项目有产业振兴提效、规划引领提标、交通先行提速、地块开发提质等10类、104项工作；村（社区）项目有美丽村居建设、经济发展共富、基层治理创新、文化活动品牌建设4类、184项工作。政府项目由街道人大工委负责督查，村（社区）项目由街道纪工委负责督查。贯彻全面从严治党要求，加大党风廉政建设工作，各级党员干部签订《党风廉政建设责任书》185份。开展岗位廉政风险排查防控，梳理廉政防控风险事项982条。

【钱塘区禁毒科技体验馆开馆】2022年，义蓬街道推进“平安义蓬”基层防毒禁毒治理宣传工作，提升居民识毒、防毒、拒毒意识。6月16日，联合钱塘区禁毒委员会投资的钱塘区首个禁毒科技体验馆建成并揭牌。该禁毒科技体验馆位于义蓬街道金融路2号，占地面积200多平方米，分智慧体验、教育学习、趣味互动3个主题，内设中国禁毒历史展览区、VR模拟科技体验区、吸毒危害宣传区等功能板块。

【蓬客公寓建成】2022年，义蓬街道通过盘活社区闲置资源、资产，整合社区空间等，推进辖区集成服务现代化建设。利用义隆社区内原萧山区第九高级中学废弃校舍地块，提升改造成集邻里中心、禁毒科技体验馆、人才公寓、5G智慧停车场等于一体的民生综合体。其中提升改造的人才公寓（蓬客公寓）位于义蓬街道商业路5号，邻近义蓬数字产业园，占地面积3900平方米，户型分标准间、单人间2种，74个房间室内配备厨房、卫生间，有电视机、空调、冰箱等家用电器及各类家具，Wi-Fi、宽带网络全覆盖。

【“乡村文旅共富行”活动】2022年，义蓬街道联动“乡村+高校”“乡村+企业”，促进“文化+旅游”融合发展，助力乡村振兴。6月2日，联合区社会发展局、区农业农村局举行“乡村文旅共富行”活动，组织村（社区）退休职工200多人到火星村同心亭、农业园、文化园礼堂等地参观，探索从美丽乡村到乡村休闲再到乡村旅居、从美丽生态到美好经济再到美满生活的共富实践。活动为杭州萧山钱江蔬菜食品有限公司、浙江工商大学、浙江育英职业技术学院、义蓬街道火星村等合作单位、村校共富实践基地授牌，为“乡村文旅共富行”游客代表授旗。

【“义家人”徽标设计方案】2022年，义蓬街道发布《义蓬街道现代社区建设方案》《义蓬街道创建省级试点方案》，提出“1510”［1：幸福义家人（共富、和谐、品质、善治、平安）品牌；5：共富、和谐、品质、善治、平安5个目标；10：康养惠民、阳光文体、幸福餐厅等10个建设项目］体系，围绕“共富可及、和谐可感、品质可享、善治可为、服务可达”理念，推进“义家人”现代社区建设。9—10月，面向社会征集独具特色、识别度高、简洁美观的“义家人”徽标（logo）创意设计方案，通过投票、专家评审和综合评定，评出一等奖、二等奖、三等奖各1个。

【恒致集团“总部+智能制造”项目落地街道】2022年，义蓬街道促进乡贤企业家回乡投资创业、投入乡村振兴事业，带动村民实现共同富裕。6月18日，恒致集团“总部+智能制造”项目签约仪式在义蓬街道举行，计划投资14亿元，建设恒致集团“总部+智能制造”项目基地。其中“总部”项目建设投资4亿元，“智能制造”项目投资10亿元，建设无人化技术应用设备制造基地。恒致集团是义蓬新乡贤代表施恒之在上海市创办的“独角兽”企业。11月

2022年6月2日，钱塘区义蓬街道“乡村文旅共富行”启动仪式
（袁　曼　提供）

2022年6月18日，恒致智能制造项目签约仪式在义蓬街道举行

（区融媒体中心 提供）

11日，“直通乌镇”全球互联网大赛颁奖典礼在桐乡市乌镇镇举行，恒致集团获“人工智能赛道”二等奖。（裘　曼）

新湾街道

【概况】2022年，新湾街道行政面积22.05平方千米，委托管理部队区域面积15平方千米。下辖12个村、2个社区，总人口6.2万人。其中，户籍人口2.7万人，流动人口3.51万人。全年地区生产总值20.66亿元，比上年下降14.2%。粮食产量8851吨，其中水稻产量5065吨。蔬菜种植面积771.27公顷，产量3.34万吨；油菜种植面积161.33公顷，油菜籽产量462吨；大豆种植面积100公顷，产量1200吨。规模以上工业总产值50.35亿元，下降0.9%；增加值8.49亿元，下降10.9%。服务业增加值7.93亿元，下降22.1%。固定资产投资27.1亿元，增长53.1%。社会消费品零售总额31.55亿元，下降57.1%。财政收入2.09亿元，下降41.9%；其中地方一般公共预算收入1.11亿元，下降41.2%。至年末，有规模以上工业企业45个，幼儿园4所，小学2所，初中1所，成人文化学校1所，文化活动中心14个，文化家园14个，文化礼堂14个，钱塘书屋1个，医疗卫生机构41个，社区服务中心2个，慈善分会1个。

【产业能级提升】2022年，新湾街道加大在库项目建设进度，杭州万固开元名都大酒店项目主体竣工，东原房地产开发集团有限公司东傲城商业综合体（集住宅、商业、配套用房）“一奥天地”项目开工。发展新湾街道总部经济，全年招商引进杭州海能智能制造有限公司、诺菲卡纸品（杭州）有限公司等规模以上企业项

2022年新湾街道各个村（社区）基本情况统计表

表23

村（社区）名称	书记（主任）	户籍人口数（人）	村民小组数（个）	村集体可分配收入（万元）	耕地面积（公顷）
共和村	洪柏松	1925	18	20980	100.05
共裕村	朱伟祥	1986	16	40243	113.39
共建村	孙忠海	2601	24	18269	156.28
共兴村	潘国良	1315	12	2355	74.37
新南村	陆　飞	1275	12	52305	61.43
三新村	余刚平	3635	31	192193	137.54
建华村	王天国	2665	21	300	68.17
冯娄村	曹福传	1678	14	5288	83.04
宏波村	胡成军	1688	17	59006	96.58
宏新村	王柏利	1683	16	140	73.10
创建村	谢建军	1644	14	19221	86.38
创新村	周建兴	1543	11	275	45.16
新北桥社区	柏建林	864	—	—	—
新宏社区	王　芳	2413	—	—	—

目20个。盘活存量资产，签约入驻并开工的杭州金钰新材料有限公司项目至年末实现产值7亿余元。优化营商环境，开展“亲商助企，连心结对”走访调研活动，出台《关于进一步扶持新湾街道实体经济高质量发展奖励政策》等助企纾困举措，兑现企业奖励资金486.9万元。完善领导干部包联企业帮扶制度，成立以街道党工委书记为组长的招商服务和企业破难服务2个专班，解决杭州万兴减速机有限公司、浙江中煤新型建材有限公司等21个辖区小微企业资金困难、人才引进难等问题。提高村集体经济收益，通过招商，综合发包5个村（共建、共裕、三新、建华、冯娄）、47.13公顷围垦土地，增加村集体收入139.35万元。

【环境治理】2022年，新湾街道推动城乡接合部环境综合治理，配合铁路杭州萧山机场站枢纽及接线工程首期项目（新湾段）开工，根据《杭州市征收集体所有土地房屋补偿条例》规定，签约冯娄村农民住宅房屋116户，签约率100%。整合闲置地块，出让东至建华路，南至南商路，西至东升路，北至冯娄横河的建华路西住宅地块。提升改造的共兴、新南、宏波3个自然村通过区级验收，并入围美丽乡村示范村。完善村（社区）、小区垃圾分类管理机制，整治辖区企业、无物业小区垃圾分类设施点位3处；宏波村“X+3”（X名房东、1名专管员、1名妇联组长、1名清运工人）创新模式入围省级高标准农村生活垃圾分类示范村。实施“污水零直排村”治理工程，宏波村横直河、宏新村北横河河道工程竣工，通过区级验收。推动农村农业基础设施建设，提升改造共兴、新南、宏波等农村机埠12个，宏波村庭院改造，燃气安装、自来水管网铺设全覆盖。

【基层治理】2022年，新湾街道打造共建、共治、共享基层治理现代化“新湾样板”，推进“小脑+手脚”警网协同机制，形成以信息化为引领的城市管理“大联动、微治理”体系，根据3个区域（集镇、农村、部队）划分，建成“平安驿站”6个，实现“问题在片区解决，矛盾在基层化解”。全年调解居民各类矛盾纠纷639起，办理信访案件912件，其中4件国家级和省级信访积案全部办结。建立“警格+网格”劝阻预警机制，组织开展电信网络反诈骗警示教育活动100多场次，发放宣传资料2万余份，电信网络诈骗发案率比上年下降35.4%。推进基层治理除险保安行动，通过“街道干部+安全专家”结合工作模式，开展消防安全、食品安全、环境整治、社会秩序维护等“平安巡防”活动600多场次，排查重点企业、娱乐场所等1000多个，发现安全隐患3760处，整改率88%。6月14日，新宏社区以“湾嫂议事厅”为契机，在钱塘区举办的“红领钱潮·夺旗竞跑”打擂比武活动中夺得平安标杆之旗。

【社会事业建设】2022年，新湾街道围绕“钱塘枢纽·高铁新城”发展总目标，打造产城人融合发展“幸福里·共富湾”。通过居民投票，产生民生实事10件，并推动实施。其中，城乡一体化安置小区水畔华庭小区项目竣工，回迁4个拆迁村在外过渡村民372户。横一路东伸、复兴路东伸、复兴路西伸、新四路南伸、北一路、求智路工程打通并通车。优化“钱塘均衡”教育，杭州第四中学江东学校、大华幼儿园（更名杭州市钱塘区潮悦幼儿园）建成，投入使用。推进公共文化服务体系建设，提升改造农家书屋3个、“15分钟品质生活文化圈”村（社区）4个。推进“一老一小”服务阵地建设，提升改造后的新北桥社区及2个小区党群服务中心，成为集便民服务中心、青少年俱乐部、党员活动室、志愿者工作站、居家养老服务中心、婴

2022年6月14日，钱塘区举行“红领钱潮·夺旗竞跑”打擂比武活动。新湾街道新宏社区以“湾嫂议事厅”为契机夺得平安标杆之旗　　（钱　圆　摄）

幼儿成长驿站、退役军人服务站等为一体的服务综合体。10月，新北桥社区被市老龄委命名为老年“友好型”社区。通过盘活宋都新辰悦府、海名雅园2个小区闲置地块，建成婴幼儿成长驿站各1个，通过市级验收。全年发放特殊人群民政补助资金1359万元，惠及5000多人次。

【家园文化】2022年，新湾街道丰富群众文化体育生活，组织辖区企业、村（社区）居民、群众举办篮球联谊赛、“国潮集市”等文化体育活动160多场次。9月9日，“携手做慈善，传播真善美”新湾街道慈善周暨新宏“益”条街启动仪式在新宏社区文化家园举行，发布“爱心助困”“暖心助学”慈善项目2个，分别投入资金50万元和40万元。建华村村委联动妇联，组织辖区少年儿童举办“环保花灯邀明月，垃圾分类迎中秋”活动，通过讲故事、制作花灯、欣赏明月，感悟中华传统文化，掌握垃圾分类知识。

【基层党建】2022年，新湾街道推动党建统领网格智治迭代升级，加大城乡村（社区）现代化建设力度。按照“街道—村（社区）—网格—微网格—用户”工作体系，划分网格50个，微网格177个，集成党建引领、社区治理、服务群众、应急响应等职能。优化党支部和党小组建设，建立村（社区）网格实体党支部39个、功能型党支部4个、党小组5个，实现微网格党（群）小组全覆盖。完善网格团队组织力量，构建“1+3+N”（1名网格长+3名网格员+N支社会力量）体系。至年末，有在册党员1077人、在职党员340人、群众368人、社会团体81个、网格应急突击队伍42支。推动全面从严治党党员干部职工作风建设，制定印发《新湾街道机关部门绩效考评办法（试行）》《新湾街道首问责任制试行办法》《新湾街道联村（社区）干部考评管理办法（试行）》等制度，建立纪检监察派驻组与街道交叉检查机制。全年开展党风廉政专项监督220多次，查处“不担当、不作为、不落实”问题8个，问责8人。

2022年8月31日，杭州第四中学江东学校落成启用仪式暨2022级首届学生开学典礼举行
（裘瑶婕 提供）

【水畔华庭小区安置房交付】2022年8月30—31日，新湾街道城乡一体化安置小区项目水畔华庭安置小区分房活动举行。水畔华庭安置房小区东至新四路、南至蓝商路、西至建华路、北至冯娄横河，总面积38.28万平方米（用地面积7.27万平方米，建筑面积23.4万平方米、地下停车库面积7.61万平方米）。2018年8月28日，水畔华庭安置小区开工建设。2022年9月，交付给建华等4个村372户拆迁在外的过渡村民1238套房源。其中，A户型（70平方米）427套，B户型（90平方米）187套，C户型（120平方米）160套，D户型（140平方米）430套，E户型（190平方米）34套。

【杭州第四中学江东学校投入使用】2022年8月31日，杭州第四中学江东学校建成并投用，招收班级10个，其中实验班4个。有现代化教室66间，正高级教师3人、特级教师4人，省“5522工程”名师、市学科带头人和省市教坛新秀120多人。学校位于新湾街道闸口路86号，东至宏波路，西至三新路，南至闸口路，北至复兴路，是杭州第四中学教育集团打造的本部外首家集团化直属公办重点中学（高中部）。2021年6月30日，该校开工建设，总投资7.5亿元，用地面积6.46万平方米，建筑面积9万平方米。

【“强村公司”入驻街道】2022年，新湾街道推动“幸福里·共富湾”强村富民现代社区建设，通过整合12个村资源、资产、资金，发展村集体经济。3月，建华村经济合作社控股的杭州双惠实业有限公司成立，提供就业岗位200多个。7月，街道带队12个村书记到湖州市开展“强村富民”专题调研，协商制定《“幸福里·共富湾”强村富民专项攻坚三年行动计划（2022—2024年）》。11月23日，12个村经济合作社联合投资的杭州兴湾实业有限公司（简称兴湾实业）揭牌仪式举行，浙江萧山农村商业银行股份有限公司授信资金3亿余元。至年末，兴湾实业业务内容涉及范围48个，签约项目3个，实现营业收入100.14万元。（袁瑶婕）

临江街道

【概况】2022年，临江街道行政面积44.1平方千米，托管“飞地”105平方千米。下辖2个村、2个社区，总人口5.75万人。其中，户籍人口7556人，流动人口5万余人。全年地区（含临江高科园）生产总值173.49亿元，比上年下降4%。粮食产量6691吨，其中水稻产量3870.4吨。水产养殖面积163.82公顷，水产品总产量949.3吨，渔业总产值3087万元。规模以上工业总产值11.4亿元，增长0.3%；工业增加值2.2亿元，增长2.8%。固定资产投资3.11亿元。服务业（含临江高科园）增加值29.32亿元，下降1.5%。社会消费品零售总额1038万元，增长12.3%。财政收入1.93亿元，增长54%；其中地方一般公共预算收入7874万元，增长33%。至年末，有规模以上工业企业9个，幼儿园2所，小学2所，成人文化学校1所，街道文化站1个，村文化活动中心2个，文化家园2个，文化礼堂2个，钱塘书屋5个，医疗卫生机构2个。

【产业能级提升】2022年，临江街道围绕“大美临江·产业新城”总目标，对接辖区产业平台临江高科园，制订街园联动服务机制，保障项目招引落地。全年引进项目5个，总投资4亿余元。引进税源年收入1000万元以上项目2个。优化营商环境，开展“千名干部助千企”走访调研，解决辖区外来产业工人子女入学难等问题100多个。提高农村集体经济收入，制定《临江街道扶持村集体经济发展若干政策（试行）》《临江街道扶持农业发展若干政策（试行）》等文件，通过“一事一议”财政奖励政策方案，盘活萧东村2300平方米老村委会大楼，增加村集体收入50万余元。推动闲置土地集中流转，通过公开发包，集中发包萧东、东庄2个村闲置土地333.33公顷。

【环境治理】2022年，临江街道围绕“城市环境大整治、城市面貌大提升”行动，组建工作专班，推动治理和巡查。5月，临江佳苑小区西侧功能单一的游步道改建的休闲健身公园建成投入使用。开展户外环境综合整治，按照《杭州城市国际化标识系统导则》，拆除违规设置“F型”交通杆指示牌22块，其他类指示牌27块；拆除破损、经营性横幅54条，清理闲置抛荒地1.1万平方米、清除垃圾93处。查处违规停车行为316起，违规占用人行道路、广场、公共绿化地带堆放货物行为54起，占道经营和出店经营、无营业执照经营等行为235起。提升辖区河道水环境质量，东庄、萧东2个村5条河道通过清障、清淤疏浚、生态护岸、滨岸带生态修复，打造成景观节点。10月，临江街道通过市建设领导小组“五水共治”（河长制）办公室验收，被评为“水美乡镇”。

【基层治理】2022年，临江街道构建基层治理新格局，打造现代社区“幸福钱塘里”，提升辖区平安建设、社会治理效能。按照区委、区政府总体部署要求，探索“小脑+手脚”警网协同运行模式，通过“融空间、融队伍、融机制”工作法，推进“小脑+手脚”体系建设。全年调解居民矛盾纠纷230多起，其中疑难纠纷16起，化解率100%。推进融合型大社区大单元建设，组建街道、村（社区）、网格、楼道基本框架体系，形成联动效应。其中，高新社区设置网格12个，微网格50个，楼道长46人。开展除险保安行动，完善安全生产监管长效工作机制，组织召开消防安全、建筑工地、企业生产安全、商贸安全等专题会议，设定每月20日为安全生产

2022年临江街道各个村（社区）基本情况统计表

表24

村（社区）名	书记	户籍人口（人）	村（居）民小组（个）	村集体总收入（万元）	耕地面积（公顷）	农民人均纯收入（万元）
东庄村	潘荣飞	1620	15	195	150.13	4.8
萧东村	李水潮	2618	22	506	269.2	4.6
临江佳苑社区	韩　燕	2937	46	—	—	—
高新社区	陈　婷	270	10	—	—	—

主题日到重点企业、建筑工地、商场等场所暗访督导，通报督办、闭环整改。全年检查辖区主体单位1100多个次，排查隐患5000多处，整改率100%。

【社会事业建设】2022年，临江街道围绕“大美临江·产业新城”总目标，提升人居环境，建设美丽乡村。推动实施城镇“微更新”项目，中心文化广场、樱花小径等公共空间提升改造项目竣工，临江佳苑社区老旧小区既有住宅加装电梯34台，覆盖率45.3%。杭州安舒医院与浙江康复医疗中心合作的“康养联合体”项目签约入驻街道。临江佳苑老年食堂通过菜品、服务模式等提升改造，升级成为“临江未来社区大食堂”，并对外开放。临江佳苑社区婴幼儿成长驿站建成投入使用。10月，临江佳苑居家养老服务中心、临江未来社区大食堂入选省首批共同富裕现代化基本单元城镇社区“一老一小”服务场景。开展扶贫济困、扶老救孤、助残扶弱等慈善活动，发布重疾助医、银龄助老、民族助融、巾帼助立、失业助创、意外助困、职工助难、困难助贫、教卫助力等10个慈善工程项目，全年募集慈善企业38个，救助困难群体2181人，发放救助资金205.6万元。

【家园文化】2022年，临江街道打造安居乐业，实干兴业钱塘样板，丰富辖区居民、产业工人业余文化生活，举办运动会、“我们的节日”、邻里游园会、“双职工家庭暑期托育”、“一见倾心遇见你”临江兵团知青文化园青年主题交友联谊会等活动30多场次。围绕“永远跟党走，喜迎二十大”主题，结合临江知青文化、港口文化、地理文化，组织“愿你预期的美好都来‘临’”摄影采风行活动，征集作品300多幅。搭建百姓议事会、社企开放日、民情联络站等平台，开展“睦邻议事”“微心愿认领”等活动30多场次。举办产业工人“入职第一课”，开展职业技能培训，开设学历提升等课程。高新社区联合杭州求知职业技能培训学校推出“技能关爱工程”，联合辖区企业推出“就业关爱工程”，联合临江卫生中心推出“健康关爱工程”，联合临江街道慈善分会推出“人文关爱工程”，联合辖区教育机构推出“育儿关爱工程”。

【基层党建】2022年，临江街道党工委召开全面从严治党领导班子专题会议14次，推进“七张问题清单”整改，重点问题整改率100%。发挥党建引领作用，加大新业态新就业群体党建联建建设，提升基层治理水平和能力，开展“支部争先、党员争优、群团争彩”活动，高新社区推行社区联动联考机制，整合街道、平台、企业整合资源，签订党建联建协议19份。加大党员干部队伍建设，全年参加区级“红领钱潮·夺旗竞跑”打擂比武活动3期，夺旗26面。落实中央八项规定精神，核查线索15条、查办案件8个，党纪处分5人。推进以案促改，以案促治党员干部党风廉政监督，做好巡查问题整改，区委巡查发现问题8个，整改率100%。开展清廉临江单元建设，临江知青文化园入选市廉洁文化教育基地。

【萧东村入选省综合减灾示范村】2022年，临江街道通过整合应急资源队伍，创新工作方法，推进综合减灾示范村（社区）建设，提升基层应急管理能力。萧东村以网格为单位织密组织，根据网格化区域划分责任区，形成村网格管理、党小组、小组长、志愿者等N个小分队，进驻村居落实安全工作责任。完善基础设施建设，建立微型消防站，联动街道消防站开展风险与隐患排查，进行初期火灾扑救防控，组织应急防灾人员参加各类应急专业技能知识培训，提升应急防灾减灾队伍专业应急救援及应急防灾专业技能。完善村级应急避难场所建设，通过提升改造文化礼堂设施设备和扩充面积，打造能容纳300多人的应急避灾场所。11月30日，萧东村入选省综合减灾示范村。

【法治建设合规性年检】2022年，临江街道配合区司法局开展法治建设合规性年检试点工作，成立以办事处主任为组长的法治建设合规性年检工作领导小组，制订清单8个、明细16条。推动法治建设合法性审查，印发《临江街道合法性审查工作实施办法（试行）》《临江街道重大行政决策程序规则》《临江街道行政规范性文件管理办法》《临江街道合同管理制度》等文件，形成“党政办+司法所+法律顾问”审查队伍。6月，上海宇均（杭州）律师事务所杭州分所律师团队入驻街道，从7个方面年检2021年1月至2022年12月的法治建设工作。至年末，发现问题16个，整改12个，审查行政合同合法性64件，出具法律意见书9份，清理行政规范性文件1份。

【“临灵通”智慧应用平台启用】2022年，临江街道通过数字赋能，推进融合型大社区大单元建设，梳理辖区企业工人、社区居民使用高频率事项，优化和完善共建共享共治基层治理平台“临灵通”

2022年8月12日，临江街道"临灵通"优化升级版的智慧应用平台启动
（陆 锋 摄）

功能，增加"大美临江""点赞临江""活动中心""邻里互助""工具箱"等板块，实现17项业务线上"云办理"。8月12日，优化升级版的"临灵通"智慧应用平台启用。至年末，注册会员2000多人，通过"线上+线下"结合模式发布志愿活动307个，参与2550多人次。（陆燕楠）

前进街道

【概况】2022年，前进街道行政面积42.66平方千米，下辖3个村、2个社区，总人口3.3万人。其中，户籍人口9053人，流动人口2.4万人。全年地区（含前进智造园）生产总值88亿元，比上年增长3.3%。蔬菜种植面积623.67公顷，产量3万余吨；油菜种植面积70.47公顷，油菜籽产量202吨。规模以上工业总产值430.87亿元，增加值76.3亿元。固定资产投资26.76亿元，增长78.3%。服务业增加值8.37亿元，增长13.7%。社会消费品零售总额2.82亿元，增长5.7倍。村集体收入1353.12万元，增长51.9%，村级经营性收入676.34万元，增长32.6%。财政收入4534.55万元，增长17.9%。其中地方一般公共预算收入2477.55万元，增长17.2%。至年末，有规模以上工业企业5个，幼儿园4所，小学1所，初中1所，成人文化学校1所，文化艺术团体15个，文化站1个，村文化活动中心3个，文化家园2个，文化礼堂3个，钱塘书屋5个。

【产业能级提升】2022年，前进街道推进"亩均论英雄"改革，利用零产值空闲厂房，加大项目招商引资。全年招商50多次，签约项目3个，签约1000万元以上税源项目1个，实现税源收入4535万元，其中海德、众智2个创业园新增登记在册小微企业393个。推进街园融合发展，优化园区企业注册、变更、政策兑现等服务，开展"千名干部助千企""走亲连心三服务"等助企纾困活动，走访企业132个次，解决问题105个。推动在建项目进展，建立重点企业、重大项目"服务专员"机制，保障通力智能装备（杭州）有限公司等6个企业项目建设。

【环境治理】2022年，前进街道围绕"迎亚运"城市环境大整治、城市面貌大提升要求，整改生态领域问题104个。联合杭州大江东城市设施管养有限公司投入环卫工人30多人，采用"人车"并重方式，进行垃圾收运、公共卫生间消杀、道路清扫和脏乱点治理。全年整改城乡环境问题1万余处，提升改造沿街商铺店招店牌125个。提升农村人居环境，开展"非粮化"土地整治，清理抛荒地块6.67公顷，种植农作物1085.87公顷，修建农田道路2650米、柏油马路1170米、灌溉水渠1380米。

【基层治理】2022年，前进街道

2022年前进街道各个村（社区）基本情况统计表

表25

村（社区）名	书记	户籍人口（人）	村民小组（个）	村集体总收入（万元）	耕地面积（公顷）	农民人均纯收入（万元）
临江村	张　伟	3592	27	375	190.8	4.33
前峰村	卢　建	1578	14	250.75	90.06	4.8
三丰村	丁建欢	3248	40	727	220	4.5
前新社区	王国锋	158	—	—	—	—
前悦社区	许　维	477	—	—	—	—

推进基层智治系统改革，通过“数字+治理”“小脑+手脚”“片区+网格”方式，划分区块6个，整合综合执法队伍6支、执法队员140人，形成“一支队伍管执法”模式，建成全面数字化转型赋能数字驾驶舱“云治前进”平台，落实24小时运行机制，实现群众“小事不出片区，大事不出街道”。全年“云治前进”平台接收公安非警务类事件1万余件，处置率100%；上报事件1000多件，办结率100%。开展除险保安行动，落实防汛抗旱措施，建成区域微型消防站2个，排摸一般自建房屋3925处、经营性自建房屋280处，整治交通隐患251处。加大电信网络违法犯罪案件防控，劝阻电信网络反诈骗案18起。受理和处理信访举报案件，全年化解矛盾纠纷666件，化解率100%，群众投诉总量比上年下降17%。

【社会事业建设】2022年，前进街道通过居民投票，产生民生实事10件，并推动实施。其中，打造“钱塘优学”工程，提升改造后的前进小步幼儿园（晨晖幼儿园）通过省二级验收，前进小学、前进初中39间教室护眼灯全部安装。关爱特殊人群出行需求，提升改造前进农贸市场、前新社区无障碍环境设施点位2处，建成“残疾人之家”、残疾人康复站各1个，新增器材20多件。全年发放救助津贴22.4万元，惠及106人次。完善就业创业服务体系，建成“助企助工”服务驿站1个，采用“线上+线下”模式举办招聘会10场，提供就业岗位1600多个；推进“蓝领成才”工人素质提升工程，组织辖区企业工人职业技能培训30多场，获得职业证书130多人。改善居民出行环境，提升改造公交车候车亭6个，新增公共自行车点位2处，在前悦社区西侧停车场建成停车泊位80多个。提高居民健康意识和预防疾病能力，联合浙江省中医院下沙院区开展“共同富裕·健康先行”义诊、健康讲座各4场。提高居民自救和互救技能，举办红十字会应急救护员培训班4次，受益120多人。

【家园文化】2022年，前进街道丰富辖区居民群众文化生活，举办文化艺术展览、健身竞赛、清廉书画展等文化体育活动90多场，文化进村（社区）活动21场，其中送电影下乡9场。传承非物质文化技艺，运用实践资源，结合“百业教育活动”，邀请辖区村民走进街道党群服务中心传授笋干菜、倒笃菜制作方法；前悦社区邀请亲子家庭通过触摸铅活字，“沉浸式”体验汉字印刷魅力。推广钱塘地名文化符号，构筑精神家园，区社会发展局主办的“共绘钱塘·让地名插上七彩的翅膀”地名文化主题插画征集作品颁奖仪式暨优秀作品展在前进街道党群服务中心举行。助力“塘塘合作”，联动村（社区）及中小学校开展“翻书越岭‘书’送希望”捐书援川活动，捐赠图书600多册，送到四川省甘孜藏族自治州理塘县城关第四完全小学。5月，三丰村文化礼堂入选省级“五星级”文化礼堂。

【基层党建】2022年，前进街道落实全面从严治党主体责任，召开街道党工委理论学习中心组专题学习会议17次、基层党建专题工作会议5次。提升基层党员干部工作能力，围绕“四力”（引领力、组织力、战斗力、服务力），实施“立心铸魂”“品牌牵引”“强基提标”“亮榜争先”“融合共治”等行动。全年参加区级“红领钱潮·夺旗竞跑”打擂比武活动，夺旗18面。加大党风廉政作风建设工作，开展纪工委督查检查20次，办结案件9起，组织党员干部观看廉政教育宣传专题片17次。推进民主法治村（社区）建设，前峰村入选省级“民主法治村”。

【前进派出所揭牌】2022年3月29日，杭州市公安局钱塘区分局前进派出所（简称前进派出所）成立并

2022年3月29日，杭州市公安局钱塘区分局前进派出所揭牌（苏　军　摄）

2022 年 6 月 24 日，钱塘区前进街道共富先锋站启用　（施琴杰 提供）

揭牌，管辖临江、前峰、三丰 3 个村和前新、前悦 2 个社区，办公地点驻前进街道蓝领公寓东侧支路消防救援站西侧。6 月 10 日，前进派出所办事服务大厅启用。10 月，前进派出所“犇犇”义警队成立。至年末，前进派出所分流非警务类警情 698 起，占总警情的 35%，化解矛盾纠纷 200 多起。“犇犇”义警队劝阻电信网络诈骗案 271 起，止损金额 2000 多万元，走进村（社区）、企业开展平安主题互动活动 80 多场次，发放宣传资料 1.6 万份，服务 4 万余人次。

【前进街道共富先锋站启用】2022 年，前进街道前峰村依托“红高峰”共富党建红盟，助力村（社区）基层治理和乡村发展。6 月 24 日，前进街道共富先锋站（简称共富先锋站）、“乡贤议事厅”启动仪式在前峰村举行。共富先锋站设党员学习、群众帮扶、党建联盟、村企共建、村企共享“五大阵地”，形成互帮互助“一公里”服务圈，打造成为党员“加油站”、群众“服务站”，通过村企联盟共富、街村资源助富、村村合作带富、乡贤聚力共富等行动，打通服务群众“最后一公里”。

【“微改造、精提升”项目建设】
2022 年，前进街道通过“微改造、精提升”，启动旅游业建设，实现艺术馆与城市书房联动，共享“15 分钟品质文化圈”。其中，前进艺术展览馆（浙江肖峰宋韧艺术院）发挥地方建筑特色，围绕“文化、艺术、文创”3 个主题，通过教学、学术研究、艺术创作创新、艺术成果 4 个方面，分别对应“学、研、创、产”4 个领域，设置成接待展示区、阶梯分享区、影像互动区和作品展览区。前悦书房围绕“企业职工更高工作质量和生活品质”需求，打造瑜伽室、健身房、手工作坊等功能空间。9 月，该书房通过外观设计和空间布局提升改造，入选首批“杭州书房”，成为前进街道文化旅游地标性建筑。

【三丰村征迁项目实现拆迁即安置】
2022 年 6 月 10 日，前进街道召开三丰村征迁项目签约工作动员会，拆迁范围东至东二路，南至江东四路，西至东四河，北至江东五路，涉及三丰村村民 28 户、8.67 公顷用地范围内集体土地。6 月 13 日，项目征迁评估工作启动。6 月 30 日，全部签约。7 月 22 日，前进街道四期安置（前新福苑、前乐佳苑）2 个小区分房抽号仪式在前进小学举行。其中，前新福苑小区 8 套，前乐佳苑小区 93 套。该拆迁项目实现 40 天完成“拆迁—安置—分房”全流程。

（施琴杰）

责任编辑　高骏森

人 物

浙江工匠

侯定华　男，1980年9月出生，江苏句容人，大学专科，中共党员。长安福特汽车有限公司杭州分公司模修区区长、“侯定华钳工技能大师工作室”领衔人，第五届“杭州工匠”。2022年“浙江工匠”获得者。2016年，长安福特汽车锐界车型车身首次应用铝板板材，因铝板较软，翻边时容易出现翻边拉毛以及在翻边R处出现橘皮开裂等问题，侯定华通过摸索与研究，独创出铝板制造标准，完成“铝板铝屑压伤问题改善”“H/I-line SPM提速”“CD539&D568&U611&U625项目材料利用率提升”“CD539右侧围激光拼焊不良问题改善”等21项课题，为公司创造效益808.21万元。制定的《汽车模具焊接补焊标准》《汽车模具切边与翻边修理标准》《汽车模具拉延筋修理标准》《汽车模具拉毛修理标准》《汽车拉延模零件缺陷修理标准》《汽车模具卡废料修理标准》得到业界肯定。

李茂委　男，1974年11月出生，浙江台州人，大学专科，顾家家居股份有限公司产品技术开发部技术员、“杭州市技能大师工作室”领衔人、钱塘区第一届人大代表，2022年“浙江工匠”“杭州工匠”获得者。李茂委任职顾家家居股份有限公司，开发的家具产品获得实用新型专利10多项，培养高级技能人才20多人，每年攻关的新产品销售额超过公司总收入20%。他带领团队利用虚拟开发技术完成从手工化开发到数字化开发，为公司创造经济效益200万余元。

朱立赞　男，1987年9月出生，浙江临海人，大学本科，中共党员。杭州吉利汽车有限公司模具主管工程师、中国工会第十七次全国代表大会代表。2022年“浙江工匠”获得者。朱立赞精通冷冲压模具制造、调试、维修与维护，从事模具维修工作18年，获得实用型专利与发明专利42件，发表论文5篇。2019—2022年，通过整改项目和改善工艺，为公司创造经济效益1500多万元。

李春红　女，1996年2月出生，江西南昌人，大学本科，无党派人士。格力电器（杭州）有限公司工艺设备部工艺主管、“钱塘区李春红制冷工技能大师工作室”领衔人，浙江省第十四届人大代表。2022年“浙江工匠”获得者。2018年，李春红代表公司参加杭州市第一届制冷工技能竞赛，获得第一名，并被评为杭州市“技术能手”，入选杭州市E类人才。她带领部门团队搭建“一室三中心”组织架构，建成设计中心、加工中心和测试中心，承接核心项目10项，自主研发的产品获得专利14件，参与省市级重点项目5项。2019年，获得珠海格力电器股份有限公司年度“先进个人”、钱塘新区“优秀职工”，并入选钱塘新区“百千万”高技能领军人才。（徐霞丽）

杭州工匠

祝新华　男，1977年10月出生，浙江龙游人，大学本科。杭州夏坤科技有限公司技术部主管、数控培训创始人、“祝新华数控铣工技能大师工作室”领衔人，浙江省“百千万”高技能领军人才（拔尖人才）和杭州市D类人才。2022年“杭州工匠”获得者。祝新华从事数控技术领域工作25年，获得国家实用新型专利5件。20世纪90年代，国内数控设备大多从国外进口，操作说明书、编程说明书以及加工软件都是英文版，祝新华借助英汉字典通过自学，半年时间便能用汉语独立编写复杂的产品加工数控程序。2008年设计的“齿轮箱连接系统轴总成工艺技术”，以两端中心孔轴线作为径向加工基准，保证回转精度，提高齿轮箱使用寿命，解决齿轮箱异响问题，为公司创造利润50万余元。2012年，完成“机械加工自动化生产线刀具自动识别折损”项目，实现及时发现自动化加工过程中的刀具异常，有效避免产生批量废品，为公司提高原生产线年产值30万余元。

李茂委　（内容见“浙江工匠”）

（徐霞丽）

杭州市劳动模范

高　飞　男，1974年2月出生，浙江杭州人。硕士学位，中共党员，高级工程师。杭州奥泰生物技术股份有限公司董事长、总经理，浙江省十四届人大代表。2022年“杭州市劳动模范”获得者。高飞从事生物医药研究工作24年，发明国际、国内专利50多件，主持国家级、省级、市级重大科技项目12项。担任艾博生物医药（杭州）有限公司总经理期间，带领团队通过注册药品生产质量管理规范（GMP）、美国食品药品监督管理局（FDA）、日本医疗器械质量体系（JGMP）和欧洲CE认证，将公司发展成为全球规模最大的快速体外诊断试剂产品生产和研发基地。2014年，成立杭州奥泰生物技术股份有限公司，自主研发新一代疾病标志物与毒品代谢物超敏快速免疫诊断试剂，包括女性健康监测、肿瘤标志物检测、传染病检测、药物滥用检测、心肌损伤标志物检测等系列。

胡锦阳　男，1974年4月出生，浙江金华人，大学本科，中国民主促进会会员。浙江锦阳控股集团有限公司董事长。2022年“杭州市劳动模范”获得者。胡锦阳创办的浙江锦阳控股集团有限公司为浙江省结对扶贫云南省、贵州省龙头企业，每年服务安置两省就业10万余人。2020年疫情期间，率先采用“返岗包车”服务模式帮助企业复工生产，并捐赠物资，折合金额70万余元。该企业为钱塘区“两新”企业党建示范点、钱塘区民营企业清廉文化建设示范点。

赵金亮　男，1976年3月出生，山东青岛人，大学本科，中共党员，退役军人。中日龙电器制品（杭州）有限公司副总经理、研发中心负责人、钱塘区第一届政协委员。2022年“杭州市劳动模范”获得者。1998年留学日本，2006年引资归国成立中日龙金型技术部。2007—2009年，提出“求生存、再发展、专技术、攻特色”，带领团队通过重品质、提效率进行产品研发，取得专利60多项。2016年，公司获得国家级高新企业认定。2020年，获得浙江省研发企业认定，获批杭州市首个一般纳税人试点企业。

李　鹏　男，1987年6月出生，陕西榆林人，大学本科，中共党员。杭州中欣晶圆半导体股份有限公司制造部副部长、党支部副书记。2022年“杭州市劳动模范”获得者。杭州中欣晶圆半导体股份有限公司成立初期，生产车间缺乏熟练工人和管理人员，李鹏提出“师带徒”工作模式，并编写岗位阶段评估报告，建立可视化岗位技能矩阵，实现“师带徒”培训有文件、过程有跟踪、结果有考核。4年时间，制造部从成立之初10名新手增加到350名熟练工人、60多名管理人员，为公司发展和提高打下坚实基础。

单海锋　男，1980年2月出生，浙江杭州人，大学本科，中共党员，浙江康莱特药业有限公司设备部经理、技术领头人。2022年“杭州市劳动模范”获得者。单海锋任职期间，为克服灭菌釜滚轮在使用过程中产生润滑油泄漏及摩擦碎屑对药品造成污染，通过技术革新，重新设计改造乳剂灭菌釜滚轮结构，不但阻止运转件润滑介质和磨损碎屑对药品造成污染，还防止外部因素（如饱和蒸汽、水）对运转部件的工作干扰及使用寿命，为公司每年节省维修费用24万余元，该项技术获得国家“实用新型专利”。他带领设备部团队通过进口备件国产化替换，每年为公司节省维修费用40万余元。参与撰写的论文《工艺、空调冷冻水系统PID恒压并网控制改造》获杭州市青工“五小”科技创新创效活动一等奖、《一种防止对药品产品生产污染的滚轮安装结构》获“中国实用型专利”。

吕继坤　男，1993年5月出生，山东泰安人，大学本科，杭州立昂微电子股份有限公司（简称立昂微）设备组工程师，2022年“杭州市劳动模范”获得者。2020年，立昂微6英寸功率半导体器件芯片投入生产，因扩散炉机械石英手臂稳定性差容易造成传片故障，导致晶片发生碎裂和机械石英手臂断裂。为保障“芯片”能准时进入市场，吕继坤从FAB-C产线扩散区搬入37台扩散炉进行调试，一年多的时间平均每天工作16~18个小时，通过反复测试改造，将设备生产利用率提高到95%，于2021年除夕夜完成全部调试，为“芯片”进入市场赢得时间，并为公司节约大量备件成本和废片成本。

龚观军 男，1987年7月出生，浙江杭州人，大学专科，中共党员。杭州市第十三届人大代表、杭州市青年联合会常委，杭州前进科技有限公司技术部科长。2022年“杭州市劳动模范”获得者。2006年，欧盟颁布REACH（化学品注册、评估、许可和限制）法规和*ROHS*（《关于限制在电子电器设备中使用某些有害成分的指令》）六项指令，开展对欧盟市场上化学品管理，严格控制有机颜料生产使用24种致癌性强的芳香胺、重金属等对人类和环境造成伤害的化学品。龚观军带领技术团队通过研究，开发出符合REACH法规要求的环保型有机颜料，有效降低三废排放，提高产品耐热、耐光牢度性能、着色性能和分散性能，获得发明专利2项。

韩一飞 男，1984年8月出生，浙江杭州人，大学本科，中共预备党员，钱塘区政协委员，白杨街道白杨社区卫生服务中心副主任医生。2022年“杭州市劳动模范”获得者。疫情期间，韩一飞担任“社区随访组”组长，带领团队连续工作60多天，每天平均值班14小时，累计工作1000多个小时。2021年7月，主动请缨到四川省甘孜藏族自治州理塘县挂职，参与当地医院急诊科室工作和各类医疗保障工作。

董银萍 女，1976年10月出生，浙江杭州人，大学本科，全国创新思维优秀指导老师、浙江省优秀指导老师、杭州市优秀教师、杭州市“教改之星”。文海教育集团STEAM国际中心主任。2022年“杭州市劳动模范”获得者。2019年，董银萍开设浙江省首个常态坚持半天STEAM项目学习的杭州文海教育集团创新实验班，并成立“ADD”玩创学院，该成果入选2020年浙江省“STEAM教育学校实践样态”典型案例，并获中国第六届教育创新博览会第五名。2013—2022年，先后组织钱塘区中小学生参加全球青少年DI头脑创新思维、未来太空城市、未来之城、小发明家、数学建模、科学奥林匹克等国际竞赛，为杭州少年科学院培养“少年院士”10多人。2020年，率领杭州文海实验学校2支团队各6人到美国新泽西州参加2020年全球DI青少年头脑创新思维总决赛，获得VICI（即时挑战）赛第二名和第八名。

田汉霖 男，1990年4月出生，浙江绍兴人，硕士学位，中共党员。国家电网浙江省杭州市钱塘区供电公司配电运检尖刀班班长，2022年“杭州市劳动模范”获得者。2019年8月10日凌晨，第9号台风“利奇马”登陆浙江省温岭市，中心附近最大风力达到16级，大风和强降雨导致钱塘围垦区域20多条配网线路发生故障，田汉霖带领工作专班在狂风暴雨中连续抢修12个小时，处理故障10多起。台风过后，由田汉霖牵头成立项目组，调研和比对同等规模的传统变电站和预制舱式变电站在建设工期、占地面积以及投资等方面的数据指标，最终确定采用预制舱式变电站建设方案。2022年年末，2座35千伏补强变电站投入运行，围垦区域平均电网故障次数减少80%，有效提升围垦区域供电的可靠性。

朱　俊 男，1985年10月出生，浙江衢州人，博士。杭州景杰生物科技股份有限公司（简称景杰生物）蛋白质组学高级研究员。2022年“杭州市劳动模范”获得者。朱俊入职景杰生物至今，推动蛋白质组学技术研发各项成果转化，其中包括4D蛋白质组学、微量蛋白质组学、血液蛋白质组学新方法应用于临床肿瘤组织、体液大队列等研究中，全方位提升蛋白质组的检测深度和数据完整性；组织开发的微量蛋白质组分析技术适用于穿刺、石蜡切片等临床样本，提升蛋白质组学技术在临床的研究应用；针对临床体液样本高丰度蛋白干扰大、蛋白检测深度低等问题，提出新型血液蛋白质组学解决方案，推出面向临床血液样本的Blood+蛋白质组学技术，该方法比传统方法提升血液样本蛋白检测深度超过50%。

金传水 男，1963年6月出生，浙江杭州人，大学专科，中共党员，原钱塘区河庄街道建设村党支部书记。2022年“杭州市劳动模范”获得者。1998—2020年担任建设村党支部书记期间，带领全村干部和群众围绕“创业惠民，创新强村”目标发展村级集体经济，进行乡村建设，使建设村环境面貌与基础设施不断改善与提高。利用改造老旧厂房后再招引新的企业入驻，每年为村集体增加收入200万余元。任职期间，建设村先后获得浙江省文明村、浙江省全面小康建设示范村、浙江省卫生村等荣誉，个人被评为杭州市“最佳领头雁”、萧山区及钱塘区优秀共产党员和劳动模范。2020年12月卸任后，继续关心村里的农业农村工作与乡村振兴建设，为建设村经济建设和社会治理贡献力量。

王海峰　男，1976年10月出生，浙江杭州人，大学专科，中共党员，退役军人，杭州市“乡村产业技能大师”。钱塘区新湾街道创建村村民委员会副主任、杭州丰收农机服务专业合作社负责人。2022年“杭州市劳动模范”获得者。2009—2011年，王海峰先后成立杭州丰收农机服务专业合作社、杭州海峰工厂化育秧中心和杭州海峰粮食烘干中心，使粮食生产功能区农业步入全程机械化种植、科学化管理、工厂化育秧轨道，为萧山区、钱塘区及其周边乡镇农业生产发挥示范引领作用。2012年，杭州海峰粮食烘干中心被浙江省农业机械管理局授予农机化示范基地。2016年，杭州海峰工厂化育秧中心被浙江省农业农村厅授予“机器换人”示范基地。

沈幼明　男，1971年8月出生，浙江杭州人，大学专科，中共预备党员。杭州市钱塘区临江街道工业园区第一农垦场（原杭州萧山区第一农垦场十一分场）渔业分场队长，2022年“杭州市劳动模范”获得者。1993—1994年，负责实施第一农场“沼液沼渣养殖技术研究”项目示范点工作期间，参与编写的论文《沼液沼渣生态养鱼技术》获浙江省科技进步奖优秀奖。2001—2002年，参加“全国农牧渔业丰收计划”项目研究，负责第一农垦场河蟹（中华绒螯蟹）养殖生产推广与试验，参与编写的论文《万亩池塘河蟹养殖高产高效技术推广》获得农业农村部“农牧渔业丰收奖”二等奖。2005年11月，创建杭州卓明蔬菜专业合作社，承包土地178.93公顷，建设钢管大棚4.85万平方米，防虫网6万余平方米。2021年，合作社有总资产816万元，固定资产501万元，销售收入2726万元，利润63万元，社员二次返利59万元。2020年，合作社为杭州市民捐赠蔬菜、瓜果、水产品等物资16.9吨，折合金额14.6万元。

赵关贤　男，1962年10月出生，浙江杭州人，大学专科，中共党员。杭州萧山兴炎农场场长，2022年“杭州市劳动模范”获得者。赵关贤自学水产养殖技术，获得“农民技师”职称。2003年3月，筹集资金2000万余元，成立杭州萧山兴炎农场，承包位于钱塘区围垦八工段的芦苇地67.2公顷。农场实行无公害化操作，生产过程中严格执行外购苗种和饲料进农场前的质量合格检测，被农业农村部质量安全中心认定为无公害农产品生产基地，被杭州市人民政府认定为市级“菜篮子”基地，农场的虾、鳗混养技术被杭州市科学技术局评定为“科技创新”项目。2021年，农场实现产值3800万余元，盈利180.2万元。为响应“绿水青山就是金山银山”号召，投资100万余元，建成钱塘区第一个水产养殖尾水处理项目，并参与慈善事业建设，累计为钱塘区慈善基金会及贫困村民捐款100万余元。（徐霞丽）

浙江省
“人民满意的公务员”

程永忠　男，1969年5月出生，浙江杭州人，大学本科，中共党员。1987年10月参加工作，现任杭州市钱塘区综合行政执法局白杨执法队二级主任科员，2016年“杭州市劳动模范”、2022年浙江省“人民满意的公务员”获得者。1987年10月起，程永忠先后在中国人民解放军海军北海舰队航空兵部队、浙江化学纤维厂、浙江彩虹制线有限公司、杭州经济技术开发区城市管理行政执法大队、杭州市钱塘区综合行政执法局等单位工作。从事城管执法工作20多年，参与过“黄鱼车整治”“犬类整治”“无证商贩整治”等重大任务。在抗击“非典”、防雪抗冻、“国卫”复评、创建全国文明城市等工作中，他冲在第一线。2015年，被杭州市城市管理委员会评为2014年度“最美城管人”。

（厉艺桦）

杭州市“十佳公务员”

王　磊　男，1986年4月出生，浙江杭州人，大学本科，中共党员。2007年8月参加工作，现任杭州市公安局钱塘区分局刑侦大队一中队（重案中队）中队长，省级刑侦领军人才，2022年杭州市“十佳公务员”获得者。2007年起，王磊先后在杭州市公安局杭州经济技术开发区分局治安大队、白杨街道派出所、钱塘区公安分局刑侦大队、下沙派出所工作。从警14年，累计破获案件1800多起，帮助群众挽回经济损失1000万余元。2020年，被浙江省公安厅授予“个人二等功”称号，被杭州市公安局授予“刑侦打击传统犯罪工作先进个人”称号。2022年，被浙江省公安厅授予2021年度“最美浙警”称号。

（厉艺桦）

责任编辑　高骏森

统计资料

2022年钱塘区主要经济指标情况统计表

表26

指　标	单位	2022年	增幅（%）
地区生产总值	亿元	1226.03	0.1
农林牧渔业增加值	亿元	13.09	–2.3
服务业增加值	亿元	390.02	3.1
规上工业增加值	亿元	722.94	–1.9
固定资产投资	亿元	542.21	17.5
工业投资	亿元	165.22	30.3
制造业投资	亿元	159.63	34.6
数字经济核心产业增加值	亿元	134.83	7.4
社会消费品零售总额	亿元	337.95	–3.3
财政总收入	亿元	230.45	–4.2
一般公共预算收入	亿元	116.63	–0.6
货物贸易出口额	亿元	618.07	5.8
服务贸易出口额	亿美元	13.39	7.8
实际利用外资	亿美元	9.38	—

2022年钱塘区地区生产总值情况统计表

表27

指　标	单位	2022年	增幅（%）
地区生产总值	亿元	1226.03	0.1
其中：第一产业	亿元	12.71	–2.4
第二产业	亿元	823.30	–1.3
第三产业	亿元	390.02	3.1
其中：农业增加值	亿元	13.09	–2.3
工业增加值	亿元	774.03	–1.8
建筑业增加值	亿元	49.56	8.2
房地产业增加值	亿元	20.85	–13.3
营利性服务业增加值	亿元	84.64	3.1

2022年钱塘区规模以上工业产值情况统计表

表28

指　标	单位	2022年	增幅（%）
规上工业总产值	亿元	3502.38	–0.8
其中：新产品产值	亿元	1263.51	–11.6
新产品产值率	%	36.1	↓ 4.4
其中：半导体产业	亿元	664.97	0.0
生命健康产业	亿元	487.84	2.0
智能汽车及智能装备智造产业	亿元	1031.20	–0.4
新材料产业	亿元	800.78	–3.5
航空航天产业	亿元	4.32	83.8
规上工业销售产值	亿元	3484.24	0.4
其中：出口交货值	亿元	541.79	2.9
规上工业产销率	%	99.5	↑ 1.1

2022年钱塘区规模以上工业增加值及能耗情况统计表

表29

指　标	单位	2022年	增幅（%）
规上工业增加值	亿元	722.94	–1.9
其中：战略性新兴产业增加值	亿元	284.81	9.0
高新技术产业增加值	亿元	538.55	–0.5
装备制造业增加值	亿元	316.82	–0.7
时尚制造业增加值	亿元	101.74	–10.3
数字经济制造业增加值	亿元	114.72	4.8
其中：民营经济增加值	亿元	356.75	3.8
规模工业能耗	—		
综合能源消费量（等价）	万吨标准煤	485.99	–3.5
万元增加值综合能耗	吨标准煤 / 万元	0.67	—

2022年钱塘区规模以上工业经营效益情况统计表

表30

指　标	单位	2022年	增幅（%）
企业个数	个	682	—
其中：亏损企业	个	178	25.4
亏损面	%	26.1	↑ 5.3
营业收入	亿元	4003.09	0.7
利税	亿元	355.36	–0.5
其中：利润总额	亿元	255.12	2.1
亏损企业亏损总额	亿元	34.44	33.6
亏损率	%	11.9	↑ 2.5
两项资金占用	亿元	1149.51	13.4
其中：应收账款	亿元	855.08	18.6
产成品存货	亿元	294.42	0.8
资产总计	亿元	4135.14	8.0
其中：流动资产总计	亿元	2605.24	10.8
资产负债率	%	53.7	↑ 0.3

2022年钱塘区规模以上服务业企业经营效益情况统计表

表31

指　标	单位	2022年	增幅（%）
规上服务业营业收入	亿元	360.90	0.6
交通运输仓储和邮政业	亿元	129.91	3.7
信息传输软件和信息技术服务业	亿元	38.06	-9.5
房地产业（除房地产开发）	亿元	18.97	6.0
租赁和商务服务业	亿元	117.28	1.7
科学研究和技术服务业	亿元	34.11	9.2
水利、环境和公共设施管理业	亿元	3.75	-3.1
居民服务修理和其他服务	亿元	12.07	-17.3
教育	亿元	2.74	3.5
卫生	亿元	1.79	6.2
文化体育和娱乐业	亿元	2.23	-47.8
规上服务业利润总额	亿元	10.08	-32.8
交通运输仓储和邮政业	亿元	-1.32	-308.4
信息传输软件和信息技术服务业	亿元	2.29	-3.2
房地产业（除房地产开发）	亿元	3.36	37.2
租赁和商务服务业	亿元	4.53	-31.2
水利、环境和公共设施管理业	亿元	2.17	-46.3
生态保护和环境治理业	亿元	-0.39	-434.1
居民服务修理和其他服务	亿元	-0.46	-144.4
教育	亿元	0.09	-25.2
卫生	亿元	-0.05	-106.7
文化体育和娱乐业	亿元	-0.13	90.0

2022年钱塘区固定资产投资和房地产情况统计表

表32

指　标	单位	2022年	增幅（%）
固定资产投资	亿元	542.21	17.5
其中：交通投资	亿元	19.26	-10.3
生态环保城市更新和水利设施投资	亿元	82.64	-12.8
高新技术产业投资	亿元	137.39	57.3
民间投资	亿元	306.65	16.2
工业投资	亿元	165.22	30.3
其中：制造业投资	亿元	159.63	34.6
其中：工业技改投资	亿元	84.42	30.2
房地产投资	亿元	216.83	22.2
其中：房地产住宅投资	亿元	144.12	23.3
房地产开发住宅施工面积	万平方米	371.39	-8.1
房地产开发住宅竣工面积	万平方米	0.00	0.0
商品房销售面积	万平方米	83.36	-49.7
商品房销售额	亿元	204.74	-46.9

2022 年钱塘区限额以上贸易经营效益及社零情况统计表

表 33

指　标	单位	2022 年	增幅（%）
限上贸易营业收入	亿元	1336.06	−0.6
其中：批发和零售业	亿元	1321.25	−0.6
住宿和餐饮业	亿元	14.82	0.5
限上贸易利润总额	亿元	28.91	71.9
其中：批发和零售业	亿元	29.76	63.1
住宿和餐饮业	亿元	−0.84	40.9
社会消费品零售额	亿元	337.95	-3.3
其中：限上社会消费品零售额	亿元	215.34	-5.7
其中：粮油食品类	亿元	60.54	-14.7
化妆品类	亿元	46.00	-8.7
日用品类	亿元	16.52	-24.6
限上批零住餐企业销售额	亿元	1434.96	-1.2

2022 年钱塘区财政收支情况统计表

表 34

指　标	单位	2022 年	增幅（%）
财政总收入	亿元	230.45	−4.2
其中：上划中央收入	亿元	113.82	−7.7
一般公共预算收入	亿元	116.63	−0.6
其中：增值税	亿元	43.10	−17.5
企业所得税	亿元	27.09	18.9
一般公共预算支出	亿元	128.00	−18.1
其中：一般公共服务	亿元	12.87	−11.3
公共安全	亿元	7.30	0.1
教育	亿元	26.52	−4.5
科学技术	亿元	18.07	−11.4
城乡社区事务	亿元	13.05	−58.1

2022 年钱塘区环境、供电情况统计表

表 35

指　标	单位	2022 年	增幅（%）
环境	—		
空气优良天数	天	280	—
空气优良率	%	78.0	↓ 7.2
全社会用电总计	万千瓦时	1290727	−6.6
其中：行业用电	万千瓦时	1189164	−5.7
第一产业	万千瓦时	16312	6.1
第二产业	万千瓦时	952456	−4.8
工业	万千瓦时	935054	-3.7
第三产业	万千瓦时	220395	−10.4
城乡居民生活用电	万千瓦时	101564	−15.9

附 录

重要文献

2022年杭州市钱塘区国民经济和社会发展统计公报

2022年，钱塘区践行“疫情要防住、经济要稳住、发展要安全”要求，落实国家、省、市稳住经济系列决策部署，推进经济稳进提质，全区经济呈现回稳态势，社会发展总体平稳。

一、综合经济

（一）经济增长

2022年，钱塘区地区生产总值（GDP）总量1226.03亿元，按可比价计算，比上年增长0.1%。分结构看，第一产业增加值12.71亿元，第二产业增加值823.30亿元，第三产业增加值390.02亿元，三次产业结构为1.0∶67.2∶31.8；分季度分析，一季度、上半年、前三季度、全年分别增长3.5%、–1.5%、0.2%和0.1%。

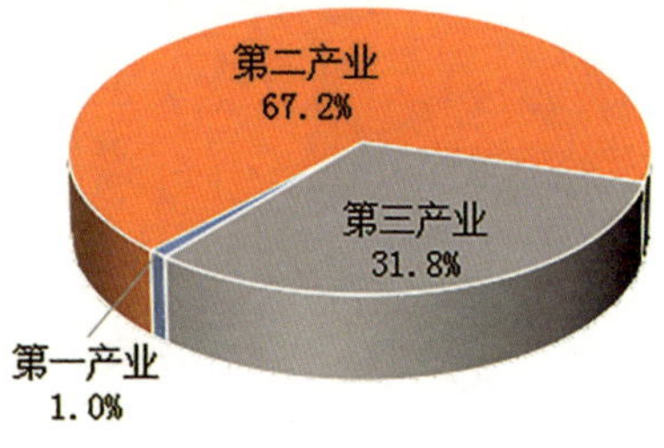

2022钱塘区地区生产总值结构

（二）发展质效

2022年，钱塘区人均地区生产总值为154218元，规模以上工业全员劳动生产率为40.55万元/人，均高于全市平均水平；规模以上工业亩均税收39.86万元，比上年增长22.6%。

（三）数字经济

2022年，钱塘区数字经济核心产业增加值134.83亿元，按可比价计算，比上年增长7.4%，数字经济核心产业增加值占GDP比重为11.0%，比上年提高0.4个百分点。

（四）人口

2022年，钱塘区常住人口79.7万人，常住人口城镇化率88.6%，比上年提高0.2个百分点；年末有户籍住户9.36万户，户籍人口34.25万人，区域内户籍人口自然增长率6.58‰。

二、农业农村

（一）农业生产

2022年，钱塘区农林牧渔业增加值13.09亿元。粮食播种总面积7860公顷，粮食总产量4.41万吨，比上年分别增长31.8%和31.7%；油菜籽播种面积966.67公顷，产量0.28万吨，比上年分别增长2.7%和3.8%；全年生猪出栏8.88万头；淡水养殖产品产量0.46万吨。

（二）农田水利

2022年，钱塘区新认定高标准农田275.33公顷，其中新建346.67公顷；打造“万亩粮仓”1个、“千亩粮仓”8个；成功申报省级重要湿地1处，面积1890.92公顷；开工建设萧围西线、粮库一期重大项目2个。

三、工业和建筑业

（一）规模以上工业

2022年，钱塘区规模以上工业总产值首次突破3500亿元，达到3502.38亿元，总量规模继续列全市第一，规模以上工业增加值722.94亿元，下降1.9%。截至2022年末，全区有年产值10亿元以上工业企业79个，其中年产值100亿元以上企业5个，分别比上年增加5个和1个。

（二）建筑业

2022年，钱塘区建筑业增加值49.56亿元，增长8.2%，建筑安装工程投资259.15亿元，增长9.5%。

四、投资

2022年，钱塘区固定资产投资额542.21亿元，比上年增长17.5%。其中高新技术产业投资、民间投资、制造业投资分别增长57.3%、16.2%和34.6%。全年工业用地出让面积201.07万平方米，增长13.7%。

五、内外贸易

（一）国内贸易

2022年，钱塘区社会消费品零售总额337.95亿元，其中汽车类和石油及制品类保持较快增长，比上年分别增长60.4%和57.5%。持续升级“云惠钱塘”消费嘉年华系列活动，举办首届钱塘区产汽车嗨购节，推动实现“生产、流通、消费”三端协同发力。

（二）进出口贸易

2022年，钱塘区货物进出口总额1029.86亿元，其中货物出口总额618.07亿元，增长5.8%。全年服务贸易出口额13.39亿美元，增长7.8%。

（三）对外合作

2022年，钱塘区合同外资金额14.4亿美元，实际利用外资金额9.38亿美元，新批外资项目69个，其中工业项目8个，服务业项目61个，新批外资项目中，投资总额5000万美元以上项目5个。

六、财政金融

（一）财政收支

2022年，钱塘区财政收入230.45亿元，其中地方一般公共预算收入116.63亿元，地方收入剔除留抵退税因素后同口径增长9.9%。一般公共预算支出128亿元，下降18.1%。

（二）金融

2022年，钱塘区金融业增加值56.65亿元，增长5.3%；截至2022年末，有上市企业19个，拟上市企业34个。

七、交通、城市建设和管理

（一）交通建设

2022年，钱塘区建成路网里程1158千米，城市道路总里程620千米；江东大道提升改造工程（一期和二期）、钱塘快速路全线通车，地铁运营里程41.6千米，“外联内畅”交通体系逐步成型；新辟公交线路2条、优化8条，开通定制公交23条，改造港湾式公交站5个，提升整治道路24条（段）。

（二）城市建设和管理

2022年，钱塘区分别新建雨、污管网25.25千米和25.42千米，新增停车泊位8231个、新能源汽车充电桩302个；推进老旧小区改造，加装电梯82台，完成3个小区二次供水市级改造；新增海绵区域化面积6.36平方千米，累计48.54平方千米；开展“房整整”专项整治行动，拆除违章建筑26.9万平方米，入围浙江省年度十佳新增违建管控示范典型。

八、科学技术和教育

（一）科技创新

2022年，钱塘区全社会研究与试验发展（R&D）经费支出55.30亿元，增长14.0%，占GDP的4.54%，比重比上年提高0.11个百分点，投入强度居全省第二，创新指数居全省第五；新认定国家高新技术企业227个，新认定市级以上科技企业孵化器（众创空间）10个，企业获评国家专精特新“小巨人”企业11个，入围省高新技术企业创新能力500强企业21个；发明专利授权量3780件，增长33.1%。

（二）教育

2022年，钱塘区开工学校项目10个，竣工12个，新增学位5100个，改造和有机更新15所学校校园文化；深化“名师名校长工程”，招聘教师378人，引育区级及以上优秀教育人才310人，杭州市E类以上国家教学名师、省特级教师等高层次人才15人。

九、文化体育、卫生和旅游

（一）文化体育

2022年，钱塘区文化产业增加值23.42亿元。新增钱塘书房5个，挂牌杭州书房2个，送图书下乡2.2万余册；新建嵌入式体育场所1个，面积71473平方米；向省、市输送运动员36人，代表杭州市参加省级及以上青少年体育竞赛，获奖牌222枚。

（二）卫生健康

2022年，钱塘区新增社区婴幼儿成长驿站11个，母婴设施8处，新增婴幼儿托位543个，千人托位数达3.51‰。安装配置体外急救除颤仪（AED）364台，建成急救实操体验点2个、急救培训基地与考点1个。

钱塘区河庄街道江东村（摄于2022年）　　（周　洁摄）

（三）旅游

2022年，钱塘区打造工业旅游金名片，培育新建区级工业旅游示范基地3个，大创小镇创建成为国家AAA级旅游景区；浙江省AAA级景区村庄3个，AA级景区村庄8个，A级景区村庄2个，钱塘江滨绿道获“杭州户外休闲旅游人气奖”；建成省级未来乡村3个、市级美丽乡村1个，建成浙江省景区村庄13个，打造美丽乡村国际旅游点。

十、社会保障

（一）社会保障

2022年，钱塘区城镇新增就业人数34610人，失业人员再就业6214人；全区职工养老保险参保人数40.93万人，基本医疗保险参保人数62.6万人，基本养老保险参保率98%以上，户籍人口基本医疗保险参保率99.5%以上；新增认知障碍照护专区床位35张，建成智慧公办养老院1个，新增康养联合体2个。

（二）住房保障

2022年，钱塘区开工新建公租房项目4个，共5580套、面积36.4万平方米，筹集保障性租赁住房1.8万套，沁香公寓人才共有产权房项目作为全市试点，一期370套房源完成摇号预售；打造升级版“农居式职工公寓”，共富农房租场景纳入全省“农房盘活”试点。

十一、生态文明和美丽城乡

（一）生态文明

2022年，钱塘区推进治水项目71个、建成“污水零直排区”18个；关停重污染企业6个，改造天然气锅炉低氮排放7台，提升改造低效VOCs治理24个、源头替代16个、无组织排放治理6个、臭气异味治理11个。

（二）美丽城乡

2022年，钱塘区推进城市视觉美化，完成箱体整改4597个，清理路灯杆1572杆，整治飞线78处；更换国际化标识标牌4155块，整治立面42万平方米；评选区级美丽庭院户2500户、市级100户，江东村获市“美丽庭院”示范村、省“美丽庭院”特色村称号。

公报注释：

1.公报所列各项数据为年度初步数，研究与试验发展（R&D）指标为错年数据。部分数据因四舍五入原因，存在分项与合计不等的情况。

2.全区地区生产总值和各产业增加值绝对数按现行价格计算，增长速度按不变价格计算；三次产业划分执行国家统计局2018年修订的《三次产业划分规定（2012）》。

3.本公报中的数据来源除区统计局外，还来自区经信科技局、区教育局、区公安分局、区财政局、区人社局、区住建局、区交通运输局、区农业农村局、区商务局、区社会发展局、区卫生健康局、区市场监管局、市生态环境局钱塘分局等相关部门。

（区统计局）

重要文件

2022 年中共杭州市钱塘区委员会重要文件一览表

表 36

序号	发文日期	文件号	文件标题
1	2022 年 1 月 4 日	钱委〔2022〕1 号	关于印发《2021 年度粮食安全市县长责任制落实情况总结报告》的通知
2	2022 年 1 月 20 日	钱委〔2022〕2 号	关于印发《同意召开杭州市钱塘区第一届人民代表大会第二次会议批复》的通知
3	2022 年 1 月 20 日	钱委〔2022〕3 号	关于印发《同意召开政协第一届杭州市钱塘区委员会第二次会议批复》的通知
4	2022 年 2 月 7 日	钱委〔2022〕5 号	关于印发《2021 年度钱塘区实施乡村振兴战略工作情况报告》的通知
5	2022 年 4 月 7 日	钱委〔2022〕10 号	关于印发《建立 2022 年亚运会和亚残会钱塘区运行保障指挥部临时党委决定》的通知
6	2022 年 3 月 17 日	钱委〔2022〕11 号	关于印发《钱塘区 2021 年度法治政府建设情况报告》的通知
7	2022 年 5 月 25 日	钱委〔2022〕13 号	关于印发《同意杭州市钱塘区 2022 年度重大行政决策事项目录批复》的通知
8	2022 年 8 月 25 日	钱委〔2022〕17 号	关于印发《钱塘区委一届七次全体（扩大）会议情况报告》的通知
9	2022 年 10 月 12 日	钱委〔2022〕20 号	关于印发《同意召开杭州市钱塘区科学技术协会第一次代表大会批复》的通知
10	2022 年 12 月 6 日	钱委〔2022〕24 号	关于印发《同意调整钱塘区政协委员会专门委员会设置批复》的通知
11	2022 年 12 月 16 日	钱委〔2022〕28 号	关于印发《2022 年度落实全面从严治党主体责任情况报告》的通知
12	2022 年 12 月 31 日	钱委〔2022〕30 号	关于印发《2022 年度区、县（市）党委政府落实粮食安全责任制情况总结报告》的通知
13	2022 年 12 月 31 日	钱委〔2022〕31 号	关于印发《钱塘区 2022 年政治生态建设状况自评自查报告》的通知
14	2022 年 1 月 28 日	钱委发〔2022〕1 号	关于印发《金承涛同志在区委一届六次全体（扩大）会议上做报告》的通知
15	2022 年 2 月 18 日	钱委发〔2022〕2 号	关于印发《法治钱塘建设规划（2021—2025 年）》的通知
16	2022 年 5 月 30 日	钱委发〔2022〕5 号	关于印发《钱塘区 2021 年度综合考评结果通报》的通知
17	2022 年 8 月 31 日	钱委发〔2022〕6 号	关于印发《推进“四个全域”勇当“两个先行”时代先锋决定》的通知
18	2022 年 9 月 29 日	钱委发〔2022〕8 号	中共杭州市钱塘区委批转区残联《关于召开杭州市钱塘区残疾人联合会第二次代表大会请示》的通知
19	2022 年 11 月 18 日	钱委发〔2022〕11 号	关于印发《给予范悦诚等 41 名同志记三等功和毛佳瑜等 252 名同志嘉奖》的通知
20	2022 年 1 月 7 日	钱委办〔2022〕1 号	关于印发《钱塘区 2021 年度落实全面从严治党主体责任情况报告》的通知
21	2022 年 1 月 10 日	钱委办〔2022〕2 号	关于印发《调整中共杭州市钱塘区委办公室领导分工》的通知
22	2022 年 1 月 10 日	钱委办〔2022〕3 号	关于印发《2021 年度钱塘区机构编制重要事项报告》的通知
23	2022 年 2 月 16 日	钱委办〔2022〕5 号	关于印发《中共杭州市钱塘区委办公室财务管理制度（试行）》的通知
24	2022 年 2 月 16 日	钱委办〔2022〕5 号	关于印发《中共杭州市钱塘区委办公室政府采购（招投标）工作内部管理制度（试行）》的通知
25	2022 年 2 月 16 日	钱委办〔2022〕5 号	关于印发《中共杭州市钱塘区委办公室小额公共资源交易实施办法（试行）》的通知
26	2022 年 3 月 30 日	钱委办〔2022〕6 号	关于印发《深化存量工业用地企业提质增效，加快产业发展能级提升实施方案（试行）》的通知
27	2022 年 7 月 4 日	钱委办〔2022〕8 号	关于印发《推进大美钱塘建设，实现强村富民实施意见（2022—2025 年）》的通知
28	2022 年 12 月 22 日	钱委办〔2022〕18 号	关于印发《钱塘区 2022 年度落实意识形态工作责任制情况报告》的通知

2022年杭州市钱塘区人民代表大会常务委员会重要文件一览表

表37

序号	发文日期	文件号	文件标题
1	2022年1月29日	钱人大常〔2022〕2号	关于印发《接受陈月松请求辞去杭州市钱塘区第一届人民代表大会常务委员会委员职务决定》的通知
2	2022年3月7日	钱人大常〔2022〕3号	关于印发《钱塘区人大常委会2022年交办人大街道工作清单》的通知
3	2022年3月14日	钱人大常〔2022〕4号	关于印发《钱塘区人大常委会2022年工作要点》的通知
4	2022年3月14日	钱人大常〔2022〕5号	关于印发《钱塘区人大常委会各街道工作委员会工作报告决议》的通知
5	2022年6月2日	钱人大常〔2022〕7号	关于印发《钱塘区人民代表大会常务委员会法官检察官履职评议办法》的通知
6	2022年6月8日	钱人大常〔2022〕8号	关于印发《钱塘区人民代表大会常务委员会专题询问办法》的通知
7	2022年8月2日	钱人大常〔2022〕9号	关于印发《接受朱志俊等请求辞去杭州市钱塘区第一届人民代表大会代表职务决定》的通知
8	2022年8月2日	钱人大常〔2022〕10号	关于印发《杭州市钱塘区人民代表大会常务委员会组成人员守则》的通知
9	2022年8月29日	钱人大常〔2022〕11号	关于印发《钱塘区人民政府重大投资项目监督办法》的通知
10	2022年10月14日	钱人大常〔2022〕12号	关于印发《接受朱春根请求辞去杭州市钱塘区监察委员会主任职务决定》的通知
11	2022年10月14日	钱人大常〔2022〕13号	关于印发《范国权代理钱塘区监察委员会主任决定》的通知
12	2022年10月14日	钱人大常〔2022〕14号	关于印发《钱塘区人大常委会关于批准钱塘区2021年决算决议》的通知
13	2022年12月9日	钱人大常〔2022〕15号	关于印发《钱塘区人大常委会审议意见办理办法》的通知
14	2022年12月9日	钱人大常〔2022〕16号	关于印发《钱塘区人大常委会执法检查规定》的通知
15	2023年12月22日	钱人大常〔2022〕17号	关于印发《补选杭州市钱塘区第一届人民代表大会代表决定》的通知

2022年杭州市钱塘区人民政府重要文件一览表

表38

序号	发文日期	文件号	文件标题
1	2022年1月12日	钱政发〔2022〕1号	关于印发《公布第一批区级非物质文化遗产代表性项目名录》的通知
2	2022年2月23日	钱政发〔2022〕5号	关于印发《健全完善府院联席会议机制意见》的通知
3	2022年2月28日	钱政发〔2022〕7号	关于印发《杭州市钱塘区人民政府重大行政决策程序规则》的通知
4	2022年3月17日	钱政发〔2022〕8号	关于印发《钱塘区人民政府行政复议员任命办法》的通知
5	2022年5月17日	钱政发〔2022〕10号	关于印发《钱塘区推进“大综合一体化”行政执法改革实施方案》的通知
6	2022年6月7日	钱政发〔2022〕14号	关于印发《钱塘区新一轮制造业“腾笼换鸟、凤凰涅槃”攻坚行动实施方案（2021—2023年）》的通知
7	2022年6月30日	钱政发〔2022〕16号	关于印发《进一步加强统计调查工作实施意见》的通知
8	2022年8月31日	钱政发〔2022〕22号	关于印发《同意成立学府社区、田城社区批复》的通知
9	2022年9月20日	钱政发〔2022〕23号	关于印发《在市场体系建设中建立公平竞争审查制度实施意见》的通知
10	2022年10月12日	钱政发〔2022〕27号	关于印发《打造技术工人“安居乐业，实干兴业”服务样板试点实施方案（2022—2024年）》的通知
11	2022年12月20日	钱政发〔2022〕34号	关于印发《钱塘区妇女发展“十四五”规划和钱塘区儿童发展“十四五”规划》的通知
12	2022年2月22日	钱政办发〔2022〕5号	关于印发《缓解下沙区域停车难有关工作实施意见》的通知

续表38

序号	发文日期	文件号	文件标题
13	2022 年 3 月 9 日	钱政办发〔2022〕6 号	关于印发《钱塘区产业发展导向目录与产业平台布局指引》的通知
14	2022 年 3 月 8 日	钱政办发〔2022〕7 号	关于印发《杭州市钱塘区农村生活污水治理三年行动计划（2022—2024 年）》的通知
15	2022 年 4 月 22 日	钱政办发〔2022〕12 号	关于印发《杭州市钱塘区商事主体登记确认制改革实施方案》的通知
16	2022 年 5 月 17 日	钱政办发〔2022〕16 号	关于印发《杭州市钱塘区已建高层住宅二次供水设施改造三年行动计划（2022—2024 年）》的通知
17	2022 年 5 月 19 日	钱政办发〔2022〕17 号	关于印发《杭州市钱塘区人民政府质量奖评审管理办法（试行）》的通知
18	2022 年 7 月 14 日	钱政办发〔2022〕23 号	关于印发《钱塘优学全方位综合提质三年行动计划（2022—2024 年）》的通知
19	2022 年 8 月 2 日	钱政办发〔2022〕25 号	关于印发《钱塘区土地整治三年行动计划（2022—2024 年）》的通知
20	2022 年 8 月 16 日	钱政办发〔2022〕26 号	关于印发《钱塘区村级河（湖）长管理办法》的通知
21	2022 年 8 月 26 日	钱政办发〔2022〕27 号	关于印发《落实最严格的耕地保护制度全面推行田长制实施意见》的通知
22	2022 年 9 月 5 日	钱政办发〔2022〕28 号	关于印发《公布行政规范性文件清理结果》的通知
23	2022 年 10 月 20 日	钱政办发〔2022〕31 号	关于印发《建立区政府与区总工会联席会议制度》的通知
24	2022 年 12 月 2 日	钱政办发〔2022〕34 号	关于印发《进一步加强产业基金投资运作管理意见》的通知
25	2022 年 12 月 20 日	钱政办发〔2022〕35 号	关于印发《杭州市钱塘区预算管理办法》的通知
26	2022 年 12 月 20 日	钱政办发〔2022〕36 号	关于印发《杭州市钱塘区财政资金拨款审批管理办法》的通知
27	2022 年 12 月 22 日	钱政办发〔2022〕37 号	关于印发《杭州市钱塘区区级行政事业单位房产出租管理办法》的通知

2022 年中国人民政治协商会议杭州市钱塘区委员会重要文件一览表

表 39

序 号	文件号	文件标题
1	钱政协党组〔2022〕3 号	关于印发《关于争当排头兵，干出新样子，建设学习型、服务型、创新型、智慧型、清廉型政协机关实施方案》的通知
2	钱政协党组〔2022〕9 号	关于印发《政协杭州市钱塘区委员会专门委员会党员委员履职临时党支部工作办法》的通知
3	钱政协机关党组〔2022〕3 号	关于印发《政协杭州市钱塘区委员会机关“三重一大”事项决策制度（试行）》的通知
4	钱政协办〔2022〕1 号	关于印发《建立完善习近平新时代中国特色社会主义思想学习座谈会制度》的通知
5	钱政协办〔2022〕4 号	关于印发《钱塘区政协“书香政协・钱潮学堂”委员读书活动方案》的通知
6	钱政协办〔2022〕5 号	关于印发《“美丽杭州迎亚运・钱塘委员做表率”主题时间活动方案》的通知
7	钱政协办〔2022〕7 号	关于印发《钱塘区政协推进“请你来协商・协商驿站”平台建设实施办法（试行）》的通知
8	钱政协办〔2022〕10 号	关于印发《政协杭州市钱塘区委员会应用型智库工作规则》的通知

组织机构及负责人

杭州市钱塘区组织机构及负责人
（2022年1—12月）

中共杭州市钱塘区第一届委员会

书　记：金承涛
副书记：沈燕俊
杨晓峰（女）
常　委：李　鹏
朱春根（2022年8月止）
孙刚锋（2022年12月止）
陈炯林
刘国娟（女）
吴　勇
周伟东
刘少平（2022年6月始）
范国权（2022年8月始）
陶　峰（2022年12月始）

区委工作机关：

中共杭州市钱塘区第一届纪律检查委员会
杭州市钱塘区监察委员会

纪委书记：朱春根（2022年8月止）
范国权（2022年8月始）
副书记：金　达
朱宏明
监委主任：朱春根（2022年8月止）
范国权（2022年8月始）

区委办公室

主　任：范悦诚

组织部

部　长：吴　勇
常务副部长：施正森

宣传部

部　长：李　鹏
常务副部长：杨丽敏（女）
网信办、新闻办主任：李安坤

统战部

部　长：周伟东
常务副部长：戎婷蓉（女）

政法委（信访局）

书　记：杨晓峰（女）
常务副书记：金　辉（2022年7月止）
许　晓（2022年7月始）
局　长：金　辉（2022年7月止）
许　晓（2022年7月始）

巡察办、巡察组

主　任：吴令军
组　长：楼复进
朱志荣
谭雪华（女）

档案馆

馆　长：（空　缺）

机构编制委员会办公室（2022年7月与区人社局合署办公）

主　任：（空　缺　2022年1—8月）
汪新君（2022年9月始）

社会矛盾纠纷调处化解中心（2022年8月止）

主　任：盛　斌（2022年8月止）

社会治理中心（2022年8月始）

主　任：盛　斌（2022年8月始）

杭州市钱塘区第一届人民代表大会常务委员会

党组书记：阮重晖
党组副书记：俞　斌
党组成员：李　栋
王学雄
董蒋灿
盛露青
主　任：阮重晖（代任）（2022年1月）
阮重晖（2022年2月始）
副主任：俞　斌
李　栋
王学雄
董蒋灿
李　红（女）

人大常务委员会机关和工作委员会

党组书记：盛露青
党组成员：郭　强
盛永华
吴国灿

办公室主任：盛露青
副主任：王雄斌
颜伟丽（女）
刘晓霆
监察法司工委主任：郭　强
财经工委主任：盛永华
副主任：徐竹标
社会建设工委主任：吴国灿
副主任：俞光辉
城建环保工委主任：（空　缺）
副主任：吴宏昌

杭州市钱塘区人民政府

党组书记：沈燕俊
党组副书记：孙刚锋（2022 年 12 月止）
党组成员：陈炯林
刘国娟（2022 年 5 月始）
赵志军
施科琦（2022 年 5 月止）
胡国伟（2022 年 5 月始）
施　峰
徐　进
马于惠（2022 年 12 月始）
李　俊
区　长：沈燕俊（代任）（2022 年 1 月）
沈燕俊（2022 年 2 月始）
常务副区长：孙刚锋
副区长：陈炯林
赵志军
潘伟红（女）
施科琦（2022 年 5 月止）
胡国伟（2022 年 5 月始）
施　峰
徐　进

区政府工作部门：

区政府办公室

党组书记：泮炳锋
主　任：泮炳锋

发展改革局

党组书记：胡　潜
局　长：胡　潜

经信科技局

党组书记：李路宁
局　长：李路宁

教育局

党委书记：钱晓华
局　长：钱晓华

公安分局

党委书记：赵志军
副书记：许关夫
黄　涛
局　长：赵志军
政　委：许关夫
常务副局长：黄　涛
督察长：赵志军

司法局

局　长：徐志忠

财政局

党组书记：袁　月（女）（2022 年 1—12 月）
党委书记：袁　月（女）（2022 年 12 月始）
局　长：袁　月（女）

人力社保局

党组书记：汪新君
局　长：汪新君

住建局

党组书记：高利忠（2022 年 1—12 月）
党委书记：高利忠（2022 年 12 月始）
局　长：高利忠

交通运输局

党组书记：庄加棒
局　长：庄加棒

农业农村局

党组书记：陈　兴
局　长：陈　兴

商务局

党组书记：陈　静（女）
局　长：陈　静（女）

招商服务中心

主　任：（空　缺　2022 年 1—6 月）
蒋　霖（2022 年 7 月始）

社会发展局

党委书记： 韩建明
局　长： 夏海琴（女）

卫生健康局（2022年7月始）

党委书记： 朱志俊（女）（2022 年 7 月始）
局　长： 朱志俊（女）（2022 年 7 月始）

退役军人事务局

党组书记： 李中富
局　长： 李中富

应急管理局

党委书记：（空　缺　2022 年 1—7 月）
董　杰（2022 年 7 月始）
局　长：（空　缺　2022 年 1—7 月）
董　杰（2022 年 7 月始）

审计局

党组书记： 龚　青（女）
局　长： 龚　青（女）

市场监管局

党委书记： 田晓祥
局　长： 田晓祥

行政审批局

党组书记： 陈　琦
局　长： 陈　琦

行政服务中心

主　任：（空　缺）
副主任： 陈国锋

统计局

党组书记： 余庆锋
局　长： 余庆锋

综合行政执法局

党组书记： 叶永辉
局　长： 叶永辉

杭州市钱塘区重大交通项目建设办公室

负责人： 徐文骁

杭州市钱塘区“五大市场”管理办公室

负责人： 方启军

杭州市钱塘区城市有机更新指挥部办公室（2022年6月止）

主　任： 郑　郁（2022 年 6 月止）

杭州东部湾新城开发建设指挥部（2022年6月始）

党委书记：（空　缺　2022 年 6—8 月）
陈炯林（2022 年 8 月始）
副书记： 陈金生（2022 年 8 月始）
郑　郁（2022 年 8 月始）
指挥长： 陈炯林（2022 年 8 月始）
第一副指挥长： 陈金生（2022 年 8 月始）
常务副指挥长： 郑　郁（2022 年 8 月始）

中国人民政治协商会议杭州市钱塘区第一届委员会

党组书记： 金志强
党组副书记： 周伟东（兼）
陈金泉
党组成员： 卢小强
沈建平
主　席： 金志强
副主席： 陈金泉
杨　帆（女）
包莹莹
卢小强

区政协机关：

党组书记： 沈　建
党组成员： 吴庆峰
陈伟刚
办公室主任、秘书长： 沈建平
副主任： 高　洁（女）
余建义
提案委员会主任：（空　缺）
副主任： 华丽红（女）
经济科技委员会主任： 吴庆峰
副主任： 陈国民
城建交通和人口资源环境委员会主任： 陈伟刚
副主任： 林友柏
社会法制和港澳台侨委员会主任：（空　缺）
副主任： 白明跃

法　院

党组书记： 余　晟（女）
副书记： 余莲娟（女）
院　长： 余　晟（女）

常务副院长：余莲娟（女）

检察院

党组书记：钱　铖
党组副书记：吴国刚
检察长：钱　铖
常务副检察长：吴国刚

市属机构：

杭州市规划和自然资源局钱塘分局

党组书记：卢小强
局　长：卢小强

杭州市生态环境局钱塘分局

党组书记：盛春灵
局　长：盛春灵

群众团体：

总工会

主　席：董蒋灿（兼）
党组书记：童华清（2022年7月止）
金　辉（2022年7月始）
常务副主席：童华清（2022年8月止）
金　辉（2022年8月始）

团区委

书　记：钱　玲（女）

妇　联

党组书记：朱志俊（女）

科　协

党组书记：胡文波

工商联

党组书记：邓海鹰（女）
常务副主席：邓海鹰（女）

文　联（筹）

党组书记：（空　缺）
党组成员：杨慧玉（女）
沈小玲（女）
主　席：（空　缺）
副主席：杨慧玉（女）（提名）
沈小玲（女）（提名）

残　联

党组书记：王国平
理事长：王国平

社科联

党组书记：贺学兵
主　席：贺学兵

辖区街道：

下沙街道

党工委书记：郭国先
副书记：谢国锋
郁竣耀
委　员：芮智全
高洪亮
高　瞻
蔡晓琦（女）
黄骏钰
刘　骥
来　达（2022年7月始）
刘　芳（女，2022年3月止）
吕建芳（2022年3—7月）
沈雄飞（2022年4月始）
政法委员：郁竣耀
纪工委书记：刘　骥
副书记：祝宏伟
监察办主任：刘　骥
副主任：祝宏伟（2022年7月始）
办事处主任：谢国锋
副主任：高　瞻
来　达（2022年7月止）
祝振东
俞杭芳（女）
人大工委主任：许志伟
副主任：陆建华

白杨街道

党工委书记：邱建庆
副书记：徐　臻
胡　瑾（女）
委　员：丁松法
余旭辉
彭建富
颜燕炯（女）
金　江

江龙伍（2022年7月始）
蒋　坚（2022年3月止）
杜海涛（2022年4月始）
刘　芳（2022年3月始）
政法委员：胡　瑾（女）
纪工委书记：金　江
监察办主任：（空　缺　2022年1—7月）
金　江（2022年7月始）
办事处主任：徐　臻
副主任：余旭辉
张　颖（女）
李　亮
孙立军
人大工委主任：徐旭升

河庄街道

党工委书记：汪华锋
副书记：许　晓（2022年7月止）
徐建伟
顾小军（2022年12月始）
委　员：曲鑫尧
何智勇
吴诚琅（女）
徐　彪
于　禁
翁柘文
周　琦
吕建芳（2022年3月止）
潘亮亮（2022年4月始）
政法委员：徐建伟
纪工委书记：周　琦
监察办主任：周　琦
办事处主任：许　晓（2022　年7月止）
顾小军（2022年12月始）
副主任：陈　可（女）
高　俊
于　禁
袁伟刚
人大工委主任：叶萧红
副主任：林建军

义蓬街道

党工委书记：杜晔彪
副书记：张　瑛（女）
俞燕萍（女）
委　员：金灵华
计胜荣
沈　立
陈志平
林　立
汤筱颖（女）
张　翼
李　涵（2022年4月始）
政法委员：俞燕萍（女）
纪工委书记：沈　立
监察办主任：沈　立
办事处主任：张　瑛（女）
副主任：金灵华
沈华锋
季剑峰
沈军森
人大工委主任：瞿亦农
副主任：陈晓峰

新湾街道

党工委书记：陈月松
副书记：杜柱佳（2022年12月止）
王琴芳（女）
委　员：李国军
杜伟标
高红鸣（女）
郭　瑜（女）
潘海波
柏　莹（女，2022年4月止）
吴　炳（2022年4月始）
政法委员：王琴芳（女）
纪工委书记：潘海波
监察办主任：（空　缺　2022年1—7月）
潘海波（2022年7月始）
办事处主任：杜柱佳（2022年12月止）
副主任：李国军
刘业平（2022年11月止）
高盈盈（女）
人大工委主任：施慧烽
副主任：李志松

临江街道

党工委书记：吴　波
副书记：陈永江
谢小燕（女）

委　员：王水潮
汪建伟
寿华成
张鹏飞
左　锋
傅国祥（2022 年 3 月止）
刘　鑫（2022 年 4 月始）
政法委员：谢小燕（女）
纪工委书记：（空　缺　2022 年 1—7 月）
张鹏飞　（2022 年 7 月始）
监察办主任：（空　缺　2022 年 1—7 月）
张鹏飞（2022 年 7 月始）
办事处主任：陈永江
副主任：寿华成
郭　铠（女）
葛登科
人大工委主任：封　祥

前进街道

党工委书记：王卓胤
副书记：顾小军（2022 年 12 月止）
倪国锋
何　靖（2022 年 12 月始）
委　员：武海蓉（女）
曹丹丹（女）
周浙斌
汪梦智
方　力
单建尧（2022 年 3 月止）
方　韬（2022 年 4 月始）
政法委员：倪国锋
纪工委书记：曹丹丹（女）
监察办主任：曹丹丹（女）
办事处主任：顾小军（2022 年 12 月止）
何　靖（2022 年 12 月始）
副主任：武海蓉（女）
胡飞洋
陈州峰
人大工委主任：俞春传

中共杭州钱塘新区工作委员会

书　记：金承涛
副书记：沈燕俊
杨晓峰（女）
委　员：李　鹏
朱春根（2022 年 8 月止）
孙刚锋（2022 年 12 月止）
陈炯林
刘国娟（女）
吴　勇
周伟东
范国权（2022 年 8 月始）
陶　峰（2022 年 12 月始）

杭州钱塘新区管理委员会（杭州经济技术开发区管理委员会、杭州综合保税区管理委员会、杭州临江高新技术产业开发区管理委员会）

主　任：（空　缺　2022 年 1—7 月）
沈燕俊（2022 年 8 月始）
副主任：孙刚锋（2022 年 12 月止）
陈炯林
赵志军
潘伟红（女）
施科琦（2022 年 5 月止）
胡国伟（2022 年 5 月始）
施　峰
徐　进
李　俊（女）
马于惠（2022 年 11 月始）

中共杭州市纪委市监委派出杭州钱塘新区纪检监察工作委员会

书　记：朱春根（2022 年 8 月止）
范国权（2022 年 8 月始）
副书记：金　达（2022 年 1 月始）
朱宏明（2022 年 1 月始）

平　台：

杭州医药港管理办公室

党工委书记：杨晓峰（兼，女）
副书记：卢建军
办公室主任：卢建军

杭州大创小镇管理办公室

党工委书记：刘国娟（兼，女）
副书记：曹冲锋
办公室主任：曹冲锋

杭州综合保税区管理办公室

党工委书记：李　俊（兼，女）

副书记：郑洲峰
办公室主任：郑洲峰

杭州钱塘芯谷管理办公室

党工委书记：（空　缺）
副书记：吴文斌
办公室主任：杨　帆（兼，女）

杭州临江高科园管理办公室

党工委书记：李　鹏（兼）
副书记：冯宝林
办公室主任：冯宝林

杭州前进智造园管理办公室

党工委书记：（空　缺）
副书记：高玲玲（女）
办公室主任：包莹莹（兼，女）

江海之城建设管理办公室（2022年6月更名。原名“钱塘产城融合核心区管理办公室”）

党工委书记：施科琦（兼，2022 年 5 月止）
（空　缺　2022 年 6—7 月）
刘国娟（兼，女，2022 年 8 月始）
副书记：滕泽军（兼，2022 年 8 月始）
办公室顾问：（空　缺　2022 年 1—7 月）
王学雄（兼，2022 年 8 月始）
办公室主任：滕泽军

钱塘科学城管理办公室

党工委书记：刘国娟（兼，女）
副书记：曹冲锋（兼）
办公室主任：刘国娟（女）
常务副主任：曹冲锋

杭州美丽云城管理办公室

党工委书记：（空　缺）
副书记：陈　静（兼，女）
办公室主任：李　红（兼，女）
常务副主任：陈　静（兼，女）

国有企业：

杭州钱塘新区建设投资集团有限公司

董事长：王　罡
董　事：陈　坚
徐　建
总经理：陈　坚
副总经理：顾燕伟
监事会主席：陈　冰（女）
党委书记：王　罡
副书记：陈　坚
陈　冰（女）
委　员：顾燕伟
纪委书记：陈　冰（女）

杭州钱塘新区产业发展集团有限公司

董事长：姚晨蓬
董　事：盛　开
曹知白
张　剑
总经理：姚晨蓬
副总经理：盛　开
曹知白
监事会主席：秦广怡
党委书记：姚晨蓬
副书记：秦广怡
委　员：盛　开
曹知白
张　剑
纪委书记：秦广怡

杭州钱塘新区城市发展集团有限公司

董事长：余兴君
董　事：柴　明
吴进华
杨紫健
总经理：柴　明
副总经理：吴进华
杨紫健
杨　喆（2022 年 7 月止）
监事会主席：杨　喆（2022 年 7 月始）
监　事：杜益南（女）
党委书记：余兴君
党委副书记：柴　明
委　员：吴进华
杨紫健
杨　喆
杜益南（女）
纪委书记：杨　喆（2022 年 7 月始）

（白安娜）

媒体看钱塘

2022 年钱塘区被省级以上媒体报道情况一览表（节选）

表 40

序号	媒体名称	报道标题	刊发日期
1	人民日报（客户端）	疫情“大考”之中显担当，杭州钱塘有一封独特的“疫”线入党申请书	2022 年 1 月 3 日
2	人民日报（客户端）	应理塘所需，展钱塘所能！钱塘区携手企业参与“塘塘合作”共创共富	2022 年 3 月 1 日
3	人民日报（客户端）	“塘塘合作”探索实践数字赋能文旅新路径	2022 年 3 月 17 日
4	人民日报	浙江杭州钱塘区——让乡村更美农民更富	2022 年 3 月 25 日
5	人民日报	打造高弹性电网 推动高质量发展 浙江建新型电力系统省级示范区	2022 年 4 月 8 日
6	人民日报（客户端）	“我妈妈要做血透怎么办？”杭州下沙社区：立即开通绿色通道	2022 年 4 月 9 日
7	人民日报（客户端）	上海产业链应急保供杭州中转站 48 小时建成投用	2022 年 4 月 20 日
8	人民日报（客户端）	杭州首个外来务工人员社区：“80 后”女书记“抠”出核酸检测高效率	2022 年 5 月 5 日
9	人民日报	辛勤耕耘稻麦香（逐梦）	2022 年 5 月 7 日
10	人民日报	稳外贸，量增质升韧性强（深度观察）——来自部分地区外贸企业的一线调查	2022 年 5 月 11 日
11	人民日报	为推动中非经贸合作注入新动力（新时代中非合作）	2022 年 5 月 15 日
12	人民日报	积厚成势向未来 杭州：朝着共同富裕目标奋楫前行	2022 年 5 月 19 日
13	人民日报(微信公众号）	《人世间》抗疫特别版	2022 年 3 月 17 日
14	人民日报（抖音号）	三次摔倒，三次艰难爬起…看到这一幕泪目。致敬一线抗疫人员！	2022 年 3 月 19 日
15	人民日报	发展体育运动 增强人民体质	2022 年 8 月 8 日
16	人民日报	杭州钱塘区民警帮一名老人完成心愿——给烈士哥哥画张肖像画	2022 年 8 月 22 日
17	人民日报（客户端）	线下开学第一餐 + 线上开学第一课，“塘塘”学子跨越千山万水零距离互动	2022 年 9 月 2 日
18	人民日报	明月皎皎梦想圆	2022 年 9 月 10 日
19	人民日报（客户端）	这条跨越三市高铁将全面开工建设！新建海宁观潮站、钱塘站及萧山机场站	2022 年 10 月 15 日
20	人民日报（客户端）	保安师傅 17 年默默资助 6 位大学生，共计十多万元	2022 年 10 月 19 日
21	人民日报（客户端）	“塘塘合作”让高原牦牛“牛”起来	2022 年 10 月 27 日
22	人民日报（客户端）	趁着天晴去打卡 杭州钱塘多处绝美“粉红花海”已上线	2022 年 10 月 30 日
23	人民日报	让发展成果更多更公平惠及各国人民——习近平主席在第五届中国国际进口博览会开幕式上致辞引发热烈反响	2022 年 11 月 6 日
24	人民日报（海外版）	《“十四五”国家高新技术产业开发区发展规划》发布 看！高新区加快“数字蝶变”	2022 年 12 月 14 日
25	人民日报（客户端）	“学、思、悟、践”——记钱塘驻四川甘孜理塘工作队党的二十大精神培训会	2022 年 12 月 16 日
26	人民网	杭州钱塘区启动新春文体惠民系列活动接力迎亚运	2022 年 1 月 3 日
27	人民网	杭州一 64 岁大伯放弃回老家团聚机会 留杭负责隔离点消杀工作	2022 年 1 月 3 日
28	人民网	杭州钱塘新区：产学研协同创新为产业升级注入硬核力量	2022 年 1 月 5 日
29	人民网	奋战“开年红”杭州钱塘区 17 个重大项目集中开工	2022 年 1 月 7 日
30	人民网	沙地结出“致富果”农户收入上涨 300% 小小草莓铺就“共富路”	2022 年 1 月 12 日
31	人民网	杭州钱塘区出台“人才新政 25 条”	2022 年 1 月 14 日
32	人民网	人才评价精准对接产业需求 杭州钱塘区创新产业人才评价模式	2022 年 1 月 14 日
33	人民网	杭州钱塘区：14 所高校齐聚一堂 共谋合作共赢的新型区校关系	2022 年 1 月 15 日
34	人民网	以服务保障亚运为中心 杭州钱塘区加快推进“四个全域”建设	2022 年 1 月 18 日

续表40

序号	媒体名称	报道标题	刊发日期
35	人民网	杭州经济技术开发区再次跻身国家级经开区前十	2022年1月28日
36	人民网	疫情"大考"之中显担当 杭州钱塘有一封独特的"疫"线入党申请书	2022年1月30日
37	人民网	准妈妈要生了 准爸爸却被集中隔离 杭州钱塘：关键时刻 社区书记像姐姐一样陪伴左右	2022年2月3日
38	人民网	杭州钱塘区组建隔离人员临时党支部 打造出最安全最暖心的隔离点	2022年2月4日
39	人民网	杭州钱塘区隔离点医生收到暖心匿名感谢信	2022年2月4日
40	人民网	杭州钱塘区：实施"六大工程"实现迭代升级	2022年2月10日
41	人民网	杭州：夫妻俩务工突遭变故，法院送去新年礼物	2022年2月11日
42	人民网	中国人民政治协商会议第一届杭州市钱塘区委员会第二次会议开幕	2022年2月14日
43	人民网	2022年杭州钱塘区政协工作任务出炉	2022年2月14日
44	人民网	一图读懂杭州钱塘区政府工作报告	2022年2月15日
45	人民网	杭州市钱塘区第一届人民代表大会第二次会议开幕	2022年2月15日
46	人民网	中国人民政治协商会议第一届杭州市钱塘区委员会第二次会议胜利闭幕	2022年2月17日
47	人民网	杭州钱塘区第一届人民代表大会第二次会议胜利闭幕	2022年2月18日
48	人民网	浙江"组合拳"政策让灵活就业群体更安心	2022年2月27日
49	人民网	杭州："塘塘合作"教育帮扶结硕果	2022年3月1日
50	人民网	杭州钱塘区这些家门口的亚运场馆，你都认识吗?	2022年3月3日
51	人民网	杭州钱塘"开工潮"带动"租房热"	2022年3月3日
52	人民网	文明亚运 你我同行 杭州钱塘区启动迎亚运文明素质提升"八大行动"	2022年3月3日
53	人民网	推进自贸区法治保障建设 杭州片区首个自贸"共享法庭"揭牌	2022年3月4日
54	人民网	杭州市钱塘区公布首批32项非遗项目	2022年3月4日
55	人民网	为城市减"碳" 为共富添彩 杭州首个近零能耗建筑建成开放	2022年3月9日
56	人民网	田间地头满是"金"种粮大户带"共富"	2022年3月9日
57	人民网	杭州市钱塘区携手浙江工商大学共谋"共同富裕"	2022年3月10日
58	人民网	携手浙江工商大学 杭州钱塘为技术工人打造"留得下过得好"的未来社区	2022年3月11日
59	人民网	挂牌领军人才工作室、成立硕士工作站……杭州钱塘区开展"五社联动"主题宣导活动	2022年3月11日
60	人民网	迅速集结 有序开展 杭州钱塘区义蓬街道全力以赴打好疫情阻击战	2022年3月12日
61	人民网	破防了 出发采样前女儿哭着要一起走 杭州钱塘医生妈妈："我要去打败病毒"	2022年3月12日
62	人民网	贴心帮奶奶戴口罩、教阿姨找到健康码……杭州钱塘一核酸检测点有太多温暖画面	2022年3月12日
63	人民网	浙江杭州："共富集市"精准帮扶低收入农户	2022年3月13日
64	人民网	"再累也要坚持！""疫"线逆行 他的双手因酒精和汗水过敏红肿	2022年3月13日
65	人民网	杭州钱塘有两位"红马甲"变身"大白"协助开展核酸检测500余人	2022年3月14日
66	人民网	3个小时完成近万份 杭州：物流园区"无疫单元"跑出核酸采样钱塘速度	2022年3月15日
67	人民网	创建物流园区"无疫单元"杭州钱塘3个小时完成近万份采样	2022年3月16日
68	人民网	杭州钱塘区：适老化改造让养老生活不再"磕磕碰碰"	2022年3月17日
69	人民网	严格把握"运输、生产"两大关 杭州钱塘打造"无疫"汽车产业链	2022年3月17日

续表40

序号	媒体名称	报道标题	刊发日期
70	人民网	杭州钱塘区：聚焦技术工人群体 助推共同富裕	2022 年 3 月 31 日
71	人民网	杭州钱塘区：聚焦高质量发展 打造高能级战略平台	2022 年 4 月 2 日
72	人民网	10 位“首席数据官”亮相 杭州钱塘区吹响数字化改革“冲锋号”	2022 年 4 月 4 日
73	人民网	3400 余名党员干部下沉一线 增辟 3 个小汽车专用通道 杭州钱塘区放假不放松 守好杭州“东大门”	2022 年 4 月 6 日
74	人民网	同心筑梦绘亚运 塘塘合作一家亲	2022 年 4 月 7 日
75	人民网	打造高弹性电网 推动高质量发展 浙江建新型电力系统省级示范区	2022 年 4 月 8 日
76	人民网	同比增长 50.6% 杭州钱塘区制造业投资实现“开门红”	2022 年 4 月 8 日
77	人民网	“我妈妈要做血透怎么办？”杭州下沙社区：立即开通绿色通道	2022 年 4 月 9 日
78	人民网	“兄弟支援团”来报到！杭州下沙街道防疫人员中，多了这些身影	2022 年 4 月 9 日
79	人民网	杭州钱塘区：退役军人化身封控区的“外卖小哥”	2022 年 4 月 10 日
80	人民网	1 月至 2 月规上工业增加值 115.85 亿元 总量排名名列前茅 杭州钱塘区实现工业经济“开门红”	2022 年 4 月 11 日
81	人民网	杭州钱塘：“智造”引领打造产业创新高地	2022 年 4 月 11 日
82	人民网	从西安到杭州，这位 95 后“逆行战士”只身一人在隔离点“安了家”	2022 年 4 月 14 日
83	人民网	助企办理运输通行证 杭州钱塘打通供应链促经济稳进提质	2022 年 4 月 15 日
84	人民网	“盼政策帮一把，自己也要想办法” 来自杭州物流园区的一线观察	2022 年 4 月 15 日
85	人民网	确保物流环节畅通有序 保障群众生产生活秩序 杭州督促落实关心关爱货车司机十条举措	2022 年 4 月 17 日
86	人民网	杭州钱塘区：点亮共同富裕新生活 描绘美好生活新图景	2022 年 4 月 18 日
87	人民网	每日最多可承载 25 辆货车运输装卸量 上海产业链应急保供杭州中转站建成投用	2022 年 4 月 19 日
88	人民网	机器人将给生活生产带来这些便利	2022 年 4 月 22 日
89	人民网	1600 多家企业得实惠 减免租金约 1.4 亿元 杭州钱塘为小微企业和个体工商户送上减负“礼包”	2022 年 4 月 22 日
90	人民网	杭州钱塘：以“强村富民”为径 谋乡村振兴之业	2022 年 4 月 22 日
91	人民网	高质量的“钱塘赛道” 杭州钱塘：江东大道提升改造工程一期即将建成	2022 年 4 月 22 日
92	人民网	杭州钱塘：城乡齐发力 携手奔共富	2022 年 4 月 23 日
93	人民网	1600 多家企业获利 减免租金约 1.4 亿元 杭州钱塘区为小微企业和个体工商户送“春霖”	2022 年 4 月 25 日
94	人民网	苇鸦、赤麻鸭……杭州钱塘：湿地成为珍稀鸟类“打卡地”	2022 年 4 月 26 日
95	人民网	291.74 亿元！杭州钱塘区 2022 年一季度 GDP“成绩单”揭晓	2022 年 4 月 27 日
96	人民网	钱塘发出“双高之约” 杭州钱塘区计划三年投入百亿元支持五类企业发展	2022 年 5 月 4 日
97	人民网	“腾笼换鸟”激活闲置土地 杭州市钱塘区推动工业亩产效益提能级	2022 年 5 月 6 日
98	人民网	杭州钱塘区在全市 3 月“开门红、开门稳”赛马评比中总体排名第一	2022 年 5 月 6 日
99	人民网	辛勤耕耘稻麦香（逐梦）	2022 年 5 月 7 日
100	人民网	杭州钱塘保供服务站首次实现“双向保供” 下一步要为长三角产业链保供工作总结出钱塘模板	2022 年 5 月 9 日
101	人民网	工作，做到“点”上了 “一米线”也可以是“安全宣传第一线”	2022 年 5 月 10 日
102	人民网	浙江交工“大白”持证上岗 核酸检测“自给自足”	2022 年 5 月 10 日

续表40

序号	媒体名称	报道标题	刊发日期
103	人民网	小龙虾“住”进稻田里 不到10天销售超2000斤 杭州钱塘区发布助农“强村富民”双十条	2022年5月11日
104	人民网	力争落地亿元以上项目100个 自贸区杭州片区钱塘区块擂响“四区”建设战鼓	2022年5月12日
105	人民网	一季度稳开局 长三角经济发展韧性十足	2022年5月12日
106	人民网	杭州钱塘：15分钟便民服务圈圈出“小确幸”	2022年5月13日
107	人民网	杭州钱塘区：“钱塘地域”+“特色农产”走出乡村振兴新路子	2022年5月13日
108	人民网	杭州启动家庭教育宣传周“百万家庭共成长——送法进万家”活动	2022年5月14日
109	人民网	亚运探馆——杭州电子科技大学体育馆	2022年5月16日
110	人民网	减免税收、支出补贴、房租减免……杭州钱塘区出台纾困助企政策22条	2022年5月16日
111	人民网	积厚成势向未来 杭州：朝着共同富裕目标奋楫前行	2022年5月19日
112	人民网	杭州钱塘：小麦开镰收割忙 预计全区产量11000吨	2022年5月19日
113	人民网	找准技术工人、大学生、农户“小切口” 杭州钱塘区：在高质量发展中做优“蛋糕”	2022年5月20日
114	人民网	杭州钱塘：“元宇宙”产业园开园 创业项目最高给予1亿元资助	2022年5月21日
115	人民网	同比增长27.4% 杭州钱塘区1至4月固定资产投资增速创新高	2022年5月23日
116	人民网	杭州钱塘区：乡村博物馆“藏”着四千年前的宝贝	2022年5月23日
117	人民网	国网杭州供电公司：以电为笔 绘就杭州共富新图景	2022年5月20日
118	人民网	保障每天100万人新冠核酸检测需求 杭州钱塘区首座方舱实验室建成投用	2022年5月24日
119	人民网	以改造促提升 杭州钱塘区临江街道环境整治让“美丽”建设更有内涵	2022年5月25日
120	人民网	拿地到开工平均用时从93天缩短至77天 杭州钱塘建设项目审批跑出“加速度”	2022年5月25日
121	人民网	让绿电驶上“快速路” 杭州钱塘多能互补零碳柔直示范工程正式启动投运	2022年5月25日
122	人民网	全新平台亮相 杭州钱塘高校科研成果转换将加速提质	2022年5月27日
123	人民网	“我才知道她有多不容易”女孩2个月用镜头记录下母亲7000多个瞬间	2022年5月28日
124	人民网	年可节电2000万千瓦时 减排二氧化碳1.2万吨 杭州钱塘区一项目入选“杭州市十大低碳应用场景”	2022年5月31日
125	人民网	谱写“塘塘合作”新篇章 画好共同富裕同心圆	2022年6月1日
126	人民网	杭州钱塘区召开“聚焦高质量·助力共富路·打造高能级”区校统战融合发展大会	2022年6月2日
127	人民网	精准“把脉开方” 杭州钱塘助企纾困解难题	2022年6月6日
128	人民网	杭州钱塘轮滑中心四项赛事比赛场地通过技术验收	2022年6月6日
129	人民网	中信银行杭州分行落地首单科创类积分审批模式贷款	2022年6月7日
130	人民网	低效用地变身“亩产英雄” 杭州临江高科园提质增效成果显著	2022年6月7日
131	人民网	杭州：防潮增添新技能 共同营造安全环境	2022年6月8日
132	人民网	“钱塘技工”场景成功入选浙江省数字社会第七批最佳案例集	2022年6月10日
133	人民网	杭州钱塘持续扩大有效投资 重点产业项目规划审批再加速	2022年6月13日
134	人民网	这场产业链对接会，让复工复产“加速跑”	2022年6月14日
135	人民网	经营遇到困难要退市？歇业备案制度帮你实现“停机保号”	2022年6月16日
136	人民网	把青年群体的心聚在钱塘、力拢在钱塘 杭州钱塘打造高质量就业创业首选地	2022年6月17日
137	人民网	杭州市钱塘区入选浙江省高质量发展建设共同富裕示范区第二批试点	2022年6月22日

续表40

序号	媒体名称	报道标题	刊发日期
138	人民网	“稳经济进行时”系列报道之二：化危为机 新经济如何催生新动能？	2022 年 6 月 25 日
139	人民网	力争 2023 年快速路总里程数突破 500 公里 杭州市 18 条快速路、93 条地铁重建道路全面建成	2022 年 6 月 27 日
140	人民网	各地干部群众热议：通过网络问计于民，让全过程人民民主成色更足	2022 年 6 月 28 日
141	人民网	浙江省大学生工程实践与创新能力大赛圆满举行	2022 年 6 月 29 日
142	人民网	杭州钱塘区：打造“钱塘幸福里” 争创浙江省现代社区建设示范区	2022 年 6 月 29 日
143	人民网（微博）	【心有灵犀！ # 杭州双胞胎中考分数一模一样 #】	2022 年 6 月 30 日
144	人民网	杭州钱塘数字金融超市启用 线上银企对接有了“快速道”	2022 年 7 月 1 日
145	人民网	杭州市钱塘区：盘活低效土地 激活产业新动能	2022 年 7 月 5 日
146	人民网	跨越 4600 公里的相聚	2022 年 7 月 5 日
147	人民网	七旬老人求助派出所调取自己年轻时的身份证照片 “我大哥牺牲 70 年了，我想给他画张肖像……”	2022 年 7 月 5 日
148	人民网	杭州电网打造可靠供电 一年缩短户均停电时长 1000 秒	2022 年 7 月 6 日
149	人民网	浙江水利水电学院：“以水育人”，让学生感受学风“潮”	2022 年 7 月 8 日
150	人民网	“减”税费 “通”链条 “促”消费 浙江：念好“三字经” 奏响复工复产奋进凯歌	2022 年 7 月 8 日
151	人民网（微博）	【可恨！ # 进价 5 元保健品 400 倍卖给老年人 #】	2022 年 7 月 11 日
152	人民网	用积分解决急事、高效处理乱停车现象 杭州钱塘区数字化赋能基层治理	2022 年 7 月 12 日
153	人民网	五项举措入选“十大进展” 七项成果跻身“最佳案例” 浙江自贸试验区建设新闻发布会杭州自贸片区成果丰硕	2022 年 7 月 13 日
154	人民网	获奖数量再创新高 杭州钱塘区 55 项成果获 2021 年度浙江省科学技术奖	2022 年 7 月 14 日
155	人民网	爱心图书捐赠为山区学生打开了解世界的“窗”	2022 年 7 月 14 日
156	人民网	浙江：企稳向好生产忙	2022 年 7 月 18 日
157	人民网	到 2025 年营业收入有望达到 470 亿元 年税收预计达 20 亿元 杭州钱塘区服务业创新区跻身“省字号”	2022 年 7 月 20 日
158	人民网	杭州特色农业主体综合险让农户吃上定心丸	2022 年 7 月 20 日
159	人民网	杭州钱塘区河庄街道探索基层治理运行新模式	2022 年 7 月 20 日
160	人民网	杭州钱塘启动打造浙江省产才融合示范高地	2022 年 7 月 20 日
161	人民网	聘任 13 名全球引才合伙人 杭州钱塘区启动打造浙江省产才融合示范高地行动计划	2022 年 7 月 21 日
162	人民网	共建单位现场竞拍 杭州钱塘区 20 个社区党建项目“落地圆梦”	2022 年 7 月 28 日
163	人民网	杭州：亚运场馆惠民开放 乐享轮滑度暑假	2022 年 7 月 25 日
164	人民网	杭州 4 家平台成功入选浙江省第二批现代服务业创新发展区名单	2022 年 7 月 26 日
165	人民网	杭州钱塘区上线运行浙江省首创小额工程“诚信码”	2022 年 8 月 1 日
166	人民网	杭州钱塘区：幸福电梯“加装记”	2022 年 8 月 3 日
167	人民网	杭州钱塘区：扩容提质更新 让群众生活更幸福	2022 年 8 月 3 日
168	人民网	助企纾困丨浙江杭州：稳岗返还“免申即享” 助企发展“好起来”	2022 年 8 月 4 日
169	人民网	给力 促就业稳就业浙江这样做	2022 年 8 月 4 日
170	人民网	“2022 年中韩生命健康跨境产业合作交流会”在首尔举行	2022 年 8 月 5 日

续表40

序号	媒体名称	报道标题	刊发日期
171	人民网	杭州前进智造园：空天领航区 钱塘未来城	2022年8月7日
172	人民网	杭州：亚运场馆惠民开放 乐享轮滑度暑假	2022年7月25日
173	人民网	各展优势长板 共谋协调发展 长三角自贸试验区联手闯世界	2022年8月9日
174	人民网	2022年上半年杭州钱塘区完成固定资产投资240余亿元	2022年8月8日
175	人民网	发展体育运动 增强人民体质	2022年8月8日
176	人民网	“下水神器”助力瘫痪30多年老伯重进泳池 杭州举办无障碍游泳专场活动	2022年8月10日
177	人民网	杭州钱塘：居有定所更住得舒心 稳进提质“人气足”	2022年8月10日
178	人民网	杭州钱塘区夏粮增产丰收 总量预计超万吨	2022年8月12日
179	人民网	累计建成现代产业学院25个 企业订单班120余个 杭州钱塘区产教融合助力高质量人才培养	2022年8月15日
180	人民网	杭州钱塘区重大项目建设“攻城拔寨”将迎“收获季”	2022年8月15日
181	人民网	解码杭州钱塘区民间投资增长48.3%的“秘诀”	2022年8月19日
182	人民网	浙江杭州：亚运会配套工程下沙隧道建成通车	2022年8月20日
183	人民网	彻夜未眠，不到24小时采样41万人 杭州钱塘区首轮核酸检测均为阴性	2022年8月18日
184	人民网	杭州钱塘区第二轮核酸检测结果均为阴性	2022年8月18日
185	人民网	杭州钱塘区民警帮一名老人完成心愿——给烈士哥哥画张肖像画	2022年8月22日
186	人民网	“红马甲”引领文明出行新风尚 杭州钱塘区开展七大行动提升城区整体环境面貌	2022年8月22日
187	人民网	杭州为植物“饱饮”降温 全市已出动近3万人次“抗旱保绿”	2022年8月23日
188	人民网	杭州钱塘优化营商环境为企业“减负”促项目“提速”	2022年8月23日
189	人民网	浙江自贸试验区杭州钱塘区块加快打造先进制造业集聚区	2022年8月24日
190	人民网	“流动人口倒挂”社区究竟应该如何管？ 杭州钱塘破题治理难点 启动“融合体”建设	2022年8月26日
191	人民网	2022年上半年航空航天产业增长超50% 杭州钱塘区加速打造“万亩千亿”新产业平台	2022年8月29日
192	人民网	闲置地变身“嵌入式”体育场所 杭州钱塘区打造10分钟“健身圈”	2022年8月29日
193	人民网	农历八月十八围观钱塘江大潮！这份观潮攻略请收好	2022年8月29日
194	人民网	守好“生命线” 10家试点企业实现内销超5亿元 杭州钱塘综保区多样化政策助力企业开拓“两个市场”	2022年8月31日
195	人民网	吹响“大干快上”集结号 杭州市举办重大水利工程现场调度推进会	2022年8月31日
196	人民网	杭州钱塘：爱心萝卜干进校园	2022年9月1日
197	人民网	破获案件430余起，涉案金额近6亿 杭州公布“百日行动”民生领域成果	2022年9月1日
198	人民网	“越夜越美丽” 长三角夜经济点燃消费“新引擎”	2022年9月2日
199	人民网	2022年1至7月，杭州钱塘区3个校友产业园实现产值近2.8亿元	2022年9月6日
200	人民网	杭州钱塘区构建现代服务业发展矩阵 激发“半壁江山”发展新动能	2022年9月8日
201	人民网	审批提速度 服务有温度 杭州以更优政务环境推动高质量发展	2022年9月11日
202	人民网	风雨钱江潮	2022年9月14日
203	人民网	杭州钱塘区政银企党建联盟提供精准服务 帮助企业打通难关	2022年9月14日
204	人民网	扛起新区使命 推进四个全域 杭州钱塘区交出十年答卷	2022年9月16日

续表40

序号	媒体名称	报道标题	刊发日期
205	人民网	“杭州这十年·钱塘”新闻发布会举行 杭州钱塘：“区政合一”加速打造浙江省高能级战略平台	2022 年 9 月 18 日
206	人民网	“四大抓手”为杭州科技创新注入强大活力 2021 年杭州 R&D 经费投入总量浙江省第一	2022 年 9 月 20 日
207	人民网	杭州这十年 数说钱塘砥砺奋进精彩蝶变	2022 年 9 月 20 日
208	人民网	选兵点将 精准破难 杭州钱塘以助企实效锻造干部“铁军”	2022 年 9 月 21 日
209	人民网	南京银行杭州钱塘支行开展“反假货币”宣传活动	2022 年 9 月 21 日
210	人民网	去河庄体验“田城汇”休闲之旅 杭州钱塘区发布首条共同富裕农旅线	2022 年 9 月 21 日
211	人民网	稳居杭州市第二 2021 年度杭州钱塘区 R&D 经费投入总量和强度再创新高	2022 年 9 月 26 日
212	人民网	“聚钱塘 新未来”高端制造产业研讨会在杭州举行	2022 年 9 月 26 日
213	人民网	破解“学生就业难、企业用工难”问题 杭州市钱塘区一揽子政策措施畅通毕业生就业渠道	2022 年 9 月 28 日
214	人民网	杭州援疆教师于明鑫：在最需要我们的地方工作 充实且快乐	2022 年 10 月 4 日
215	人民网	杭州钱塘探索警网协同新模式 打造社会治理“共同体”	2022 年 10 月 13 日
216	人民网	“溪鱼”游进稻田 助力农业增值 杭州推进“稻渔共赢”农业绿色高质量发展	2022 年 10 月 14 日
217	人民网	浙江各地党员群众收看党的二十大开幕会盛况	2022 年 10 月 16 日
218	人民网	激活强村富民“红色引擎” 杭州深化党建统领促进共同富裕	2022 年 10 月 19 日
219	人民网	“塘塘合作”让高原牦牛“牛”起来	2022 年 10 月 27 日
220	人民网	钱塘幸福里 温暖千万家 杭州钱塘区以关爱产业工人“破题”现代社区建设	2022 年 10 月 30 日
221	人民网（微博）	【帅气！ # 小学生鞋子跑掉光脚跑获小组第一 # 】	2022 年 10 月 29 日
222	人民网	近 9000 户钱塘居民将喝上“更放心水” 杭州钱塘:“传递民生温度 推动民生实事”暨“二次供水”改造项目启动	2022 年 10 月 31 日
223	人民网	杭州职业技术学院举行建校 20 周年办学 62 周年纪念大会	2022 年 11 月 5 日
224	人民网	让发展成果更多更公平惠及各国人民——习近平主席在第五届中国国际进口博览会开幕式上致辞引发热烈反响	2022 年 11 月 6 日
225	人民网	浙江教育观察：初中生参与研制卫星靠谱吗？	2022 年 11 月 6 日
226	人民网	杭州：坚持善意文明理念 助企纾困“巧”执行	2022 年 11 月 7 日
227	人民网	杭州钱塘再添 4 家“国字号”知识产权企业	2022 年 11 月 8 日
228	人民网	杭州钱塘区：“民心工程”全面提速 城市“脉搏”更强劲	2022 年 11 月 9 日
229	人民网	走进 2022 世界互联网大会 杭州发布“中国视谷”建设规划蓝图	2022 年 11 月 10 日
230	人民网	全力以赴抓项目 逆势而上育动能 杭州全力推进招商引资攻坚行动	2022 年 11 月 12 日
231	人民网	浙江杭州：暖心服务托起民生幸福底色	2022 年 11 月 15 日
232	人民网	杭州钱塘：产业之变 发展的步伐越走越坚定	2022 年 11 月 16 日
233	人民网	第七届“创客中国”中小企业创新创业大赛总决赛在杭州钱塘收官	2022 年 11 月 18 日
234	人民网	零上门 零审批 零投资 杭州：“三零”电力服务赋能城市高质量发展	2022 年 11 月 21 日
235	人民网	杭州钱塘区：稻香飘满共富路 校地携手结硕果	2022 年 11 月 21 日
236	人民网	不留作业让学生看场球是教育应有的柔度	2022 年 11 月 25 日
237	人民网	寓思想引导于服务帮助之中 浙江杭州：画好党外知识分子、新的社会阶层人士“同心圆”	2022 年 11 月 25 日

续表40

序号	媒体名称	报道标题	刊发日期
238	人民网	“以投促引”推动项目快落地 杭州市钱塘区狠抓有效投资稳经济大盘	2022 年 11 月 28 日
239	人民网	已建光伏 189 万千瓦 新型储能项目 15 个 聚焦“双碳”目标 杭州新能源发展迈出坚实步伐	2022 年 11 月 28 日
240	人民网	大块头如何跑出加速度 2022 年前三季度杭州市钱塘区制造业韧性十足	2022 年 11 月 30 日
241	人民网	杭州钱塘区前三季度服务业增加值逾 275 亿元	2022 年 12 月 1 日
242	人民网	浙江法院“案款一件事”应用上线运行	2022 年 12 月 4 日
243	人民网	产业立区守初心 杭州市钱塘区跑出引强招优加速度	2022 年 12 月 8 日
244	人民网	杭州招商引资三十年：一座产业之城崛起背后的时代印记	2022 年 12 月 8 日
245	人民网	持续推进装配式建筑发展 助力建筑业绿色低碳转型 杭州市今年新开工装配式建筑项目 282 个 建筑面积 2695 万平方米	2022 年 12 月 12 日
246	人民网	《“十四五”国家高新技术产业开发区发展规划》发布 看！高新区加快“数字蝶变”（网上中国）	2022 年 12 月 14 日
247	人民网	中非创新创业青年领袖钱塘论道 杭州钱塘区为浙非交流插上“数字翅膀”	2022 年 12 月 14 日
248	人民网	“小工坊”铺就家门口“共富路” 杭州钱塘区 48 家“共富工坊”助企惠民更连心	2022 年 12 月 15 日
249	人民网	杭州钱塘区向四川理塘县捐赠校车	2022 年 12 月 21 日
250	人民网	杭州钱塘打造“工业上楼”“小面积”集聚“大空间”实现“大产能”	2022 年 12 月 21 日
251	人民网	杭州市钱塘区组建 703 支村社暖心服务小分队 累计提供服务 6 万余人次	2022 年 12 月 23 日
252	人民网	帮你招员工找宿舍，保障抗原试剂 24 小时不停产 杭州钱塘新区政企携手与疫情“赛跑”	2022 年 12 月 24 日
253	新华网	风景变前景 塘塘合作打造对口支援“金名片”	2022 年 1 月 9 日
254	新华网	腊八丨爱心腊八粥 浓浓祝福情	2022 年 1 月 10 日
255	新华网	“清洁家园·喜迎新年”钱塘区新湾街道蓝色港湾小区开展节前小区环境集中整治月行动	2022 年 1 月 15 日
256	新华网	杭州钱塘：14 所高校齐聚一堂 共谋合作共赢新型区校关系	2022 年 1 月 15 日
257	新华网	杭州市钱塘区新湾街道开展背街小巷拆违专项行动	2022 年 1 月 21 日
258	新华网（客户端）	杭州市钱塘区新湾街道：新年留新湾 异地过年也很暖	2022 年 1 月 24 日
259	新华网	钱塘潮荟 聚力发展	2022 年 1 月 27 日
260	新华网	杭州钱塘区新湾街道：统筹城乡环境共同发展 实现“全域美丽”目标	2022 年 2 月 10 日
261	新华网	杭州钱塘区新湾街道新北桥社区举办“亚运牌”元宵游园会	2022 年 2 月 11 日
262	新华网	以产业集群跻身“千亿俱乐部”	2022 年 2 月 14 日
263	新华网	携手浙江工商大学，钱塘区为技术工人打造“留得下、过得好”的未来社区	2022 年 3 月 14 日
264	新华网	送上热乎乎的牛肉面 钱塘这份爱心夜宵温暖“疫”线	2022 年 3 月 15 日
265	新华网	“我是党员我先上” 钱塘义蓬街道以党建引领凝聚红色力量	2022 年 3 月 15 日
266	新华网（客户端）	“塘塘合作”探索实践数字赋能文旅新路径	2022 年 3 月 17 日
267	新华网	“浙”里抗疫 “温”暖有力	2022 年 3 月 17 日
268	新华网	好环境成就好未来，钱塘新湾打出漂亮“组合拳”	2022 年 3 月 17 日
269	新华网	探馆亚运丨杭州亚运场馆一览·总览	2022 年 4 月 1 日
270	新华网	杭州亚运会、亚残运会竞赛场馆全部竣工并完成赛事功能验收	2022 年 4 月 1 日

续表40

序号	媒体名称	报道标题	刊发日期
271	新华网	杭州钱塘新湾街道开展建筑工地环境综合整治行动，保障文明绿色施工	2022 年 4 月 8 日
272	新华网	杭州钱塘义蓬街道打造两家城市书房	2022 年 4 月 8 日
273	新华网	杭州市钱塘区新湾街道：特色开展入城口景观整治 提升城市环境颜值	2022 年 4 月 12 日
274	新华网	钱塘税务：便民春风赋动能助企发展添活力	2022 年 4 月 12 日
275	新华网	杭州、宁波汽车产业链供应链应急中转接驳站投用保供上海	2022 年 4 月 18 日
276	新华网	杭州钱塘新湾街道：实施建筑外立面专项整治，靓丽城镇新面貌	2022 年 4 月 21 日
277	新华网（客户端）	乐享亚运直播丨快看神秘“飞碟”！云探杭州电子科技大学击剑馆	2022 年 4 月 23 日
278	新华网	从“集体宿舍”到“第二故乡” 杭州打造产业工人未来社区新样板	2022 年 4 月 25 日
279	新华网	《共赴・共富》	2022 年 4 月 27 日
280	新华网	税宣春风拂钱塘 惠企利民助发展	2022 年 4 月 28 日
281	新华网	暖心慰问送锦旗 政企并肩助抗疫	2022 年 4 月 29 日
282	新华网	计划三年投入百亿元支持五类企业发展 钱塘发出“双高之约”	2022 年 5 月 4 日
283	新华网	杭州钱塘团区委：创新阵地 以服务汇聚青春力量	2022 年 5 月 6 日
284	新华网	" 为企业纾困，杭州钱塘税务局开展“税收宣传月”活动 "	2022 年 5 月 10 日
285	新华网	杭州钱塘新湾街道：坚持环境为民 攻克环境顽疾 守护新湾“里子”	2022 年 5 月 16 日
286	新华网	花西子 CMF 实验室在杭州投入使用 钱塘区高效率服务保企业高质量发展	2022 年 5 月 19 日
287	新华网	杭州钱塘区：整治立面招牌 提升城市“颜值”	2022 年 5 月 20 日
288	新华网	杭州钱塘元宇宙产业园开园 创业项目最高给予 1 亿元资助	2022 年 5 月 21 日
289	新华网	杭州市幸福河小学推出“躺睡”2.0 版 搭起帐篷，睡个香香的午觉	2022 年 5 月 19 日
290	新华网	杭州钱塘区“弯道超车”打造元宇宙产业先行区	2022 年 5 月 23 日
291	新华网	杭州快速路建设进度条再刷新	2022 年 5 月 23 日
292	新华网	钱塘新湾主动作为 精细化治理美丽新湾面貌	2022 年 5 月 24 日
293	新华网	杭州钱塘区新湾街道：以幸福之名 勾画共富大美蓝图	2022 年 5 月 26 日
294	新华网	杭州钱塘区下沙街道：建强党建联盟 赋能基层善治	2022 年 5 月 27 日
295	新华网	数字赋能为区校合作 插上智慧“翅膀” 钱塘校融 2.0 系统发布	2022 年 5 月 27 日
296	新华网	杭州钱塘新湾街道：粽叶飘香四海亲，石榴花开别样红	2022 年 5 月 31 日
297	新华网	年可节电 2000 万 KWh 减排二氧化碳 1.2 万吨 钱塘这个项目入选杭州十大低碳应用场景	2022 年 5 月 31 日
298	新华网	杭州钱塘义蓬街道高质量发展助推全域蝶变	2022 年 6 月 1 日
299	新华网	杭州钱塘千里帮扶，“塘塘合作”这一年	2022 年 6 月 1 日
300	新华网	杭州市钱塘区召开“聚焦高质量・助力共富路・打造高能级”区校统战融合发展大会	2022 年 6 月 3 日
301	新华网	杭州钱塘区义蓬街道：“政校村企”共绘乡村文旅共富新画卷	2022 年 6 月 5 日
302	新华网	“向涛是我家”，美好家园“义起扫”	2022 年 6 月 6 日
303	新华网	杭州钱塘轮滑中心四项赛事比赛场地通过技术验收	2022 年 6 月 6 日
304	新华网	钱塘新湾多步谋划整治，描绘人居环境新蓝图	2022 年 6 月 7 日
305	新华网	低效用地变身“亩产英雄” 杭州钱塘临江高科园提质增效成果显著	2022 年 6 月 7 日
306	新华网	杭州市援疆指挥部赴杭招商并走访企业	2022 年 6 月 7 日

续表40

序号	媒体名称	报道标题	刊发日期
307	新华网	“杭州市十大低碳应用场景”评选结果公布	2022年6月9日
308	新华网	杭州钱塘：灵活促外贸 纾困有实招	2022年6月9日
309	新华网	杭州钱塘：城市公交车变身“移动监测仪” 精准治理大气污染	2022年6月9日
310	新华网	“钱塘技工”场景入选数字社会全省第七批最佳案例集	2022年6月11日
311	新华网	建行杭州钱塘支行小面额现金优质服务助民生	2022年6月14日
312	新华网	杭州钱塘：实现“好政策”资金兑付快速到账	2022年6月14日
313	新华网	优化营商环境，杭州钱塘再出实招推出“20条举措”	2022年6月16日
314	新华网	2200余个岗位 浙江举办国有企业高校毕业生专场招聘会	2022年6月20日
315	新华网	又一“大好高”项目落地 “乡贤回归”助义蓬高质量发展	2022年6月19日
316	新华网	杭州：以“小楼道”撬动“大治理”	2022年6月23日
317	新华网	钱塘区入选浙江省高质量发展建设共同富裕示范区第二批试点	2022年6月22日
318	新华网	杭州钱塘：留抵退税直达享 助企焕生机	2022年6月28日
319	新华网	杭州钱塘：打造“钱塘幸福里”争创全省现代社区建设示范区	2022年6月29日
320	新华网	“2022中国（浙江）自由贸易试验区生命健康产业推介会暨第六届国际生物医药（杭州）创新峰会”在杭州钱塘区开幕	2022年7月1日
321	新华网	杭州钱塘：纵深推进数字化改革 “科产旅”融合发展强村富民	2022年7月4日
322	新华网	杭州实现可靠供电，一年缩短户均停电时长1000秒	2022年7月5日
323	新华网（客户端）	杭州钱塘：纵深推进数字化改革 “科产旅”融合发展强村富民	2022年7月5日
324	新华网（客户端）	杭州钱塘：打造“钱塘幸福里”争创全省现代社区建设示范区	2022年6月29日
325	新华网（客户端）	杭州钱塘：留抵退税直达享 助企焕生机	2022年7月1日
326	新华网（客户端）	钱塘区入选浙江省高质量发展建设共同富裕示范区第二批试点	2022年7月1日
327	新华网（客户端）	优化营商环境，杭州钱塘再出实招推出“20条举措”	2022年7月1日
328	新华网（客户端）	杭州钱塘：灵活促外贸 纾困有实招	2022年7月1日
329	新华网（微信公众号）	他突然想给哥哥画遗像，“派出所是我们一家最后的希望了”	2022年7月6日
330	新华网	杭州钱塘：让优质共享的政务服务可感可及	2022年7月5日
331	新华网	“小候鸟”们再“飞”邻里 12年来，杭州的这个社区坚持打造“小候鸟”成长乐园	2022年7月5日
332	新华网	预计今年年底开工 杭州钱塘：将新增一处“文旅复合型”公园	2022年7月5日
333	新华网	爱心凉茶，听我说谢谢你！	2022年7月7日
334	新华网（客户端）	杭州钱塘：校企合作共建，助力产教融合，美迪凯精密智造学院揭牌	2022年7月8日
335	新华网（客户端）	杭州首批10个乡村共富联合体亮相 小村抱团成就大产业	2022年7月10日
336	新华网（客户端）	杭州钱塘高颜值文化地标：金沙湖畔大剧院	2022年7月10日
337	新华网	预计今年年底开工 杭州钱塘：将新增一处“文旅复合型”公园	2022年7月8日
338	新华网	杭州钱塘：校企合作共建，助力产教融合，美迪凯精密智造学院揭牌	2022年7月9日
339	新华网	杭州钱塘高颜值文化地标：金沙湖畔大剧院	2022年7月10日
340	新华网	全国青年职业技能大赛（学生组）主体赛决赛在杭落幕	2022年7月13日
341	新华网	潮起钱塘 逐梦未来 港澳台青年伙伴与钱塘企业“零距离”	2022年7月13日
342	新华网	钱塘企业、高校55项成果获2021年度浙江省科学技术奖	2022年7月14日

续表40

序号	媒体名称	报道标题	刊发日期
343	新华网	杭州钱塘义蓬街道：这些老党员，退休了都闲不住，忙啥呢？	2022 年 7 月 16 日
344	新华网	杭州钱塘义蓬街道：红领巾志愿行，敬长辈送欢乐	2022 年 7 月 16 日
345	新华网	杭州钱塘义蓬街道：擦亮清廉底色，铸魂基层之治	2022 年 7 月 16 日
346	新华网	杭州钱塘义蓬街道：“春色满园”谋共富 反哺村民不含糊	2022 年 7 月 16 日
347	新华网	晨跑、唱戏、编草鞋……这批“小红暑”成为杭州这个夏天最亮的仔	2022 年 7 月 17 日
348	新华网	钱塘区新湾街道以网格为谱，奏响环境整治新乐章	2022 年 7 月 18 日
349	新华网	杭州市钱塘区 1—6 月制造业投资 71.7 亿元，同比增长 60.3%	2022 年 7 月 19 日
350	新华网（客户端）	环境综合大整治！杭州钱塘新湾开展沿街商铺“综合查一次”行动	2022 年 7 月 19 日
351	新华网	杭州钱塘义蓬街道义隆社区：红色”楼道长” 织密“自治网”	2022 年 7 月 19 日
352	新华网	聘任 13 名全球引才合伙人 杭州市钱塘区启动打造全省产才融合示范高地	2022 年 7 月 21 日
353	新华网	“护苗行动 健康成长“——杭州钱塘义蓬街道开展“护苗行动”	2022 年 7 月 21 日
354	新华网	书香传情，“塘塘”两地共绘文化富裕同心圆	2022 年 7 月 21 日
355	新华网（客户端）	聘任 13 名全球引才合伙人 杭州市钱塘区启动打造全省产才融合示范高地	2022 年 7 月 21 日
356	新华网	钱塘区新湾街道银领导师激活“共富引擎”	2022 年 7 月 29 日
357	新华网	杭州钱塘过江隧道建成通车	2022 年 7 月 31 日
358	新华网	杭州市钱塘区知联会开展“钱塘知未来学院”读书部落格 Blog 第 4 期分享会	2022 年 7 月 23 日
359	新华网	杭州钱塘这个村“双惠”模式 助力共同富裕	2022 年 7 月 22 日
360	新华网	“湾”有引力 共富新城丨强基、美村、数智赋能，条条道路奔共富	2022 年 7 月 27 日
361	新华网	绘好最大“同心圆” 杭州钱塘区基层知联会在白杨街道成立	2022 年 8 月 1 日
362	新华网	杭州钱塘新湾街道开展自建农房突兀构筑件拆除	2022 年 8 月 3 日
363	新华网	杭州钱塘区完成“浙有善育”民生实事目标	2022 年 8 月 2 日
364	新华网	好平台优服务构筑引才育才高地 三百万英才聚杭城	2022 年 8 月 1 日
365	新华网	杭州钱塘：产业平台推出“村企合作”，让村民家门口轻松找工作	2022 年 8 月 2 日
366	新华网	暑假来了丨浙江财经大学学子助力老人跨越“数字鸿沟”	2022 年 8 月 2 日
367	新华网	杭州钱塘区：财政金融统筹联动 助力乡村振兴	2022 年 8 月 4 日
368	新华网	杭州钱塘：七夕登记领证迎来“小高峰”.	2022 年 8 月 4 日
369	新华网	好“蓬”友如何助力义蓬高质量发展？	2022 年 8 月 6 日
370	新华网	燃！杭州这群伢儿在亚运场馆大显“绳”通	2022 年 8 月 7 日
371	新华网	共谋协调发展 长三角自贸试验区联手闯世界	2022 年 8 月 9 日
372	新华网	杭州市钱塘区青年人才驿站迎来首批入住青年	2022 年 8 月 9 日
373	新华网	“三零发证”开启工业项目不动产登记新模式	2022 年 8 月 9 日
374	新华网	杭嘉一体化合作先行区启动一周年	2022 年 8 月 11 日
375	新华网	MAX 科技园落子杭州综保区 项目总建面 26 万平方米	2022 年 8 月 11 日
376	新华网	杭州市钱塘区：产业工人居有定所住得更舒心	2022 年 8 月 11 日
377	新华网	为高质量发展蓄势赋能——重大项目加速跑，钱塘即将迎来“收获季”	2022 年 8 月 17 日
378	新华网	杭州钱塘产教融合助力高质量人才培养	2022 年 8 月 17 日
379	新华网	杭州市钱塘区新湾街道以片区环境集中整治为契机，助力城镇环境提质升级	2022 年 8 月 17 日

续表40

序号	媒体名称	报道标题	刊发日期
380	新华网	杭州市钱塘区自由职业者联盟成立	2022 年 8 月 18 日
381	新华网	“城市园丁”守护钱塘新湾夏日生机	2022 年 8 月 18 日
382	新华网	杭州新湾街道凝聚基层治理“她力量”，全力推进“湾嫂”治社新模式	2022 年 8 月 19 日
383	新华网（微信公众号）	辅警冯小刚，好样的！	2022 年 8 月 21 日
384	新华网	杭州钱塘区开展七大行动提升城区整体环境面貌	2022 年 8 月 22 日
385	新华网	杭州钱塘区两家冷链基地（园区）入选“浙江省冷链物流基地（园区）”	2022 年 8 月 23 日
386	新华网	杭州钱塘区“红领钱潮・夺旗竞跑”平安之旗基层治理创新比武打擂活动举行	2022 年 8 月 24 日
387	新华网	杭州钱塘新湾街道用“心”变革末梢治理，以“桥”搭起品质生活	2022 年 8 月 26 日
388	新华网	杭州市钱塘区推进劳动教育暨“食育课程”实施发布活动	2022 年 8 月 28 日
389	新华网	杭州钱塘新湾街道构建融合型安置小区治理新格局	2022 年 8 月 29 日
390	新华网	杭州钱塘区义蓬街道：推动存量用地有机更新	2022 年 8 月 29 日
391	新华网	浙江省第二批乡村博物馆名单公布，杭州钱塘这家乡村博物馆“家底实”！	2022 年 8 月 30 日
392	新华网	杭州钱塘税务局为高校毕业生送上“就业创业大礼包”	2022 年 9 月 1 日
393	新华网	开学第一餐：杭州钱塘学子品尝到了来自四川理塘的爱心萝卜干	2022 年 9 月 1 日
394	新华网	杭州综合保税区数字化平台助力外贸企业“降费增效”	2022 年 9 月 2 日
395	新华网	杭州钱塘区临江街道：让流动党员“有家有为”	2022 年 9 月 5 日
396	新华网	“小网格”推动“大治理” 杭州钱塘托起产业工人“梦想”	2022 年 9 月 5 日
397	新华网	杭州钱塘区义蓬街道：环境整治人人参与 美好环境家家受益	2022 年 9 月 6 日
398	新华网	杭州钱塘新湾街道：民族团结奔共富 共话中秋团圆情	2022 年 9 月 7 日
399	新华网	如此田园风光的杭州钱塘，你见过吗？	2022 年 9 月 7 日
400	新华网	杭州钱塘新学期开通多条求知专线	2022 年 9 月 7 日
401	新华网	钱塘江多处发现罕见潮景“鱼鳞潮” 《2022 钱塘江涌潮科考报告》正式发布	2022 年 9 月 12 日
402	新华网	杭州钱塘最美教师评选出炉	2022 年 9 月 11 日
403	新华网	杭州以更优政务环境推动高质量发展	2022 年 9 月 12 日
404	新华网	杭州市钱塘区义蓬街道：提升城乡环境 扮靓美丽向涛	2022 年 9 月 13 日
405	新华网	杭州钱塘新湾街道托起“一老一小”的幸福	2022 年 9 月 13 日
406	新华网	风雨钱江潮	2022 年 9 月 13 日
407	新华网	迎风备战！杭州钱塘区义蓬街道全力筑牢防汛抗台“铜墙铁壁”	2022 年 9 月 15 日
408	新华网	160 台机器人协同作战，杭城开展供电设施防台风智能“大体检”	2022 年 9 月 15 日
409	新华网	环境整治不停歇 杭州钱塘新湾全力开展风雨过后人居环境整治	2022 年 9 月 15 日
410	新华网	杭州钱塘：在高质量发展中勇当“两个先行”时代先锋	2022 年 9 月 17 日
411	新华网	南京银行杭州钱塘支行开展“反假货币”宣传活动	2022 年 9 月 19 日
412	新华网	钱塘新湾“护学卫士”定岗管理，打造“畅、安、舒、美”的道路出行环境	2022 年 9 月 19 日
413	新华网	提升城乡环境，扮靓美丽“向涛”	2022 年 9 月 19 日
414	新华网	旧厂房变身居民健身新地标 钱塘拓展嵌入式体育场地	2022 年 9 月 20 日
415	新华网	杭州钱塘南沙村举办第二届丰收节	2022 年 9 月 22 日
416	新华网	2022 年浙江省（杭州市）“青年大学习”宣讲交流主题活动举办	2022 年 9 月 25 日

续表40

序号	媒体名称	报道标题	刊发日期
417	新华网	杭州援疆教师于明鑫——在最需要我们的地方工作 充实且快乐	2022 年 9 月 27 日
418	新华网	杭州市钱塘区劳模工匠学院揭牌	2022 年 9 月 27 日
419	新华网	浙江公安制作反诈短片 守护“银发族的金钱袋”	2022 年 10 月 4 日
420	新华网	建设银行浙江省分行：加大绿色金融体系支持力度	2022 年 10 月 21 日
421	新华网	4.12 万亩晚稻迎来丰收！杭州市钱塘区晚稻预计产量达 2.2 万吨	2022 年 11 月 2 日
422	新华网	杭州钱塘新湾开展老旧小区环境综合整治	2022 年 11 月 4 日
423	新华网	杭州钱塘：纪检专项监督助力绿色低碳项目稳步推进	2022 年 11 月 5 日
424	新华网	第五届进博会首日 拜耳签署在华先进智造投资协议	2022 年 11 月 5 日
425	新华网	杭州钱塘义蓬街道发布现代社区建设方案	2022 年 11 月 6 日
426	新华网	杭州钱塘区打造“多能互补零碳柔直示范园区”	2022 年 11 月 7 日
427	新华网	杭州钱塘新湾街道绘就乡村振兴“幸福里・共富湾”	2022 年 11 月 7 日
428	新华网	杭州钱塘区义蓬街道向涛社区：聚力建设美丽宜居社区	2022 年 11 月 9 日
429	新华网	新华全媒 +丨“海淘”货达更快，品类更丰——“双 11”浙江杭州综合保税区直击	2022 年 11 月 9 日
430	新华网	拜耳作物科学“双展台”亮相进博	2022 年 11 月 9 日
431	新华网	杭州钱塘新湾街道：打造“新新相印”社区	2022 年 11 月 9 日
432	新华网	杭州钱塘区新湾街道：全力推进嵌入式体育场地建设	2022 年 11 月 10 日
433	新华网	临江传承围垦文化 新乡贤助力临江高质量发展	2022 年 11 月 11 日
434	新华网	杭州钱塘区下沙街道：深耕养老服务品牌 构建高品质美好生活	2022 年 11 月 11 日
435	新华网	杭州乔司农场：晚稻飘香 喜迎丰收	2022 年 11 月 11 日
436	新华网	杭州钱塘：加快“未来工厂”建设助力制造业数字化转型	2022 年 11 月 14 日
437	新华网	国网杭州市钱塘区供电公司成功打造多能互补综合能源项目	2022 年 11 月 14 日
438	新华网	杭州钱塘新湾街道持续落实农村附房长效管控机制	2022 年 11 月 16 日
439	新华网	杭州钱塘：江东大道演绎“田园风景变奏曲”	2022 年 11 月 16 日
440	新华网	冬候鸟抵达钱塘	2022 年 11 月 17 日
441	新华网	浙江杭州：“未来工厂”享受光伏 VIP 客户服务	2022 年 11 月 19 日
442	新华网	杭州钱塘区下沙街道成立新的社会阶层人士联谊会	2022 年 11 月 21 日
443	新华网	杭州钱塘区：稻香飘满共富路，校地携手结硕果	2022 年 11 月 21 日
444	新华网	杭州钱塘新湾街道：助力“美丽杭州迎亚运”行动取得实效	2022 年 11 月 24 日
445	新华网	杭州钱塘校统战助力“同心共富・乡村兴”	2022 年 11 月 24 日
446	新华网	浙江省杭州市钱塘区下沙街道新的社会阶层人士联谊会正式成立	2022 年 11 月 24 日
447	新华网（客户端）	全省第五！杭州市钱塘区有着怎样的“创新密码”？	2022 年 11 月 24 日
448	新华网（客户端）	杭州钱塘区新湾街道：同心谱写“兴湾”共富经	2022 年 11 月 24 日
449	新华网	南京银行杭州钱塘支行开展反假宣传活动	2022 年 11 月 24 日
450	新华网	全省第五！杭州市钱塘区有着怎样的“创新密码”？	2022 年 11 月 24 日
451	新华网	杭州钱塘区新湾街道：同心谱写“兴湾”共富经	2022 年 11 月 24 日
452	新华网（客户端）	杭州钱塘区下沙街道：深耕养老服务品牌 构建高品质美好生活	2022 年 11 月 25 日

续表40

序号	媒体名称	报道标题	刊发日期
453	新华网	国网钱塘：基于量子加密无线通讯全自动化架空线路投运	2022 年 11 月 25 日
454	新华网	杭州钱塘区统一战线思想政治教育共建基地揭牌	2022 年 11 月 28 日
455	新华网	MAX 科技园第六条产品线空中独栋正式发布	2022 年 11 月 29 日
456	新华网	杭州钱塘区下沙街道：构建双子星综合体党建“新名片”	2022 年 11 月 29 日
457	新华网	浙江省杭州市钱塘区上线“智慧护苗”数字化应用场景	2022 年 11 月 29 日
458	新华网	杭州钱塘区义蓬街道：“空地垃圾场”专项整治，卫生死角实现整洁美丽蜕变	2022 年 12 月 1 日
459	新华网	《共赴・共富》	2022 年 12 月 2 日
460	新华网	杭州钱塘：“智慧导办”持续提升群众办事获得感满意度	2022 年 12 月 2 日
461	新华网	杭州钱塘新湾街道：法治宣传进万家，普法教育入心田	2022 年 12 月 5 日
462	新华网（客户端）	杭州市钱塘区义蓬街道党建引领基层智治暨数字化应用推进会召开	2022 年 12 月 7 日
463	新华网	“我看钱塘这一年”主题活动在杭州举办	2022 年 12 月 8 日
464	新华网	杭州钱塘区临江街道推进公共文化服务	2022 年 12 月 8 日
465	新华网	杭州钱塘：审批服务围着项目“转” 让项目落地“跑起来”	2022 年 12 月 8 日
466	新华网	巡视整改助力杭州钱塘打造“美好教育先行区”	2022 年 12 月 9 日
467	新华网	杭州钱塘白杨街道：“智慧养老，乐享桑榆”康养项目正式签约	2022 年 12 月 11 日
468	新华网	杭州医药港小镇成为杭州市钱塘区首个省级商业秘密保护示范区	2022 年 12 月 11 日
469	新华网（客户端）	杭州市钱塘区白杨街道文联正式成立	2022 年 12 月 9 日
470	新华网（客户端）	杭州市钱塘民营经济人士之家启用	2022 年 12 月 9 日
471	新华网	筑就地下城 织密交通网 浙江交工地下工程有限公司全力打造精品工程	2022 年 12 月 12 日
472	新华网	新乡贤助力杭州临江文化建设	2022 年 12 月 12 日
473	新华网	杭州钱塘区河庄街道：推进现代社区建设，打造幸福美好新家园	2022 年 12 月 13 日
474	新华网	杭州钱塘区新湾街道开展校园周边环境综合整治行动	2022 年 12 月 14 日
475	新华网	杭州市钱塘区临江江海湿地来了“新客人”	2022 年 12 月 14 日
476	新华网	杭州钱塘区新湾街道开展小区流动摊贩专项整治，多举措提升环境品质	2022 年 12 月 16 日
477	新华网	杭州：智慧升级打造“全市一个停车场”	2022 年 12 月 23 日
478	新华网	钱塘区河庄街道全力推进嵌入式体育场所建设	2022 年 12 月 23 日
479	新华网	钱塘区新湾街道联动治理，高速桥下旧貌换新颜	2022 年 12 月 23 日
480	新华网	兴业银行杭州分行助力全国首单生物医药产业园 REITs 成功上市	2022 年 12 月 27 日
481	新华网	杭州钱塘新湾街道爱心医疗服务送健康	2022 年 12 月 31 日
482	央广网	浙里年味浓：千份腊八粥 温暖一座城	2022 年 1 月 10 日
483	央广网（客户端）	千份腊八粥 温暖一座城	2022 年 1 月 10 日
484	央广网	商务部公布：杭州经济技术开发区位列全国国家级经开区第九	2022 年 1 月 27 日
485	央广网	疫情之下，本地蔬菜供应情况如何？记者走访杭州蔬菜种植基地	2022 年 1 月 29 日
486	央广网	【融通农发进行时】杭州市钱塘区与融通农发杭州区域公司签署框架协议	2022 年 4 月 16 日
487	央广网（客户端）	上海产业链应急保供杭州中转站 48 小时建成投用	2022 年 4 月 19 日
488	央广网（客户端）	产业兴、乡村美、民心聚——浙江最年轻行政区的“共富”密码	2022 年 4 月 20 日
489	央广网	以“丝路电商”扩展“一带一路”经贸合作，“非洲好物网购节”在浙江启动	2022 年 4 月 29 日

续表40

序号	媒体名称	报道标题	刊发日期
490	央广网	【融通农发进行时】聚焦数字文化新机遇 拉动资产盘活新引擎	2022 年 6 月 2 日
491	央广网（微信公众号）	他们八年磨一剑研发“太空厨房”，只为让航天员吃好喝好	2022 年 6 月 6 日
492	央广网	推动经济稳进提质 浙江新能源汽车产业链上下游对接合作“驶入”快车道	2022 年 6 月 14 日
493	央广网	硬件、软件设施建设双提升 做百姓满意的市场	2022 年 6 月 25 日
494	央广网	筑牢群防群控坚实防线 杭州市钱塘区连夜召开疫情防控工作推进会	2022 年 8 月 17 日
495	央广网	助推制造强国建设 第七届“创客中国”中小企业创新创业大赛闭幕	2022 年 11 月 22 日
496	浙江新闻（客户端）	钱塘区获授第二批杭州市人工智能创新发展区	2022 年 1 月 5 日
497	浙江新闻（客户端）	打造田园新城 钱塘区计划 2023 年实现美丽乡村建设全覆盖	2022 年 1 月 5 日
498	浙江新闻（客户端）	今后钱塘区陆铁空水“四港联运”如何布局？剧透来了	2022 年 1 月 5 日
499	浙江新闻（客户端）	产学研协同创新 钱塘区为产业升级注入硬核力量	2022 年 1 月 5 日
500	浙江新闻（客户端）	30 万人积极参与“知钱塘 识星城”知识竞答大赛落幕	2022 年 1 月 7 日
501	浙江新闻（客户端）	新基建打造新赛道 钱塘区推进“未来工厂”建设	2022 年 1 月 7 日
502	浙江新闻（客户端）	亚运会前钱塘区这些道路将与你见面 提前来看	2022 年 1 月 7 日
503	浙江新闻（客户端）	全省首批城乡风貌样板区试点建设名单公布 钱塘这些地方入选	2022 年 1 月 7 日
504	浙江新闻（客户端）	炫酷！钱塘区有个体验馆 未来感十足	2022 年 1 月 11 日
505	浙江新闻（客户端）	2021 年度省级新型研发机构名单公布 钱塘再添两家	2022 年 1 月 11 日
506	浙江新闻（客户端）	注意了 钱塘这些地方交通组织措施有调整	2022 年 1 月 11 日
507	浙江新闻（客户端）	玫瑰花、腊八粥……钱塘区首届金婚庆典现场爱意融融	2022 年 1 月 11 日
508	浙江新闻（客户端）	入选杭州市海绵城市建设优秀项目 钱塘这些地方“暗藏玄机”	2022 年 1 月 11 日
509	浙江新闻（客户端）	谋改革谋创新 自贸区钱塘区块构建制度型开放新高地	2022 年 1 月 12 日
510	浙江新闻（客户端）	钱塘企业火热开工 力促一季度“开门红”	2022 年 1 月 13 日
511	浙江新闻（客户端）	因综合整治工程施工需要 钱塘学正街区域出行有调整	2022 年 1 月 13 日
512	浙江新闻（客户端）	钱塘区解码“文化基因” 赋能文旅融合发展	2022 年 1 月 14 日
513	浙江新闻（客户端）	越夜越美丽 金沙吾角商圈入选杭州市夜间经济集聚培育区	2022 年 12 月 11 日
514	浙江新闻（客户端）	全省绿色低碳转型典型案例 钱塘区一项目入选	2022 年 12 月 11 日
515	浙江新闻（客户端）	钱塘区“桥姥爷”上岗 银领助力“除险保安”	2022 年 12 月 9 日
516	浙江新闻（客户端）	这份省级创建名单 钱塘区五个村社上榜	2022 年 12 月 13 日
517	浙江新闻（客户端）	市级名单公布 钱塘 14 家文化产业园区及企业上榜	2022 年 12 月 14 日
518	浙江新闻（客户端）	聚焦“一老一小”钱塘区多措并举助力“朝夕美好”	2022 年 12 月 14 日
519	浙江新闻（客户端）	通“堵点”排“难点”钱塘对症下药疏通拥堵路	2022 年 12 月 14 日
520	浙江新闻（客户端）	助企惠民更连心 钱塘区 48 家“共富工坊”挂牌运营	2022 年 12 月 14 日
521	浙江新闻（客户端）	村美民富钱塘这些村迎来更大发展	2022 年 12 月 15 日
522	浙江新闻（客户端）	钱塘区委书记金承涛调研浙江大学智能创新药物研究院	2022 年 12 月 15 日
523	浙江新闻（客户端）	上榜“全国最美”“钱塘小哥之家”很暖心	2022 年 12 月 16 日

（姜慧君）

责任编辑　高骏森

索 引

说明：

一、本类目设主题索引、照片索引和图表索引 3 个分目。

二、主题索引和照片索引中文标目均按第一个汉语拼音（同音字按声调）顺序排列。第一字相同，按第二字音序排列，依次类推。数字开头的标目则按数字 0~9 顺序排列。

标目后的阿拉伯数字表示内容所在页码。数字后的英文字母 a、b、c 分别表示从左到右第一、二、三栏。标目后有多个页码的，则表示相关信息在这些页码中均有出现。

本年鉴的“特载”“大事记”“统计资料”“附录”均未做主题索引，“卷首彩页”未做照片索引。

三、照片索引仅标注所在页码，不标注分栏。图表索引按序号排列，仅标注所在页码，不标注分栏。

主题索引

0 ~ 9

A

B

C

D

F

G

H

J

K

L

M

N

P

Q

R

S

T

W

Y

Z

照片索引

B

C

D

F

G

H

J

L

M

N

Q

图表索引

图书在版编目（CIP）数据

钱塘年鉴．2023 / 杭州市钱塘区地方志编纂委员会编．—北京：方志出版社，2023.12
ISBN 978-7-5144-5982-1

Ⅰ．①钱…　Ⅱ．①杭…　Ⅲ．①区（城市）—杭州—2023—年鉴　Ⅳ．①Z525.54

中国国家版本馆 CIP 数据核字（2023）第 245047 号

责任编辑：王娜
责任校对：刘玉霞
责任印制：梅中英
出 版 者：方志出版社
地　　址：北京市朝阳区潘家园东里 9 号（国家方志馆 4 层）
邮　　编：100021
网　　址：http://www.zgfzcb.cn
发　　行：方志出版社图书营销中心（010-67110500）
印　　刷：杭州捷派印务有限公司
开　　本：889 毫米 ×1194 毫米 1/16
印　　张：23.25 印张　插页：2.25 印张　地图：1 幅
字　　数：801 千字
版　　次：2023 年 12 月第 1 版
印　　次：2023 年 12 月第 1 次印刷
定　　价：280.00 元

钱塘年鉴（2023）
排版制版:杭州林智文化
印制统筹:柯华杰
装帧设计:林智